国家社科基金重点项目
"中美日印在东南亚的软实力比较及其对中国的启示
（项目编号：10AGJ003）"优秀结项成果

远亲与近邻

——中美日印在东南亚的软实力 (上)

曹云华　主编

人民出版社

责任编辑：刘敬文（455979309@qq.com）
封面设计：汪　莹
责任校对：吕　飞

图书在版编目（CIP）数据

远亲与近邻：中美日印在东南亚的软实力（上、下）/曹云华 主编.
　—北京：人民出版社，2015.7
ISBN 978－7－01－014976－9

Ⅰ.①远…　Ⅱ.①曹…　Ⅲ.①中外关系-研究-东南亚②国际关系-研究-美国、东南亚③国际关系-研究-日本、东南亚④东南亚-研究　Ⅳ.①D822.333
②D871.22③D831.32

中国版本图书馆 CIP 数据核字（2015）第 141409 号

远亲与近邻
YUANQIN YU JINLIN
——中美日印在东南亚的软实力

曹云华　主编

人民出版社 出版发行
（100706　北京市东城区隆福寺街 99 号）

北京汇林印务有限公司印刷　新华书店经销

2015 年 7 月第 1 版　2015 年 7 月北京第 1 次印刷
开本：710 毫米×1000 毫米 1/16　印张：41.75
字数：637 千字

ISBN 978－7－01－014976－9　定价：90.00 元（上、下）

邮购地址 100706　北京市东城区隆福寺街 99 号
人民东方图书销售中心　电话（010）65250042　65289539

目 录
CONTENTS

上篇：国别比较

下篇：专题研究

前　言

　　由于独特的地理位置、历史、社会和人文等方面因素的影响，东南亚成为世界各大文化的交汇处，西方文化、中华文化、印度文化和伊斯兰文化在这里交相辉映，长期共存，共同促进了这个地区的政治经济发展和文化繁荣。早在古代，就有不少中国学者曾经到过这里，写下了许多鸿篇巨制，为东南亚文化发展作出了巨大的贡献。唐代高僧义净，俗名叫张文明，于公元671年从广州番禺出发，赴印度求法，在印度那烂陀寺学习10年，后取海路回国，又在南海（室利佛逝，今印度尼西亚巨港）一带滞留了10年，于公元695年回到中国，回国后写了《南海寄归内法传》，该书是义净根据他自己的所见所闻，对于当时的印度、南海、中国的佛教情况的实际记录，其中也有不少关于南海诸国尤其是当时的印度尼西亚古国室利佛逝的重要资料。到了宋代，中国和东南亚各国人民的友好往来和经济文化交流比前代更为频繁。宋代有不少记述东南亚的书籍，如周去非的《岭外代答》10卷中就有1卷专门记载越南、柬埔寨、缅甸、印尼等国。赵汝适(1170—1231年)，宋太宗的第八代孙，曾在中央和地方担任过许多重要职务，曾经担任过泉州知州，专门管理当地及南洋和阿拉伯的海路贸易，因职务之便，得以博览海外各国的情况，对海外诸国的历史地理有较深的认识，加上常与中外客商、往来使者及船工等人交往，询问有关各国之地理风土民情，从而为其写作积累了大量的素材。1225年，赵汝适撰写了《诸蕃志》一书，全书分上下两卷。元代的周达观于元贞观元年（1295年）随使团往真腊（今柬埔寨一带）访问，前后达三年，著有《真腊风土记》，

1

书中记载了当时柬埔寨华侨的情况："国人交易，皆妇人能之，所以唐人到彼，必先纳一妇人者，兼亦利其买卖故也。往往土人最朴，见唐人颇加敬畏，呼之为佛，见状伏地顶礼。"

中华文化在东南亚的最大优势，是世世代代在这里生存发展和繁衍后代的三千多万华侨华人，他们是中华文化在东南亚的忠实传播者、耕耘者和践行者，也是中外文化交流的重要使者。正是通过他们一代又一代人的努力，世世代代的坚守，中华文化才得以在东南亚生根、开花、结果，为当今中华文化向海外的拓展提供了一个最重要的战略支撑点。此外，华侨华人在海外传播和弘扬中华文化的同时，也极大地繁荣了东南亚自身的文化，辉煌灿烂且多元的东南亚文化中也拥有许多中华文化的因素。

与西方文化、伊斯兰文化和印度文化相比，中华文化在这里本来应该具有最强大的竞争优势，因为中国的文化使者最早到达这里，又有众多的华侨华人在这里世代相传。然而，中华文化在当今的东南亚并没有取得原本应该有的竞争优势，反而处处表现出弱势和守势。究其原因，主要有如下两个方面：

一是中华文化在海外的传播，缺乏宗教的平台与媒介。宗教信仰为文化的传播提供了最为有力的工具，西方文化、伊斯兰文化和印度文化之所以能够在东南亚大行其道，得益于他们的宗教信仰。华侨华人到达东南亚之后，也创立了自己的宗教，如印度尼西亚华人创造的孔教，新加坡和马来西亚一带华人创造的德教等，此外，东南亚华人还坚守着从中国带去的许多民间信仰，也就是我们常常说的道教。然而，与其他宗教相比，东南亚华人的宗教信仰缺乏系统性和扩张性，正在慢慢地失去影响力，尤其对年轻一代缺乏吸引力和向心力。

二是中华传统文化缺乏创新。当前，人们说到中华传统文化，马上就会联想到中餐馆、传统节日、唐人街、中医、京剧、武术等。这些传统当然很重要，是中华文化的重要内容，需要在海外大力推广和弘扬。然而，在当今全球化、都市化的时代，人们更喜欢、更迷恋的可能是各种流行文化，各种与现代生活密切相关的都市文化，美国人为东南亚人提供了好莱坞大片，印度人提供了宝莱坞，韩国人提供了韩剧，日本人提供了动漫，而我们中国人提供了什么？除了传统文化以外，我们还有什么值得称道的？本来应该有，但真的没有。我们自己常常说中华文化源远流长，但是，能够像韩剧、日本动漫那样流行的现代文化作品确实少之又少，20世纪70—80年代，港台文化曾经在东南亚和世界各地华人社会流行一时，但很快就被其他流行文化挤到一边去了。我们现在常常说中华文化也要走出去，其实，我们的中华文化早就走出去了，那是随着我们的几千万华侨华人走出去的。一种文化的生命力，其历史渊源当然很重要，但是，一旦离开了创新，再古老、再源远流长的文化也会出现危机甚至被淘汰。

　　文化是一国软实力的核心，我们在对中美日印在东南亚的软实力进行比较时，当然应该把文化摆在首位，我们应该好好反思一下我们的中华文化，反思我们的中华文化在海外的传播究竟出了什么问题。

　　本书是国家社科基金重点项目"中美日印在东南亚的软实力比较及其对中国的启示"的结项成果（项目编号：10AGJ003），是集体智慧的结晶。从2010年起，我们这个由老中青相结合的研究团队，经过三年的努力，终于完成任务。本课题在研究方法方面，把定量分析和定性分析相结合，通过问卷调查等方式，力求科学、客观、准确地反映当前东南亚人民对世界主要大国的看法和观点。课题组的成员曾经多次赴东南亚相关国家进行大量艰苦的田野调查，取得许多一手材料。在研究内容方面，以软实力为目标，力求更好地、准确地反映各大国在东南亚的存在与影响力。笔者感到最为欣慰的是，通过这个课题的实践，一批中青年学者得到了很好的锻炼，他们独立从事研究工作的能力得到了提升，这是从事国家社科基金课题研究的真谛，完成课题本身当然很重要，但更重要的是通过课题研究，凝练方向，培养人才，锤炼团队，形成合力。

　　本书由曹云华进行总体设计与统稿，暨南大学国际关系学院/华侨华人研究院的部分中青年教师参加了本书的写作，一些博士生和硕士生也为本书的完成作出了积极贡献，特在此表示诚挚的谢忱。

本书作者及其分工

导　论　　　　　　　　　　　　　　　　　　　　曹云华　代　帆

第一章　中美日印在印尼的软实力比较　　　　　　唐　翀　胡安琪

第二章　中美日印在菲律宾的软实力比较　　　　　　　　代　帆

第三章　中美日印在泰国的软实力比较　　　　　　　　　陈建荣

第四章　中美日印在越南的软实力比较　　　　　　　　　陈　文

第五章　中美在新加坡的软实力比较　　　　　　　　　　甘燕飞

第六章　中印在缅甸的软实力比较　　　　　　　　　　　阮金之

第七章　中美在东南亚的经济软实力比较　　　　　　　　黄荣斌

第八章　中国在东南亚的军事软实力及其运用　　　　　　程晓勇

第九章　越南留学生眼中的大国国家形象　　　　　刘　鹏　胡潇文

第十章　印度在东南亚的软实力：前景与局限　　[印度]Priyanka Pandit

第十一章　多边外交与软实力：中美日印对东盟的多边外交　　叶　敏

第十二章　文化外交与软实力：中美日印对东南亚的文化外交　张木森

第十三章　对外援助与软实力：冷战后中美日对东南亚的援助　陈　莹

第十四章　中国软实力战略的创新与超越　　　　　曹云华　刘　鹏

曹云华

2014 年 11 月 28 日于广州珠江花园

导　　论

　　导论部分主要阐释软实力的概念与内涵，进行学术回顾，分析国内外对软实力问题的研究现状，介绍本书的研究设计与基本架构。本书试图在研究方法上做一些突破，进行定量分析，但囿于条件限制，我们在开展问卷调查时，遇到许多目前还很难克服的困难，受访者的代表性、数量、地域等都存在极大的局限性。此外，东南亚地区各国情况千差万别，地区的多样性和多元化，也对我们的比较研究构成了许多不利。本研究发现，在中美学者对于中国在东南亚"软实力"的理解，除了基本的如在软实力的定义上存在差异外，在诸如中国外交政策的目标、中国软实力的资源、中国软实力的长处与劣势等方面，都存在较大的差异。

一、软实力研究现状

（一）国内研究现状

　　自 1990 年，约瑟夫·奈提出"软实力"这一说法后，我国学者开始关注软实力理论。国内较早研究软实力的主要有王沪宁、庞中英等人。王沪宁在1993 年《复旦学报》第 3 期上发表题为《作为国家实力的文化：软实力》一文，这是我国学者首次就软实力问题作出探讨。庞中英的《国际关系中的软实力及其他》（1997），朱峰的《浅议国际关系理论中的"软实力"》（2002），以及刘德斌的《"软权力"说的由来与发展》（2004），张小明的《重视"软权力"因素》（2004）等，都是早期国内学者对软实力理论探索的较有代表性的文章。

国内初期进行的有关软实力的讨论中，大多数学者的关注点集中在对软实力的概念进行界定和辨析。王沪宁提出："政治体系、民族士气、经济体制、科学技术、意识形态等因素的发散性力量表现为一种软实力。"[①] 朱峰则把软实力定义为："一个国家通过吸引而得到期望的结果的能力，它是通过说服其他国家追随或使它们赞同可以产生出期望的行为的制度的能力。"[②] 阎学通认为国家软实力"是一个国家内部和外部的政治动员能力，是一个国家对物质实力资源的使用能力，而不是物质资源本身"[③]。苏长和把软实力解释为："主客体之间的一种关系性权力"，认为"国家软实力是指在国家间交往中因为知识、沟通、信息等因素而产生的彼此关系中的影响与被影响、支配与依附的状态"[④]。显然，国内学者对软实力的定义是基于奈提出的软实力理论框架，并且在这基础上都提出了各自的不同理解。

国内早期还有一部分论著对约瑟夫·奈提出的软实力理论进行解释和扩展，对软实力的来源进行细化的分解。朱峰把文化吸引力、意识形态吸引力、制度化的国内体系和竞争性的领导、适当的国际战略、确立国际机制的能力等方面归纳为软实力的来源。张小明在《重视"软权力"因素》一文中提出软实力的来源主要包括文化、意识形态、国际机制和制度。[⑤] 2009年，约瑟夫·奈和王缉思合作撰写的《中国软实力的兴起及其对美国的影响》一文中指出，国家软实力主要有三个来源：文化（在很多方面对他国具有吸引力）、政治价值观（在内外事务中遵守并实践这些观念），以及对外政策（正当合理，并具有道德上的权威）。[⑥] 这些学者大多认同软实力来源的多元性，而且他们的论述往往已经超出了约瑟夫·奈最初提出的软实力来源要素的范围。其中，相当一部分学者重点从文化的角度论述了软实力的来源。如王沪宁的《文化扩张与文化主权：对主权观念的挑战》（1994）、李智的《试论美国的文化外交：软

---

① 王沪宁：《作为国家实力的文化：软权力》，《复旦学报》（社会科学版）1993年第3期。
② 朱峰：《浅议国际关系理论中的"软实力"》，《国际论坛》2002年第2期。
③ 阎学通：《中国软实力有待提高》，《中国与世界观察》2006年第1期。
④ 苏长和：《中国的软权力——以国际制度与中国的关系为例》，《国际观察》2007年第2期。
⑤ 张小明：《重视"软权力"因素》，《现代国际关系》2004年第3期。
⑥ ［美］约瑟夫·奈、王缉思：《中国软实力的兴起及其对美国的影响》，《世界经济与政治》2009年第6期。

权力的运用》（2004）以及赵刚的《全球化时代的"软实力"与文化安全策略》（2004）等。这些文章一致认为文化是国际政治软实力的一种主要体现。这一观点与奈最初提出的软实力构成要素中文化、政治价值以及外交三元素同等重要的论调有所区别，在价值判断上出现了明显的侧重点。

进入 21 世纪，随着中国国力的不断增长，国内关于软实力的讨论日益活跃。国内学者开始运用软实力理论分析国别外交政策。针对外国软实力的研究，国内学者主要集中于对美国软实力的探讨。此外还根据软实力理论分析了中国的软实力发展现状并提出提升国家软实力的政策建议。分析美国外交政策较有代表性的文章包括刘德斌的《软权力：美国霸权的挑战与启示》（2001）、韩炎的《"软"实力，美国新霸权主义的"杀手锏"》（2001）以及黄其淮的《以武力取代影响力：美国软实力的削弱》（2005）。这些文章都认为冷战后的美国从单纯重视传统硬实力转为注重包括软实力在内的各种力量的运用。而运用软实力理论分析中国现实的文章则数量更多。如詹得雄的《"软实力"的含义以及对我国的启示》（2004）、邓显超的《悄然崛起的中国软实力》（2005）、庞中英的《中国软力量的内涵》（2005）、郑永年和张弛的《国际政治中的软力量以及对中国软力量的观察》（2007）、门洪华的《中国观念改革的战略途径》（2007）、方长平的《中美软实力比较及其对我国的启示》（2007）等。这些文章大多通过对中国软实力的分析，得出中国应当重视发展软实力的结论以及对此提出相关政策建议。

此外，国内还有一些关于中国在东南亚软实力现状的文章。如陈显泗的《论中国在东南亚的软实力》（2006）、陆继鹏的《软实力与中国对东南亚外交》（2007）、尹继武的《中国在东南亚的软实力外交》（2009）、陈遥的《中国在东南亚的软实力与华侨华人的作用》等。这些文章大多肯定了中国近十年来在东南亚软实力的提升，认为中国通过运用软实力与东南亚国家保持并发展了良好的双边和多边关系。但是，除了这些针对中国在某一特定地区的软实力文章之外，专门以特定国家为分析背景，对中国软实力进行研究的文章目前尚存在空白。

而在对比中国与其他国家的软实力方面，这类文章相对数量较少，目前收集到的有王京滨的《中日软实力实证分析——对大阪产业大学大学生问卷调查结果的考证》（2007）、阎学通和徐进的《中美软实力比较》（2008）、李庆四的《中美软实力外交比较研究：以东南亚地区为例》（2009）、胡键的《软实力新论：构成、功能和发展规律》（2009），张宇权的《中美软实力在东南亚国家中的影响比较》（2010），袁神、吴庆悦的《中国和日本软实力比较——基于软实力系统构建的视角》（2010）等。在对软实力的比较研究中，中国学者大多都以美国作为参照物，甚至直接把其作为比较的对象。

总体而言，国内的软实力研究主要集中在讨论其定义、来源、特性和作用，中国的软实力外交实践，以及如何提升中国软实力等方面。除了上述提到的文章外，还有一些论述较为集中的论著，如门洪华主编的《中国：软实力方略》（2007）、童世骏的《文化软实力》（2008）等。这些著作大多泛泛触及软实力的方方面面，或仅就软实力某一方面，如国内学者对文化因素方面的探讨较为多见，但是都仅限丁浅尝辄止，鲜有论著就软实力理论进行系统论述。目前掌握到的较为系统的论述为龚铁鹰的《软权力的系统分析》一书。该书把软实力区分为制度性权力、认同性权力和同化性权力，通过层次分析法构建软实力的基本理论框架。①

同时，由于软实力概念本身的抽象性，绝大多数学者虽然从不同角度和层次对其进行理解，但是一般都只是用定性的方法对软实力进行论述。袁神、吴庆悦在《中国和日本软实力比较——基于软实力系统构建的视角》（2010）一文中通过分析软实力的来源、实施主体、途径、成效等对中日两国的软实力体系进行比较，最终得出对发展中国软实力的启示。而一小部分国内学者即使尝试了运用定量的方法对软实力进行比较研究，也局限于通过用定性方式的调查问卷进行民意调查，进而用定量的方法对调查结果作出统计。对于建立软实力的指标体系，阎学通、徐进在《中美软实力比较》中提出关于软实力的定量衡量方法，把软实力分为国际吸引力、国际动员力和国内动员力三项要素，通过对比两国软实力的强弱项，得出中国软实力总体上处于美国的 1/3 上下的结

---

① 龚铁鹰：《软权力的系统分析》，天津人民出版社 2008 年版。

论。① 胡键在《软实力新论：构成、功能和发展规律》（2009）中通过建立一个关于软实力构成和衡量的方程式，对软实力大小进行程度分析，"是定性与定量相结合、以定性为主的分析关系式"。② 胡南的《国家软实力的指标体系研究》（2010）对国家软实力指标体系的构建提出了以同化力、规范力、影响力为三大要件的指标体系。显然，这种定量分析方法的尝试有助于在考察软实力时进行具体量化，达到评估国家软实力真实状况的目的。尤其在进行国家间软实力对比的时候，定量分析则可以更加清晰、直观地显示软实力各项指标中的优劣长短。然而这一方法在我国的软实力研究方面还是应用得相对较少。

（二）国外研究现状

软实力理论的研究始于哈佛大学著名政治学家约瑟夫·奈。他在 1990 年先后在《政治学季刊》（*Political Science Quarterly*）发表了《变化中的世界力量的本质》一文，在《外交政策》（*Foreign Policy*）上发表了名为《软实力》的文章。约瑟夫·奈其后出版了《注定领导：变化中的美国权力的本质》一书，首次明确提出了"软实力"的概念。

随着国际形势的发展变化，约瑟夫·奈相继发表了一系列文章和著作，对软实力概念和软实力理论进行不断完善和强调。如发表在《外交事务》（*Foreign Affairs*）上的《信息时代的权力和相互依赖》（1998）、《政治学季刊》上的《美国权力的限制》（2002），以及《美国霸权的困惑》（2002）、《软实力：世界政治成功的方法》（2004）两本著作等。约瑟夫·奈在《软实力再思考》（2006）一文中提出"国家软实力资源由三部分构成：对他国有吸引力的文化、在国内和国际上能够得到遵循的政治价值观、被视为合法且享有道德权威的外交政策"。③ 除了对软实力进行定义，探讨其来源、局限性之外，约瑟夫·奈还就软实力与传统硬实力之间的关系作出分析，对美国的软实力构成以及软实

① 阎学通、徐进：《中美软实力比较》，《现代国际关系》2008 年第 2 期。
② 胡键：《软实力新论：构成、功能和发展规律》，《社会科学》2009 年第 2 期。
③ Joseph S. Nye，Jr.．"Think Again：Soft Power"，*Foreign Policy*，February，2006.

力与美国外交政策、中国软实力对美国的影响等方面都有深入的论述。① 此外，奈还就中国的软实力状况作出了分析，认为中国在亚洲的软实力虽然在相当长一段时间内仍然无法与美国相提并论，但是中国软实力处于正在不断上升的态势，而美国仅仅关注中国的经济和军事实力，忽视了中国软实力的日益增长，呼吁美国在亚洲的软实力平衡上给予更多的关注。②

虽然有部分学者对约瑟夫·奈提出的软实力理论有所质疑，如安倍·格林沃尔德（Abe Greenwald）的《软实力的悖论》（2010），但是陆续有学者开始使用软实力理论来分析国际关系方面的问题。③

近十年来，随着中国国力的不断增长，外国学者除了对本国软实力的关注以外，对中国软实力方面的讨论也相对较多。如丁盛（Sheng Ding）的《龙的隐性翅膀：中国如何通过软实力崛起》（2008）。而就中国软实力进行的讨论中，既包括了对中国软实力构成本身、对中国软实力发展过程以及现状、对中国推进软实力建设的内容与目的等方面的探讨，还包括了分析中国软实力在东南亚、拉丁美洲、非洲等地区明显增长的原因以及对国际格局的影响。④ 其中，美国学者乔舒亚·库兰齐克（Joshua Kurlantzick）的《魅力攻势——中国的软实力如何改变世界》（2007）是一本专门探讨中国软实力问题的专著，尤

---

① 参见 Joseph S. Nye, Jr.. "The Decline of America's Soft Power", *Foreign Affairs*, Vol.83, Issue.3 (May/Jun., 2004)。"On the Rise and Fall of American Soft Power", *NPQ: New Perspective Quarterly*, Vol.22, Issue.3, (summer, 2005). *Soft Power: The Means to Success in World Politics*, New York: Public Affairs, 2004.

② Nye, Joseph S. Jr. . "The Rise of China's Soft Power." *Wall Street Journal Asia*, December 29, 2005.Joseph S. Nye Jr. . "Hard Decisions on Soft Power: Opportunities and Difficulties for Chinese Soft power", *Harvard International Review*, Summer 2009.

③ 参见 Thomas Molloy. "English Language training as a Projection of Soft Power", *Journal of International security Assistance Management*, Summer 2003, Vol.25, Issue 4. Richard de Zoysa, Otto Newman, "Globalization, Soft Power and the Challenge of Hollywood", *Contemporary Politics*, Vol.8, No.3, 2002. Jean A. Garrison, "China's Prudent Cultivation of 'soft' power and Implications for U. S. Policy in East Asia", *Asia Affairs: An American Review*, spring 2005, Vol. 32, Issue 1. Alan Chong. *Foreign policy in global information space: actualizing soft power*, published by Palgave Maxmillan, New York, 2007。

④ 参见 David M. Lampton. *The Three Faces of Chinese Power: Might, Money, and Minds*, Berkeley: University of California Press, 2008. Danielle M. Foster. *Public diplomacy's undefined role: policies and themes shaping a new paradigm*, Georgetown University, Washington, D. C. December 1, 2008. Christopher B. Johns Tone, "Paradigms lost: Japan's Asia policy in a time of growing Chinese power", *Contemporary Southeast Asia*, Vol. 21, No. 2, December 1999。

其在分析中国软实力在东南亚的影响方面较具影响力。李明江（Mingjiang Li）主编的《软实力：中国在国际政治中的新兴战略》论文集，对软实力的定义以及带有自身特点的中国软实力进行了深入剖析。① 李明江认为中国的软实力来源不在于权力的何种形式，重点在于如何谨慎、合理地运用各种权力，进而形成中国自身的软实力。② 外国学者探讨中国软实力在东南亚的影响方面的论著还包括布朗森·珀西瓦尔（Bronson Percival）的《中国向南：新世纪的中国与东南亚》和其他一些论文③。

此外，还有一些学者认为外国学术界对中国软实力的研究仍然欠缺，"在有关中国的讨论中，有个奇怪的现象：软实力这一主题要么欠缺，要么被误用。虽然中国在运用软实力方面还受到很多约束，但是它的软实力来源很多并且需要详细的研究"。④ 外国学者除了研究中国软实力本身，少数学者还系统总结了中国学者分析中国软实力的观点。邦尼和梅丽莎指出：中国学者关于软实力讨论的两派观点，一是中国的悠久历史和传统文化是中国软实力的重要来源和核心要素；二是如何有效运用软实力资源才是发展软实力的关键。并且，他们认为国际上的学者大多关注中国软实力及其对世界影响，但是却忽略了研究中国自身对软实力的理解以及软实力在中国外交政策上究竟起到了怎样的作用，处于什么地位。⑤

另外，几份美国国会或权威研究机构发布的关于中国在东南亚的软实力研究报告也尤其值得注意：《中国在东南亚的软实力》⑥、《中国外交政策与软实

① Mingjiang Li. *Soft power*：*China's emerging strategy in international politics*, published by Lexington Books, United Kingdom, 2009.

② Mingjiang Li, "Domestic Sources of China's Soft Power Approach", *China Security*, Vol.5 No.2, 2009.

③ 参见 Lawrenge Grinter. "China, the United States, and Mainland Southeast Asia：Opportunism and the Limits of Power", *Contemporary Southeast Asia*, Vol.28, No.3, 2006。

④ Bates Gill, Yanzhong Huang. "Sources and Limits of Chinese 'Soft Power'", *Survival*, Vol.48, No.2, Summer 2006, p.30.

⑤ Bonnie S. Glaser and Melissa E. Murphy. "Soft power with Chinese Characteristics：the ongoing debate", See *Chinese Soft Power and its Implications for the United States*：*Competition and Cooperation in the Developing World*, a report of CSIS smart power initiative, edited by Carola McGiffert, March 2009, Washington D.C.

⑥ Thomas Lum, Wayne M. Morrison, and Bruce Vaughn. *China's 'Soft Power' in Southeast Asia*, CRS Report for Congress, RL34310, January 4, 2008.

力》①、《中国软实力及其对美国的影响：两国在发展中国家的合作与竞争》②，以及《亚洲软实力》③。华盛顿战略与国际研究中心的报告对中国软实力的现况进行了评估，认为"目前的中国缺乏具体的国家软实力战略，中国自身的软实力是防御性的和被动反应的，是为了减轻别的国家的中国威胁论意识"④。芝加哥全球事务委员会的报告采纳了约瑟夫·奈的软实力定义，对中国、越南、日本、韩国、印度尼西亚和美国超过6000人进行了访问。这个报告的最大特色在于设计了包括政治软实力、文化软实力、外交软实力、经济软实力和人力资本软实力在内的五大类指标，通过完整的指标体系来比较和衡量不同国家在亚洲地区的软实力状况。该报告认为中国在亚洲的软实力确实在上升，但是其影响力还是相当有限。

总的看来，国外研究软实力的历史以及成果较为丰硕，对奈提出的软实力理论进行了不同程度的补充或者对该理论的合理性进行了科学的质疑。而在对中国软实力的研究中，外国学者得出的结论大致相同，即中国的软实力确实在增长，中国对美国霸权挑战的可能性不能被完全排除，美国应当慎重对待这个潜在的竞争者。当然，也有一些学者更加倾向于认为中国只是为了发展经济而营造和平的国际环境，乐观看待中国软实力增长的事实。⑤

同样地，国外的软实力研究现状也存在着与国内相同的研究空白。国外学者要么分析中美两国的软实力构成、性质、政策以及具体运用等，要么对几个

---

① "China's Foreign Policy and 'Soft Power' in South America, Asia, and Africa," A Study Prepared for the Committee on Foreign Relations United States Senate by the Congressional Research Service Library of Congress, April 2008.

② Chinese Soft Power and Its Implication for the United States–Competition and Cooperation in the Developing World, A report of the CSIS smart Power Initiative, see http://www.csis.org/files/media/csis/pubs/090305_mcgiffert_chinesesoftpower_web.pdf.

③ Soft Power in Asia: Results of a 2008 Multinational Survey of Public Opinion, A report of the Chicago Council on Global Affairs.

④ Chinese Soft Power and Its Implication for the United States–Competition and Cooperation in the Developing World, A Report of the CSISSmart Power Initiative, see http://www.csis.org/files/media/csis/pubs/090305_mcgiffert_chinesesoftpower_web.pdf.

⑤ G. John. Ikenberry. "The Rise of China and the Future of the West", *Foreign Affairs*, January/February 2008.

国家的软实力大小进行比较，要么对特定国家在某一地区，如在东南亚、非洲、亚洲等地区的软实力展开分析。然而，国外在软实力研究方面，也鲜有在具体的某一国家为分析框架下，对一国的软实力进行具体探讨的相关文章。以新加坡作为软实力应用的社会背景进行相关研究更是软实力研究现状中的一大空白。

在研究方法上，国外学者似乎更加倾向于把软实力进行量化的研究，这与我国学者研究软实力的研究方法有明显区别。上面提及的美国芝加哥全球事务委员会发布的报告就是目前研究软实力构建的较为完整的一套指标体系。如果可以做到指标选取的客观和全面性，对于软实力现状的评估，尤其是对国家间的软实力进行对比将会更加直观和准确。英国一个慈善团体 2010 年针对全球 40 个国家的软实力排名进行了定量与定性相结合的调研，把软实力细化为治理、外交、文化、教育、商业 / 创新等五个指标，在这五个指标下面每个指标又细分为三到五个分指标不等。其研究特点就在于，在设置了量化指标的同时，研究还加入了由各方面专家组成的主观测量小组意见。由专家组对 40 个国家的六个不同方面进行定性讨论并量化打分。该项目的最终排名是按照 7∶3 的比例对客观指标和主观打分进行最后归一计算分值得出的。①　毫无疑问，这种主客观相结合的研究方法，应该比单独使用某种研究方法更加有助于提高在客观、全面评定软实力状况时的准确度。

（三）中国在东南亚的软实力

就中国在东南亚"软实力"这一具体问题来说，本课题组从数据库的检索中检索到的文章有：卢继鹏：《软实力与中国对东南亚外交》(《世界经济与政治论坛》2007 年第 4 期)；陈显泗：《论中国在东南亚的软实力》(《东南亚研究》2006 年第 6 期)；张锡镇《中国在东南亚的软实力和中美关系》(《南洋问题研究》2009 年第 4 期)。而海外学者对于中国"软实力"的研究也相

---

① Jonathan McClory. "The New Persuaders：An International Ranking of Soft Power", December 2010, www.instituteforgovernment.org.uk.

当丰富。[①] 其中尤其值得注意的是两份美国国会关于中国东南亚"软实力"研究报告：《中国在东南亚的"软实力"》(RL34310)；《中国外交政策与"软实力"》。近年来，对于中美两国在东南亚的软实力比较研究也有一些新的文章，如谭笑的《中美在东南亚地区的"软实力"比较》，该文章对中美两国在东南亚的软实力进行了比较，以及陈瑶的《美国对中国在东南亚软实力的认知——以国会研究处报告和民意调查为中心的分析》(《厦门大学学报》(哲社版)2009年第4期)。

本研究发现，中美学者对于中国在东南亚"软实力"的理解，除了基本的如在软实力的定义上存在差异外，在诸如中国外交政策的目标、中国软实力的资源、中国软实力的长处与劣势等方面，都存在较大的差异。

1. 中国的外交目标

美国学者（以国会研究报告为例），指出中国挥舞"软实力"的外交目的在于以下三个方面：(1) 保持持续经济增长；(2) 挤压台湾的国际空间；(3) 增加与美国竞争的国际地位。[②] 而中国学者在中国外交目标的态度上非常含糊，没有明确地表达出中国挥舞"软实力"的政策目标。

2. 中国"软实力"资源

就中国"软实力"资源来说，美国学者关注的是中国经济崛起所引发的吸引力，而对于中国学者所极力推介的"中国模式"却并不在意，美国国会报告对中国"软实力"的理解稍有差异，他们认为中国的"软实力"

① 海外专门研究中国"软实力"的成果如：Young Nam Cho and Jong Ho Jeong, "China's Soft Power: Discussions, Resources, and Prospects," *Asian Survey*, Vol. 48, Issue 3. Joe Wuthnow, "The Concept of Soft Power in China's Strategic Discourse," *Issues and Studies*, Vol. 44, No. 2 (June 2008); YanZhong Huang and Sheng Ding, "Dragon's Underbelly: Analysis of China's Soft Power," *East Asia*, Vol. 23, No. 4, Winter 2006; Sheng Ding, *Soft power and the rise of China: An Assessment of China's Soft Power in Its Modernization Process*, Ph. D. dissertation for The State University of New Jersey, 2006; Joshua Kurlantzick, *Charm Offensive: How China's Soft Power Is Transforming the World*, New Heaven and London: Yale University Press, 2007; Wang, Hongying; Lu, Yeh-Chung, "The Conception of Soft Power and Its Policy Implications: A Comparative Study of China and Taiwan", *Journal of Contemporary China*, Vol. 17 Issue 56, 2008。

② Congressional Research Service Library of Congress, "China's Foreign Policy and 'Soft Power' in South America, Asia, and Africa", April, 2008, pp.4-8.

来自于我国对外经济行为、多边主义倡议、文化影响以及旅游资源的吸引力。显而易见，中美学者对中国"软实力"的理解更是存在层次的差异。新加坡学者盛力军把"软实力"划分为"高层次软实力"（high soft power）（政治、社会制度与意识形态）与"低层次软实力"（low soft power）（文化、语言以及民族联系），盛力军认为只有"高层次的软实力"才是"形成国家之间联盟与紧密关系的关键"，而中国目前在东南亚的崛起还处于"低层次的软实力"。①

美籍华人学者王红缨认为，中国学者对于中国"软实力"资源的理解主要在三个方面：文化、制度与价值观。② 以门洪华的"中国软实力评估报告"为例，文中所提到的中国"软实力"的资源包括了：文化要素（儒家文化）、观念要素（改革开放）、发展模式（中国模式）、国际制度（中国参与国际制度战略）、国际形象。③ 可见中国学者所指中国"软实力"的资源主要来自中国的传统文化、当代中国的政治制度与价值理念。

3. 对中国"软实力"的优势与劣势的理解

中美研究中对于中国"软实力"的优势劣势与表现的理解角度也有所不同。美国的研究报告非常明确，所谓的优势与劣势是相对于美国而言的。报告指出，中国的"软实力"优势在于两个方面：一是"不附带任何政治条件"（主要指中国的对外援助不设定人权方面的政治条件）；二是中国的外援和对外投资方基本都是国有部门在进行，它们的援助行为更具有长远战略倾向，而不用过多考虑短期经济效益。根据美国的报告，中国"软实力"的劣势在于：缺乏外交政策实现的基础（获得中国援助的国家未必会按照中国的意愿行动）。④

---

① Sheng Lijun, "China in Southeast Asia: The Limits of Power", *Japan Focus*, August 4, 2006.

② Wang Hong-ying, Lu Yeh-Chung, "The Conception of Soft Power and Its Policy Implications: A Comparative Study of China and Taiwan", *Journal of Contemporary China*, Vol. 17 Issue 56, 2008, pp. 428–430.

③ 门洪华：《中国软实力评估报告（上、下）》，《国际观察》2007年第2、3期。

④ Congressional Research Service Library of Congress, "China's Foreign Policy and 'Soft Power' in South America, Asia, and Africa", pp. 11–13.

二、软实力：概念、特点与功能

（一）软实力的概念

新自由主义主要代表人物之一的约瑟夫·奈，是最早提出软实力（soft power）概念的学者。然而，他并非是认识到软实力重要性的第一个学者。早在 2500 年前，老子在《道德经》中就已经提出了"以天下之至柔，驰骋天下之至坚"。中国古人在战争中所追求的最高境界是战略家孙子提出的"不战而屈人之兵"、孟子的"仁者无敌"思想等都是对软实力的一种重视。一般认为，第一个提出并较为系统地讨论软实力（但没有明确使用"软实力"这一概念）的学者是意大利的安东尼·葛兰西。在葛兰西看来，软实力的表现形式是意识形态和文化。他认为在资本主义国家中，最有效的政权统治工具并不是诸如武装部队或者警察之类的硬实力，而应该是在国家中占据了霸权地位或正在或已经上升为霸权地位的意识形态和文化。[①] 诚然，葛兰西对软实力的探讨仅仅局限在对国内政治的分析，而奈则把软实力延伸至国际政治的框架下进行讨论。

有学者认为奈的软实力思想是受到了政治学家彼得·巴克莱奇（Peter Bachrach）和摩尔顿·拜拉茨（Morton Baratz）的启发，他们在 20 世纪 60 年代发表于《政治学评论》（*Political Science Review*）上的《权力的第二张面孔》（*Two Faces of Power*）以及《决定与非决定：一种分析框架》（*Decisions and Nondecisions: Ananalytical Framework*），这两篇文章对奈提出软实力概念有重要的影响。[②]

奈把软实力理解为，其他国家愿意追随或认可某一特定国家所期望实现的世界政治目标的情势。而这种情势的表现形式即"第二种实力"，这种实力又

---

① 郑永年、张弛：《国际政治中的软力量以及对中国软力量的观察》，《世界经济与政治》2007 年第 7 期。

② 刘德斌：《"软实力"说的由来与发展》，《吉林大学社会科学学报》2004 年第 4 期。

称为同化实力（co-optive power）或软实力，在一个国家成功使得其他国家接纳乃至直接以其预期目标为目标时产生，"它与命令他者按照其意志行动的硬实力或指令实力形成了对照"。① 奈最初提出的同化实力是指"一个国家造就一种情势、使其他国家效仿该国发展倾向并界定其利益的能力"，同时他认为这种实力"往往来自文化和意识形态吸引力、国际机制的规则和制度等资源"，而"多国公司是同化实力的另一来源"。② 奈认为，随着冷战的结束，国际社会已经从冷战时期的硬实力对抗逐渐转变为由经济、文化等因素突出作用于国际关系的巨大变革，也即是"权力性质的变化"③。并且奈认为当今世界的五大趋势分散了国家权力：经济的相互依赖、跨国行为体、脆弱国家的民族主义、科技的发展和运用、正在改变的政治议题。④

2002 年，奈对软实力概念进行了补充，他指出"许多软实力来自政府控制之外的社会力量"，"软实力部分是由政府创造的，部分与政府无关"，在信息时代中变得日益重要的软实力"在某种程度上是社会、经济的副产品，而不单纯是官方行为的结果。自身具有软实力的非政府组织可以搞乱和阻碍政府为达到预期目标所做的努力，大众文化的提供者有时也会妨碍政府机构实现它们的目标"。⑤ 根据奈的软实力理论，在信息时代可能获得软实力的国家需要具备以下条件：（1）一国的主流文化和价值观念更接近于普遍的全球性规则；（2）具备多渠道的交流方式，从而对各种问题的定性存在巨大的影响力；（3）一国的国内以及国际表现有助于增强其国家信誉和形象。⑥ 2004 年，通过民意调查和历史研究，奈的《软实力：世界政治的制胜之道》一书对软实力的定义进行了重

---

① ［美］约瑟夫·奈著：《硬实力与软实力》，门洪华译，北京大学出版社 2005 年版，第 105—107 页。

② Joseph S. Nye, Jr. "Soft Power", *Foreign Policy*, No. 80, Fall 1990：153-171.

③ Joseph S. Nye, Jr. "The Transformation of World Power", *dialogue*, No.4, 1990.

④ Joseph S. Nye, Jr. "Soft Power", *Foreign policy*, No.80, Twentieth Anniversary（Autumn, 1990）：160.

⑤ ［美］约瑟夫·奈著：《美国霸权的困惑：为什么美国不能独断专行》，郑志国、何向东、样德、唐建文等译，世界知识出版社 2002 年版，第 73—77 页。

⑥ ［美］约瑟夫·奈著：《美国霸权的困惑：为什么美国不能独断专行》，郑志国、何向东、样德、唐建文等译，世界知识出版社 2002 年版，第 73 页。

新推敲，并对其内涵和局限性进行了深入探讨。[①] 有学者认为此书的出版是约瑟夫·奈软实力理论正式形成的重要标志，同时也表明了软实力理论得到越来越多人的关注与承认，在国际关系理论的众多流派中自成一体。[②] 2006 年，奈在《外交政策》上发表了《软实力再思索》一文，对软实力的相关问题进行了回应，进一步廓清软实力理论。现整理归纳如下表[③]：

表 1　关于软实力的十大经典问题

关于软实力的十大经典问题	奈的回答
1. 软实力就是文化软实力	部分正确
2. 经济实力是软实力	不是
3. 软实力比硬实力更人道	不一定正确
4. 硬实力可以衡量，软实力则不能	错误
5. 欧洲过度依赖软实力，而美国则过度依赖硬实力	正确
6. 布什政府忽视了美国软实力	相较于第二任，该说法在第一任较准确
7. 有些目标只能通过硬实力实现	毫无疑问
8. 军事资源只产生硬实力	不是
9. 运用软实力是困难的	部分正确
10. 软实力与当前的恐怖主义威胁无关	错误

综上所述，软实力概念是在冷战后世界权力的性质以及权力结构发生改变的前提下提出的。奈认为随着实力概念以及其内涵的不断扩大，软实力的重要性日益凸显，给世界政治带来了"革命性的影响"。

（二）软实力的特点

区别于硬实力的有形性及可测量性，软实力由于其本身就是一种相对于硬实力而言的实力形式，因此更多地倾向于表现为一些相对无形的因素。根据软

---

① Joseph S. Nye, Jr. *Soft Power*：*the Means to Success in World Politics*，New York：Public Affairs，2004.

② 肖欢著：《国家软实力研究：理论、历史与实践》，军事谊文出版社 2010 年版，第 19 页。

③ Joseph S. Nye, Jr. "Think Again：Soft Power"，*Foreign Policy*，2006，Feb.

实力的本质和构成要素，其特点大致可以归纳为以下几点。

一是软实力的抽象性。谈及软实力，部分学者会把其等同于"文化"。这也就涉及软实力的构成要素的问题。奈对软实力的定义就是从相对无形的因素出发，把文化、政治价值和外交政策作为软实力的三大来源。基于奈提出的软实力因素基础之上，研究软实力的学者和机构又根据不同的研究背景对软实力的要素进行了更加丰富的划分。柯兰齐克指出，"在亚洲语境下，中国及其邻国采用了一个更宽泛的软实力概念，潜含着除了安全领域以外的所有因素，包括对外投资和援助"①。2008 年，芝加哥全球事务委员会在针对东亚国家软实力的一份调研报告中，把经济（体制）、文化、人力资本、外交和政治作为国家软实力的五大指标，共同构成国家软实力指数（ index ），并用这一指数对东亚主要国家的软实力作了评估②。美国参议院外交关系委员会也采用了外延更为丰富的国家软实力概念，他们认为，国家软实力的构成要素包括国际贸易、海外投资、发展援助、外交倡议、文化影响力、人道主义援助和灾难救济、教育以及旅游等多方面内容③。虽然不同的学者对软实力要素的理解都有所不同，但是他们列举出来的所有诸如文化、价值、政策、体制等这些概念都极富抽象性，这些要素难以准确量化，也就造成了软实力理论的一个发展瓶颈：一个大而无当、空洞无实的概念。在严谨的学理分析中，这种概念宽泛，无从准确定义的理论，既可以看成是和一切事实结果联系在一起，有着某种程度上的因果关系，但是认真追究起来，却又无从谈起它的因果关系，这就又等于与什么都没有联系。④ 因此，虽然这些要素都是客观存在的，但是大多无法直接进行量化分析，只能通过个人或大众的直接感知。加上个体差异的存在，对软实力大小的感知也就存在着很大的个体区别。这也就形成了下文要讨

---

① Joshua Kurlantzick, "China's Charm: Implication of Chinese Soft Power", *Policy Brief*, vol. 147, June 2006.

② The Chicago Council on Global Affairs, East Asia Institute, *Soft Power in Asia: Results of a 2008 Multinational Survey of Public opinion.*

③ Committee on Foreign Relations, *China's Foreign Policy and "Soft Power" in South America, Asia, and Africa*, April 2008.

④ 苏长和：《国际制度与中国软实力》，见门洪华主编：《中国：软实力方略》，浙江人民出版社2007 年版，第 114—115 页。

论的软实力的第二个特点。

二是软实力的主观性。软实力的表现形式主要是一种吸引、被认同的方式，软实力的存在及其大小，除了软实力主体本身的实力大小之外，还取决了对象国的接受程度，也即是受吸引程度。一国的文化、政治价值、外交政策等，即使强大如美国，也不是全球所有国家都对其表现出完全接纳的姿态。如美国的自由民主观念对大多数民主国家都产生强烈的吸引力，而在某些特定国家，则有可能被认为是对其国家政权的一种威胁。如在中东的一些国家看来，美国的价值观恰恰是"邪恶"，甚或"异端"的表现。因此，软实力能否起作用，能起多大作用，关键还要看特定的对象的具体现实。又如美国的文化，有人认为其追求自由、重视人权；也有人认为其过度提倡个人主义、鼓吹消费、享乐至上，过于暴力、色情等。总而言之，软实力并不存在放之四海而皆准的现象。

三是软实力的多元性。软实力的多元性主要表现在两个方面，一是软实力来源途径的多元化，二是软实力拥有者的多元性。软实力本身就是一个开放的并且相对宽泛的概念，根据不同学者对软实力的不同理解，其实力来源可以进行多渠道的划分。其次，与硬实力的单一拥有主体——主权国家相区别，软实力的拥有者可以是国家，也可以是企业、跨国公司、非政府组织，甚至个人等等。

四是软实力的灵活性。即使科技发展到了今天，硬实力的运用依然受到地理、空间、时间等方面因素的制约。而软实力的运用则有其独特的灵活性。包括报纸杂志、电台、电视、互联网等在内的大众媒体都是软实力传播的主要载体，这些载体可以第一时间使受众获取或传播信息。随着互联网的迅速发展和日益普及，政府或某一集团垄断或操控信息的可能性越来越小，难度也随之越来越大，这也就保证了软实力传播的便捷以及灵活性。可以说，软实力的传播，几乎不受时空、地域的限制。

（三）软实力的功能

约瑟夫·奈认为随着世界政治格局的不断变化，权力的性质也发生了新的转变。同时，随着权力强制性的降低，一向基于军事、政治和经济权力等硬实力来追求和实现国家利益的国家，再也难以通过采取强制性行动来达到其全部政策目标。这种变化，使得软实力在国家相互依赖程度日益加深的信息时代显得尤其重要。

换而言之，软实力的功能主要体现在使得"一国可以利用软实力和同化权力创造出一种环境，使其他国家能模仿该国的方式考虑自己的发展，确定自己的利益"①，即软实力具有维护国家利益的作用，包括提供并保障政权存在的合法性、增加政权运行的稳定性、增强政治当局的凝聚力、塑造国家的良好形象以及维护国家的安全利益等。②

软实力的积极作用，学术界已进行了较多的探讨。从软实力概念产生之初，其推动国家发展、改善国家形象、促进国家利益的实现等方面的作用已经得到了深入的论述。

然而，软实力之于国家的作用还应当一分为二地看待。过多地强调一国的软实力，可能会适得其反地成为国家发展的障碍，亦即软实力的负功能。③这一点从软实力主观性的特点可以得到解释。软实力的大小，除了取决于一国软实力资源及其运用能力之外，还需要把对象国对该国的软实力所持的态度进行区分。对象国肯定或否定的态度对于实施国来说完全可能出现两种截然不同的结果。即使对象国持肯定态度，仍需要把对象国对该国软实力的接受程度进行具体的分析。这里讨论的负功能，也即当对象国对该国软实力持否定态度时，将会出现该国软实力越强大，那么该国在对象国的软实力实际上则越弱小的局面。这种负功能，实际上就是当对象国对实施国软实力资源或软实力应用表现出某种反感甚至抗拒的时候，实施国越强调其软实力，那么在该对象国的软实力则越小。这时候再一味强调运用软实力，则会影响实施国国家利益或战略目标的实现。

总括起来，无论软实力的正功能还是负功能，其实软实力的功能就在于塑

① 刘颖：《相互依赖、软权力与美国霸权：小约瑟夫·奈的世界政治思想研究》，中国社会科学出版社 2010 年版，第 176 页。
② 孟亮：《通向大国之路的软实力》，人民日报出版社 2008 年版，第 149—173 页。
③ 胡键：《软实力新论：构成、功能和发展规律——兼论中美软实力的比较》，《社会科学》2009年第 2 期。

造国家形象：塑造自我形象（反映一国的文化、价值观念），或者塑造一个新的他者（利用同化性权力改变他者）。①

（四）软实力与硬实力的关系

软实力，指的是一种能够通过吸引，而不是强迫性或欺骗性的诱导来达到自身目的的能力。而硬实力则指的是已经经过物化了的各种有形力量或物质力量，是国家实力的具体外在表现形式，一般包括了经济、军事、人口、领土、自然资源等要素。② 硬实力和软实力的总和则是一国国家实力（Power）的主要组成部分。汉斯·摩根索把国家实力的主要要素分为：地理、自然资源、工业、军事、人口、民族特性、民族士气、外交质量和政府质量等九个方面。③ 在这九项国家实力构成要素中，前五项可以划归为硬实力，而后四项则为软实力。需要指出的是，尽管在某些情况下软、硬实力可以作出清晰明确的区分，但是在实际操作过程中，往往又会出现如下的困扰：实力的软与硬是相对而言的，两者既紧密相连，但又很难作出绝对的区分。有学者根据软硬实力的不同侧重点，把两者进行了比较，得出以下结论，见下表④：

表 2　软硬实力的比较

	硬　实　力	软　实　力
权力文明归属	物质文明	精神文明或政治文明
实力规定标准	绝对添加与自我满足	社会认同与他人尊重
实力生成重点	内在建设	国际互动
国家利益目标	追求绝对的国家利益	相对的国家利益
基本增长路线	现实主义	建构主义或自由主义
隐含安全观念	绝对安全观	共同安全观
本体论立场	物质主义本体论	社会本体论或者理念主义本体论
世界观念倾向	多与民族主义联系在一起	多与天下主义或国际主义联系在一起

---

① 胡键：《软实力新论：构成、功能和发展规律——兼论中美软实力的比较》，《社会科学》2009年第 2 期。

② 赵刚、肖欢：《国家软实力》，新世界出版社 2010 年版，第 50 页。

③ Hans J. Morgenthau, *Politics Among Nations*: *The Struggle for Power and Peace*, New York: Alfred A. Knopf, 1985：127–170.

④ 郭树勇：《新国际主义与中国软实力外交》，见门洪华主编：《中国：软实力方略》，浙江人民出版社 2007 年版，第 207 页。

从一般意义上来看，软、硬实力都是国家实力的表现形式，都是一国通过对他国施加影响进而实现自身国家利益或达到本国目标的能力。也就是说，不管软实力还是硬实力，二者都是为国家利益服务的工具和手段。

从物质决定意识的角度来看，软实力的存在需要以硬实力作为基础。一个经济落后、军事力量欠缺的国家通常无法在国际舞台上自如地表达自身的诉求，更无法有效地追求自身的国家利益。它往往需要通过寻求别国，尤其是综合国力较为强大的国家的帮助，从而改善、发展其国家状况。这类国家也就很难谈得上具有多大的软实力，在国际社会上有多少吸引力了。因此，软实力必须以硬实力作为物质基础，虽然两者之间并不存在着必然的转化关系，但是一定程度的硬实力却是软实力存在的物质保证，甚至可能是提升软实力的关键所在。

从辩证的角度来看，一国硬实力的增长可能有助于软实力的提升，但是在相当一部分情况下，硬实力的发展却不一定可以换取软实力的同步发展。一国如果仅仅注重硬实力的发展，在追求经济总量、扩展军事实力的同时，对环境、周边国家的发展造成不良影响，甚至损害别国利益，这个国家将会被国际社会认为是不道德的国家。一个国家即使拥有再强大的硬实力，罔顾别国利益，既不承担相应的国际责任，又对国际社会的其他成员发展造成不利影响，阻碍国际社会和平进程发展，其软实力也根本无从谈起，更不用说其文化、价值观还有多少吸引力。一国只有在合理发展及运用其硬实力的前提下，才可以促进其软实力的发展。与此同时，软实力虽然以硬实力为基础，但是软实力也可以反过来作用于硬实力。软实力可以通过其影响力和吸引力，帮助实现单靠硬实力难以达到的国家目标，并且促进硬实力的进一步发展。

有鉴于此，一个国家的综合国力不是软实力和硬实力两者的简单累加，而是两者的相互渗透和统一。一些构成软实力的因素中也可能包含硬实力因素，反之亦然。比如，文化，一般把文化看成是软实力的范畴，但是文化产业也是国际贸易和国内生产总值的重要组成部分，因此很难把文化和经济分割开来。再比如，科学技术、知识经济等。而且，各种实力的形式可以相互转化，如一国的经济实力可以转化为军事实力，并进一步转化为政治影响力。而软实力在一定程度上也有助于增强硬实力的合法性、吸引力和号召力。当然，软实力也会因为政策的失误而受到损害。

约瑟夫·奈在接受《世界经济与政治》的学者访谈时，谈及了对软实力与硬实力两者之间关系的看法，他认为软实力和硬实力之间存在着很多的共同点。以经济力量为例，经济实力可以根据不同的条件转化为软、硬两种实力。当一国采取强硬的经济制裁手段，这时的经济实力则更多地表现为硬实力；而当一国通过国家经济的发展成果以及国民经济所创造的财富来吸引他国时，经济实力则又转变为软实力。再比如军事力量，虽然一国拥有规模多大的军队、拥有多少武器等是典型的硬实力，然而在某些情况下军事力量也可以表现为软实力。当一国派遣的维和部队在执行任务时表现出人道主义和敬业精神，或者在对抗自然灾害中，救助官兵所体现的无私奉献、团结互助、抗灾救灾的精神等，都是一国军事力量外化成软实力的具体表现。①

因此，软硬实力之间的区别从某种意义来说只是程度上的问题，因为两种权力形式都反映了通过影响、控制他人行为以达到自己目的的能力。严格来区分的话，软硬实力之间主要存在着以下的不同之处。

首先，在实力的表现形态方面，硬实力是有形的，看得见、摸得着的实力，其大小规模可以进行具体的量化。而软实力，顾名思义，其包含的因素往往是无形的。如果说硬实力是国家实力的外在表现形式，那么软实力则更多地表现为内在形式。

其次，在运用实力的行为体层次方面，掌握并使用硬实力的行为体主要是国家，一般说一国的军事、经济、人口等方面的实力，其所有人都单一地是主权国家。而软实力的行为体除了国家之外，还包括了社会团体、个人、非政府组织、跨国公司等等，其行为体是多层次、多方面的。

再次，在实力的运用途径方面，硬实力主要是通过一种直接的手段，并且强制性地作用于特定目标。而软实力则更多地通过一些较为间接的方式，非强迫性地通过有效吸引目标国，从而影响目标国的行为，进而达到自身的目的。

---

① ［美］约瑟夫·奈、张哲馨：《自由主义化的现实主义者——对约瑟夫·奈的访谈》，《世界经济与政治》2007 年第 8 期。

倪世雄把硬实力归结为一种"对抗型"实力，而把软实力归结为一种"合作型"实力，[①] 这种分类也是基于两种实力其不同的作用途径来进行的。

总而言之，软实力与硬实力之间相互联系，相互作用，两者都是一国综合国力的重要组成部分。在研究软实力的时候既要强调软实力日益增长的重要性，又要注意到硬实力对软实力的基础性作用。"离开硬实力谈软实力是不现实的。同样，离开软实力谈硬实力也不可取。"[②] 诚如奈所总结的："大多数国家要达到目的，必须软硬实力兼而有之，关键在于能够把二者有效地结合起来，形成一个统一的战略。"[③]

三、软实力评估体系与研究设计

（一）软实力评估体系

软实力，所谓"软"，顾名思义即对某种力量的定性，区别于硬实力。如前文所述，软实力具有抽象性、主观性、多元性、灵活性等特点，加上软实力的来源见仁见智，要对软实力大小进行准确、全面、统一的评估，不管在理论层面还是在实际操作过程中都存在着相当的难度。

软实力大小的难以测量和区分，很大程度上归因于其构成要素的不可测量或难以量化。这也就导致了难以统计一个国家确切的软实力规模的结果。奈也承认软实力作为概念是描述性的，也即我们可以感知并尝试分析经由文化、政治价值观或国家对外政策等因素而产生的吸引力，但由于这些要素本身的抽象性，以及它们之间错综复杂的关系，研究者无法用算术运算，如简单的加减方法得出这些要素与软实力之间准确的完全对应的关系。[④] 尽管如此，奈在

---

① 倪世雄著:《当代西方国际关系理论》，复旦大学出版社 2002 年版，第 393 页。
② 肖欢著:《国家软实力研究：理论、历史与实践》，军事谊文出版社 2010 年版，第 71 页
③ ［美］约瑟夫·奈、张哲馨:《自由主义化的现实主义者——对约瑟夫·奈的访谈》,《世界经济与政治》2007 年第 8 期。
④ ［美］约瑟夫·奈、张哲馨:《自由主义化的现实主义者——对约瑟夫·奈的访谈》,《世界经济与政治》2007 年第 8 期。

2004 年开始了基于民意调查数据以及历史研究结果相结合的方法，对软实力进行量化的分析和研究，这是软实力量化研究的有益尝试。奈认为即使不能准确量化软实力，但是"这并不是说，软实力是绝对不能量化的。尽管我们无法具体到精确的数字，但可以通过民意测验等方法来衡量诸如文化吸引力、社会传播能力、外交吸引力等各项指标，因为这些因素可以为一个国家创造软实力"。[①]

国内学者对软实力的研究和评估大多通过定性的方式进行，其中也有一部分学者先后尝试通过定量分析对一国的软实力进行评估或者对两个以上国家的软实力大小进行比较。如王京滨教授对大阪产业大学的学生进行问卷调查，通过分析问卷反映的数据，从中国和日本两国的魅力指数以及日本学生对中日的软实力评价因子分析结果进行比较，对中日的软实力进行实证分析。[②] 该文是较早定量分析软实力的文章，其通过问卷调查方式进行的科学研究在后期获得了更加广泛的运用。但是也有学者认为"由于他以对大阪产业大学大学生问卷调查的结果为依据比较中日软实力，也就是以人的主观感觉作为国家实力的判断标准，因此缺少客观性"。[③]

以问卷调查为基础进行的软实力定量研究，还包括方长平通过运用国际民意调查机构澳大利亚鲁威研究所（Lowy Insititue）、安赫尔特国家"品牌"指数（Anholt Nation Brands Index）、英国广播公司国际广播电台、美国皮尤研究中心等组织的民意调查数据，对中美软实力的大小进行比较。[④] 张宇权使用盖洛普民意调查结果对中美软实力在东南亚国家中的影响进行比较。[⑤]

此外，也有少数学者尝试构建评估软实力大小的方程式。阎学通教授提出通过由国际吸引力、国际动员力以及国内动员力这三个要素对软实力进行定量

---

① ［美］约瑟夫·奈、张哲馨：《自由主义化的现实主义者——对约瑟夫·奈的访谈》，《世界经济与政治》2007 年第 8 期。

② 王京滨：《中日软实力实证分析——对大阪产业大学大学生问卷调查结果的考证》，《世界经济与政治》2007 年第 7 期。

③ 阎学通、徐进：《中美软实力比较》，《现代国际关系》2008 年第 1 期。

④ 方长平：《中美软实力比较及其对中国的启示》，《世界经济与政治》2007 年第 7 期。

⑤ 张宇权：《中美软实力在东南亚国家中的影响比较——以"和谐世界"和"民主联盟"为中心》，《厦门大学学报》（哲学社会科学版）2010 年第 3 期。

研究，并试图通过这一评估体系对中美软实力进行比较。[①] 但北京大学软实力课题组认为其定量分析存在着一些硬伤。其一，其提出的软实力计算模型具有狭隘性。"狭隘之处在于未能认识到国内动员力的主体不仅仅是政府，还包括作为客体的社会本身"。其二，其提出的软实力计算模型缺乏民意调查。"没有民意调查作为基础，计算就会严重偏离实际，不仅失去指导意义，甚至可能丧失学术的客观性，沦落为一种自欺欺人的意识形态工具"。其三，其提出的软实力计算模型忽略了对各指标权重的设定。"阎学通批评定性分析并不能使我们知道不同性质的软实力何者效力大"，"而阎学通们则采取了一个'简单粗暴'的做法。他们未能意识到，权重问题根本无法避免，除以 2 或 3 仍然是在设定权重，只是这样的规定办法比较隐蔽，不容易识破而已。实际上，比较可靠的权重确定办法是专家集体商讨确定，并根据事实不断进行调整"。[②]

另外，胡键通过方程式：软实力 = 国家运用软实力资源的能力 ×（国家结构性资源 + 国家功能性资源 + 国家政策性资源），对中美软实力的构成以及大小进行比较研究。[③] 胡键强调，其公式中的变量，"不是表示其所代表的资源量的多少，而是代表该资源的权重值"，"软实力的大小还要看分析者对该资源在软实力框架中重要程度的评价，即权重值"。诚如其言，"这一方程式不完全是对软实力大小的定量分析，而是对软实力大小的程度分析，是定性与定量相结合、以定性为主的分析关系式"。[④]

除了通过既定方程式对软实力进行定量分析之外，还有一部分学者对软实力的指标体系进行了深入探讨。"国家软实力的指标体系是为了客观地评估国家软实力而设置的一套相互联系、相互补充的指标范畴"。[⑤] 在胡键的软实力

[①] 阎学通、徐进：《中美软实力比较》，《现代国际关系》2008 年第 1 期。
[②] 北京大学软实力课题组：《软实力是否可以量化？》，http://theory.people.com.cn/GB/166866/166886/10068384.html，2011–10–24。
[③] 胡键：《软实力新论：构成、功能和发展规律——兼论中美软实力的比较》，《社会科学》2009 年第 2 期。
[④] 胡键：《软实力新论：构成、功能和发展规律——兼论中美软实力的比较》，《社会科学》2009 年第 2 期，第 5 页。
[⑤] 胡键：《软实力新论：构成、功能和发展规律——兼论中美软实力的比较》，《社会科学》2009 年第 2 期，第 7 页。

指标体系中，根据系统性、可行性、定性分析与定量分析相结合的基本设计原则，其指标体系主要由同化力、规范力以及影响力3大部分组成，通过文化、发展模式、国际制度、外交能力、国内状况、科技信息、国际传媒和国家形象，这8项指标下的30个观测点（其中23个观测点为定量型观测点，7个观测点为综合型观测点），对国家软实力的状况进行评估。[①]

国外有两项研究值得关注和借鉴。其中之一是美国芝加哥全球事务委员会（The Chicago Council on Global Affairs）和韩国东亚研究所（EAI）联合发布的《2008年亚洲软实力》，该报告设计了一系列数据和指标来比较和衡量不同国家在亚洲地区的软实力，这些指标包括政治软实力（political soft power）、文化软实力（cultural soft power）、外交软实力（diplomatic soft power）、经济软实力（economic soft power）和人力资本软实力（human capital soft power）五大类。经济方面主要包括经济关系的重要性、购买产品的可能性、自由贸易协定、在亚洲的经济影响、帮助亚洲国家发展经济、人道主义援助、公司贡献、竞争性经济、劳动人口的经济机遇、企业家精神、重要的跨国公司、产品质量；人力资本方面包括学习语言、受高等教育的人口、尖端科技、名牌大学；文化方面包括文化影响的传播、流行文化的影响、流行文化的经济影响、电影电视和音乐、流行文化、丰富的文化遗产、旅游目的地；外交方面包括：使用外交手段解决问题、尊重主权、建立互信与合作、人道主义援助、国际机构的领导权、朝鲜危机解决的有效性、台海关系的效力、在亚洲推进政策的效力；政治方面包括尊重人权、服务人民的政治体系。进一步则可细分为经济影响、文化影响、经济关系的重要性、在亚洲推动政策程度、对国家的态度、未来威胁感、外交手段的运用、认同度、自由贸易、军备竞赛等诸多方面。[②] 根据该研究报告，尽管中国在亚洲地区有着强烈的历史和文化联系，但实际上中国在亚洲的文化软实力仅为"中等"，不仅继续落后于美国，而且还落后于日本和韩国。

[①] 胡键:《软实力新论：构成、功能和发展规律——兼论中美软实力的比较》,《社会科学》2009年第2期，第7页。

[②] Soft power in Asia: Results of A 2008 Multinational Survey of Public Opinion, The Chicago Council on Global Affairs, 2009.

其中之二是皮尤世界民情项目（The Pew Global Attitudes Project）。该项目于 2008 年 7 月公布了对全世界 21 个国家展开调查的结果，结果显示，尽管中国在世界（尤其是亚洲和非洲）事务中的影响力很大，但绝大多数国家认为中国在以单边方式行事。[①] 该研究的目的本身并不是研究国家软实力，而是研究国家形象以及国家态度，并在全球范围内广泛展开调查。国家形象与国家软实力存在一定的关系，其中所涉及的很多问题，对我们开展软实力研究其实很有帮助。

此外，还有其他一些研究计划，如亚洲气象站（Asian Barometer）于 2005—2006 年期间，在菲律宾、印尼、新加坡、泰国、马来西亚、越南六国进行的有关民主、治理和发展的田野调查。结果发现日本在该地区的影响要比中国的影响更为积极，相比之下，大陆上的东南亚国家（如越南、泰国）比海岛上的东南亚国家（如菲律宾、印尼）对中国的认知更加积极。[②] 由于亚洲气象站的调查主题涉及民主、治理与发展等问题，对我们的研究也有一定的启发意义。

（二）研究思路与设计

正是在学者的不断尝试与争论下，评估软实力的指标体系以及涉及内容开始展现雏形，随着探讨的不断深入，软实力在定量研究方面的缺失也正在被逐渐修复。不可否认，在遴选指标时，虽然尽力想要做到指标的差异化、完整化，但是仍然无法避免某些指标之间的可能出现的交叉重叠现象。

截至目前，尚未有一种能够准确量化分析软实力，或对不同国家之间软实力大小进行比较的，已达成共识的科学办法。但是，总结诸多学者在量化软实力方面的研究探讨，可以较为肯定的是，一套科学、全面、系统的评估软实力体系，既要有主观（包括民意调查、专家意见等）的指标，又要有根据软实力构成要素组成的客观指标；既要有定量研究的部分，又要有一定的定性研究，

---

①　"22-Nation Pew global attitudes survey", Pew Global Attitudes Project, 2008.

②　可参见亚洲气象站的网站：http://www.asianbarometer.org/newenglish/surveys/ABS3Core Questionnaire.pdf.

以作为软实力指标难以量化部分的补充；既要有明确细化的软实力指标体系，又要有合理的指标重要度，即权重值。

在结合上述国内国际研究成果的基础上，本研究在问卷设计的结构上，主要采取了芝加哥委员会《2008年亚洲软实力》报告以及皮尤中心的部分研究内容，将问卷内容设计为综合认知、经济软实力、文化软实力、政治软实力、外交软实力和其他等六大块。在问卷内容的设定上，既综合各种研究所长，又单独设计了一些问题对某些问题进行探讨。

不过需要指出的是，统一的问卷当然有利于对各国的数据进行横向比较，但在实际中并不容易操作。我们在越南进行调查期间，发现由于很多问题的"敏感性"，很多受访者拒绝对这样的问题作出选择，比如"中国是朋友还是敌人"，而类似的问题在菲律宾却并不存在。芝加哥全球事务委员会在进行亚洲软实力调查时，也遇到了同样的问题，考虑到一些问题的敏感性，他们同样对一些问题进行了处理。因此，考虑到与中国有关的问题在越南的敏感性，我们对越南版本的问卷进行了处理，即尽量降低问题的敏感性，采取"符号"或者"象征"的方式来提出问题，但能达到最终的目的。

（三）基本架构

本书分成三大部分，第一部分是国别比较，我们选取了在东南亚地区比较有代表性的六个国家，包括印尼、菲律宾、泰国、越南、新加坡和缅甸，分析比较中美日印在这六个国家的软实力总体表现，各自的优势与劣势，共有六章。鉴于中美日印在这六国的存在与影响力有很大的差别，尤其是印度，在一些国家的存在与影响相对比较小，加上印度的资料收集相对比较困难，因此，我们在比较分析时，是有所侧重的。例如，在新加坡部分，我们只对中美两国进行比较研究；而在缅甸部分，由于西方长期对缅甸进行制裁，西方大国对缅甸的影响很小，只是在最近2—3年，美国等西方国家才又重新回到缅甸，鉴于此，我们只对中国和印度两个大国在缅甸的软实力进行比较。

第二部分是专题研究，主要是针对软实力的某个领域，对各大国在东南亚的存在与影响力进行比较分析，包括经济软实力、军事软实力、大国的国家形象等方面。在这个部分，我们专门开辟一章，对印度在东南亚的软实力的基本情况、历史、现状及其局限性等问题进行分析，这一章的作者是印度的一位青年学者，她的观点和见解非常有代表性，不可不读。

本书认为，一国对他国的软实力，产生与输送的渠道主要有三个：一是多边外交；二是文化外交；三是对外援助。因此，我们特别安排三章对上述问题进行论述。第二部分的第 11 章、第 12 章和第 13 章，通过分析软实力产生与输送的渠道，包括多边外交、文化外交和对外援助，对大国在东南亚的软实力进行比较。

第三部分，即第 14 章，是对整书的总结，提出战略思考和对策性建议。

最后我们要特别强调一点，东南亚是一个高度多样性和多元化的地区，纵使现在 10 个国家都已经成为东盟成员国，而且正在努力加快区域一体化的步伐，希望在比较短的时间内建设成为一个更加紧密的东盟共同体。然而，这个地区的多样性与多元化仍然是必须充分正视的，我们在开展研究工作时，必须充分地考虑到如下几点：

1. 东盟并没有统一的对外政策，尽管东盟努力进行协调，然而，10 个国家都仍然奉行自己的特殊的对外政策，由于历史的现实的许多因素的作用，东盟 10 个成员国与四个大国的关系均不相同，亲疏程度有很大的差别。

2. 各国的政治经济制度和社会文化体制均存在很大的差异性，社会经济发展水平各异，有些国家已经是高收入国家，有些国家却还在贫困线上挣扎。

3. 各国的民族、种族、宗教信仰、文化、生活方式都有很大的不同。

4. 中美日印四大国虽然在东南亚都有存在与影响力，但由于历史及现实的诸多因素的影响，他们对东南亚各国施加作用与影响力的程度有很大的差别，作用的方式也不尽相同，同一个大国对某个东南亚国家不同的历史发展时期，其存在与影响的方式和程度也不相同。

上篇：

国别比较

第一章　中美日印在印尼的软实力比较*

印尼是东南亚举足轻重的地区大国，中美日印对它的战略地位都高度关注。在新世纪的地区国际政治角力中，软实力的引入使得四大国对印尼的"争夺"也产生了一些新的变化。在同印尼接触的过程中，四大国不仅在传统外交渠道上继续加力，一些新的外交手段——公共外交、文化外交、经济外交、科技外交、族裔外交也轮番上场。本研究分为三部分，一是印尼在地区国际政治中的显著地位；二是中美日印对印尼的软实力战略；三是对四大国对印尼影响的评估分析。

本研究不仅对中美日印四国与印尼非传统领域的关系进行了梳理与分析，还对印尼各阶层民众对四大国的态度与看法进行了问卷调查，掌握了大量的一手数据，这也是本研究的"创新"所在。

一、印尼在地区国际政治中的"崛起"

凭借自身的综合国力与特殊的国际地位，印尼建国以来一直是东南亚地区及全球具有影响力的国家。在冷战特定的地缘竞争中，印尼便是中美苏大国竞相争夺的对象；1998 年亚洲金融危机后，印尼进入了民主转型期。在经历了数十年的政治经济转型的"阵痛"之后，印尼"崛起"的势头已经初露端倪，这主要体现在经济与对外关系两个方面：

---

　　* 本章部分内容曾发表于课题组成员的相关论文：《中国对东南亚公共外交的问题与建议》，《东南亚南亚研究》2011 年第 1 期；《中美学者关于中国在东南亚软实力理解的对比分析》，《东南亚研究》2011 年第 5 期；《印度对印尼的软实力外交与两印关系新发展》，《东南亚研究》2012 年第 6 期；《印度尼西亚 2012 回顾与未来展望：进展与局限》，《东南亚研究》2013 年第 2 期。

（一）稳步的经济增长

从经济上看，自2004年苏西洛执掌印尼以来，印尼经济快速发展，GDP的年均增长率保持在5%以上，2011年的GDP是2003年的GDP的3.6倍（见表1-1）；但相较而言，人均国民总收入（GNI）① 增长速度低于GDP的增长速度，2011年人均GNI是2003年人均GNI的1.7倍。

表1-1 2003—2011年印尼主要指标情况

项目 年份	人口数量 （单位：亿）	GDP （单位：亿美元）	GDP增长率 （%）	人均GNP （单位：美元）
2003	2.22	2347.72	5	2590
2004	2.25	2568.37	5	2740
2005	2.27	2858.69	6	2950
2006	2.30	3645.71	6	3200
2007	2.32	4322.17	6	3470
2008	2.35	5102.45	6	3740
2009	2.37	5395.80	5	3910
2010	2.40	7080.27	6	4190
2011	2.42	8468.32	6.5	4530

备注：GDP以当前美元衡量、人均国民总收入（GNI）以购买力平价美元衡量。

数据来源：世界银行数据库 https://openknowledge.worldbank.org/ 历年数据，笔者整理。

2012年按当前市场价计算印尼GDP为8241.9万亿印尼盾（约合8995亿美元），较2011年增长6.23%，② GDP总量居世界第16位，增速较2011年6.5%的速度略有下降，但略高于2012年亚洲GDP6.1%的增长速度。印尼自2003年以来，已连续10年保持了5%以上的增长速度，国内生产总值已由2003年

---

① 国民总收入（GNI）是指国内生产总值（GDP）加上来自国外的要素收入再减去对国外的要素支出。用公式表示为：国民总收入 = 国内生产总值 + （来自国外的要素收入 - 对国外的要素支出）；其中，来自国外的要素收入是指本国常住单位从国外获得的劳动者报酬、利息、红利等。人均国民总收入是指国民总收入除以年均人口，与人均国民生产总值（GNP）相等，与人均国内生产总值（GDP）大致相当。

② Statistics Indonesia, *Statistical Yearbook 2012*, http://www.bps.go.id/eng/index.php.

的 2347.72 亿美元增长到了 2012 年的 8995 亿美元，实现了 10 年之内 GDP 几乎翻两番的高速发展；其人均 GDP 也由 2011 年的 3499 美元增长到了 2012 年的 3562 美元 [①] 。印尼近 10 年的高速发展表明印尼已经走出了 1998 年金融危机的影响，并且成为 2008 年以来国际金融危机冲击下经济表现最为稳定的国家之一。

（二）高调的外交姿态

印尼是东南亚地区最大的国家，自建国以来，它一直遵循"独立与积极"（independent and active）的外交政策原则。这一原则的提出最早可以追溯到印尼共和国副总统哈塔（Mohammad Hatta）于 1948 年 9 月 2 日，在中印尼全国委员会（Central Indonesian National Committee）上所作的《划行在珊瑚礁之间》（Rowing between Two Coral Reefs）的演讲，他指出："印尼不应该成为国际政治中被动的接受者，相反它应该是一个积极的行为者，它有权决定自己的立场，有权为自己的目标——获取印尼彻底的独立，而战斗。"[②] 哈塔在当时提出这一外交理念的初衷，就是为了避免外交政策受到国内政治以及外部大国（苏联）的干预。1953 年哈塔在《外交事务》上撰文，进一步阐明了"独立与积极"的外交政策含义，他指出：

> "印尼不喜欢在美苏之间周旋，它应该在诸多国际事务中坚持自己的立场，这种政策就是'独立的'，或者独立与'积极的'。积极就是尽可能获得联合国多数成员的支持，并努力捍卫世界和平。……同任何外部大国结盟，都会使得这个任务变得更加困难。"[③]

提出"独立与积极"这一外交原则的主要目的是为了排除冷战期间大国竞

---

① 数据整理自：世界银行数据库 https：//openknowledge.worldbank.org/ 和 Statistics Indonesia, *Statistical Yearbook 2012*, http：//www.bps.go.id/eng/index.php。

② Ide AnakAgungGdeAgung, *Twenty Years Indonesian Foreign Policy 1945-1965*, the Hague: Mouton, 1973, p. 26.

③ Mohammad Hatta, "Indonesia's Foreign Policy", *Foreign Affairs*, April 1953, p. 444.

争的影响以及国内政治对外交政策的干扰，其中也体现了印尼独特的潘查希拉（pancasila）哲学理念，即实用主义与国家利益至上的原则。尽管各届印尼政府都遵循同样的外交原则，但是他们却有着不同的外交表现方式，如苏加诺时期在外交上表现非常抢眼，其主要的特征大致可以用革命与对抗来加以概括；苏哈托政府上台之后，在外交上改善了与邻国及世界的关系，保持务实低调的姿态，集中力量进行国内的发展与建设；1998年印尼进入民主转型时期，由于转型期国内政治的诸多困扰，哈比比和梅加瓦蒂政府在外交上都不可能有太大的作为，这种情况一直持续到苏西洛政府执政的初期。

随着国内民主转型的稳步推进、经济的持续增长，苏西洛政府自2004年上台以来，一改过去印尼在外交方面低调内敛的姿态，印尼外交的热情开始在双边与多边、地区及全球各个层面迸发出来。2005年他在华盛顿发表演讲时说，"作为一个总统，我将继续推动印尼独立、积极的外交政策。我们将使印尼成为一个开放、宽容、现代化、民主、外向型的国家，为了国际社会的和平和正义发出强有力的声音。……印尼现在是一个外向型国家，在积极遵循地区和国际秩序的问题上有我们的声音。有一点很明确：在未来5年，国际主义将是印尼发展的重要推动力。"① 2009年，苏西洛在总统第二任期的就职仪式上提出了印尼未来的5年发展计划，他指出印尼是一个拥有"百万朋友而没有敌人"（A Million Friends and Zero Enemies）的国家，"它正面临一个新的战略环境，这里既没有任何国家把印尼当作敌人，也没有任何国家成为印尼的敌人"②。

这种自信而高调的外交姿态可以被看作是苏西洛政府对"独立与积极"外交政策的一种全新的定义，其具体的表现大致可以概括为两个方面：

其一，强化印尼在东盟的领导地位。苏西洛非常重视东盟在印尼外交中的重要地位。2010年河内峰会上，苏西洛指出，对于印尼来说"东盟一直是，并且将来仍是我们外交的基石。东盟是我们的家庭、我们的避难所、我们的邻

---

① 转引自 Nasir Tamara, *Indonesia Rising*：*Islam*，*Democracy and the Rise of Indonesia as a Major Power*，Select Publishing，2009，pp. 100–101。

② "Indonesia has 'A Million Friends and Zero Enemies'"，*The Jakarta Globe*，October 20，2009.

居、我们的未来。"① 2011 年印尼借助其担任东盟轮值主席的机会进一步展示了其作为东盟领袖的意志与能力。印尼将这一年东盟的主题定位"民族国家全球共同体中的东盟共同体",这一主题表达了印尼希望在其领导下的东盟将会在世界舞台上发出更强有力的声音。这一年中,印尼与东盟在联合国、G20、气候问题、东亚峰会等舞台上表现抢眼,实现了苏西洛的承诺——印尼将不仅仅是东盟的轮值主席,还会将东盟带向更具有建设性的道路上。2012 年印尼外交尽管没有 2011 年那样的"炫目",但依然展现了其作为东盟核心国家的关键作用。苏西洛在 4 月明确表示,印尼最主要的合作伙伴是东盟国家。东盟目前是世界经济最具活力的地区之一。印尼的战略重心不断向东盟转移。印尼通过东盟的合作模式与周边国家开展经济合作,成功重塑了与周边国家的关系,赢得了东南亚邻国的信任。对此,有学者指出,东盟越是紧密合作、不断发展,印尼在东盟中的重要性就越是突出;印尼不断发展成为区域大国,也更需要借助于东盟的整体力量作为其和平发展的保障。②

其二,积极参与地区与全球事务。印尼的高调外交除了体现在紧握东盟领导权之外,还表现在它在地区及全球各层面问题上的积极参与。

从地区层面来看,印尼积极扮演地区争端的仲裁者与协调者角色。2011 年泰柬两国发生边境冲突。印尼积极斡旋,迅速召集泰柬边境事务委员会(GBC)与泰柬边境联合委员会(JBC)会议,尽管印尼的参与招致了泰国军方的一些反对,不过其积极作用仍然得到泰柬两国政府的认可,并最终促成两国实现和解。南海问题一直东南亚地区热点争议,2012 年南海问题持续升温,菲律宾提出对黄岩岛拥有主权,越南颁布《海洋法》宣称对南海的西沙及南沙群岛拥有主权与管辖权,这些行为引发了与中国之间对抗的升级,同时也使得 2012 年 7 月 13 日闭幕的东盟外长会议因成员国在南海争端问题上所持立场存在分歧,45 年来首次未能发表闭幕联合公报。东盟外长会议结束后,印尼外长马蒂·纳塔勒加瓦(Marty Natalegawa)在 36 个小时的"旋风式"访问

---

① C.P.F. Luhulima, "RI's Leadership in ASEAN: A Positive Contribution", *The Jakarta Post*, December 27, 2010.

② 《印尼外交呈现积极进取之势》,《人民日报》2012 年 5 月 2 日。

中，先后与菲律宾、越南、马来西亚、新加坡和柬埔寨五国外长举行会谈，并且奔走于中国、菲律宾与越南之间，推动三方最终达成协议。这充分显示了印尼"穿梭外交"（shuttle diplomacy）的能力。①

在全球层面，参与联合国维和行动是印尼塑造自身良好形象、维持国际地位的重要工具。② 印尼总统苏西洛多次声明，维和行动是印尼"独立积极"外交政策的重要工具。印尼参与了多次冷战前的维和行动。③ 冷战后，印尼参与维和行动的热情进一步高涨，印尼几乎参与了冷战后所有的维和行动，参加次数多达8次。④ 2011年12月19日，印尼在茂物建立了维和中心，希望通过建立维和中心使印尼维和官兵的语言能力进一步提升、发展更多的维和后备力量、提升快速部署能力。此外，印尼还在诸如朝核危机、中东问题、气候问题、不结盟运动、G20等地区与全球问题发出自己的声音，积极寻求成为地区与全球、西方世界与伊斯兰世界的"维和者、互信构建者、解决问题者、架桥者"⑤。

尽管印尼的经济发展背后仍然充斥着腐败、贫富差距等问题，高调外交也遭受到转移国内矛盾的质疑，有学者甚至指出大国潜质并非会自然而然地转化为外交能力；⑥ 不过不争的事实就是，印尼的确已经崛起成为本地区一个举足轻重的大国，它在地区事务中的作用是任何一个外部大国所不能忽视的。

二、中美日印对印尼的软实力战略

新世纪以来，东南亚地缘政治较量中的最显著变化就是在传统外交手段依

---

① Vikram Nehru, "Shuttle Diplomacy in the South China Sea", *the Jakarta Post*, August 30, 2012.

② Yayan G.H. Mulyana, "Peacekeeping operations and Indonesian foreign policy", *the Jakarta Post*, November 1, 2012.

③ 这些维和行动包括刚果共和国维和行动（1961—1963）、中东维和行动（1973—1979）、伊拉克维和行动（1988—1990）、纳米比亚维和行动（1989）等。

④ 这些维和行动包括科威特维和行动（1991—2003）、柬埔寨维和行动（1992—1993）、索马里维和行动（1992—1995）、波黑维和行动（1993—2002）、塞拉利昂维和行动（1999—2005）、海地维和行动（MINUSTAH）、刚果民主共和国维和行动（2001年至今）、联合国打击海盗行动（UNIFIL）。

⑤ Susilo Bambang Yudhoyono, "Revisiting our foreign policy", *the Jakarta Post*, 25 May 2005.

⑥ 参见论文 Evan A. Laksmana, "Indonesia's Rising Regional and Global Profile: Does Size Really Matter?" *Contemporary Southeast Asia*, Vol. 33, No. 2, 2011.

然存在的背景下，非传统外交手段已经走上了战略前沿，大国不仅注重硬实力的建设，更注重软实力的塑造。中美印日是东南亚地区重要的外部大国，他们各自对印尼采取了自己独特的软实力战略。以下分别分析四国对印尼的软实力外交战略。

（一）中国对印尼的软实力战略

中国与印尼在历史渊源和当今两国交流方面有着千丝万缕的联系。中外学者从历史、考古、民族和语言多方面论证史前东南亚马来人与中国南部民族不可分割的血缘关系[①]。根据《后汉书》和《东观汉记》所记载，两国之间的官方往来可追溯到公元 131 年。由于自古以来下南洋到印尼谋生的华人很多，因此在印尼的文化中不难发现中华文化的元素。

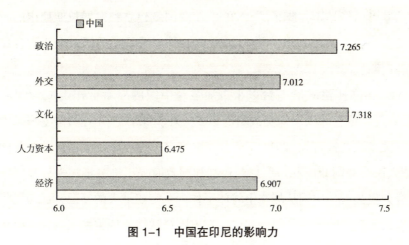

图 1-1　中国在印尼的影响力

新中国成立和印尼全面独立后，在苏加诺时期（20 世纪 50 年代初期至 60 年代中期），中国对印尼的软实力影响较小并局限于政治层面，而苏哈托时期（20 世纪 60 年代中期至 90 年代），由于两国断交、中国国内混乱无暇外事，在软实力方面没什么作为。自改革开放以来，中国的经济实力快速增长。中国也从 1990 年开始逐渐调整对周边国家的外交政策，以支持多边、加强合作的

[①]　参见吴文焕编：《华菲自古是一家：菲人与华南人渊源资料汇编》；许友年著：《马来民歌研究》等。

睦邻友好政策的新面孔出现。中国与东南亚国家的关系也开始逐步改善。尽管中国与印尼在 1990 年 8 月实现了关系的正常化，但在随后的几年中，双方又经历了一段冷淡时期，双边关系并没有实质性的进展。1998 年成为两国关系的转折点，因为中国在处理印尼排华事件中的冷静而成熟表现，以及在金融危机中中国对东南亚国家的支持，使得印尼对中国的怀疑大大减轻，"负责任大国"的形象获得一定程度的认可。2004 年印尼遭遇海啸，中国也对印尼提供了数千万美元，并且不附带政治条件的援助，这一系列举动得到了印尼的认同。另一方面，随着 1998 年之后印尼民主改革的逐步推进，国内少数族裔权利的改善，使得中印两国间敏感的排华问题出现的可能性不断降低；同时印尼因为自身政治的稳定以及经济持续增长，在处理与中国关系时也越来越自信。总之，随着印尼民主转型的稳步推进，"持续将'中国威胁论'作为其政权合法性的基础已经站不住脚了。"[1] 1999 年两国就建立和发展长期稳定的睦邻互信全面合作关系达成共识，并于 2000 年 5 月签署了《关于未来双边合作方向的联合声明》。

2004 年苏西洛政府上台以来，加强与中国的战略合作也成为印尼实现"百万朋友，没有敌人"外交战略的重要一环。2005 年 4 月两国签署《中印战略伙伴关系联合宣言》；2011 年 4 月，温家宝总理与印尼苏西洛总统共同发表《中华人民共和国政府和印度尼西亚共和国政府关于进一步加强战略伙伴关系的联合公报》。[2] 中国从战略上将印尼作为东南亚最大的邻国，而印尼将中国视为仅次于美国的第二重要伙伴国。双方围绕战略伙伴关系在政治、经济、文化等方面开展了深入合作。在不算太长的十几年里，中国在印尼的形象大为提高，中国在印尼的影响力也得到较大、较全面的提升。中国经济的崛起也带动着印尼经济的恢复与发展，中国对印尼经济援助的增加、区域合作的上升和投资经贸往来的加强使"中国威胁论"开始消退，对于印尼，中国更多意味着发

---

[1] Rizal Sukma, "Indonesia–China Relations: The Politics of Re-engagement," *Asian Survey*, Vol. 49, Issue 4, 2009, p. 606.

[2] 新华社:《中国、印尼关于进一步加强战略伙伴关系联合公报》，http://202.123.110.5/jrzg/2011-04/30/content_1855491.htm，2011 年 4 月 30 日。

展的机遇。印尼在进入民主改革时期后，奉行独立自主、不结盟的外交政策，主张平等、相互尊重和大国平衡原则。其舆论不怎么讨论大国崛起之类的话题。苏哈托时期的印尼曾把中国视为威胁，但今天的印尼更多把中国视为机会和一面镜子。并且在处理中美关系中，印尼认为与中国的关系要比美国更近，不能以牺牲对华关系来讨好美国。

中国对东南亚各国，尤其是贸易、投资方面，随着中国的和平崛起其影响力日渐重要。与美国、日本和印度相比，中国进入印尼拓展、投资较晚，但是在中印双方恢复外交关系后，双边贸易额在 20 多年来呈直线上升。1985 年，中印双边贸易额为 3.3 亿美元，1995 年达 31.37 亿美元，2005 年达 125 亿美元，2011 年达 491.5 亿美元。并且于 2011 年末，中国超过新加坡上升成为印尼第一大进口来源地，同时仅次于日本继续保持为印尼第二大出口市场和第二大贸易伙伴。①

中国经济总量的大幅度增长，对国外产生了很大的政治、经济、军事方面的影响力和吸引力。问卷的结果显示，中国对印尼软实力在文化和政治方面的影响力比经济影响力更高。进入 21 世纪以来，中国的软实力增长更多、更直观地表现在文化方面。从文化发展来看，由于中国走向强大并带来的经济机遇，曾经遭禁的华文教育，已经开放，迅猛发展，在印尼掀起一股"汉语热"。现在印尼大约 1/5 的大学设有中文课，教师奇缺。据统计，自 2004 年首次向印度尼西亚派遣志愿者教师以来，至 2012 年已连续派遣 7 批约 500 人的汉语教师志愿者前往印尼支教②。而汉语考试报考的总人数从 2001 年至 2010 年累计达到 22138 人③。2010 年适逢中国和印尼建交 60 周年，中印双方签订新一轮孔子学院合作协议，6 家中国大学与 6 家印尼大学合作建立孔

---

① 中华人民共和国商务部，《2011 年印尼货物贸易及中印双边贸易概况》，http://countryreport.mofcom.gov.cn/record/view110209.asp?news_id=28527，浏览日期：2012 年 6 月 5 日。

② 《中国志愿者教师举办交接——第七批志愿者印尼任教纪实》，《印尼星洲日报》2011 年 11 月 25 日，http://www.sinchew-i.com/indonesia/node/28019?tid=3。

③ 2001 年至 2009 年报考人数分别为 1200 人、854 人、891 人、1000 人、977 人、1107 人、1887 人、2811 人、3531 人，数据来源于《印尼星洲日报》，《印中建交 60 周年——文教篇（四）HSK 报考者年增（上）》，http://www.sinchew-i.com/indonesia/node/17112；2010 年报考人数达 7880 人，数据来源于新华网，《印尼举行中国汉语考试报考人数比去年增一倍多》，2010 年 11 月 29 日，http://www.gx.xinhuanet.com/dm/2010-11/29/content_21505603.htm。

子学院。2009 年，共有 7926 名印尼学生到中国留学 [①]，2011 年，印尼到中国留学总人数达 10957 人，与 2010 年相比增加了 1418 人，增幅为 14.9%，位列各国来华留学生总人数的第七位 [②]。亚洲金融危机之后，印尼到美国留学的人数一直下跌，2009 年到中国留学的印尼人数首次超过了去美国的，为此奥巴马政府设定了加强与印尼大学合作及学生交流的 5 年目标，计划将印尼到美留学人数增加一倍。[③]

印尼华人在推动两国关系、传播中华文化、提升中国软实力在印尼影响等方面具有的重要媒介、桥梁作用。2010 年印尼的华人保守估算约达 790 万至 1000 万人 [④]，在海外华侨华人人口中居首位。这些迁徙到印尼的华侨华人将中华文化传播到当地，在推动两国交往方面也起了非常重要的作用。在中印关系发展方面，印尼华人唐裕和司徒眉生等都是关键人物，而在中印经贸合作方面，印尼华商是不可忽视的重要推动力量，在文化交流方面，华人积极奔走，为中印搭建了互通的桥梁。

案　例

中国对印尼的文化外交：孔子学院的案例

英国学者米尔顿·卡明（Milton C. Cummings）认为，文化外交是指国家之间或公众之间，通过观念、讯息、艺术和其他文化层面的交流，来推动彼此的了解。[⑤] 可以说就是通过文化的传播、交流与沟通的方式来进行的外交活

---

① 《近看印尼：拥有大国潜力　贫穷腐败拖了后腿》，《环球时报》，http：//118.145.7.44/D110000huanqiusb/2010–08/03/mpml.files/nb.D110000huanqiusb_20100803–07.pagepdf.1.pdf，2010 年 8 月 3 日。

② 中国留学服务中心与 Ticket Station 联办"第十届留学中国教育展"隆重开幕，《印度尼西亚商报》，http：//www.shangbaoindonesia.com/dynamic–cina–komunitas/，2012 年 5 月 28 日。

③ Secretary Duncan's Remarks at the U.S.–Indonesia Higher Education Summit, http：//www.ed.gov/news/speeches/secretary–duncans–remarks–us–indonesia–higher–education–sumsum。

④ "中华民国侨务委员会"，《印尼 2010 年华人人口统计推估》，2011 年 6 月，http：//www.ocac.gov.tw/download.asp?tag=P&file=DownFile/File_21028.pdf&no=21028；庄国土·刘文正著：《东亚华人社会的形成和发展：华商网络、移民与一体化趋势》，厦门大学出版社 2009 年版，第 410—415 页。

⑤ Milton C. Cummings, Jr., *Cultural Diplomacy and the United States Government：A Survey*, Washington, D. C：Center for Arts and Culture, 2003.

动，它服务于国家的外交战略，旨在塑造或者改变一个国家的形象。中国前文化部副部长孟晓驷提出四条衡量文化外交的标准，包括："一、是否具有明确的外交目的；二、实施主体是否是官方或受其支持与鼓励；三、是否在特殊的时间针对特殊的对象；四、是否通过文化表现形式开展公关活动。"①

2007年之后，中国政府明确提出要塑造自己的文化软实力，② 中国也采取了各种文化外交方式，如扩大国际传播、与海外媒体建立合作交流机制、文化外交、人员交流、推广汉语及创办孔子学院、举办奥运会和世界博览会等世界性活动，以期达到提升文化软实力的目的。西方学者把中国这一系列行为称之为"魅力攻势"（Charm Offensive）③。

东南亚地区具有重要的战略意义，它不仅是拥有5亿人口的大市场，同时也是连接印度洋与太平洋、澳大利亚、新西兰通往东北亚地区的必经水路，这是世界上最为繁忙的两条航线之一。近年来，中国与东南亚国家在政治经济合作不断深化发展的同时，也在加大软实力推广，大力推进对东南亚国家的文化外交，其中孔子学院就是中国通过推广对外汉语教育与文化交流活动，塑造中国文化软实力的重要平台。④

在中国官方的定义中，孔子学院是一个"中外合作建立的非营利性教育机构"，其宗旨就是："致力于适应世界各国（地区）人民对汉语学习的需要，增进世界各国（地区）人民对中国语言文化的了解，加强中国与世界各国教育文化交流合作，发展中国与外国的友好关系，促进世界多元文化发展，构建和谐

---

① 孟晓驷：《中国：文化外交显魅力》，《人民日报》2005年11月11日。
② 胡锦涛总书记在十七大报告中指出我国文化软实力建设的四个目标，包括：(1)建设社会主义核心价值体系，增强社会主义意识形态的吸引力和凝聚力；(2)建设和谐文化，培育文明风尚；(3)弘扬中华文化，建设中华民族共有精神家园；(4)推进文化创新，增强文化发展活力。参加胡锦涛：《高举中国特色社会主义伟大旗帜，为夺取全面建设小康社会新胜利而奋斗——在中国共产党第十七次全国代表大会上的报告》，《人民日报》2007年10月15日。
③ Joshua Kurlantzick, *Charm Offensive：How China's Soft Power Is Transforming the World*, New Haven and London：Yale University Press, 2007.
④ 孔子学院的活动包括：开展汉语教学；培训汉语教师，提供汉语教学资源；开展汉语考试和汉语教师资格认证；提供中国教育、文化等信息咨询；开展中外语言文化交流活动。

世界。"[1] 2004 年 11 月 21 日全球第一所"孔子学院"在韩国建立，随后孔子学院在全球发展迅速，截至 2014 年 10 月，全球已建立 471 所孔子学院和 730 个孔子课堂，分布在 125 个国家（地区）。[2]

近年来，随着中国与印尼关系的快速发展，中国对印尼的文化外交也非常活跃，孔子学院的建立就是明显的标志。汉办官网上显示，目前印尼已经建成七所孔子学院，其中一所是中国高校与当地企业合作建立，六所为中印高校合办。

表 1-2　2007—2011 年中印孔子学院建设情况

时　间	中　方	印　方
2007	海南师范大学	雅加达汉语教学中心
2010	福建师范大学	阿拉扎大学
2011	河北师范大学	玛拉拿达基督教大学
	南昌大学	哈丁努山大学
	广西师范大学	玛琅国立大学
	华中师范大学	泗水国立大学
	广西民族大学	丹戎布拉大学

资料来源：http://www.hanban.edu.cn/confuciousinstitutes/node_10961.htm。

孔子学院的职能主要包括推广、教学、研究、培训和考试，这些职能都是通过积极参与印尼当地各项社会活动来实现的。孔子学院积极组织志愿者文化宣讲团到印尼各地去推广汉语和中华文化，组织印尼学生参与汉语桥国际学生夏令营和汉语桥大赛。[3] 汉语桥大赛在印尼非常受欢迎，2007 年举行的第六届"汉语桥"世界大学生中文比赛冠军就是印尼选手王柔安。另外，孔子学院

---

[1]　语言信息沟通的载体，语言的使用范围、影响力在一定意义上也是文化软实力的一种反映。教育部认为对外汉语教育（TCFL）"具有重要的战略意义，它有助于在全球普及汉语及中国文化，以及促进中国与世界其他国家之间的友谊、相互理解以及经济文化合作与交流，并以此来提升中国在国际社会的影响力。"

[2]　http://www.hanban.edu.cn/confuciousinstitutes/node_10961.htm，2014 年 12 月 6 日登录。

[3]　汉语桥大赛包括："汉语桥—世界大学生中文比赛"、"汉语桥—世界中学生中文比赛"、"汉语桥—在华留学生中文比赛"和"汉语桥—商务汉语大赛"。

也积极参与到印尼当地的各项文化活动中，就在 2012 年 10 月 5 日印尼国防部举办的"国际之夜"活动中，印尼孔子学院积极参与，学员表演了《军港之夜》葫芦丝演奏和《茉莉花》合唱。印尼孔子学院的实际教学工作形式多样，除了有一般的课堂汉语教学之外，还组织学生参与各种文化活动。为了方便学员学习汉语，网络孔子学院和广播孔子学院覆盖了印尼，大大增强了孔子学院的教学能力。

尽管孔子学院在印尼建立的初期发展并不太理想，但是经过几年的努力，孔子学院为印尼的汉语推广作出了贡献，得到了当地政府和民众的认可。2011 年 9 月开始，印尼最大的中文报纸《千岛日报》上刊出"汉风语韵"专栏，这是印尼玛琅国立大学孔子学院结合当地实际，积极开展文化推介活动的一个新尝试。媒体是社会思潮的风向标，印尼媒体开设汉语文化的相关专栏，说明了汉语在当地的受欢迎程度，这个专栏反映了印尼民众和媒体对孔子学院的认可。2011 年阿拉扎大学孔子学院与印尼国防部语言教育培训中心成功合作，之后，2012 年孔子学院再次受邀为国防部汉语班的学员授课，印尼政府邀请孔子学院为其培养汉语人才，体现了印尼政府对孔子学院的信任和认可，非常有利于中印两国的外交合作。2012 年 9 月 17 日，印尼阿拉扎大学孔子学院获选世界汉教学会理事，是汉语教学界对印尼孔子学院成果的极大肯定。

尽管在中国的主动推动下，印尼的孔子学院项目在 2011 年取得了比较大的发展（从数量上看），不过从建立孔子学院的目标（扩大中国文化影响，塑造软实力）来说，其背后仍然存在一些问题。

首先，孔子学院项目具有公共外交的一般弱点，即难以评估其效果。因为通常公共外交都是产生一种潜移默化的影响，其效果很难加以量化检验，所以着重于塑造国家形象的文化传播的投入与产出之间的关系是难以评估的。

其次，孔子学院的本土化还有很长的路要走，不管我们官方将孔子学院定义为什么性质的组织，其实任何机构要在跨文化背景下进行良好运作，都需要解决两个问题，一是机构内部需要实现跨文化管理，二是项目设计需要符合当地环境，这相对于本国来说也是一种跨文化的项目设计。我国的派出机构（无论企业还是 NGO）在这两方面都有很明显的弱点，孔子学院也不例外。

第三，对语言工具性认识不够客观。语言在一定程度上也仅仅是一种传播信息的工具与手段。约瑟夫·奈明确地指出，文化吸引力而非语言在塑造软实力。推广汉语如果依照一种"以我为主"的非双向传播，而且不明确语言推广与外教政策之间的层次性关联的话，可能很难达到良好的效果。正如有学者所指出，中国在孔子学院项目中所获得利益并不如想象的那样，它受到语言学习与别国对中国态度限制。[①]

第四，国家利益受到部门利益的分割，难以真正实现。孔子学院表面是为了提升中国文化影响，塑造中国文化软实力，但在具体的实践中，其经费的统筹使用都是由汉办来直接管理，国内利益相关方就是各个高校，因此孔子学院项目有可能成为汉办与各高校竞争的资源。

因此，针对这些存在的问题，我们建议：首先，建立孔子学院从经费的预算、使用到项目的效果的评价机制，同时也应该建立我国的公共外交的评估机制。其次，实现双破除的原则，即对内打破部门垄断，对外打破族裔观念，才能将文化外交做得更合理，对内来说就是更符合国家利益而非个别部门利益，对外则更符合当地国家整体利益而非某个族裔（如不该体现为对针对华人的传播，而要强调对印尼国民的文化传播）的利益，这样的文化外交项目才能有效地和当地文化融合，才真正具有可持续发展的潜力。

（二）美国对印尼的软实力战略

美国与印尼关系可以追溯到印尼独立战争期间，尽管在印尼独立、"有指导民主"、外岛叛乱、东帝汶等事件中美印之间都曾发生过不愉快的经历，但实际上，在美印两国交往的绝大部分时间里，印尼很难摆脱对于美国的依赖。相较于其他外部大国，印尼的精英们也认为美国是一个更值得信任的朋友，因此，可以说，美国比世界其他任何一个国家对印尼的影响都更持续而且全面。

[①] Jeffrey Gil., "China's Confucius Institute Project: Language and Soft Power in World Politics," *The Global Studies Journal*, Vol. 2, Issue 1, 2009, pp. 59–72.

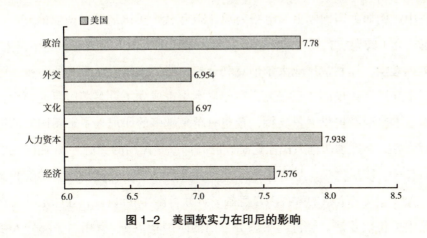

图1-2　美国软实力在印尼的影响

1．教育援助：美国文化软实力的持续影响

在美国影响印尼的各种手段中，教育援助就是一个非常有效的影响渠道。1950年，印尼正式脱离荷兰的殖民统治，在印尼存在了上百年的荷兰殖民体系开始瓦解。作为刚独立不久的印尼，美国政治、经济、社会乃至文化上的援助正好满足了其迫切要求。1951年，美国开始关注对印尼的教育援助，美国的大学与印尼大学建立合作，例如美国哈佛大学通过国际发展研究所（Harvard Institution for International Development，HIID）对印尼提供教育与研究的援助，除了派遣教师到印尼，也为印尼大学提供奖学金培养人才，派遣专家协助印尼国家发展规划局（BAPPENAS）、社科院（LIPI）的发展。[1] 除了哈佛大学，康奈尔大学、麻省理工学院都开展印尼研究项目。除了教育，在军事人才培养方面，美国也给了很大的支持。印尼新秩序时期，美国通过福特基金会和联合国教科文组织援助印尼教育事业，建立印尼教育发展机构，协助印尼建立起完善的教育体系。此外洛克菲勒基金会、亚洲基金会、美国国际开发总署、美国新闻处等也通过美国驻印尼大使馆对印尼进行资金及项目援助。[2] 另外，美国政府部门也为印尼师生提供研究资金，例如美国中央情报局、教育部、卫生部、世界银行等。还有跨国企业也参与到提供研究资金的

---

① Mohamad Nasir Tamara，Studi Indonesia（dan Asia Tenggara）di Amerika Serikatserta Pengaruh，"American way of thinking"，*Archipel*，Vol. 33，1987，p.30.

② Ibid.，p.34.

过程中，例如美国国际电话电报公司。80年代，美国展开东南亚研究（包括印尼研究）的大学有康奈尔大学、耶鲁大学、俄亥俄大学、北伊利诺伊大学、夏威夷大学、加利福尼亚大学伯克利分校、威斯康星大学等十所名校。除了美国本身展开大量的印尼研究，在印尼本土也成立了许多美国研究中心，美国对于这些中心提供大量支持，希望有越来越多的印尼人了解美国人的思维和行为方式，推动两国人民无论是政府间抑或是民间的交流。[1] 而印尼的五大名校——印尼大学、加查玛达大学、万隆理工学院、茂物农业学院和艾尔朗卡大学，其老资格的教授多在美国受过教育。[2] 可以说，在印尼社会精英阶层中（包括政治、经济、军事等方面的阶层精英），有相当一部分人接受美国教育，并成为亲美派，因此，美国对印尼政治、经济政策的走向具有重要而且持续的影响力。

2. 反恐与地区竞争：经济软实力的战略运用

通过加强与伊斯兰国家的经贸关系来铲除恐怖主义威胁以及掌控地区主导权，是美国利用其经济软实力来实现国家安全的典型案例。2001年"9·11"事件之后，美国对其东南亚战略进行了调整。面对极端宗教势力对该地区安全与稳定的威胁，美国认识到保证东南亚国家的领土完整、政治稳定与相互团结的重要性，而振兴经济则是保证国家与地区稳定的最关键因素。因此，美国提出应该通过鼓励贸易、投资与经济改革的方式重塑东盟国家的经济，[3] 并以此来实现其国家安全战略目标。

铲除恐怖主义威胁是美国"9·11"后的首要战略目标。通过经济方式来消除恐怖主义威胁，即所谓的"贸易反恐"，其理念是通过与约旦、摩洛哥、巴林、阿曼、阿拉伯联合酋长国、埃及、巴基斯坦、马来西亚与印尼等中东与亚太地区遭受到极端势力威胁的伊斯兰国家建立自贸区，促使其进一步开放经

---

① TEMPO, 31 Maret 1984. 转引自 Tamara, Mohamad Nasir.Studi Indonesia（dan Asia Tenggara）di Amerika Serikatserta Pengaruh "American way of thinking", *Archipe*l.Volume 33, 1987.p.47。

② Tamara, Mohamad Nasir.Studi Indonesia（dan Asia Tenggara）di Amerika Serikatserta Pengaruh "American way of thinking", *Archipel*.Volume 33, 1987.p.50.

③ George W. Bush, "The National Security of the United States of America", Washington: the White House, September 2001, pp. 8–10.

济，以及减缓美国与伊斯兰世界的文明冲突。[①] 美国前贸易代表罗伯特·佐利克（Robert B. Zoellick）曾撰文指出："作为世界贸易领袖，美国应该联合各国……市场的开放对于那些民主制度不健全的发展中国家非常重要，它们依附于世界经济，并借此来克服贫困、抓住机遇；美国应该根据他们的经济需求来对症下药，以此来应对其国内的恐怖主义威胁。"[②] 佐利克认为美国与印尼——世界上最大的伊斯兰国家之间建立自贸区，其目的是希望通过印尼经济的增长来稳定其民主制度。他指出："尽管贫困并非促发恐怖主义的所有原因……但不容置疑的是，失败国家、社会分裂和极端贫困确是滋生恐怖主义的温床……所以，美国对为穆斯林地区提供促进经济增长的政策兴趣浓烈，因为有助于维护国家安全。"[③]

美国的另一个重要的战略目标就是控制地区主导权，遏制中、日等地区大国的崛起对美国领导地位构成的挑战。随着东亚地区大国的崛起，以及东亚地区合作的发展，美国面临着潜在的"被边缘化"的风险，因此美国"在东亚地区，与东盟国家建立自贸区是为了平衡由中日所主导的东亚自贸区所形成的影响，这是美国为了维护自身利益的必然选择"[④]。对于众多东南亚的发展中国家来说，尽管美国仍旧是东南亚地区影响力最大的国家，然而在过去的几年中由于美国正在极力说服东南亚国家加入并非自身首要关注的反恐阵营，因此，美国开始被一些东南亚国家视为一个"不受欢迎的领导"[⑤]。有学者甚至指出，美国发起的反恐战争有可能会促使东南亚国家重新考虑与中国的关系，如果美国不能对东南亚国家自身的经济与安全利益给予足够的关注，他们将会与中国接近，尤其是在经济层面。此外，如果他们认为美国是一个难以亲近的伙伴，

---

① Gary Clyde Hufbauer and Sjamsu Rahardja, "Toward a US-Indonesia Free Trade Agreement: Issues and Opportunities", *Policy Analyses in International Economic*, Peterson Institute, 2007, p. 225.

② Robert B. Zoellick, "Countering Terror with Trade", *the Washington Post*, September 20, 2001.

③ Jerry Hagstrom, "Zoellick Says Trade with S.E. Asia Aids Terror Fight", *Congress Daily*, November 18, 2002.

④ Eng Chuan Ong, "Anchor East Asian Free Trade in ASEAN", *The Washington Quarterly*, Spring 2003, p. 67.

⑤ Robert G. Sutter, *China's Rise: Implications for U.S. Leadership in Asia*, Washington: East-West Center, 2006, p. 53.

可能会寻找新的平衡战略方式，比如依靠印度、日本、欧盟，或者由东盟自身的团结来制衡崛起的中国。[1] 因而，美国与东盟国家自贸区的建立有助于提升美国在该地区的"软实力"，并减弱反恐战争带来的负面影响。此外，美国已经与新加坡建成的双边自贸区还出于希望在整个地区内产生"攀比动机"（bandwagon motive）[2]，因为这样会刺激东南亚的其他国家争相与美国建立双边自贸区。正如有学者指出："美国与新加坡、泰国建立自由贸易区将为美国在经济上渗入该地区提供一个稳定的铁锚。"[3] 因而，与东南亚国家之间的双边自贸区战略对于维护美国在该地区的利益意义重大。

在小布什的美国东南亚战略中，印尼的重要作用重新凸显，它成为美国的贸易反恐以及控制地区主导权的关键点。这主要有三个方面的原因。其一，美国为了避免使反恐战争被视为与整个伊斯兰世界的对抗，十分重视争取印尼的支持。印尼是最大的温和、民主伊斯兰国家，而且具有比较强的世俗性，并是伊斯兰世界中的民主范例，因而成为"美国与伊斯兰世界接触中的关键角色"。[4] 其二，伊斯兰祈祷团（Jemaah Islamiyah）的恐怖袭击日益成为印尼国内最严重的安全难题，美国一直担心民主转型中的印尼政府无力应对此类威胁，故而欲施以援手。其三，美国看重印尼在东南亚地区的影响力，意图通过加强与印尼的关系以强化自己在该地区的战略存在。2006 年的美国国会研究报告强调，要重视印尼在地区反恐、民主示范中所起的重要作用，因而该报告提到加深双边贸易关系的战略重要性。[5] 为了在东南亚地区掌控主导权、应对恐怖主义威胁，美国有意将印尼拉入其双边自贸区的战略中，有力地推动了美印双边贸易关系的稳步发展。2006 年，美印双方签署了《打击非法伐木与

---

[1] Gary Clyde Hufbauer and SjamsuRahardja, *Toward a US-Indonesia Free Trade Agreement*：*Issues and Opportunities*，p. 13.

[2] Sidney Weintraub, "Some Implications of U.S. Trade Agreements with Chile and Singapore", LAEBA：Working Paper, No. 14, p. 9.

[3] Renato Cruz de Castro, "The Politico-Strategic Dimension of the US Proposal for a Free Trade Agreement with the Philippines", *the PIDS Discussion Paper Series*, No. 04, 2006, p. 26.

[4] Matthew P. Delay, "U.S. Interests and Policy Priorities in Southeast Asia", *the DISAM Journal*, Summer 2003.

[5] Bruce Vaughn, Indonesia：Domestic Politics, Strategic Dynamics, and American Interests, CRS Report RL32394, April, 2006.

联合贸易的谅解备忘录》与《纺织品与服装贸易合作备忘录》。2007 年 5 月，美印两国正式建立促进双边经济合作的工作小组，并将知识产权、工农业产品、服务与投资四个领域确定为重点发展领域。在两国各自经济平稳增长的带动下，在急迫的反恐需求驱使下，美国与印尼的双边自贸区建设正在不断深入地向前发展。

尽管这一自贸区谈判由于双方国内政治问题而陷于停顿，美国前贸易代表波特曼（Rob Portman）也不得不承认，双方只能通过"搭积木"（building-block）的方式来推进双边自由贸易区的建立。[①] 但在该自贸区协定的酝酿与实施的过程中，清晰地显示了美国如何利用其经济软实力来为其国家安全战略服务。

奥巴马上台后进一步调整对东南亚外交战略，一改小布什政府的"选择性介入"，转而采取"全面参与战略"，高调提出"重返东南亚"、"亚太再平衡"的战略。在这种大背景下，美国与印尼关系也出现了更积极的态势，2011 年 11 月美印两国建立"全面伙伴关系"（U.S.–Indonesia Comprehensive Partnership），该伙伴关系最大的特点就是更加注重高等教育、环境与气候变化领域的技术交流与合作。从这些变化可以看出，美国对印尼的外交政策不仅继续维持其在传统领域的合作，更注重在新的非传统领域抓住战略要点，而这也成为美印关系中最突出的亮点。

（三）日本对印尼的软实力战略

二战后，1951 年日本与美国签订《旧金山对日和约》及《美日安保条约》，次年加入国际货币基金组织与世界银行，1954 年加入哥伦布计划成为亚洲第一个援助国家，日本重新返回国际政治、经济舞台，为其经济快速复苏提供了有利的环境。日本在 20 世纪六七十年代经济得到飞速发展，对原料的进口及市场的拓展需求也越来越大，为此开始向海外拓展，积极参与国际多边经济合作，并将重点放在东南亚。该时期日本的投资和援助对东南亚的经济腾飞

---

① Todd Bullock, "United States, Indonesia Strengthening Economic Ties, Says USTR", *Washington File*, April 05, 2006.

起到了至关重要的作用，成为东南亚的"金主"①。但是日本并非一开始就受到东南亚国家尤其是印尼的欢迎。1958年日本与印尼建交，虽然在战后日本对东南亚国家进行战后补偿（包括印尼），但是因为离二战结束不久，印尼社会对日本的认知是存在惧怕感的，日本的形象在当时是"残酷的殖民者"。

印尼进入新秩序时期后，日本和印尼的经济交往，无论是在政府层面还是私人企业方面都快速增加。印尼战略与国际研究中心（Center for Strategic and International Studies，CSIS）的政治分析家班塔托（Bantarto Bandoro）指出，60年代印尼有一部分精英对日本的经济援助持怀疑的态度。因为1942—1945年日本在印尼的侵略暴行，许多印尼政治精英仍旧提防日本会通过其经济实力重建其军事力量的可能性。但也有一部分的精英认为，印尼可以利用日本的援助来推动印尼进步。而政府方面，因为当时的印尼政府需要大量的外资来保证其经济的稳定发展，对日本的援助是开放并欢迎的。这一时期，日本在印尼政府中的形象是作为"援助来源国"，但是社会上对日本是持怀疑的态度。②

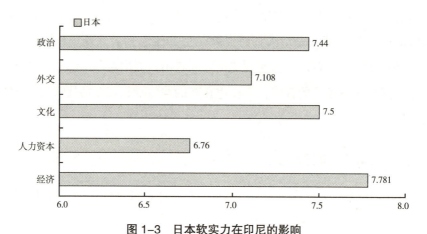

图1-3　日本软实力在印尼的影响

1974年日本首相田中角荣出访印尼，在首都雅加达等地发生了反对日本经济势力的骚动。这次事件成为日本改变对印尼甚至是全部东南亚国家外交策

---

① 吴金平、罗会知:《国家形象与当代中美日在东南亚的竞争》,《东南亚研究》2004年第3期。

② Bandoro, Bantarto ed., *Hubungan Luar Negeri Indonesia Selama Orde Baru*, Jakarta: Centre for Strategic and International Studies. 1994, p. 95.

略的重要转折点。从 70 年代中期至 80 年代，日本加强对印尼的投资及援助，在吸取早期经验后，放宽援助的条件及推动不附条件的援助，提升官方发展援助（Official Developmental Assistance，ODA）的质量及改善日本的国家形象，1977 年日本在东南亚推出"心连心"的外交策略（heart to heart Diplomacy），扩大外交合作范围，逐步从"残酷的殖民者"形象疑云中走出来，成为印尼重要的"资金来源国"。但是，该时期日本和印尼的外交主要着力于加强经济和贸易两大方面。日本与印尼的贸易不平衡以及日本投资者大多关注寻找原料资源的问题，备受印尼社会批评。①

80 年代以后，为了与印尼更深一步的发展并且有效地改善其国家形象，日本对其对外援助策略进行调整，从最初的"经济开发型"对外援助转而拓展"政治战略型"对外援助，在经济领域以外拓展了更多的援助项目，例如在教育、文化、卫生医疗、农业、政府与非政府组织之间等方面。日本传播软实力的工具主要是国际交流基金（the Japan Foundation，JF）、日本交换与教学项目（The Japan Exchange and Teaching Program）、日本海外合作志愿者项目（Japan Overseas Cooperation Volunteer Program）以及官方发展援助（Official Developmental Assistance）。这些项目尤其是语言、文化、教育项目鼓励海外学生到日本留学，推广其国际化的教育，让这些海外学生回国后成为推动国家关系及传播日本文化的桥梁和民间大使。在印尼还建立了日本文化中心，在各地建立民间的文化、教育驿站，让印尼青年了解日本社会文化。除了政府的援助，不少日本企业也设立援助基金和项目。例如丰田基金设立的"认识我们的邻居"（Know our Neighbors）翻译项目，在 1981 年至 1983 年间翻译了 16 本印尼著作。

日本在二战后经济快速的复苏，科技得到大力发展，成为仅次于美国的经济强国。对印尼连绵不断的、多领域的援助，大型知名企业的投资，让日本在印尼的国家形象大有改观，从"殖民者"转变为"富裕、高科技的先进国家"的正面友好形象。并且日本注重拓展其文化软实力，近几午更将流行文化作为

---

① Bandoro，Bantarto ed.，*Hubungan Luar Negeri Indonesia Selama Orde Baru*，Jakarta：Centre for Strategic and International Studies. 1994，p. 95.

其外交工具之一。日本通过经济援助改善日本的形象，从而提高日本产品名誉并让其形象深入对象国当地，使受援国的人民信赖并钟爱日本产品，以至达到其扩展市场的目的并获得高额的经济回报。目前，中国的"走出去"进程与日本进入东南亚市场初期有所相似，日本的经验对中国提升软实力有借鉴意义。

日本对印尼经济外交下的软实力塑造：JIEPA 的案例

日本—印尼经济伙伴协议（Japan and Indonesia Economic Partnership Agreement, JIEPA）于 2008 年 7 月 1 日正式生效。[①] 该协定不仅是日本与印尼 50 年来关系的又一重大推进，同时也包含了日本在新世纪的经济、能源以及应对地区软实力竞争的战略考虑。2002 年，日本外务省发表了《日本 FTA 战略》宣言，明确肯定了自贸区对于日本经济、政治与外交的重要作用，同时也规定了日本自贸区战略的两个重要原则:（1）日本自贸区战略的中心是东亚地区，因为这里是日本外贸比率最高，同时也是关税最高的地区;（2）日本建立自贸区将采取综合、灵活以及有选择的方式进行。日本与东盟国家自贸区建设分两个层面进行，一方面是要与整体的东盟建立自贸区；另一方面是与各个国家分别建立自贸区。从日本与东盟国家的自贸区建设情况来看，日—新自贸区是日本签署的第一个自贸协定，继日—新自贸区之后，日本先后与马来西亚、泰国、菲律宾、文莱、印尼签署了双边自贸区协定，其中除日—菲自贸区之外，其他都已正式生效；另外，日本与东盟组织之间的自贸协定也于 2008 年 10 月 21 日正式生效，这是日本建成的第一个多边自贸区。按照该协定，日本将在接下来的 10 年内取消来自东盟 93% 进口商品的关税；同时，印度尼西亚、马来西亚、新加坡、泰国、文莱和菲律宾 6 国也将在未来 10 年内取消

---

① 2005 年日本小泉纯一郎首相作出指示，日本应该放弃使用仅仅包括货物贸易的自由贸易协定（FTA），转而使用囊括内容更广泛的经济伙伴协议（EPA）。这种提法实际上反映了日本在推进自由贸易中的利益考虑，因为通过这种方式可以强化日本作为投资大国的优势，同时也可以降低农业问题在整个协议中的比重，从而减少日本在自由贸易谈判中的国内阻碍。可以说，经济伙伴协议是一种日本模式的自由贸易协定。

来自日本90%商品的进口关税。在这样的背景下，可以说日—印尼自贸区的启动正是日本对印尼经济外交的重要战略步骤。

（1）日本与印尼的经济关系

日本与印尼从1958年建交以来，双边关系总体上都处于稳定发展的态势。尤其在经济层面，由于两国的经济发展水平互补性强，因此印尼一直是日本重要的经济伙伴，双方分别是对方的第三和第十一的贸易伙伴。从下面的数据（见表1-3）可以看出，在东盟国家中，印尼是日本最大的进口来源国。

表1-3 日本对东盟主要国家历年贸易统计数据

单位：10亿日元

	1980	1985	1990	1995	2000	2005	2009	2010	2011
出　口									
印　　尼	780	520	724	935	818	1017	870	1394	1412
新 加 坡	885	925	1547	2158	2244	2035	1933	2209	2170
泰　　国	435	488	1315	1850	1469	2478	2070	2994	2989
马来西亚	465	523	793	1573	1497	1383	1200	1545	894
菲 律 宾	382	224	363	667	1106	1000	767	969	1114
越　　南	25	35	31	86	213	396	608	716	764
进　口									
印　　尼	3004	2431	1821	1335	1766	2298	2038	2476	2716
新 加 坡	345	381	512	644	694	739	570	715	691
泰　　国	257	246	599	950	1142	1718	1495	1987	2426
马来西亚	792	1035	780	992	1563	1619	1558	1801	2047
菲 律 宾	445	300	313	326	776	850	598	695	712
越　　南	11	16	85	161	285	502	649	716	920

资料来源：Japan Statistical Yearbook 2012, http://www.stat.go.jp/english/data/nenkan/index.htm，笔者整理中国。

日本对印尼进口的热情主要来自于对能源及其相关行业的关注，据统计在过去的30年中，印尼的燃料、金属以及矿产相关的出口产品有70%是卖给了日本。以 2007 年印尼出口日本的商品构成来看，矿物性燃料的比重达到了 47.7%，而其中单液化天然气一项的出口份额就占到了对日出口总额的 22.4%。[①] 从投资方面来看，日本—印尼自贸区联合研究报告的数据显示，从 1967 年到 2004 年日本对印尼的投资额占到了印尼所有外资总额的 19.47%，目前，日本在印尼的企业总计超过了 1000 家，吸收的本地雇员超过了 20 万人。[②] 从官方援助（ODA）来看，由于东亚地区对于日本的经济来说具有举足轻重的作用，因此强化与东盟这一东亚地区最为成功的地区组织的双边关系是日本亚洲政策的基石。由于印尼在面积、人口、资源、地缘政治方面都是该地区最有分量的国家，因此，日本政府把对印尼提供援助作为一项长期的政策。印尼长期以来是日本官方援助的最大接受国，据统计从 1960 年到 2006 年，日本对印尼提供的官方援助总额接近 300 亿美元。在 2006 年，印尼获得日本的官方援助额为 1.52 亿美元，仅次于中国与孟加拉国，排名第三。[③]

表 1-4　2006—2007 年印尼主要外资来源国排名

年　份 国　家	2006		2007	
	项目数	金　额	项目数	金额（百万美元）
美　国	40	161.7	38	13318.9
新加坡	245	2185.7	308	5571.5
马来西亚	204	2329.3	202	2350.6
英　国	123	1039.2	112	1034.6
中　国	76	130.7	121	899.5
韩　国	313	887.2	400	895.3
荷　兰	44	78.2	57	645.0
日　本	55	443.7	56	603.4

资料来源：ASEAN–Japan Statistical Pocketbook 2008，p. 83：Table 4–6–3 FDI to Indonesia，笔者整理。

---

① ASEAN–Japan Statistical Pocketbook 2008.

② Japan–Indonesia Economic Partnership Agreement：Joint Study Group Report，2005，p. 4.

③ 日本对印尼援助统计，http：//www.id.emb–japan.go.jp/oda/en/datastat_01.htm。

尽管日本与印尼一直保持着密切的经济关系，但是在 1997 年金融危机之后，日本与印尼的双边经济关系出现了倒退的趋势。以投资为例，东盟—日本中心的统计数据显示 2007 年对印尼投资的国家中，日本仅排名第 8 位，前面分别是：美国、新加坡、马来西亚、英国、中国、韩国与荷兰。此外，在国内与地区因素的影响下，印尼对日本的稳定能源供给也面临冲击，因此，日本需要一个整体的战略来促进与印尼经济关系的提升，以保持投资、贸易的增长以及能源的安全，而 JIEPA 正是在这样的背景下提出的。

（2）JIEPA 与日本的地区软实力战略

日本与印尼之间关于 EPA 的谈判的动力来自周边国家对能源的争夺。长期以来，日本一直走在世界上液化天然气使用的前沿，然而在最近几年日本在国际液化天然气市场中所占据的份额正在不断下降，造成这种局面的主要因素是世界原油价格的不稳定，使得很多国家也开始加大液化天然气的使用，尤其是从 2006 年开始，中国的液化天然气进口量逐年递增。这些因素使得日本在国际天然气市场上的议价能力遭到巨大冲击，同时也正在改变日本在国际天然气市场独霸的局面。面对以上挑战，日本政府开始加强与印尼双边关系的推进。两国于 2005 年启动了 JIEPA 的谈判，日本政府一直试图说服印尼同意将保证液化天然气供给作为 JIEPA 的一部分，尽管印尼政府并没有最终同意这一建议，但是这一系列的政策举动充分展示了日本对地区国际关系变动的反应，正如有学者指出："从地区的角度来看，对印尼的液化天然的争夺是日本国际关系的另一个领域，它说明了日本在东南亚的经济主导地位正在受到中国的挑战。"[1]

日本应对地区竞争的另一个方面还体现在与印尼就新能源尤其是颇具争议的核能开发方面。日本产经省在 2006 年发表的"核能国家计划"中表示要"积极地支持日本核能在全球的发展"，东京市民核能信息中心（CNIC）对此作出的解释是，单靠日本国内的发电厂所获取的利润只能使得本产业维持到 2030 年。为了保持核能工业的竞争力与国内的生产能力，日本必须获得海外

---

[1]　David Adam Stott, "Japan's Fragile Relations with Indonesia and the Spectre of China", *Japan Focus*, May 4, 2008.

订单的支撑。根据日本贸易振兴会（JETRO）2007年3月的报告，印尼与越南将是日本在东南亚地区扩展核能业务的潜在客户。尽管就目前的发展来看，日本与印尼的核能合作还面临许多的障碍，但是这一举措也明显地反映了日本与韩国、俄罗斯在拓展核能市场上的竞争。

通过上面的分析，我们可以看出日本推进JIEPA具有重要外交战略考虑，它除了有强化两国贸易关系、稳定对自身的能源供给的经济层面的考虑之外，还有塑造日本软实力、与中国争夺地区竞争力的考虑在其中。

（四）印度对印尼的软实力战略

在印度的战略视野中，印尼是东南亚地区最大的国家，因此印尼理所当然成为印度东向政策中一个重要的战略伙伴。第一，印尼具有重要的地缘战略作用。印尼的地理位置非常重要，它正处于连接印度洋与太平洋国际航线的关键位置，印尼掌控着这一重要航线上的三个关键要道——龙目海峡、巽他海峡和马六甲海峡。其次，印度与印尼隔洋相望，安达曼与尼古巴群岛是印度的中央直辖区（Union Territory），它与印尼亚齐省的最近距离不超过150公里。印度建立了总部位于布莱尔港口（Blair Port）的安达曼与尼古巴联合司令部（Andaman and Nicobar Joint Command），该司令部的主要职能就是维护马六甲航行安全，以及印度在东南亚战略利益。由于与中国在纳土纳群岛（Natuna Islands）的主权归属问题上存在纷争，印尼对中国在该问题上的态度也保持警惕。随着中国的崛起及在亚太地区影响力的扩大，印度与印尼在排除中国对印度洋及马六甲海峡的控制及平衡中国影响力方面，都具有一致的利益；此外，恐怖主义威胁还为双方联合维护马六甲海峡航运安全提供了可能。可以说，印尼的地理位置使其在印度接触东南亚的政策中具有重要的优先性。

第二，印尼在地区及全球的积极角色使其对印度重要性不断提升。从地区层面来看，东盟所采取的大国平衡战略对于亚太地区关系的稳定发挥着独特的特殊而积极的作用，东盟的一体化及东盟国家的民主化进程对地区也产生深远的影响。印尼作为东盟最大的国家，它的持续而健康的发展对于东盟的成长意义重大。尽管近年来世界经济形势很不明朗，但印尼经济从2009年以来一直

保持持续增长的势头，据统计，从 2009 年至 2013 年五年间，每年均保持 6%
左右的增长率。① 随着经济的增长，印尼外交信心也不断增强。在地区层面，
印尼在利用 2011 年担任东盟轮值主席的机会，在泰柬边境、南海问题上扮演
了地区冲突的协调者，印尼还积极推进联合国与东盟之间在食品和能源安全、
维和、气候变迁、灾害防治及人权问题等方面的合作；在双边层面，苏西洛第
二任期提出"千万朋友，零个敌人"（thousands friends，zero enemy）的外交口
号，印尼积极推进与各国的关系；在全球层面，印尼在中东问题、G20 会议、
全球气候变迁等问题都扮演了积极的角色。印尼战略重要性的不断增强导致
了外部大国对其争夺的加剧，面对这样的形势，印度国防研究分析所（IDSA）
研究员认为，印度在"应该提高对印尼的影响力"。②

　　第三，印尼的政治制度与价值理念对印度也非常重要。印尼在 1998 年之
后进入了民主转型时期。印尼民主化的顺利进行对印度具有非常重要的影响。
作为最大的伊斯兰国家，印尼建设多元社会与民主改革的顺利进行不仅对于东
南亚地区的繁荣稳定具有重要意义，而且作为实现伊斯兰教与多元民主社会和
谐共存的例子，也对一个拥有庞大穆斯林人口的印度的国家安全具有重要的意
义。印度驻印尼大使毕冷·南达（Biren Nanda）在帕纳曼迪纳大学举办的"一
个印度"（a slice of India）展览活动开幕致辞中指出："印尼是多元而独特的，
这个国家存在众多的种族、宗教和文化，这就是印尼成为治理多元化模范国家
的原因。"③ 此外，印度与印尼在推进地区与全球的民主价值观也具有一致的
利益。辛格总理与苏西洛总统在两国 2011 年缔结的《新战略伙伴关系联合声
明》中就指出："作为本地区民主致力于多元文化主义、多元主义与多样性的
发展中国家，印尼与印度是天然的伙伴。……他们必须为推进亚太地区及世界
范围的民主、和平与稳定而扮演更积极的角色。"④

---

　　① 数据参见东盟秘书处：东盟统计—东盟客观经济指标。

　　② Pankaj K. Jha，"India-Indonesia：Emerging Strategic Confluence in the Indian Ocean Region"，
Strategic Analysis，Vol. 32，No. 3，May 2008，p. 455.

　　③ "India Sees Indonesia as A Unique Democracy Role Model"，*ANTARA News*，January 31，2012.

　　④ Joint Statement：Vision for the India-Indonesia New Strategic Partnership over the Coming Decade，
January 25，2011.

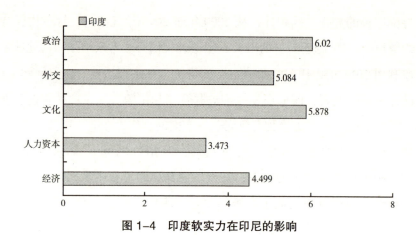

图1-4　印度软实力在印尼的影响

1. 印度对印尼的软实力基础

早在印度立国之初，尼赫鲁总理就断言，"印度应该成为亚洲的核心"。直到现在，成为全球大国和亚洲核心一直是印度的梦想和前进动力，印度在不遗余力地增强着国家的综合实力。而自冷战结束后，随着经济全球化和地区一体化的发展，和平与发展已经成为当前的世界主题，衡量一个国家实力的标准已经不仅仅局限在以经济、军事、科技为主的物质力量方面，历史文化、政治价值观、意识形态影响力等非物质力量逐渐成为国际社会评判一国的国际竞争力的重要标准。因此，在这种时代背景下，印度在经济、军事、科技等硬实力迅猛增长的基础上，日益重视对其软实力的构建。

首先，两印之间具有坚实的社会文化基础。2004年，奈在《软权力：在世界政治中的成功之道》中指出，当一国文化包括普世价值观，且对外政策是促进别国所共有的价值观和利益时，其获得理想结果的可能性增大。[①] 印度是著名的世界四大文明古国之一，几千年的文化积淀，使印度开展文化软实力外交具备了深厚的基础，而文化软实力正是一国软实力的基础。但是印度和周边国家联系的渊源当属宗教。印度是佛教的诞生地，如今全世界有大约三亿的佛教徒，涵盖了东亚各国，佛教已经成为联系印度和东亚儒家文明圈的纽带和

---

① 杨文静：《重塑信息时代美国的软权力———〈软权力：在世界政治中的成功之道〉介评》，《现代国际关系》2004年第8期。

桥梁。2010 年 9 月，印度国会正式批准了"复兴那烂陀计划"，通过该计划，印度、中国、日本、韩国、新加坡等亚洲 16 国合作，重新把那烂陀大学发展为学习及跨宗教对话的中心，将佛教和现代的大学结合，达到吸引外国留学生、宣传印度文化、扩大印度影响力的目的。[①] 新德里如今竭力强调其源远流长的佛教文化，把佛教置于它在亚洲的软实力外交的中心位置。[②]

除了佛教，印度教、耆那教和锡克教也发源于印度，另外，印度国内还拥有众多的多伊斯兰教、天主教、基督教、拜火教甚至犹太教信徒。其中伊斯兰教是印度的第二大宗教，在印度境内拥有大约 1.62 亿的信徒。可以说，印度是一个多语言、多宗教共存的大国，印度社会对不同的宗教和文化体现出极大的包容精神，为其提供了和谐共存的环境。在周边关系构建中，宗教之间的联系为印度和邻国增加了亲近感，为消除怀疑和化解矛盾提供了基础。

在历史上，印度的宗教文化对印尼的影响是非常大的。印尼的第一个统一的封建王朝就是印度教王朝，直到现在，印度教寺庙在印尼国内随处可见，其习俗和文化流传至今。另外，在印尼影响最大的宗教派别——伊斯兰教，也是从印度的古吉拉特邦穆斯林传入的。印尼是著名的伊斯兰教国家，印尼前总统苏西洛·班邦·尤多约诺（Susilo Bambang Yudhoyono）经常谈到印尼是一个民主与温和的伊斯兰国家。前外交部长哈桑·维拉尤达（Hassan Wirayuda）也常常提到民主与温和的穆斯林是印尼对外政策的两个重要法宝。[③] 自 1998 年重返国际政治舞台以后，伊斯兰教对印尼对外政策的影响越来越明显，"9·11"事件以后，印尼将塑造温和的伊斯兰国家形象作为国际形象树立的目标，伊斯兰教成为沟通印尼和世界其他国家的重要桥梁。因此，印度丰富的宗教文化以及与印尼之间的宗教渊源为印度对印尼的软实力文化外交奠定了坚实的基础。

其次，两印之间具有相似的民族命运和政治价值观。约瑟夫·奈曾指出，在现代社会，"一国主导文化和全球的文化规范相近（即强调自由主义、民主

---

① 《人民日报》环球走笔：http://www.dzwww.com/rollnews/news/201009/t20100929_6711684.htm。
② 石俊杰：《浅论印度的软实力》，《南亚研究季刊》2008 年第 4 期。
③ ［印尼］里扎尔·苏克玛：《印尼的伊斯兰教、民主与对外政策》，邹宁军译，《东南亚研究》2009 年第 6 期。

政治、多元文化)"的话，有助于软实力的建设。① 印度和印尼都曾遭受过西方殖民主义的侵略，都进行过坚决的反殖民反侵略的斗争，都在努力地谋求和维护国家的独立、民主和自由，在外交政策上都主张不结盟和独立自主。另外，在政治观念上，两印都主张实行民主政治，认为只有民主才能保持国内稳定和在国际社会的亲和力以及对周边国家的号召力。印度在 1947 年取得独立后，继承了英国殖民主义时期的议会制度，其实行的普选制使广大民众的民主意识得到提高、政治参与精神得到发挥，其选举结果基本上反映了印度的民意。印度的民主和法治观念如今也已经深入人心，印度也因此被西方世界誉为"最大的民主国家"。而印尼，随着 1998 年新秩序政府的倒台，也进入了民主化的建设时期，如今凭借三权分立、议会民主选举以及各级地方首长和总统直选制等被国际社会评价为继美国、印度之后排名第三的民主国家。印尼政府和官员引以为自豪的民主国家身份为与其他民主制度国家开展合作与交往提供了更深的国家身份认同。发展与美国、中国、印度、日本等大国和东盟、澳大利亚和韩国等地区伙伴的关系，是印尼对外政策核心，印尼民主国家的身份为其不断提升与亚洲太平洋大国关系功不可没。

最后，两印之间具有相似的发展需求与外交政策选择。"强大的经济是一国吸引力的重要来源"，② "经济实力既可以转化为硬权力也可以转化为软实力，既可以用制裁来强制他国，也可以用财富来使他国软化"，"经济实力是黏性实力，它既可以起到吸引的作用又可以起到强制作用"。③ 印度和印尼都属于发展中国家，都面临着经济发展，消除贫困和落后，提高人民生活水平的共同发展任务。两国在现代化的建设过程中，有着很强的资源互补性，对于印度来说，发展资金虽然比较丰富，但能源和原材料的紧缺制约着经济的发展，而印尼虽然能源和自然资源比较丰富，但庞大的基础设施建设资金使之比较捉襟见肘。所以，两国在发展过程中存在相互依赖、互为补充的关系。在经济全球

---

① Joseph S.Nye Jr., *The Paradox of American Power：Why the World's Only Superpower Can't Go It Alone*，Oxford：Oxford University Press，2002，p.14.

② Josph S. Nye, *Soft Power：The Means to Success in World Politics*，New York：Public Affairs，2004，p. 7.

③ ［美］约瑟夫·奈：《"软权力"再思索》，《国外社会科学》2006 年第 4 期。

化和地区一体化不断发展的时代背景下，谋求深入的合作谋求发展符合两印的共同愿望。

在外交政策上，两印的外交理念和外交战略都有很多相同之处。两印都以自己的民主国家身份为自豪，都奉行"独立、自主"的外交原则和全方位的外交战略，印度一直将建设成为一个强大、受国际社会认同和尊重并积极发挥国际作用的世界大国作为自己努力的目标，而印尼则明确声称，"将自身塑造成东南亚地区一个负责任的大国，发挥其应有的作用；在国际社会充当第三世界的代言人、民主与穆斯林之间的桥梁"，是自己的外交政策目标。① 印度和印尼的首要外交目标就是要确立和维护自身在所在地区的领导角色，同时积极扩大外交范围，努力发展与美国、日本、中国、澳大利亚等世界大国的关系，走全方位外交之路。印度的对印尼外交正是在其东向战略的大方向之内，而印尼对印度外交是在其走出东盟范围的大外交战略下的结果。可以说，两印之间相通的外交理念和政策趋向为其双边的软实力外交开展奠定了重要的基础，而这些基础又为印度的"东向政策"的战略实施注入了极大的推动性力量。

2. 印度对印尼的软实力攻势

2004 年印尼苏西洛总统就任以后，印度与印尼的关系定位实现了新的突破。在 2005 年 11 月，苏西洛总统正式对印度进行正式国事访问，期间与印度领导人签署了两国新战略关系宣言，表明两国关系进入了新的阶段——战略伙伴关系阶段。2011 年 1 月，苏西洛总统第二次对印度进行国事访问，此次访问期间作为印度共和国 60 周年庆典的主嘉宾出席了庆典，标志着两印战略伙伴关系提升到了一个新的高度。到目前为止，两印战略伙伴关系的确立已经九个年头，国防部长对话、高层战略对话等双边协商已经陆续建立起来，在经贸、文化、安全等领域的合作已经向纵深发展，战略伙伴的实质性内容正在逐步构建。深入分析新战略伙伴关系的内容和构筑过程就会发现，印度软实力外交的开展在其中发挥了至关重要的作用。

---

① 闫坤：《新时期印度尼西亚全方位外交战略解析》，《东南亚纵横》2012 年第 1 期。

（1）软实力的运用：公共外交与族裔外交

公共外交通常是以处理公众态度对政府外交政策形成和实施所产生的影响为目的，它是国际关系领域中超越传统外交范围的一个层面，包括：一国政府在其他国家内培植舆论、一国利益集团和他国利益集团在政府体制外相互影响、媒体人之间的沟通和联络等，通过这一系列过程达到影响其他国家政策制定和外交事务处理的目的。[①] 印度一直有运用公共外交或其他软实力外交手段来实现其外交政策目的的历史。[②] 自实施"东向政策"以后，印度一方面延续着"传统性"的公共外交手段和路径，一方面非常注重根据时代变换和周边环境进行"创新"，使公共外交的"时代性"更加凸显。

在传统方式上，文化交流、学术联系、媒体对外播报是印度充分运用"软实力"的三大手段，[③] 印度专门设立了致力于文化交流的公共外交的机构——印度文化关系理事会（ICCR），努力试图借助于自己的文化、科技、教育的先进性和现代化，联络海外印度人、与海外商业利益集团建立联系、实施对外援助和发展项目、不遗余力利用各种机会展示印度的"国家标签"、运用新社会媒体影响年轻人等"新手段"来扩大印度的国际影响力和战略目标。[④]

在对印尼关系中，印度充分利用与印尼在文化上的悠久渊源，利用在印尼盛行的印度教、佛教和伊斯兰教与印度的历史联系，发挥本身的科技优势和现代化思维，对印尼社会阶层大力发挥文化外交这种软外交方式，影响印尼社会内部对印度的认同与现代认知，从而建立起两印深层次交往的社会民间基础，并在此基础上有助于全方位国家合作的开展。20世纪80年代末，印度在印尼首都雅加达和巴厘岛建立了两个印度文化中心并定期举行印度文化节。2011年印尼总统访问印度期间，双方签订了2011—2014年文化交流计划，双

---

① "What is Public Policy"，www.publishdilomacy.org/1.htm.

② Jacques E. C. Hymans，"India's Soft Power and Vulnerability"，*India Review*，Vol. 8，No. 3，2009，pp. 234–265.

③ Ian Hall，"India's New Public Diplomacy: Soft Power and the Limits of Government Action"，*Asian Survey*，Vol. 52，No. 6，2012，p.15.

④ Ian Hall，"India's New Public Diplomacy: Soft Power and the Limits of Government Action"，*Asian Survey*，Vol. 52，No. 6，2012，pp.19–26.

方文艺交流进一步增加。2011 年，隶属印度外交部的印度文化关系委员会同印尼著名大学加查马达大学签订合作协议，在该校建立印度研究中心并派遣轮值主席，是继在印尼巴厘岛 Mahendradatta 大学的第二个印度研究中心。此外，2009 年 10 月到 2010 年 7 月，印度在印尼举办了两次"印度文化节"，并把 2011 年列为两印"友好年"，以此庆祝两国建交 60 周年。印度对于自身文化大国的巧妙塑造对于其拓展对印尼的影响力和强化两国之间的战略伙伴关系具有基础性的重大意义。

在两国关系发展中，不可忽视的是，印尼的印度裔及印度侨民在促进双边交流中，担当了相当重要的角色。在印尼的外裔人口中，印度裔是排在华裔之后的第二大外裔。有学者认为，印度裔和印度侨民的作用是印度在印尼文化外交成功的关键。[①] 通过具有文明古国特色（尤其是民族、文化和语言）的非政治性活动，印尼的印度侨民和印度裔在推动两国双边关系的发展及提高印度国家形象上具有独特的作用与优势。目前，在印尼的印度裔有三类，一是战前即殖民时期的印度侨民后代，二是第一次和第二次世界大战前后到印尼从事商贸活动的印度侨民及其后代，三是 20 世纪七八十年代后到印尼投资的印度商人。[②] 根据 2010 年印尼人口统计数据，印尼的印度裔约有 35000 人。主要分布在印尼的北苏门答腊地区和首都雅加达，其职业分布主要是在商业领域从事批发零售、信息技术、银行业、投资、商业咨询、会计等行业。[③] 印度驻印尼大使辛格（Gurjit Singn）指出，在印尼的印度侨民约有 10 万，主要为投资商、工程师、咨询师和会计师等技术专业人才。他们融入当地社会，为印度政府提出可行的策略，开展友善、有影响力的文化外交，促进在印尼主要城市建立印度文化中心、成立印尼印度友好协会及其分支、俱乐部等，并在印尼各大城市进行定期和不定期的文化表演等活动。[④]

---

① Milton E. Osborne, *Southeast Asia: An Introductory History*, New South Wales: Allen & Unwin, 2004, p.113.

② A. Mani, "Indians in a Rapidly Transforming Indonesia", in K. Kesavapany, ed., *Rising India and Indian Communities in East Asia*, Singapore: ISEAS Publishing, 2008. pp.229–230.

③ Ibid., pp.229–231.

④ Wardhani, Baiq L.S.W. India's Rapprochement to Southeast Asia: an Indonesian Perspective. *Dialogue*. 2011. Vol. 13 No.1. http: //www.asthabharati.org/Dia_July%20011/baiq.htm.

（2）硬实力的软运用：经济、政治和安全互动与合作

印度在对印尼的外交关系构建中，除了结合自身历史基础和现实优势来"巧妙"地运用软实力之外，还将其硬实力进行"软包装"，加强与印尼的经济、政治和非传统安全领域的互动与合作。印度与印尼在1986年就签署了关于避免双重征税的双边协定，1999年在G15峰会期间两国签署了促进和保护投资协议，该协议于2004年1月生效。2005年印尼总统访问印度期间，两国还签署了一项谅解备忘录，其中包括成立研究双边综合性经济合作协议（CECA）可行性的联合研究小组，该小组在2009年提交的最终研究报告预测，到2020年印度对印尼的出口最高可达到780亿美元，而印尼对印度的出口最高可达970亿美元，双边综合经济协议实现后对印度与印尼GDP贡献分别为1%和1.4%。[1]

印度的进口商品主要是棕榈油、煤、石油及纸制品，而印尼主要进口香料、纺织纱线、化工产品、电力机械及零件、精炼石油产品、钢铁和钢铁制品、小麦、大米和糖。印度是最大的棕榈原油进口国，印尼已成为印度在东盟的第二大贸易伙伴，仅次于新加坡。此外，印度正计划通过从亚齐到尼科巴群岛的海底管道向印尼购买天然气。印尼中央统计局的数据显示，印度与印尼的双边贸易额在2010年达到了130.2亿美元，印度分别为印尼的第七大贸易伙伴和第16大投资国[2]，可以预见，印度未来将会成为印尼最关键的贸易伙伴。

进入21世纪之后，两印的双边关系取得了长足的发展，高层互访和会晤的频率显著地增强（见表1-5）。两国在2005年的战略伙伴宣言中强调，双方拥有共同的价值观，都主张民主的多样化和国际关系的多极化，推崇法律的至高无上。2007年1月，印尼副总统卡拉访问印度时，与印度签署了在反恐、能源、自然灾害应对、电力开发使用、矿产和交通等方面的相关协议。2008年印度总统帕蒂尔与苏西洛在雅加达会晤时强调，两国要在教育、制药、农业

---

[1] Report of the Joint Study Group on the Feasibility of India-Indonesia Comprehensive Economic Cooperation Agreement, 2009, p. 90.

[2] Linda Yulisman, "India, RI Expect Trade to Reach US$25b by 2015", the Jakarta Post, 06-10-2011.

和旅游及影视业方面提升合作层次。2011 年 1 月，苏西洛第二次访问印度时，两国就政治、安全、文化与社会合作签署了 11 项谅解备忘录。

表1-5　2000 年来两国首脑互访一览表

● 印度最高领导对印尼的访问	● 印尼最高领导对印度的访问
2003 年，瓦杰帕伊访问印尼	2000 年 2 月，瓦希德出访印度
2005 年 4 月，辛格访印尼	2002 年 4 月，梅加瓦蒂出访印度
2008 年 11 月，普拉蒂巴·帕蒂尔总统访印尼	2005 年 11 月，苏西洛出访印度
2011 年 11 月，辛格访印尼	2011 年 1 月，苏西洛出访印度

2001 年，印度总理瓦杰帕伊在访问雅加达期间签署了两印的防御合作条约，印度重点向印度尼西亚提供防卫科技和训练。另外，在打击恐怖主义方面，印度积极摆出反击国内伊斯兰极端主义的姿态，[1] 同时于 2004 年 7 月，两印签署了共同打击国际恐怖主义的谅解备忘录，并成立了联合反恐工作小组。针对马六甲海峡的海盗现象比较猖獗，两国在打击以海盗问题为代表的海上恐怖主义方面，合作深度不断加大，不仅"两国军舰实行互访，而且还举行联合军事演习，印度海军舰队为印尼舰船护航前往安达曼海巡航。"[2] 2011 年 1 月，两印再次共同表示将在"情报分享、反恐政策制定等方面展开合作"[3]。

印度尼西亚凭借其位于印度和太平洋"守门人"的特殊地理位置和在东南亚地区的领导角色，在印度的外交战略中占据着重要的地位，印度将改善和加强与之关系视作在东南亚地区扩展影响力的关键之举。近些年，在新战略伙伴关系的框架内，印度对印尼开展了全方位的软实力外交，在非常重视包括文化外交、公共外交等内容的软性权力拓展的同时，还"巧妙"地将硬权力"软"使用，在政治、经济、安全等领域深化与印尼的伙伴关系合作。

---

① David Brewester，"The Relationship between India and Indonesia: An Evolving Security Partnership"，Asian Survey，Vol.51，Nomber 2，p. 233.

② Akhyari，"India And Indonesia?An Analysis Of Our Foreign Policy"，MeriNews，Feb. 22，2010，http: //goodnewsfromindonesia.org/2010/02/22/india-and-indonesia-an-analysis-of-our-foreign/policy/3.

③ Rajeev Sharma，"India, Indonesia Get Closer," Eurasia Review，Jan. 30，2010，http: //www. eurasiareview. com/analysis/india-indonesia-get-closer-31012011/.

印度极力在印尼开展软实力外交，其目的除了是为了实现自己的"东向"战略外，还在很大程度上是联合印尼共同牵制中国。在印度看来，同为亚太地区不断崛起的大国，中国通过软实力外交所塑造的"魅力中国"形象，足以对其扩展对亚太地区事务的影响力形成威胁，对其参与亚太事务形成阻碍，因此，只有"奋起直追"，充分运用印度所拥有的软实力资本，发展软实力外交，才能有效地制衡中国的影响力，实现所规划的战略目标。[①]

从本质上说，"软实力"外交是一种低成本高回报的外交方式，对于印度对印尼的软实力外交活动，中国一方面需要看到印度企图充分发挥软实力外交来"对抗"和"制衡"中国影响力的意图和努力，另一方应更多地从印度的对印尼外交中获得启示，即，如何在周边关系构建中更加巧妙地运用软实力。作为亚太大国，中国除了突飞猛进的经济实力和不断提升的综合国力之外，还拥有悠久的历史、灿烂的文化，博大精深的文化资源赋予了中国丰富的软实力，思考如何将其运用到外交关系构建和周边安全塑造中具有极强的现实意义，尤其是近几年来，在美国奥巴马政府亚太战略调整的大背景下，中国在周边地区的软实力呈现出不断下降的趋势，周边安全问题不断，中国的周边安全环境正经历着进入21世纪后的新一轮挑战，[②] 因此，在这种大背景和迫切现实面前，如何运用软实力外交来一定程度上化解中国所面临的紧张局势，化解潜伏的安全危机，塑造稳定的周边安全环境，更是现在的中国需要深入思考审慎思考的议题。

三、中美日印对印尼软实力的效果对比

关于中美日印软实力在印尼影响的对比研究，本课题组通过问卷的方式进行调查统计分析。在问卷设计方面，主要参照了芝加哥委员会《2008 年亚洲软实力》报告中的问卷设计和结构，该报告设计了一系列的指标来比较和衡量

---

① Philip Seib, "India is Looking Anew at its Public Diplomacy", http://uscpublicdiplomacy.org/index.php/newswire/cpdblog_detail/india_is_looking_anew_at_its_public_diplomacy/, both accessed 20 May 2011.

② 观点引自时殷弘教授 2012 年 10 月 30 日在中国社会科学院举办的"大国的亚太战略"国际学术研讨会上的发言。

不同国家在亚洲地区的软实力，这些指标包括了经济、科技知识与人力资本、文化、外交和政治五大类 ① 。基于以上问卷设计与结构基础，我们的问卷调查的软实力内容主要包括了经济影响、人力资本影响、文化影响、外交影响和政治影响等指标。

从整体分析比较中美日印在印尼的软实力影响，美国得分最高，其次为日本，紧接着是中国，而印度在所有指标中的得分都排在最后（见表1-6）。美国在人力资本和政治上被认为软实力较高，尤其是其人力资本，而经济影响和吸引力方面得分稍逊于日本，文化和外交软实力方面得分低于日本和中国。排在美国之后的日本，其每个指标的排名都数一数二，尤其是经济、文化和外交影响得分最高，而人力资本指标的得分则与美国差距较大。中国得分位于第三位，其中文化和外交影响表现较好，两项得分都位于第二位，排在美国之前。而印度在印尼的软实力得分整体落后于以上三国。

表 1-6　中美日印在印尼的软实力比较 （标准：0 至 10 分）

	美 国	名 次	中 国	名 次	日 本	名 次	印 度	名 次
经　济	7.576	（2）	6.907	（3）	7.781	（1）	4.499	（4）
人力资本	7.938	（1）	6.475	（3）	6.760	（2）	3.473	（4）
文　化	6.970	（3）	7.318	（2）	7.500	（1）	5.878	（4）
外　交	6.954	（3）	7.012	（2）	7.108	（1）	5.084	（4）
政　治	7.780	（1）	7.265	（3）	7.440	（2）	6.020	（4）
平 均 值	7.443	（1）	6.995	（3）	7.318	（2）	4.991	（4）

注：该表结果是参照芝加哥委员会《2008 年亚洲软实力》报告软实力分析的指标结构基础上，进行均值计算得出。共有 24 题用于该计算分析中，其他单个国别题目或不符合分析范围的题目不参与到该项分析中。

---

① 经济方面主要包括经济关系的重要性、购买产品的可能性、自由贸易协定、在亚洲的经济影响、帮助亚洲国家发展经济、公司贡献、竞争性经济、劳动人口的经济机遇、企业家精神、重要的跨国公司、产品质量等方面的吸引力；科技知识与人力资本方面包括外语学习、受高等教育程度、尖端科技、名牌大学等方面的吸引力；而文化方面包括文化影响的传播、流行文化的影响及其经济影响、影视和音乐、流行文化、文化资产、旅游目的地等方面吸引力；外交方面包括使用外交手段解决问题、尊重主权、建立互信与合作、人道主义援助、国际机构的领导权、朝鲜危机解决的有效性、台海关系的效力、在亚洲推进政策的效力等方面的影响；政治方面包括尊重人权、服务人民的政治体系等方面的影响。

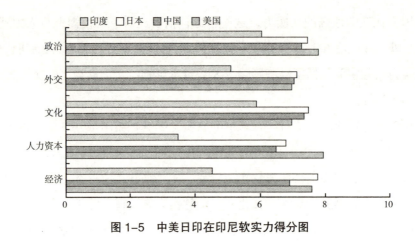

图 1-5　中美日印在印尼软实力得分图

为了考察中美日印软实力在印尼的影响，课题组通过对印尼普通民众发放有限的问卷以获得第一手的数据。问卷的内容结构方面，包括了综合认知、经济软实力、文化软实力、政治软实力、外交软实力和其他等六部分，共有 38 个题目。课题组于 2010 年 9 月至 2011 年 10 月分三次在印尼雅加达和日惹等地发放问卷 683 份，其中回收的有效问卷有 521 份。接受问卷调查的受访者中，有 491 人（94.2%）为原住民及非华裔的印尼国民，而华裔占 5.8%，人数不多[①]，但比例稍高于华裔在印尼人口中的比例。在年龄段方面，因问卷发放地点主要是在高等院校，所以接受调查的绝大多数的是 18 岁至 34 岁的青年，占 74.3%，而 35 岁以上的中青年和中老年所占比例较小。在职业方面也是在校学生居多，占 35.7%，其次为公司雇员、企业员工，占 26.7%（见图 1-6）。而学历方面，66.2% 的受访者拥有大专、本科

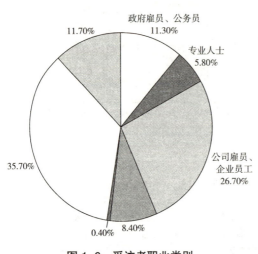

图 1-6　受访者职业类别

---

① 不排除部分华裔受访者不愿意透露身为华裔的身份。

以上学历，32.4% 为中学学历，而小学学历接受调查的被访者较少。除了问卷调查，课题组也随机选取了一些受访者进行访谈。由于发放问卷的时间、空间和人群有所限制，问卷调查的结果有一定的局限性，但是能为目前中美日印软实力在印尼的影响提供一个较为客观的参考。

（一）中国的软实力影响

经济方面，中国（6.907 分）被认为对东南亚地区经济影响仅次于美国（7.576 分），中国的贸易投资等方面的经济合作被认为对印尼发展影响最大。从年龄和职业分析，印尼 18—34 岁的青年人在对中国经济影响力方面评分高于对美国的评分，这一年龄层次的人多以学生、私营人员和自由职业者居多，而 35 岁以上的受访者在这方面给中国的评分都明显低于给美国的评分。而关于产品质量、购买欲望、企业对印尼的贡献、具有优秀的商业精神以及是否拥有世界领先的跨国公司方面，中国的得分明显落后于日本和美国。许多东南亚国家包括印尼认为，中国是将东南亚国家从金融危机阴影中拉出来并推动它们经济发展的重要发动机。

但是，事实上目前中国对印尼的直接投资（见表 1-7）和提供的外债（见表 1-8）远不及日本和美国。因此，近年来中国经济的快速增长，对印尼等东南亚国家的支援以及双边贸易额的直线上升，对印尼社会来说具有一定的吸引力。可是目前中印两国的经济往来较多的是在贸易方面，近年来在印尼投资的中国大型企业有限，在印尼一些工业园区内中国的企业寥寥可数。自 2010 年中国—东盟自贸区建成后，大量的中国商品涌入东南亚市场，中国和印尼双边贸易额呈直线上升趋势。2009 年双边贸易额为 283 亿美元，2011 年达到 491.5 亿美元。中国商品价格低廉，深受印尼大众欢迎，一般以中低端商品为主，质量和售后相对欠佳。因此，在印尼畅销的中国货一般以消耗较快的日用品、服装、手机、低端电器和零配件等为主。而自 2008 年中国商品安全问题的新闻增加，在印尼产生负面影响，对当地人的选购信心有所影响。此外，自中国—东盟自贸区开展以来，中印尼贸易是否平衡成为上至印尼国会下至媒体民众一直关注的问题。我们可以看到，中国在近年来的经济发展突出，印尼受访者认为中国和美国在东南亚区域的经济影响力不相上下，但是由于中印经济往来目前局限在贸易层面较多，因此中国对印尼一定程度上具备经济吸引力，但是其经济影响力却不如美国和日本那么深远，这是值得我们去关注的。

表1-7　中美日印2007年至2012年第一季度对印尼的直接投资数据

年份	2007		2008		2009		2010		2011		2012 Q1	
国家	P	I	P	I	P	I	P	I	P	I	P	I
美国	31	144.7	35	151.3	27	171.5	100	930.9	112	1487.7	33	17.9
日本	113	618.2	130	1365.4	124	678.9	321	712.6	468	1516.1	128	629.5
中国[①]	22	28.9	27	139.6	37	65.5	113	173.6	160	128.2	42	26.6
印度	17	11.6	20	17.8	31	26.2	44	8.9	58	41.9	24	30.2

注：P=项目数，I=投资额（单位：百万美元）

数据参考来源：Statistical Yearbook of Indonesia 2012, p.435; BKPM（印尼投资协调署），Statistic of Foreign Direct Investment Realization Based On Capital Investment Activity by Country, Q1–2012, http: // www7.bkpm.go.id/file_uploaded/public/PMA–NEGARA–1.pdf, 2012年7月1日浏览。

表1-8　中美日对印尼提供的外债数据 [②]

年份	2006		2006		2008		2009		2010	
国家	T	%	T	%	T	%	T	%	T	%
美国	12477	9.4	13084	9.3	16834	10.9	20247	11.7	21422	10.6
日本	32951	24.8	32230	22.8	37825	24.4	35780	20.7	41638	20.6
中国	735	0.6	828	0.6	1167	0.8	1569	0.9	2488	1.2

T=外债金额（单位：百万美元）

数据来源：Bank Indonesia, StatistikUtangLuarNegeri IndonesiaJanuari 2012, http: //www.bi.go.id/NR/ rdonlyres/D842A7B6–586A–4FD8–B32C–A972D274B4F5/25149/FinalisJanuari2012_Web.pdf, 2012年6月30日浏览。

---

① 不包括香港和台湾地区的数据。
② 印度对印尼无提供外债援助。

　　人力资源方面的影响力，中国（6.475 分）也是落后于美国（7.938 分）和日本（6.76 分）。在关于国家科技发展水平方面，受访者给日本的分数最高（8.92 分），其次为美国（6.76 分），中国排在第三（6.475 分）。学历和职业地位较高的受访者给中国的分数会较低。而在语言吸引力方面，大部分受访者认可英语的重要性，达 92.3% 的受访者认为英语非常重要。排在英语后面的是中文，随着 1998 年后印尼政府对华人文化的解禁以及中印贸易的快速发展，中文的地位如今在印尼有所上升，中文人才的奇缺使中文成为当地热门外语之一，因此，在受访者中有 47.4% 受访者认为学习中文对未来取得成功有非常重要的影响，44.1% 认为比较重要（见图 1-7）。在访谈中，笔者发现受访者认为学习中文很重要一般是出于工具型动机，认为可以因此找到比较好的工作。在出国接受高等教育方面，一般到美国、日本及其他西方国家留学的机会比较多，而且西方国家尤其是英语国家的教育水平长期以来给人以"一流"、"权威"、"应用面广"、"国际性"等良好印象，所以受访者大部分倾向选择到美国接受高等教育。由于中国和印尼曾断交 23 年，两国之间的文化交流开展较晚，国民间相互的认知较浅薄甚至或多或少对彼此有一些负面的看法，造成中国的留学吸引力较低，而且中国高校在印尼的推介活动开展相对较晚，直到 2003 年才开始举办，受访者认为获取到中国留学的奖学金机会和信息途径相较于美国和日本等发达国家较少，而且由于语言

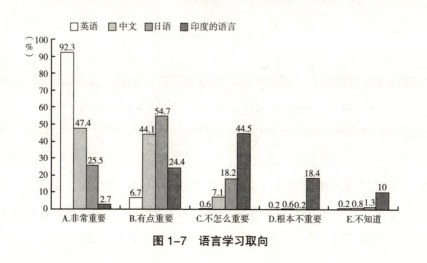

图 1-7　语言学习取向

的差别以及对中国教育情况的不了解，因此只有 14.8% 选择到中国留学。相应地，受访者认为中国居民受教育程度（7.73 分）次于美国（8.68 分）和日本（8.56 分）。

在文化吸引力方面，中国的得分为 7.318 分，排在日本（7.5 分）后居第二位。文化相似度方面，中国文化在印尼受访者眼中被认为与当地文化有较高的相似度，并且认为中国的历史传统文化资源最为丰富（8.52 分）。但是在国民素质方面，中国的得分（6.45 分）却排在日本（7.46 分）之后。有趣的是，我们发现华裔受访者给中国的分数最低（5.47 分），与非华裔受访者给中国的分数（6.51 分）形成鲜明对比，华裔对中国"礼仪之邦"的印象比本地的学生要差，这是值得我们去关注的。

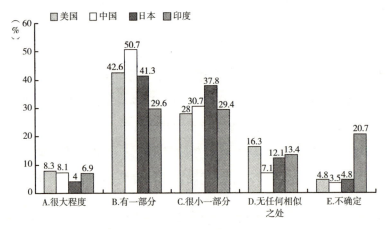

图 1-8 文化的相似度

流行文化方面，如"对一个国家的电视节目、电影、音乐和动漫是否感兴趣"，中国（6.52 分）的得分远低于首位的日本（8.07 分）和美国（7.55 分）。深入分析数据发现，给中国评分较高的是 50—64 岁的受访者，这是因为在 20 世纪八九十年代，港台武打片曾在东南亚（包括印尼）流行一时，无论是华裔或非华裔都热衷看中国武打片，而且在当时的印尼，中华文化受到政府的禁止，用印尼语配音的港台电影是当时唯一没有被禁止、具中国特色的文化产品。而如今印尼的一些电影频道还有播放这些八九十年代的港台武打片，但是相较于美国、日本、韩国，中国在流行文化的宣传与传播相对逊色。[①] 新闻关注方面，受访者对美国（7.75 分）和日本新闻（7.1 分）的关注会更高于对中国（7.04 分）的关注，相应地也会认为美国的负面新闻较多。在旅游吸引力方面，表示"可能会去中国旅游"的有 28.8%，高于日本和美国，但表示"很想去"只有 57%，低于日本和美国（见图 1-9）。可以说中国对印尼受访者有一定的吸引力，两国在近年交好，但是彼此的旅游宣传力度不如日本和美国做得久、做得好，因此对于到中国旅游，超过 1/4 的受访者是持犹豫程度，这也显示了受访者对中国感到比较陌生。

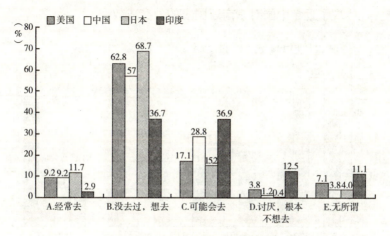

图 1-9　是否想去以上四国旅游

在外交方面，中国对东南亚的影响力处于上升的过程中。在关于中国"是否有效解决国际纷争"、"在国际机构中具有领导作用"等方面，中国以及另外

---

① 在印尼的电视节目中，英语电影有部分进行印尼语配音，也有部分是原音播放配印尼语字幕。而日本、中国、印度等国的电影、电视剧一般都是经过印尼语配音才得以在电视台播放。90 年代末至今被搬上印尼银幕并家喻户晓的中国电视剧较少，例如《还珠格格》、《流星花园》、《海豚湾恋人》等。据统计，印尼近年 154 部电视剧中，有 26 部取材来自美国电影、电视剧，改编自日本的有 23 部，中国大陆地区的有 1 部，港台地区以台湾为主有 24 部，印度 5 部，韩国高达 51 部，占三分之一。近年来韩国的流行文化在全球引起一股"韩流"，韩国电视剧在 2000 年后逐步进入印尼市场，尤其是在 2005 年后，韩国的电视剧、电影在印尼播放量大增，目前印尼的一些电视频道几乎每天都在播放韩国电视剧，节目深受当地年轻人喜爱。目前，除了电视剧，韩国明星积极拓展印尼市场，而且印尼本土乐队组合开始模仿韩国模式，韩国流行文化产业正对印尼产生巨大的影响。印尼改编国外电视剧参考来源：维基百科，"印尼肥皂剧改编名单"（印尼语），http://id.wikipedia.org/wiki/Daftar_sinetron_Indonesia_yang_mirip_dengan_sinema_lain，2012 年 6 月 5 日浏览。

两个亚洲国家的得分都远低于外交实力强国的美国。对于未来展望方面，超过一半的受访者（52.8%）希望中国在东南亚地区发挥更大的作用，比例最高（见图1-10），85.2%的印尼人认为中国在亚洲地区能够发挥非常积极和比较积极的作用，在亚洲地区具有正面影响力（见图1-11），而且78.1%的受访者认为中国的崛起对于东南亚地区的影响是积极的，接近六成的人认为中国是印尼的朋友。在进入21世纪之后，印尼对中国的印象是愈加积极，印尼国家领导人及官员在国际场合对中国进行正面评价，并且推动双方的深入合作。对于印尼这个东南亚大国，中国不再是威胁，而是能给东南亚地区带来积极、正面的影响，也体现了近年中国对东南亚国家的外交成效。

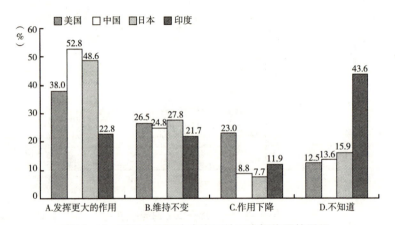

图1-10　对以上四国在东南亚地区发挥作用的展望

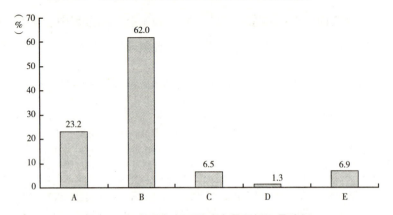

图1-11　中国在东亚影响力是积极还是消极

注：A 非常积极，B 有点积极，C 有点消极，D 非常消极，E 不知道

不过，虽然中国被认为在外交上具有积极影响力，但是在关于"是否听说过中国的和谐世界外交理论"，有超过六成的受访者表示不知道、没怎么听说过；在关于"如果美国撤离其在东亚的军事力量，中国和日本是否会开展军事军备竞赛以夺取该地区的支配权"的问题上，有超过80%的受访者认为有这个可能性，受访者认为，中国不像美国那么强势、干涉他国主权，但是由于中国的经济实力的提高，无疑在亚洲地区具备能与日本比拟的实力。在关于"未来十年印尼与他国发生冲突可能性"（见表1-9）和"在未来对印尼产生军事威胁"（见图1-12）的问题方面，就体现出印尼受访者对中国感到一定的忧虑，虽然这种认为中国的威胁不及美国带来的大，但是中国的得分排在第二位，值得我们关注。

表 1-9　未来十年印尼和中美日印将会发成冲突可能性评分平均值

	美　国	中　国	日　本	印　度
平均值	6.53	6.21	5.60	4.51

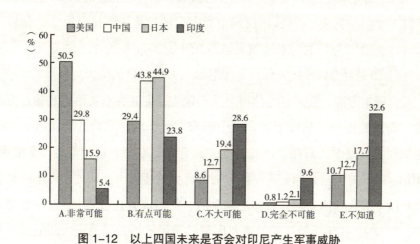

图 1-12　以上四国未来是否会对印尼产生军事威胁

政治影响方面，在尊重人权方面，中国的得分（6.64 分）排在日本（7.21分）和美国（6.73 分）之后；军事实力方面，中国的得分（7.89 分）与美国（8.83）有一定的差距，居第二位。印尼受访者认为中国的崛起、对印尼的贸易投资有助于印尼的经济发展，但是在外交、文化、政治等方面合作的深度不够，印尼社会对中国的认知可以说尚属于感兴趣但不够了解的阶段。

（二）美国的软实力影响

经济影响方面，美国的总体得分高（7.576 分），居于首位。印尼受访者总体认为，美国是当今世界第一大强国，拥有优秀的跨国公司及强有力的经济影响力是理所当然。但是在产品购买、产品质量、企业对印尼的贡献和是否具备优秀商业精神方面，与印尼民生更为息息相关的问题，美国的得分普遍居于日本之后。在过去十年，美国在东南亚的经济存在下降，东盟各国包括印尼对美国的依赖减少。近年来，印尼经济快速稳定发展，连续 3 年经济增幅超过 6%，具有 2.4 亿人口的巨大市场，更是东盟最大的经济体，对于经济复苏乏力的美国而言，是不容忽视的经贸合作伙伴。2009 年，美国提出重返亚太，积极谋求加强与东盟国家的经贸联系，对印尼的直接投资和贸易都有很大的提升，以期重拾在印尼甚至是东南亚的市场份额。在直接投资方面，从 2009 年的 1.7 亿美元突增至 2010 年的 9.3 亿美元，2011 年更是达到 14.87 亿美元，投资项目 112 宗（见表 1-7），在四国中对印尼的直接投资排名第二。相较于中国和日本，美国与印尼的双边贸易规模较小，2011 年为 285 亿美元，[①] 2012年 1 月至 10 月达 244.6 亿美元，是印尼第三大出口目的地国。

人力资本方面，美国的总体得分依旧领先，尤其在有关语言和教育方面的题目，美国的得分远远高于其他三个国家。关于留学取向，有 45.5% 的受访者选择到美国留学，而在语言重要性方面有 92.3% 的人认为英语"非常重要"（见图 1-7）。美国教育和英语在印尼有如此大的吸引力，印尼学者塔玛拉教授指出有以下五大原因：一是自印尼独立后，英语成为其当地中、小学外语必修课程；二是 1950 年荷兰正式结束对印尼的殖民统治，美国进入印尼援建，填补了荷兰的空缺，对战后印尼教育体系的形成和发展影响极大，当地的课程体系许多是由美国专家创建；三是美国是政治经济军事强国，因此被认为是世界

---

① 印尼统计局，《2012 年印尼统计年鉴》，http：//www.bps.go.id/hasil_publikasi/si_2012/index3.php?pub=Statistik%20Indonesia%202012，第 395 页，2012 年 8 月。

教育最优秀的国家；四是印尼独立后很大一部分的政治、经济、文化以及军事精英都曾在美国接受教育或培训，使印尼的教育体系和科学发展方向深受美国影响；五是长期以来美国对印尼提供的奖学金比其他国家提供的相对较多，印尼人到美国留学机会较多。①

不过在文化软实力方面，美国的排名就落到了日本和中国之后。美国在媒体新闻方面拥有较大的吸引力，印尼受访者在 18—34 岁和 50—64 岁对美国新闻的关注度较高。但是，当被问及哪个国家的负面新闻最多，受访者认为四国中，美国的负面新闻相对较多（见表 1-10），这是由于印尼受访者对美国各类的新闻关注度较高，相应地也认为美国的新闻多负面报道，印尼媒体与政界较直接表达对美国的不满。而关于中国的媒体新闻也被认为以负面的居多，主要是关于经济、政治和社会方面的新闻，虽然如此，目前印尼媒体及政府对中国的言论普遍较友好，例如在 2012 年 9 月初希拉里访印尼首都的时候，印尼英文主流媒体报纸《雅加达邮报》刊文奉劝希拉里不要在访印尼期间发表恶意中伤中国的言论②。虽然美国在教育和科技方面有很强的优势，但受访者认为，美国的历史文化资源相对浅薄，在四国中的得分最低（6.64 分）。此外，在国民礼貌程度上，美国在四国中也是得分最低（5.88 分）。究其原因，除了文化差异的影响，美国在印尼遗留至今的一些问题和"9·11"之后一意孤行的反恐战争，难免引起印尼这个穆斯林将近 88% 的民族国家的反感。

表 1-10　中美日印负面新闻报道多寡得分平均值

	美　国	中　国	日　本	印　度
平均值	6.50	5.94	5.27	4.94

外交方面，美国虽然被认为不如日本和中国与东南亚国家关系密切，但印尼受访者对于美国"是否在国际机构中具有领导作用"以及"是否在国际纷争

① Tamara, Mohamad Nasir. Studi Indonesia (dan Asia Tenggara) di Amerika Serikatserta Pengaruh "American way of thinking", *Archipel*.Vol. 33, 1987. pp.49–50.

② The Jakarta Post, "Commentary：No China 'cheap shots' please, Mrs. Clinton", http：//www.thejakartapost.com/news/2012/09/03/no-china-cheap-shots-please-mrs-clinton.html，2012 年 9 月 3 日。

中提供积极有效的解决方式"都给予很高的分数来肯定美国作为世界政治强国的地位。印尼受访者对于美国在东南亚地区作用方面的问题，有23%的人希望美国的作用下降，这在四国之中比例最高，不过也有将近四成的受访者认为美国在东南亚的作用应更大（见图1-10）。对于美国在东亚的军事存在，36.9%表示"有助于地区稳定"，31.5%表示"破坏稳定"，31.7%表示"不知道"（见图1-13）。我们可以看到印尼民众认为美国在东南亚是具有一定的稳定区域安全的作用，但是随着一些历史档案的曝光，印尼社会普遍对美国干预印尼内政感到反感，尤其是美国支持印尼分离主义及自"9·11"事件后以反恐为借口打压伊斯兰世界，而且随着东盟的区域地位逐步提升，亚洲的崛起，印尼对美国的依赖无论是经济方面还是政治方面都相对下降。在国际社会上，印尼受访者普遍认为美国具有较高的领导作用，并且在国际事务上美国被认为能提供较有效的解决办法，但是印尼受访者对于美国在东南亚发挥作用的期待不及对中国和日本高，他们希望日本和中国能与东盟国家形成更为密切的关系。并且在关于是否赞同美国遏制中国成为政治军事大国方面，接近一半（48%）的受访者明确表示了反对（见图1-14）。

政治影响方面，由于美国是军事实力强国，因此该部分的综合得分最高。美国是人权运动的发起者，但是印尼受访者明显不买美国的账，虽然在一项国别题目中，有接近七成的受访者认为美国在全球推动民主和人权给亚洲带来积

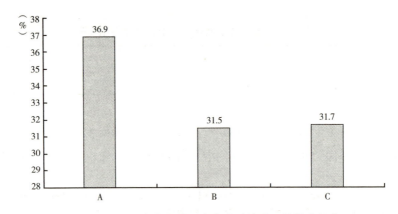

图1-13　美国在东亚的军事存在对该地区的影响程度

注：A 有助于稳定，B 破坏稳定，C 不知道

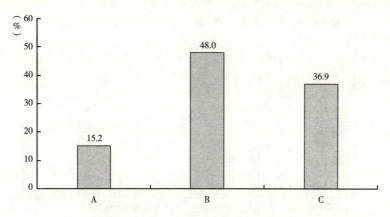

图 1-14　支持还是反对美国遏制中国成为政治和军事大国

注：A 支持，B 反对，C 不知道

极的影响，但是在"是否足够尊重人权"的问题上，美国的得分（6.73 分）与日本（7.21 分）有明显差距（见表 1-11）。

表 1-11　中美日印尊重人权情况得分平均值

	美　国	中　国	日　本	印　度
平均值	6.73	6.64	7.21	6.30

（三）日本的软实力影响

在经济影响力方面，日本得分居于首位。在关于产品购买意愿、产品质量、企业精神、对印尼经济贡献等方面的得分日本较高排在首位，尤其是产品质量方面，受访者认为日本的产品质量很高，给日本的评分达 8.18 分。日本在东南亚的企业的综合实力与科技实力都比较强，日本产品也深受当地人民的认可与推崇。在印尼，日本商品对于当地民众而言价格偏贵，但是有着质量有保障、经久耐用、售后服务完善等优点，所以在购买高端商品时通常都会选择购买日本商品，例如摩托车、汽车、高精电器和零配件等。关于日本企业对印尼贡献方面，受访者认为日本企业对印尼经济发展的贡献较高较积极，其中40.1% 的受访者认为日企贡献非常积极，42% 认为有点积极（见图 1-15）。目

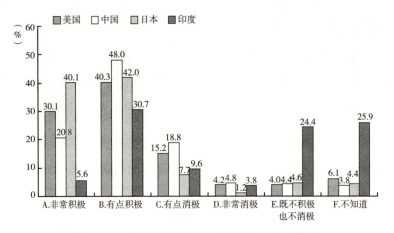

图 1-15　中美日印在印尼的企业对当地的贡献

前在印尼经营的日企超过 1000 家，雇用约 30 万名当地员工。[①]　相较于美国，受访者认为日本对东南亚或是印尼的影响更大。从双边贸易方面来看，2011年日本与印尼的双边贸易额达 531 亿美元，日本是印尼最大的贸易伙伴和贸易顺差来源国。在直接投资方面，日本也是最高的，2011 年日本对印尼直接投资达 15 亿美元，比 2010 年翻了一番，投资项目达 468 宗。[②]

人力资本方面，印尼受访者认为日本居民的受教育程度与美国居民相当，在科学技术水平方面则得分最高。虽然认为日语"非常重要"的受访者不足30%，但是认为它"有点重要"的人数超过了一半。日语自 1962 年进入印尼高中课堂，1984 年正式纳入印尼国民教育部课程体系中，2003 年在印尼全日制学校学习日语的学生达 85000 多人，因为应用面有限，目前印尼国内对日语需求将近饱和，受访者更多是因为日本文化的吸引力而对日语感兴趣。日本除了资金的援助，也长期对印尼提供奖学金交流项目，选择到日本留学的有21.1%，是在美国之后选择人数第二多的国家。

关于文化影响，在文化相似度方面，83.7% 的印尼受访者认为印尼文

① 《日本首相安倍 18 日将访问印尼》，人民网，http：//world.people.com.cn/n/2013/0115/c1002-20209810.html，2013 年 1 月 15 日。

② 印尼统计局，《2012 年印尼统计年鉴》，http：//www.bps.go.id/hasil_publikasi/si_2012/index3.php?pub=Statistik%20Indonesia%202012，第 395 页，2012 年 8 月。

化和日本文化拥有一定的相似度，排在中国之后。日本在礼貌程度、流行文化、旅游吸引力等方面得分较高，尤其是流行文化，年龄段在 18—34 岁之间的受访者给日本的评分最高，达 8.07 分，与另外三个国家拉开差距（见表 1-12）。日本在 20 世纪 70 年代中期之后加大对东南亚尤其是印尼的文化外交力度，进入新世纪之后，更加重视其流行文化在外交中的作用。2007 年，时任日本外务大臣的麻生太郎（Taro Aso）向国会发表施政报告，指出将日本流行文化作为外交工具。2008 年日本外务省建立动漫大使项目，2009 年在日本流行文化青年领袖中选出日本流行文化趋势传播者，以向世界推广和传播日本流行文化，提高日本的吸引力。如果说，英语的吸引力是美国优秀的教育实力与充足的资源，中文的吸引力是因近年中国经济的崛起，那么许多印尼人选择学习日语更多的是对日本流行文化的喜爱及对其文化的向往。

表 1-12　中美日印的流行文化吸引力得分平均值

	美　国	中　国	日　本	印　度
平均值	7.55	6.52	8.07	4.85

外交影响方面，综合来说日本得分最高。日本自 20 世纪 70 年代中期后在印尼展开战略性外交政策，除了不间断的资金援助、减轻借贷条款，更展开教育、文化等方面的支持，对日本二战后的形象有较大的改善，在东南亚尤其是印尼的收效良好。印尼受访者认为，日本的外交政策比较尊重他国的国家主权。在关于"是否能有效解决国际纷争"问题中，认为日本能够提供非常有效的解决办法的只有 8.3%，不过有 48.6% 的人认为日本所提供的解决办法还是有点成效的（见图 1-16）。此外，受访者认为日本能够与东盟国家形成更紧密的关系，也有将近一半的受访者认为日本应该在东南亚发挥更大作用。由于日本与东南亚国家没有领土争端，也没有像美国在他国设有军事基地，因此在"是否尊重其他国家的主权方面"得到的评分最高（见表 1-13）。

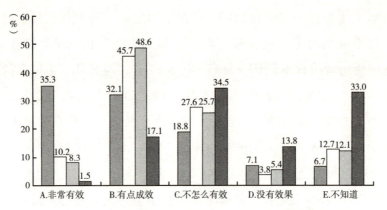

图 1-16　以上四国是否在国际纷争中提供了积极有效的解决办法

表 1-13　中美日印的外交政策是否足够尊重其他国家的主权得分平均值

	美　国	中　国	日　本	印　度
平均值	6.34	6.85	7.23	6.80

政治影响方面，印尼受访者给日本的军事实力评分为 7.67 分，排于美国（8.83 分）和中国（7.89 分）之后，位居第三。在尊重人权方面，日本得分7.21，位居第一。日本曾在 1942 年至 1945 年对印尼进行残酷的殖民统治，战后日本对印尼等东南亚国家调整期外交政策，通过战后赔偿、加强投资、扩大援助、深入多元和多层次的外交合作，有效地改善了日本"残酷殖民者"的国家形象，这一点可从该印尼受访者对日本在军事力量、是否尊重人权和他国主权、在国际组织中的作用等方面的评分得到体现。

（四）印度的软实力影响

整体来看，中美日三国软实力的分数都在 6.9 分以上，而印度的得分最低，不到 5 分（见图 1-5）。在经济方面，印度得分只有 4.499 分，印度经济被认为对印尼的影响较弱。印度是东盟第二大贸易伙伴，印度非常重视印尼，而印度经济在冷战后获得的高速增长也引起印尼的重视。两国于 2005 年建立了战略伙伴关系，双边合作水平得到快速提高。2011 年，印尼与印度双边贸易额达 120 亿美元，比 2006 年增长 2 倍。但与其他三国相比，印度与印尼的经贸合作往来规模相对较小、发展较慢。

人力资本方面，印度的人力资本软实力远远低于以上三国，也是所有软实力分类中得分最低的一部分，只有 3.473 分。印尼受访者认为印度的科技发展和教育水平发展程度相对较低，对于他们来说没有太大的吸引力。

从印尼的历史、语言、艺术及风俗等方面都能轻易发现，印尼的文化深受古印度文化影响。可是在文化影响方面，无论是文化相似度抑或是文化吸引力方面，印度的得分依旧较低。可以说，现今的印尼社会对印度的了解不如对美国和日本深入，对印度的兴趣也不如对中国高。而印度在流行文化方面也与中国相似，在印尼安排播放的多是比较老旧的古装电影或电视剧，对流行文化的宣传力度较低。

外交影响方面，1991 年印度对东南亚和东亚展开和平的"东向政策"，促进和加强与该区域国家的关系，印度从文化、军事等方面加强拓展与印尼的外交交流，尤其在文化方面举办印度文化节，设立文化中心和跨文化课程，通过文化考察、研讨会、讲习班、奖学金计划等项目促进两国人员交流。值得一提的是，在推进两国外交发展，印尼的印度裔及印度侨民在其中担当了重要的角色。但是由于印尼的印度裔和印度侨民数量较少，分布较集中，社会文化交流上有一定的排他性，因此其在文化的传播和民间交流上存在一定的局限性和单一性，实际的影响力尚不大。

目前，印度的软实力在印尼的影响程度较小，尤其是其经济、人力资源软实力方面，在文化软实力和外交软实力方面获得的评价稍微高一些。从近年来印度对印尼开展系列外交活动的举措可以看到，印度正在力求提升与印尼的合作关系以及加强两国关系，我们应该继续关注。

四、结论与讨论

（一）经济软实力

印尼受访者总体认为，美国是全球经济强国，理所当然拥有优秀的跨国公司及强有力的经济影响力。而日本在产品购买意愿、产品质量、企业精神、对印尼经济贡献的得分都排在首位。中国则是在近年来的经济发展方面较为突出，印尼受访者认为中国和美国在东南亚区域的经济影响力不相上下。而印度得分较低，其经济软实力在印尼民众中影响较弱。

美国的总体得分高，其经济影响力是在全球层面上而言的。而对于日本，印尼受访者则认为其对东南亚或是印尼的影响更大。日本在东南亚的企业的综合实力与科技实力都比较强，印尼受访者认为日本对印尼经济发展的贡献较高，产品也深受当地人民的认可与推崇。在印尼，日本商品对于当地民众而言价格偏贵，但是有着质量上乘、耐用、售后服务完善等优点，所以在购买高端商品时通常都会选择购买日本商品，例如摩托车、汽车、护肤品、高精电器和零配件等。而常被拿来比较的就是中国的商品。自2001年中国加入世界贸易组织后，大量的中国商品涌入东南亚市场，中国和印尼双边贸易额呈直线上升趋势。中国商品价格低廉，深受印尼大众欢迎，一般以中低端商品为主，质量和售后相对欠佳。因此，在印尼畅销的中国货一般以消耗较快的日用品、服装、手机、低端电器和零配件等为主。而自2008年中国商品安全问题的新闻增加，在印尼产生负面影响，对当地人的选购信心有所影响。2010年，中国—东盟自贸区开展以来，中印贸易是否平衡成为上至印尼国会下至媒体民众关心的问题。

（二）人力资本软实力

在人力资本、科技与知识软实力相关题目中，尤其是在语言和教育方面，美国的得分远远高于其他三个国家。其中有45.5%的受访者选择到美国留学，有92.3%的受访者认为英语"非常重要"。美国教育和英语在印尼有如此大的吸引力，印尼学者塔玛拉教授指出有以下五大原因：首先，自印尼独立后，英语成为其当地中、小学外语必修课程；其次，1950年荷兰正式结束对印尼的殖民统治，美国进入印尼援建，填补了荷兰的空缺，对战后印尼教育体系的形成和发展影响极大，当地的课程体系许多是由美国专家创建；第三，美国是政治经济军事强国，因此被认为是世界教育最优秀的国家；第四，印尼独立后很大一部分的政治、经济、文化以及军事精英都曾在美国接受教育或培训，使印尼的教育体系和科学发展方向深受美国影响；第五，长期以来美国对印尼提供的奖学金比其他国家提供的相对较多，印尼人到美国留学机会较多。①

对于日本，印尼受访者认为日本居民的受教育程度与美国居民相当，在科学技术水平方面则得分最高。虽然认为日语"非常重要"的受访者不足30%，但是认为它"有点重要"的超过了一半人数。日语自1962年进入印尼高中课堂，1984年正式纳入印尼国民教育部课程体系中，2003年在印尼全日制学校学习日语的学生达85000多人，因为应用面有限，目前印尼国内对日语需求将近饱和，受访者更多是因为日本文化的吸引力而对日语感兴趣。日本除了资金的援助，也长期对印尼提供奖学金交流项目，选择到日本留学的有两成多，是在美国之后选择人数第二多的国家。

而选择到中国留学的不足15%，排在其他国家和地区之后②。由于中国和印尼曾断交23年，两国之间的文化交流开展较晚，国民间相互的认知较浅薄甚至或多或少对彼此有一些负面的看法，造成中国的留学吸引力较低。随着1998年后印尼政府对华人文化的解禁以及中印贸易的快速发展，中文的地位如今在印尼有所上升，中文人才的奇缺使中文成为当地热门外语之一，在受访者中，有47.4%认为中文"非常重要"，排在第二位。

印度的人力资本软实力远远低于以上三国。

（三）文化软实力

在文化相似度方面，日本和中国得分较高，而美国和印度较低。日本在礼貌程度、流行文化、旅游吸引力等方面得分较高，尤其是流行文化，年龄段在18—34岁之间的受访者给日本的评分最高。日本在20世纪70年代中期之

---

① Tamara, Mohamad Nasir. Studi Indonesia（dan Asia Tenggara）di Amerika Serikat serta Pengaruh "American way of thinking", *Archipel*. Vol. 33, 1987. pp.49–50.

② "其他国家和地区"主要是英国、荷兰、德国、法国、澳大利亚、加拿大、新加坡、马来西亚、埃及及中国的香港和台湾地区。

后加大对东南亚尤其是印尼的文化外交力度，进入新世纪之后，更加重视其流行文化在外交中的作用。例如，2007年，时任日本外务大臣的麻生太郎（Taro Aso）向国会发表施政报告，指出将日本流行文化作为外交工具。2008年日本外务省建立动漫大使项目，2009年在日本流行文化青年领袖中选出日本流行文化趋势传播者，以向世界推广和传播日本流行文化，提高日本的吸引力。如果说，英语的吸引力是美国优秀的教育实力与充足的资源，中文的吸引力是因近年来中国经济的崛起，那么许多印尼人选择学习日语更多的是对日本流行文化的喜爱及对其文化的向往。

中国文化在印尼受访者眼中被认为与当地文化有较高的相似度，89.5%的受访者认为印尼与中国在一定程度上拥有相似的文化与生活方式，排在其后的是日本（83.7%）、美国（78.9%）和印度（65.9%）。在文化内涵和历史文化资源丰富程度上，中国得分也最高。在流行文化方面，虽然中国得分不及日本和美国，深入分析数据发现给中国较高分数的是50—64岁的受访者，这是因为在20世纪80—90年代，港台武打片曾在东南亚（包括印尼）流行一时，无论是华裔或非华裔都喜爱看中国武打片，而且在印尼，港台电影是当时唯一没有被禁止、具中国特色的文化产品。而如今印尼的一些电影频道还有播放这些八九十年代的港台武打片，不过在流行文化的宣传与传播却逊色于美国、日本、韩国。印度在流行文化方面也与中国相似，在印尼播放的多是比较老旧的古装电影或电视剧。

美国在媒体新闻方面拥有较大的吸引力，印尼受访者在18—34岁和50—64岁对美国新闻的关注度较高。不过，当被问及哪个国家的负面新闻最多，受访者也认为美国的负面新闻较多。此外，虽然美国的教育程度及其吸引力相当高，但是在国民礼貌程度上，美国在四国中得分最低。除了文化差异的影响，美国在"9·11"之后的反恐战争使其国家形象大打折扣。

从印尼的历史、语言、艺术及风俗等方面都能发现，印尼的文化深受古印度文化影响，可是无论是在文化相似度抑或是文化吸引力方面，印度的得分依旧较低，现今的印尼社会对印度的了解不如对美国和日本深入，对其兴趣也不如对中国高。

（四）外交软实力

外交软实力方面，综合来说日本得分最高。印尼受访者认为，日本的外交政策比较尊重他国的国家主权，美国在这方面不及日本、中国和印度。此外，受访者认为日本能够与东盟国家形成更紧密的关系，也有将近一半的受访者认为日本应该在东南亚发挥更大作用。从结果还注意到，中国的外交软实力在印尼受访者中印象也是较好的，该项总分排在第二位。其中，有超过一半的受访者认为中国在东南亚应该发挥更大的作用，加强与东盟国家的关系。

而美国，虽然被认为不如日本和中国与东南亚国家关系密切，但印尼受访者对于美国"是否在国际机构中具有领导作用"以及"是否在国际纷争中提供积极有效的解决方式"都给予很高的分数来肯定美国作为世界政治强国的地位，而且有将近四成的受访者认为美国在东南亚的作用应更大。在国际社会上，印尼受访者普遍认为美国具有较高的领导作用，并且在国际事务上美国被认为能提供较有效的解决办法。但是印尼受访者对于美国在东南亚发挥作用的期待不及对中国和日本高，他们希望日本和中国能与东盟国家形成更为密切的关系。

（五）政治软实力

政治软实力分析的题目只有两题，分别是关于人权和军事实力问题。美国因为是军事实力强国，综合得分最高。美国是人权运动的发起者，但是印尼受访者明显不买美国的账，虽然在一项国别题目中，有接近七成的受访者认为美国在全球推动民主和人权给亚洲带来积极的影响，但是在"是否足够尊重人权"的问题上，美国的得分不如日本。印尼受访者给日本分数达 7.21 分，美国为 6.73 分，中国 6.64 分，印度 6.3 分。日本自 20 世纪 70 年代中期后在印尼展开战略性外交政策，除了不间断的资金援助、减轻借贷条款，更展开教育、文化等方面的支持，对日本二战后的形象有较大的改善，在东南亚尤其是印尼的收效良好。

而中国，军事实力方面虽然与美国有较大差距，但中国的军事实力的得分排在日本和印度之前。在人权方面，值得注意的是小学学历以及大专以上学历的受访者给中国的分数都较低。而且华裔给中国的分数也低于非华裔的分数。

（六）印尼民众对中美关系的看法

印尼受访者认为中国的崛起对东南亚的影响是积极的，并且在东亚区域能发挥较积极的作用，而且对于中印关系，印尼有接近六成的受访者认为中国是印尼的朋友。总体而言在进入21世纪之后，印尼对中国的印象是愈加积极的，印尼国家领导人及官员在国际场合对中国进行正面评价，并且推动双方的深入合作。在国际层面上，中国的政治实力仍不及美国，对于中国在将来是否能成为世界领导者，有将近五成的受访者表示"不知道"，而肯定表态的有32.4%，表示否定的有20%。而在支持还是反对美国遏制中国成为政治、军事大国方面，有将近四成受访者表示"不知道"，48%表示"反对"。并且对于军事威胁及发生冲突可能性方面，中国的得分仅次于美国。认为若美国撤离东亚的军事力量，中国和日本在该区域展开军备竞赛的可能性较高，选择"非常有可能"的占40.9%，而认为"有点可能"达41.5%。对于美国在东亚的军事存在，36.9%表示"有助于地区稳定"，31.5%表示"破坏稳定"，31.7%表示"不知道"。

我们可以看到印尼民众认为美国在东南亚具有一定的稳定区域安全的作用，但是随着一些历史档案的曝光，印尼社会普遍对美国干预印尼内政感到反感，尤其是美国支持印尼分离主义及自"9·11"事件后以反恐为借口打压伊斯兰世界。而对于中国，印尼受访者认为中国的崛起、对印尼的贸易投资有助于印尼的经济发展，但是在外交、文化、政治等方面尚缺乏深入的合作，印尼社会对中国的认知尚只属于感兴趣而非深入了解的层面，例如对于中国和谐世界的外交理念，有超过六成的受访者表示"没怎么听说"和"根本不知道"。

（七）问卷调查中反映的族群差异

华裔族群在文化、经济相关方面，例如语言吸引力、留学吸引力、经济影响力、科技发展水平等方面，除了对美国的评分较高以外，给中国的评分相较于非华裔的受访者来说也较高，对于日本的评分明显低于非华裔的评分。例如在对学习中文的态度方面，有 80% 的华裔受访者认为中文"非常重要"，而作出同样选择的非华裔为 45.2%。在留学方面，和非华裔不同，华裔对中国留学的兴趣要高于对日本的。肯定了族群背景与文化情感的相关性。

还有一个明显的特点，总体来说华裔受访者对美国的评价会高于对日本的评价，这种趋势在一些题目中甚至和总体趋势有很大差别，与非华裔相比较，华裔会更青睐美国，而非华裔对日本的好感会较高。笔者认为这和华裔的家庭及学校的教育背景有一定的关系。华裔受访者多是在天主、基督教会的私立学校接受教育，他们接触西方文化较多，对美国的文化、经济的认同度要高于对日本的认同度。除了族群的差异，笔者也发现，受教育程度较高、年龄在 35 岁以上，从事政府工作的公务员和专业人士，一般给美国的分数会较高于日本和中国。这也主要是因为这一批人接受的教育受美国影响较大。

而在国民素质、人权以及有关中国国内政治发展的问题上，印尼华裔对中国的评价往往要低于非华裔的评价。他们其中有一部分曾经到过中国留学，有一部分对中国的信息关注较多，或多或少对中国有一定的亲近感。之所以对中国的评价较低，笔者认为这与对中国的了解程度有关，整体上印尼华裔对中国的认知比非华裔要更多一些，他们对中国的评价相对也更加客观。

第二章 中美日印在菲律宾的 软实力比较 *

菲律宾是一个非常特殊的国家，由于历史的和现实的原因，它受西方的影响非常大，与其他东南亚国家相比，菲律宾的西方化程度可能是最高的，其政治经济制度、社会文化体制、人民的生活方式与价值观等一切方面，无不深深地打上了前宗主国（包括西班牙和美国）的烙印。单就全国83%以上的人是罗马天主教徒这一点，你就会感觉到这个东南亚国家的与众不同。因此，我们在对大国在菲律宾的软实力进行比较研究时，不能不考虑到菲律宾这个国家的特殊性，不能不考虑到菲律宾与美国的特殊关系等因素。

一、研究设计与统计结果

（一）研究设计 ①

本研究调查问卷发放区域为菲律宾大马尼拉区域，发放时间为2011年1—2月、7—8月。共发放问卷1200份，回收有效问卷696份，其中菲裔581份，华裔115份，华裔的比例高于其在全国人口中的比例（小于2%）。

第一，问卷发放时间段。自2011年4月以来，中菲双边关系因为南海而

---

　　* 感谢菲律宾大学亚洲中心、菲律宾外交部外交服务研究所（FSI）、雅典耀大学孔子学院、菲律宾华裔青年联合会等华社机构和朋友的帮助。

　　① 本研究主要沿用小约瑟夫·奈提出的软实力概念，即"软实力是通过吸引而非强迫或收买的手段来达己所愿的能力"，主要包括文化吸引力、政治价值观吸引力及塑造国际规则和决定政治议题的能力。

波澜起伏，双边关系的恶化在一定程度上会反映在调查数据上，由此可能会影响部分数据的准确性。比如，认为中国是敌人而非朋友的比例，7—8月的调查数据明显高于1—2月。不过，尽管中菲关系因为南海问题而发生一系列争端，但在2011年8月本研究第二阶段调研结束以前，南海问题对双边关系的影响还是非常有限的，远不如2012年那样跌宕起伏。因此，突发性事件对调查结果的影响并不大。本调查采集的很多数据，也说明上述调查时段并没有对结果造成明显的影响。

　　第二，问卷发放方式。本课题组分别在大学、孔子学院、企业、报社、NGO组织、政府机构等多处发放问卷，甚至包括在购物中心随机发放问卷，确保受访者来源的多样性。绝大部分受访者（96%）都有大学以上学历，能够很好地理解调查问卷所涉及的内容，也保证了调查问卷的有效性。作为对问卷调查的补充，笔者还从中抽取了20个人进行访谈，以加强对部分问题的深入研究。

　　（二）受访者概况

　　1. 年龄分布
　　2. 族群分布

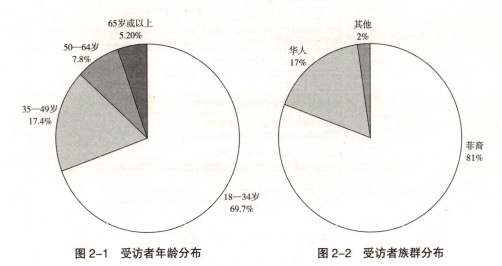

图2-1　受访者年龄分布　　　　图2-2　受访者族群分布

3．职业构成

4．教育水平

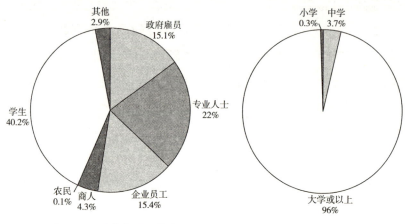

图 2-3　受访者职业构成　　　　图 2-4　受访者教育水平

（三）调查结果比较

1．经济软实力

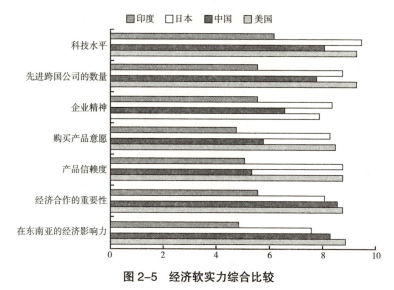

图 2-5　经济软实力综合比较

* 本调查中的企业精神主要指企业的社会责任感、遵守法律、保护环境等。

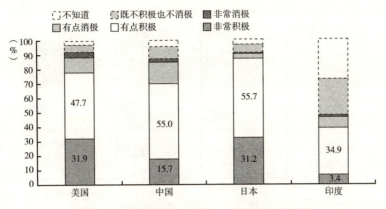

图 2-6　国家的公司（企业）对菲律宾的贡献

2. 文化与人力资源软实力

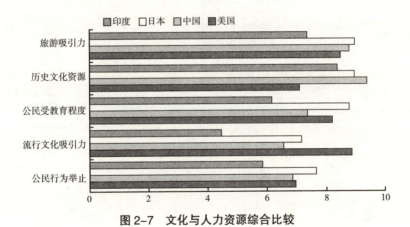

图 2-7　文化与人力资源综合比较

图 2-8　文化和生活方式的相似性

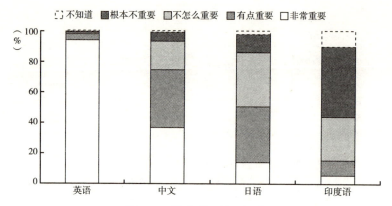

图 2-9　语言学习的重要性

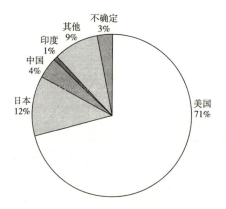

图 2-10　留学目的国倾向

3. 外交软实力

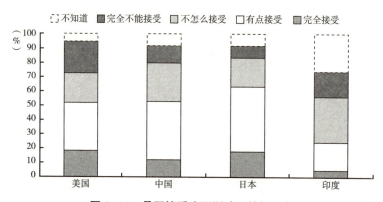

图 2-11　是否接受为亚洲地区的领导者

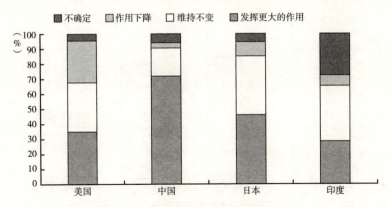

图 2-12　未来在东南亚地区发挥的作用

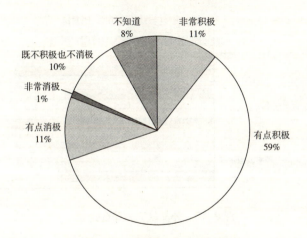

图 2-13　中国在亚洲地区的影响力

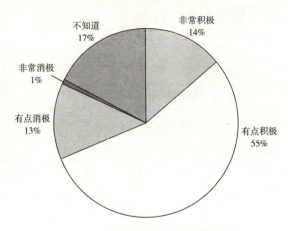

图 2-14　中国崛起对东南亚的影响

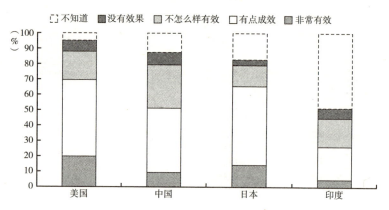

图 2-15　是否在解决国际纷争中发挥了作用

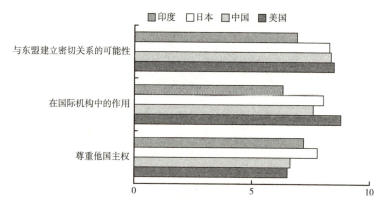

图 2-16　外交软实力综合比较

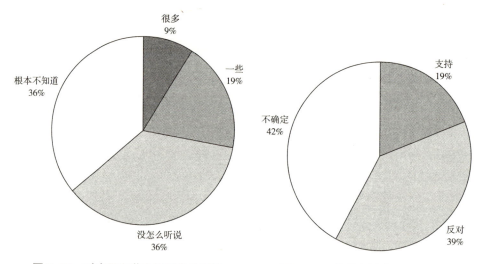

图 2-17　对中国和谐世界理念的了解　　　图 2-18　是否支持美国遏制中国

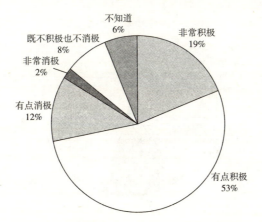

图 2-19　美国人权和民主外交对亚洲的影响

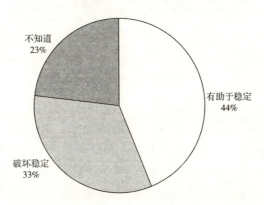

图 2-20　美国在东南亚军事存在对本地区的影响

4. 制度与政治软实力

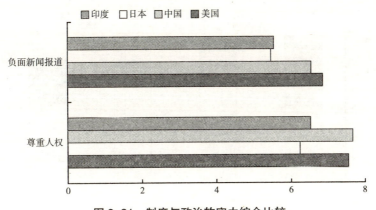

图 2-21　制度与政治软实力综合比较

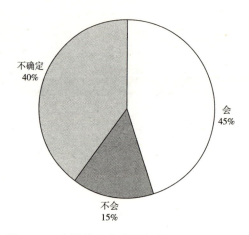

图 2-22　中国是否会成为未来世界的领导者？

5．双边关系

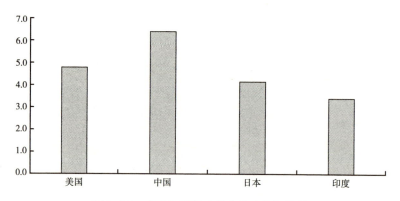

图 2-23　未来与菲律宾发生冲突的可能性

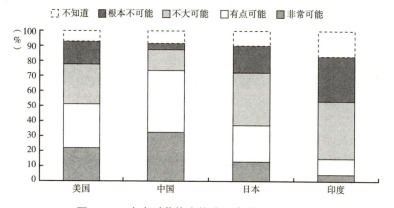

图 2-24　未来对菲律宾构成军事威胁的可能性

6．对华人的认知

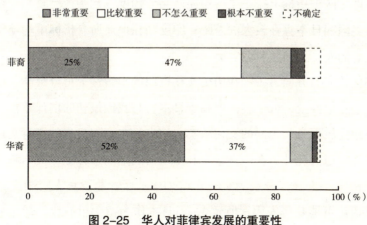

图2-25　华人对菲律宾发展的重要性

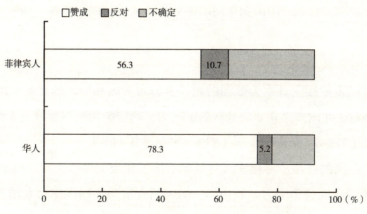

图2-26　是否赞成菲律宾华人加强与中国的关系？

（四）统计结果描述

1．经济软实力

如图2-5和图2-6所示，在经济影响力、经济合作的重要性、产品信赖
度（与日本并列）、购买产品意愿、先进跨国公司的数量、公司企业对菲律宾
社会的贡献等几个方面，美国均排第一位；而日本则在科技水平、企业精神、
产品信赖度（与美国并列）排第一位，其公司企业对菲律宾社会的贡献与美国

相差无几。可见美国的经济软实力稍微领先日本。中国在经济影响力、经济合作的重要性等两项指标上排第二，但在产品信赖度、购买产品意愿、企业精神等方面与美国和日本存在较大的差距；印度则在上述所有指标中均处于末位。

2. 文化与人力资源软实力

在文化软实力方面，中国在历史文化资源的丰富性上得分最高，在文化与生活方式的相似性上，低于美国但高于日本，与我们最初的估计非常一致。

美日相比较而言，美国的文化软实力领先日本，但日本的流行文化在菲律宾仍然广受欢迎。此外，在语言学习和留学目的地的选择上，英语和美国皆为菲律宾人的第一选择，分别为93.6%和71%，尽管菲律宾人对中文的重视程度高于日语（可能是华人因素所致），但日本作为留学目的地，却比中国更受欢迎。在人力资源方面，日本人的个人素质和行为举止等最受推崇。不过，作为旅游目的国，日本、中国和美国的得分差距不大。印度在所有领域的指标仍然处于末位。

3. 外交软实力

菲律宾人最接受日本为亚洲的领导者，对美国和中国的接受程度差别不大。但是对于几国未来在亚洲地区的影响力，期望中国能够发挥更大作用的比例非常高（71%），远高于美国（33%）和日本（44%）。

对于中国的作用，菲律宾人也整体给出了积极的评价，如70%的人认为中国在亚洲地区的影响力是积极的，69%的人认为中国崛起对东南亚的影响是积极的。另外，对中国"和谐世界"外交理念知道的人很少，如果除去华人因素，可能了解中国这一理念的菲律宾人更少。

美国和日本在国际机构中的表现无疑要优于中国，无论是在解决国际纷争，还是在国际机构中发挥的作用，中国均落后于美国和日本。在尊重他国主权方面，日本和印度的表现相对较好，得分分别为7.6分和7分，中国和美国分别得分6.4分和6.3分。

在与东盟建立密切关系的可能性方面，中美日三国的表现差不多，分别为8.2分、8.3和8.1分，日本稍微落后。

菲律宾人对美国在亚洲推行民主和人权的外交非常认可，72%的人认可为积极。对于美国在亚洲的军事存在，近一半（44%）的人表示有助于稳定，但认为破坏稳定的比例也高达33%。不过也有很多菲律宾人在这一问题上没有表态。在美国遏制中国的问题上，39%的菲律宾人表示反对，但不确定性高达42%，显示大部分菲律宾人对此没有明确的观点，因此突发性事件可能会影响菲律宾人在此问题上的立场和观点，比如2012年以来中菲黄岩岛争端。

4．制度与政治软实力

在负面新闻报道中，美国以6.7分排首位，可能和菲律宾以英语为官方语言，菲律宾人平时对美国新闻关注较多有关，而中国则以6.4分居第二，日本以5.3分居末位。在尊重人权领域，日本和美国分别以7.5分和7.4分排在前两位，而中国则以6.1分居末位。中国在负面新闻报道中的得分高于印度。

关于中国是否会成为未来世界的领导者，有45%的菲律宾人认为"会"，认为"不会"的比例为15%，但"不确定"的人为40%，这一部分群体的观点很可能会受到突发性事件的影响。

5．双边关系

在对双边关系的未来发展上，菲律宾认为与中国发生冲突的可能性最高，为6.1分，美国和日本分别为4.5分和3.9分。同样，认为中国可能对菲律宾构成军事威胁的比例高达73%，美国和日本的比例分别为50%和36%，印度最低，为13.6%。显然，菲律宾人对中国的不信任感是最高的。

6．对华人的认知

75%的人认为华人对菲律宾的发展重要，认为"不重要"和"不怎么重要"的比例为20%。但是华人和菲律宾人的观点存在较大的差别，如认为华人对菲律宾的发展"非常重要"的比例，华人和菲律宾人的比例相差27%。此外，60%的人赞成华人发展与中国的关系，反对的比例为10%，但持赞成观点的华人的比例，比菲律宾人的比例高22%。这充分说明华人对自身的认知，与菲律宾人对其的认知之间，存在一定的差距。

总的来说，美国在菲律宾的政治软实力最强，经济软实力方面稍稍领先日本。在外交软实力方面，美国和日本基本上不相上下，中国仍然落后于美国和日本，但是差距并不是非常大，美国和日本在国际机构中的表现都要优于中国。在文化与人力资源软实力方面，美国的文化软实力领先日本，但日本的流行文化在菲律宾仍然广受欢迎；而在人力资源发面，日本人的个人素质和行为举止等最受推崇。中国文化与菲律宾文化的相似性虽然得到菲律宾人包括华人的高度认可，但并没有明确的证据表明这种文化相似性已经转化为现实的影响力。

整体而言，印度除了在政治制度的某些方面稍微领先中国外，基本上在所有的领域都落后于中美日三国，这说明印度在菲律宾的软实力非常微弱。

二、美国在菲律宾的软实力及其途径

菲律宾人对美国"爱恨交织"的复杂情感表现在本调查结果之中。在文化软实力方面，美国对菲律宾的影响力最大，在经济软实力方面，美国对菲律宾的影响基本与日本不相上下，但在制度和外交软实力方面，美国的软实力在很多方面都低于日本。但整体而言，作为菲律宾的前殖民宗主国，美国在菲律宾的影响是无与伦比的。

除了传统的历史和文化因素外，美国还通过人员往来、文化交流、对外援助等方式对菲律宾施加影响力，比如通过大量非官方机构等途径进入并影响菲律宾的政策议程；通过提供制度和公共服务等产品，把菲律宾纳入美国的战略框架。藉此，美国的文化、政策理念等不知不觉地渗透进菲律宾，让菲律宾的发展道路和模式受到美国持续而且深刻的影响。

几年以前，我们还认为中菲关系良好，认为中国的魅力攻势在菲律宾取得了胜利，而美国受其战略布局和实力下降的影响，在其传统的后院（backyard）面对中国而处于守势。[①] 但是，几乎是转眼之间，随着南海问题的凸显，美国战略的挑战，中菲双边关系几乎完全逆转，中菲关系日益恶化。

---

① Jeremiah Jacques, "The Philippines: China's Rise Challenges U.S. Influence", May 21, 2010, http://www.thetrumpet.com/article/7196.5741.0.0/united-states/the-philippines-chinas-rise-challenges-us-influence; Renato Cruz De Castro, "China, the Philippines, and U.S. Influence in Asia", American Enterprise Institute for Public Policy Research, July 06, 2007; Ian Story, "China and The Philippines: Moving beyond the South China Sea dispute", China Brief, The Jamestown Foundation, Oct. 25, 2006.

与此同时，菲律宾与美国和日本的关系日益密切，菲律宾公开声称："日本是菲律宾的两大战略伙伴国之一，从贸易、投资和发展援助来看，日本还是菲律宾最重要的经济伙伴。"[①] 可以说完全颠覆了过去十年以来的菲律宾对华友好政策。

问题是，为什么中国对菲律宾的友谊如此轻易地就被摧毁？相比之下，美国和日本在菲律宾的影响力如何？他们又是如何施展其影响力的呢？在本节内容中，笔者将分析美国在菲律宾的软实力，以及美国在菲律宾施展影响力的具体方式和途径，并在下一节中对中日在菲律宾的软实力进行比较。

其实，根据前文的数据，我们可以发现，除了少数指标外，美国基本上在所有的软实力领域都处于优势。但问题是，美国在菲律宾的形象未必与其软实力是一致的。

人们在看待国家形象时，经常将它与综合国力、硬实力、软实力联系在一起。软实力可以说构成了国家形象的基础，但尽管软实力是国家形象得以塑造和能够塑造的重要基础，但两者并不一定是正相关的关系。通过比较与分析，笔者期望能够更深层次地挖掘美国在菲律宾的软实力。

（一）对美国在菲律宾的软实力的总体评估

在经济软实力方面，如图 2-5 和图 2-6 所示，除了科技水平、企业精神、产品信赖度（与日本并列），在经济影响力、经济合作的重要性、购买产品意愿、先进跨国公司的数量、公司企业对菲律宾社会的贡献等几个方面，美国均排第一位。

文化软实力方面，美国的流行文化对菲律宾的吸引力最大，此外，在语言学习和留学目的地的选择上，英语和美国皆为菲律宾人的第一选择，分别为93.6% 和 71%。

在外交软实力方面，美国的表现不及前两个领域。无论是作为亚洲的领导者，还是在东亚地区发挥的作用，或者尊重他国主权方面，美国的得分都低于

---

① "Japanese，PH foreign ministers begin talks in Manila"，ABS–CBN news，Jan. 10，2013.

日本。笔者认为，这很可能是美国外交中的霸权作风引起了菲律宾人的不满。不过，在国际机构以及解决国际纷争方面，美国仍然是最得到认可的。此外，菲律宾人对美国在亚洲推行民主和人权的外交非常认可，72% 的人认可为积极。对于美国在亚洲的军事存在，近一半（44%）的人表示有助于稳定，但认为破坏稳定的比例也高达 33%。不过也有很多菲律宾人在这一问题上没有表态。在美国遏制中国的问题上，39% 的菲律宾人表示反对，但表示不确定的高达 42%。由于本调查进行时，中菲关系尚未因南海和黄岩岛而急剧恶化，所以上述统计结果确实反映了过去十年来中菲关系的互动成果。但是考虑到过去一年多以来中菲关系的恶化，以及菲律宾对外政策的调整，上述统计结果无疑会发生巨大的变化。

在制度和政治软实力方面，整体而言，日本的表现要优于美国。尤其是美国在负面新闻报道中排在首位，不过笔者认为，这一结果具有两个方面的含义：第一，可能说明菲律宾人对美国的关注程度最高；第二，受新闻传播的影响，菲律宾以英语为官方语言，绝大多数菲律宾人均为英文媒体受众，因此接触到与美国有关的新闻难免最多。

与其他三个大国相比，美国在菲律宾的软实力占有绝对优势地位，究其原因，主要有如下四个方面：

1. 菲美关系的历史及其政治遗产

1898 年，美国通过美西战争，从西班牙手中攫取了菲律宾，从此开始了菲律宾第二阶段的殖民地时期。一直到 1946 年菲律宾自治政府成立，美国才从体制上结束其对菲律宾的殖民统治。尽管美国统治菲律宾只有 48 年历史，其间还有几年处于日本殖民统治之下，但美国对菲律宾的影响，一点也不逊于西班牙对菲律宾的三百年殖民统治，甚至有过之而无不及。

美国以殖民宗主国的身份，从制度上设计了菲律宾的国家建设模式，并导入美式的英语教育，从而在菲律宾奠定了强大影响力的制度基础。具体而言，政治上，移植美国的政治组织形式和原则，取代西班牙时代的旧政治体制；经济上，实行自由贸易政策，主要是把菲律宾变成美国原料产地、资本输出和商品倾销市场，从而使菲律宾经济完全依附于美国；文化上，建立学校制度，从美国招聘教师到菲律宾上课，以英语为主要教学语言。藉此，美国政治、社会和文化观念逐渐渗透于菲律宾社会。[①]

现阶段，尽管菲律宾政治制度会有自身的一些特点，但无论从宏观还是微观的角度来看——宏观指国家层面的宪政设计，微观指具体领域或者部门的机构与制度设计，都无不效仿美国。从宏观层面看，比如菲律宾沿袭了美国的总统制、参众两院制、政党制度等。从微观层面看，比如和美国国务院一样，菲律宾在外交部下设立了外交服务研究所（Foreign Service Institute），该机构既负责外交官的培训，也从事部分研究工作。而类似细小的制度沿袭在菲律宾极为普遍，其背后反映的就是美国对菲律宾根深蒂固的影响。

1946 年之后，尽管菲律宾名义上是一个独立的主权国家，但是美国利用殖民时期所建立的美国式的政治框架和价值，干涉菲律宾历届总统选举，操纵其国内政治乃是非常普遍的现象。在菲律宾的选举政治中，美国政府通常会给予亲美人选以巨大的财政支持，或者操纵菲美两国的大众传媒不遗余力地吹捧其认定的"中意人选"，贬低其他候选人，再或者利用在菲军队的控制力来促使军队参与干预、动用外交途径施加影响等等。这种情况从早期的罗哈斯，到后来的马科斯以及科拉松·阿基诺和拉莫斯的总统竞选中都有充分的表现。一旦坐上总统宝座的人有离美倾向，美国则马上采取"换马政策"。马科斯的倒台就是一个鲜明的例子，当马科斯不听白宫的警告而一意孤行后，白宫便放手发动倒马运动，以一定的方式介入对马科斯政权的垮台有决定性作用的圣诞节政变及二月兵变。受此影响，菲律宾的政党领袖们不得不把维持美国在菲利益作为自己政治活动的准则。大选前和大选中，各政党领袖大都尽力表示出亲美以获取美国的支持去赢得大选的胜利，执政后，也大都尽量满足美国在政治上、经济上对菲的要求，以博得其好感而巩固自己的统治地位。[②] 如罗哈斯在当上菲律宾共和国第一任总统后，便马上对美国的慷慨支持给予丰厚的回报，在宣布菲律宾独立的当天，就与美国签订

[①]　吴小安：《论美国殖民统治对菲律宾现代政治发展的影响》，《厦门大学学报》1995 年第 4 期。

[②]　崔运武、胡恒富：《论菲律宾政党政治的特点及其与政治文化的关系》，《南洋问题研究》1998 年第 2 期。

了《美菲总关系条约》，认可在没有菲律宾代表出席的国际场合，美国有权代表菲律宾。

但是，尽管早期的菲律宾政府过于亲美，但随着菲律宾社会的发展，尤其是经过80年代中期推翻马科斯总统的第一次"人民力量运动"，以及90年代初期的反美国军事基地运动后，菲律宾人的民族主义和民族自豪感得到极大的上升，菲律宾政府的政策在很大程度上偏离了之前的过度亲美政策。然而，美国的影响力却深深地根植于菲律宾社会。在以下的部分中，笔者将通过实证分析来论证这一点。

上述统计结果为我们展示了美国在菲律宾的软实力概况。要了解美国对菲律宾的影响力和软实力，还需要了解美国与菲律宾在各个领域的关系以及双方之间的互动。

2. 投资与贸易

如图2-27所示，自1990年到2007年的近二十年里，美国对菲律宾的投资整体呈上升趋势，并在2007年达到顶峰，随后受美国国内经济不振的影响，其对菲律宾的投资才呈现出下行的趋势。尽管美国对菲投资不及日本，但仍是菲律宾主要的外资来源国之一。如图2-37所示，即便是在2008年以来美国对菲投资萎缩的四年里，除2010年外，美国都是排在日本之后的第二大对菲投资国。

图2-27　1990—2011年间美国对菲律宾的直接投资

数据来源：U.S. Bureau of Economic Analysis。

在对外贸易领域，图 2-35 显示，美国一直是菲律宾最大的贸易国，只是在最近三年才被日本超过。另据图 2-28 中 1990—2012 年的数据显示，菲律宾在外贸方面一直依赖美国，每年从美国赚取大量的贸易顺差。

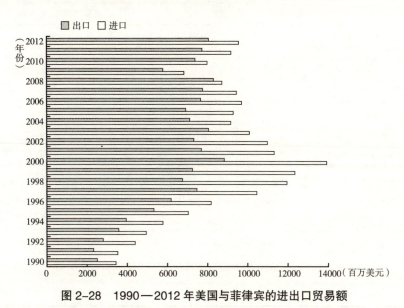

图 2-28　1990—2012 年美国与菲律宾的进出口贸易额

数据来源：US. Department of Commerce。

投资与贸易是构成经济影响力和软实力的基础。因为通过投资活动所带来的人员和资金往来，以及贸易活动中的产品交往，美国的技术、产品等在菲律宾广受认可，从而成为美国经济软实力的一部分。很多菲律宾人，都以使用美国品牌而自豪，对美国产品的质量有着由衷的信任。[①]

3. 对外援助

如表 2-6 所示，在对外援助领域，美国一直是菲律宾主要的援助国。在1952—1961 年期间，美国对菲援助占菲律宾接受外援的 86.8%，到了 1962—1970 年期间，这一比例仍然高达 40.2%，随后即被日本超过。即便如此，在东南亚地区，菲律宾一直是接受美国经济和军事援助最多的国家之一（见表2-2）。而且，就援助的深度和广度而言，也远非其他国家可以比拟。如表 2-3

---

① 笔者在菲律宾生活时明显感受到了这一点。比如，菲律宾人习惯突出其物品的美国特性，笔者的朋友在送给笔者的圣诞节礼物时，也着意强调是美国生产的。

表 2-1 1952—1998 年美国对菲律宾的 ODA

单位：百万美元

	美　　国	
	数　　量	占菲律宾接收 ODA 比例
1952—1961	230.54	86.8
1962—1970	216.46	40.2
1971—1979	357.86	13.0
1980—1986	1024.13	14.1
1986—1992	1611.0	25.5
1993—1998	578.0	11.9
总　　和	4017.99	

数据来源：Filologo Pante Jr., Romeo A. Reyes, "Japanese and U.S. Development Assistance to the Philippines: Working Paper Series No. 89–07", Philippines Institute for Development Studies, 1989; Japan's ODA（Tokyo: Ministry of Foreign Affairs）。

表 2-2 1946—2011 年美国对东南亚国家的经济和军事援助 [①]

单位：百万美元

	经　济　援　助					军事援助
	发展援助署	农业部	国务院	其他经济援助	合　计	
文　莱	0	0	0	0	0.1	0.1
缅　甸	519.8	67.6	102.2	20.9	519.8	94.4
柬埔寨	1340.1	448.4	173.5	77.2	2039.2	1302.7
印　尼	4594.9	2379.3	256.2	229.8	7460.2	801.2
老　挝	936.6	42.2	87.5	3.0	1069.3	1597.6
马来西亚	20.4	18.4	23.9	170.4	233.1	221.3
菲律宾	4523.0	1301.9	180.5	1555.5	7560.8	2270.5
新加坡	0	2.8	2.7	15.0	20.5	21.5
泰　国	1095.3	45.2	359.9	291.5	1792.0	2341.8
越　南	6120.1	1722.5	434.6	86.1	8363.3*	16308.4**

数据来源：根据美国 USADI 的数据进行整理。

＊美国对越南的经济援助主要发生在 1953 年到 1967 年之间，为 79.47 亿美元。＊＊美国对越南的军事援助同样发生在上述时期，为 163 亿美元。

---

① U.S overseas loans and grants: obligations and loan authorizations, July 1, 1945–Sep.30, 2011, USAID.

表 2-3　2001—2011 财年美国对菲律宾的各类援助

单位：美元

援助机构	FY2001	FY2002	FY2003	FY2004	FY2005	FY2006	FY2007	FY2008	FY2009	FY2010	FY2011
农业部	48299750	20000000	47647741	26330717	22420368	48523553	131280	100000	14308327	27486310	6460800
商务部				14703	17213	68150		42500		31471	
国防部											852000
能源部							5000000	2538000	7870696	10069238	
卫生部					70000		1065000	874902	367294	787828	1180383
司法部									26126	37427	91156
劳工部	304500	5166666	5000000				5500000		4950000		15000000
国务院	172500	95000	155000	91315	2338741	5172495	5875188	29674886	40199855	48650063	43884114
内政部									81583		
财政部		212500		500000	550000	428606	747276	293450	29557		
环保署										127361	
千禧年挑战公司					15218	21547671	243209	156530	1609870	22164447	422716340
和平队	1843000	2169000	2624000	2774000	2158194	2254567	2176739	2121346	3410000	4382500	4260000
贸易发展署	2082340	994100	1122965	4000	604617	462660	1189747	1463233	12000	634286	646285
国际援助署	47421978	80683477	92719364	114818192	100460354	96722015	83573182	92873338	79862440	88161038	89369641
合　计	100124068	109320743	149269070	144532927	128634705	175179717	105501621	130138184	152727749	202531969	584460719

数据来源：美国国际援助署对外援助数据库（USAID Foreign Assistance Database）。

所示，美国政府的各个部门或多或少都会参与到对菲律宾的各种援助中，而且自 2010 年以来，美国对菲律宾的援助有了大规模的提升，这与美国重返亚洲的战略表现出某种趋同性。上述援助还不包括美国各类 NGO 组织对菲律宾的援助，考虑到菲律宾数量庞大的 NGO 组织，这一数量绝对不小。更重要的是，来自美国的援助绝不仅仅是一种被动的资金输入，从软实力的角度而言，它更是一种主动的议程介入，即以援助为媒介，通过对援助项目的参与，从而影响项目议程的走向。如此，美国的价值观、思想体系，以及各种制度和理念便更轻易地渗透进菲律宾社会。这种潜移默化的影响，从长远来看，绝对甚于对政治家或者选举过程的操控。而共同的英语语言，以及历史经历，为这种渗透提供了前提。这就是美国对菲律宾的软实力。

4. 人员往来

首先，菲律宾是全球十大移民流出大国，其全国人口的近 10% 都在国外工作，而移民美国的菲律宾人则与中国移民并列世界第十（见图 2-29）。[①]另据图 2-30、图 2-31 显示，在过去几十年来，大部分菲律宾人都选择前往美国移民或者工作。2010 年在美国的所有国外出生的人中，菲律宾人占到

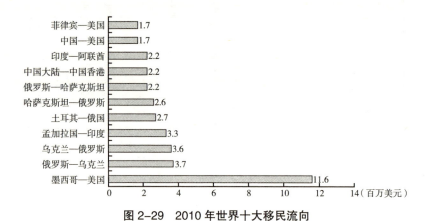

图 2-29　2010 年世界十大移民流向

数据来源：Development Prospects Group，World Bank，UNPD 2009。

___

① 该数据并不包含全部海外菲劳（OFW）。

了 15.7%（见表 2-4）。根据美国官方 2011 年 6 月的统计数据，在美国共有 2555923 名菲律宾人，比 10 年前增长了 38%，如果再加上混血的菲律宾人，人数可高达 350 万。[①] 其次，如图 2-41 所示，每年来自美国的游客，仅排在日本之后居第二位。这种大规模的人员往来，不仅意味着美国在思想、文化和生活方式上对菲律宾的强大影响，它更是一种强大而密切的社会联系，几乎每一个菲律宾人都有亲

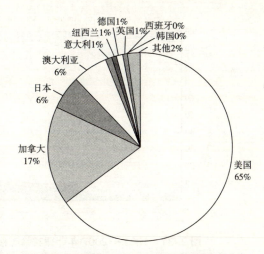

图 2-30　1981—2011 年海外菲律宾人分布

数据来源：Commission on Filipinos Overseas, Philippines。

戚在美国生活，这些游走于美国和菲律宾之间的菲律宾人，也自然成为美国文化的信仰者以及软实力的传播者。

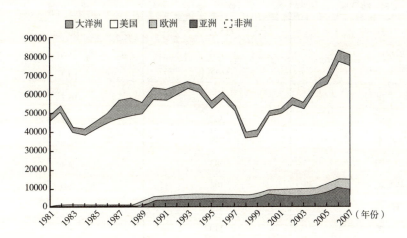

---

① US 2010 Census: Filipinos in the U.S. Increased by 38%, http://naffaausa.org/us-2010-census-filipinos-in-the-u-s-increased-by-38-nevada-has-fastest-growing-population/.

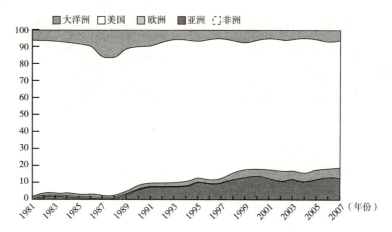

图 2-31　1981—2007 年菲律宾临时移民的目的地分布（数量与比例）

数据来源：Commission on Overseas Filipinos，转引自 Aniceto Orbeta Jr. and Michael Abrigo，Philippine International Labor：Migration in the Past 30 Years：Trends and Prospects，Philippine Institute for Development Studies，Paper series，NO. 2009-33。

表 2-4　2010 年美国的外国出生人口

单位：千人

出 生 国	数 量	比 例
总　数	11562	100
孟加拉国	184	1.6
中　国*	2231	19.3
印　度	1857	16.1
伊　朗	362	3.1
日　本	318	2.8
韩　国**	1083	9.4
巴基斯坦	304	2.6
菲律宾	1814	15.7
泰　国	240	2.1
越　南	1259	10.9
其他亚洲国家	1910	16.5

数据来源 U .S . Census Bureau，2011 American Community Survey。
* 包括中国大陆、香港、澳门和台湾的人口　** 包括韩国和朝鲜的人口

而且正如图 2-32、图 2-33 所示，来自美国的侨汇也构成了菲律宾海外汇款的重头，对菲律宾有着举足轻重的影响。以 2010 年的数据计算，该年菲律宾全年外汇收入 213 亿美元，来自美国的侨汇就有约 78.6 亿美元，占到了 37%。

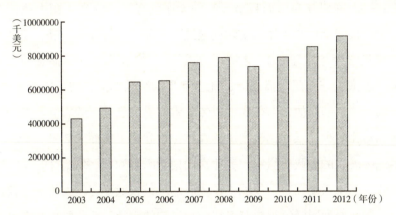

图 2-32　2003—2012 年海外菲劳（OFW）邮寄自美国的现金侨汇

数据来源：Bangko Sentral ng Pilipinas。

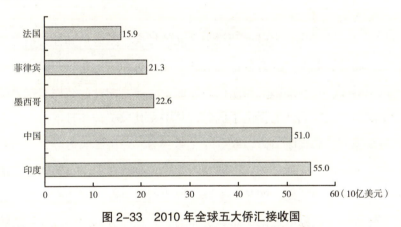

图 2-33　2010 年全球五大侨汇接收国

数据来源：Development Prospects Group，World Bank，UNPD 2009。

（二）美国如何影响菲律宾

1. 菲律宾政治与社会的特点

第一，菲律宾是个极度开放和多元的社会，其政治和社会权力结构也呈现多元化。在这一高度自由的政治体系中，总统及其身边的密友，或者相关的政府部门如外交部和国防部，并不是唯一的权力中心，参议员、众议员、大众媒体、非政府组织，甚至宗教团体、商业组织，都可以成为权力中心，并且影响政府的决策。

第二，新闻媒体自由而且呈现某种无序状态。2012年中国大使馆军事参赞陈方明在接受菲律宾媒体采访时就表达了对菲律宾媒体的不满，他认为菲律宾的媒体经常编造并且传播一些失实的新闻。[①] 实际上，菲律宾的媒体确实比较乱，不太遵守新闻传播规则，凡事都当作娱乐新闻，缺乏应有的严谨性。此外，因为语言的缘故，菲律宾的媒体非常容易受到美国的影响，而中国的英文媒体相对比较少，某些比较激进的媒体往往起到了负面的效果。

第三，庞大的非政府组织。菲律宾国内活跃着6000多个社团，[②] 这些庞大的非政府组织活动在各个领域，在政府的政策领域享有较大的发言权，从而也成为外国政府和国际组织对菲律宾施加影响的途径，而那些拥有充足经费的外国政府和国际组织则无疑拥有更大的发言权。

2. 美国影响菲律宾的途径与方式

如上所言，菲律宾是个极度开放和多元的社会，其政治和社会权力结构呈现多元化。此外，菲律宾拥有数量庞大的非政府组织，这些组织成为外国政府和国际组织对菲律宾施加影响的途径。因此，菲律宾的社会结构和权力结构为他国在菲律宾开展民间外交提供了机遇，其中尤其以美国和日本为主。中国无论在政治影响力、制度吸引力，或者外交影响力、经济影响力等方面，基本上全面落后于美日两国。与日本、中国等国相比，美国在菲律宾的软实力最为强大。姑且不论美国的援助、产品、投资、双边贸易对菲律宾的影响力，美国的社会和文化影响力已经渗透到菲律宾机体的每一个部分。两国之间频繁的人员往来和交流，诸如劳工和留学生，也把两国牢牢绑在一起。这是中国短期之内都无法改变的事实。

---

① Dona Z. Pazzibugan, "Chinese Diplomat Lectures Reporters on Press Freedom", *Philippine Daily Inquirer*, May 23, 2012.

② Danilo A. Songco, "The Evolution of NGO Accountability Practices and their Implications on Philippine NGOs", A literature review and options paper for the Philippine Council for NGO Certification, 2006.

除了人员往来、文化交流、对外援助等领域，美国还通过如下途径对菲律宾施加影响：

第一，通过大量非官方机构影响菲律宾的政策议程。这些非官方机构包括美国各式各样的非政府组织和非营利性的研究机构，这些机构通过与菲律宾的类似机构进行合作，具备影响菲律宾内政甚至外交政策议程的能力。这种影响既反映在人员之间的意识形态和文化交流，又包括经费来源。尤其是某些具备特殊使命的非政府组织，其背后可能隐藏着美国官方背景。以 2008 年为例，美国著名智库传统基金会的研究人员在菲律宾媒体公开发表文章批评菲律宾政府的外交政策偏离了亲美的轨道，从而在菲律宾社会激起对华政策的讨论。再比如在菲律宾甚至整个东南亚都很活跃的一些非政府智库及其研究人员，其活动经费上有很大一部分来自美国。

此外，菲律宾的大量非政府组织积极参与全球性活动，而这些全球活动的组织者或者活动背景，很多都与美国有关，而且部分非政府组织还从一些国际基金会那里获得资助，如美国洛克菲勒基金会等等。当大量非政府组织或者其他组织活动在政策前沿时，无须美国政府真正出面，菲律宾政策的方方面面就已受到美国影响。所以，这些非政府组织构成了美国多元外交的强大网络。

有菲律宾智库学者向笔者反映，美国的很多非政府组织、研究组织和菲律宾有着非常密切的关系，他们会邀请菲律宾人到美国参加会议和培训等等，试图影响菲律宾的决策。有美国官方背景的传统基金会（Heritage Foundation）甚至为菲律宾驻美大使馆提供有关南海问题的资料和信息，以加强菲律宾在南海问题上的立场。美国政府甚至还会邀请一些菲律宾学者访问美国，以期影响这些学者对美国的认识和态度。[①]

第二，提供教育与培训。无论是美国还是日本，甚至韩国和中国台湾，都为菲律宾人（不仅仅是学生）提供各种奖学金、访学以及课程培训，这成为影响菲律宾人的一个重要途径。因此，根据以上的数据，选择美国为留学目的国

---

① 见笔者 2013 年 7 月对菲律宾华人活动家 Teresita Ang See 的访谈。

的比例最高，个中原因除了语言因素外，也因为美国教育体制的吸引力、奖学金的易得性，以及文化上的亲缘性。

第三，民间交往与援助。如上所述，美国对菲律宾有大量的各类援助，这些援助项目分布广，影响深。但是关键并不在于援助的数量或规模，而在于援助的方式和手段，如何让有限的援助产生最大的效应，为菲律宾社会所了解和接受，并且产生发酵的效应。美国的援助绝不仅仅是一种被动的资金输入，更是一种主动的议程介入，即以援助为媒介，通过对援助项目的参与，从而影响项目议程的走向。如此，美国的价值观、思想体系，以及各种制度和理念便更轻易地渗透进菲律宾社会。

第四，公司和社团的对外交往活动。美国和日本的公司会比较积极地参与本地事务，和本地社会的关系较为密切。相比之下，我国的公司在菲律宾的活动相对要封闭，与菲律宾本土社会的关系不如前两者密切。即便是我国台湾的社团和公司，在菲律宾也会开展较为灵活的活动。如菲律宾的台湾商会经常与"驻菲律宾台北经济文化办事处"共同举办一些活动。如"爱心来自台湾"是菲律宾台湾商会的一项公益活动，该活动乃是自2008年以来，由台湾行会前会长丁金煌与"驻菲律宾台北经济文化办事处"负责人李传通共同策划，活动内容包括邀请台湾驻菲代表处长官及台商，共同捐赠民生物资给当地孤儿院及养老院，而台湾官方则通过这种方式在菲律宾开展其"外交活动"。如在2008年9月11日，李传通与菲律宾台商总会丁金煌率台商会干部，捐赠轮椅给菲律宾国警（PNP），由其总监拉松（Avelino Razon Jr.）代表接受。

第五，通过大使馆文化活动影响菲律宾民众。美国大使馆曾经在菲律宾开设有图书馆，后来因为安全的缘故迁到大使馆内。在搬迁之前，读者可以在图书馆看书、观看图像资料甚至从事研究。美国大使馆偶尔还会邀请菲律宾的一些政治家、学者和民间意见领袖参与对话，就某些问题进行研讨，了解菲律宾社会对一些问题的看法。日本大使馆也在菲律宾拥有图书馆，其图书馆除提供图书之外，还提供语言培训。独立法人团体日本国际基金会支持在菲律宾各种文化活动，进行年度日本电影节，定期组织各种艺术和教育活动，提供奖学金。美国驻菲前大使在菲律宾的活动非常活跃，经常出现在各种电视节目上，就各类事情发表评论，虽然其过度参与招致了很多菲律宾人的批评，但中国方面可以借鉴和学习其与媒体和菲律宾社会打交道的经验。

总的来说，美国影响菲律宾的方式可以概括为如下两点：

第一，通过大量非官方机构等途径进入并影响菲律宾的政策议程。这些非官方机构包括美国各式各样的非政府组织和非营利性的研究机构，这些机构通过与菲律宾的类似机构进行合作，具备影响菲律宾内政甚至外交政策议程的能力，这种影响即反映在人员之间的意识形态和文化交流，又包括经费来源。尤其是某些具备特殊使命的非政府组织，其背后隐藏着美国政府的意图，他们对菲律宾影响隐形而又强大。当大量非政府组织或者其他组织活动在政策前沿时，无须美国政府真正出面，菲律宾政策的方方面面就已受到美国的影响。所以，这些非政府组织和众多的其他组织，构成了美国多元外交的强大网络。

第二，提供制度和公共服务等产品，把菲律宾纳入美国的战略框架。这体现在美国通过一些长远的制度性框架，和菲律宾展开合作，同时为菲律宾提供一些服务，并以此去影响和操控菲律宾的制度、内政以及发展模式，让菲律宾对美国形成制度性依赖。如果我们全面观察美国对菲律宾的政治、经济和社会政策，就会发现这些政策从单个的角度看或许是孤立和凌乱的，但是如果把这些政策放在一起来考察，就会发现美国的战略性目的：制度性依赖。这也是美国影响很多国家的惯用手段。美国善于利用各种制度与合作平台来施加影响，无论是美国国内的国际开发署，还是国际组织如世界银行和联合国开发计划署，都可以成为美国施加影响的工具。如美国通过千禧年计划，引导菲律宾的扶贫和基础设施建设，而菲律宾为了达到千禧年计划的要求，就必须对内作出调整和改革。

通过不同领域的制度合作，如环保、援助、扶贫、经济合作等，美国通过这些制度合作，凭借其强大的影响力，给菲律宾提供一些公共产品（public goods），但这些制度并非都是利己主义的，也有利于当地国，但是藉此美国的文化、理念等就不知不觉地渗透进菲律宾，让菲律宾的发展道路和模式受到美国持续而且深刻的影响。

（三）美国经验：和平队——深入民间的大使

在分析美国国家软实力的时候，不能不提到美国的和平队（Peace Corps）。

20 世纪 50 年代，美国在第三世界国家中的形象每况愈下。其主要原因是美国国内存在的种族问题，特别是对黑人和其他有色人种的种族歧视；美国对第三世界国家的外交政策，特别是对第三世界国家的干涉和颠覆活动，美国外交官的低劣素质和不当行为。[①] 在这种情况下，美国 1961 年，在肯尼迪总统的推动下成立和平队，其宗旨是：（1）帮助有兴趣的国家和地区的人民满足其人力训练的需要；（2）促进美国人对他们所服务的国家的人民有更好的了解；（3）促进其他国家的人民对美国更好的了解。

为了向第三世界展示美国最优秀的方面，提高美国对这些国家人民的吸引力，和平队要求其志愿者同与他们在一起生活和工作的国家的人民建立密切的个人联系。和平队强调自力更生、种族平等、自决权及社会公正，它想要向其他国家彰显美国的利他主义精神，显示超越东西方意识形态斗争的 / 普世价值观念和进步。[②]

从 1961 年和平队建立到 2009 年，累计已经有将近 20 万名和平队志愿者在 139 个国家服务。2009 年，有 7671 名志愿者在 77 个发展中国家工作。如果根据联合国发展项目所制定的 2009 年人类发展指数把所有国家划分为四个 1/4，大约 70% 的和平队项目是设立在人类发展指数较低的 50% 的国家中，仅有 29% 的项目设在排位第二的 1/4，而在人类发展指数最高的 1/4 的国家中，没有和平队志愿者在服务。[③]

和平队评估小组是这样评估和平队的工作成效："几十个国家的总统和内阁部长都认为他们受益于早期触动他们生活的和平队志愿者。和平队志愿者在 77 个东道国中正在点亮未来领导人心灵之火。和平队是美国最好的大使，他

---

① 刘国柱：《和平队与美国对第三世界外交的软实力》，《浙江大学学报》（人文社科版）2008 年第 1 期。

② 周琪：《作为软实力资源的和平队重受美国政府重视》，《美国研究》2011 年第 2 期。

③ 周琪：《作为软实力资源的和平队重受美国政府重视》，《美国研究》2011 年第 2 期。

们在世界各国社区基础上自下而上地建立了与战略伙伴国的关系。"①

无论和平队的工作是否产生了美国决策者所期望的成效，和平队队员深入不发达国家的民间社会，甚至是那些最贫穷落后的地区，在帮助当地国的同时，也间接或直接地传播了美国的文化和价值观念，树立了美国的形象，却是不争的事实。作为美国软实力的资源，和平队无疑发挥了一些重要作用。

从 1961 年起，和平队就进入菲律宾工作。到 2013 年，差不多有 8000 多名和平队志愿者前来菲律宾参与各种项目。在菲律宾，和平队广泛参与各种项目，如教育，小孩、青年与家庭计划（CYF），环境保护等等。② 这样，通过人员往来、项目参与和合作，和平队以"软性"的方式影响着菲律宾，从而成为美国软实力构建中的重要一环。

三、中日在菲律宾的软实力比较

美国巧实力委员会有关中国软实力的报告认为："东南亚是中国在全球推行软实力最成功的地区，特别是在越南、泰国、老挝这样的东南亚内陆国家中。"③ 但是，如果我们作一横向对比，就会发现中国的软实力实际上并不容乐观。美国芝加哥全球事务委员会（The Chicago Council on Global Affairs）和韩国东亚研究所（EAI）联合发布的《2008 年亚洲软实力》报告显示，尽管中国在亚洲地区有着强烈的历史和文化联系，但实际上中国在亚洲的文化软实力仅为"中等"，不仅继续落后于美国，而且还落后于日本和韩国。④

而根据皮尤世界民情项目（The Pew Global Attitudes Project）2008 年 7 月公布的对全世界 21 个国家展开调查的结果，中国的情况同样不容乐观。该调查显示，尽管中国在世界（尤其是亚洲和非洲）事务中的影响力很大，但绝大

---

① The Peace Corps, A Comprehensive Agency Assessment, p. 2.

② Peace Corps, Philippines Welcome Book, 2013.

③ "Chinese Soft Power and Its Implications for the United States: Competition and Cooperation in the Developing World", A report of the CSIS Smart Power Initiative, March 2009.

④ 中国在韩国、印尼和越南的软实力指数都低于日本，见 The Chicago Council on Global Affairs, Soft power in Asia: Results of a 2008 multinational survey of public opinion, 2009。

多数国家认为中国在以单边方式行事。① 根据亚洲晴雨表（Asian Barometer）于 2005—2006 年期间，在菲律宾、印尼、新加坡、泰国、马来西亚、越南六国所做的调查，同样发现日本在该地区的影响要比中国的影响更为积极。此外，大陆上的东南亚国家（如越南、泰国）比海岛上的东南亚国家（如菲律宾、印尼）对中国的认知更加积极。②

与此相反的是，国内学者往往会大谈空谈中华文化的魅力，但对外部世界之于中国的认识缺乏有效的回应和解释，又或者以悲情的心态指责外界对中国的"偏见"，而无视中国的不足。很明显，中国对自身的看法与世界其他地区对中国的看法存在明显的差距，而究竟是哪些因素导致了这些差距呢？基于此，本研究以菲律宾为对象国，对中日两国在菲律宾的软实力进行比较研究，以期通过田野调查，发现中日两国软实力呈现差异的原因。

为什么选取日本而不是美国作为与中国的比较对象，乃是基于如下原因。其一，基于历史和现实的原因，美国在东南亚的软实力依然不容置疑，尤其在菲律宾。整体而言，中国依然无法与美国在该地区的影响力相抗衡。其二，日本在东南亚发展软实力的经验值得中国学习。尽管受地缘政治、均势政策以及历史上遗留的共产主义意识形态的影响，中国在东南亚地区推行其影响和软实力存在先天不足之处，但日本的包袱则是其对当地的军国主义侵略。很显然，当今的日本已经成功摆脱了过去的"侵略者"形象，在东南亚地区受到了普遍的欢迎，其国家形象的成功转变值得中国学习。第三，今天的中国和过去的日本有很多相似的地方，如在 20 世纪的六七十年代，日本企业在全世界拓展市场，其贸易顺差得到惊人的发展，但与此同时，日本过于咄咄逼人的经济政策在东南亚激起了广泛的不满。为了改善形象，日本改变了其对东南亚的政策，如 1977 年"福田主义"的出台。今天的中国也在全世界寻找能源、商品市场和投资场所，而部分中国企业的经济活动也在某些国家引发了负面的后果。而企业的行为无疑会影响这些国家的民众对中国的认知，进而腐蚀中国的软实力。

① "22-Nation Pew global attitudes survey", Pew Global Attitudes Project, 2008.
② 根据 Asian Barometer 提供的数据。

（一）经济软实力比较

如图2-5和图2-6所示，在本研究设定的七项衡量经济软实力的指标中，中国除了在东南亚的经济影响力、经济合作的重要性等两项指标领先日本外，在科技水平、先进跨国公司的数量、产品信赖度、购买产品意愿、企业精神、公司企业对菲律宾社会的贡献等六个领域均落后于日本，其中产品质量和购买商品意愿两项的差距非常大。这充分说明，中国的科技水平、企业形象和产品质量等在菲律宾的形象都落后于日本，中国快速发展的科技和经济实力还远没有转化为现实中的影响力，究其原因是多种多样的。

首先，日本企业早在20世纪六七十年代即已开始海外拓展的步伐，无论是企业实力、科技水平等方面，都要普遍高于中国企业。日本品牌如丰田、本田、东芝等在菲律宾广受欢迎，[1] 日本公司提供的待遇普遍高于菲律宾本土公司，因此对菲律宾人有较大的吸引力。而且，日本大公司在菲律宾还普遍致力于慈善事业，乐于资助各种活动，如菲律宾丰田公司在2008年捐赠1亿比索给菲律宾大学亚洲中心，建立GT-Toyota楼，这些都无疑有助于日本企业建立良好的形象。相比之下，2008年中兴公司行贿案件在菲律宾一度沸沸扬扬好几个月，无疑重创中国公司在菲律宾的形象。此外，有关中国食品的质量问题的新闻，也在菲律宾广为流传，并且影响菲律宾人对中国产品的观感。[2]

其次，由于日本企业在菲律宾长期经营，日本在菲律宾的经济影响力不仅突出，甚至可以说是独一无二的。第一，从贸易的角度来看（见图2-34、图2-35、表2-5），尽管最近几年中国与菲律宾的贸易不断扩大，但是与日菲贸易相比，还是存在较大的差距。第二，从对外投资的角度来看，从80年代末期开始，日本的资本开始转向东南亚，泰国、马来西亚和印尼最初都是接受日

---

[1]　比如菲律宾的汽车市场基本上被日本车系占领，韩国车系在菲律宾也广受欢迎，而除了计算机领域的联想，大部分菲律宾人对中国品牌都不了解。

[2]　据笔者在菲律宾的长期田野调查。

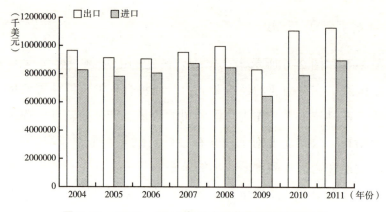

图 2-34　2004—2011 年日本对菲律宾的进出口额

数据来源：Ministry of Finance，Japan。

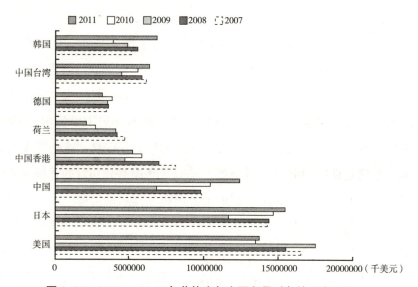

图 2-35　2007—2011 年菲律宾与主要贸易对象的进出口额

数据来源：National Statistics Office，Philippines。

本投资最大的几个国家，而直到 90 年代初期菲律宾的政治形势稳定之后，日本对菲律宾的投资才开始大规模增长，并在 1994 年达到 6.68 亿美元的高峰。[①] 在过去 20 多年里，日本一直是菲律宾最大的对外投资国，来自日本的 FDI 在

---

① Rosalina Palanca-Tan，"Postwar Trade"，in Ikehata Setsuho，Lydia N. Yu Jose edt.，Philippines-Japan Relations，Ateneo De Manila University Press，2003，p.499.

表 2-5 2007—2009 年菲律宾与中日贸易额（离岸价格）

单位：亿美元

	2007		2008		2009	
	出 口	进 口	出 口	进 口	出 口	进 口
中 国	57.5	40.0	54.7	42.5	29.3	38.0
日 本	73.0	68.4	76.8	66.0	62.1	53.6

数据来源：National Statistical Coordination Board，Philippines。

菲律宾每年接受对外投资中占有极其重要的比例（见图 2-36、图 2-37）。相比之下，除了一些能源、基础设施建设等领域，在中菲建交的 30 多年里，中国企业在菲律宾的开拓一直较为缓慢，中国对菲律宾的投资一直不振，其国际化经验相对欠缺，在菲律宾经济领域的建树并不多。以 2011 年为例，日本、美国和新西兰为菲律宾接受直接投资最多的三个国家，分别占到菲律宾 FDI 的 30.2%、27.5%、11.1%，而同期中国对菲律宾的投资不到日本对菲律宾投资的十分之一。① 第三，从对外援助的角度来看，亚洲是接受日本援助最多的地区，从 1990 年到 1998 年间，日本对外援助的 56% 流向亚洲。而在亚洲内部，

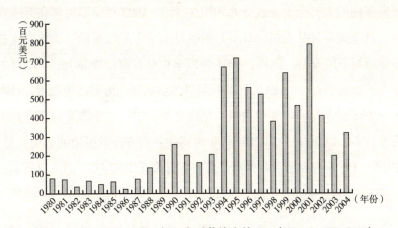

图 2-36 1982—2004 年日本对菲律宾的 FDI（FDI OUTFLOW）

数据来源：Ministry of Finance，Japan。

---

① 参见菲律宾统计局网站资料：http://www.nscb.gov.ph/fiis/2011/4q_11/Default.asp。

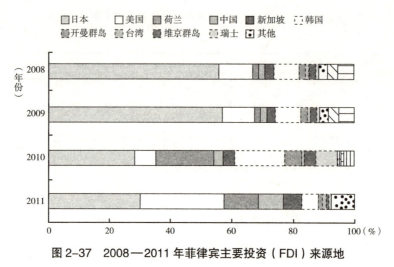

图 2-37 2008—2011 年菲律宾主要投资（FDI）来源地

数据来源：根据菲律宾 National Statistical Coordination Board 的数据整理。

东南亚又是最大的受援国。从 20 世纪 70 年代到 21 世纪初，菲律宾与印尼和泰国一直是接受日本援助最多的东南亚国家。[①] 直到 70 年代末，美国都是菲律宾最大的官方开发援助（ODA）国，但是到了 80 年代，日本开始超过美国成为菲律宾最大的援助国。到了 90 年代，来自日本的官方开发援助已经占菲律宾接受官方开发援助的大部分（见表 2-6 和图 2-38）。1992 年美军撤离在菲律宾的基地之后，日菲关系日益密切，日本开始填补美国在发展援助、文化交流和外交合作等领域留下的真空。此外，1995 年以来中菲在南沙群岛上的争端也为日菲关系注入了新的动力。[②] 因为日本的船只严重依赖南海的运输通道，日本希望通过多种手段加强与菲律宾的关系。相比之下，中国对菲律宾的官方开发援助远落后于日本。以 2001—2010 年间菲律宾接受官方开发援助的平均数量为例，来自中国的官方开发援助占菲律宾全部官方开发援助的 4%，而来自日本的官方

---

① Temario C. Rivera, "The Politics of Japanese ODA to the Philippines, 1971–1999", in Ikehata Setsuho, Lydia N. Yu Jose edt., Philippines–Japan Relations, Ateneo De Manila University Press, 2003, p.511.

② Wilfrido V. Villacorta, "Political Relations between Japan and the Philippines during the Aquino and Ramos Administration", in Ikehata Setsuho, Lydia N. Yu Jose edt., Philippines–Japan Relations, Ateneo De Manila University Press, 2003, pp.581–589.

开发援助则高达53%。实际上，2007年之后中国对菲律宾的官方开发援助才稍显规模。2011年，日本是菲律宾最大的官方开发援助国家，占全部的32%，世界银行占29.1%，而来自中国的官方开发援助则占到了13.36%。[①]

表2-6　1952—1998年日本和美国对菲律宾的官方开发援助

单位：百万美元

	日 本		美 国	
	数　量	占菲律宾接收官方开发援助比例	数　量	占菲律宾接收官方开发援助比例
1952—1961	0.08	0.0	230.54	86.8
1962—1970	34.02	6.3	216.46	40.2
1971—1979	422.42	15.3	357.86	13.0
1980—1986	1652.27	22.8	1024.13	14.1
1986—1992	3893.18	57.6	1611.0	25.5
1993—1998	2797.00	57.5	578.0	11.9
总　　和	8798.97		4017.99	

数据来源：FilologoPante Jr., Romeo A. Reyes, "Japanese and U.S. Development Assistance to the Philippines: Working Paper Series No. 89-07", Philippines Institute for Development Studies, 1989; Japan's ODA（Tokyo: Ministry of Foreign Affiairs）。

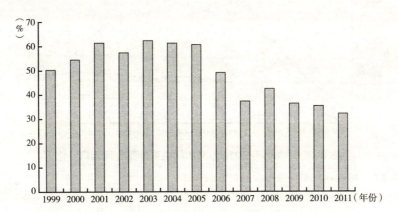

图2-38　1999—2011年日本官方开发援助贷款占菲律宾接收
官方开发援助贷款的比例

数据来源：Ministry of Finance, Japan。

---

① 参见菲律宾 The National Economic and Development Authority 的网站。

通过以上数据可以看出，日本在菲律宾的经济软实力巨大，通过密切而广泛的经济贸易关系以及对外援助，日本企业、品牌在菲律宾树立了良好的形象。而且通过密切的经济合作关系，日本作为一个经济大国，其成功的经济发展经验对菲律宾产生了非常大的吸引力，从而提升了日本在菲律宾的软实力和国家形象。

我们还可通过菲日两国的人员流动来探讨两国的密切关系，以及日本对菲律宾的影响力。从20世纪70年代开始，大批菲律宾劳工前往中东产油国打工，到了70年代中期，菲律宾附近的亚洲邻国如新加坡和日本等，也成为菲律宾劳工的目的地。从1970年到1998年，到日本的菲律宾人即从20477人增长到129053人。[①] 如图2-39所示，来自菲律宾的公民和来自中国大陆、韩国和巴西等国的公民一起构成了日本国内的几大主要外籍公民团体。根据海外菲律宾委员会的研究报告，从1981年到2011年期间，在日本的海外菲律宾人占其全部海外菲律宾人的6%，排在美国和加拿大之后。

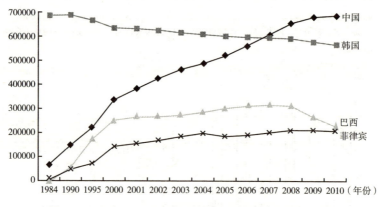

图2-39　1984—2010年日本的主要外国公民人口变化

数据来源：Immigration Control Report 2011，Japan。

大规模人口流动的结果是，菲律宾国内的菲律宾人通过海外菲律宾人，与日本发生密切的关联，这些海外菲律宾人，把他们在海外的体验以及侨汇与

---

① Ma. Rosario Piquero Ballescas，"Filipino Migration to Japan，1970s to 1990s"，p.547.

国内的亲戚分享，进一步在菲律宾国内拓展了日本强大的影响力和吸引力。① 此外，每年也有大量日本人前来菲律宾旅游或者参加商业活动，如图 2-41 所示，日本是菲律宾的第三大旅游市场，排在韩国和美国之后。与韩国游客在菲律宾的表现不同，日本游客大多表现彬彬有礼，菲律宾人对日本人的行为举止的评价最高（见图 2-7 及文化和人力资源部分的分析）。

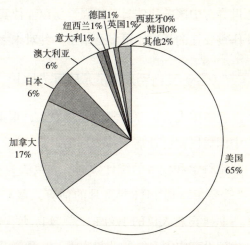

图 2-40　1981—2011 年海外菲律宾人分布

数据来源：Commission on Filipinos Overseas，Philippines。

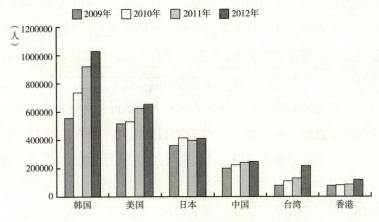

图 2-41　2009—2012 年菲律宾的主要旅游市场

数据来源：根据菲律宾 Department of Tourism 的数据整理 ② 。

　　但是为什么在菲律宾人看来，中国在东南亚的经济影响力，以及菲律宾与中国经济合作的重要性又高于日本呢？笔者认为，这一结果与日本在其他各个领域的领先并无矛盾之处。鉴于中国的崛起及其在菲律宾不断上升的影响力，

---

① 据笔者在菲律宾的田野调查，很多菲律宾人都以在日本工作为豪。

② 菲律宾的旅游数据非常令人困惑，来自不同报告的数据往往不同，并且可能存在较大的差距，笔者尽量选取和现实贴近的数据。

世界对中国关注的日益增强，所以菲律宾人对中国经济影响力和与中国经济合作重要性的认识，更多是基于一种对未来的判断，而不是现时的描述。

（二）文化与人力资源软实力比较

中国人移民菲律宾的历史悠久，根据考古学上的发现，很可能早在汉朝，中国居民便已迁居菲律宾群岛。[①] 目前关于菲律宾华人的人口数量，并没有非常科学和权威的统计数据，大致认为在 120 万—150 万之间。[②] 根据台湾"侨委会"在 2011 年 7 月的估算，截至 2010 年底，华人人口约有 145.9 万，占菲律宾总人口的 1.55%。[③] 实际上，由于华菲人通婚普遍，很难在菲律宾找到没有中国血统的菲律宾人，一种说法是 20% 的菲律宾人都拥有中国血统。因此，中国文化对菲律宾的影响非常深远，无论是菲律宾语言、风俗习惯还是饮食，都能找到中华文化的痕迹。因此，较日本而言，中国文化与菲律宾文化拥有更密切的亲缘性，这也是为什么在文化和价值观上，菲律宾与中国拥有更多的相似之处。尽管落后于美国，但是在中日之间进行对比，大部分菲律宾人还是认为和中国文化与价值观拥有很多的相似之处。

但是，尽管上述的历史渊源得到菲律宾人的认可，并且菲律宾人也接受中国历史文化的丰富性（见图 2-7），但就流行文化而言，如电影、电视、动漫、音乐等，甚至是日本的旅游市场，日本文化的吸引力都更胜一筹。尽管中国的历史和文化可能更加博大精深，但是就流行元素而言，很难在中国文化中找到相对应的符号。相比之下，Kitty 猫、漫画、动漫等日本文化的影响力更大。

---

① Olov R. T. Janse, "Notes on Chinese Influence in The Philippines in Pre-Spanish Times", *Harvard Journal of Asiatic Studies*, Vol. 8, No. 1, 1994, pp. 34–62.

② 在 60 年代的时候，学者们对菲律宾华人人口的估算为 40 万—65 万之间，参见 George H. Weightman, "The Philippines Chinese: From Aliens to Cultural Minority", *Journal of Comparative Family Studies*, Vol. VXI, No. 2, 1985, p.162. 洪玉华认为，在 2003 年时，华人人口约为 80 万，2008 年时估计为 90 万—100 万，约占总人口的 1.2%—1.5%，参见 Teresite Ang See, "Chinese in the Philippines", in Melvin Ember, Carol R. Ember, Ian Skoggardedt., *Encyclopedia of Diasporas: Immigrant and Refugee Cultures Around the World*（Volume Ⅱ: *Diaspora Communities*），Springer Science+Business Media, Inc., 2005, p.763. 不过，由于菲律宾人的人口增速高于华人，华人占菲律宾总人口的比例只会下降而不会上升。

③ 《菲律宾 2010 年华人人口统计推估》，台湾"侨委会统计室"，2011 年 7 月。

在菲律宾，日本文化的爱好者还建立了专门的日本文化社区网站。而且，日本政府在其文化战略中格外强调流行文化的重要性。[①] 这可能是中华文化的短板。另外，尽管中国政府在菲律宾建有数所孔子学院，而本调查中部分受访者也来自孔子学院的学生，但留学目的国的选择上，除了美国遥遥领先外，中国（4%）依然远不及日本（12%）。如果考虑族群的因素，中国作为留学目的地对菲律宾人的吸引力比日本低8%（见图2-10）。一些菲律宾学生在访谈中认为，由于获得日本政府提供的奖学金的难度较低，而且在日本留学后，更容易在日资企业（其工资远高于本土企业）找到工作，因此日本的留学吸引力也就更大。[②] 而菲律宾人更加看重中文的原因，在很大程度上也是基于对未来的判定和对中国崛起的认知。

此外，如图2-7所示，日本是菲律宾人最为推崇的海外旅游国，日本在公民的行为举止、公民受教育程度上最为菲律宾人接受。

（三）外交软实力比较

菲律宾人最接受日本为亚洲的领导者，对美国和中国的接受程度差别不大（见图2-11）。在国际机构中，菲律宾人对日本的评价更高。无论是在解决国际纷争，还是在国际机构中发挥的作用，中国均落后于美国和日本。在尊重他国主权方面，日本（7.6分）的表现也高于中国（6.4分）。此外，在双边关系中，对日菲关系的评价也高于中菲关系。究其原因是多样的，但是中菲围绕南海问题所发生的冲突，无疑也影响了菲律宾人对中国的判断和认知。如在"尊重他国主权"上，就从第一阶段的6.6分下降到第二阶段的6.3分。未来发生冲突的可能性，从5.6分上升到6.5分，认为中国是朋友的比例从48.9%降到36.5%，认为是敌人的比例则从26%上升到30.8%。

但是对于几国未来在亚洲地区的影响力，期望中国能够发挥更大作用的比例非常高（71%），远高于美国（33%）和日本（44%）。对于中国在亚洲的影

---

① Taro Aso, A new look at cultural diplomacy: a call to Japan's cultural practitioners, 2006, http://www.mofa.go.jp/announce/fm/aso/speech0604-2.html/.

② 据笔者2011年7月在菲律宾的访谈。

响力，菲律宾人也整体给出了积极的评价，如 70% 的人认为中国在亚洲地区的影响力是积极的，69% 的人认为中国崛起对东南亚的影响是积极的（见图 2-12、图 2-13、图 2-14）。在与东盟建立密切关系的可能性方面，中日三国的表现差不多，分别为 8.2 分和 8.1 分，日本稍微落后。

另外，对中国"和谐世界"外交理念知道的人很少，如果除去华人因素，了解中国这一理念的菲律宾人实际更少。

（四）政治软实力比较

如图 2-21 所示，在负面新闻报道中，中国以 6.4 分高于日本的 5.3 分。在尊重人权领域，日本以 7.5 分居首。在以上两个领域，印度的得分都高于中国，显示中国的国际形象堪忧。这说明中国国内的政治发展也构成了中国软实力的硬伤。由于英语是菲律宾的官方语言，菲律宾民众因此更容易受到国际英文媒体的影响，这也意味着他们无法甄别国际上对中国的报道是客观还是非客观。此外，中国国内发展中的一些负面问题，如粮食安全、政治稳定等，经由国际媒体的传播，可以轻易影响菲律宾人对中国的认知。[①]

关于中国是否会成为未来世界的领导者，有 45% 的菲律宾人认同，不认同的比例为 15%，但不确定的人为 40%，这一部分群体的观点很可能会受到突发性事件的影响。

另外，在对双边关系的未来发展上，菲律宾认为与中国发生冲突的可能性最高，为 6.1 分，日本得分为 3.9 分。同样，认为中国可能对菲律宾构成军事威胁的比例高达 73%，而日本的比例 36%，远低于中国。显然，菲律宾人对中国的不信任感是最高的。

（五）日本的经验和启示

1951 年日本与东南亚国家签署了《旧金山合约》。1956 年 7 月，在美国

---

① 根据笔者在菲律宾的研究和生活经历，中国国内的一些"小"事件，如 2007 年的大白兔奶糖、"纸馅包子"等国内事件，不管其真伪如何，经过新闻媒体的报道和传播，对菲律宾人的影响都不容忽视。

的调停下，菲律宾与日本签署了和平条约以及战争赔偿协定，从此开始了日本对东南亚的新的外交之旅。但是，鉴于二战期间日本对东南亚的侵略，日本对菲律宾的外交一开始并不顺利。不过从结果来看，尽管日军曾经在占领菲律宾期间，尤其是在 1941 年和 1945 年侵占、撤离菲律宾期间曾经犯下滔天的罪行，现在的菲律宾却似乎已经完全忘记了这段历史。[①] 为了摆脱在亚洲的外交困局，日本将菲律宾视为周边曾经遭受其侵略的典型国家来经营，并且非常成功。日本的成功很大程度上源于其综合性软实力的运用，如文化外交和经济手段。

早在 20 世纪六七十年代的时候，菲律宾民间依然存在强大的反日情绪，日本的"赔偿外交"并没有达到其全部目的。因此，尽管 1960 年日本和菲律宾签署了《友好、通商和航海条约》，但菲律宾国会一直拒绝批准该条约。直到 1972 年马科斯宣布戒严法之后，该条约才得以实施。为了改变这一困局，日本政府的外交政策多管齐下，而文化外交是其中非常重要的一个部分。比如资助雅典耀大学的日本课程，缔结姐妹城市等等。[②] 1973 年 1 月 27 日大平外相在国会演说时，提出将"文化外交"置于日本外交政策的四大重点之一，是日本政府对文化外交战略重要性的重新审视。不过，日本对东南亚政策的真正转变是 1977 年"福田主义"的出台，它标志着文化外交正式成为日本官方的政策。

1977 年的"福田主义"改变了日本与东南亚国家的经济外交模式，[③] 即从咄咄逼人的贸易和追逐利润转而开始对东南亚国家进行经济援助，促进与东南亚国家的友谊，发展双边文化关系。这一外交模式也是日本对东南亚国家的反日情绪，以及对其"经济动物"的批评所作出的回应。在 1974 年，泰国和印尼曾相继爆发抗议日本的不公平贸易的游行示威。

---

①　在曾经对日作战的主战场——马尼拉 Intramurous 王城的战争纪念碑上，有关战争的记述只是描述了当时战争的惨烈，牺牲的重大，但是对于罪行的实施者日本却通篇没有提到。

②　Lydia N. Yu Jose，Japan's cultural diplomacy in the Philippines in the last fifty years：an assessment，Keio University G-SEC working paper，2006.

③　1952 年，吉田茂在组建第四届战后内阁时代施政演说中，首次提到了"经济外交"。1957 年，日本政府发布第一个外交蓝皮书，"经济外交"第一次出现在政府的正式外交文献中。

不过，我们更应该在日本经济崛起的背景下理解日本对菲律宾的影响力。在 1985 年《广场协定》（*Plaza Accord*）之后，日元大幅度升值，国内劳动力成本高昂，由此日本开始了对东南亚的进一步经济扩展，即日本资本的国际化进程。日本对菲律宾的投资大量增加，在日资企业工作的菲律宾员工也日益增多，由此带动了菲律宾国内对日本语言和文化的需求。在这样的情况下，很多菲律宾学校开始为那些希望到日本打工、留学、与日本人结婚或在日企工作的人提供日语课程。此外，由于日元升值，到日本打工变得更加有利可图，于是到了 80 年代，日本的菲律宾劳工（OFW）出现了大规模增长。而那些回国的菲劳又把日本的文化带回菲律宾国内，这有助于扩大日本文化的影响力。另外，在 80 年代初，竹下登首相确认以"安全、经济利益和文化交流"为日本外交政策的三个支柱。从此以后，文化外交在日本对外政策中的地位得到正式确立。

有菲律宾学者认为，80 年代后期是日菲关系的转折点。到了 80 年代末期，日本在菲律宾的形象已经发生明显变化，菲律宾的中上层开始欣赏日本文化，尤其是日本现代化和经济成功的历史和经验。此外，日本的流行文化，如食物、卡拉 OK、漫画、动漫等也开始为中下层人士所接受——尽管也许还未达到菲律宾的最底层，但与 80 年代以前相比，已经发生了很大的变化。[①]

1972 年 10 月，日本政府出资设立了特殊法人国际交流基金会（Japan Foundation），作为外务省进行国际文化外交的半官方机构。其目的在于"为了加深外国对日理解、增进国际相互理解的同时，促进国际友好亲善，富有成效地从事国际文化交流事业，并以此为世界文化发展和人类的福利作贡献"。这一独立文化机构的建立，标志着日本政府已经深刻地认识到制定和实施文化外交战略的必要性。国际交流基金会设立后，日本的文化外交战略越来越具有目标性和计划性。[②] 2003 年，国际交流基金会成为独立的法人团体，它现在主要执行三大类别的计划和活动：1. 艺术和文化交流，2. 海外日语语言教育，

---

① Lydia N. Yu Jose，Japan's cultural diplomacy in the Philippines in the last fifty years：an assessment，Keio University G-SEC working paper，2006.

② 丁兆中：《战后日本文化外交战略的发展趋势》，《日本学刊》2006 年第 1 期。

3.海外日本研究和学者交流。鉴于文化外交的重要性，日本基金会在执行国家外交政策中发挥非常显著和突出的作用。[①]

日本国际交流基金会马尼拉办公室（JFM）成立于1996年，是日本在菲律宾从事文化外交活动的主要官方机构。为了推广日本文化，该机构计划和实施了各种项目和活动，包括学术讲座、艺术展览、日本工艺品、舞蹈的短期讲习班、戏剧表演、日本语言课程和能力考试等。[②] 该机构的大部分活动都是通过马尼拉的日本大使馆来管理的，马尼拉的日本大使馆，通过日本经济和文化中心，举办日本语言课程、花道研讨会和展览、音乐会等，[③] 而日本在菲律宾推广其艺术和文化主要是为了重新改造菲律宾人心目中的日本形象。[④] 日本国际交流基金会马尼拉办公室还通过一些项目，如 Eiga Sai Program（类似电影欣赏的计划），让菲律宾的农村地区也能参与进来。

日本的流行文化也对菲律宾人产生了较大影响。2000年，菲律宾最大的一个电视网络成立了日本流行文化爱好者的网络社区，互联网已经成为日本文化爱好者的一个活动空间。2001年，菲律宾一些电视台开始在黄金时段播放翻译过来的日本动画。一项研究发现，学习日本文化和语言的大学生都深受日本流行文化的影响，尤其是动漫。[⑤] 而日本国际交流基金会马尼拉办公室也在努力推动日本流行文化进入菲律宾社会。

在日本，各种不同的团体，包括政府机构如文化省、半官方机构如国际交流基金会、公益财团法人如日本国际文化会馆（International House of Japan）、国际机构如由联合国教科文组织支持的亚洲文化中心等都参与到日本的文化外交中来，但是这些不同的组织都要在让日本的文化政策精简这一体系内活动。

---

① 见日本国际交流基金会的网站：http：//www.jpf.go.jp/e/。

② 见日本国际交流基金会马尼拉办公室的网站：http：//www.jfmo.org.ph/。

③ 笔者在菲律宾大学亚洲中心从事研究时，多次参加由该中心主办，JFM 资助的活动，而从来没有见过中国政府以任何方式支持的活动。

④ Ledda Brina Docot, Cultural Diplomacy of Japan in the Philippines：The Case of Japan Foundation Manila and its Eiga Sai Program, paper for Asian Center graduate conference, University of the Philippines, 2006.

⑤ Ledda Brina Docot, Cultural Diplomacy of Japan in the Philippines：The Case of Japan Foundation Manila and its Eiga Sai Program, paper for Asian Center graduate conference, University of the Philippines, 2006.

每过一段时间，日本国际交流基金会的官员和工作人员就会与政府，尤其是外务省，进行商讨。

经过几十年的持续努力，菲律宾成为日本在国际事务上的重要支持者。菲律宾在一些国际组织中支持日本的立场，如 1995 年，菲律宾放弃谋求安理会非常任理事国的席位，以支持日本。2006 年，菲日签署《经济伙伴关系协议》，和以前两国的经济协议相比，该协议在菲律宾没有遭到批评，即使有批评，也不同于以前的情绪化。此外，日本不仅是菲律宾最重要的贸易伙伴、投资国、旅游客源国，而且是最大的官方发展援助提供国。在首都马尼拉地区和菲律宾各主要城市，许多机场、公路、供电等基础设施都是用日元贷款建设。在这些设施上，都特意用菲律宾语、日语标有日本援建的醒目字样。

不管我们将之视为日本的成功还是菲律宾的悲哀，但事实就是，日本在菲律宾的外交取得了非常的成功，无论单纯的经济影响力，还是软实力，日本都超过了中国。

总的来说，日本对菲律宾发挥影响的途径中有如下几个方面值得中国学习：第一，经济制度的吸引力；第二，对外援助；第三，民间人员往来；第四，日本国际基金会的文化活动。而中国的优势在于菲律宾国内的大量华侨华人，以及中国不断上升的影响力。

四、菲律宾华人与中国软实力

研究发现，文化和族群背景，无疑会影响菲律宾华人对中国的情感以及对华认知，但这种影响是有限度的。菲律宾华人对中国软实力的看法，既受到文化和族群背景的影响，又因为中国国内的问题而受到削弱。一方面，在与中国内部事务有关的问题上，如中国的产品质量、科技实力、公民素质、公民受教育程度、对人权和法治的尊重、负面新闻等等，华裔对中国的评价普遍偏低；另一方面，华裔对中国的外交软实力、在国际社会的地位，以及经济前景，有着更高的期待。

（一）菲律宾华人的历史与政治立场

1．菲华人社会的历史与华人的政治立场

菲律宾华人大多是闽粤中国移民的后代，其中闽籍移民的后代可能占全菲律宾华人人口的 85% 以上，粤籍占 10% 左右。[①] 尽管中国人移民移居菲律宾群岛的历史悠久，但是经过漫长的社会演化和同化过程，大致而言，我们可以把于 19 世纪 80 年代到 20 世纪 30 年代期间移居菲律宾的中国人称之为第一代移民，而与 20 世纪 30 年代到 50 年代期间出生在菲律宾的华人称之为第二代华人。[②]

无疑，第一代移民无论从政治上还是文化上，都是认同中国的，他们中的大多数都盼望着有一天能够叶落归根，回到中国。为了维系他们的认同，第一华人移民在菲律宾建立了各种组织，如宗亲会、同乡会等等。由于第一代移民以男性为主，而早期的移民中妇女较少，所以很多华人会选择娶当地妇女为妻。即使那些在中国有家庭的成年华人，往往也会在菲律宾成立一个家庭。但是他们的后代，往往由菲律宾妻子抚养大，或者置身于菲律宾的文化中，因此无论是族群认同还是政治认同，都开始异于第一代移民。此外，二战之后，来自中国大陆的新移民被禁止入境，土生华人的比重逐渐增大，尤其是 20 世纪 70 年代菲律宾华文学校菲化之后，菲律宾华人的华语水平急剧下降，对中华文化的认知和了解也随之下降。而且 1946 年菲律宾建国之后，菲化法律层出不穷，华人经营的事业受到很大的限制，华人处境非常恶劣。为了能够在当地社会更好地生活，摆脱菲律宾政府加诸他们的种种限制和作为外侨所承受的巨大的政治压力，求得在当地的生存和发展，大多数华人的观念从叶落归根向落地生根转变，认同菲律宾，申请加入菲律宾国籍。尤其是第三代菲律宾华人，

---

① 菲律宾研究华人的先驱学者施振民教授认为菲律宾华人中 85% 是福建人，15% 是广东人，参见 Chinben See, Chinese Organizations and Ethnic Identity in the Philippines, in Jennifer Cushman and Wang Gungwuedt., Changing Identity of the Southeast Asian Chinese Since World War II, Hong Kong University Press, 1988, p.321。

② Antonio S. Tan, "The Changing Identity of the Philippines Chinese, 1946–1984", in Jennifer Cushman and Wang Gungwuedt., *Changing Identity of the Southeast Asian Chinese Since World War II*, Hong Kong University Press, 1988, pp. 179–180.

他们已经形成了完全不同于其祖辈和父辈的政治认同，他们在行为举止、态度和价值观上，比第二代华人更接近菲律宾人。[①] 这样，菲律宾华人社会也因此实现了本土化的转变。

其次，1949 年至 1975 年期间，中国与菲律宾没有外交关系。再加上当时的国际形势分为两大阵营，菲律宾是坚决反共的，由于宣传的误导，菲律宾华人对大陆逐渐产生离心力，对祖籍国的认同也就淡化了。[②] 一方面，由于菲律宾追随美国，在国际上奉行反共的政策，对华实现冷战隔离政策，坚决不同中国大陆发生官方关系；另一方面，由于菲律宾与台湾维持"外交"关系，这就为台湾官方在菲律宾培植影响力提供了便利，菲律宾华人由此在政治上发展出亲台湾疏大陆的态度和立场，这也是 1975 年中国大陆与菲律宾建交之后所面临的菲律宾华人社会的现实。[③]

以菲律宾的华人社团为例，在 1975 年菲律宾和中华人民共和国建立外交关系以前，菲律宾华社素有五总之称，即文总（其前身为国民党总支部）、反总、校总、洪总、商总。这五个总，在当时即涵盖了菲华社会的主要社团，基本都与国民党保持密切关系。因为把这主要的社团，以"总"字号或"联"字号的联合组织的形式加以控制，也就可以基本上"控制"整个菲华社会了。事实上，即使始于 70 年代，而于 80 年代盛行起来，直至今日的地区性或世界性的同姓同宗的恳亲会及世界的华商会议，其始作俑者也是台湾当局，也是出于其控制海外华侨，扩大其政治影响的政治需要。

中菲建交近四十年来，菲律宾华人社会已经在很大程度上改变了其亲台湾疏大陆的态度。比如商总已经在政治上亲大陆，校总则变成校联，同台湾关系虽仍密切，但比校总时代中立多了。文总虽继续存在，但其今日的势力和影响力，还有其活动均已大不如前。至于宗联，则继续存在和活动，但在政治上也转向大陆了。洪总虽然还存在，但已不像过去那么活动和具有影响力，在政治

---

① Antonio S. Tan, "The Changing Identity of the Philippines Chinese, 1946–1984", in Jennifer Cushman and Wang Gungwuedt., Changing Identity of the Southeast Asian Chinese Since World War II, Hong Kong University Press, 1988, p.188.

② 林云、曾少聪：《族群认同：菲律宾华人认同的变迁》,《当代亚太》2006 年第 6 期。

③ 关于国民党在菲律宾的影响，可参见 Antonio S. Tan, Ibid., p.196.

上已基本上变成亲大陆。[①] 尽管如此，根据笔者在菲律宾的实地考察，由于台湾在菲律宾长达几十年的经营，尤其是台湾在文化上和菲律宾华人社会的密切关系，比如很多菲律宾华人都曾在台湾留学，以及台湾对菲律宾华文教育的支持，台湾在中年以上菲律宾华人中的影响仍然不容小觑。而新生代的菲律宾华人，由于最近一些年菲律宾与中国大陆的关系日益密切，这些年轻的华人与中国的互动也日益频繁，如每年都有很多菲律宾华人学生来华留学及学习汉语，中国以及中华文化对他们的影响日益加大。

2．菲律宾华人的现状

根据台湾"侨委会"2011 年 7 月的估算，截至 2010 年底，华人人口约有145.9 万，占菲律宾总人口（9400 万）的 1.55%。[②]

华人和菲裔之间的通婚在历史上较为普遍，据说至少 20% 的菲律宾人拥有华人血统。[③] 不过，华人男性和菲人女性缔结婚姻关系的绝大多数限于外省的华人小社区，或在村镇从事经营的华人或穷苦华人，像马尼拉这样华人人口密集并且有自己族群社区的地方，且经济较为优裕的华人，很少会选择跨族群通婚。[④]

就华人的宗教信仰而言，笔者 2012 年 8 月在马尼拉的另外一项田野调查显示，17.6% 的菲律宾华人信仰佛教，4.8% 的人同时信仰佛教和其他宗教（主要是天主教和基督教），74% 以上的华人信仰天主教和基督教。[⑤] 另据 20 世纪 60 年代末期麦克贝思（Gerald A. McBeath）对 2490 名华人学生的问卷调查，发现 86% 的人信仰天主教和基督教，其中马尼拉地区华人学生信仰天主教和基督教的比例为 80%，外省华人学生则高达 92%。[⑥] 故单就马尼拉区域而言，

---

① ［菲律宾］洪玉华：《菲华社团概述》，www.ihakka.net/DOC/菲华社團概述 – 洪玉華 .doc。

② 《菲律宾 2010 年华人人口统计推估》，台湾"侨委会统计室"，2011 年 7 月。

③ Solita Collas-Monsod, "Ethnic Chinese dominate PH economy", *Philippine Daily Inquirer*, June 22nd, 2012.

④ 黄滋生：《菲律宾华人的同化和融合进程》，《东南亚研究》1998 年第 6 期。另外，笔者认识的很多菲律宾男性华人，都倾向于族群内通婚。

⑤ 本研究选取了 857 个研究对象，分别来自菲律宾侨中学院、崇德学校、雅典耀大学孔子学院以及菲律宾华裔青年联合会，92.8% 以上的受访者年龄在 35 岁以下，80.7% 为学生。

⑥ Gerald A. McBeath, *Political Integration of the Philippines Chinese*, University of California, Berkley, 1973, p.79.

麦克贝思与笔者的统计结果非常接近。[①]

以上就是我们本次研究的族群背景。

（二）统计结果

正是基于以上考虑，本研究设计中特别加入了族群变量，以考察菲律宾华人对中国的认知。以期通过族群之间的比较，以及华人对华认知，来考察海外华人与中国国家软实力之间的关系。考虑到印度在菲律宾的微弱的影响力，在本部分研究中将只从族群差异的角度比较中美日三国的软实力。

1. 经济软实力

首先，关于中美日在菲律宾的经济影响力，无论是华裔还是菲裔，日本的得分都是最低的，远低于美国和中国；与三国的经济关系之于菲律宾的重要性，日本也同样排在最后。这也是中国可以超过日本的少数指标。不过，华裔更加认可中国对菲律宾的经济重要性，这可能和华裔与中国的经济关系更加密切有关。实际上中国大陆来自菲律宾的投资，大多都是华人资本。

其次，无论是购买商品的意愿，还是对商品质量的看法——无论是华裔还是菲裔，对中国的评价都最低，远远低于美国和日本。在对商品质量的评价中，如图2-42所示，华裔和菲裔分别给出5.4分和5.3分，远远低于美国的8.5分和8.7分，以及日本的9.1分和8.6分。

第三，在企业精神、跨国公司、科技水平等三项指标上，遗憾的是，华裔对中国的评价，不仅远远低于他们对美国和日本的评价，甚至低于菲裔对中国的认知。在上述三项指标中，华裔给出的评分分别是6.4分、7.2分、7.6分，而菲裔的评分则分别为6.5分、7.8分、8.1分，后者明显高于前者。

可见，从整体而言，在经济软实力方面，中国在华裔心目中的形象，落后于美国和日本。

---

① 根据笔者的统计数据，若再加上信仰天主教和基督教内的其他派系，信仰天主教和基督教的比例会更高。

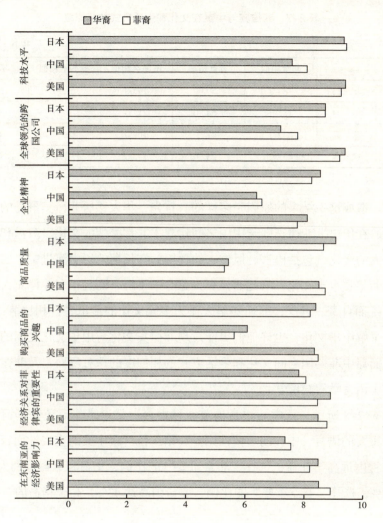

图 2-42　菲律宾华裔对中美日经济软实力的认知

2. 文化软实力

（1）文化和生活方式相似度

结果非常令人惊奇，首先，对于中菲之间的文化和生活方式的相似度，菲裔比华裔更接受和认可这种相似度；其次，对于美菲之间的文化和生活方式的相似度，虽然选择"非常相似"和"有点相似"的华裔和菲裔的比例大致一样（分别为 80.9% 和 80.6%），但显然华裔更接受菲美之间的文化和生活方式的

表 2-7　菲律宾与中美在文化和生活方式的相似度

单位：%

		非常相似	有点相似	不怎么相似	根本不相似	不确定
中　国	菲　裔	18.40	59.00	19.60	1.90	1.00
	华　裔	18.30	54.80	21.70	4.30	0.90
美　国	菲　裔	33.60	47	16.20	10.40	6.10
	华　裔	45.20	35.70	17.40	1.70	0

相似度。造成这一结果的原因是多样的。首先，华人移居菲律宾群岛的历史非常悠久，在历史上菲律宾即与中国之间建立了非常密切的文化、政治和经济联系。华人的文化，包括语言、风俗、饮食等，在长期的历史演进中，已经深深渗透入菲律宾本土文化，对此菲律宾人并非不了解，而且很多菲律宾人以拥有华人血统而自豪。其次，菲律宾华人作为多元文化的传承者，相比菲律宾人，他们更了解中华文化，也许他们更能发现菲律宾文化与中华文化之间的相异之处，故而对中菲两国之间文化和生活方式的相似度的认可反而不及菲律宾人。

（2）语言学习与留学

如表 2-8 所示，就学习语言的重要性而言，无论是菲裔还是华裔，英语都是最重要的语言，中文的重要性则排在第二位。就中文的重要性而言，华裔的重视程度远高于菲裔，选择"非常重要"的比例，华裔和菲裔分别为 76.5% 和 26.2%，选择"有点重要"的比例，菲裔则高达 43%，高于华裔的 20%。

表 2-8　学习语言的重要性

单位：%

		非常重要	有点重要	不怎么重要	根本不重要	不确定
英　文	菲　裔	93.5	4.1	1	0.7	0.7
	华　裔	94.8	3.5	0.9	0	0.9
中　文	菲　裔	26.2	43	22.4	7.1	1.4
	华　裔	76.5	20	1.7	1.7	0
日　文	菲　裔	11.9	38.0	36.8	11.2	2.1
	华　裔	8.7	35.7	33.9	16.5	5.2

如表 2-9 所示，在菲裔的留学首选地上，排在前两位的分别是美国（73%）和日本（13.1%），在华裔的留学首选地上，排在前两位的分别是美国（60.9%）和中国（14.8%）。可见无论是华裔还是菲裔，留学首选地都是美国。此外，菲裔选择中国为留学首选地的比例仅为 1.9%。因此，从横向比较而言，美国的影响无疑远高于中国。从纵向比较而言，华裔比菲裔更倾向于留学中国和学习中文。

表 2-9　留学首选地

单位：%

	美　国	中　国	日　本	印　度	其　他	不确定
菲　裔	73	1.9	13.1	0.3	9.3	2.4
华　裔	60.9	14.8	7.8	1.7	9.6	5.2

（3）素质文化综合认知

第一，就公民的言行举止而言，如图 2-43 所示，华裔对中国人评价（6.2分）不仅在纵向上低于对美国人（7.2分）和日本（7.7分）的评价，而且还在横向上低于菲裔对中国人的评价（6.9分）。就公民受教育程度而言，华裔对中国人的观感与前一项结论并无二致。可见，华裔对中国人的评价偏低。

第二，就流行文化的吸引力而言，对华裔而言，美国文化的吸引力最大（8.4分），其次才是中国流行文化（7.1分）。而对菲裔而言，中国流行文化的吸引力最低（6.4分）。

第三，就文化历史的丰富性而言，无论是菲裔还是华裔，都给出了最高分，并且都是 9.3 分，显然对中国历史文化的丰富有所了解。但反映在旅游地的吸引力上，中国的吸引力排在日本之后，而在华裔看来，中国和日本的旅游吸引力大致一样，都是 8.8 分。

可见，纵向来看，美国文化的影响及其软实力高于中国；从横向看，毫无疑问，华裔对中国的情感高于菲裔。

3．外交方面

（1）亚洲领导者

从族群的角度而言，华裔更接受中国为亚洲地区的领导者，将"非常乐

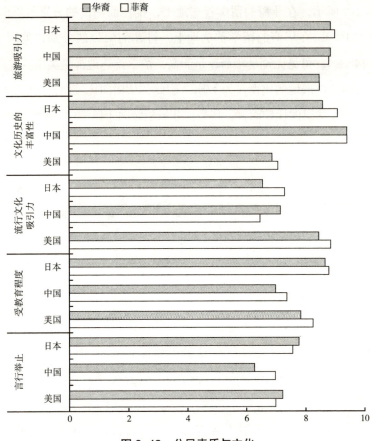

图 2-43　公民素质与文化

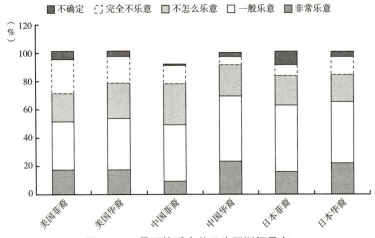

图 2-44　是否接受中美日为亚洲领导者

意"和"一般乐意"结合起来统计，华裔给予中国、美国和日本的比例分别是67.7%、52.2%、64.3%；而对菲裔来说，他们更接受日本和美国为亚洲地区的领导者，两者比例分别为61.3%、49.9%，选择中国的比例稍低于日本，为48%。

（2）中国在亚洲地区的影响力

对于中国在亚洲地区的影响力，华裔的评价更加正面，选择"非常积极"和"有点积极"的比例分别为20%和63.5%，菲裔的评价稍低，选择"非常积极"和"有点积极"的比例分别为9.5%和57.5%。

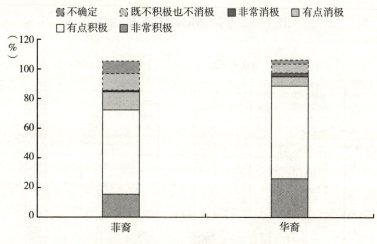

图2-45　中国在亚洲地区的影响力

（3）对中国崛起的认知

对中国崛起的态度，从整体而言，华裔的态度比菲裔更加积极，选择"非常积极"和"有点积极"的比例分别为29.6%和52.2%。相比之下，认为中国崛起对东南亚影响为"消极"的菲裔，比华裔高6.2个百分点，持不确定立场的菲裔也比华裔高9.5个百分点。一旦中菲之间爆发突发性事件，这些持不确定立场的菲裔，就很可能转向对立面。

（4）在国际纷争中的作用

在解决国际争端中的作用，菲裔对美国和日本给予最高的评价，而中国则排在第三位，而对于华裔而言，中国以73.5%排在第一位，日本和美国以

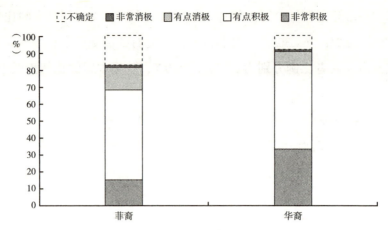

图 2-46 中国的崛起对东南亚的影响

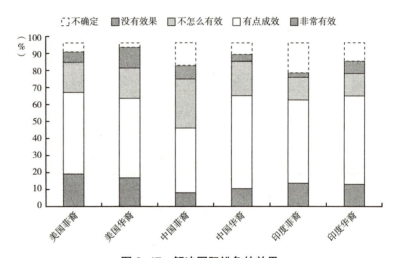

图 2-47 解决国际纷争的效果

67%、65.3% 排在第二位和第三位。

（5）其他

有关在国际机构中的领导作用，无论是华裔还是菲裔，都将美国排在第一位，而中国排在第三位。至于与东南亚建立密切关系的可能性，华裔给予中国最高分，而菲裔则将美国排在第一选择。在尊重他国主权方面，菲裔给予日本最高分（6.7 分），而美国和中国同为 6.3 分；华裔也给予日本最高分，但中国的得分（6.7 分）高于美国（6.2 分），而且也高于菲裔对中国的评价（6.3 分）。

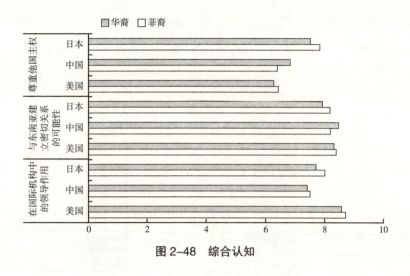

图 2-48　综合认知

（6）关于中国的外交理念

对中国"和谐世界"外交理念，无论是华裔还是菲裔，其实都不大了解。但是相对而言，华裔比菲裔更了解，如选择了解"很多"和"一些"的比例，菲裔分别为 6.9% 和 18.9%，而华裔则是 17.4% 和 20.9%。

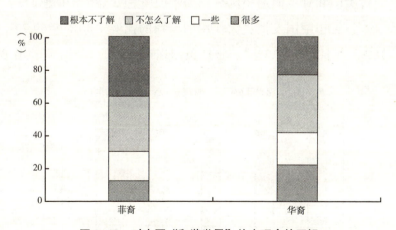

图 2-49　对中国"和谐世界"外交理念的了解

（7）中美关系

赞成美国遏制中国的比例，菲裔和华裔分别为 19.3%、15.7%，而反对的比例则分别为 36.5%、53.9%，华裔反对的比例高出菲裔 17.4 个百分点。此外，有 44.2% 的菲裔选择"不确定"的立场。由此可见,华裔对中国的立场和态度倾向于积极。

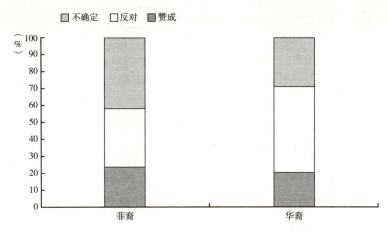

图 2-50 是否支持美国遏制中国成为政治和军事大国

(8)对中美日在东南亚影响力的期望

对三国未来在东南亚地区的影响力,80% 的华裔希望中国发挥更大的作用,而对美国和日本的期望则分别为 19.1% 和 27.8%。有趣的是,相比美国和日本,希望中国发挥更大作用的菲裔的比例,也高达 69.7%,高于美国(36%)和日本(47.7%)。希望美国在东南亚的影响下降的比例,华

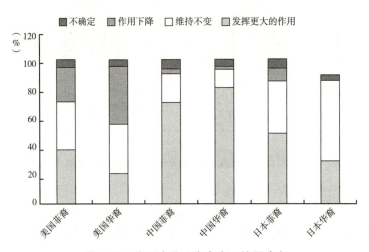

图 2-51 期望中美日在东南亚的影响力

裔高达 41.7%。因此，华裔和菲裔普遍希望中国能够在东南亚地区发挥更大的影响力。笔者认为，自 2000 年以来中菲关系的良好发展，以及中国在菲律宾影响力的扩大，可能是导致菲裔希望中国发挥更大作用的原因。而华裔的原因则更为负责，也许有人是出于文化认同，有些人则是因为经济方面的因素。

4．政治和制度软实力

（1）人权与法制

有关中美日三国对人权和法制的尊重，无论是华裔和菲裔，都对中国给出了 5.7 分和 6.2 分的最低评价，其中华裔的评价甚至比菲裔还低 0.5 分。

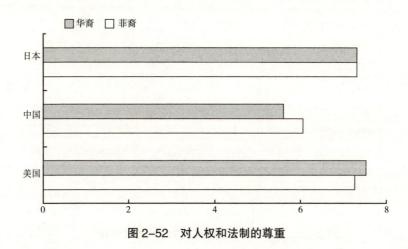

图 2-52　对人权和法制的尊重

（2）负面新闻

在负面新闻报道中，华裔和菲裔一致认为美国的负面报道是最多的，而日本的负面新闻报道则最少。认为中国负面新闻报道多的比例，华裔比菲裔高近 0.1 分。笔者认为，这有可能和菲律宾人的语言习惯有关。因为英语是菲律宾的官方语言，菲律宾人都能够熟练运用英语。此外，年青一代的华裔中，很少有能够使用中文阅读的。

（3）双边冲突可能性

无论是华裔还是菲裔，都认为未来十年中国与菲律宾发生冲突的可能性最大，得分分别为 5.5 分、6.2 分，其中菲裔认为中菲爆发冲突的可能性更高。

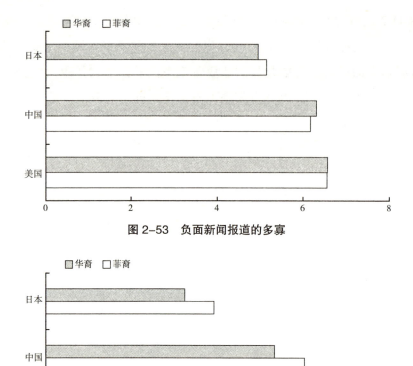

图 2-53　负面新闻报道的多寡

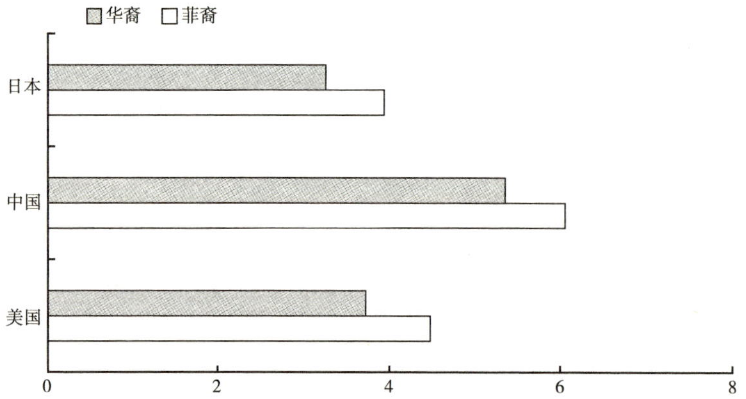

图 2-54　未来十年与菲律宾发生冲突的可能性

而日本则最不可能与菲律宾发生冲突，华裔和菲裔分别给出了 3.3 分和 4.0 分。整体而言，日本和美国与菲律宾冲突的可能性远低于中菲之间。

（4）军事威胁

首先，在中美日三国中，无论是华裔还是菲裔，都认为中国最有可能成为菲律宾的军事威胁，其次是美国，认为日本可能构成菲律宾军事威胁的可能性低于中国和美国。其次，在华裔和菲裔之间做比较，认为中国可能构成菲律宾军事威胁的比例，菲裔（75.4%）比华裔（61.4%）高 14 个百分点。这一结果与上一结果保持一致，即华裔和菲裔都认为中菲之间发生冲突，并且中国构成菲律宾军事威胁的可能性最大，而日本的可能性最低。

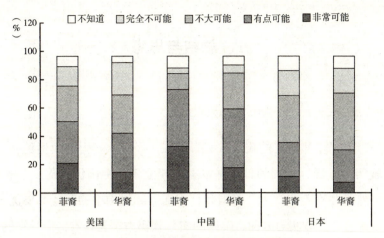

图 2-55　未来构成菲律宾军事威胁的可能性

（5）敌友界定

认为中国是菲律宾朋友的比例，华裔和菲裔分别是 55.3%、39.9%，而认为中国是菲律宾敌人的比例，华裔和菲裔分别是 4.4%、12.9%。选择既非朋友也非敌人的比例，华裔和菲裔差别不大，分别是 28.6% 和 28.1%。显而易见，华裔对华的认知和态度，普遍比菲裔更加友好。而这其中，自然不可避免地带有族群和文化的因素。

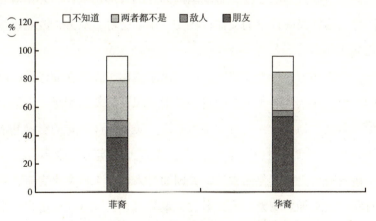

图 2-56　中国是菲律宾的朋友还是敌人

五、总结与思考

（一）各大国在菲律宾的软实力比较

第一，美国在菲律宾的政治软实力最强，经济软实力方面稍稍领先日本。在外交软实力方面，美国和日本基本上不相上下，中国仍然落后于美国和日本，但是差距并不是非常大，美国和日本在国际机构中的表现都要优于中国。在文化与人力资源软实力方面，美国的文化软实力领先日本，但日本的流行文化在菲律宾仍然广受欢迎；而在人力资源方面，日本人的个人素质和行为举止等最受推崇。中国文化与菲律宾文化的相似性虽然得到菲律宾人包括华人的高度认可，但并没有明确的证据表明这种文化相似性已经转化为现实的影响力。印度除了在政治制度的某些方面稍微领先中国外，基本上在所有的领域都落后于中美日三国。

第二，中日之间相比，中国无论在经济软实力、人力资源、文化软实力、政治软实力还是外交软实力等方面，都要落后日本。要改变中国软实力的现状，中国需要借鉴日本的经验，重视国内问题的外部示范性、开拓对外交往的渠道、注重与国外民间社会的交往，在交往中学会尊重对方，改变以往急功近利的文化交往模式。

第三，整体而言，作为菲律宾的前殖民宗主国，美国在菲律宾的影响是无与伦比的，但菲律宾人对美国充满着"爱恨交织"的复杂情感。美国对菲律宾的文化影响力最为强大，在经济软实力方面，美国对菲律宾的影响基本与日本不相上下，但在制度和外交软实力方面，美国的软实力在很多方面都低于日本。除了传统的历史和文化因素外，美国通过人员往来、文化交流、对外援助等方式对菲律宾施加影响力，比如通过大量非官方机构等途径进入并影响菲律宾的政策议程；通过提供制度和公共服务等产品，把菲律宾纳入美国的战略框架。藉此，美国的文化、政策理念等全面渗透进菲律宾。

第四，文化和族群背景无疑影响了菲律宾华人对中国的情感以及对华认知，但这种影响是有限度的。菲律宾华人对中国软实力的看法，既受到文化和族群背景的影响，又因为中国国内的问题而受到削弱。一方面，在与中国内部事务有关的问题上，如中国的产品质量、科技实力、公民素质、公民受教育程度、对人权和法治的尊重、负面新闻等等，华裔对中国的评价普遍偏低；另一方面，华裔对中国的外交软实力、在国际社会的地位，以及经济前景，有着更高的期待。

（二）菲律宾华裔与中国对菲律宾的软实力

第一，就经济软实力而言，一方面，华裔无疑更看好中国的前景以及未来中国与东南亚的关系，但是在与经济软实力最相关的一些指标上，诸如中国产品的质量、购买中国商品的兴趣、中国的科技实力等，华裔对中国的评价都非常低，甚至低于菲裔对中国的评价。

第二，就文化软实力而言，本研究肯定了族群与文化背景对华人情感的影响。在中华文化和语言学习方面，华裔无疑更倾向于中国和中文，华裔也认识到中国文化的丰富之处，但是另一方面，数据也显示，美国在菲律宾的影响实际上高于中国，尤其是流行文化上。此外，华裔对中国公民的受教育程度以及言行举止的评价都非常低。

第三，尽管华裔对中国在国际机构的领导作用评价很低，但是对中国在亚洲地区的影响力和作用、在解决国际争端中的作用、中国崛起之于亚洲的影响，以及中国未来的影响力等方面，华裔在整体上呈积极态度，其认可度明显高于菲裔，并且在这些领域华裔对中国认知和期望明显高于日本和美国。

第四，华裔对中国政治和制度的评价普遍不高，包括对人权与法治的尊重、国家间冲突的可能性、军事威胁等，华裔对中国的评价不仅横向低于其对美国和日本的评价，在纵向上也低于菲裔对中国的评价。

整体而言，我们发现似乎存在一种趋势或者规律，即与中国内部事务有关的问题上，华裔对中国的评价普遍偏低，如中国的产品质量、科技实力、公民素质、公民受教育程度、对人权和法治的尊重、负面新闻等等。除了中国自身的问题，以下原因可能也是华裔评价低的原因：其一，相比菲裔而言，华裔与中国接触更多，这样他们也就更有可能作出负面的评价；[1] 其二，由于菲律宾华人普遍较为富有，他们的经济地位从整体而言高于菲律宾人，这可能是导致华裔和菲裔在某些问题上呈现差异的原因。[2] 但另一方面，华裔在外交软实力方面，对中国有着更高的期待。

我们的结论是，文化和族群背景，无疑会影响菲律宾华人对中国的情感以及对华认知，但是这种影响又是有限度的。他们对中国软实力的看法，既受到文化和族群背景的影响，又因为中国国内的问题而受到削弱。

（三）理论思考

软实力无疑是一个非常时髦的概念，但实际上对软实力的内涵与外延，学术界存在广泛的争议。比如文化构成了一国软实力的核心吗？文化软实力与外交软实力、政治软实力之间存在怎样的关系？对外宣传与高明的外交政策有助于构建一国的软实力吗？总之，国内学术界对于软实力存在较大的争议。[3]

诚如以上研究所展示的，中国国内问题以及国内事务，实际上严重影响了中国的国家形象以及软实力。因此，我们必须思考一个问题，即在提升中国国家软实力方面，中国如何练好"内功"，让国内问题不再成为抵消中国建立软实力的努力。

时殷弘教授认为，中国要想对世界有吸引力，首先需要对自己的人民有吸引力。他质疑中国除了经济增长外还能向世界提供哪些价值，他认为"中国在实现基本自由和权利的道路上还有很长的路要走"。北京大学教授钱乘旦也认为，由于缺乏机制建设特别是不能贯彻法治继续阻碍着中国软实力的发展。[4]

---

[1] 不过，也有研究认为，那些经常旅游或者更加关注国际时事的人，对中国的认知更加积极。参见 Zhengxu Wang，Ying Yang，Is China's Soft Power Dominating Southeast Asia?—Views from the Citizens，Briefing Series，Issue 44，The University of Nottingham China Policy Institute，October 2008。

[2] 在本研究中，96% 的受访者受过高等教育，所以教育背景可能不是导致族群差异的原因。

[3] Chinese Soft Power and Its Implications for the United States：Competition and Cooperation in the Developing World，a report of the CSIS Smart Power Initiative，March 2009.

[4] Chinese Soft Power and Its Implications for the United States：Competition and Cooperation in the Developing World，a report of the CSIS Smart Power Initiative，March 2009.

因此，软实力也许从表面上看与中国的国际地位以及在国际上的影响力有关，但实际上我们的研究已经发现，国内问题或者国内事务，包括对人权和法治的尊重、国内治理、公民素质等，从根本上制约了中国的国家软实力。有学者主张，为了提高中国的软实力和形象，中国必须培育国内的非政府组织来学会和外国媒体以及国际非政府组织打交道。[①] 这就意味着中国政府在软实力的建设中，一定要转变思路，虽然高明的外交政策有助于建立国家形象，但是国内事务——其外部示范作用在因特网时代会轻而易举地摧毁国家的任何精心的努力，将在很大程度上决定一切。

比较美国和日本对菲律宾的各种多元化的、多层次的政治、经济文化和社会交往，我们深感中国外交模式的不足。简言之，中国对菲律宾外交模式有三大缺点：

第一，过分依赖华人社会，而未能深入菲律宾社会。菲律宾华人虽然能够在一定程度上影响菲律宾的内政甚至外交政策，而且菲律宾政府在某些对外政策议题上也依赖华人的角色，比如在菲律宾驻华大使的后备人选上有时就有华人，但是华人的真实影响还需要作客观评估，过分依赖华人，反倒可能会限制与当地社会的交往。

第二，过分注重菲律宾上层社会，而未能深入菲律宾民间。我方在对外交往、投资甚至援助救灾，都主要和菲律宾的官方发生关系，而未能深入菲律宾民间，通过人与人之间的连线，去影响广大的菲律宾民众。有菲律宾人反映，中国的外交似乎只是把总统及其密友或者相关的部门如外交部作为工作的对象，中国的外交官员可能不善于和菲律宾民间社会交往，他们习惯待在办公室而不是走出去交朋结友。相比之下，台北驻菲经文处的前首席代表李传通非常活跃，他经常参加一些民间的活动，包括出席一些大学教授的生日聚会，但正是通过这一系列虽然不起眼，但又亲民的对外交往活动，为台湾赢得很多朋友。当然，语言可能构成了中菲民间交流的障碍。

第三，过分依赖个人的角色。的确，菲律宾的政治系统是利益驱动型的，

---

① 俞新天：《软实力建设与中国对外战略》，《国际问题研究》2008 年第 2 期。

而非制度性或政党性的，不同的组织、有实力的个体因其不同的利益，都可能对菲律宾的外交决策施加影响。依靠有影响力的人士确实有助于实现目标，尤其是我们作为外国人常常为菲律宾政治决策的混乱所困扰。但是，过分依赖于个人也隐藏着巨大的风险，即这些关键人士的命运或者国内政治斗争可能会影响我方的相关决策。无论是中菲南海地质勘查协定，还是中兴公司事件，都深刻地说明了这一点。

如上所言，无论是美国、日本，还是韩国或中国台湾，都为菲律宾提供了大量的奖学金，这些文化交流在菲律宾人中树立了亲切的形象。相比之下，中国提供的奖学金名额非常少见，很多想到中国读书的菲律宾学生，根本不知道如何获得中国政府提供的奖学金来中国留学。[①]

更为致命的是，对比美国的民间交往模式，我们无法通过非政府组织、科研机构等非政府机构组成的广大的网络去推动广泛的民间交往，这都严重制约了中国外交的局面。当危机来临，中国外交就会陷于孤立的境地，我们甚至无法有效获得决策所需要的信息。

此外，我们的对外手段不够灵活，民间交往往往容易受到双边政治关系的影响。有菲律宾智库学者反映，由于中菲在黄岩岛和南海的紧张局势，中菲之间的很多民间交往及合作项目已被中方暂停，这进一步阻碍了中菲交往的渠道，实际上对中国外交是不利的。菲律宾学者告诉笔者，实际上很多菲律宾人并不关心南海问题，相比之下，他们更关心篮球和姚明，如果姚明能够来菲律宾，有助于从民间外交的层面树立中国的良好形象，发挥官方外交无法产生的作用。[②]

（四）政策建议

短期之内，中国不可能从根本上动摇美日等国在菲律宾的影响力。但我方对菲律宾的外交仍然有很大的提升空间。尤其是从民间外交的角度，加强与菲律宾多个权力中心的合作，菲律宾的参众两院议员、媒体、非政府组织、智

---

① 据笔者 2012 年 8 月在菲律宾的访谈。
② 据笔者 2012 年 4 月在菲律宾的访谈。

库，甚至宗教团体、商业组织都应该成为中国全方位外交的对象。

第一，建议中国大使馆设立媒体关系工作组，以积极的方式来应对菲律宾过于灵活而自由的媒体。因为在菲律宾社会中，在大众舆论以及菲律宾大众理解现代中国的需求之间存在不一致的地方，这也是我驻菲使馆官员曾经批评菲律宾媒体的原因。

第二，改善对菲援助的模式。菲律宾是个灾难频发的国家，我方对于菲律宾的援助，不能简单地给钱，而应该考虑如何让这种援助发挥最大的社会效应。比如说给菲律宾受灾群众发放大米和毯子或者其他不贵重但影响较大的援助，并且配以相关的媒体报道，扩大中国的影响力，树立中国良好的形象。在这方面，也许中国大使馆和中国在菲企业可以开展合作。

第三，借鉴日本的经验，把孔子学院办成对外输出文化和软实力的综合平台。现在我方在菲律宾的孔子学院以语言培训为主，虽然也举办一些文化活动，但是受输出方式和受众的限制，社会影响不大。我们可以考虑在孔子学院设立对公众开放的图书馆和文化场所，使之成为对外传播中华文化的基地。

第四，在语言的培训方式上，采取更加灵活的方式。菲律宾学者反映，实际上很多菲律宾人并不想出国，对他们而言，离开菲律宾到中国学习四年的汉语太漫长了。因此建议中方学校和菲律宾学校合作，多在菲律宾本土开设语言培训或者学位班，再结合半年左右的中国实地学习，以增加中方语言项目的可操作性和吸引力。[①]

第五，在为菲方提供奖学金的项目上，建议要求一些学生在中国学成回国后，为菲律宾政府工作或者从事教育工作，而不是从事经商，这样一是避免过多的菲律宾华人申请奖学金——因为菲律宾华人的汉语比较好，他们申请奖学金会有优势，同时也好让这些菲律宾留学生在学成回国后更好地传播中国的影响力，毕竟华人学生在回国后很多都会投身于经商。在奖学金的设立上，建议一些实力雄厚的中资在菲企业，在菲律宾一些研究机构或者大学，为菲律宾学生提供留学机会。

---

① 据笔者 2011 年 7 月在菲律宾的访谈。

第六，促进中菲青少年之间的文化交流。虽然语言学习会促进文化的理解，但是单纯的语言学习还是有限的，有菲律宾学者向笔者建议，不仅要让菲律宾人到中国学习和接受教育，更要让他们了解中国的历史和文化。可以考虑在中国举办一些中国国情与文化夏令营，名额由菲律宾各大学、非政府组织和企业来推荐，以免让华人学生占据太多的名额，毕竟华人学生往往有其他途径到中国学习。[①]

第七，重视流行文化在中菲民间交往中的作用。笔者在调研中发现，日本的流行文化，如动漫、卡通、音乐等对菲律宾人的吸引力非常大。相比之下，中国的文化影响力实际上并不如我们想象的那样乐观，他们所能想象到的有关中国文化的符号，不外乎熊猫、长城和饺子、烧卖等。不过，中国的一些明星如章子怡、刘德华等在菲律宾也广受欢迎，我方应该考虑以流行文化树立中国开明而又充满魅力的形象，使之成为我方民间外交的一个途径。

第八，推动我方研究机构与菲方重要智库和非政府组织的交流，建立民间情报收集系统。以菲律宾中华研究学会（PACS-Philippines Association for Chinese Studies）为例，目前菲律宾国内的一些知华派人士、研究中国的主要学者，甚至包括菲律宾外交部下属智库 FSI（Foreign Service Institute）的研究人员，都是 PACS 的成员，这些人或许在某些情况下会批评中国，但是相比之下，他们对中国更加了解，对华政策也更加理性，据传其部分成员如巴维拉（Aileen Baviera）、洪玉华（Teresita Ang See）曾被列为菲律宾驻华大使的候选人，而班老依（Rommel Banlaoi）则在中菲黄岩岛冲突的紧张时刻，在菲律宾国会参加听证会，就对华政策提供咨询，建议菲方与中国开展进一步的外交对话，反对把南海争端提交国际法庭。我们应该鼓励 PACS 在菲律宾的发展壮大，并且鼓励其与中国国内学术机构的合作，使之成为了解和影响菲律宾决策的重要渠道。

此外，菲律宾发展研究所也是菲律宾国内重要的学术机构和智库，我方也可以推动国内某些研究机构与其合作，鼓励菲律宾学习中国的发展经验，以此

---

① 据笔者 2011 年 7 月在菲律宾的访谈。

影响菲律宾的发展道路。

　　总之，作为崛起中的大国，中国应该在软实力上做出更多的努力，应该增强文化、社会和其他方面的外交努力，而不仅仅依靠大使馆或者外交部。退一步来说，如果我们不能影响菲律宾的政治和社会文化——这是最为宏远的战略目标，那么我们可以相应地调低目标，即通过制度性的框架来绑定菲律宾。中国不应该对多边框架太过于谨慎，或者抗拒，因为将我方的利益诉求融入制度合作框架之下，可以更容易实现目标。如果中国不能突破凌乱的没有战略规划的外交，通过制度性的框架来影响菲律宾，那么中国的对外政策就很可能事倍功半。

第三章　中美日印在泰国的软实力比较

考察东南亚各国与中美日印四大国关系可以发现，泰国是一个比较特殊的国家，它与这四个大国同时保持了较为友好的关系。在文化上，能感觉到印度对泰国的深远影响，比如宗教的传播和一些生活习惯的保留。在经济上，泰国人则更认同日本，大部分泰国年轻人把进入日本的跨国公司工作作为自己的目标。在政治上，美国在泰国的存在是显而易见的，比如对泰国精英的培育。在外交上，泰国则与中国更近一些，"中泰一家亲"频繁出现在两国的媒体宣传中。然而，泰国与这四个大国的关系也处于微妙的变化之中，鉴于泰国在东南亚的重要地位，中美日印四国一直没有放弃重塑自己与泰国的双边关系，试图增加自己在泰国的影响力，特别是软实力方面的影响。考察当前中美日印四国在泰国的软实力存在，比较这四个国家在泰国的软实力影响大小，有助于我们更好地理解当前中美日印与泰国关系的演变，更好地把握东南亚的大国关系格局。

一、研究设计与统计结果

（一）研究设计

本研究参照 2008 年芝加哥全球事务委员会（The Chicago Council on Global Affairs）发布的《亚洲软实力》中的标准设计了一系列数据和指标来比较和衡量中美日印四国在泰国的软实力情况，这些指标包括经济软实力、文化软实力、外交软实力和政治软实力四大类。经济方面主要包括经济关系的重要性、购买产品的可能性、在亚洲的经济影响、帮助亚洲国家发展经济、人道主义援助、公司贡献、竞争性经济、劳动人口的经济机遇、企业家精神、重要的跨国公司、产品质量；文化方面包括文化影响的传播、流行文化的影响、流行文化的经济影响、电影电视和音乐、流行文化、丰富的文化遗产、旅游目的地；外交方面包括使用外交手段解决问题、尊重主权、建立互信与合作、人道主义援助、国际机构的领导权；政治方面包括尊重人权、服务人民的政治体系。

　　本研究调查问卷为网上发放，填写时间为2011年10—12月和2012年2—3月，共收回有效问卷216份。

（二）统计结果

1．总体印象

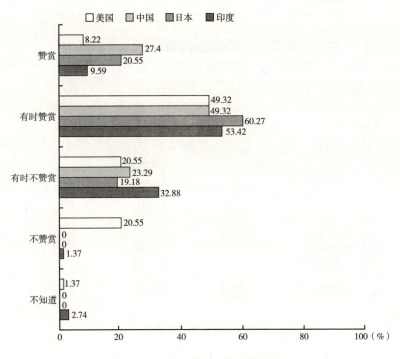

图3-1　对中美日印的总体观感

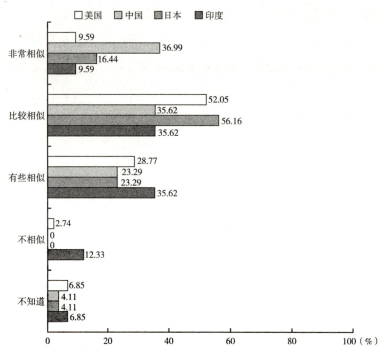

图 3-2　中美日印与泰国在价值观和生活方式的相似性

2．经济软实力

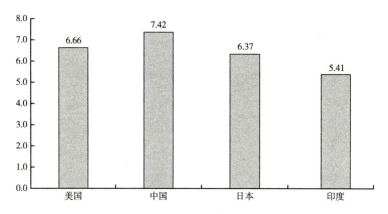

图 3-3　中美日印在东南亚地区的经济影响力

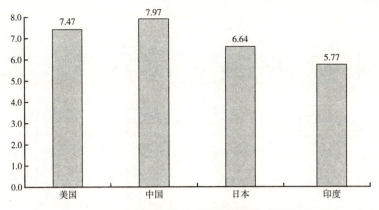

图3-4　中美日印对世界经济的影响程度

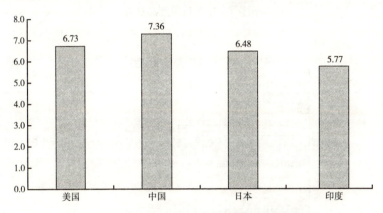

图3-5　中美日印经济合作对本国经济发展的影响

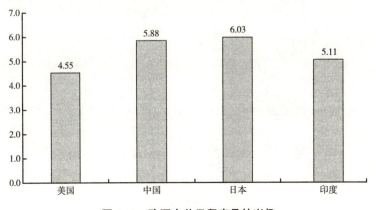

图3-6　购买中美日印产品的兴趣

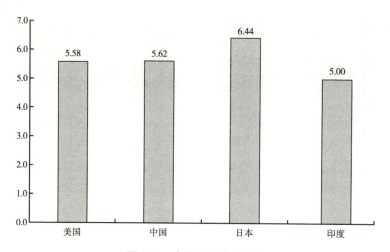

图 3-7 中美日印产品质量

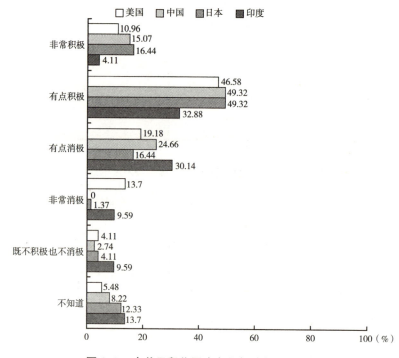

图 3-8 中美日印公司（企业）对本国的贡献

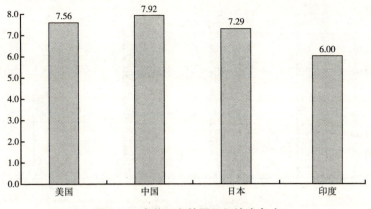

图 3-9 中美日印的国际经济竞争力

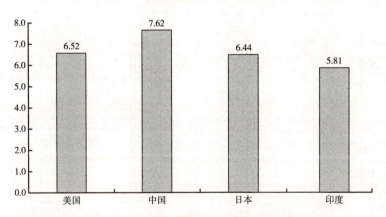

图 3-10 中美日印经济发展对本地区经济发展的贡献

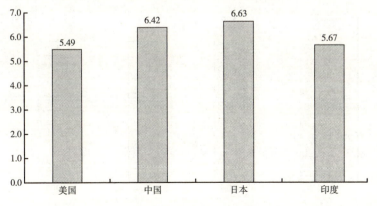

图 3-11 中美日印公司（企业）的商业精神（包括守法、社会责任、保护环境等）

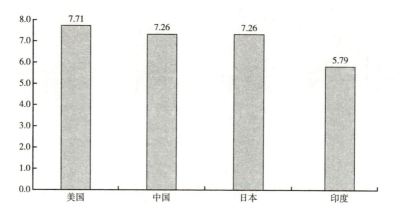

图 3-12　中美日印拥有的世界领先的跨国公司

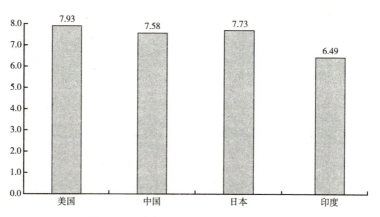

图 3-13　中美日印的科学技术发展水平

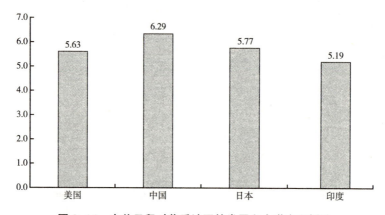

图 3-14　中美日印对落后地区的发展和人道主义援助

3．文化软实力

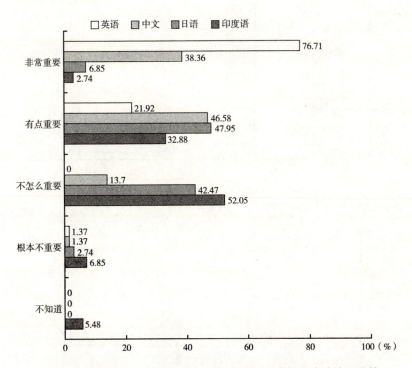

图 3-15 学习英语、中文、日语和印度语对未来取得成功的重要性

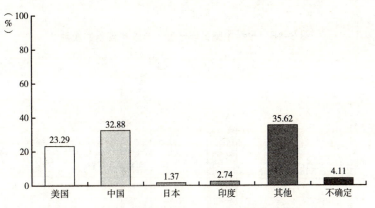

图 3-16 您最希望您或者您的孩子在哪里接受高等教育?

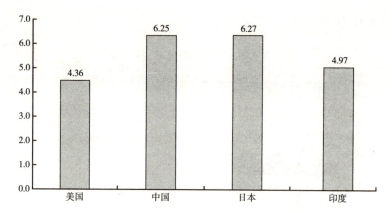

图3-17　中美日印居民行为举止、礼貌程度

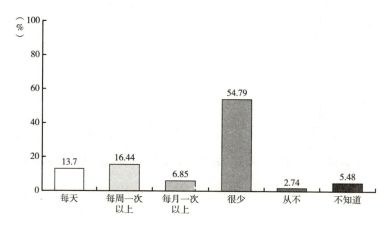

图3-18　收看中美日印电影、电视和音乐的次数

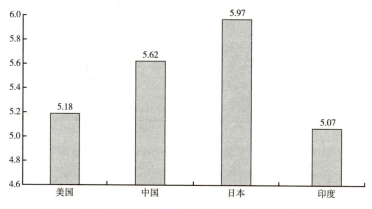

图3-19　中美日印电视节目、电影、音乐、动漫的吸引力

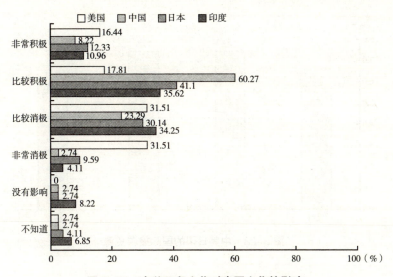

图 3-20 中美日印文化对泰国文化的影响

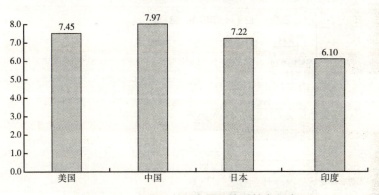

图 3-21 中美日印国家居民的受教育程度

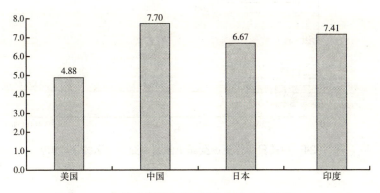

图 3-22 中美日印的文化内涵和历史文化资源

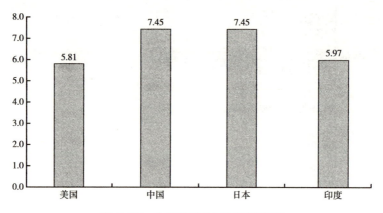

图 3-23　中美日印的国际旅游资源

4．外交软实力

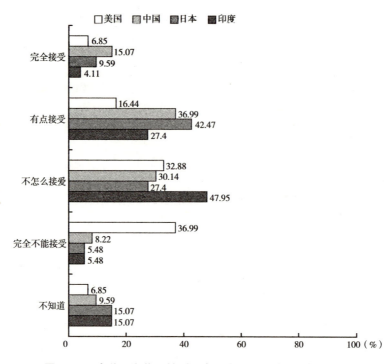

图 3-24　中美日印您更接受哪个国家为亚洲地区的领导者？

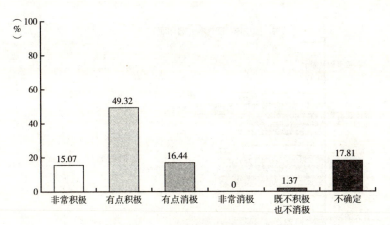

图 3-25 中国在亚洲地区的影响力

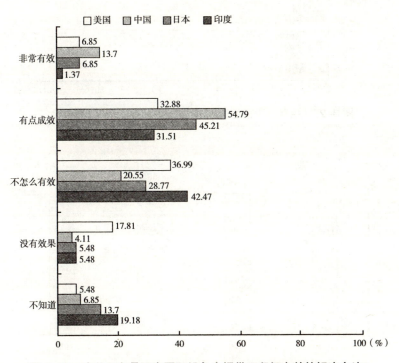

图 3-26 中美日印是否在国际纷争中提供了积极有效的解决办法？

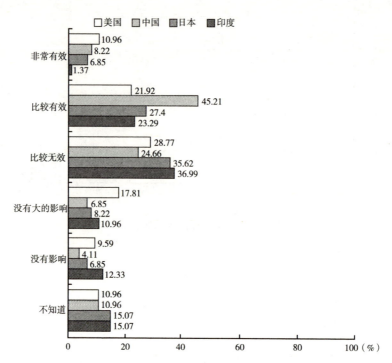

图 3-27　中美日印在处理伊朗核问题上是否发挥有效作用?

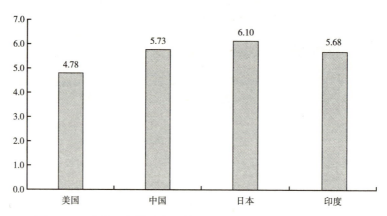

图 3-28　中美日印的外交政策是否足够尊重其他国家的主权?

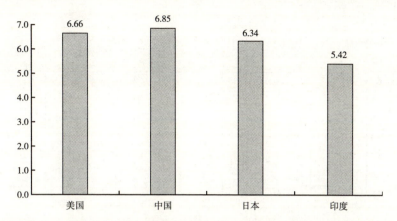

图 3-29　中美日印在国际机构中（如联合国、世界贸易组织等）的领导作用

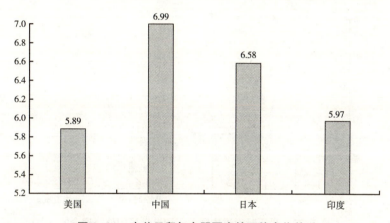

图 3-30　中美日印与东盟国家的互信合作关系

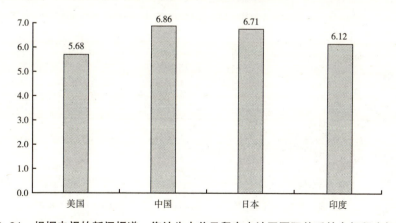

图 3-31　根据电视的新闻报道，您认为中美日印在本地区国际关系的友好程度如何？

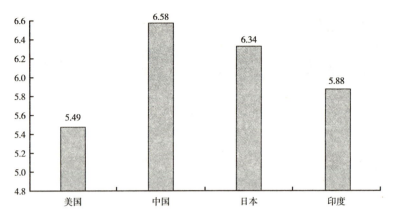

图 3-32 中美日印哪个国家最有可能与东南亚国家发展更为紧密的关系？

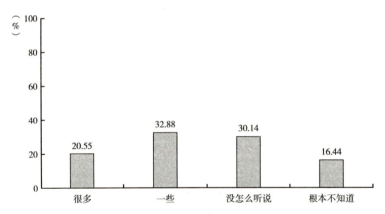

图 3-33 是否听说过中国关于和谐世界的外交理念？

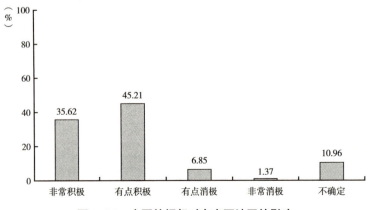

图 3-34 中国的崛起对东南亚地区的影响

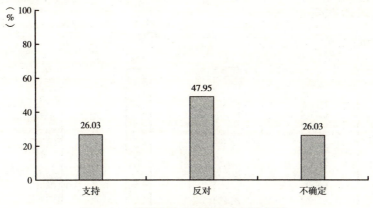

图 3-35　是否支持美国遏制中国的崛起?

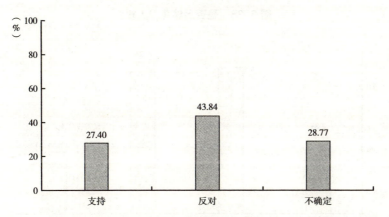

图 3-36　是否支持自己的国家与美国一起制约中国成为一个政治和军事大国?

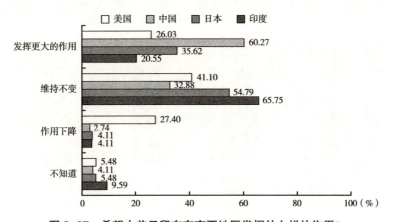

图 3-37　希望中美日印在东南亚地区发挥什么样的作用?

5. 政治软实力

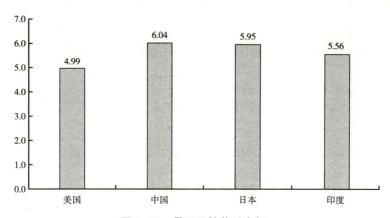

图 3-38　是否足够尊重人权?

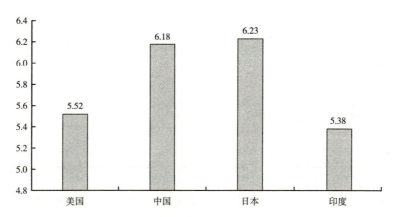

图 3-39　国家政治制度是否适应人口需要?

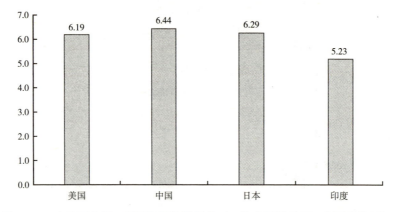

图 3-40　在使用电视、报纸和网络等媒体时,您会更关注哪一个国家的新闻?

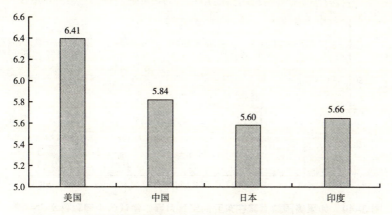

图 3-41　您认为新闻媒体上关于以下哪国的负面新闻报道较多?

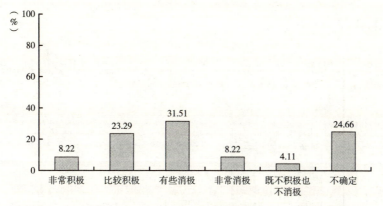

图 3-42　在过去几十年，美国一直在全球推动民主和人权，您认为这给
　　　　　亚洲带来积极还是消极的影响?

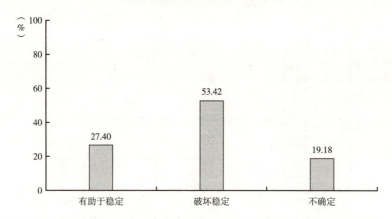

图 3-43　美国在东南亚的军事存在是有助于地区稳定还是破坏了地区稳定?

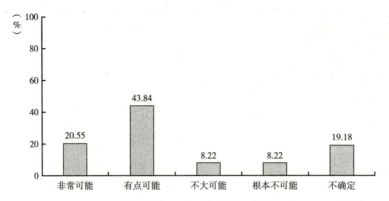

图 3-44　如果美国撤离其在东亚的军事力量，您认为中国和日本会开展
军备竞赛以夺取该地区的支配权吗?

6. 其他

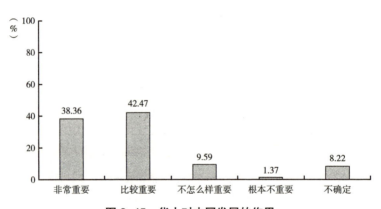

图 3-45　华人对本国发展的作用

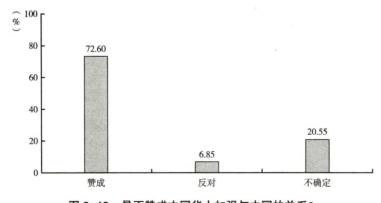

图 3-46　是否赞成本国华人加强与中国的关系?

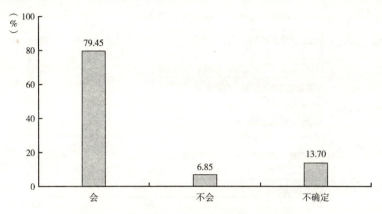

图 3-47　中国会成为未来世界的领导者吗？

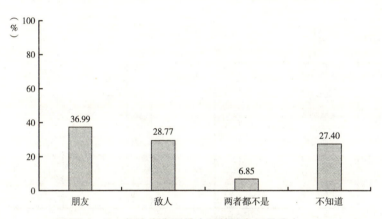

图 3-48　你认为中国是本国的朋友还是敌人？

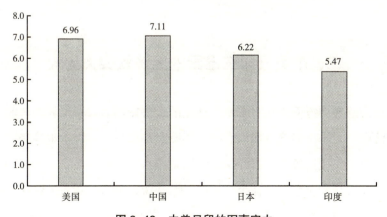

图 3-49　中美日印的军事实力

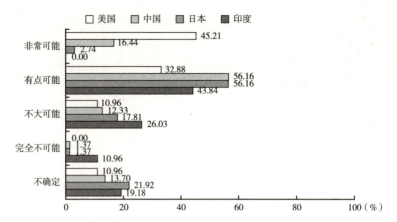

图 3-50　中美日印是否会在未来对本国产生军事威胁?

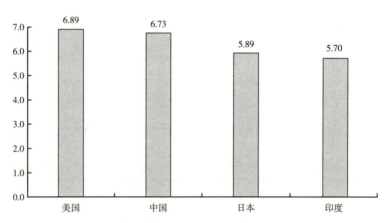

图 3-51　未来十年里本国和以下国家发生冲突的可能性

二、中美日印在泰国的经济软实力比较

在经济软实力方面，在对东南亚地区的经济影响力、对世界经济的影响程度、经济合作对本国经济发展的影响、国际经济竞争力、对本地区经济发展的贡献和人道主义援助等多个指标中，中国均排在第一位；而日本则在购买产品意愿、产品质量和企业精神几个指标中排第一位；美国只在先进跨国公司的数量和科技水平两项指标排第一位；中国在产品信赖度和先进跨国公司的数量方

面与日本和美国存在较大的差距；印度则在上述多项指标中处于末位（见图
3-52）。

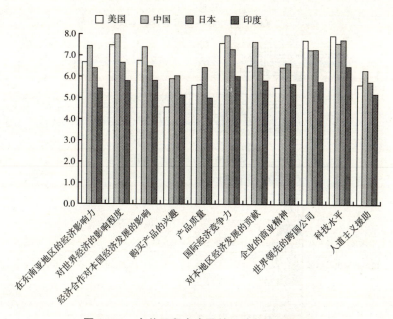

图 3-52　中美日印在泰国的经济软实力指标

综合来看，中国在泰国的经济软实力排在第一位，日本排在第二位，美国
排第三位，印度排在最后一位（见图 3-53）。

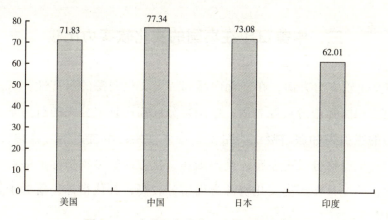

图 3-53　中美日印在泰国的经济软实力值

同时，中美日印的公司对泰国的贡献不约而同受到一致肯定，几乎一半的受访者认为中美日印的公司对本国的贡献是积极的（见图3-54）。

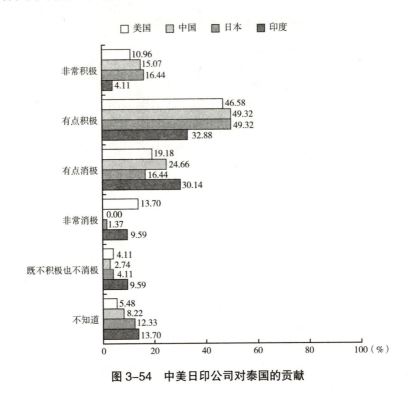

图 3-54　中美日印公司对泰国的贡献

三、中美日印在泰国的文化软实力比较

在文化软实力方面，在文化内涵和历史文化资源的丰富性、居民的受教育程度和国际旅游资源方面，中国得分最高；日本公民的行为举止、文化作品的吸引力和旅游吸引力最受泰国人推崇；不过，作为旅游目的国，中国和日本的得分没有差距；美国则在文化方面的多项指标上落后于中国和日本；印度只在历史文化资源方面得分较高，其他指标仍落后于其他国家（见图3-55）。

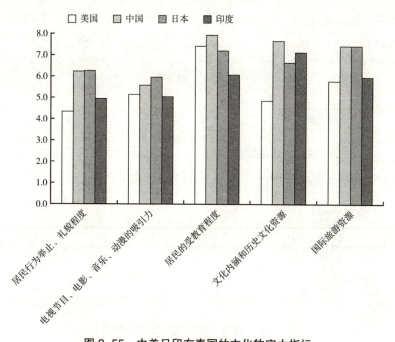

图 3-55 中美日印在泰国的文化软实力指标

综合来看，中国在泰国的文化软实力排在第一位，日本排在第二位，印度排第三位，而美国则排在最后一位（见图 3-56）。

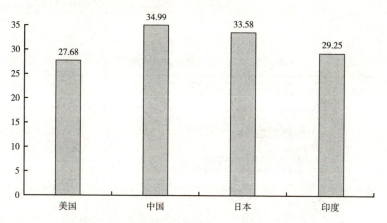

图 3-56 中美日印在泰国的文化软实力值

美国在泰国的文化软实力排在最后，这在泰国人对美国文化的态度上可见一斑，约 63% 的受访者认为美国文化对泰国的影响是消极的，这与他们对中国文化的态度相差很远,约70%受访者认为中国文化对泰国的影响是积极的(见图3-57)。

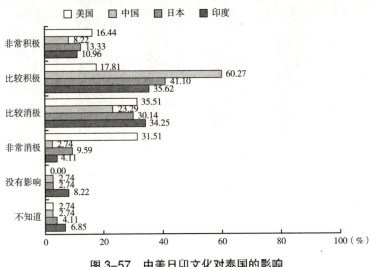

图 3-57　中美日印文化对泰国的影响

　　虽然美国在泰国的文化软实力排名最后,但在外语学习选择上,英语为泰国人的第一选择,超过98%的受访者认为学习英语对他们的事业发展非常重要,对英语的重视程度远高于其他语言,包括中文和日文(见图3-58)。

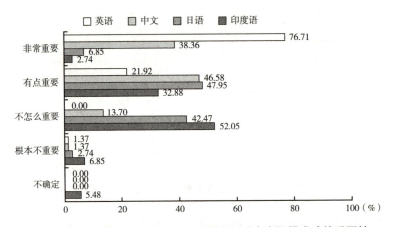

图 3-58　学习英语、中文、日语和印度语对未来取得成功的重要性

四、中美日印在泰国的外交软实力比较

在外交软实力方面，中国仍在多项指标中排第一位，包括在国际机构中的领导作用、与东盟国家的互信合作关系、与本地区国际关系的友好程度和与东南亚国家发展更为紧密的关系四项指标；日本则在后三项指标中紧随中国，居第二位，而且有意思的是，在是否足够尊重其他国家主权这一指标中，日本排第一位，美国则排最后一位；印度仍在各项指标中居中（见图3-59）。

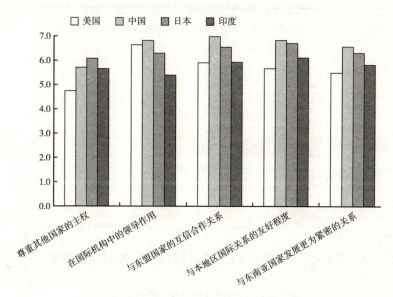

图 3-59　中美日印在泰国的外交软实力指标

综合来看，中美日印在泰国的外交软实力情况与文化软实力相同，中国排在第一位，日本排在第二位，印度排第三位，而美国则排在最后一位（见图3-60）。

泰国人比较接受日本和中国成为亚洲的领导者，对两国的接受程度差别不大（见图3-61）。但是对于几国未来在亚洲地区的影响力，期望中国能够发挥更大作用的比例非常高，达60%，远高于美国的26%和日本的36%（见图3-62）。

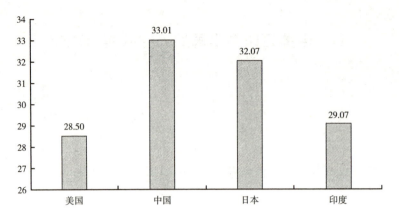

图 3-60　中美日印在泰国的外交软实力值

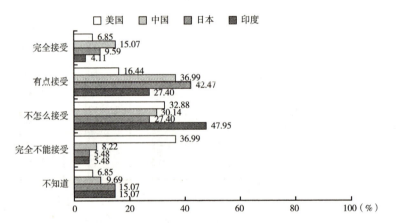

图 3-61　中美日印您更接受哪个国家为亚洲地区的领导者

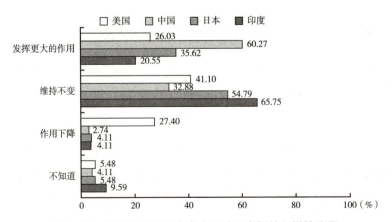

图 3-62　希望中美日印在东南亚地区发挥什么样的作用

对于中国的作用，泰国人也整体给出了积极的评价，超过 64% 的人认为中国在亚洲地区的影响力是积极的（见图 3-63），超过 80% 的人认为中国的崛起对东南亚的影响是积极的（见图 3-64），约 50% 的人对美国遏制中国的崛起持否定态度（见图 3-65），也有约 50% 的人反对自己的国家与美国一起制约中国成为一个政治和军事大国（见图 3-66），另外，有超过 50% 的人对中国"和谐世界"外交理念有所了解（见图 3-67）。

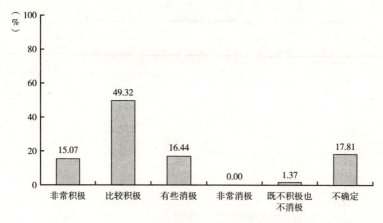

图 3-63　中国在亚洲地区的影响力

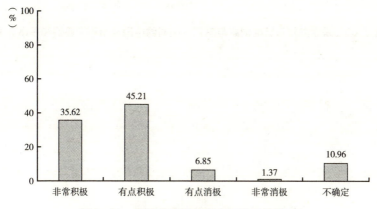

图 3-64　中国的崛起对东南亚地区的影响

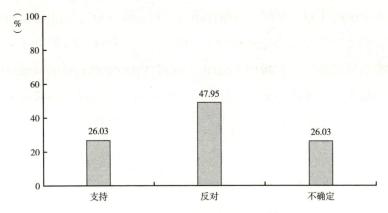

图 3-65　是否支持美国遏制中国的崛起

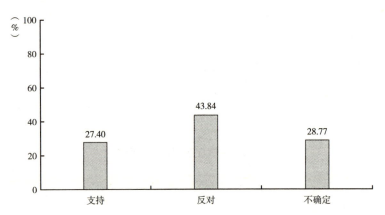

图 3-66　是否支持自己的国家与美国一起制约中国成为一个政治和军事大国

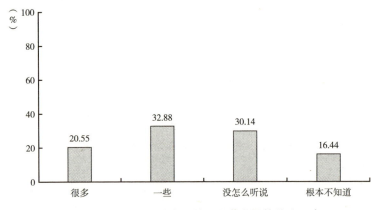

图 3-67　是否听说过中国关于和谐世界的外交理念

　　美国在外交软实力的得分最低，表现在泰国人并不认同美国的外交处理方式，超过 50% 的人认为美国并不能在国际纷争中提供积极有效的解决办法（见图 3-68），具体在伊朗核问题上，超过 50% 的人认为美国未能在此问题上发挥积极作用（见图 3-69）。

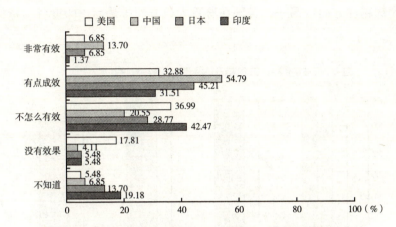

图 3-68　中美日印是否在国际纷争中提供了积极有效的解决办法

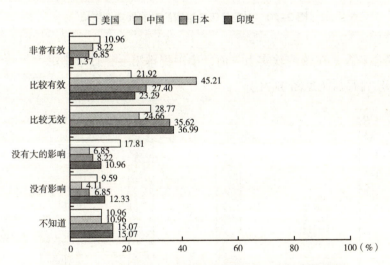

图 3-69　中美日印在处理伊朗核问题上是否发挥有效作用

五、中美日印在泰国的政治软实力比较

在政治软实力方面，中国在尊重人权和新闻关注度两项指标排第一，日本在制度优越性方面排第一，美国在尊重人权方面排最后，印度各项指标居后（见图3-70）。

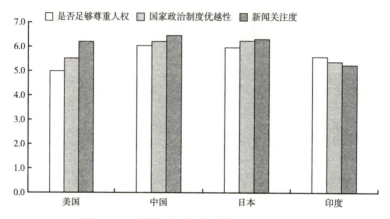

图3-70 中美日印在泰国的政治软实力指标

综合来看，在政治软实力方面，中国仍排第一，日本排第二，美国排第三，印度排最后（见图3-71）。

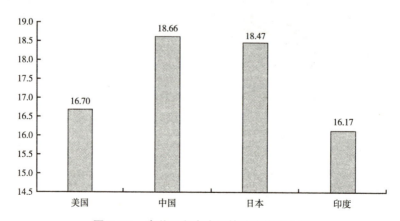

图3-71 中美日印在泰国的政治软实力值

　　美国在政治软实力方面远落后于中国和日本，一个可能的原因是关于美国的负面新闻太多，影响了受访者的选择（见图3-72）。另外，过去几十年，美国一直在全球推动民主和人权，泰国人并不买账，大多数人认为这给亚洲带来了消极的影响（见图3-73）。再者，美国在东南亚的军事存在也让泰国人反感，超过50%的人认为美国在东南亚的军事存在破坏了地区稳定（见图3-74），但另一方面，有许多人也担心，如果美国撤离其在东亚的军事力量，会导致中国和日本开展军备竞赛争夺该地区的支配权（见图3-75）。

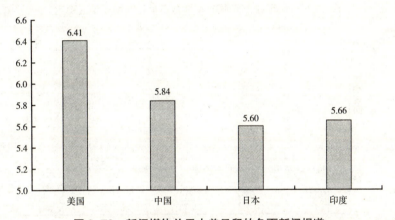

图3-72　新闻媒体关于中美日印的负面新闻报道

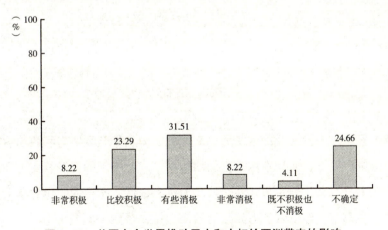

图3-73　美国在全世界推动民主和人权给亚洲带来的影响

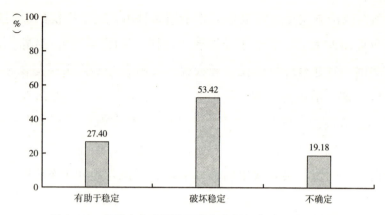

图 3-74　美国在东南亚的军事存在是否有助于地区稳定

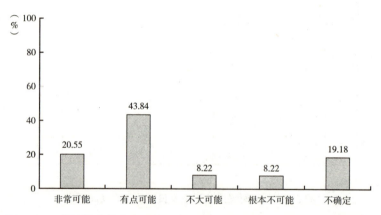

图 3-75　美国撤离其在东亚的军事力量，中国和日本会开展军备竞赛以
夺取该地区的支配权吗

六、结论

调查显示，中国在经济软实力、文化软实力、外交软实力和政治软实力四个方面都排在第一，而日本四个方面均排在第二，美国的经济软实力和政治软实力排在第三，文化软实力和外交软实力排在最后，印度的文化软实力和外交软实力排在第三，经济软实力和政治软实力排在最后（见图 3-76）。

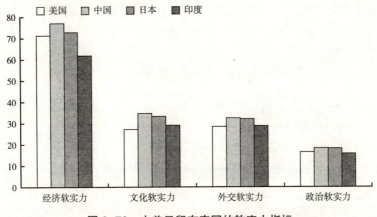

图3-76　中美日印在泰国的软实力指标

综合来看，中美日印在泰国的软实力存在依次是中国、日本、美国和印度，但之间的实际差距并不是很大（见图3-77）。

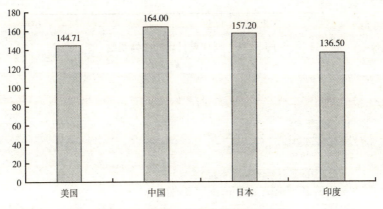

图3-77　中美日印在泰国的软实力值

大部分泰国人对中国和美国的不同态度也许能够解释中国在泰国的软实力存在高于美国的原因。绝大多数受访者对中国持赞赏态度（见图3-78），认为中国与泰国在价值观与生活方式上与其他国家相比有更多的相似性（见图3-79），把中国看作是泰国的朋友，而非敌人（见图3-80），近80%的受访者认同中国在未来世界的领导作用（见图3-81）。而受访者对华侨华人的积极认知也有助于提高中国在泰国的软实力存在，近80%的人认为华侨华人对泰国

191

的发展至关重要（见图3-82），超过70%的人支持华人加强与中国的关系（见图3-83）。

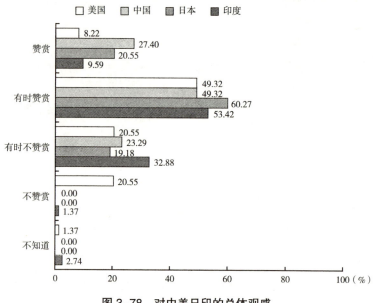

图 3-78　对中美日印的总体观感

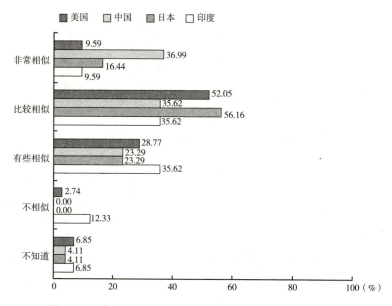

图 3-79　中美日印在价值观与生活方式上与泰国的相似性

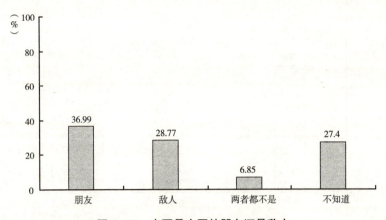

图 3-80　中国是本国的朋友还是敌人

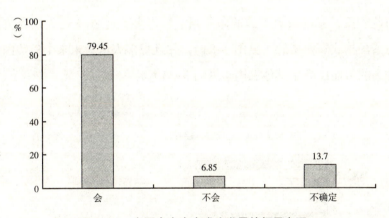

图 3-81　中国会在未来成为世界的领导者吗

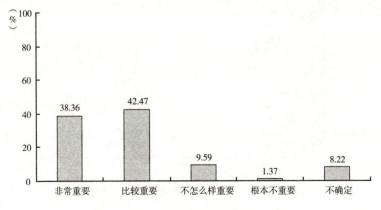

图 3-82　华侨华人对本国发展的作用

193

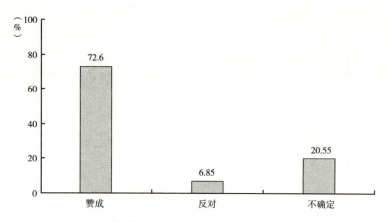

图 3-83　是否赞成本国华人加强与中国的关系

与此相反，泰国人对美国的印象则消极得多，近 80% 的人认为美国在未来会对泰国构成军事威胁（见图 3-84），并且很多人认为未来十年美国与泰国发生冲突的可能性高于其他三国（见图 3-85）。

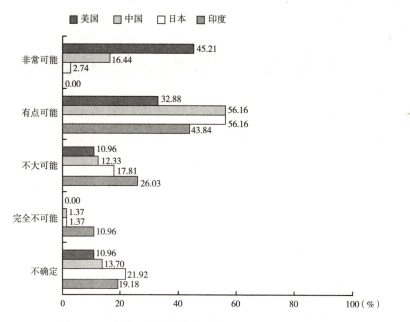

图 3-84　中美日印是否在未来会对本国产生军事威胁

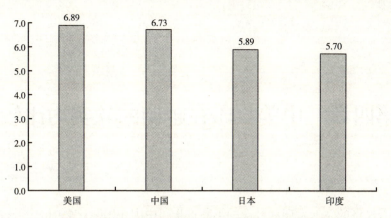

图 3-85 未来十年里中美日印与本国发生冲突的可能性

第四章　中美日印在越南的软实力比较[*]

随着经济的飞速发展和社会的不断进步，中国在国际社会中的影响力正日益增强，国内外学者和研究机构对中国软实力的研究也持续升温。然而，大多数相关研究侧重于理论性分析，实证研究并不多见。作者尝试根据相关研究机构对软实力的测量维度和指标设计了问卷，对越南6所学校的655名大、中学生和两广14所院校的400名越南留学生展开了调查，以了解越南青年学生对中美日印四个国家软实力的评估。调查结果表明，越南青年学生对这四个国家的评价存在明显差异，相对而言，对日本的总体排名最高，美国其次，对中国的总体排位较低但仍略高于印度。尤其需引起重视的是，越南青年学生对中国软实力的各项测量指标的评分并不平衡，具体而言，越南青年学生对中国的经济发展前景、对东南亚的经济影响力、与越南文化生活方式相似度的评价高于美日印三国，对中国影视文化、发展模式的评分仅次于美国，超过日本和印度；而对中国的政府廉洁、政府效率等国内政治形象的评价均低于日本和美国，仅高于印度，并且在人道主义援助、国民素质以及产品质量、产品购买欲望、在越企业社会责任表现、企业家精神等具体的经济指标评分中落后于其他三个国家。软实力其实主要是通过"自身修炼"获得的，中国欲增强在国外的软实力，首先必须促进国内社会经济的协调发展，中国的软实力建设亦依靠每一个中国公民的参与。

————————

　　* 暨南大学国际关系学院研究生邓禹、李钊参加了广西调查和广西问卷录入工作，国际政治专业的张竞尹、徐畅、王舒越、陈晓璐录入了部分广西问卷，陈嘉瑜、叶家燕等参加了广东调查，陈健录入了越南问卷。调查得到样本学校师生尤其是越南学生的大力支持和配合。在此，一并致以诚挚的谢意！

一、研究背景

很难确定中国软实力建设起始于何时，但可以肯定的是，近年来中国官方和学术界对软实力问题的关注正与日俱增，政府对软实力的建设也有了显著的投入。东南亚是中国的近邻，是近年来中国实施软实力建设的重要阵地，其势头不容低估。与此同时，美国等一些国家在东南亚的强劲影响力不但没有减弱，反而已有快速增长的苗头。

冷战后，美国将战略重点开始转向亚太地区，"重返东南亚"，除了与传统的盟国菲律宾、泰国、新加坡等国继续加强合作关系外，还以反恐为由不断加强同印尼、马来西亚等伊斯兰教国家的关系，不断增强对中南半岛的影响。皮尤公司2007年在东南亚的民意调查显示，29%的印尼人和27%的马来西亚人喜欢美国，而相对地，有83%的马来西亚人和65%的印尼人喜欢中国；而美国人还是比较受欢迎的，2000年有75%的印尼人喜欢美国人，2003年只有15%的比例，2007年又上升至45%。[①]　由此来看，在印尼和马来西亚，中国比美国更受欢迎。而日本经过战后数十年的经营，以贸易、投资、官方发展援助等经济手段在东南亚的影响力不断增大，其在东南亚民众心目中的侵略者形象已经逐渐改变为认真、负责的形象[②]。印度自20世纪90年代以来实施"东向"政策，不断加强与东南亚国家的合作，与东盟启动印度—东盟自由贸易区建设，印度对东南亚一些国家尤其是中南半岛国家的援助不断增加，相互间的关系也日益密切。

在各国竞相在东南亚争夺软实力的过程中，中、美、日、印四国在中南半岛最大的国家——越南的竞争引人关注。中国与越南有着传统的友好关系，均实行社会主义制度，双方既相互依存又相互竞争，同时还有边界之争；美国与越南自21世纪初恢复外交关系后，基于各自的国家利益和区域战略，双方高层领导开始互访，经济、政治、军事等各领域合作也不断推进；自二

---

① The Pew Global Attitudes Project, "Global Unease with Major Powers", June 2007.

② 参见陈文：《两广地区东南亚来华留学生眼中的中国国家形象》，《世界经济与政治》2012年第11期。

战以后，日本也不断增加对越南的官方发展援助与投资、贸易等，拉近双边关系，近来又因南海问题而不断增加合作以共同对付中国；而印度与越南则出于各自对地缘政治和区域战略的需要，两国政府不断推动双边关系 [①] 。可以说，中、美、日、印等四个大国正施展各自对越南的影响力。那么，中、美、日、印四国在越南的软实力孰强孰弱？其发展趋势怎样？目前这些问题仍未获得圆满的解答。

当前国内学术界的相关研究大多是理论探讨和政策建议，许多研究仍主要依据国外调查机构的数据，如 2007 年，皮尤公司在东南亚进行的民意调查数据，美国芝加哥全球事务委员会在美国、中国、日本、韩国、印尼、越南等国进行的软实力调查数据 [②] 。由于世界形势和各国情况的快速变化，依赖这些调查数据进行研究将面临时效性的问题，尤其是在中国成功举办 2008 年奥运会这一重大事件以及中国近几年社会经济的快速增长有可能使世界各国人民对中国产生了新的认识，需要开展新的评估研究。因此，我们最近在越南进行了问卷调查，以了解越南民众对中美日印四个国家软实力的评估。

二、方法与资料

首先，有必要对"软实力"这一核心概念进行操作化定义和测量。关于"软实力"主要内容的界定，此概念的创始人、哈佛大学教授约瑟夫·奈的观点具有广泛的影响，他认为软实力是"通过吸引、而非强迫或收买的方式来达到自己目的的能力。它源自一个国家的文化、政治观念和政策的吸引力"。他把国家的软力量归于三种主要资源：其一是能对其他国家产生吸引力的文化；其二是能真正实践的政治价值观；其三是能被视为具有合法性和道德威信的外交政策。可见，奈界定的软实力概念涉及文化、政治、外交三个部分的内

---

① 参见陈文:《20 世纪 90 年代以来的印度与越南关系》,《南亚研究》2011 年第 4 期。

② The Pew Global Attitudes Project, "*Global Unease with Major Powers*", June 2007; The Chicago Council on Global Affairs, *Soft Power in Asia: Comparative Topline Reports*, April 2008.

容。[①] 不过，实际上，国际上相关研究机构和学者在开展各国"软实力"调查时普遍拓展了该概念的外延，使之囊括了更多、更具体的内容。例如，美国芝加哥全球事务委员会曾通过对国际贸易、海外投资、发展援助、外交活动、文化影响、人道主义援助和灾害救助、教育、旅游与游客等方面来测量美国、中国、日本、韩国、印尼、越南等六国民众对各国软实力的评价。[②]

为了便于与外国学者的调查研究相比较，我们基本上参照了上述研究机构在测量软实力时所采用的主要维度与指标。本研究通过政治、外交、经济、社会文化等四个维度对"软实力"进行测量，每个维度分别包含若干个指标。政治方面包括发展模式、政府廉洁程度、政府行政效率；外交方面包括人道主义援助、与东南亚国家关系、在地区与世界中的作用等；经济方面包括贸易、投资、产品质量与购买欲望、经济发展前景、经济影响力等；社会文化方面包括文化生活方式的相似性、科技水平、国民素质、教育吸引力、影视音乐吸引力、体育吸引力等。

其次，在对调查对象的代表性和问卷调查实施的便利性进行综合考虑后，本课题组决定选取越南的大、中学生作为调查对象，试图通过这个未来的精英群体对中、美、日、印四个国家形象的评价，从而在比较分析的基础上评估中国在越南的软实力状况。问卷调查样本包括两个部分：越南本土的高校和中学学生、在中国两广地区留学的越南大学生。考虑到中越关系的特殊性，在设计调查问卷时，越南卷与中国卷有些不同，前者删除了一些"敏感"的政治方面问题，增加了经济和文化方面的问题，后者的问卷则兼顾了一些"敏感"问题。

1. 越南本土大、中学生的问卷调查

2011 年 1 月至 2011 年 7 月，我们在与中国交界的越南北部地区和越南首都河内市的相关学校进行了问卷调查。首先采取判断抽样的方法抽取学校，抽取与中国交界的高平省的 2 所学校和河内市的 4 所学校共 6 所学校作为样本学校；

---

① 杨令书：《国际金融危机背景下的国家软实力布局》，见北京大学国家软实力研究院：《软实力调研参考》2009 年第 3 期。

② The Committee on Foreign Relations of United States Senate. *China's Foreign Policy and Soft Power" in South America*, *Asia*, *and Africa*, *Washington*, DC, April 29, 2008, p.3.

然后，再采取整群抽样的方法按班发放问卷。我们共收回有效问卷655份，分布于6所学校。① 有612人回答了性别，其中男性169人占总样本的25.8%，女性443人占总样本的67.6%，有43人没有回答性别占6.6%。由于有两个学校是外语和师范类，女生偏多，所以我们的样本女性也占多数。

从来源地看，有617位同学回答了所在省市，他们来自越南南北地区的31个省市，其中，高平省212人占34.4%，河内市108人占16.5%，北宁省和太平省分别占4.9%，海阳省和清化省都分别占4.1%，此外，还有少量来自南定、富寿、海防、北江、兴安、河南、和平、北乾、河江、莱州、谅山、老街、宁平、广宁、山罗、太原、宣光、奠边、永福、乂安、岘港、金瓯、安沛、和平、河静等省、直辖市。从分布看，以北部和中部地区为主。从民族看，有587人回答了自己的民族，其中，京族（越族）365人占62.2%，岱族156人占26.6%，侬族47人占8%，还有少量的华族、芒族、瑶族、泰族、赫蒙族（苗族）、山由族等民族。由于在北部地区居民以岱族和侬族为主，高平省的问卷中这两个民族占较大比例。

就教育水平看，在655个样本中，中学77人占11.8%，大学生573人占87.5%（本科生441人占67.3%、高等专科生132人占20.2%），研究生5人占0.7%。在大学生中，有555人回答了所学专业，其中，语言文学类最多，占33.3%（其中，越南语文文学46人占8.3%、中文、中国学71人占12.8%，其他语言51人占9.2%），数学、计算机、通信专业152人占27.4%，历史、地理、东南亚学、韩国学81人占14.6%，物理、机器、自动化、电气专业55人占9.9%，化学、食品25人占4.5%，经济、财政、金融专业34人占6.1%，此外还有少量的社会学与社会工作、政治学、国际学、教育学、心理学、管理等专业。若按大类分，社会科学、人文科学占57.1%，理工科占42.9%（详见表4-1）。

2．两广地区越南来华留学生的问卷调查

2011年9月至2012年1月，课题组在中国两广地区院校进行东南亚来

---

① 其中，高平省高平高等师范学校131份（20.0%），高平闭文堂中学77份（11.8%），河内大学（外语大学）136份（20.8%），河内社科人文大学103份（15.7%），河内师范大学101份（15.4%），河内百科大学107份（16.3%）。

表 4-1　越南本土学生样本构成一览表

教育水平			专 业			来 源 地			民族构成		
学　历	N	%	专业	N	%	省、直辖市	N	%	民族	N	%
中　学	77	11.8	语言文学	168	33.3	高平省	212	34.4	京　族	365	62.2
专　科	132	20.2	数学通信	152	27.4	河内市	108	16.5	岱　族	156	26.6
大学本科	441	67.3	历史地理	81	14.6	北宁省	32	4.9	侬　族	47	8.0
研究生	5	0.7	物理机器	55	9.9	太平省	32	4.9	华　族	4	0.7
			化学食品	25	4.5	海阳省	27	4.1	芒　族	4	0.7
			财经金融	34	6.1	清化省	27	4.1	瑶　族	4	0.7
			其　他	40	4.2	南定省	23	3.5	泰　族	3	0.5
			回答总数	555	84.7	富寿省	18	2.7	其　他	4	0.6
			未回答数	100	15.3	其他省市	138	24.9	回答总数	587	100
						回答总数	617	94.2	回答数	587	89.6
						未回答数	38	5.8	未回答数	68	10.4
	655	100		655	100		655	100		655	100

资料来源：越南学生调查问卷（2011 年 1 月至 7 月，越南）。

华留学生的问卷调查，其中收回越南留学生问卷 400 份，在两广地区 14 所院校就读[①]。有 384 人回答了性别，其中男性 167 人占 43.5%，女性 217 人占 56.5%。这些留学生来自越南各地，有 226 人回答了来源地，其中北部地区 165 人占 73.0%，中部地区 39 人占 17.3%，南部地区 22 人占 9.7%。有 348 人回答了所学专业，其中，语言文学 142 人占 40.8%，经济学 86 人占 24.7%，管理学 60 人占 17.2%，医学 31 人占 8.9%，此外，还有少量的法学、工学、教育学、心理学、美术、新闻传播等专业。来华越南留学生以自费为主，有 389 人回答了留学经费来源，其中自费占 73.8%，越南奖学金占 9.3%，中国奖学金占 13.6%，其他奖学金占 3.3%。在宗教信仰方面，有 354 人回答了宗教信仰，其中佛教信仰者占 46.6%，基督教占 15.8%，无宗教信仰者占

[①]　其中，广西民族大学 91 人（22.8%）、广西大学 49 人（12.3%）、广西医科大学 9 人（2.3%）、广西中医药大学 4 人（1.0%）、广西南宁华侨中学 6 人（1.5%）、广西师范大学 72 人（18.0%）、桂林理工大学 85 人（21.3%）、桂林电子科技大学 38 人（9.5%）、中山大学 5 人（1.3%）、暨南大学 10 人（2.5%）、华南理工大学 5 人（1.3%）、华南师范大学 2 人（0.5%）、广东中医药学院 18 人（4.5%）、广东外语外贸大学 6 人（1.5%）。

23.3%。样本其他信息详见表4-2。除了问卷调查外，课题组还从来华越南留学生中抽取部分样本进行访问，收集更深入、细致的资料。

表4-2　两广地区越南来华留学生样本构成一览表

留学专业			宗教信仰			父亲职业			母亲职业		留学经费		
专业	N	%	宗教	N	%	职业	N	%	N	%	来源	N	%
语　言	142	40.8	基督教	56	15.8	公务员	93	24.1	82	21.0	母国奖学金	36	9.3
经济学	86	24.7	天主教	25	7.1	专业技术	37	9.6	44	11.3	中国奖学金	53	13.6
管理学	60	17.2	伊斯兰教	11	3.1	商业服务业	107	27.7	109	27.9	其他奖学金	13	3.3
医　学	31	8.9	佛教	165	46.6	农林牧渔业	37	9.6	38	9.7	自费	287	73.8
法　学	12	3.4	其他宗教	15	4.2	生产运输	11	2.8	8	2.1			
工　学	7	2.0	无宗教信仰	82	23.2	军人	11	2.8	6	1.5			
教育学、心理学	7	2.0				其他职业	90	23.3	103	26.4			
其　他	3	0.9											
填答总数	348	87.0	填答总数	354	88.5	填答总数	386	96.5	390	97.5	填答总数	389	97.3
未填答数	52	13.0	未填答数	46	11.5	未填答数	14	3.5	10	2.5	款填答数	11	2.8
总　计	400	100	总计	400	100	总计	400	100	400	100	总计	400	100

资料来源：中国两广地区越南来华留学生调查问卷（2011年9月至2012年1月）。

三、越南学生对中美日印软实力的评价

（一）政治软实力

1. 发展模式
中国、美国、日本和印度四国的发展模式各不相同，美国和日本是发达的资本主义国家，实行西方的民主与市场经济制度；印度属于新兴的资本主义国家，民主与市场制度在完善之中；中国实行社会主义市场经济；越南与中国相似。

有 630 位越南学生对中、美、日、印四国的发展模式分别进行评价。认为"非常好"的比例，日本为 37.7%，美国为 33.6%，中国为 23.5%，印度为 10.2%。而认为美国、中国、日本、印度的发展模式是"好"（"非常好"和"比较好"）的比例分别是 71.8%、71.2%、70.9% 和 36.5%。越南学生对印度的发展模式评价最低，认为"比较不好"的占 29.9%，"一般"的占 24.4%，一方面显示越南学生对印度还不太了解，另一方面也说明他们对印度的发展模式评价不高。总的来看，越南学生比较喜欢日本、美国的发展模式，其次是中国的，但对三国的评价相差不多，再次是印度的发展模式，详见图 4-1。

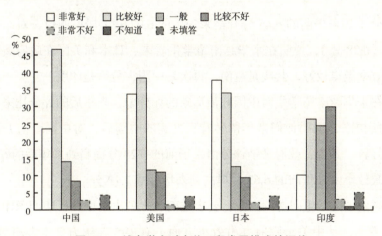

图 4-1 越南学生对中美日印发展模式的评价

资料来源：越南学生调查问卷（2011 年 1 月至 7 月，越南）。

2. 国家政治形象

在来华越南留学生的问卷中，要求他们对中、美、日、印、越五国的政府廉洁程度、政府行政效率进行评分，以了解越南来华留学生心目中该五国的国内政治形象。统计数据如表 4-3 所示，越南来华留学生对日本评分最高（7.52分），其次是对美国的评分（7.46 分），第三是对越南的评分（7.02 分），对中

表4-3　两广地区越南来华留学生对中美日印越国家形象的评分

方　面	中国 （来华前）	中国 （来华后）	美　国	日　本	印　度	越　南
政府廉洁程度	6.28	6.82	7.37	7.43	6.06	7.17
政府行政效率	6.62	7.12	7.55	7.61	6.49	6.86
人道主义援助	6.69	6.90	7.40	7.67	6.93	7.38
产品质量	5.94	6.32	8.11	8.29	7.11	7.24
企业家精神	6.61	7.07	7.80	7.96	6.86	7.21
经济发展前景	7.24	7.79	7.98	7.92	7.16	7.19
科技发展水平	6.98	7.35	8.18	8.37	6.94	6.81
国民素质	6.65	6.99	7.63	7.68	7.00	7.24
影视音乐吸引力		6.55	7.57	6.81	4.40	6.82

注：表中各项在0—10范围评分，0分表示非常差，10分表示非常好。

资料来源：两广地区越南来华留学生调查问卷（2011年9月至2012年1月）。

国的评分（从来华前的6.45分升至来华后的6.97分）居第四位，对印度的评分最低（6.28分），说明在来华越南留学生看来，日本和美国在政府廉洁、政府行政效率做得较好，其次是越南，再次是中国，最后是印度。

而在来华越南留学生对中国政治形象的评分中，来华后的评分比来华前的评分有所提高，说明他们来华留学看到真实的中国后，对中国政治方面的印象有所好转，其中，政府廉洁评分由来华前的6.28分提高到来华后的6.82分，政府行政效率由来华前的6.62分提高到来华后的7.12分。

在越南国内学生问卷调查中，要求越南学生列出对中美日印四国印象最深的几个方面，其中关于政府办事效率方面，有195人认为日本办事效率高，占29.8%，排第一；有132人认为美国办事效率高，占20.2%，排第二；有95人认为中国办事效率高，占14.5%，排第三；有49人认为印度办事效率高，占7.5%，印度排名第四。可见，越南本土学生对中美日印四国办事效率的评价排名与两广院校的越南来华留学生对四国行政效率的评分排名一致。在讲民主与法制方面，有98人认为日本讲民主与法制，占15.0%；有91人选中国，占13.9%；有89人选美国，占13.6%；有60人选印度，占9.2%。说明在越南本土学生看来，日、中、美三国在讲民主与法制方面不相上下，只是印度差一点。

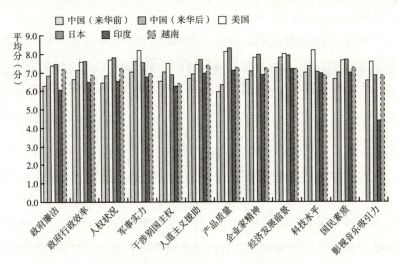

图 4-2　两广越南来华留学生对中美日印越国家形象的评分

资料来源：两广地区越南来华留学生问卷调查（2011 年 9 月至 2012 年 1 月）。

（二）外交软实力

1. 人道主义援助

　　中国曾是越南最大的无偿援助国，在越南抗法战争、抗美战争和南北统一战争中，中国给予了越南大量的无偿援助。在 20 世纪 90 年代中越关系正常化后，中国对越南的经济恢复也给予了大量的援助。而目前，日本是越南最大的官方发展援助国（ODA），自 1992 年国际社会恢复对越援助以来，日本一直是越南最大的援助国，自 1992 年至 2011 年 2 月，日本对越南的官方发展援助总额达 17780 亿日元（约合 230 亿美元），日方官方发展援助主要用于越南重大工程项目建设和相关发展计划的实施，特别是能源、交通运输、农业和农村、城市基础设施等领域。[①] 美越关系正常化后，尤其是近年来美国"重返东南亚"后，美国对越南的援助开始增加。印度实施"东向"政策以来，对越南的援助也在增加。那么，越南大中学生对中美日印四国的人道主义援助有怎

　　① 《日本继续扩大对越南援助》，越南《投资报》2011 年 11 月 2 日，转引自中华人民共和国商务部网站，http://www.mofcom.gov.cn/aarticle/i/jyjl/j/201111/20111107810708.html。

样的评价呢？

关于中美日印及越南的人道主义援助方面，两广院校问卷数据如表 4-3 所示，在越南留学生看来，日本做得最好，他们给出了 7.67 分；其次是美国（7.40 分）；第三是越南（7.38 分）；印度 6.93 分排名第四位；而中国排在最后，从其来华前给出的 6.69 分稍升至来华后的 6.90 分。而在越南国内学生调查中，我们要求越南学生指出中、美、日、印让他们印象最深的方面，在"人道主义援助"方面给越南学生留下深刻的印象[①]，有 62 人即 9.5% 的选择了印度，有 36 人即 5.5% 的选择了日本，有 19 人即 2.9% 的选择了中国，有 18 人即 2.7% 的选择了美国。尽管中国在几十年来给予了越南大量的无偿援助，但是两次问卷调查结果都显示，中国对越南的诸多援助并没有在当代越南青年学生中留下深刻的好印象，在其对日、美、越、印、中五个国家的人道主义援助的评分中，中国排在最后，这个现象应该引起我们的注意和深思。

表 4-4　越南本土学生对中美日印软实力相关方面的评分

方　　面	中　国	美　国	日　本	印　度
产品质量	5.56	8.61	8.79	6.41
购买产品欲望	5.48	7.83	8.37	5.46
在越企业增加就业机会	7.47	7.62	8.03	6.65
在越企业遵纪守法	6.24	7.51	7.93	6.89
在越企业为工人提供保障	6.12	7.69	8.01	6.72
在越企业保护环境	5.17	6.54	7.19	6.31
经济发展前景	8.65	8.34	8.37	7.48
在东南亚的经济影响力	8.44	8.39	8.40	6.45
与东南亚国家关系发展前景	7.42	7.13	8.07	7.43
科技发展水平	7.89	9.12	9.11	7.60
影视音乐吸引力	7.75	8.17	7.64	5.12

注：表中各项在 0—10 范围评分，0 分表示非常差，10 分表示非常好。

资料来源：越南本土学生调查问卷（2011 年 1 月至 7 月，越南）。

---

① 越南本土问卷我们原先设计有"对中美日印四国人道主义援助评分"一题，但是一位愿意帮忙的越南来华留学生不知出于何缘故执意要删除它，所以，我们将此问题放在了"印象最深"一题，想从一个侧面了解越南本土学生对这四国人道主义援助的评价。

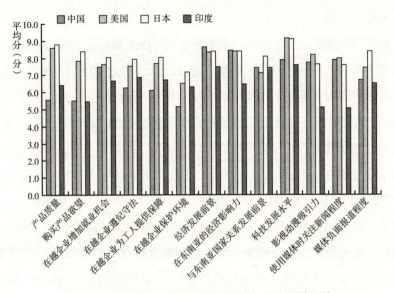

图 4-3　越南学生对中美日印软实力相关方面的评价

资料来源：越南学生调查问卷（2011 年 1 月至 7 月，越南）。

2. 关于中美日印与东南亚国家的关系

关于中美日印与东南亚国家的关系发展前景问题，如表 4-4 所示，在越南本土学生看来，在四个国家中，日本是最能与东南亚发展更紧密关系的国家，得分 8.07 分；其次是印度，得分 7.43 分；中国排在第三位，得分 7.42 分；美

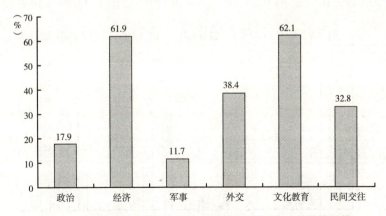

图 4-4　越南来华留学生关于中越发展更密切关系方面的评估

注：百分比（%）：所选人数占填答此题样本数的比例。

资料来源：两广地区东南亚留学生问卷调查数据（2011 年 9 月—2012 年 1 月）。

国排在最后，得分 7.13 分。

在两广学校越南留学生的问卷调查中，有 375 人填答了中国与越南发展更密切关系的方面（此题为复选题，各项百分比相加会超过 100%），统计数据显示，有 62.1% 的人认为中越在文化教育方面可以发展更密切的关系，排在第一位；有 61.9% 的人认为中越在经济方面可以发展更密切的关系，排在第二位；有 38.4% 的人认为中越在外交方面可以发展更密切的关系，排在第三位；有 32.8% 的人认为中越在民间交往方面可以发展更密切的关系，排第四位；有 17.9% 的人认为中越在政治方面可以发展更密切的关系，排第五位；有 11.7% 的人认为中越可以在军事方面发展更密切的关系，排在最后。在我们的访问中，越南留学生认为政治、军事方面的问题比较敏感，有的华裔留学生不愿意接受我们的采访。而当笔者请一位越南来华留学生帮助在越南发放问卷时，她执意要将一些政治、军事方面的问题删除才肯帮忙，称这些问题"太敏感"。越南来华留学生认为中国与越南在文化教育、经济、民间往来等"不敏感"方面可以发展更为密切的关系。

3. 关于中美日印在地区和世界的作用

关于中美日印在地区事务中的作用问题，越南本土学生问卷数据显示，认为中美日印四国在推进东南亚和平与稳定方面发挥"积极作用"的比例，日本为 64.3%，排第一位；中国为 58.0%，排第二位；再次是美国，比例是 52%；印度排在第四，比例是 41.0%。而"不知道"，印度占了 38.9%（详见图 4-5），

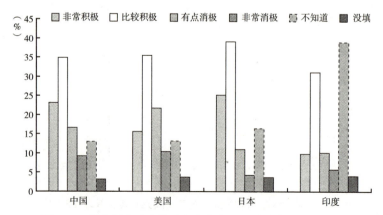

图 4-5　越南学生对中美日印在东南亚和平稳定作用的评价

资料来源：越南本土学生调查问卷（2011 年 1 月至 7 月，越南）。

说明越南学生对印度在东南亚的和平与稳定方面的作用还不是很明确。

越南学生关于中国发展对世界的作用持什么看法呢？两广越南来华留学生问卷调查数据显示（详见图4-7），有31.8%的越南留学生认为是"稳定作用"，有13.8%的越南留学生认为是"威胁作用"，有47.5%的越南留学生认为"不好说"。可见，越南来华留学生对中国发展在地区和世界事务中的作用与越南本国学生的看法有些差别，有一半的越南来华留学生就中国发展对世界的作用仍然持不明确的看法。

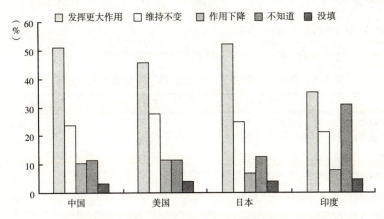

图4-6　越南学生希望中美日印在东南亚产生的影响

资料来源：越南本土学生调查问卷（2011年1月至7月，越南）。

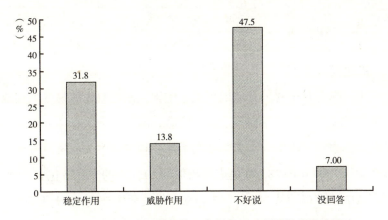

图4-7　两广越南来华留学生关于中国发展对世界的作用的看法

资料来源：两广地区越南来华留学生调查问卷（2011年9月至2012年1月）。

4. 对中国"和谐世界"外交理念的了解

近年来，中国政府不仅在国内倡导"和谐社会"，而且在国际上也积极倡导"和谐世界"的外交理念。随着中国—东盟自由贸易区的建成，中国积极推进中国与东南亚国家各领域的交流与合作，推进地区的和平与稳定。中国这种和谐外交理念在国际上是否被人知道和理解呢？越南本土学生问卷数据如表4-5所示，对于中国"和谐世界"的外交理念，有613位越南学生作了回答，其中，有8.0%的人"了解很多"，有33.8%的人"了解一些"，有38.7%的人"不怎么了解"，有19.6%的人"不知道"。可见，越南大中学生对中国"和谐世界"的外交理念的了解并不多。

表4-5　越南学生对中国"和谐世界"外交理念的了解程度

	选答人数（人）	百分比（%）	有效样本百分比（%）
了解很多	49	7.5	8.0
了解一些	207	31.6	33.8
不怎么了解	237	36.2	38.7
不知道	120	18.3	19.6
填答总数	613	93.6	100.0
没回答数	42	6.4	
总样本数	655	100.0	

资料来源：越南学生调查问卷（2011年1月至7月，越南）。

（三）经济软实力

1. 双边贸易

近年来，随着越南对外开放的扩大，中国—东盟自由贸易区的建成，越美关系的恢复发展，印度"东向"政策的实施，越南与中美日印四国的经贸关系不断扩大，双边贸易投资有了大幅度的增加。越南与中国的贸易方面，越南出口中国金额从2004年的28.991亿美元增加到2011年的111.25亿美，增长了3.8倍；越南从中国进口额从2004年的45.951亿美元增加到2011年的245.937亿美元，增长了5.35倍。越南与美国的贸易方面，越南出口美国金额从2004年的50.248亿美元增加至2011年的169.278亿美元，增长了3.36倍；越南从美国进口额从 2004 年的 11.339 亿美元增至 2011 年的 45.292 亿美元，增长了 4 倍。越南与日本的贸易方面，越南出口日本金额从 2004 年的 35.421 亿美元增加至 2011 年的 107.81 亿美元，增长了 3 倍；越南从日本进口金额从 2004 年的 35.526 亿美元增至 2011 年的 104.003 亿美元，增长了 2.9 倍。在越南与印度的贸易关系上，越南出口印度金额从 2004 年的 7860 万美元增加至 2011 年的 15.53 亿美元，增长了 19.75 倍；越南从印度进口金额从 2004 年的 5.935 亿美元增加至 2011 年的 23.464 亿美元，增长了 3.95 倍。[①] 可见，越南与中美日印四国的双边贸易近年来成倍增长，尤其是印度，虽然双边贸易额仍小，但增长速度较快，这与双方着力加强双边关系有关；其次是越南与中国的贸易额也增长较快。

2. 产品质量与购买欲望

衡量一国经济软实力的一个重要指标是人们对该国的产品质量的认知以及购买欲望。我们在越南本土学生问卷中设计了三个题目：分别对中国、美国、日本、印度四国产品的质量和购买欲望从 0—10 打分；购买这四国产品所看重的方面。在两广院校越南来华留学生问卷中设计一题，对中美日印产品质量从 0—10 分打分。

表 4-6　越南本土学生对中美日印四国产品质量和购买欲望的评分

国家	质量评分			购买欲望分			购买产品看重的因素					
	均分	众数		均分	众数		价格便宜	质量好	外观漂亮时尚	便宜又质量好	功能多方便	其他因素
		分值	频数		分值	频数						
中国	5.56	5	128	5.48	0	117	60.9	11.6	34.5	18.0	13.7	6.1
美国	8.61	10	202	7.83	10	199	6.7	58.3	15.6	12.5	26.7	8.1
日本	8.79	10	258	8.37	10	267	3.1	60.2	17.9	19.2	25.3	4.6
印度	6.41	7	126	5.46	7	98	5.8	14.0	7.5	14.4	10.7	45.3

注：购买产品看重的因素单位：选择人数（N）：人；百分比（%）：选择数占总样本的百分比。
资料来源：越南本土学生调查问卷（2011 年 1 月至 7 月，越南）。

---

① General Statistics Office Vietnam, *International Merchandise Trade Vietnam 2007*, Statistical Publishing House, 2009; Tong cuc thong ke, Vietnam General Statistics Office, Socialist Republic of Vietnam, *Nien giam thong ke*,（*Statistical Yearbook of Vietnam*）*2008*, *2009*, *2010*, *2011*, Statistical Publishing House, 2009, 2010, 2011, 2012.

关于越南学生对中、美、日、印四国产品质量的评分，越南本土问卷统计结果如表4–6所示，在中美日印四国产品中，日本得分最高（8.79分），其次是美国（8.61分），第三是印度（6.41分），中国得分最低（5.56分）。四国产品质量在越南学生中的印象也可从评分众数反映出来，四国的评分众数分别是日本10分（258个）、美国10分（202个）、印度7分（126个）、中国5分（128个），其排序也与四国平均分的排序一致。从没有评分的人数看，对中国有26人，对日本有30人，对美国有33人，而对印度有177位，说明越南青年学生接触印度产品较其他三国的产品少，对印度产品质量无法作出评估。两广院校越南来华留学生问卷数据统计如表4–3所示，在越南留学生看来，日本产品质量最好，得分最高（8.29分）；其次是美国产品（8.11分）；印度产品质量排在第三位（7.11分）；而中国产品质量最差，得分排在最后（从来华前的5.94分升至来华后的6.32分）；越南产品获得了7.24分，亦高于其对中国和印度产品质量的评分。由此可见，越南国内大中学生与越南来华留学生对中、美、日、印四国产品质量的评分是一致的，排名由高到低分别是日本、美国、印度和中国，中国的产品质量得分最低。只是来华留学生在来华后对中国产品质量的评分比来华前的评分有所提升，显示在他们深入了解中国社会和中国产品之后，对中国产品质量的印象有所好转。

对于产品质量的评分亦影响到越南学生对中、美、日、印四国产品的购买欲望。越南本土问卷统计数据如表4–6所示，对于中、美、日、印四国产品的购买欲望，日本产品得分最高（8.37分），其次是美国产品（7.83分），中国产品排名第三（5.48分），印度产品得分最低（5.46分）。从越南学生对四国产品购买欲望评分的众数来看，日本10分（267个），美国10分（199个），印度7分（98个），中国0分（117个），说明越南学生最喜欢购买日本的产品，其次是美国产品，再次是印度产品，而没有购买中国产品欲望的人竟有117人，这与他们对四国产品质量的评分是一致的。从没有评分的人数看，中国18人，日本28人，美国30人，而印度有58人，说明他们对印度产品还有待进一步深入了解。

关于越南学生购买中国、美国、日本、印度产品所看重的因素，越南本土问卷数据如表 4-7 所示，在选择购买中、美、日、印四国产品时，越南学生看重的因素不同，购买中国产品主要看重"价格便宜"，其次是"外观漂亮时尚"；而购买美国和日本产品主要看重"质量好"，其次是"功能多方便"；而购买印度产品时考虑的则是"其他因素"，其次是"便宜又质量好"。

3．企业形象

随着越南革新开放的不断扩大，外资进入越南也越来越多，并在其经济发展中的作用不断增强。近年来，中国、美国、日本、印度这四个大国在越南的投资也在增加，从投资金额来看，1988—2010 年期间，日本在越南投资总额最大，达 243.817 亿美元，投资项目 1555 个；其次是美国，投资总额 104.316 亿美元，投资项目 609 个；中国排第三位，投资总额 43.384 亿美元，投资项目 833 个；印度在越南投资总额仍然较小，此间投资总额 2.338 亿美元，投资项目 61 个。[①]

那么，中美日印四国企业在越南学生中的印象如何呢？他们是否欢迎这四国的企业到越南投资？我们在越南本土问卷中设计了是否欢迎四国企业到越南投资、对在越南投资的四国企业的印象等两个问题。越南本土问卷统计结果如表 4-8 所示，在中国、美国、日本和印度四国企业中，越南学生最欢迎日本企业，"非常欢迎"占 63.8%，"比较欢迎"占 22.3%，即有 86.1% 的越南学生"欢迎"日本企业在越南投资；其次，越南学生比较欢迎美国企业，"非常欢迎"占 55.0%，"比较欢迎"占 25.3%，即有 80.3% 的越南学生"欢迎"美国企业在越南投资；印度企业排第三位，"非常欢迎"占 40.0%，"比较欢迎"占 24.1%，即有 64.1% 的越南学生"欢迎"印度企业在越南投资；中国企业排在第四位，"非常欢迎"占 41.5%，"比较欢迎"占 20.4%，即有 61.9% 的越南学生"欢迎"中国企业在越南投资。而"不欢迎"和"非常不欢迎"中国企业都占 6.3%，即有 12.6% 的越南学生"不欢迎"中国企业在越南投资，而"不欢迎"日本、美国和印度企业在越南投资的比例分别只有 3.7%、2.9% 和 5.1%。可见，中国企业在越南没有像日本、美国和印度那样受欢迎。

---

① 1.Tổng Cục Thống Kê Việt Nam, *Niên Giám Thống Kê*, *2008*, *2009*, *2010*, *2011*, Nhà Xuất Bãn Thống Kê-Hà Nội, 2009.2010, 2011, 2012; 2. Tổng Cục Thống Kê Việt Nam, *Statistical handbook*, *2009*, *2010*, Nhà Xuất Bãn Thống Kê- Hà Nội, 2010, 2011.

表 4-7　越南本土学生对中美日印企业到越南投资的态度

单位：%

国　家	非常欢迎	比较欢迎	无所谓	不欢迎	非常不欢迎	未填答
中　国	41.5	20.4	21.7	6.3	6.3	3.7
美　国	55.0	25.3	12.8	1.1	1.8	4.0
日　本	63.8	22.3	7.8	2.0	1.7	2.4
印　度	40.0	24.1	25.3	3.1	2.0	5.5

资料来源：越南学生调查问卷（2011 年 1 月至 7 月，越南）。

为何越南学生对中、美、日、印企业的欢迎程度有比较大的差别呢？这与他们对四国企业家精神和对越南社会经济发展作用的评价不同有关。

企业家精神是指诚实、可靠、守信、勤奋、刻苦等素质，关于中美日印企业家精神给越南学生留下了什么印象，两广问卷统计结果如表 4-3 所示，越南来华留学生对中美日印和越南的企业家精神的评分高低排名分别是：日本 7.96 分，美国 7.80 分，越南 7.21 分，中国（从来华前的 6.61 分升至来华后的 7.07 分），印度 6.86 分，中国排名虽然比印度高一点，但在越南留学生来华前的评分却低于其对印度的评分。

关于中、美、日、印四国企业在越南投资对越南社会经济发展的作用，越南问卷数据如表 4-5 所示，在越南本土学生看来，在增加就业机会方面，四国企业得分高低排名分别是日本（8.03 分）、美国（7.62 分）、中国（7.47 分）、印度（6.65 分）；在遵纪守法方面，四国企业得分高低排名分别是日本（7.93 分）、美国（7.51 分）、印度（6.89 分）、中国（6.24 分）；在为工人提供保障方面，四国企业得分高低排名分别是日本（8.01 分）、美国（7.69 分）、印度（6.72 分）、中国（6.12 分）；在保护环境方面，四国企业得分高低排名分别是日本（7.19 分）、美国（6.54 分）、印度（6.31 分）、中国（5.17 分）。四个方面评分高低的排名完全一致，即日本得分最高，美国排第二位，印度排第三位，而中国均排在第四位，说明中国企业在这四个方面都没有给越南青年学生留下比较好的印象，倒是日本企业给越南学生留下了非常好的印象，这个现象值得向外投资的中国企业深思，日本企业在海外的成功经营理念与做法也是值得中国企业借鉴的。

总之，中国、美国、日本、印度四国企业和企业家精神给越南学生留下的印象差别较大，他们对日本企业的印象最好，其次是美国，再次是印度，而中国企业在越南学生中的印象排名最后。在越南投资的中国企业在环境保护、为工人提供保障、遵纪守法和增加就业方面均有待加强，中国企业精神和在海外的企业形象也有待进一步提高。

表4-8　越南本土学生对在越投资的中美日印企业的评价

项目国家	增加就业机会			遵纪守法			为工人提供保障			保护环境		
	均分	0分数	10分数	均分	0分数	10分数	均分	0分数	10分数	均分	0分数	10分数
中　国	7.47	26	144	6.24	50	81	6.12	46	68	5.17	78	40
美　国	7.62	17	167	7.51	13	136	7.69	9	138	6.54	34	79
日　本	8.03	11	172	7.93	9	160	8.01	6	157	7.19	27	120
印　度	6.65	21	91	6.89	17	81	6.72	18	69	6.31	32	52

注：表中各项在0—10范围打分，0分表示非常不好，10表示非常好。

资料来源：越南学生调查问卷（2011年1月至7月，越南）。

4．经济发展前景

关于中美日印四国的经济发展前景，我们在越南本土问卷和两广院校问卷均设计了一题，要求在0—10分间评分，0分表示非常差，10表示非常好。越南本土问卷数据如表4-5所示，在越南本土学生看来，中国的经济发展潜力最好，他们给出了8.65分；其次是日本和美国，分别给出了8.37分和8.34分，两国的经济发展潜力不相上下；印度得分7.48分最低，但其经济发展潜力也不错。两广问卷统计结果如表4-3所示，越南留学生对中国、美国、日本、印度和越南经济发展前景的评分都在7分以上，其中美国7.98分最高；日本7.92分排第二；中国从来华前的7.24分升至来华后的7.79分，排第三；越南7.19分，排第四位；印度7.16分排第五。两次问卷调查的结果基本相似，只是越南国内学生给分较高，对中国经济发展前景的给分也较来华留学生的给分高一些，说明越南学生对中美日印四国经济发展前景有比较一致的看法，都持比较乐观的态度，比较看好中国的经济发展前景。

5. 在东南亚地区的经济影响力

如前所述，近年来，中国、美国、日本、印度都加强了与东南亚国家的关系，包括与越南的经贸关系，那么四国在东南亚地区的经济影响力如何呢？越南本土问卷统计数据如表4-5所示，在越南学生看来，中国（8.44分）、日本（8.40分）和美国（8.39分）在东南亚地区的经济影响力相差不多，且都有比较大的影响力，而印度（6.45分）的影响力就差一点。

（四）文化软实力

1. 文化生活方式的相似性

中、美、日、印四国文化和生活方式各具特色，由于历史原因和全球化的发展，各国人员往来和文化交流也日益频繁，越南居民对这四国文化和生活方式均有或多或少的了解。一般地，在与异国民众交往时，与自己文化和生活方式相似就容易相处和找到共同点。越南学生如何评价越南与这四国的文化和生活方式的相似度呢？越南本土问卷数据如表4.9所示，在中、美、日、印四国中，越南学生认为越南与中国文化和生活方式相似度最高，有82.6%的人认为中越两国的文化生活方式是"相似"的；其次是日本，有48.6%的人认为日越两国的文化生活方式是"相似"的；第三是美国，有29.4%的人认为美越两国的文化生活方式是"相似"的；印度排在最后，有26.5%的人认为印越两国的文化社会生活方式是"相似"的，而有21.8%的人认为"很少相似"，有38.5%的人"不了解"。可见，越南学生对中国文化很了解，他们也认为中越文化和生活方式很相似。

表4-9 越南本土学生对越南与中美日印文化生活方式相似度的评价

国　家	非常相似		比较相似		很少相似		无任何相似		不了解		没　填	
	N	%	N	%	N	%	N	%	N	%	N	%
中　国	351	53.6	190	29.0	43	6.6	18	2.7	38	5.8	15	2.3
美　国	54	8.2	139	21.2	166	25.3	116	17.7	150	22.9	30	4.6
日　本	70	10.7	248	37.9	166	25.3	25	3.8	118	18.0	28	4.3
印　度	44	6.7	130	19.8	143	21.8	56	8.5	252	38.5	30	4.6

资料来源：越南学生调查问卷（2011年1月至7月，越南）。

2．科技水平

关于中国、美国、日本和印度的科技发展水平，越南本土问卷和两广学校问卷均要求受访的越南学生对中美日印科技发展水平从 0—10 打分，0 分表示非常差，10 分表示非常强。越南本土问卷数据如表 4-4 所示，在这四国中，美国的科技发展水平最高（9.12 分），其次是日本（9.11 分），中国得分 7.89 分排在第三位，印度得分 7.60 分排在最后。两广院校问卷数据如表 3 所示，越南留学生对中美日印四国科技水平的打分高低排序是：日本获得最高分 8.37 分，美国 8.18 分排第二，中国排第三（从来华前的 6.98 分升至来华后的 7.35 分），印度 6.94 分排第四位，而越南 6.81 分排名第五。两次问卷调查数据统计结果排名相同，表明越南国内学生和来华留学生对中美日印四国的科技发展水平的评价是一致的，只是越南国内学生的打分更高一些。

在越南本土问卷中，要求越南学生选择对这四国印象最深的方面，在教育与科技发展水平方面，有 300 位即 45.8% 的人认为日本教育科技水平高；有 225 位即 34.4% 的人认为美国教育科技水平高；有 109 位即 16.5% 的人认为中国教育科技水平高；有 92 位即 14.0% 的人认为印度教育科技水平高。这也与两次问卷调查对中、美、日、印四国的科技发展水平的打分排名相同，说明越南本土学生与来华留学生对这四国的科技发展水平有比较一致的评价。

3．居民文明程度

2007 年美国芝加哥委员会的调查数据显示，受访的越南居民对所调查国家的舒服程度打分，日本为 68.4℃，美国是 67.6℃，韩国是 64.0℃，中国是 62.0℃，印尼是 45.9℃，菲律宾是 44.8℃ [①]，说明越南人对日本和美国的印象比中国的好。

从我们在越南的问卷调查数据统计结果来看（详见表 4-10），在越南本土学生心目中，中美日印四国居民的文明程度不同，其中，日本居民是最文明的，有 80.7% 的人认为日本居民是"文明"的；美国居民排第二位，有 77.9%的越南学生认为美国居民是"文明"的。中国居民排在第三，有 51.5% 的越南

---

① The Chicago Council on Global Affairs, *Soft Power in Asia*: *Comparative Topline Reports*, April 2008, pp.10—12.

学生认为中国居民是"文明"的；而有 10.2% 的人认为是"不文明的"，在四国中比例最高。印度居民排第四位，有 38.3% 的越南学生认为印度居民是"文明"的；但却有 26.3% 的人认为是"一般"，有 5.8% 的人认为印度人"不文明"；有 26.9% 的人选择"难以回答"，说明越南学生对印度了解还是不多。

在两广院校越南留学生的调查结果也与越南本土问卷统计结果相似，我们的问题是对中、美、日、印和来源国的国民素质在 0—10 之间打分，0 分表示非常差，10 表示非常好。越南来华留学生给出的平均分是：日本国民素质获得 7.68 分排第一，美国 7.63 分次之，印度 7.00 分排第三，中国排第四（从来华前的 6.65 分稍升至来华后的 6.99 分），这也说明越南留学生对中国国民素质的印象来华后比来华前稍有改善，但变化幅度不大。而越南留学生对其母国国民素质的给分是 7.24 分，高于中国和印度。

表 4-10　越南本土学生对中美日印居民文明程度的评价

国　家	非常文明		比较文明		一　般		比较不文明		非常不文明		难以回答		没填	
	n	%	n	%	n	%	n	%	n	%	n	%	n	%
中　国	106	16.2	231	35.3	197	30.1	44	6.7	23	3.5	40	6.1	14	2.1
美　国	244	37.3	266	40.6	75	11.5	16	2.4	3	0.5	38	5.8	13	2.0
日　本	332	50.7	216	33.0	47	7.2	5	0.8	5	0.8	29	4.4	13	2.0
印　度	95	14.5	156	23.8	172	26.3	25	3.8	13	2.0	176	26.9	18	2.7

资料来源：越南学生调查问卷（2011 年 1 月至 7 月，越南）。

4．学校教育吸引力

一国的软实力是否强大，其语言在其他国家的使用范围或重视程度是一个比较重要的衡量指标，中文、英语、日语和印度语在越南的受重视程度如何呢？越南本土问卷数据如表 4-11 所示，有 88.4% 的越南学生认为学习英语"重要"；有 51.0% 的越南学生认为学习中文"重要"，而"不重要"也有46.4%；有 41.2% 的越南学生认为学习日语"重要"，有 56.2% 的人认为"不重要"；有 15.3% 的人认为学习印度语"重要"，有 81.1% 的人认为"不重要"。可见，在越南学生看来，在中美日印四国语言中，学习英语是最重要的，其次是中文，再次是日语，最后是印度语。

对世界各国居民的留学吸引力也是了解该国的文化软实力的重要指标。越南本土问卷设计了一题"您或您的孩子希望到中美日印哪国留学"（多选题，各项百分比之和会超过100%），有637位越南学生作了回答，其中402人选择美国，占63.1%；220人选择日本，占34.5%；62人选择中国，占9.7%；只有13人选择印度，占2.0%；63人选择其他国家，占9.9%。也就说，越南学生绝大多数希望自己或自己的后代到美国留学，其次是到日本留学，第三是到中国留学，第四是到印度。越南学生自己或其子女打算到中国和印度留学很少，而希望到美国和日本留学占很大的比例，说明他们更看重美国和日本的教育水平，认为在美国、日本学成后可能会给个人和家庭带来更好的发展预期。

表 4-11 越南本土学生对学习中美日印语言重要性的评价

语　种	重　要		不重要		不知道		没　填	
	n	%	n	%	n	%	n	%
英　语	579	88.4	57	8.7	4	0.6	15	2.3
中　文	334	51.0	304	46.4	2	0.3	15	2.3
日　文	270	41.2	368	56.2	2	0.3	15	2.3
印度语	100	15.3	531	81.1	9	1.4	15	2.3

资料来源：越南学生调查问卷（2011年1月至7月，越南）。

5．影视音乐吸引力

一个国家的影视音乐是否受世人欢迎，也是一个国家文化是否受欢迎的一个重要表现。越南本土问卷数据如表4-4所示，越南学生对中美日印影视音乐吸引力的评分高低排序是：美国8.17分，中国7.75分，日本7.64分，印度5.12分，说明越南大中学生最喜欢美国的影视音乐产品，其次是中国的，日本排在第三，而印度排在最后，越南学生最不喜欢或不了解印度的影视音乐产品。而两广院校问卷统计结果如表4-3所示，美国得分最高7.57分，其次是越南6.82分，日本6.81分排第三位，中国6.55分排在第四位，印度获得最低分4.40分。越南问卷与两广问卷的统计结果排名有些差别，且越南国内学生打分较两广院校的越南留学生打分高一些，说明在中、美、日、印四国的影视音乐中，越南学生最喜欢美国的影视音乐，其次是中国和日本的，比较不喜欢印度的影视音乐产品。

在越南问卷中，我们还要求越南学生回答对中美日印四国各种类型影视动漫的喜好情况，从中可以看出越南学生到底喜欢这四国什么类型的影视动漫。如图4-8所示，有612人回答了喜欢什么类型的美国影视动漫，其中，50.5%喜欢侦探类，26.3%喜欢生活类，25.7%喜欢武打战争类，喜欢童话类和其他类的均为11.1%，喜欢历史类的为9.6%。有623人回答了喜欢什么类型的中国影视动漫，其中，65.3%喜欢武打战争类，36.8%喜欢历史类，18.1%喜欢生活类的，21.0%喜欢童话类的。有596人回答了喜欢什么类型的日本影视动漫，其中，44.5%喜欢生活类，17.4%喜欢武打战争类，21.0%喜欢其他类型，喜欢历史类的和童话类的分别为12.9%和10.6%。有584人回答了喜欢什么类型的印度影视动漫，其中，25.3%喜欢童话类，21.9%喜欢生活类，喜欢历史类和侦探类分别为10.8%和6.7%，而有40.4%喜欢其他类型。

总的来看，越南学生对中美日印四国各种类型的影视动漫的喜好程度不一，他们最喜欢四国影视动漫的类型是：中国的武打战争和历史类型的影视动漫，美国的侦探类型的影视动漫，日本生活类型的影视动漫，印度的童话和其他类型的影视动漫。

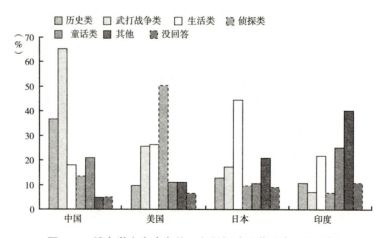

图4-8 越南学生喜欢中美日印影视动漫节目类型的比较

资料来源：越南学生调查问卷（2011年1月至7月，越南）。

　　至于中美日印四国的影视音乐产品对越南产生了什么影响？越南本土问卷要求越南学生对中美日印四国的流行文化（电影、动漫、音乐、服饰和饮食等）对越南的影响进行评估，统计结果如图4-9所示，关于中国流行文化对越南的影响，有53.1%的人认为起"积极影响"，26.7%的人认为起"消极影响"，5.3%认为"没有影响"，12.6%的人"不知道"。关于美国流行文化对越南的影响，有42.3%的人认为起"积极影响"，38.4%的人认为起"消极影响"，4.0%的人认为"没有影响"，13.1%的人"不知道"。关于日本流行文化对越南的影响，有51.4%的人认为起"积极影响"，17.6%的人认为起"消极影响"，8.9%的人"没有影响"，18.2%的人"不知道"。关于印度流行文化对越南的影响，有27.8%的人认为起"积极影响"，14.9%的人认为起"消极影响"，10.1%的人认为"没有影响"，42.3%的人"不知道"。可见，在越南学生看来，中美日印四国流行文化对越南的影响程度不同，中国和日本的流行文化对越南起了比较积极的影响，说明他们对这两国的流行文化比较感兴趣，也比较欢迎；而美国流行文化对越南的影响积极和消极都比较明显，尤其是消极影响的比例较高，是四国中最高的比例。而对印度流行文化，越南学生了解不够。

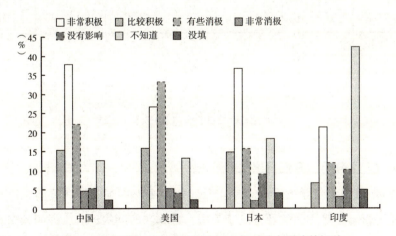

图4-9　越南学生对中美日印流行文化对越南影响的评价

资料来源：越南学生调查问卷（2011年1月至7月，越南）。

6. 体育吸引力

在越南本土原问卷设计了一题"您认为以下国家是贵国的朋友还是敌人",由于比较敏感,我们换成了"在体育比赛中支持哪一队",以此来了解越南学生对中美日印的支持程度。问卷数据统计结果如表 4-12 所示,越南学生对这四国的体育队的支持趋势相似,当然程度高低有所不同,"热情支持"(包括"狂热"和"热情")的比例四国排位分别是:日本最高,34.8%,其次是中国,28.7%;美国居第三,为 20%;最后是印度,比例为 16.2%。"一般支持"的比例,四国排位分别是美国 53.0%、印度 48.7%、中国 45.8%、日本 44.1%。"不热情支持"的比例,四国排位分别是中国 14.7%、印度 13.9%、美国 12.2%、日本 8.5%。综合来看,越南学生对四国的支持由强到弱的排序是日本、美国、中国和印度,而对中国"不热情支持"的比例最高,这点应该值得关注。

表 4-12　体育比赛支持哪国代表队

	狂　热		热　情		一　般		不热情		不知道		没　填	
	N	%	N	%	N	%	N	%	N	%	N	%
美　国	54	8.2	77	11.8	347	53.0	80	12.2	59	9.0	38	5.8
中　国	47	7.2	141	21.5	300	45.8	96	14.7	51	7.8	20	3.1
日　本	65	9.9	163	24.9	289	44.1	56	8.5	51	7.8	31	4.7
印　度	30	4.6	76	11.6	319	48.7	91	13.9	100	15.3	39	6.0

资料来源:越南学生调查问卷(2011 年 1 月至 7 月,越南)。

四、结论与讨论

通过上文分析,我们得出以下结论:

1. 在越南青年学生看来,中美日印四国中,中国经济发展前景、对东南亚的经济影响力等方面的评分高于美国、日本和印度的评分,说明越南青年学生对中国经济发展前景持比较乐观的态度,他们也看到了中国经济对东南亚地区经济发展的影响。在发展模式方面,越南学生对中国的评价高于其对印度的评价，但与其对美国和日本的评价相差不多，说明他们对中国发展模式还是持比较肯定的看法。

2. 在政府廉洁程度、政府行政效率等国内政治形象方面，越南留学生对中国的评分低于其对日本和美国的评分，高于其对印度的评分，尽管中越均实行社会主义制度，均为共产党领导，但是，越南来华留学生对中国的评分低于其对实行资本主义制度的美国和日本的评分，说明他们对资本主义的美国、日本的政府廉洁和行政效率还是给予了充分的肯定。

3. 在外交方面，尽管中国数十年来给予了越南大量的无偿援助，但是，在当代越南大中学生中并没有留下深刻的好印象，他们对中美日印四国的人道主义援助的评分中，其对日本的评分最高，其次是美国，印度排第三，而对中国的评分最低，这个现象值得我们深思。关于中美日印在东南亚地区的和平与稳定发挥积极作用方面，越南学生认为，日本排第一位，其次是中国，美国排第三位，印度排第四位；日本是最能与东南亚发展更为紧密关系的国家，其次是印度，而中国排在第三位，美国排在最后。而在未来的中越各领域关系上，越南学生认为在经济和文化方面中越两国能发展更为密切的关系，他们对中国近年来大力倡导和宣传的"和谐世界"外交理念的了解并不多。总的来看，中国在越南大中学生的"外交软实力"不及日本和美国，在与东南亚国家的关系方面，越南学生对印度也给予了比较积极的评价。

4. 除了购买产品欲望、在越企业增加就业机会两方面，越南本土学生对中国的评分稍高于其对印度的评分（但远低于其对日本和美国的评分）外，在产品质量、在越企业表现（遵纪守法、为工人提供保障、保护环境等）、企业家精神等具体的经济指标评分中，越南本土学生和来华留学生对中国的评分均低于其对日本、美国和印度的评分。在中越经贸关系发展如此迅速的情况下，越南学生对中国企业和产品质量的评价不高，说明中国企业在这方面确实需要进一步加强，在越南投资的中国企业亦需借鉴日本和美国的成功经验，树立高质量、负责任的良好企业形象。

5. 在社会文化方面，越南本国学生和来华留学生对中美日印科技发展水平的评分中，日本和美国的评分最高，其次是中国，印度排在第四位。在社会文化和生活方式方面，越南学生认为中国与越南的相似度极高，这是中越两国人民交往悠久、中国文化对越南文化生活方式影响至深至远的结果。在影视音乐动漫吸引力方面，越南本国学生和来华留学生对中美日印四国的评分相似，其对美国的评分最高，其次是对中国和日本的评分，而对印度的评分较低，说明尽管中国的影视音乐在越南广为播放、妇孺皆知，越南政府对美国的影视音乐动漫产品有所控制，但是，越南青年学生还是最喜欢美国的影视音乐动漫产品，其次才是中国的和日本的；与此同时，他们对印度的影视音乐产品不太了解或不太喜欢。在中文、英文、日文和印度语的学习方面，绝大多数越南学生认为学习英语对其事业发展重要，其次是日语，中文排在第三，而有80%的人认为学习印度语不重要。在选择留学目的地方面，也是美国排第一位，其次是日本，选择中国比例较小，而选择印度的比例更小。说明越南学生认为美国在教育方面处于领先地位，对他们具有较大的吸引力。而只有不到10%的人选择到邻国中国留学，可见，中国对他们的留学吸引力并不大。

综合来看，在越南大中学生看来，中、美、日、印四国在越南的软实力大小有比较明显的差别，日本的软实力最大，其次是美国的，再次是中国的，印度的排在最后。日本和美国在越南经营的成功经验也是值得中国学习和借鉴的。

上述研究结果也表明，中国在越南的软实力发展并不平衡。一些维度和指标处于高位，另一些则处于低位。具体而言，狭义"文化"部分（如影视文化、文化生活方式等）对越南的吸引力是相当高的，表明这方面的文化软实力是中国综合软实力的"长板"，越南学生对中国的经济发展前景以及对东南亚的经济影响力也有较积极的评价，而其他部分如政府廉洁程度、政府行政效率、国民素质、产品质量、在越企业社会责任表现、企业家精神等方面则是"短板"，这种"木桶效应"将制约着中国在越南的软实力发展。而他们对中国的人道主义援助的评分最低，也应引起关注。

国内不少学者对软实力概念存在一种误解。他们过分强调对外文化传播和中国形象宣传的作用，以为仅仅凭借海外宣传就可以提升中国的软实力，这是对软实力的一种片面理解。越南青年学生对中国软实力的各项指标的评估表明，虽然我国在越南开展文化和形象宣传方面并不落后，而在其他许多方面与日本、美国的差距却很显著。

笔者认为，软实力其实主要是通过"自身修炼"获得的。只有将本国的社会制度建设得更加完善，人民更加幸福，才能获得世界其他国家人民的尊重和钦佩，由此才能真正提升自己在国际社会中的软实力。如果本国政府腐败得不到有效治理，社会不平等现象普遍存在，公民的基本权益得不到保障，那么即便对外大肆展开宣传攻势，或对他国广施恩惠，其结果也往往适得其反，不可能长期树立良好的国家形象，也不可能具有强大的软实力。

中国的软实力建设依靠每一个中国公民的参与，需要每个公民为政治现代化、经济发展和文化建设作出贡献。

第五章 中美在新加坡的软实力比较

本章试图首先建立关于中美软实力比较的研究框架，然后对中美在新加坡的文化、经济和外交软实力进行定量分析比较，在此基础上进行定性的研究，并且得出若干结论。我们认为，纵观整个软实力评估体系，中美两国的软实力在各要素的分指标下显现出各自的优势和不足。同时，评估体系虽然仅就中美两国在新加坡的背景下进行应用，然而本体系中的指标，特别是一些来源于国际机构的统计指标，在一定程度上反映了中美软实力方面的差距。单从本综合评估体系的最终结论来看，中国在新加坡的软实力是美国的 1.259 倍。这一结论与一般对中美软实力进行比较而得出的中国软实力目前且在相当长的一段时期内仍无法赶上美国的结论相悖。造成这种情况的主要原因，是新加坡特殊的国情和社会文化背景。

一、研究框架

在对中美两国在新加坡的软实力进行比较之前，首先对本部分的研究框架进行界定和说明。

一方面，由于中美软实力从构成要素到实力大小到实践方法等方面都存在不同程度的差异性，而本部分针对中美软实力的比较又是在新加坡这一具体社会背景下进行的，因此有必要统一中美软实力进行比较的具体要素。根据前文的分析，中美软实力构成的要素里面有重叠也有相异的部分，为了使比较可以有效地进行，加上对新加坡这一分析框架的特殊考虑，综合两国在新加坡的软实力实际情况，本部分设定中美在新加坡的软实力比较主要集中在文化、经济和外交三个方面。笔者意识到，同时也承认中美在新加坡的软实力，乃至中美的软实力都不仅仅局限在设定的这三个层次，还有其他许多重要的因素对两国的软实力有着举足轻重的影响。限于时间、能力以及篇幅所限，本部分仅就设定的三个方面展开研究。

另一方面，本部分虽然尝试通过构建软实力评估框架对软实力进行量化的研究，然而不可否认的是在软实力的某些方面，如政治文化、社会文化、双边经济协议、双边外交关系等，难以进行简单的量化处理。有鉴于此，本部分在量化一切可量化的软实力要素前提下，对于一些无法量化的要素进行定性研究的补充分析，以期尽可能全面地反映出中美在新加坡的软实力全貌。

（一）构建软实力综合评估体系的基本原则

1．系统性

软实力是国家综合实力的重要组成部分，对软实力的构成要素与力量大小的研究分析是评估一国综合实力的必要前提。而软实力的综合评估，首先需要就软实力的系统要素进行界定，然后再对其逐一量化分析，通过全面的设计以及系统的评估方式才能客观地反映出国家软实力的真实现状。

本部分构建的综合评估体系，在设定的软实力构成要素基础上，力争做到在选取各项分指标时尽量覆盖软实力的主要方面，同时在入选分指标有限的前提下，选取具有代表性并能够客观反映国家软实力状况的核心指标。通过对评估系统中各运算指标的全面考虑和系统选取，以求厘清各项指标之间的内在联系，尽可能地在该评估体系下全面、系统地反映一国的软实力大小以及国家间的软实力差距。

2．可操作性

构建软实力综合评估体系的根本目的在于更加清晰、准确地描述并反映一国软实力的构成以及强弱程度。而根据软实力的特性，一些构成要素难以通过单一数据或一些简单的数量加减而反映其真实状况。同时，某些指标由于其自身特点等原因也难以作具体量化处理。因此，本部分评估体系所选取的分指标除了考虑软实力构成要素本身的主要体现之外，还参考了现有文献中学者对软实力分析，特别是在软实力比较中所采用的一些变量。总之，在对分指标的采纳过程中，除了对评估系统全面性的考虑之外，还兼顾了该系统的可操作性，力求避免出现评估系统难以评估运算等状况。

3．客观性

除了确保选取的分指标具有可量化的操作性以外，这些指标的变量所采取的度量单位难以统一，因而为了保证这些变量在量化过程中的质量，在比较过程中，指标的最终数值选取，将通过对原始指标数据先进行数值标准化的处理，从而使评估体系内的指标数值具备可比性，然后再进行大小对比，避免单一的仅靠指标的绝对数值作出判断。即力求通过指标的相对数值进行软实力的客观比较。本部分通过对同一分指标的数值（同一分指标的数值拥有统一的度量单位）进行标准化处理，以美国的数值为参考值"1"，中国与美国在该分指标上的数值比值为客观值，得出该分指标的实际变量。

与此同时，本指标体系对选取的每个分指标均赋予了同等的权重，即经过标准化数值处理的每个相对数值在最终使用进行对比时所占的比重是平等的。以文化软实力这一构成要素为例，在该要素下共设置了四个分指标，而这四个分指标的客观数值在文化软实力这一指标下分别占据 0.25 的权重值。分指标权重的均等分配虽然无法显示出某些因素在软实力体系中特别重要的作用和地位，然而却可以避免受评估体系设置者的主观判断影响，而根据个人喜好、经验等对分指标设定不完全合适的不同权重，从而影响测量结果客观性。

4．定量分析与定性分析相结合的原则

定性分析，在对研究对象的概念和性质的认识上需要学者做学术上的分析与判断，而分析和判断的结果往往因为学者个体的差异而出现因为概念不一致而得出相反结论，或在对研究对象的认识上产生截然不同的判断等情况。但是定量分析则不然，定量分析可以帮助研究人员在事物之间建立起相对明确的数量关系，这种数量关系相对而言较少受到个人因素的影响，从而有助于形成比较客观的研究框架。[①] 然而，定量分析也面临一些研究对象无法量化的现实。

[①] 阎学通、孙学峰著：《国际关系研究实用方法》，人民出版社 2001 年版，第 201 页。

定性与定量的分析，作为研究分析的两种方法，二者所依据的分析资料尽管有所不同，然而却可以对彼此的分析结果进行有益的补充，有助于从不同的角度对研究对象展开较为全面的分析。

而软实力的特性也决定了定性研究与定量研究相结合的必然性。因此，在本部分研究过程中，在坚持以综合评估体系为主要研究框架的基础上，对于一些无法量化或不具操作性的指标，则通过定性分析作为补充；而对于一些单靠定性分析无法得出明确答案的因素，则尽力通过数量分析来表述。

（二）软实力综合评估体系的主要架构

本部分把软实力的构成分为如下三大部分：文化软实力、经济软实力以及外交软实力。在这三大主要构成要素下，每个要素再分为四个分指标，每个指标变量在进行比较前都进行必要的标准化数值转换。此外，三大构成要素平均分配国家软实力的权重，而每一要素下各分指标的权重均为该要素权重的 0.25（详见表 5–1）。

表 5–1　中美在新加坡的软实力综合评估体系

构成要素	指标一	指标二	指标三	指标四
文化软实力	中文、英语使用比率	赴中、美留学的人数比	大学世界排名前 200 位的数量比	文化商品与服务的出口比率
经济软实力	外贸总额占新加坡总贸易额的比率	中、美对新 FDI 占新加坡吸收的 FDI 总额比率	全球竞争力排名	新加坡在中美的对外投资数额比率
外交软实力	联合国人类发展指数	全球治理指标	国家模式吸引力	中美在新加坡的国家形象

需要特别指出的是，考虑到本研究的特定背景为新加坡，因此在各项分指标选取的过程中，某些指标可能因为统计源的不同，统计方公布的具体数值有实际差异。除却对数值偏差度的考虑，作者有意识地倾向采纳直接来源于新加坡的数据，因此在指标变量的取舍上，一些全球性的统计，尽管可能更全面反映中美两国软实力的大小，然而为切合本部分中的两国在新加坡这一设定研究

框架下的软实力比较，本部分仅采用了新加坡方面公布的数据。另外，在分指标的选取上，本部分也倾向于采纳新加坡现有的统计数据中可以提供运算变量的分指标。也就是说，本评估体系的主要框架都是在充分考虑新加坡这一既定研究框架下确立并进行使用的。

具体而言，在构建的评估体系中，文化软实力要素中的四个分指标，只有指标一的数据来源是新加坡统计局，其他三大分指标则分别根据中美两国驻新加坡大使馆统计的数据，以及国际组织对世界各国相关方面的综合统计数据来确定变量的最终取值。而经济软实力要素中的四个分指标，除了指标三是引用了国际组织的统计数据，其他三个指标的变量值都是来源于新加坡统计局公布的数据。外交软实力要素中的前两个指标变量也是应用了国际组织的统计数据，指标三则采用了相关量化研究软实力的学者所统计的数据，而指标四则是根据一项专门针对新加坡人所展开的调查而获得的数据资料。

评估体系尽管以新加坡为研究框架来设计相关的分指标，以及坚持以新加坡当局公布的数据来源作为研究的根据，然而在实际运作过程中，有些变量本身就难以进行量化，因此新加坡统计局也未对这些指标进行统计。鉴于这些难以量化的指标又是构建软实力的重要体现，而相应的国际组织也曾就这些指标进行过量化排名的尝试，在保证评估体系具有针对性的同时，为兼顾其完整性，本文的研究也采纳了国际组织统计的一部分相关数据。可以说，本评估体系中所设置的指标以及所采用的变量数值都是以新加坡统计局所公布的数据为主，而对于一些新加坡统计局没有统计或尚未公开的数据，则以国际组织所公布的相关数据作为研究的补充。

在此，笔者也承认国际组织中所统计的数据并非最精确的适合本研究框架的统计来源。国际组织的统计是面向世界各国，而非针对某一特定国家，如本文中所限定的新加坡研究框架。然而在研究过程中，某些重要的指标又是不可或缺的。在新加坡统计局有限的统计之外，一些需要量化的指标仍需要考虑通过其他数据源作为研究的补充。如果在新加坡这一研究框架内，新加坡方面统计的数据是最优选择，那么国际组织的统计数据则是次优的选择。作为相对独立的第三方，国际组织的相关统计理论上对本部分研究对象的结论和统计是相对客观、可信的。与此同时，本评估体系中也尽量避免了采取中美两国自身的统计数据。一是因为各国对同一指标的统计原则、方法的不同可能造成统计结果上的巨大差异。二是因为各国在统计自身数据中难免因为各种因素而导致其统计结果带有主观色彩。

（三）软实力综合评估体系的应用

根据综合评估体系中所设定的分指标，把各分指标所指代的数据代入，并经过对每一变量的绝对数值进行标准化转换（把美国的基本数值设定为基数1，标准化转化以中国占美国绝对数值的比例为该分指标的最终相对数值），再把最终相对数值保留小数点后 3 位（由于变量中涉及的数据单位较大，3 位小数点的保留能够尽量减少结果误差），可得出以下相关数据（见表 5-2）。

表 5-2　中美在新加坡的软实力综合评估体系

构成要素	指标一	指标二	指标三	指标四
文化软实力	1.468	0.741	0.105	0.765
经济软实力	1.316	0.531	0.902	6.903
外交软实力	0.755	0.487	0.158	0.973

本评估体系中所涉及的具体数据代入以及运算方法，将以文化软实力这一构成要素中的指标一，中文与英语的使用比率来说明。根据新加坡统计局 2011 年公布的统计数据，2010 年人口普查结果中显示：在 15 岁或以上的新加坡常住人口中，只把中文作为接受教育的唯一语言的人数为 485511 人次，而仅把英语作为接受教育的唯一语言的人数为 329194 人次。[①] 因此，接受中英文语言教育的人次占总教育人次（2977088 人次）的比例分别为：16.3% 和 11.1%，亦即可以得出，中文与英语在新加坡的使用比例约为 16.3%/11.1%，即 1.468。

---

① Singapore Department of Statistics，Census of Population 2010：146. http：//www.singstat.gov.sg/pubn/popn/c2010sr1/cop2010sr1.pdf.

其他软实力要素的各项分指标变量均使用上述方法，代入相关数据并运算得出上表所列出的数值（详细的数据来源参见附录）。

由于设置本综合评估体系时，在假定每一要素与指标分别在国家综合软实力中的地位相当的前提下，已赋予每个软实力构成要素以及每一要素下的四个分指标均等的权重，即在每一软实力要素下，各指标的权重分别为 25%，因此，可以得出下列公式：

构成要素（X）=［指标一（A）+ 指标二（B）+ 指标三（C）+ 指标四（D）］/4

中美软实力比例 = 构成要素（X_1+X_2+X_3）/3

最后，根据以上公式进行相应运算，中美在新加坡的文化、经济、外交软实力的比例分别为：0.770、2.413、0.593。综合起来，中美在新加坡的软实力比例大约是 1.259，即中国在新加坡的软实力约为美国在新加坡的软实力的 1.259 倍。

二、中美在新加坡的文化、经济和外交软实力定量比较

（一）中美在新加坡的文化软实力比较

1. 新加坡社会语言使用结构

根据评估体系中的文化软实力要素的分指标之一——中文、英语在新加坡的使用比率计算获得的数据，中文与英语在新加坡的使用比例为 1.468，这一数值表明在新加坡接受单一语种教育的人群中，中文的使用频率是英语的 1.468 倍，即中文较英语的使用率要高。

语言，作为文化以及文化传承的载体之一，其使用的频率、范围等与文化的传播有着密切的联系。[1] 在文化软实力的分指标一中，中文使用比例是英语的 1.468 倍。值得注意的是，在量化过程中，评估体系选择的分指标是运用接受单一语种教育的人群来进行比较的。由于新加坡的人口构成中，华人的比

---

[1] 龙庆荣:《语言文化与新闻语言》,《传媒观察》2011 年第 2 期。

例占据了绝大多数，而社会语言的使用受人口结构影响的程度较深，而且新加坡在教育制度上实施的是母语教育政策，因此中文在单一语种的教育使用中呈现较高的使用率有其必然性。

然而在另一组数据中，同时使用中文与英语作为教育语言的人数则达到了 1305705 人次，[①] 该数量远高于单一使用中文或者英语人数的总和。结合新加坡的社会现实，官方语言的使用采纳的是英文，而且在高等教育或社会中上层，英语的使用频率明显要比中文的使用频率要高，其使用的范围相对也较中文要广泛得多。据新加坡统计局 2011 年发布的统计数据，使用英语作为新加坡人在家最常用的语言的总人口比例从 2000 年的 23% 上升到 2010 年的 32.3%；而使用中文的比例在 2000 年到 2010 年的十年期间，则从原来的 23.8% 下降到 14.3%。[②]

通过这两组数据的对比，可以看出中文虽然在新加坡拥有着绝大多数的使用群体，然而在近十年的时间里，使用中文作为常用语言的人数和比例从 2000 年与使用英语的人数与比率几乎持平到十年后的比例出现将近 20% 的差距。在这十年里，新加坡的人口结构并未发生重大的改变，华族人口占总人口的比例仅从 2000 年的 76.8% 微调为 74.1%。[③] 中文在新加坡人口中的使用比例不断下降，不仅表明中文作为语言来传承和发扬中国文化的载体作用在不断削弱，同时也反映出中国在提升文化软实力方面可以考虑通过提高中文的知晓率和使用率，充分发挥语言的作用来帮助促进国家的软实力提升。

有调查显示，在英语环境中成长的新加坡年轻一代，中文的熟练程度以及使用频率已经与较年长的一代出现相当的差距。[④] 正如评估体系指标一中所

① Singapore Department of Statistics, *Census of Population*, 2010, p.146. http://www.singstat.gov.sg/pubn/popn/c2010sr1/cop2010sr1.pdf.

② Singapore Department of Statistics, *Census of Population*, 2010, p.11. http://www.singstat.gov.sg/pubn/popn/c2010sr1/cop2010sr1.pdf.

③ Singapore Department of Statistics, *Census of Population*, 2010, p.10. http://www.singstat.gov.sg/pubn/popn/c2010sr1/cop2010sr1.pdf.

④ Zhengxu Wang、Ying Yang, *Is China's soft power dominating Southeast Asia? China Policy Institute*, The University of Nottingham, October 2008. http://www.nottingham.ac.uk/cpi/documents/briefings/briefing-44-china-soft-power-southeast-asia.pdf.

显示的那样，从基数上来看，中文在新加坡的使用人数目前而言仍然占有优势，然而随着时间的推移，尽管华人在新加坡的人口中仍然是主体民族，然而青年一代在美国文化的教育与熏陶下已经出现了向美国文化倾斜的趋势。在这种情况下，如何提高年轻一代，尤其是华族的年轻一代对中国语言、文化的熟悉以及喜爱程度，是中国提升国家文化软实力必须考虑的重要因素。

2. 新加坡赴中美留学的人数比例

根据美国教育部驻新加坡办事处的最新统计数据，2011 年共有 4316 名新加坡学生赴美留学。[1] 而到中国留学的新加坡学生则有 3198 名。[2] 根据运算，新加坡学生赴中美留学的人数比例为 0.741，这体现了新加坡人在选择留学国家时更多地倾向于美国。这一比例的出现，除了受到下一指标——全球高等教育学校的排名影响之外，笔者认为更多地与美国的教育理念以及相关部门推行的公众外交、推广的人才培训项目、通过奖学金等其他优惠措施吸引全球的高层次人才到美国继续教育或交流等因素密切相关。

一方面，美国对人才吸纳与培养方面的重视以及投入力度是选择海外留学人员考虑的重要因素之一。美国大学一般对优秀的人才都有相应的资金和政策支持，学生享受从申请入学到减免学费，再到申请部分乃至全额的奖学金的机会。而且，除了正常程序的留学申请以外，美国还有一系列针对各个领域和各层次人才的交流、培养计划，通过这些常规化的一年一度或一年几次的访学项目，美国在吸引人才方面始终保持着领先的优势。

另一方面，美国的教育理念以及教育方法也处于世界的领先水平。美国的大学大多实施灵活的学分累计方法，学生可以根据自身爱好和特长自由选择专业，并根据自身的能力和实际情况在较为灵活的时间内完成学业。此外，美国的学历在世界范围内的认知度较高，学生普遍较为容易在就业市场上获得较为理想的职位和薪酬。

---

[1] 该数据是笔者通过邮件咨询美国教育部驻新加坡办事处咨询部门，经由 Deborah Wilson 答复获得。

[2] 梁嘉芪：《越来越多学生自费到中国留学》，来自中国大使馆的数据，http://www.zaobao.com/edu/pages4/edunews100504a.shtml。

以上各种因素综合在一起，不仅反映出美国在教育方面对世界各国留学生的巨大吸引力，同时也反映出美国通过提供世界一流的教育资源，成功吸引世界各地的人才到美国留学，从而亲身领略和体会美国社会文化的社会现实。毋庸置疑，美国在为这些人才提供教育的同时，也为其自身更好地推广美国文化提供了巨大的机遇。

反观中国，国内的教育体系尽管仍在不断完善的过程中，然而与美国这些拥有着完备教育体系的发达国家相比，其对留学生的吸引力以及其本身的教育质量等方面都存在着相当大的差距。而教育，尤其是高等教育的发展，不仅与一国的未来发展紧密相关，而且对于更好地宣传和发扬我国的文化有着至关重要的推动作用。只有不断地吸引更多的海外留学生到中国来学习和交流，人们才能亲身体验中国文化的博大精深，才能更好地接受并理解现代中国的现状与发展。

3. 中美高等学府在世界大学前 200 名中的数量

根据泰晤士高等教育世界一流大学 2011—2012 年度的排名名单，位列世界前 200 名的美国高等学府共有 76 家，而中国，包括香港和台湾地区，仅有 8 家大学入选。而且，纵观排名中前 10 名的位次，美国的大学占据了其中的 7 家。而入围的中国大学中，排名最前的香港大学已经位列 34，北京大学仅排在第 49 位。[①] 中美两国高等教育之间的差距从此排名中可见一斑。

泰晤士高等教育世界一流大学排名名单是根据 13 项指标对高等学府的运行进行全方位评估，包括对大学教学、科研、影响力、产业收入、国际前景等五个方面进行评估。这一排名名单即使存在一定程度的误差或者主观判断，但对高等学府间所进行的这五大方面的综合测评，在允许的误差范围内仍有效地反映了国家间教育资源的质量和距离。根据对这一分指标的运算，中美在此项指标下的比例是 0.105，在评估体系所选取的指标中的数值最低。

这一比例显示出中美之间的高等教育资源的发展水平存在着巨大的差距。美国不仅在数量上占据了世界一流大学的多数，而且，美国入围该排名的大学

---

① Thomson Reuters, the Times Higher Education's list of the world's top universities for 2011-2012, http：//www.timeshighereducation.co.uk/world-university-rankings/.

均位列名单的较前位置。这也就体现了美国高等教育无论在总量方面还是在质量方面都具有强大的竞争力和生命力。这些教育资源不仅是国家未来发展的关键，而且也是传播发扬国家文化、价值观的重要途径。

具体到中国的教育资源，尽管当代中国的教育体系已经形成雏形，然而由于历史以及体制等因素，中国的教育资源尚未形成最合理的分配格局。目前我国教育体系以及教育质量存在不少诟病，暂不论国内教育体系在帮助传承我国文化方面成绩如何，单就对国民的教育而言，仍大多停留在应试教育的层面。尽管素质教育已经提倡良久，然而中国的教育体系改革以及对教育资源的重新整合仍有待进一步完善。

4. 中美文化商品与服务的出口比例

文化的有效传播对于一国文化的传承与发展至关重要。其中，文化商品以及服务的出口是文化走出国门推向世界的有效传播途径之一。根据联合国教科文组织对文化产品与服务的国际流动分析数据，包括文化遗产、书籍、报刊、其他印刷品、灌录产品、观赏类艺术产品、视听类产品等在内的文化商品国际流动中，美国在 2002 年的主要国际流动文化产品总额约为 76.48 亿美元。而中国大陆本身当年的文化产品总额约为 52.75 亿美元。[①]（这里引用 2002 年相对较为陈旧的数据，主要是因为根据相关搜索，联合国教科文组织仅在 2005 年发布了世界各国自 1994 年到 2003 年的文化产品流动统计数据。此后，联合国教科文组织虽然就文化资源的统计框架出台过系列文件，然而却没再对各国的文化产品流动作具体的数据分析。——笔者注）

在计算中国的文化商品与服务出口总额的过程中，包括了香港、澳门以及台湾地区的文化产品出口总额，此时的中美两国的文化商品与服务的出口比例为 0.765。单从比例上看，中国与美国文化产出的差距并不算巨大。然而，如果这一变量的统计源除去香港、澳门和台湾地区的文化产出后，那么单以中国大陆的文化产出来计算，中美两国之间的文化产出差距将会更大。

数值上的比较反映的是两国在文化产业上的量化差距，而在具体的生产流

---

① *International flows of selected cultural goods and services*，*1994-2003*，UNESCO Institute for Statistics. Ref：UIS/AP/05-01：57-59.

通过程中，美国的文化产业链，从好莱坞的影视产品到饮食企业再到其媒体行业，所有的与文化相关的产业在全球范围内彰显出来的影响力不容忽视。从国际关系视野来考察媒体在外交政策，尤其是软实力上的角色和定位，其核心问题是媒体和政策之间的互动。①

具体来看，美联社、路透社和法新社是当前全球新闻体系中三大主要通讯社，"尽管世界上还有近百个其他新闻通讯社，但看起来它们根本无法打破由三个主要通讯社的全球垄断"②。其中，美联社更是主导当前世界新闻传播的重要媒体。③ 表5-3是对美联社产品与服务的归纳，从表格中所列举的种类以及简介可以清楚地了解到美国新闻体系的具体运作不仅包含对新闻的传播、对世界新闻体系的舆论导向影响，而且还包含了对政府、其他商业领域的多种服务。④

表 5-3　美联社（AP）产品与服务一览表

产　品　种　类	产　品　简　介
报纸服务（AP Newspaper Services）	以各种"套餐"形式为报纸提供新闻、特写、图片和图表资料等
广告递送服务（AP ADSEND）	国际范围内的数字广告递送和管理服务
网站（The WIRE）	美联社的新闻网站
广播服务（AP Radio）	为广播提供音频、文字等各种新闻与信息服务
电视服务（AP Television）	为美国国内的电视台提供各种新闻与信息服务
国际电视服务（Associated Press Television News，APTN）	该部是美联社为国际电视提供各种新闻与信息服务的一支队伍，主要提供电视新闻、广电传送服务、根据客户要求制作的中东报道、每周与每日娱乐新闻和体育电视新闻、集有自1963年至今的电视国际新闻和特写、1900—1970年出产的新闻影片的资料库，以及相关技术服务
电子新闻采编系统（Electronic News Production System，ENPS）	开发这套系统提供给全球范围内的音频、视频和网络等电子新闻和编辑室使用

---

① 李希光、周庆安主编:《软力量与全球传播》，清华大学出版社2005年版，第75页。

② Philip M. Taylor, *Global Communication*, *International Affairs and the Media since 1945*, London：Rougledge，1997，p.68.

③ William A. Hachten ed., The World News Prism：Changing Media of International Communication 3ʳᵈ，Ames：Iowa State University Press，1992，p. 44.

④ 参见美联社总网站 http：//www.ap.org，转引自李希光、周庆安主编:《软力量与全球传播》，清华大学出版社2005年版，第85页。

续表

产　品　种　类	产　品　简　介
数字产品（AP Digital）	为全球各网站、无线媒体经营商及其他新媒体经营商提供各种文字、音频、视频、图片、图表等多媒体的新闻与信息
信息服务（AP Information Services）	直接为政府和商业机构提供新闻与信息，尤其是根据客户所在地提供有针对性的独家新闻和信息
电信网络（AP Telecommunication）	运营陆上和卫星通信网络，为全球范围内的客户提供向世界各地传输信息和数据的服务
图片库（包括 AP Photo Archive 和 AP Wide World Photos）	为全球范围内的报纸、杂志提供图片的图片库，总计 75 万张，包括收藏的各类历史和新闻图片

再从美国文化产业的其他媒介来观察，CNN 拥有包括 CNN 国际台（CNN International）在内的 16 家有线和卫星电视网、2 家广播网，以及包括 cnn.com 在内的不同语言的面向不同地区的 12 个网站，包括 CNN 亚洲网（CNN.com Asia）。[①] 而在报纸杂志方面，《新闻周刊》、《时代》等杂志也呈现出受众国际化、精英化、针对性强，且新闻扩散渠道多样、全球化与本地化相结合等特点。

《新闻周刊》（News Week）除了基本的针对本土读者的版本之外，还发行了各种国际版（Newsweek International），包括大西洋（地区）版、亚洲版、拉美版和澳洲版四个版本。[②] 而《时代》（Time）杂志也着眼于国际读者群，除了设置不同的国际版本，《时代》欧洲版（Time Europe）、《时代》亚洲版（Time Asia）、《时代》太平洋（地区）版（Time Pacific）和《时代》加拿大版（Time Canada）等，值得一提的是，《时代》杂志还有特别针对不同年龄段的儿童版本——《时代》儿童版（Time for Kids），这一版本还细分为三大版，为各年龄段的儿童提供更为适合的新闻和信息。[③]

---

① 参见 CNN 所属母公司美国在线——时代华纳网站，http://www.aoltimewarner.com，转引自李希光、周庆安主编：《软力量与全球传播》，清华大学出版社 2005 年版，第 89 页。

② 参见 http://www.MSNBC.com。

③ 参见 http://www.aoltimewarner.com，转引自李希光、周庆安主编：《软力量与全球传播》，清华大学出版社 2005 年版，第 87 页。

毫无疑问，美国文化产业中的佼佼者，世界性的通讯社、国际化的电视媒介、国际化的印刷媒体等，提供的不仅仅是无孔不入的信息报道，更为重要的是美国的文化触角已经遍及世界各个角落，而且其精确的受众群使得美国文化在持续、有效地向外推广和宣传。

反观中国，由于受众群体数量的庞大以及消费的需求，进口的文化产品数量自然相当可观。然而在出口中国本身的文化产品或服务方面，无论中国文化产业的发展，还是中国文化产业的实际产出都存在着巨大的不足，甚至呈现出一些致命的缺陷。一些本属于我国文化产业的资源，在国内却往往被忽视，乃至出现我国文化资源被外国文化产业加以运用，并形成他国文化产出的局面，如《功夫熊猫》、《花木兰》等一系列文化商品的出现。

而在信息报道方面，中国的媒体在报道国际事件，尤其当该事件与中国无关时，由于中国派驻外地的记者数量有限等因素的制约，其报道经常引用美国媒体的信息源。而关于一些国内事件的报道，往往在国内尚未见之于报之前，民众已可从各种媒介看到国外媒体对事件的相关报道，这也就造成了间接剥夺中国政府和媒体对事件的独立阐释权利的局面，国家形象也因此被动地由外国媒体刻意塑造，甚至被抹黑、被妖魔化。因此，在信息媒体的报道设置议程上，中国应当寻求不断提升其国际传播水平、积极拓展对外传播的形式。只有通过对国家媒体，如新华社、中国国际广播电台、中央电视台、人民日报等，以及非官方传播渠道，如网络媒体、非官方组织等，进行相应的报道议程改进，才能从根本上改变信息报道落后于人，导致中国媒体国际公信力下降的局面。

应该指出的是，中国的文化的确源远流长、博大精深，然而在如何应用并产生与之相匹配的国际影响，最终形成我国独特的文化产业这一问题上，我们仍需要深入思考。

（二）中美在新加坡的经济软实力比较

1. 中新与美新贸易额占新加坡对外贸易总额的比例

据新加坡工贸部公布的年度数据，在2010年新加坡对外贸易的十大伙伴中，中国位列第三（仅次于马来西亚和欧盟），占据了新加坡对外贸易总额的10.6%，而美国则占其中的8.7%。[①] 2011年，美国从新加坡对外贸易十大伙伴的第四名滑落至第五名，美新的贸易总额占新加坡对外贸易总额的7.9%。中国则保持在第三位，占新加坡对外贸易总额的10.4%。[②] 前文在分析中新关系时已提及，在中新双边关系的发展过程中，经济贸易关系是至关重要的一环。从这两年的数据变化，可以看出中新之间的对外贸易一直保持着较为稳定的发展。

从天津生态城、苏州工业园、广州知识城等一批中国与新加坡两国政府重点合作的大型项目，可以看出两国在经济合作方面的紧密关系。由于中国与新加坡都属于外向型导向为主的经济发展模式，两国之间贸易联系的不断加强有利于两国国民经济的发展，同时也促进了两国在双边关系上的稳定与发展。随着中新两国贸易量的不断增长，加上中国—东盟自由贸易区以及中新FTA的积极推动，两国在经济方面的互动频繁。经济利益上的捆绑，必然增加两国在其他领域的交流与合作。而评估体系中这一指标的标准数值为1.316，这也表明了中新经济关系上的良好现状以及积极的发展态势。

值得注意的是，虽然在贸易总额方面，美新之间的双边贸易额不如中新之间的那么多，而且美新贸易占新加坡对外贸易的比例也出现下滑的迹象，但是在贸易的结构方面，中美与新加坡之间的贸易则呈现另外一番景象。中国的对外贸易产品中以劳动密集型产品为主，而美国的对外贸易产品则体现出在资本以及技术密集型产品方面的优势。[③] 劳动密集型的产品其产生的附加值较低，而技术密集型的产品其附加值较高且具有一定程度上的不可替代性。也就是说，中新贸易仅是在量的方面取得相当的规模，然而在贸易的质量方面还有待加强。处于低级水平的劳动密集型产品贸易容易复制，且所得利润相对有限。

---

① Ministry of Trade and Industry, Republic of Singapore. Economic Survey of Singapore，2010，February，2011：ⅳ.

② Ministry of Trade and Industry, Republic of Singapore. Economic Survey of Singapore，2011. February，2012：ⅳ. http://app.mti.gov.sg/data/article/27241/doc/FullReport_AES2011.pdf.

③ 毛其淋：《CAFTA框架下的中国与新加坡双边贸易分析》,《石家庄经济学院学报》2010年第2期。

而处于高端的技术密集型产品，尽管在数量方面可能一时无法与劳动密集型产品相提并论，然而其巨大的利益附加值以及不可复制性对于一国的经济竞争力而言是相当宝贵的。

因此，从中新与美新贸易额占新加坡对外贸易总额的比例这一指标而言，尽管中新之间的贸易额是美新之间的 1.3 倍，然而在产品可持续发展、产品的附加值、产品的竞争力等方面，中国仍有较大的改善空间，即在充分发挥我国丰富的劳动力资源、劳动力成本低廉等优势的基础上，加快我国产业的结构调整和产业升级。对外贸易结构的优化，不仅有利于一国经济的快速发展，而且有助于提高一国在国际市场上的产品竞争力。而产品的竞争力则往往可以提升一国的经济软实力。

2. 中美对新加坡的 FDI 占新加坡吸收 FDI 总额的比例

本评估体系中计算的中国对新加坡 FDI 总额已包含香港、台湾地区的份额。据新加坡统计局 2011 年 12 月 30 日公布的数据，2010 年外国对新加坡的总投资额共 6218.845 亿新元，其中中国对新加坡的投资总额为 356.817 亿新元（中国大陆的投资额为 117.185 亿新元，香港地区的投资额为 182.089 亿新元，台湾地区的投资额为 57.543 亿新元）。而美国对新加坡的投资总额为 671.895 亿新元。[①] 因此，中美对新加坡 FDI 占新加坡吸收的 FDI 总额的比例分别为 5.73767% 和 10.80418%（为最大限度保证比例的计算准确率，该比例在计算中按实际运算所得，并未进行四舍五入）。换而言之，中国对新加坡 FDI 占新加坡 FDI 总额的比例约为美国占新加坡 FDI 总额比率的 0.5 倍，即 5.73767%/10.80418%，中美之间的比例为 0.531。[②]

从上文的数据可以看出，中国对新加坡的 FDI 无论从总量还是从比例而言都仅占新加坡吸收外国投资总额的一小部分。评估体系中中国的相关统计数据都包含了包括香港、台湾地区在内的份额。而实际上，香港地区对新加坡的投

---

① Foreign Direct Investment in Singapore by Country/Region 2006–2010, Singapore Department of Statistics, 30 December 2011. http://www.singstat.gov.sg/stats/themes/economy/biz/foreigninvestment.pdf.

② Foreign Direct Investment in Singapore by Country/Region 2006–2010, Singapore Department of Statistics, 30 December 2011. http://www.singstat.gov.sg/stats/themes/economy/biz/foreigninvestment.pdf.

资总额已经远超过了中国大陆对新加坡的投资额度。因此，如果单以中国大陆的投资总额来计算的话，中美之间的比例将会拉开更大的差距。

实质上，中国与新加坡在吸纳 FDI 资金上，更多地表现为一种相互竞争的关系。两国同为亚洲国家，而且两国的经济都属于外向推动型，对于外国的投资资金以及国外的市场有着相当程度的依赖性。相应地，在外国 FDI 尤其是针对亚太地区的 FDI 总额一定的前提下，一国吸纳的 FDI 越多，另一国能获得的 FDI 自然相对减少。尽管如此，吸纳 FDI 仅仅是经济发展的其中一个方面，中新两国在双边经济交往中，可以趋利避害，充分利用两国的各种资源，最大限度地发挥两国在产业上的互补优势。

3. 中美的全球竞争力排名

随着全球化的不断发展，一国的竞争力强弱对于其发展国家经济、提升综合国力有着深刻影响。在本部分构建的评估体系中，引用了世界经济论坛发布的年度全球竞争力报告中的相关数据。根据 2011 年世界经济论坛公布的年度报告，虽然中美之间的全球竞争力得分比例为 0.902（其中，中国得分为 4.9 分，而美国为 5.43 分），① 从数据上显示中美之间的全球竞争力差距较小；但是从该年度报告的另一方面——排名上看，美国的全球竞争力位列第 5（较 2010 年下降了 1 位），而中国的排名则为第 26（较 2010 年上升了 1 位）。② 第 5 名与第 26 名的差距明显是巨大的。

这一差距的深层次原因，可以从该报告所根据的 12 个全球竞争力指数中得到启示。世界经济论坛把包括"制度、宏观经济环境、市场规模、基础设施、商品市场效率、健康与初级教育、高等教育与培训、商业成熟度、劳动力市场效率、金融市场的发展、技术支撑基础以及创新等在内的 12 个竞争力支柱"作为全面衡量一个国家竞争力状况的重要依据。③ 因此，造成中美之间的排名距离的原因也就在于在这 12 项的指标中，中国与美国之间的不同发展程度。

---

① http://www3.weforum.org/docs/WEF_GCR_GCI_Rankings_2011-12.xlsx.

② The Global Competitiveness Index 2011–2012 Rankings, World Economic Forum. http://www.weforum.org/gcr.

③ The Global Competitiveness Index 2011–2012 Rankings, World Economic Forum. http://www.weforum.org/gcr.

不可否认，从制度框架到基础设施的建设，从初级教育到高等教育的各层次培训，从市场效率到高新技术的支撑，从商业的成熟度到国家的创新能力等，美国在这些方面都已经取得了相当的成绩，这也是其成为当今世界唯一超级大国的重要支撑。而中国虽然近三十年以来在经济建设、社会发展方面取得了举世瞩目的成就，然而中国内部仍有许多需要完善的方面。中国产业结构的问题，中国在市场效率和商业成熟度的有待完善，以及科技创新欠缺等都显示出在追求国家经济快速发展的同时，也需要重视经济发展的质量，以及与之相适应的社会宏观环境。温家宝总理 2012 年 3 月在全国人民代表大会上作的年度工作报告中提出 2012 年中国 GDP 的增长目标为 7.5%。[①] GDP 增速预期的放缓除了对于现有宏观经济环境的考虑之外，更多的还是有意识地通过转变经济发展方式，提高经济的发展质量和效益，从而建立更高水平、更高质量的可持续发展经济。

另一方面，从该竞争力排名的变化来看，虽然中美之间排名存在一定的距离，然而美国却是出现了排名连续三年下滑的现象，而中国排名则每年都有所进步。这从另外一个角度反映出中国在经济发展的同时，其国际竞争力也在稳步的增长当中。此外，香港特别行政区排在了该名单的第 11 位，中国台湾则排名第 13 位。[②] 诚然中国的国际竞争力仍有许多不足的地方，然而中国的竞争力也正在不断的改善当中，并且呈现出稳健的增长势头。

4. 新加坡在中美的对外投资额度比例

由于评估体系中所有涉及中国的数据都包含了香港以及台湾的份额，因此在计算新加坡对中美两国的对外投资额度比例时，中国的份额是美国的 6.903 倍。而单从 2010 年新加坡对中国大陆的对外投资额度 681.774 亿新元来看，

---

① 温家宝：《2012 年政府工作报告全文》，http://www.china.com.cn/policy/txt/2012-03/05/content_24808051.htm。

② 凯·布切尔：《新加坡和中国取得优良竞争力排名成绩，亚洲各国表现各不相同》，http://www.weforum.org/news/%E6%96%B0%E5%8A%A0%E5%9D%A1%E5%92%8C%E4%B8%AD%E5%9B%BD%E5%8F%96%E5%BE%97%E4%BC%98%E8%89%AF%E7%AB%9E%E4%BA%89%E5%8A%9B%E6%8E%92%E5%90%8D%E6%88%90%E7%BB%A9%EF%BC%8C%E4%BA%9A%E6%B4%B2%E5%90%84%E5%9B%BD%E8%A1%A8%E7%8E%B0%E5%90%84%E4%B8%8D%E7%9B%B8%E5%90%8C。

与对美国的投资额度 140.383 亿新元之间也存在着接近 5 倍的差额。① 在新加坡 2010 年对外投资的 3932.686 亿新元总额中，对中国的投资占据了其中的 24.6%，而对中国大陆的投资额占总对外投资额的 17.3%，对美国的投资额则占总对外投资额的 3.6%。②

从具体投资区域而言，新加坡对外投资的主要目的地仍以亚洲地区为主，"亚洲国家和地区仍是其（新加坡，笔者注）直接投资的主要市场，达到了 1898 亿新元，占直接投资总额的 52.8%"，而在亚洲各国中，"中国是新加坡直接投资的首选地"。③ 实际上，不管从两国政府间合作的几个大型项目，还是从两国民间的企业相互合作与交流，无不显示出中新两国在经济领域合作的方兴未艾。

与此同时，需要特别注意的是，经济软实力的大小，不仅要关注其"量"的大小，而且更多地还要关注其"质"的优劣。前已述及，中新贸易已经超越美新贸易的总额，但是在量的基础上，再深入分析其质的结构，不难发现，中美之间仍存在着相当的差距。首先是中美两国与新加坡之间的贸易产业结构，其次就是中国企业在新加坡的实际竞争力。以后者为例，根据新加坡经济发展局（Singapore Economic Development Board，EBD）2011 年的统计，已在新加坡设立基地、区域或全球总部的跨国公司名录中，美国的跨国企业有 5 家，而中国仅有 3 家。④ 这一数值与中美在对新贸易中所表现出来的数值有着截然不同的反映，同时也表明了中国在发展经济的过程中，保证量的同时，还需要在质方面多下功夫。

（三）中美在新加坡的外交软实力比较

1. 中美在联合国人类发展指数中的得分比例
联合国人类发展指数（Human Development Indicators，HDI）是由联合国

---

① Total Direct Investment Abroad by Country/Region，2006–2010，Singapore Department of Statistics，30 December，2011. http://www.singstat.gov.sg/stats/themes/economy/biz/investmentabroad.pdf.

② 根据 Total Direct Investment Abroad by Country/Region，2006–2010，Singapore Department of Statistics，30 December，2011 公布的数据计算所得。

③ 陶杰：《中国是新加坡投资首选地 亚洲仍是主要目的地》，中国经济网，2011 年 4 月 29 日，http://news.hexun.com/2011–04–29/129174270.html。

④ 新加坡经济发展局 2011 年回顾，http://www.edb.gov.sg/edb/sg/zh_cn2/index/news/articles/yir2011.html，2012 年 2 月 14 日。

开发计划署根据卫生、教育和收入这三个基本维度，对成员国经济、社会发展水平进行综合评估，以揭示国家的优先发展目标，并通过对人类发展指数的具体分析，发现一国在社会发展过程中出现的薄弱环节，并就此提供经济与社会发展方面的预警服务。

根据该指数 2011 年度的报告，中国的 HDI 为 0.687，位列第 101 名；美国的 HDI 为 0.910，排名第 4。[①] 中美两国分别处于中等人类发展线以及高度人类发展线的上方。具体而言，中国的人类发展指数高于中等人类发展线 0.630 的平均指数，也高于太平洋以及东亚地区的 0.671 平均指数，同时也比世界人类发展线的 0.682 平均指数要高。[②] 而美国 0.910 的指数得分则比高度人类发展指数 0.889 以及世界人类发展平均指数 0.682 高出许多。[③] 尽管中国的人类发展指数与美国的指数存在着一定的距离，然而考虑到中美两国的具体国情，一个为发展中国家，一个为发达国家，两者间的人类发展差距也就在情理当中。

更为重要的是，中国虽然暂时无法与美国的人类发展指数相提并论，但是中国的发展指数呈逐年上升的趋势，并且已经处在了中等人类发展指数、地区人类发展指数以及世界人类发展指数的平均线之上。因此，由于中美实际综合国力的差距，两国在人类发展指数得分上的比例虽为 0.755，然而中国的经济、社会发展却是在不断进步的过程当中。中国在人类发展指标中的上升趋势，除了显示出中国国家实力的不断提高，同时也反映出中国在国家发展过程中呈现出来的有益于人类发展的，不断上升的软实力。

2. 中美在全球治理指标中的得分比例

全球治理指标（The Worldwide Governance Indicators，WGI）由布鲁金斯学会、世界银行发展研究小组以及世界银行学院三方机构，通过话语权、政权稳定、政府效能、监管质量、法治成效以及对腐败的治理六大方面对 213 个经济

---

① International Human Development Indicators，UNDP. http：//hdrstats.undp.org/en/countries/profiles/CHN.html，http：//hdrstats.undp.org/en/countries/profiles/USA.html.

② International Human Development Indicators，UNDP. http：//hdrstats.undp.org/en/countries/profiles/CHN.html.

③ International Human Development Indicators，UNDP. http：//hdrstats.undp.org/en/countries/profiles/USA.html.

体（economies）在 1996—2011 年期间的表现作出评分。

该指标 2011 年对中国的综合评分为 -3.48，而美国则为 7.14。[①] 由于受到政治体制差异等因素的影响，中国在六大国家治理的分指标评分中，仅在"政府效能"这一分指标中取得了正数得分 0.12，[②] 而其他分指标皆被评定为负分。根据中美两国的得分，中美之间的得分比例为 0.487。

暂且不讨论政治制度方面的因素，由于中西方政治制度的差异，该项指标的得分值得商榷。就中国的发展而言，中国在近三十年的改革开放过程中所取得的成就世界瞩目，中国特色社会主义道路也被部分学者称为"北京共识"。无论这一共识是否真实存在，其对于促进中国经济、社会的发展确实起到了巨大的推动作用。

与此同时，中国现有发展模式中所产生的系列问题也需要得到各界的重视和帮助。如在"管理质量"这一指标中，中国的得分为 -0.23；而在"法治"这一指标中，中国的评分为 -0.35；在"治理腐败"这一指标中，中国的评分为 -0.60。[③] 这些治理指标虽然不代表、也不一定反映事实的全部，然而在某种程度上该指标的评分，尤其是获得负分的指标，揭示了在完善国家治理、促进社会发展等方面，中国仍有可以做得更好的可能，这同时也是中国提升软实力的巨大空间。只有把治理国家的相关方面不断完善，中国的综合实力才能得到最快的提升，同时中国的国家形象以及外交软实力也将因国家的良好治理而得到世界的认可。

3. 中美国家模式的吸引力

根据约瑟夫·奈的软实力理论，一国的软实力由文化、政治价值观以及外交政策组成。这其中的政治价值观，在某种程度上而言，指的就是一国的国家发展模式。"华盛顿模式"早已被大多数学者认可，而在现有的文献中对"北

[①] Worldwide Governance Indicators 2011, The World Bank Group. http://info.worldbank.org/governance/wgi/sc_country.asp.

[②] Worldwide Governance Indicators 2011, The World Bank Group. http://info.worldbank.org/governance/wgi/sc_chart.asp.

[③] Worldwide Governance Indicators 2011, The World Bank Group. http://info.worldbank.org/governance/wgi/sc_country.asp.

京共识"的是否存在及其具体内涵的争论尚无定论，因此在选取该指标时，由于资料来源以及可量化数据的局限，本指标的量化参考了阎学通教授在对中美两国国家模式吸引力的定量研究中所采用的数据——相似政治制度国家的数量比。依据"世界上与美国政治制度相似的国家为 146 个，与中国政治制度相似的国家为 23 个"，"中国政治模式的国际普遍程度约为美国的 15.8%"[1]，即中美之间的比例为 0.158。

从指标得出的最终数据来看，中美国家发展模式的吸引力悬殊很大。需要指出的是，冷战结束后，国际体系中对国家间意识形态的差异正在逐渐淡化，一国的发展模式除了政治制度之外，还涉及经济、社会等多个层面。中国发展模式的实践符合中国的实际国情，同时也推动了中国经济的不断发展。中国已有的发展成果已经吸引了不少国家，尤其是拉丁美洲、非洲、苏联加盟共和国的成员等国家的目光。[2] 对于大部分国家而言，中国更多地意味着贸易与投资的机会，而这正是国家领导人着重考虑的主题之一。事实上，不仅与中国有着相似政权类型的国家，而且一些自由民主国家，如印度、巴西等都对"北京共识"表现出极大的兴趣。[3]

除了国家经济发展之外，中国在坚持中国特色社会主义制度的基础上奉行独立自主的外交政策，在亚洲金融危机、印度洋海啸等事件中，积极地为地区的稳定与发展作出贡献；同时在对外交往中坚持互不干涉内政原则，尊重各国的主权，中国的对外援助、对外政策等与西方某些国家的有条件的援助形成了鲜明的对比。中国在积极承担相应的国际责任与义务的同时，也得到了世界大多数国家的尊重，这也成为中国软实力的重要来源。

4. 中美在新加坡的国家形象

这一指标的数据来源于台湾"亚洲民主动态调查"（The Asian Barometer

---

① 阎学通、徐进:《中美软实力比较》,《现代国际关系》2008 年第 1 期。

② Bonnie S. Glaser and Melissa E. Murphy, "Soft Power with Chinese Characteristics: the Ongoing Debate", See Chinese Soft Power and Its Implications for the United States: Competition and Cooperation in the Developing World, a report of CSIS smart power initiative, edited by Carola McGiffert, March 2009, Washington D.C.

③ Yanzhong Huang and Sheng Ding, *Dragon's Underbelly: An Analysis of China's Soft Power*, East Asia, winter 2006, Vol. 23, No. 4, p. 29.

Survey，ABS）在 2008 年专门针对新加坡公民进行的有关中美两国的国家形象的调查。调查的最终统计结果显示，新加坡公民对中美两国的国家形象评分分别为 5.66 和 5.82（评分区间为 1 至 10 分）。[①] 无论从得分还是从数据标准化运算后得出的比例 0.973，中美在新加坡的国家形象旗鼓相当。

根据英国诺丁汉大学中国政策研究所对这一调查数据的分析，新加坡公民的民族、语言、历史、年龄以及个人因素等都对中美的国家形象观感产生直接、或间接的影响。具体而言，新加坡公民中使用英语作为日常语言的人群对中国的好感少于（less favorably）讲中文或其他语言的人群；而新加坡较为富裕的中上层人士，由于大多在美国、英国接受教育，对于中国的观感也低于较常使用中文的低收入群体（lower-incomes）；老一辈的新加坡公民也相对年轻一代（出生于 1965 年以后）对中国有较好的观感。[②] 这就表明，在新加坡的社会中，新加坡公民对中国国家形象的观感存在着年轻一代与老一辈、知识分子与普通民众之间的区别。

而在 2003—2005 年，在一项专门针对新加坡国立大学本科学生进行的问卷调查中，在"如果新加坡要改变，变得更像另外一个国家的话，你希望新加坡成为哪个国家？"这一题目的回答上，分别有 24 个学生选择了日本和美国作为希望新加坡成为的国家；有 16 个学生选择了澳大利亚，有 10 个学生选择了中国。[③] 根据分析，新加坡学生在考虑选择哪个国家时，主要考虑的因素包括了国家的经济繁荣、政治和社会生活的自由、社会福利、文化价值观、生活的舒适度等。由新加坡学生对国家的选择以及其考虑的因素可以看出，一国的国家形象不仅涉及国家的经济发展，而且包括了经济、社会、文化等方面的内容。

前后两项面向新加坡公民进行的问卷调查结果，首先表明了美国在新加

---

① Zhengxu Wang、Ying Yang，"Is China's Soft Power Dominating Southeast Asia？" China Policy Institute，The University of Nottingham，October 2008，p. 5. http：//www.nottingham.ac.uk/cpi/documents/briefings/briefing-44-china-soft-power-southeast-asia.pdf.

② Zhengxu Wang、Ying Yang，"Is China's Soft Power Dominating Southeast Asia？" China Policy Institute，The University of Nottingham，October 2008，p. 5. http：//www.nottingham.ac.uk/cpi/documents/briefings/briefing-44-china-soft-power-southeast-asia.pdf.

③ Eric C. Thompson，"Singaporean Exceptionalism and Its Implications for ASEAN Regionalism"，*Contemporary Southeast Asia*，Vol. 28，No. 2，August 2006，p. 196.

坡公民的认知里有着良好的国家形象。无论2005年关于"希望新加坡成为哪个国家"的问卷回答，还是2008年对美国国家形象的评分，美国在新加坡都保持着一个相对较好的国家形象。而就中国而言，虽然在2005年的问卷调查里，中国仅仅排在了第四位，然而在2008年的问卷调查中，中国的国家形象得分已经与美国接近。可见中国的发展已经获得了较之前更多的认可和肯定。

诚然，国家形象的塑造是一个长期的、连续的历史过程，就中国在新加坡的国家形象而言，调查中有关年龄、文化层次等因素造成的对于中国观感上的区别，表明中国需要更加注重与在英语环境中成长的青年一代进行更多、更有效的长期交流与沟通，同时也应更加注重在面对知识分子与普通民众时，分别采取的不同沟通方式。大学生很有可能大部分都将成为一国下一代的中产阶级成员，对一国的未来有着重要的影响。因此，在塑造国家形象的过程中，还需要特别注重与这一阶层的交流与接触。

（四）中美在新加坡的综合软实力评估

纵观整个软实力评估体系，中美两国的软实力在各要素的分指标下显现出各自的优势和不足。同时，评估体系虽然仅就中美两国在新加坡的背景下进行应用，然而本体系中的指标，特别是一些来源于国际机构的统计指标，在一定程度上反映了中美软实力方面的差距。

首先，从总体上看，中美两国在新加坡的综合软实力比例约为1.259。该数据表明在既定的评估体系中，中国在新加坡的软实力要比美国的相对较强一些。由于软实力中一些难以量化的指标没有纳入评估体系中去，因此该评估结论将与本章下一部分对中美软实力在新加坡的软实力定性分析结论进行比对。

单从本综合评估体系的最终结论来看，中国在新加坡的软实力是美国的1.259倍。这一结论与一般对中美软实力进行比较而得出的中国软实力目前且在相当长的一段时期内仍无法赶上美国的结论相悖。

究其原因，最重要的是因为本文在对两国软实力进行比较的框架下，选取了新加坡这一特定社会背景。新加坡是亚洲国家，而且从其地缘政治、人口结构、社会语言使用的比例、历史原因等因素考虑，中国与新加坡的联系有着先天的优势。李光耀不止一次地申明其深受儒家思想的影响，"我不会受到理论的约束，我在三代同堂的家庭长大，这使我成为不自觉的儒家思想者。……儒家强调一个社会要有良好的操作，必须以人民利益为先，而社会利益比个人利益为先。这是与美国原则的主要差异，美国原则强调个人权益有优先权"。[①]显然，李光耀已经道出了新加坡的主要价值取向。

在纵向上，自新加坡建国以来，中新之间由于民间华人华侨与中国国内同胞的联系，以及新加坡以优先发展国内经济为要务的目标，新加坡与中国一直保持并持续发展着两国的经济交往。在横向上，新加坡的主要种族华族，大多数是来自中国的移民，华人华侨是新加坡的经济社会发展过程中的重要组成部分。李光耀，新加坡的开国元老之一，新加坡的前总理、前国务资政、前内阁资政，其祖籍是广东省梅州的客家人。而新加坡所倡导的社会价值观中，中国的传统文化尤其受到重视。种种因素的结合，使中国在新加坡的软实力，尤其是在文化以及经济层面上，从总体上而言与美国在新加坡的吸引力不分伯仲。

其次，具体到软实力的各要素而言，中国的软实力在外交方面、在文化的某些特定环节等仍然十分薄弱。而在经济领域，尽管中国在双边贸易总额等方面已取得相当的成绩，然而要发展中国的经济软实力，还存在着需要进一步完善的地方。

根据评估体系中反映的数据，中国在新加坡的文化软实力仍然有待发展。新加坡的文化，总的看来集中了包括儒家文化、西方文化、马来文化以及印度文化在内的四种文化，其中"儒家文化是主体，是本质，是'体'；西方文化是形式，是'用'"。[②] 中体西用的文化模式，从根本上来说与中国在国家发展、社会实践过程中所倡导的理念一致，两国又同时深受儒家传统文化

---

① ［美］汤姆·普雷特著：《李光耀对话录：新加坡建国之路》，张立德译，现代出版社 2011 年版，第 191 页。

② 孙景峰：《新加坡人民行动党执政形态研究》，华东师范大学 2004 年博士学位论文，第 39 页。

的影响。

从逻辑上来看，中国在新加坡的文化软实力，尤其与崇尚西方文化的亚太地区以外的国家相比，应当有着领先的优势。但是，综合文化软实力的四大指标，中美在新加坡的文化软实力比例为0.77。这一数值直观上表明在新加坡，中国的文化软实力与美国相比仍有一段距离。而从更深层次来看，在新加坡这一以华族为主要民族的亚洲国家中，中国的文化软实力仍无法与远隔太平洋的美国文化软实力相提并论，作为同宗同源的中国文化应该如何更好地归纳、提炼并进行推广，已经是关系到中国全面、长远发展的重要问题。

就中国与美国在新加坡的文化软实力各分指标来看，只有在指标一的语言使用比例上，中国稍微领先。而在其他的三个分指标中，中国的软实力只有美国的70%左右。其中，指标二、三所体现出来的差距，集中反映了中国在教育、文化交流等方面的投入与建设仍有待加强，尤其在关系国家的人才培养、推动经济发展和民族兴旺的大业的教育，特别是高等教育方面，0.105这一数字鲜明地显示出中国与美国之间存在的巨大距离。

在外交软实力这一要素中，根据四大分指标而计算获得的中美在新加坡的外交软实力比例是0.593，这一综合比例表明在与新加坡的外交关系或者说在外交领域上，在保持国家经济持续、快速、健康发展的前提下，中国需要不断加强完善各种体制，解决社会发展过程中所面临的各种问题，并通过灵活多样的外交方式和渠道加强与国际社会的交流。在外交软实力的分指标中，中国在大部分指标中所得到的分数不够理想，同时这也表明了在外交领域，中国的软实力仍有较大的上升空间。

具体到各分指标，指标一、二所反映出来的是中国在国家治理方面表现出来的不完善。当然，不可否认这些指标在相当大程度上受到西方国家价值观的影响，由于中国与西方实行的是不同的政治制度，单凭西方设立的各项标准来衡量中国的发展有需要商榷之处。然而，古语也有云："以铜为镜，可以正衣冠；以古为镜，可以知兴衰；以人为镜，可以明得失"，通过对比，中国可以辨明自身的长处与不足，从而获得更全面的发展。值得肯定的是，在全国人口占世界人口总数约五分之一的中国，经济、社会发展程度已超越大部分的发展中国家。指标一、二中，中国的分值与排名虽然落后于西方发达国家，然而根据这两大指数公布的具体数据，中国的发展又确实已经处在发展中国家的平均水平之上。

在经济软实力这一要素中，中美在新加坡的综合软实力比例在相当程度上是在这一领域拉开了差距。总结在经济领域的四大分指标，中美在新加坡的经济软实力比例为2.413。这一数据表明了中新两国在经济层面上的强大合作现状与趋势。从整个评估体系的指标数值可以看出，中美软实力之间的比例大于1（即中国软实力超过美国）的情况几乎都集中在经济软实力这一构成要素。其中，指标一1.316以及指标四6.903的比例体现了在中新两国的对外贸易总量、对外投资额度等方面，中国与新加坡之间的合作优势是明显的。在保持现有优势的同时，中国在构建综合软实力过程中应当有意识地借助已有的优势，改善薄弱环节，有针对性地提升在新加坡的综合软实力。中新之间的经济联系紧密，在下一部分的定性研究中还将展开探讨。

需要关注的是，在分指标二、三的FDI、全球竞争力等变量下，中国的表现未如美国所呈现的如此理想，在中新双边经济关系紧密并且不断加强的背景下，中新之间的贸易竞争关系、中国对外贸易的产品结构问题等，应当引起足够的重视。中国与新加坡的经济发展都具有出口导向型、严重依赖海外市场的特点，并且两国之间在引进外资、吸纳更多的FDI发展国家经济等问题上是竞争关系，这是其一。虽然中国与新加坡之间的贸易总额呈现逐年增长的趋势，并且已跃升为新加坡的第二大贸易伙伴，但是中国产品在对外贸易中的竞争力相对较弱，优势不明显，甚至缺乏可持续发展性，这是其二。这两大问题涉及国家经济发展的质与量，事关国家经济的可持续发展，既是国家经济硬实力的物质基础，同时也是国家经济软实力的重要依托和来源。

最后，本评估体系中反映出来的软实力薄弱环节，尤其值得中国在软实力建设过程中加以重视。中国在新加坡的软实力较美国而言具有一定的优势，与其软实力应用的对象有着密切的关系。一旦把软实力运用的对象扩大至整个国际社会，中美之间的差距无疑将被拉大。

三、中美在新加坡的文化、经济和外交软实力定性研究

（一）中美在新加坡的文化软实力

1. 中美在新加坡的政治文化软实力 [①]

从总体上看，新加坡政治文化的特殊性表现在以下四个方面："一是有一个高水准的、廉洁奉公的政府；二是实行论功行赏；三是在各个领域均追求卓越的第一流表现；四是多元民族、多元宗教、多元文化和谐相处。" [②] 而根据前文就新加坡以及中美两国的政治文化进行的简略分析，可以明显看到，中美与新加坡之间的政治文化有着相似和相异的地方。从某种程度上来说，其中的这些相似点正是中美两国在新加坡的政治文化软实力的主要体现。奈认为具有相同/相似国家制度的国家之间存在着吸引力，进而产生软实力。

首先，从中国与新加坡的政治文化相似度来看，两国政治文化的文化渊源、政党制度以及执政方式等方面都存在着紧密的联系。

第一，从政治文化的渊源来看，中国与新加坡的政治文化都根源于儒家文化。两国都强调爱国主义和集体主义，都倡导把国家和社会的利益放在首位。虽然两国的国土面积和人口数量有着巨大的差异，然而这两个国家之间还是存在着一些共同的地方。中新两国都具有种族、文化多元性的特点，而且华人的数量在新加坡的人口比例中占据多数，属于主体民族。正是这个关键，使得中新之间的文化保持着必然的联系。

第二，从政党制度来看，中国与新加坡的共同点在于两国都是一党长期执政。目前世界上较为典型的政党制度包括一党制、两党制以及多党制。然而，中国与新加坡结合自身的国情，践行着与传统政党理论相区别的政党制度。前

---

① 所谓"政治文化"，指的是一个民族在特定时期流行的一套政治态度、信仰和感情。而这套政治文化又会随着历史、社会以及经济和政治活动的发展而发生改变。由此定义可以看出，政治文化在很大程度上与一国的历史，尤其是文化方面有着深刻的渊源。也就是说，一国的政治文化其实也是该国文化的有机组成部分。

② 曹云华著:《新加坡的精神文明》，广东人民出版社 1992 年版，第 345 页。

已述及，中国实行的是中国共产党领导下的多党合作和政治协商制，而新加坡实行的政党制度则带有明显的"一党独大"的特点。李光耀对新加坡执政党与政府之间的关系阐释为"自 1959 年以来的 23 年里，人民行动党就是政府，而政府就是新加坡"① 。这一句话清楚无误地反映出人民行动党在新加坡的长期执政地位。显然，中新两国都倾向于把国家政权牢牢地掌握在特定的政党手中，其他民主党派即使有机会获得参政议政的权利，但是有朝一日掌控国家政权的希望显然是不现实的。

第三，从执政方式来看，中国与新加坡的执政党都寻求通过对国家政治和社会生活上的完全掌控，追求实现国家经济利益最大化的目标。在这一目标驱动下，两国执政党实行的都是大政府的职能。中国通过中共对全国人民代表大会的领导，把党的意志通过法律的形式上升为国家意志，进而在维护法律实施的同时，也就等于在贯彻党的意志。而新加坡的人民行动党则通过对立法、司法和行政三个部门的控制，实现从政策制定到政策实施全过程的完全掌控。由于其长期执政所形成的权威资源，又恰恰帮助其进一步垄断国内的政治资源、经济和财政资源以及大范围的社会资源。这些资源的垄断，加上对立法程序的控制以及精心设计，需要在大选中获胜才能获得执政地位的人民行动党可以在给予其他党派有限政治权利的同时，又把它们的活动和力量有效地控制在合理的范围内，避免其对人民行动党的执政地位造成任何实质性的挑战。

其次，从美国与新加坡的政治文化相似度来看，两国政治文化中也存在着一些重要的联系。

第一，从法律地位的角度来看，美国和新加坡都十分重视法律在国家治理中的权威作用。

马克斯·韦伯把政治合法性分为"传统合法性、个人魅力型合法性以及法理合法性"，他认为，不同类型的合法性，其实现的方式也不尽相同。② 而在现代的现实生活中，法理的合法性得到了普遍的推崇，一般认为"这种政治合

---

① ［新加坡］《联合早报》出版社编：《李光耀 40 年政论选》，现代出版社 1996 年版，第 466 页。

② Max Web, *Economy and Society*, Vol.1, California：University of California Press, 1978, pp.215–216.

法性创造的政治资源是最丰富的"，因为"在法理合法性的框架内，政治的权威即强制力是在法律规则的约束下获得的，社会成员服从政治权威的强制命令，不是慑于某个角色的特殊力量，而是敬畏于法律的尊严，是因为某个角色被法理赋予了这种强制力量。而社会成员信守法律将促使政治机构尤其是政治体制更加有效，包括有效地为社会提供更高质量的公共服务，如经济增长、福利和有效进行机构内部的自我调整，从而也相应地提高了政治机构的素质"。①

美国与新加坡两国的政府都必须按照法律的规定，通过人民自由选举产生。两国的执政党或者说政府的合法性都是经由获得大选胜利，进而通过宪法赋予的权利而获得统治国家的权力。从另一个角度来看，这两个国家的政府，从法理上说，在获得治理国家的权力的同时，也相应地受到法律的约束和规范。

具体来看，新加坡除了推崇德治，实践儒家的人治之外，现代的法治思想也被其应用于国家的治理之中。新加坡有着森严的法律规定，对社会生活的方方面面都有着相关的法律规范。在新加坡违反法律法规所受到的必然是严厉的惩罚。而在美国，通过《独立宣言》以及《美利坚合众国宪法》所规定的三权分立的政治体制，充分体现在治理国家方面对法律的重视。美国政府的运行，甚至某一项决策的实施，从授权到获取项目资金再到实行的国内环境等等，都需要寻求特定的相关法律进行支持才能得以顺利开展。因此，在美国，政府由于某一特定项目而需要寻求国会的财政预算以及立法支持，进而需要推动国会进行一项新的立法，并不是一件罕见的事情。

总的来说，通过权力来制衡权力是法治的根本体现，同时也是法治的重要保证。一方面，政府的权力需要受到相应的约束；另一方面，包括执政者在内的所有行政人员和机构，他们与国家事务相关的任何行为或行动都需要在具体的法律指导下开展。

第二，从执政党的合法性地位来看，美国与新加坡的执政党都是经由大选

---

① 胡键：《中国软力量：要素、资源、能力》，载《国际体系与中国的软力量》，时事出版社2006年版，第122页。

获得执政地位的。

从宏观上看，美国与新加坡两国的宪法都具有崇高的地位，两个国家的国家机构及其公职人员与国内所有公民的行为都必须符合宪法的基本规定。具体而言，新加坡的宪法并没有规定人民行动党的执政党地位，从法理上讲，在新加坡，除了共产党以外的一切政党均享有合法的地位，都可以通过自由参加竞选竞争执政党的地位。人民行动党虽然实现了在新加坡的长期统治，然而其执政地位却是在每届大选中通过选举获得的。因此，在获得执政地位的同时，人民行动党的领导也就获得了法理合法性。美国执政党的合法性则更明显地体现在法律框架下的自由竞选。美国民主党和共和党轮流坐庄的政治现实，其实就是美国政党需要在选举过程中通过获取胜利赢得法律所赋予的执政合法性。

通过以上的具体分析，中美两国在新加坡的政治文化软实力各有千秋。而在政治文化中，政治制度是核心内容。对于一国的政治制度能否形成其文化软实力，主要根据以下两个标准来判断。一是看该政治制度对内能否产生民族凝聚力；二是看该政治制度对外是否产生吸引力，使得其他国家承认并愿意追随其政治价值观。

反观新加坡的政治文化，不仅结合了中西方的政治文明，而且根据自身的历史、地理、文化等具体因素进行了必要的改造和创造，孕育出独具新加坡特色，又兼有中西特点的政治文化。从总体上看，新加坡的政治体制及其运作模式，更多地倾向于西方式的政治制度。新加坡虽然实行的是东方式的家长制管理方式，然而它设置了西方政治体系中的民主体制，并且始终寻求在法律的框架下获得国家政权的合法性，并在法律的规范下对国家进行治理。

2. 中美在新加坡的社会文化[①] 软实力

虽然新加坡的政治文明倾向于吸纳西方政治体制中的制度，但新加坡的社会文明从本质上来说，仍然是具有东方文化特色的社会文明。李光耀曾多次提及在培养公民道德观念时，要以传统的东方道德观念以及伦理观念作为道德教育的标准；明确把公民培养成具有国家意识、社会责任感，且拥有正确价值观

---

① 所谓社会文化，指的是"社会的价值观念系统，是由经济利益所决定的反映人们社会价值取向和历史选择特征的思想体系"；它包含了人类社会物质和精神生活的两个层面。

的良好公民。[①] 除此以外，在李光耀的治国思想中，无论东方文化还是西方文化，都要充分利用一切有益的因素，并使之形成新加坡自身的文明。[②] 因此，新加坡的文化中兼具了东西方的特色。

首先，中国在新加坡的社会文化软实力主要体现在对"和谐"理念的推崇、对集体利益的强调，以及对西方文化"为我所用"的务实态度。

第一，中国传统文化中的"和谐"理念在新加坡的国家治理中无处不在。在本章的前面部分已经就新加坡国家治理中，有关公民道德教育、国家共同价值观以及面向国际社会的"亚洲价值观"进行了具体的分析。显而易见，新加坡提出的这些价值观念几乎都是基于中国传统文化中的儒家思想，并在此基础上根据新加坡的基本国情进行改造运用。其和谐的种族关系、宗教关系、劳资关系等就是践行"求同存异、和平共处"的和谐理念的最好印证。具体而言，新加坡对家庭观念的重视，倡导公民个人自我约束、自觉遵守法律法规的理念，推崇勤俭节约的美德，鼓励公民培养勤奋进取的创业精神等，无不是在传统儒家思想的继承与发扬下提出并实施起来的。中国与新加坡两国之间的这种主流文化上的亲近，所产生的就是约瑟夫·奈在其软实力理论里面所提及的文化软实力。

第二，中国与新加坡两国都强调公民的国家意识，提倡个人利益服从集体利益、国家利益。新加坡外交大使许通美曾经就个人与集体的关系发表如下看法，"东方人不相信你西方习以为常的极端个人主义。我们承认，个人是重要的。但是，个人不是孤立存在的。……在西方社会中，个人利益高于一切；相反，在亚洲社会中，人们要在个人利益与家庭和社会利益达成平衡"。[③] 这种社会利益优先于个人利益的观念，显然也继承于传统的儒家文化。李光耀认为，当个人利益与社会利益需要进行二选一的时候，社会利益始终摆在第一位，是应该毫不动摇的。"儒家相信社会为先，如果个人必须

---

① 张凤霞:《新加坡公民道德教育启示》,《法制与社会》2011 年第 1 期。
② ［新加坡］联合早报出版社编:《李光耀四十年政论选》,现代出版社 1994 年版, 第 395 页。
③ ［新］许通美著:《探究世界秩序——一位务实的理想主义者的观点》,门洪华等译, 中央编译出版社 1999 年版, 第 368 页。

被牺牲，那实在没办法。但是美国人把个人权益放在社会之上。那你就无法解决一些问题。"①

儒家思想中的"忠孝仁爱礼义廉耻"在新加坡成为新加坡人行动的具体标准。位列第一的"忠"，指的就是忠于国家。由于新加坡移民社会的背景，而且新加坡人又有着文化、语言、宗教等方面的差异，新加坡自建国以来便致力于培养国民的国家归属感和国民意识。在尊重各自的民族文化和信仰的前提下，新加坡强调公民的群体意识，始终把国家利益放在首位。此外，中国与新加坡的社会文化中都十分重视家庭观念。在两国看来，家庭是社会的基本单位，只有家庭实现了和睦共处，社会才有可能获得稳定的发展。

第三，中国与新加坡两国同属于亚洲国家，其主流社会文化都以传统儒家思想为主体。儒家文化在两国的政治、社会生活中有着重大的影响，但是随着两国经济的不断发展，在全球化的时代，在参与国际分工与竞争的过程中，免不了会接触到一些与东方文化相迥异的西方文化。在对待这些舶来文化的态度上，中国与新加坡两国都采取务实的态度。中新两国都在保持自身文化传统的前提下，有意识地筛选一些有益于国家、人民发展的西方文化，作为主流文化的有益补充。

其次，美国在新加坡的社会文化软实力主要体现在其宣扬的所谓的人类普遍追求的共同价值观念——自由、平等、博爱、民主等。

尽管美国的个人主义、消费主义和享乐主义等在新加坡没有市场，美国价值观里强调的所谓的人类普世价值，在新加坡社会中依然存在着一定的吸引力。李光耀对自己的社会理想诠释为"人人平等，即使不能在最终的成就方面完全平等，至少要在谋求同样的教育、成就和报酬方面得到平等的机会"。②如其所解说的那样，李光耀社会理想中的所指的人人平等，实质上也就是美国社会中所宣称的在机会面前人人平等。奈认为拥有能够被普遍接受的价值观或

---

① ［美］汤姆·普雷特著:《李光耀对话录：新加坡建国之路》，张立德译，现代出版社2011年版，第192页。

② ［英］亚历克斯·乔西著:《李光耀》，安徽大学外语系译，上海人民出版社1976年版，第63页。

者规范的国家将可能因此获得更多、更大的软实力。[①]

此外，美国法治文化在新加坡社会中也颇受推崇。与东方国家讲究"德治"和"人治"的文化不同，美国更加重视法律在国家治理以及在规范社会生活、约束公民个人行为等方面的作用。上到总统下自普通公民，其行为都需要在法律允许的范围内进行，以不与法律相抵触为最低底线。而在新加坡，法治文化在社会生活中的作用同样至关重要。"Singapore is a fine place." 这一语双关的有关新加坡的描述把新加坡的社会现实如实地反映出来。新加坡既是一个花园城市，同时也是一个处处罚款的城市。新加坡的鞭刑以其执法之严闻名于世。李光耀本身是毕业于英国剑桥大学的律师，他相信良好的社会秩序需要严密法律体系的保证。基于这一认识，新加坡的法律规定几乎遍及生活的方方面面。[②] 除了配置如此细致的法律规定，新加坡在执法方面的严厉程度也是保证这些法律威严的重要举措。在如此严厉精细的法律氛围下，新加坡公民无形中自然地培养出自觉的法律意识、遵纪守法的行为习惯。而具有良好操守的公民也就在很大程度上有力地促进了有序社会的发展。

总的看来，在文化方面，无论从李光耀的公开言论还是从新加坡政府倡导的国家价值观，所有的事实都表明，新加坡虽然致力于在经济、科技发展水平上追赶上西方，然而在社会文化方面，新加坡显然更加倾向于东方文化，尤其是传统儒家文化。[③]

（二）中美在新加坡的经济软实力：美新自由贸易协议与中新自由贸易协议的比较

美新自由贸易协议和中新自由贸易协议的签署，从协议各方的利益考量出发，毋庸置疑，各国都希望藉此推动国家经济发展，扩大出口贸易市场。与此同时，在经济因素的基本动因之下，美国、中国、新加坡这三个协议签署国都有着各自的有关政治、安全等方面的因素考虑。下文将就此进行详细的分析。

---

① ［美］约瑟夫·奈著：《硬权力与软权力》，门洪华译，北京大学出版社 2005 年版，第 153 页。
② 凌翔、陈轩著：《李光耀传》，东方出版社 1998 年版，第 287 页。
③ 陈岳、陈翠华著：《李光耀——新加坡的奠基人》，时事出版社 1990 年版，第 108—109 页。

首先，从两个自由贸易协定签署的背景来看，两个自由贸易协定从确定协议意向到进行全面的谈判再到协议的签署，都是在全球双边自由贸易的潮流以及地区经济一体化趋势增强的宏观大环境下进行。从国别的具体情况来分析，这两个协定又有着各自不同的国内背景。

美新自由贸易协议中，美国当时与新加坡达成谈判意向时，由于全球范围的经济衰退，美国的国内经济也出现了增幅放缓甚至负增长的情况，其出口贸易面临重大挑战。而且，美国在地区经济一体化的过程中明显落后于其他国家，乃至被排除在地区，尤其是亚太地区的经济一体化进程之外。美新自由贸易协定，是美国与亚洲国家签署的第一份自由贸易协定，也是美国开始积极致力于融入地区经济一体化潮流的第一步尝试。美国希望通过与新加坡加强自由贸易联系这一环节，逐步打开东南亚的市场，为其国内经济的发展寻求更大的动力。

而在经济因素之外，美国与新加坡签署自由贸易协议，从根本上来讲则是与其地区战略相关。"9·11"事件发生后，美国把全球反恐作为其首要的国家目标，而东南亚地区是其全球反恐战略中的重要地区之一。加上新加坡独特的地理位置，以及新加坡对其在东南亚存在的一贯支持，首先与新加坡签署这一协议也是其情理中的选择。而且随着中国经济发展及其与东南亚地区国家、与东盟之间的关系日益密切，中国在该地区的影响力不断上升，美国在此时增加对该地区的关注以及参与，实质也是出于平衡中国影响力的考虑。

而中新自由贸易协议中，中国与新加坡进行谈判和协议签署时，其国内的经济发展状况以及关于进一步融入区域经济一体化的战略考量有着与美国完全不同的情况。一方面，中国当时的国内经济正处于快速发展阶段，国内经济增长速度平稳而且领先于世界大多数国家；另一方面，中国在与新加坡签署双边自由贸易协议之前，已经与东盟签署了关于建设中国—东盟自由贸易区的协议，根据协议，该自由贸易区将在2010年建成。新加坡作为东盟的成员国，而且历来与中国的经济往来较为密切，在中国—东盟自由贸易区框架下，中新之间的经济交往本身已与一般的国与国之间的普通贸易有所不同。

可以说，美国是通过美新自由贸易协议推动与地区内其他国家的经济联系，以双边促进多边经济关系的发展。而中国，在与东盟合作建设自由贸易区的框架下继续细化与特定国家的经济关系，是以多边推动双边经济关系的进一步发展。

其次，从两个自由贸易协定签署的具体内容来看，两个自由贸易协议都规定从协议正式生效实施开始，新加坡减免美国和中国出口到新加坡的所有货物的关税，即原产地在美国和中国的货物分别从 2004 年 1 月 1 日和 2009 年 1 月 1 日起开始享受零关税的待遇。

而新加坡出口到这两个国家的货物，按照各自的自由贸易协议，美国在四年内减免 92% 从新加坡进口货物的关税；中国则在一年内减免新加坡出口到中国市场的货物的 97.1%，其中 87.5% 的新加坡货物则自协议生效开始立即减免。无论从减免的时间跨度还是从减免的比例上来看，中新自由贸易协议在关税减免的力度上，以及协议生效后对于协议双方的经济影响的速度上，都要比美新自由贸易协议中所规定的条款力度更大，显效速度更快。

但是，由于中新自由贸易协议的签署以及实施比美新自由贸易协议足足晚了 5 年的时间，中新自由贸易协议中有关谈判过程、协议内容、执行的方式等方面，新加坡难免会以已有的美新协议作为参考蓝本。事实上，美新协议中关于服务贸易、投资、金融服务、知识产权等方面的具体内容涉及的范围要比中新协议中所规定的要更为广泛，其双边贸易也更具深度。从中新贸易与美新贸易的产业贸易结构来看，中新之间的贸易大多以密集型劳动产品为主，而美新之间的贸易则更明显地侧重于高新技术以及产品。因此，单纯从贸易的总量来判断中美在新加坡的经济软实力，难免有失偏颇。

而根据中新协议中的内容规定，一旦出现中新协议与中国—东盟自由贸易区协定的内容不相容的情况，以中新协议为准。虽然协议中明确了两国之间的自由贸易协议优先，但是在协议中关于投资的条款，双方则达成共识，要在中国—东盟自由贸易区《投资协议》的基础上进行磋商。这一规定反映出中新之间的自由贸易协议，在一定程度上还是有意识地要与中国—东盟自由贸易区的大框架相协调。这也就或多或少地损伤了两国自由贸易协定之间的主动性和灵活性。

最后，从两个自由贸易协议的实施成效来看，两个自由贸易协议分别对于促进美新以及中新之间的对外贸易起到了重要的推动作用。从上文的图表数据中可以看出，美新贸易以及中新贸易在协议正式实施后双方之间的对外贸易额出现明显的上升趋势。自 2007 年开始，中国在对新加坡的贸易中已经超过美国，成为新加坡的第二大贸易伙伴（仅次于马来西亚。——笔者注）。

（三）中美在新加坡的外交软实力

1. 中美与新加坡的双边外交关系

（1）中国与新加坡的军事交往

众所周知，新加坡在安全、防务等领域与美国的交往密切。中国与新加坡两国之间的双边关系虽然日益发展，双方交流也呈现不断增强的趋势，如前所述，中国与新加坡的交往大多集中在经济、文化等方面，然而在军事方面的交流相对仍较为单薄。

追溯到具体中国与新加坡两国都参与的有关军事、防务、安全等方面的协约或者行动，双方的交往绝大多数都是在区域组织，尤其是东盟的框架下开始逐步深入发展。中新双方的军事往来，大多在中国与东盟的安全、军事合作框架内，如东盟地区论坛、"10+3"、非传统安全论坛等方式开展。而新加坡最初也只是以东盟的成员国之一的身份参与其中。

2008 年 7 月，首届中国—新加坡防务政策对话在北京召开，两国于会后签署了双方的首个《双边国防交流与安全合作协定》(*the Bilateral Agreement on Defense Exchanges and Security Cooperation*)。该协定把新加坡国防部以及中国人民解放军之间正在进行的诸如互访、开展课程以及参加研讨会、港口调用等方面的交流活动正式化、常态化。此外，协议还就两国的合作领域进行进一步的扩展，在人道主义援助以及减灾救援等方面尝试新的合作。[①] 从某种

---

① Permanent Secretary (Defence) Signs Agreement on Defence Exchanges and Security Cooperation with China at Inaugural Defence Policy Dialogue.http：//www.mindef.gov.sg/content/imindef/news_and_events/nr/2008/jan/07jan08_nr.print.html?Status=1.

程度而言，这一协定的签署，在新加坡发展双边防御关系，以及中国与新加坡关系的发展具有重要的里程碑意义。

除此之外，在与周边国家加强防务交流与合作的趋势下，中新两国的高层保持着密切的交往。"中方国家主席、政府首脑以及党、政、军等高层领导均访问了新加坡，新加坡总统、总理、资政以及其他高层领导也访问了中国"。[①] 虽然中新之间的军事交往远不能与美新之间的安全合作关系相提并论，但中新两国关系的不断发展，尤其随着两国国家利益的日益密切，必然促进双方谋求并实现全方位、多领域的外交往来与深入合作。

（2）美国与新加坡的军事交往

鉴于亚太地区向来是美国全球军事战略的重点，东南亚地区是美国军事战略部署的重要区域之一，新加坡的独特战略位置及其与美国之间友好关系，美新之间的军事往来向来密切，尤其是自"9·11"事件后，美国的全球反恐需求更进一步地促进了双方军事关系的紧密联系。

新加坡虽然未如菲律宾那样，与美国签署了正式的军事同盟条约，然而两国在国家、地区的防务合作方面关系密切。美国把新加坡视为"准军事同盟国"，在武器输出以及联合军演等方面无不显示出美新之间的紧密伙伴关系。而且，新加坡为美军建设的樟宜海军基地，为美国在东南亚地区的军事力量提供了优良、便利的战略基地。2005 年，美新之间签署的国防与安全《紧密合作伙伴战略框架协定》把两国关系进一步明确为"战略关系"，随后两国之间的军事交往也相应地日益紧密。

总体而言，美国主要通过派遣军政要员出访、提供高额军事援助、大规模出售武器、举行双边以及多边的联合军事演习、联合反恐等形式加强与新加坡的军事关系。[②]

2. 中美与新加坡的民间外交

（1）中国与新加坡的民间外交

东南亚地区是华人聚集的主要地区之一，而新加坡更是华人占据总人口大

---

① 张九桓：《以诚相待 务实进取——中国与新加坡建交 20 年评析》，《战略纵横》2011 年第 1 期。
② 费昭珣：《冷战后美国与东南亚国家的军事关系》，《山东社会科学》2008 年第 5 期。

比率的国家。这一人口结构，在一定程度上决定了中国与新加坡两国之间的紧密民间交往。

中新之间的民间交往，可以说在相当程度上是通过华人之间的种族、乡亲往来来实现的。这种经由情感和血缘联系来维系的交往，不仅更为稳定、多样化，而且形式上也更具民间特色。中新华人之间的探亲、寻根、回乡之旅必然在推动两国民间交往、增进双方了解等方面起到更为积极的作用。

加上中新两国经济交往的不断加强，自然对于增进两国间的商旅往来起到了重要的推动作用。反之亦然，双方之间商旅的频密往来，对于促进两国文化、经济等多领域的交流与合作也大有裨益。

（2）美国与新加坡的民间外交

如果说中新之间的民间往来大多依赖于华人之间的种族联系，那么美新之间的民间交往，则更多地归功于新加坡留美学生、在新加坡的美资企业。更为值得一提的是，美国的非政府组织（Non-governmental Organizations，NGOs），又称非营利组织（Non-profitable Organizations，NPOs），对于促进两国间的民间交往有着积极的作用。

新加坡选择赴美留学的公民不计其数，其中又以赴美接受高等教育的上层社会成员居多。在新加坡的历届内阁成员中，具有美国留学教育背景的政要显然比在其他任何国家求学的都要多。这部分拥有美国留学经历的人才回国后大多数都在各行各业中身居要职，而他们在美求学期间所受到的美国文化的熏陶促使他们回国后，在待人处世等方面都或多或少地带有一些美国文化的影子。从另外一个角度来看，这些受过美式教育的精英们，无论他们是否接受、喜欢美国文化，他们在学成归国后都作为传播美国文化的媒介之一，不可避免地成为介绍、传播乃至推广美国文化的重要民间渠道。

在新加坡的美资企业，从设立到运营，虽然他们也尽可能适应并遵循当地的社会文化，然而这些企业倡导的主流文化，尤其是企业的主要价值取向、行为方式等，美国的价值观念以及文化因素显然仍旧处于较为重要的地位。而美国的企业又大多分布在金融、通讯科技等一些高新产业和技术领域，这些行业的从业者大多素质较高，处于社会的中上层。两者的融汇和交往，必然增进两国文化、价值观等方面的交流。

另一方面，美国拥有世界上较为活跃的非政府组织，其数量之多、涉及范围之广、与世界方方面面的接触之频密，又为美国的民间交往提供了一条形式多样、方式灵活的沟通渠道。新加坡虽然对社会团体有着严格的规定和管理，但这些社会团体出于自身发展需要，或者出于与国际社会相关团体进行交流的需求，都不可避免地需要与国际上发展成熟、能力斐然、经验丰富的 NGOs 进行交流和学习。美国的 NGOs 不仅活跃在美国境内，在全球范围内针对某一特定的领域或事务，都有着其独到的经验以及亲身的实践。这些民间团体的沟通、合作过程，实质上就是两国民间交往的一种重要形式。

小　结

新加坡只是中美在全球范围内实践软实力的冰山一角。从前面的分析可以看出，中美在新加坡的软实力实践涉及文化、经济、外交等多个领域，而且中美两国各有其长处和不足。其中，美国作为世界上唯一的超级大国，其综合实力在相当长时间内难以有国家望其项背；而中国是世界上最大的发展中国家，无论综合国力的提升，还是在增进国家软实力方面，都需要积极借鉴各国的先进经验。对中美两国在新加坡的软实力比较，既可以计算出两国软实力的差距，同时又可以从中分析出两国差距形成的根本原因。

四、中美在新加坡实践软实力的经验及其启示

（一）中美运用软实力的经验

纵观中美软实力应用的经验，根据定性的分析结果，中美两国之间应用软实力的经验主要集中在根据各自不同的软实力构成，发挥软实力资源的最大效用。而根据定量的分析结果，中美两国之间在软实力方面的经验则体现在具体的应用软实力的主体以及作用途径上。总体而言，中美应用软实力的经验可归结为以下几个方面。

1. 软、硬实力的相互配合

前已述及，软、硬实力都是一国综合国力的主要构成部分。硬实力是软实力的物质基础，为软实力提供物质保障；同时软实力在某种程度上也可以促进硬实力的增长。在中美应用软实力的实践过程中，不难发现，两国的软实力应用在相当大的程度上都与其相应的硬实力相结合。

具体而言，中美两国在新加坡的软实力应用都注重结合自身的硬实力优势，进而与软实力战略相互配合。中国方面，中国在新加坡的软实力很大程度上集中体现在经济领域。而经济这一因素，就其自身的特性而言，既为硬实力的构成要素，又可为软实力的重要组成部分。就中国的国情而言，在软实力的诸多来源中，经济因素既是中国硬实力的主要构成部分，同时也是软实力构建中的重要部分。中新贸易额的逐年上升，以及中国国内经济的不断发展等，这些首先表现为硬实力的主要因素既增加了中国的经济实力，又增加了中国的政治实力、民族自信心以及国际影响力，同时还促进了中国与新加坡发展双边经济关系过程中更进一步紧密地合作。而紧密的经济合作，必然带来两国国家利益的相互依赖，相互依赖程度的加深，从另外一种角度来看，则是一国软实力的提升。

美国方面，美国在新加坡的软实力优势主要体现在外交领域。美国不仅经济实力超强，其军事实力也不容忽视。由于新加坡国土面积狭小，缺乏战略纵深腹地等原因，美国强大军事力量所能提供的军事保护是新加坡国家安全需求的重要保证。而基于强大综合国力基础之上所形成的国际威望，美国在构建国际体制、倡导国际价值等方面所具备的能力以及吸引力，增加了美国在全球范围内提升其软实力的可能。

2. 多途径运用软实力

在对中美软实力的运用途径分析中，可以看出中美在应用渠道上有着明显的差距。中国的软实力应用，大多局限在官方层面，主要依靠官方外交、政府机构等渠道进行有限度的对外交往。而美国的软实力应用则显现出更为灵活多样的方式。

从软实力应用的主体来看，美国在应用软实力方面，结合了政府、市场以及社会的多重力量。以政府作为行为主体实践国家的软实力是理所当然并且较为普遍常见的选择，但美国在实践过程中，却更多地反映出以政府为基础，以市场、社会为根本方式的软实力应用模式。政府在推行软实力战略方面的作用固然毋庸置疑，然而美国却最大限度地发掘了政府以外的市场、社会领域在应用软实力方面的作用。

以国家形象的塑造为例，"一国软实力的突出特色，在很大程度上将被构建成为本国国家形象的特征"。[①] 除了传统的以政府机构，如外交部等相关部门，作为主要的宣传、塑造国家形象的模式之外，美国对于通过市场领域的美资外企、媒体，还有民间领域的 NGO、民间学术交流、人员流动等方式对其国家形象加以塑造的方式也大为重视。美国拥有活跃的 NGO，对于传播国家文化、价值观等起着至关重要的作用。加上美国设有专门的公共外交部门，专门针对促进国家间的民间交流服务，鼓励加强国家间的人员往来次数和深度，经常性地以学术交流、举办国际会议等形式促进民间的交往。

（二）对中国的启示

在新加坡这一特定社会背景下，用定量的方式对中美之间的软实力进行比较得出的结果，是中国的软实力约为美国的 1.3 倍。然而，软实力本身是一个复杂的综合体，且其权力资源构成多样，资源转化为权力的结果可正可负，因此仅从一个数字难以对中美两国的软实力有中肯的把握。此时，定量过程中的指标以及定性分析的补充就显得尤其重要。

1. 软实力的作用途径及实践效果

约瑟夫·奈坦言软实力的实施效果在很大程度上取决于权力资源拥有者的政策以及运用软实力的技巧。[②] 要发挥软实力的积极作用，必须从三个方面展示本国的国家形象，宣传本国的文化以及价值观等。

一是日常沟通。形象的建立不是一时半刻可以完成，然而形象的破坏却可以在瞬间发生。因此重视软实力的国家必须注重在日常沟通中对本国的内政外交政策做好解释，令国民以及外国人民更清晰、准确地了解。而当一些突发事件发生的时

---

① 胡晓明著：《国家形象》，人民出版社 2011 年版，第 94 页。

② ［美］约瑟夫·奈著：《自由主义化的现实主义者——对约瑟夫·奈的访谈》，张哲馨译，《世界经济与政治》2007 年第 8 期。

候，国家更加应该重视危机处理的速度、方式等。一国的快速反应能力以及适当的回应行动是展示该国软实力的最好机会，也是考验该国国家形象的关键时刻。

二是战略沟通。国家的外交政策有一定的原则性和稳定性，因此在对外交往中，需要注意战略沟通的重要性。恰当的外交方式和外交处理手法，能够大幅度地提高一国的软实力，提升国家形象。同时，一国的外交战略除了符合本国利益之外，还需要考量与世界政治潮流、与世界人民的共同利益是否相符，追求人类共同发展的发展战略必然获得世界人民的支持，也就提升了该国的政策合法性，增加了该国的软实力。

三是扩大交流渠道。软实力更多地体现在一些无形的权力资源上。无形的资源需要通过长期的接触，通过各种途径的亲身感受和体会才能够产生较为真实、具体的软实力。因此，坚持开展文化交流项目、教育合作项目、研讨会、跨国人员培训、跨国会议等，通过各种可能的渠道进行深入、持久的交流和沟通，才能够实现"向其他国家的民众宣传自己的价值观念、目标、利益和政策并同时了解对方国家价值观念、目标、利益和政策"。[1] 软实力的建设是一个漫长的时间累积过程，只有保持长久的持续交流，才有可能获得这种看不见，然而效果显著的软实力影响。

谈及软实力的实践效果，就必须认识到"软实力并非来自于天生的某种权力来源，而是通过灵活运用权力来培养得到的。一国需要有意识地通过谨慎运用所有途径的权力来处理社会关系，从而获得软实力"。[2] 这表明了软实力的实践效果，即软实力的实际大小与软实力资源多少并无直接的联系，而是与一国权力资源转化能力的大小直接相关。所谓权力转化，指的是把权力资源转化成实际的权力。[3] 也就是把现实主义关于权力的公式：权力＝国力＝军事力量，修正为：权力＝力量＋转化。[4] 当一国能恰当运用所掌握到的权力资源，并成功

---

[1] 龚铁鹰著：《软权力的系统分析》，天津人民出版社 2008 年版，第 160 页。

[2] Li Mingjiang. "Soft Power: Nurture not Nature", see Mingjiang Li, ed., *Soft Power: China's Emerging Strategy in International Politics*, United Kingdom: Lexington Books, 2009, p. 3.

[3] Joseph S. Nye, Jr., *Bound to lead: The Changing Nature of American Power*, New York: Basic Books, 1990: 27.

[4] 周丕启、张晓明：《国际关系中的国家权力》，《国际论坛》2004 年第 1 期。

把潜在权力转换成实际权力的时候，软实力的实践效果就得到了最大化。相反，如果一国在运用权力资源方面欠缺必要的技巧或方法时，毫无疑问，软实力的实践效果将大打折扣。所以，软实力的实践效果与权力资源的有效运用密切相关。

2. 对中美软实力差异的正确认知

本部分的结论基本基于设定的评估体系运算而得出。评估体系中由于涉及要把全部评估指标量化，因此，在指标选取的代表性和全面性方面难免有所欠缺。而指标的变更对于一个评估体系的结果有着重要的影响。有顾及此，本部分把定量分析结果与定性分析进行了比照，在两大结论基本符合的前提下得出中美在新加坡的软实力比较中，中国相对优胜。

经过定量的评估体系分析，虽然得出的结果较为乐观，但是，在对中美软实力差异这一现实上，我们应该力求有清醒的认识，即在新加坡，中国虽然稍占优势，然而具体到一些进行比较的分指标下，可以看出中国的软实力在许多层面上仍难以与美国相提并论。如果把中美软实力比较的范围扩大，那么中国的这些薄弱环节较美国所呈现出来的差距可能更大。因此，如何正确认知和对待中美软实力方面的差异尤为重要。

一方面，我们需要清楚，本评估体系中所反映的数据仅代表两国在新加坡这一特定背景下的力量对比。新加坡仅是世界上200多个国家中的其中一个，中美两国在新加坡的软实力比较，并不完全反映两国在世界范围内的软实力情况。而且中国在新加坡的软实力表现为长处的地方，在其他国家或地区有可能出现与之相反的现象。

另一方面，尽管中美在新加坡的软实力比较中，中国相对表现较有优势，然而在评估体系的具体比较中，一些指标所反映出来的中美之间的差异应当引起我们的重视。如在文化因素中，有关高等教育质量、文化商品与服务的出口等方面，中国与美国之间的距离相差较大，在提升中国软实力的具体策略方面，应当着重考虑如何弥补这些差距。

总而言之，在对待中美软实力差异的结果上，我们既不能盲目乐观、夜郎自大，又不必长他人志气，灭自己威风。脚踏实地地完善我国软实力不足的方面，做到扬长避短，才是发挥软实力最大效用的最佳选择。

3. 中国发展软实力的战略考量及应对之策

在世界经济的全球一体化时代，国家间的相互依赖日益加深。单靠传统的硬实力已经难以实现对国家利益的追求以及最大化。而软实力在发展国家综合实力方面的作用不断受到重视，因而发展软实力，是中国未来发展中优先需要考虑的要务。

首先，根据中国的具体实际，中国在文化、发展模式、外交政策等方面已经具备一定的软实力资源与权力。值得一提的是，软实力资源与权力之间并非一种必然的关系，也就是说软实力并非来自于某种天生的权力来源，而是通过灵活的方式对权力资源进行运用，最终将之转化为权力。[1] 既然权力资源与权力之间并无直接的转化联系，那么中国在充分发掘软实力资源，并对其进行有效转化的过程中更加需要有意识地谨慎运用所有权力资源，从而达到获得软实力最大化的最终目的。

其次，软实力的形成应当是一个国家内外政策的有机综合体。在分析软实力时，大多数学者仅关注软实力如何对外产生影响；然而一国软实力的内部塑造也相当重要。中国发展软实力，不仅需要对外推广中华文化、推行更广泛的公共外交，同时，中国还需要致力于国内的文化弘扬、使得中国的价值观、文化、经济等方面在国民与世界公民中更具吸引力。"中国国家形象的塑造是为了让世界更好地了解中国、了解中国人民、了解中国人民的心声，将中华文明中的真善美和传承至今并与时俱进的优秀文化传统传向世界，推进世界的和谐和人类文明的共同进步。……中国国家形象的成功塑造最终依托于中国社会的全面进步"。[2] 这也就意味着，中国在强调发展软实力的同时，需要持续关注国内的经济发展状况，以及由其所带来的系列社会问题，并通过相应的政治、社会等方面的改革，实现科学发展，最终发展包括软实力在内的综合国力。

再次，软实力的构建是一个漫长的过程，无法一蹴而就。根据软实力的特性，其发挥作用的途径以及作用的效果，需要通过相当长的时间才能充分显示出来。同时，一国软实力的消长也是一个相对较长的历史过程。相应地，短期的临阵磨枪，甚至长期的不懈投入，都不一定能够完成具体的目标。在构建软

---

[1] Li Mingjiang. "Soft Power: Nurture not Nature", see Mingjiang Li, ed., *Soft Power: China's Emerging Strategy in International Politics*, United Kingdom: Lexington Books, 2009, p. 3.

[2] 胡晓明著:《国家形象》，人民出版社 2011 年版，第 287 页。

实力的过程中，应当避免狭隘的短视，用长远、发展的眼光看待国家软实力的发展，并把其作为一项长期的国家战略来贯彻到底。

另外，中国构建软实力时，需要注意综合软实力战略的重要性。就目前的情况而言，中国尚无综合性的软实力政策。在对外应用软实力时，中国表现出来的，更多是各个政府部门各自单独的软实力推广、应用策略或者活动安排，鲜见部门之间的合作或者相互配合，更谈不上统一的软实力实施政策。在中共十七大报告中，有关发展软实力的提议是由文化部提出，而非外交部。这也就意味着，中国虽然已经意识到软实力的重要性，然而在实施过程中仍未形成部门之间的合力，仍停留在部门之间的各自为政。同样地，中国现有的软实力政策大部分集中在文化领域。虽然有关建设中国综合软实力战略的呼吁日渐强烈，然而跨部门、跨领域之间的合作依然欠缺。从长远来看，指定或设立相应的工作部门对实施软实力战略进行统一规划和协调，不仅有利于中国在政治、外交、经济等方面提升软实力方面的作用，同时对于全面构建中国的综合软实力、推行全方位的软实力战略有着积极的意义。

与此同时，中国在软实力应用过程中，除了最大限度地发掘并运用已有的自身软实力资源以外，应当充分结合外部一切可利用的资源，促进国家软实力的快速、高效提升。如本部分所探讨的中美在新加坡的软实力框架下，中美之间虽然呈现出相互竞争的态势，然而软实力之间并不是一种"零和"的博弈，既非彼之所失为我之所得，也非我之所失为彼之所得。相反，国家间的软实力博弈是一种非对抗性的博弈，也即"正和"博弈。在软实力的具体应用中，中国大可借鉴美国以及其他国家的先进经验，并且在各方条件都允许的条件下，争取更多的合作，实现双方在软实力增长的"双赢"局面。

最后，笔者需要特别指出，软实力的应用与其所针对的特定社会背景密切相关。简单地划分一国的软、硬实力构成，然后对其进行软实力大小分析是非常不合适的。任何一种软实力资源的应用，其究竟促进还是阻碍了软实力的增长，相关的探索都需要具体到特定的社会背景。同理，一国软实力的应用，需要根据不同的作用对象，先经由准确的定位，再进行合理的软实力策略调整，才能最终获得软实力的提升。

附录一　文化软实力相关指标数据

附　录

2010年新加坡人口普查（按受教育的语言种类、经济地位和性别分类的15岁及以上的常住人口）

受教育的语言	总人口·总人数	总人口·男性	总人口·女性	经济活动·总人数	经济活动·男性	经济活动·女性	经济活动·工作·总人数	经济活动·工作·男性	经济活动·工作·女性	经济活动·失业·总人数	经济活动·失业·男性	经济活动·失业·女性	非从事经济活动·总人数	非从事经济活动·男性	非从事经济活动·女性
总人数	3105748	1517428	1588321	1981714	1123855	857860	1898042	1079563	818480	83672	44292	39380	1124034	393573	730461
不识字	128661	29785	98875	24799	11749	13050	23500	10966	12534	1299	783	516	103861	18036	85825
识字	2977088	1487642	1489446	1956915	1112105	844810	1874543	1068597	805946	82373	43509	38864	1020173	375537	644636
一种语言	878214	421914	456300	481169	286309	194860	460316	274511	186305	20353	11797	8556	397045	135605	261440
中文	485511	217759	267753	243737	140694	103043	233929	134976	98933	9809	5718	4091	241774	77064	164710
英语	329194	185163	144031	216841	134754	82086	207411	129139	78271	9430	5615	3815	112354	50409	61945
马来语	47278	14908	32370	15174	8399	6775	14360	7988	6372	814	411	403	32104	6509	25595
泰米尔语	10939	3367	7572	3581	1946	1635	3418	1892	1526	162	54	109	7358	1421	5937
非官方语言	5292	717	4575	1837	515	1321	1698	515	1183	138	—	138	3455	201	3254
两种语言	1896268	966239	930029	1321978	740712	581266	1265869	711670	554199	56110	29042	27068	574290	225528	348762
英语和中文	1305705	659907	645798	924090	500495	423595	887834	480823	407011	36256	19671	16585	381615	159413	222203
英语和马来语	390124	206521	183603	261568	156533	105035	247566	149519	98048	14002	7014	6988	128555	49988	78567
英语和泰米尔语	104570	55234	49336	69101	44580	24521	65566	43011	22554	3535	1568	1967	35469	10654	24815
英语和非官方语言	82972	39984	42988	61151	36123	25028	59038	35412	23627	2113	712	1402	21820	3860	17960
其他两种语言	12898	4594	8304	6068	2981	3087	5864	2905	2960	204	77	127	6830	1612	5217
三种及三种以上的语言	202606	99489	103117	153768	85085	68683	147858	82416	65442	5910	2669	3241	48838	14405	34434
英语、中文和马来语	96660	47451	49209	78853	41650	37204	76614	40498	36116	2240	1152	1088	17806	5802	12004
英语、中文和泰米尔语	377	148	229	203	102	100	196	102	94	6	—	6	175	46	129
英语、马来语和泰米尔语	16423	9294	7129	12121	7780	4341	11517	7417	4100	604	363	242	4301	1513	2788
其他三种及三种以上语言	89147	42597	46550	62590	35553	27037	59531	34398	25133	3059	1155	1904	26556	7044	19513

按国别统计的 2002 年核心文化产品出口贸易总额

千美元的出口	文物商品	书 籍	报 刊	其他印刷品	灌录产品	观赏类艺术产品	视听类产品	核心文化产品总额
阿尔巴尼亚	—	94.9	455.3	47.7	0.7	118.2	0.3	717.1
阿尔及利亚	—	85.2	1914.9	1.0	26.5	81.8	—	2109.4
安道尔	1.7	1038.3	931.3	9.0	479.2	18.9	260.9	2739.3
安圭拉	12.9	1.3	—	3.5	3.7	621.1	—	642.4
阿根廷	85.6	33381.1	6730.6	3798.8	14048.3	1585.3	10925.7	70555.2
亚美尼亚	0.2	199.1	—	0.0	—	20.4	3.0	222.7
澳大利亚	9736.6	72530.3	29855.4	18203.0	101331.0	44096.6	42035.5	317768.4
奥地利	13813.1	85025.4	54411.7	22690.8	1261205.5	71606.0	52472.8	1561225.2
阿塞拜疆	—	91.4	0.1	17.9	762.6	74.8	—	946.8
巴林	—	210.7	—	—	—	126.6	0.2	337.5
巴巴多斯	3.3	169.4	292.5	166.4	49.1	220.4	0.1	901.3
白俄罗斯	8.2	15695.0	404.4	339.1	11090.2	350.5	47.5	27934.8
比利时	35432.2	362091.0	146584.4	51272.6	351912.7	119528.7	63192.0	1130013.6
伯利兹	—	0.2	—	1.8	—	18.1	—	20.1
贝宁	—	251.3	—	1.6	1.2	50.3	—	304.4
玻利维亚	—	288.2	3.6	73.0	688.4	484.3	1.1	1538.6
巴西	391.3	11616.6	10525.3	1412.9	10595.9	4007.3	27.8	38577.2
文莱	—	0.6	—	—	—	—	—	0.6
保加利亚	21.5	1382.7	1770.6	325.7	1708.9	1550.7	7685.9	14446.1
布基纳法索	100.0	13.8	—	0.0	10.8	776.8	5.1	906.5
布隆迪	—	0.0	0.0	—	—	6.8	—	6.8
加拿大	27490.6	395964.9	160852.7	252804.8	357374.3	162190.1	220552.3	1577229.5
中非共和国	–	38.8	—	—	—	0.1	—	38.8
智利	54.2	17371.0	5382.4	1568.2	24150.0	1389.3	1418.7	51333.8
中国	2372.0	409105.7	4612.6	92420.5	254936.0	2229649.0	2281804.9	5274900.7
中国香港	490.6	258416.2	35148.8	18143.7	254528.8	7592.0	3537.6	577857.7
中国澳门	—	17.7	23.9	—	178.7	122.8	—	343.0
圣卢西亚	—	7.9	31.6	—	0.6	71.6	0.4	112.1
圣文森特和格林纳丁斯	—	2.7	—	—	—	17.6	—	20.2
萨摩亚	0.1	6.3	2.4	0.9	—	0.2	0.2	10.0
圣多美和普林西比	—	—	—	—	—	0.2	—	0.2
沙特阿拉伯	8.3	2268.6	647.6	37.5	1964.8	598.3	577.7	6102.8
塞内加尔	0.2	181.9	5.1	0.1	3.9	1420.3	—	1611.5
塞尔维亚和黑山	1.3	2932.8	4821.3	505.2	5309.7	273.1	18.8	13862.3
塞舌尔	—	—	—	—	—	0.1	—	0.1
塞拉利昂	—	—	—	—	725.4	—	—	725.4
新加坡	3685.5	349859.5	35934.4	7554.5	1552343.9	10167.7	41443.9	2000989.4

续表

千美元的 出口	文物 商品	书 籍	报 刊	其他印 刷品	灌录产品	观赏类艺 术产品	视听类 产品	核心文化 产品总额
斯洛伐克	401.2	48327.1	42518.4	6676.6	10373.2	4704.9	201.0	113202.4
斯洛文尼亚	25.4	40658.3	3331.1	1660.6	11962.6	694.9	61.1	58393.9
南非	9340.8	18859.4	1698.8	3023.9	7641.1	15392.2	1014.5	56970.8
西班牙	1188.2	685967.9	238801.0	45415.0	258742.7	255184.4	474390.2	1532689.3
斯里兰卡	1.7	914.2	1081.0	189.6	520.1	12389.4	0.5	15096.4
苏丹	0.1	107.2	29.0	—	47.7	248.5	—	432.5
斯威士兰	13.8	112.6	133.3	8.9	29.6	81.0	1.6	380.8
瑞典	7512.4	95450.8	20117.2	34788.7	644907.7	43664.8	28903.2	875299.8
瑞士	120238.4	149190.9	40966.0	91620.2	254227.7	720389.2	9241.1	1383873.0
叙利亚	—	216.0	328.8	1559.1	—	183.6	—	2327.5
马其顿	—	103.7	96.2	47.6	223.4	71.5	9.5	551.8
多哥	2.2	18.7	—	0.9	0.4	187.4	—	209.5
突尼斯	0.2	596.7	136.0	30.8	3391.6	1094.0	0.0	5249.3
土耳其	157.4	7817.6	2221.2	5043.5	12812.0	21368.8	46.7	49467.1
乌干达	7.2	152.8	—	17.4	3.4	26.0	—	206.8
乌克兰	21.1	5745.4	869.7	446.9	856.3	430.9	44.0	8414.3
英国	1052550.0	1805746.6	744952.6	274640.6	1640203.3	27000214.4	330464.7	8548772.1
坦桑尼亚联 合共和国	8.8	38.3	0.2	7.1	507.9	191.3	1.2	754.8
乌拉圭	45.9	80.7	0.5	15.1	3291.5	1007.4	6.5	4447.6
美国	143174.1	1921368.5	880468.7	400657.7	3068793.9	889146.3	344785.1	7648414.3

附录二 经济软实力相关指标数据

2011 年新加坡经济调查主要经济指标

十大贸易伙伴	份额 %	增长率 %
马来西亚	11.5	5.1
欧 盟	10.9	6.7
中 国	10.4	6.4
印度尼西亚	8.0	14.9
美 国	7.9	−2.2
中国香港	6.2	1.1
日 本	5.8	0.9
韩 国	4.8	6.2
中国台湾	4.7	7.0
印 度	3.6	15.5
总贸易额	100.0	8.0

2006—2010 年在新加坡的外国直接投资（按国家／地区分类）

单位：万新元

国家／地区	2006	2007	2008	2009	2010ᵖ
总　　额	370494.7	465475.6	508318.3	564075.9	621884.5
亚　　洲	82485.0	104591.6	117925.6	141458.1	150241.2
文　莱	309.1	283.7	297.0	306.1	308.9
柬埔寨	0.5	1.5	1.5	1.6	1.6
中　国	1689.5	2314.1	4423.7	9944.6	11718.5
中国香港	6317.5	6454.9	11495.4	16230.6	18208.9
印　度	2577.6	13025.7	16861.4	21218.2	24062.4
印度尼西亚	1015.0	1712.7	2169.7	3383.0	1069.1
以色列	4656.3	5124.9	5060.8	4980.5	4738.6
日　本	44970.5	47540.2	50163.0	49447.3	52705.3
韩　国	780.6	3040.2	3250.3	3464.8	4081.1
老　挝	—	2.0	1.6	5.7	5.7
马来西亚	8412.4	11378.0	12585.1	15514.6	15132.3
缅　甸	17.6	94.0	94.7	19.5	20.2
菲律宾	871.1	984.5	310.6	992.9	1330.9
中国台湾	7541.3	7703.7	6553.2	6049.7	5754.3
泰　国	1479.7	1527.5	1814.3	2079.7	3108.4
越　南	11.5	26.1	28.9	24.6	30.4
欧　　洲	174058.3	197976.8	203866.3	218307.6	233114.4
法　国	8090.6	10961.0	9507.2	8653.1	9433.4
德　国	7591.6	9226.9	11227.0	11416.0	12451.0
爱尔兰	1987.0	3557.8	3286.1	3077.4	4853.6
荷　兰	48631.0	51418.6	61001.4	61433.4	65575.5
挪　威	15216.6	17079.5	21267.0	21647.9	22947.9
瑞　士	27113.7	27453.4	23504.9	26942.2	23471.4
英　国	55263.7	62527.3	50072.0	48994.7	50197.1
美　国	38325.0	51550.8	52970.4	56866.6	67189.5
加拿大	2736.4	3126.0	3022.1	2964.2	3837.2
澳大利亚	3318.7	4615.2	4572.7	4932.6	7619.6
新西兰	1704.7	1618.8	1902.6	2885.1	2275.2
南美洲、中美洲和加勒比	60876.4	90983.2	108764.1	121511.1	137735.5
其他国家和地区	6990.2	11013.1	15294.5	15150.6	19871.8

2011—2012 年全球竞争力指数排名

2011 世界经济论坛 www.weforum.org/gcr

国家经济体	GCI2011—2012		GCI2010—2011	
	排 名	得 分	排 名	得 分
瑞　　士	1	5.74	1	0
新 加 坡	2	5.63	3	1
瑞　　典	3	5.61	2	−1
芬　　兰	4	5.47	7	3
美　　国	5	5.43	4	−1
德　　国	6	5.41	5	−1
荷　　兰	7	5.41	8	1
丹　　麦	8	5.40	9	1
日　　本	9	5.40	6	−3
英　　国	10	5.39	12	2
香港特区	11	5.36	11	0
加 拿 大	12	5.33	10	−2
中国台湾	13	5.26	13	0
卡 塔 尔	14	5.24	17	3
比 利 时	15	5.20	19	4
挪　　威	16	5.18	14	−2
沙特阿拉伯	17	5.17	21	4
法　　国	18	5.14	15	−3
奥 地 利	19	5.14	18	−1
澳大利亚	20	5.11	16	−4
马来西亚	21	5.08	26	5
以 色 列	22	5.07	24	2
卢 森 堡	23	5.03	20	−3
韩　　国	24	5.02	22	−2
新 西 兰	25	4.93	23	−2
中　　国	26	4.90	27	1

新加坡 2006—2010 年对外投资总额（按国家／地区分类）

单位：万新元

国家／地区	2006	2007	2008	2009	2010P
总　　额	246634.4	319205.4	314176.9	361094.4	393268.8
亚　　洲	120637.8	149810.4	178246.6	198840.3	220251.8
文　　莱	114.2	191.3	160.0	186.1	191.8
柬　埔　寨	158.1	169.8	268.3	272.9	288.3
中　　国	33518.9	41786.4	55931.7	60344.1	68177.4
中国香港	155578.6	19969.4	20054.1	22465.0	22589.6
印　　度	2491.8	4638.9	6740.9	10322.5	12282.5
印度尼西亚	16729.8	20170.3	22354.4	25266.4	27535.8
日　　本	2527.3	3949.2	8039.7	8978.1	11318.7
韩　　国	3334.1	3058.7	2530.8	2541.8	2702.5
老　　挝	122.7	145.5	212.3	227.8	239.8
马来西亚	18924.7	22831.4	25046.4	28962.1	30978.3
缅　　甸	996.1	1599.6	1241.9	2296.9	5747.3
菲　律　宾	3345.9	4093.5	4293.2	4906.4	5195.3
中国台湾	5222.1	5126.3	5941.9	5807.5	6139.5
泰　　国	13078.0	16950.8	19215.6	19680.6	20492.9
越　　南	1661.3	2119.0	2837.0	3110.4	2668.6
欧　　洲	33803.1	46496.3	37118.8	50629.3	50807.9
德　　国	598.9	595.8	593.3	468.9	1217.6
荷　　兰	3058.0	3902.4	4317.4	4872.3	3795.9
挪　　威	438.6	433.8	1734.2	1883.6	2019.4
瑞　　士	594.0	4406.2	4752.6	4738.2	4792.3
英　　国	20196.8	31415.9	19825.3	32478.6	32401.8
美　　国	8548.1	13904.5	11735.7	12981.2	14038.3
加　拿　大	225.8	101.3	63.4	424.7	409.7
澳大利亚	10872.4	17069.3	18121.7	22896.0	27687.4
新　西　兰	1267.7	1521.3	924.0	1136.6	1078.8
南美洲、中美洲和加勒比	53590.0	56176.3	52721.4	54991.4	55083.8
其他国家和地区	17689.6	34125.9	15245.4	19195.0	23910.7

附录三 外交软实力相关指标数据

中国国际人类发展指标

来源：http://hdr.undp.org

	人类发展指标			
年 度	中 国	中等人类发展	东亚和太平洋地区	世 界
2011	0.687	0.630	0.671	0.682
2010	0.682	0.625	0.666	0.679
2009	0.674	0.618	0.658	0.676
2008	0.665	0.612	0.651	0.674
2007	0.656	0.605	0.642	0.670
2006	0.644	0.595	0.631	0.664
2005	0.633	0.587	0.622	0.660
2000	0.588	0.548	0.581	0.634
1995	0.541	0.517	0.544	0.613
1990	0.490	0.480	0.498	0.594
1985	0.448	0.450	0.463	0.576
1980	0.404	0.420	0.428	0.558

美国国际人类发展指标

来源：http://hdr.undp.org

	人类发展指标			
年 度	美 国	高等人类发展	经合组织	世 界
2011	0.910	0.889	0.873	0.682
2010	0.908	0.888	0.871	0.679
2009	0.906	0.885	0.869	0.676
2008	0.907	0.885	0.869	0.674
2007	0.905	0.882	0.866	0.670
2006	0.904	0.879	0.863	0.664
2005	0.902	0.876	0.860	0.660
2000	0.897	0.858	0.840	0.634
1995	0.883	0.834	0.816	0.613
1990	0.870	0.810	0.792	0.594
1985	0.853	0.786	0.769	0.576
1980	0.837	0.766	0.749	0.558

中国全球治理指标得分

治理指标	来　源	年　度	百分等级 （0—100）	治理得分 （-2.5to+2.5）	标准误差
话语权和问责制	14	2010	5.2	-1.65	0.11
	11	2005	7.2	-1.51	0.16
	7	2000	11.5	-1.27	0.21
政治稳定	8	2010	24.1	-0.77	0.23
	7	2005	29.3	-0.52	0.27
	5	2000	31.7	-0.42	0.3
政府效能	10	2010	59.8	0.12	0.19
	8	2005	49.8	-0.17	0.17
	6	2000	52.7	-0.09	0.19
管理质量	10	2010	45	-0.23	0.17
	9	2005	50.5	-0.14	0.17
	7	2000	36.3	-0.33	0.21
法治	15	2010	44.5	-0.35	0.14
	12	2005	40.2	-0.41	0.16
	9	2000	35.4	-0.48	0.15
治理腐败	13	2010	32.5	-0.6	0.14
	10	2005	31.7	-0.64	0.15
	7	2000	50.2	-0.24	0.18

美国全球治理指标得分

治理指标	来　源	年　度	百分等级 （0—100）	治理得分 （-2.5to+2.5）	标准误差
话语权和问责制	13	2010	87.2	1.16	0.14
	8	2005	89.9	1.32	0.19
	7	2000	89.9	1.38	0.21
政治稳定	8	2010	56.6	0.31	0.23
	7	2005	38	−0.28	0.27
	5	2000	83.2	1.06	0.3
政府效能	7	2010	90	1.44	0.22
	5	2005	91.2	1.56	0.19
	5	2000	93.7	1.86	0.21
管理质量	7	2010	90.4	1.42	0.23
	6	2005	96.1	1.61	0.19
	6	2000	95.6	1.69	0.22
法治	12	2010	91.5	1.58	0.15
	6	2005	91.4	1.51	0.17
	7	2000	92.8	1.53	0.16
治理腐败	11	2010	85.6	1.23	0.15
	6	2005	91.7	1.52	0.17
	5	2000	92.7	1.64	0.23

第六章　中印在缅甸的软实力比较

自 20 世纪八九十年代分别开始改革以来，中印实现了经济、科技等"硬"实力的迅速发展，从而相继迈上崛起之路。在经济、科技与军事等"硬"实力不断增强的同时，两国也逐渐意识到发展软实力的重要性。东南亚地区是中印共同的地缘毗邻区，自然也成为两国推进软实力建设的重点地区。缅甸是东南亚国家中唯一与中国和印度都接壤的地区大国，随着近年来缅甸的民主化改革的推进，中印在缅甸的软实力对比是分析将来缅甸外交走势的重要视角。本章将首先从地区角度探讨并比较中印在东南亚地区的软实力建设状况，为中印在缅甸的软实力比较提供相应的地区背景；然后，重点分析中印在缅甸软实力战略的措施和特点、评估中印在缅甸软实力的得失。本课题组对中印在缅甸软实力的研究主要聚焦于中印在缅甸的软实力资源及其转化过程。软实力资源的多少和软实力资源能否成功转化是软实力战略的关键所在。中印之间的比较也只有在以上维度开展才有现实意义。

一、中印在东南亚的软实力概况

自古以来，东南亚地区就深受中国和印度的影响，成为两大文明交相辉映之地；如今，作为地缘上的邻居，该地区成为受中印崛起影响最大、最直接的地区，其中包括两国的软实力发展。

（一）中印—东南亚关系中的软实力发展

1. 中国在东南亚的软实力建设
中国外交的总体布局是，大国是关键、周边是首要、发展中国家是基础、多边是舞台。东南亚地区在此布局中拥有多重角色，是事关中国发展与安全的一个关键地区，所以也是中国软实力建设的优先目标。

1997年是中国软实力在东南亚地区崛起的标志性一年。冷战结束初期，一波"中国威胁论"在东南亚弥漫开来。经过随后几年的努力，东盟各国对中国的疑虑和恐惧感渐消；与此同时，中国在东南亚金融危机中的友好姿态也大获好感。时任东盟秘书长的鲁道夫·塞韦里诺明确表示，中国确实因此给人留下了好印象。这代表了当时东盟各国对中国的普遍看法。中国在东南亚地区软实力的主要来源包括以下几个方面：

（1）中国文化

中国古代文化在东南亚有着广泛的传播和重要的影响。这些年来，中国当代文化在东南亚也有着很大影响——香港的电影、大陆的电视剧经常在部分国家创造很高的收视率。随着中国更为明确和主动地加强软实力建设，中国文化软实力的影响越来越大。据《孔子学院2010年度报告》显示，2010年孔子学院（课堂）在东南亚国家分布情况如下：泰国23所、柬埔寨1所、老挝1所、马来西亚2所、缅甸2所、菲律宾3所、新加坡2所。其中泰国的数量仅次于美国、英国和加拿大，位居第4位。其中2010年赴泰国、菲律宾等国志愿者储备人员招募和培训规模最大，在北京师范大学等12所院校同时举办，培训学员达1348人。2010年1月，菲律宾时任总统阿罗约会见孔子学院总部总干事许琳，并共同出席菲律宾红溪礼示大学孔子学院揭牌仪式。2010年6月，亚洲地区孔子学院联席会议在新加坡召开，新加坡内阁资政李光耀在会议期间与会议代表座谈。[①] 中国和东盟还加强了教育交流，推动双方青年学生的联系、交流和了解。2010年8月，中国—东盟教育部长圆桌会议暨第三届中国—东盟教育交流周在贵阳召开。中国还向许多优秀的东南亚学生提供奖学金，吸引他们到中国求学。

（2）发展模式

坚持走符合本国国情的发展道路，是中国实现崛起的根本原因。中国的发

---

① 参见《国家汉办暨孔子学院总部2010年度报告》。

展早已为东南亚国家接受，对中国的发展表示欢迎。2003 年 2 月在中国桂林举行的"中国—东盟高层论坛"上，与会的泰国、新加坡、印尼、马来西亚、越南、柬埔寨等国家的高官在发言中均表达了对"中国机遇论"的正面看法。这种发展理念也获得它们的赞同与认可。2004 年，印尼梅加瓦蒂总统说，拥有 12 亿人口的中国，当今已成为世人敬仰的强国，2 亿人的印尼理应向中国看齐，学习中国的经验。2008 年爆发的全球金融危机证实了中国发展模式的科学性，也让东南亚国家进一步认清了中国发展模式的优越性。

（3）睦邻外交

外交上，中国和东南亚国家拥有许多共识。中国坚决反对霸权主义、强权政治等违反和平共处五项原则的国际行为，坚决反对自私自利、为所欲为的单边主义并积极推动多边合作，这些都得到东南亚国家的赞许。中国极为重视与周边国家关系的发展，积极推行睦邻外交政策。中国在 2002 年第一次提出了"与邻为善，以邻为伴"的周边外交方针，进一步将营造和平、和谐、合作的周边环境明确为周边工作的方向。鉴于南海问题一直是双边关系改善的主要障碍，2002 年中国同东盟国家签署《南海各方行为宣言》，各方均承诺不使用武力解决争端。2003 年 10 月，中国总理温家宝在巴厘岛举行的"10 + 3"峰会上，正式提出"睦邻、安邻、富邻"的周边外交政策。中国还作为区外大国第一个签署《东南亚友好合作条约》，并宣布同东盟建立"面向和平与繁荣的战略伙伴关系"。这些积极、主动、有效的行动为中国在东南亚的外交形象加分不少。

（4）对外援助

中国的国力不断增强也为中国向东南亚国家提供更多支持和援助奠定了物质基础。21 世纪初，中国已经向缅甸和老挝、柬埔寨提供特别优惠关税待遇。2002 年 11 月 2 日，中国领导人宣布实施"亚洲减债计划"，减免缅甸等国的部分或全部到期债务。中国在帮助东南亚国家抗击自然灾害方面也是全力以赴：无论灾害发生在东南亚哪个国家，中国总是在第一时间作出反应，尽最大努力给予援助，减少灾害带来的损失，减轻灾区人民的痛苦。中国对印度洋大海啸的救援就是很好的例证：2004 年 12 月 26 日的印度洋海啸，中国官方和民间进行了最大规模的海外援助行动。海啸当天，中国就宣布提供价值 2163 万元人民币的紧急援助，中国的医疗队也在各国救援队中第一个到达灾区。截至 2005 年 2 月，中国共向受灾国捐款 12 亿元人民币。面对 2008 年全球金融危机，中国再次发挥重要作用。2009 年 4 月，中国决定，今后 3—5 年内，中国将向东盟国家提供 150 亿美元信贷，其中包括 17 亿美元优惠贷款；中国还向东盟欠发达国家（柬埔寨、老挝和缅甸）提供总额为 2.7 亿元人民币的特别援助。在这场 1929 年以来全球最大的经济危机中，中国成为矗立在东南亚各国前面使之免受冲击的防火墙。

东南亚是海外华人最多、最集中的地区，华侨华人问题是中国和部分东南亚国家间关系中的重要问题。经过多年的努力，这不再是困扰彼此友好关系发展的障碍。相反，他们成为中国和东南亚友好往来的桥梁和纽带。客观上，他们也是中国在东南亚发挥软实力的一个重要来源。

2. 印度在东南亚的软实力建设

（1）印度文化和宗教

印度和东南亚地区的交往可以追溯到公元之前，印度的宗教文化在东南亚有着广泛传播。布罗代尔曾说过，在公元初年，印度"真正意识到并且开始对东印度感兴趣。它的海员、商人和传教士对这个群岛进行了开发、开化和布道，成功地将自己更优秀的政治、经济和宗教生活方式传播到了那里。那些岛屿因此而皈依了印度教"[1]。目前，这种文化上的影响力仍然为东南亚许多国家所认同。印尼学者吉万多诺（Soedjate Djiwandono）引用印尼前总统苏加诺的话说："我们每个人的血管中都流淌着印度祖先的鲜血，我们的文化一次又一次浸润在印度文化的影响之中。两千年前，从贵国过来的人民怀着兄弟般友爱的精神来到爪哇和苏门答腊。他们给予了建立像三佛齐、马打兰和满者伯夷等强大王国的原动力。从此，我们学会了崇拜那些你们今天仍然在崇拜的诸神，而且，我们所塑造的文化即便在今天也和你们的大致一样。后来，我们转向信仰伊斯兰教，但是，这一宗教也是那些从印度河两岸过来

---

[1]　F. Braudel, *Civilisation and Capitalism*, *15th–18th Century*, Volume 3, "The Perspective of the World", Collins/Fontana Press, 1984, No.523.

的人民带给我们的。"[①]

（2）印度"东向"外交

外交上，印度与东南亚的合作日趋紧密。1991 年 12 月，印度总理拉奥在一次国会讲话指出："调整后的印度对外政策中，亚洲占据优先地位。这是因为印度作为亚洲大国，不仅是亚洲政治舞台上的一个重要角色，而且与亚洲有着直接和紧密的联系。尼赫鲁就曾这样说过，我们是亚洲人，亚洲诸民族比其他民族与我们更接近和更密切。"[②] 1992 年，印度成为东盟的"部分对话伙伴国"，由此拉开了印度与东盟之间在投资、贸易、旅游、人力资源等方面合作的序幕。1995 年，印度升格为东盟的"全面对话伙伴"。1996 年，印度获准加入"东盟合作论坛"（ARF）。进入 21 世纪，印度已经成为一个核大国且经济正在起飞，东盟对与印度接触的兴趣迅速上升。2001 年底，印度就获得东盟想邀请印度举行峰会的表示。2005 年 12 月，印度总理辛格称，印度与东盟关系是印度"东向"政策的核心。印方宣布向东盟发展基金捐赠 100 万美元，并拨款 500 万美元开展与东盟的合作项目。印度还决定帮助东盟加强马六甲海峡海上安全，提供抗击禽流感的生物技术及在越、老、柬、缅四国设立英语培训中心。印度政府还设立了"印度—东盟科技基金"，在医疗卫生、气候变化、旅游等领域进一步加强双边合作，并提出在 2010 年吸引 100 万东盟游客去印度旅游的奋斗目标。

印度著名战略家拉贾·莫汉认为，人数众多且成就突出的海外印度人是印度最重要的软实力。[③] 海外印度人是印度政府借以获得其所在国尊重与影响力的重要资源。印度裔在东南亚主要分布在马来西亚（约 160 万）、缅甸（约 290 万）、新加坡（约 30 万）。印度积极利用这一独特优势，如每年举办"印度侨民日"，给予他们"双重国籍"等许多优惠待遇。这些印度裔是沟通印度和所在国的桥梁，同样是展示印度文化的重要窗口。

---

① S. Djiwandono, "India's Relations with East Asia: New Partners?", the IISS conference on Rethinking India's Role in the World, Neemrana Fron, India, 1997.9.

② 马孁:《冷战后印度的亚洲政策及其启示》,《当代亚太》2005 年第 10 期。

③ C, Raja Mohan, "Indian Diaspora and 'Soft Power'", *The Hindu*, Jan 6, 2003.

（二）中印在东南亚地区软实力的比较

比较而言，中印在东南亚地区提升软实力的力度和方式与本国国情密切相关。因为内部政治结构不同，中国提升软实力的力度要比印度大很多——因为社会主义制度下的政策执行力要比印度式的资本主义制度强很多。此外，这又和各自的经济状况有关系：印度经济实力不如中国强大，所以软实力建设的经济基础不如中国雄厚，例如印度的外交援助规模因此就小很多。就出口行业结构来说，运输服务、旅游服务和其他商业服务占中国服务贸易出口额的91.4%，而印度的这三项之和仅为40.8%，计算机和信息服务却占到印度出口额的近50%。由此可见，印度的服务贸易已经以技术密集型的服务出口为主，中国则仍然以劳动密集型的服务业出口为主。[①] 显而易见，印度的信息技术比较先进，国际竞争力比较突出，所以它又常以此为援助的具体手段。具体而言中印在东南亚的软实力战略存在以下几个方面的差别：

1．中印对意识形态的态度不同

在中印推动软实力建设的过程中，双方之间存在一个显著差异，即中国—东南亚关系基本完成了"去意识形态化"，而印度却在不断促进印度—东南亚关系中的"意识形态化"。中国"去意识形态化"的努力得到了东南亚国家的普遍认可。2006年，印度尼西亚总统苏西洛的顾问兼总统发言人迪诺·帕蒂·贾拉勒说道，中国正在扩大其软实力，它做得非常非常成功。它去除了政策中的意识形态色彩；它不再笨手笨脚地处理地区事务；它克制自己不对别国内政指手画脚；它展现出一种富有同情心、具有责任感、乐于助人、亲切待人的伙伴形象。[②] 而印度在与该地区国家交往时，却经常标榜自身的所谓民主制度。显然，印度认为，其西方式的社会制度更有利于东南亚国家接受。但目前来看，这并没有产生明显效果，其原因可能在于东南亚国家政治发展的复杂性和差异性。

2．软实力推广渠道不同

与印度相比，中国在东南亚推广软实力时也存在着提升的空间。在推广软

---

① 孙晓玲：《印度—东盟自由贸易区的缘起、现状及影响》，《东南亚研究》2010年第3期。
② 路透社堪培拉2006年9月27日电。

实力时过于偏重官方渠道，以至于孔子学院因为带有浓厚的官方色彩常为西方诟病和曲解。2010 年 2 月，美国南加州某地计划开设孔子学院课程教授汉语，但因当地部分居民担忧会给学生"洗脑"而遭到抗议。日本大阪产业大学事务局局长重里俊行甚至把"孔子学院"称为中国的"文化间谍机关"。这种或有意或无意的错误认识，在东南亚地区也有一定的市场。中共中央指出，把政府交流和民间交流结合起来，发挥非公有制文化企业、文化非营利机构在对外文化交流中的作用。[①] 这说明，中国目前也已经意识到了这一问题，但这需要一定的时间才能见效。

相比之下，印度不仅在国际社会中非常活跃，而非政府组织更是相当发达。有数据显示，印度参与全球性政府间国际组织的比率高达 67.16%，在所有参与国中名列第 8 位，中国位列第 12 位；参与国际非政府组织的比率高达 76.53%，在所有参与国中位列第 14 位。[②] 印度在国外设立的"甘地学院"就是一些学者采取的非官方行为。

不同历史文化下形成的民族风格也在影响着两国软实力的建设。中国的儒家文化传统造就了中国人含蓄、内敛的风格，不善表达，不喜争辩。而印度文化丰富多彩，并有通过辩经活动鼓励争鸣的宗教传统，由此造就了印度人积极表达、惯于争鸣的传统，这有利于印度人在国际场合充分表达自身的思想观点和切实利益，有利于融入国际社会。

二、中印在缅甸软实力的发展过程

缅甸是东南亚地区与中印两国直接接壤的唯一国家，所以在中印和东南亚的关系中具有特殊地位。鉴于其所具有的重要性，中印均着力推动在缅甸的软实力不断向前发展。2010 年 11 月 7 日，缅甸举行 20 多年来首次多党制大选。2011 年 3 月，以丹瑞大将为首的缅甸军政府将政权交给了吴登盛新政府。这

---

① 《中共中央关于深化文化体制改革　推动社会主义文化大发展大繁荣若干重大问题的决定》，《人民日报》2011 年 10 月 26 日。

② 时宏远：《软实力与印度的崛起》，《国际问题研究》2009 年第 3 期。

一新情况，也无疑影响着中印在缅甸的现有软实力及其未来发展。

就中印在缅甸的软实力而言，我们现有的研究实际上主要能从两个维度展开，一个维度是围绕着软实力评估进行研究。对软实力的评估有两种评估体系。一种是目前常见的民意调查方式。其具体做法是将软实力分解成多个具体而详细的问题，通过专业的问题设计和样本选取来了解我国的国家形象和软实力。另一种评估体系是专家式评估，即将软实力细分为若干个具体的维度和指标，通过对指标的分解、加权和计算得出各国软实力。对软实力研究的第二个维度是围绕着能够产生软实力的资源进行研究。类似的研究包括对文化外交、多边外交、民间外交、对外援助、经济和军事交流等方面的研究。事实上类似的软实力资源与软实力之间并不存在必然的因果关系，软实力资源的多寡也不完全决定软实力的强弱。软实力资源只有正确使用并通过合适的渠道转化为吸引力和说服力才能产生软实力。

（一）中国在缅甸的软实力战略

缅甸是中国周边外交的重点之一，也是中国南下印度洋需要倚重的陆路通道之一。中国在缅甸的软实力战略是中国对缅甸整体外交战略的一部分，官方并没有制定清晰的软实力战略，但我们仍然可以从中国整体的对缅外交战略中勾勒出中国在缅甸的软实力战略。一般而言，能够产生软实力的资源主要有外交政策、发展模式、文化和制度等。中国在缅甸的软实力战略是注重软实力资源的投入，具体而言就是以经济合作和经济援助为主体，以不干涉缅甸内政的外交政策为原则，以官方主导的文化交流为补充。

1. 以官方为主导的文化交流

文化是产生软实力的主要来源之一，但就中国的对缅政策而言，文化交流整体居于补充地位，而且目前的文化交流是以中国官方主导的单向交流为主。有人说，印度是缅甸的文化之父，中国是缅甸的民族之母。这形象地说明了中印两国在缅甸的深厚的影响力。1996 年 1 月，缅甸国家恢复法律和秩序委员会主席兼政府总理丹瑞大将首次对中国进行为期一周的正式友好访问。访问期间两国签署《中国文化部与缅甸文化部合作协定》等重要合作文件。中国杂技团自 2012 年 4 月 27 日抵达缅甸，进行为期 10 天的访问演出，受到当地官员的热烈欢迎。缅甸副总统赛茂康等缅甸高官观看了演出。据中国驻缅大使馆介绍，此次中国杂技团访缅演出的门票收入将全部捐献给缅甸图书馆基金会，用于发展缅甸农村图书馆事业。2011 年 6 月，中国电影家协会代表团访缅并在缅举办中国电影周。11 月，中国残疾人艺术团和驻缅大使馆将在缅演出的全部门票收入捐赠给缅甸残疾人机构。2011 年 10 月 27 日，中国中央电视台与缅甸 MRTV–4 和 SKYNet 两家集团在仰光联合举行开播仪式，庆祝中央电视台国际频道在缅落地开播。自即日起，缅百姓可通过缅两大电视网收看央视 CCTV–4 中文国际频道、CCTV–news 英文台和 CCTV–9 纪录频道三套节目。

即使是在宗教方面的交流，中国对缅交流也有很重的官方痕迹。缅甸是一个崇信佛教的国家，所以中印两国都重视与缅甸的佛教交流。自 20 世纪 90 年代，中国的佛舍利多次去缅甸供奉。2011 年 11 月 6 日至 12 月 24 日，应缅甸邀请，北京灵光寺的佛牙舍利第四次赴缅供奉。此次巡礼供奉 48 天，近 350 万信众香客前往虔诚参拜，成为两国民间交往的一大盛事。

2. 以经济合作和经济援助为主体的经济往来

在缅甸受西方制裁期间，中国以睦邻为出发点，开展了大量的对缅援助和经济合作项目。近年来备受争议密松水电站项目、中缅油气管道项目和莱比塘铜矿项目都是中国对缅经济合作的典型。此外，长期以来，中国不断给予缅甸经济援助。随着国力的增强，中国的援助规模也越来越大。1989 年 12 月，中国决定向缅甸提供 5000 万人民币的无息贷款；1993 年 7 月，再次向缅甸提供 5000 万人民币无息贷款；1996 年 1 月，提供 1.5 亿人民币的贴息贷款；1998 年中国向缅甸提供 1.5 亿美元贷款，以帮助缅甸克服亚洲金融危机的影响；2004 年向缅甸提供 1.5 亿美元的优惠贷款，签署《中缅关于免除缅甸联邦政府部分到期债务的议定书》，并对缅甸 9400 万美元的债务重新安排。

3. 以不干涉内政为原则的外交政策

不干涉内政是中国对缅外交的出发点，也是在西方制裁情况下缅甸维持国际地位的主要依托。中方认为不干涉内政原则本身应该使我国的吸引力和道德权威得以确立，从而使我们具有更大的吸引力和说服力。

外交上，中国遵循和平共处五项原则，对缅甸内部事务采取不介入的态度。2006年底至2007年初，美国为首的西方国家一直尝试将缅甸问题列入联合国安理会的议事日程，这对缅甸形成相当的压力。2007年1月12日表决时，中国和俄罗斯、南非对决议草案投了反对票。所以，与中国的友好关系是缅甸在国际场合上的重要后盾，符合缅甸的国家利益。

坚守不干涉内政原则是否真正树立了中国在缅甸的良好形象，这涉及区分软实力的对象。在当地政府合法性不足的情况下，不干涉内政原则实际上会对当地政府和民众产生不同的影响。目前，中国也在适时调整对缅甸的政策。比如，中国改变了以往对缅甸国内民族问题的不干预政策，已开始参与到其民族问题的解决进程中来。

（二）印度在缅甸的软实力发展

缅甸是印度的西部邻国，印度与缅甸接壤的西北部地区是印度分裂势力和武装组织活动频繁的地区，因此缅甸在印度的外交中也占有重要地位。同样地，印度也没有制定清晰的对缅软实力战略，所能观察到的仅仅是印度对缅外交中的软实力因素。

1. 宗教和文化是印度在缅软实力的天然资源

"作为智慧之母，印度将自己的神话赠给邻邦，这些邻邦又把它教给了全世界。作为宗教信仰与哲学之母，她给予亚洲四分之三地区一个神，一种宗教信仰，一套教义，一种艺术。"[1] 由印度传入缅甸的佛教至今仍是缅甸的国教。印度宗教和文化在缅甸的长期影响使其成为印度软实力的天然资源。当前，印度同样注重文化交流的作用。2003年11月，印度副总统访缅期间，双方签署《印度人力资源发展部与缅甸教育部之间的谅解备忘录》等协议。2004年10月，丹瑞访印时双方签署《文化交流计划书（2004—2006）》。印度是佛教的发源地，所以也注重与缅甸的佛教交流。2004年3月，印度总统访缅时就签署了《印度文化关系委员会与缅甸宗教事务部之间佛教研究合作的谅解备忘录》。

---

[1] S. 累维：《文明的印度》，第136页。转引自 G. 赛代斯著：《东南亚的印度化国家》，蔡华等译，商务印书馆2008年版，第2—3页。

2. 多样化的对缅援助

作为改善双边关系、加强影响的一部分，印度也经常向缅甸提供援助。但与中国注重直接经济援助、成套项目和大型基础设施援助的方式不同，印度对缅甸的援助力度不及中国，但援助方式更为多样。印度对缅甸的援助包括直接的经济援助、技术援助、教育援助等项目。直接的经济援助项目包括：2000年11月，印度决定向缅甸提供1500万美元的信贷；2003年11月，印度副总统访缅期间，双方就一些具体合作项目如印度向缅甸的仰光至曼德勒铁路改造项目提供5700万美元贷款等取得共识；2007年，印度向缅甸提供了1.6亿美元的发展援助；2008年5月2日，缅甸遭受纳尔吉斯风暴袭击时，印度表现非常积极，向缅甸提供大量的援助。

此外，印度发挥其信息技术优势，帮助缅甸发展信息产业。2007年12月，缅甸邮电通信部通讯公司和东印度（Centre for Development Advanced Computing，CDAC）公司签署了一项合作谅解备忘录，据此，双方将合作在缅甸建11个信息产业服务中心，印度政府将为此提供资金，缅方负责基础设施建设部分。2012年11月，印度宣布将与缅甸合作在曼德勒建设科技大学（Myanmar Institute of Information Technology，MIIT），并计划于2013年底建成。

印度对缅甸的援助方式还包括教育和人力资源方面的援助。2011年4月20日至22日，印度外长S.M.克里希那访问缅甸。访问期间，双方签订了在缅甸敏建（Myingyan）建立印缅工业培训中心的备忘录。双方还交换了关于使用200万美元印度援助在仰光和伊洛瓦底地区建设米仓的文件。10月12日至15日，缅甸总统登盛访问印期间，两国签署了《改造仰光儿童医院和实兑总医院的谅解备忘录》和《科技合作计划（2012—2015）》。印方向缅甸的三个项目提供技术和财政支持，即在叶子（Yezin）建设农业研究和教育高级中心，在内比都综合示范农场建设展示各种农业技术的水稻生物园以及曼德勒的信息技术研究所。印度承诺延长3亿美元的对缅特殊项目贷款，并新提供5亿美元的优惠信贷安排。

3. 多渠道的对缅交往

印度的对缅交往与中国的显著区别，在于印度与缅甸保持了多渠道与多层次的交往。中国限于坚持不干涉内政的原则，对缅交往的主要对象是缅甸中央政府。印度在这一方面则保持了更为灵活的立场，印度认为自己是世界上最大的"民主国家"，与缅甸的反对派保持着往来，此外印度还与印缅边界的民族地方武装保持着往来。多渠道与多层次的往来使印度在对缅的交往中占据先机。缅甸民主化改革以来，印缅的官方和非官方往来更为密切。2011年12月，缅甸人民院（下院）议长瑞曼率领一个议会高级代表团访问印度。此行的目的是和缅甸代表团分享印度在议会实践与程序上的经验。2012年5月，印度总理辛格抵达缅甸，开始为期3天的正式友好访问，这是25年来首位访缅的印度总理。印缅签署了包括文化交流计划、向缅甸提供5亿美元贷款等加强软实力的多个文件。2012年12月缅甸总统吴登盛访问印度。此外，与印度颇有渊源的缅甸反对党领袖昂山素季2012年11月也访问了印度。

三、中印在缅甸软实力比较

可以从两个方面对中印在缅甸软实力进行比较：

1. 在文化上，中印均在缅甸具有深厚的影响力；但分布地区略有差别。中国文化对缅北地区的影响力更大，而印度文化则在南部和东南部更甚。从文化传播主体而言，中国主要依赖官方渠道，如孔子学院、政府间文化部门的交往来推动文化传播。而印度官方目前则在缅甸的文化传播方面着力不多。

2. 在外交上，中国一贯坚持和平共处五项原则，所以政策稳定性较好，但面临着缅甸急剧转型的挑战。此外，仅仅与中央政府的单渠道联系容易使中国的对缅外交处于被动地位，并造成缅甸民间和官方对中国的不同反应。印度对缅甸的外交处于"左右逢源"的地位。一方面，印度利用自身是缅甸邻国的地位，在西方制裁缅甸的情况下保持了与缅甸官方的往来；另一方面，印度则借力于自身"最大民主国家"的身份，与缅甸的反对派和民族地方武装保持着往来。印度的多元外交使其在缅甸的软实力大增，使印度在缅甸各个阶层都树立了较好的形象。

3. 在援助方面，由于中缅关系持续平稳发展和中国总体经济实力强于印度，所以中国对缅甸的援助时间上早于印度、规模上大于印度、效果上好于印度。中国的基础设施建设经验丰富，所以在援助缅甸时更侧重于具体工程项目的建设；而印度信息技术比较突出，所以经常以此为援缅重点。但中国的对缅援助也主要是通过缅甸中央政府来执行，由于缅甸政府的合法性问题仍待解决，所以中国的援助有可能成为民间反对军政府的"替罪羊"；援助的有效性和援助带来的软实力大打折扣。

有数据显示，在缅甸的印度裔数量约 290 万人，而在缅华人约有 250 万人。[①] 分别占到缅甸总人口近 5% 的比重。由于缅甸长期封闭的国内环境，华人和印度人在中缅、印缅关系中未能发挥应有作用。但可以预期，随着缅甸局势不断走向开放，华人和印度人能够为两国在缅甸的软实力建设起到积极作用。

四、印度的启示

中印软实力的发展与以经济为核心的硬实力的崛起紧紧联系在一起，两国对软实力的认识也经历了从无意识的自发阶段到有意识的自为阶段的转变。中印为提升软实力进行了许多努力，东南亚则是这种努力的重要地区。中印在东南亚的软实力建设取得了许多成就：综合来看，中国的核心成就是实现了中国—东南亚关系中的"去意识形态化"，扩大了在许多领域的影响和存在；受制于本国国情，印度在东南亚的软实力建设步伐起步较晚，但相较于中国具备许多优势，如不存在领土与海洋划界纠纷、历史恩怨较少、非政府组织活跃等。

很多人或许将中印在缅甸的软实力的发展，看作是两大国竞争的一部分。但正如印度总理辛格就中印竞争与合作问题指出的那样，"世界这么大，两国可以同时发展。两国拥有足够大的合作空间"，"尽管我们在一些领域的竞争无

---

① 数据分别来源于贾海涛著：《海外印度人与海外华人国际影响力比较研究》，山东人民出版社 2007 年版；庄国土：《东南亚华侨华人数量的新估算》，《厦门大学学报（哲学社会科学版）》2009 年第 3 期。

法避免，但是也可以相互合作"。中印两国在东南亚、在缅甸的软实力建设的关系上同样如此。但印度在缅甸软实力的战略对中国在缅甸软实力的拓展仍然具有借鉴意义。

（一）建立多主体、多渠道的软实力资源转化渠道

约瑟夫·奈在一篇关于中国软实力的文章中提到，中国软实力战略的最大错误是认为政府是提高中国的软实力主要力量 [1]。可以说这个评价还是非常中肯的，当前中国有很多能够产生软实力的资源，但政府几乎是中国软实力转化的唯一主体。文化外交、孔子学院、国家形象宣传片、对外援助及经济外交几乎全是政府包揽，甚至近年来开始探讨的公共外交和民间外交也成为中国政府对国外非政府行为体的外交。与印度的软实力相比，中国的软实力完全依靠政府在"单打独斗"，非政府行为体，如企业、非政府组织、个人、志愿者团体等几乎都无所作为。中国面对的缅甸是一个多元的、多层次的复杂社会，以一个一元的政府来试图面对国外多元的社会来实现软实力的提高，效果肯定是不尽如人意的。特别是缅甸当前处于急剧转型期，这一问题的急迫性更为凸显。中国的软实力战略应该是政府主导的、社会各界多元参与的格局，只有形成多主体的参与，才能更好地面对国外的多元社会。

（二）在不干涉他国内政原则下，应鼓励与缅甸各方接触

外交能够产生软实力，但软实力视域下外交所针对的对象已经不再是单一的中央政府。最终而言，能够决定一国发展的是该国中央政府和各方势力的博弈结果。在这方面，我们应该借鉴印度与缅甸各方接触的经验，提高中国在缅甸软实力的稳定性。

就目前中印在缅甸的软实力发展而言，中国较印度为突出，但缅甸对中印在缅的软实力也拥有重要的选择权。早在 1949 年 12 月，吴努提出在对外事务中遵循中立和非结盟的外交政策："我们所处的形势要求我们走一条独立的、

---

[1]　JOSEPH S. NYE, *What China and Russia Don't Get About Soft Power*, http://www.foreignpolicy.com/articles/2013/04/29/what_china_and_russia_don_t_get_about_soft_power?page=0, 1&wp_login_redirect=0.

不与任何国家集团结盟的路线……是一条最适合缅甸联邦的路线，而不论英国人、美国人、苏俄人还是中国共产党人走的是什么路线。"① 几十年来，缅甸的中立政策实际上就是一条实用主义政策。缅甸实际上也并不是完全倒向中国、依靠中国。缅甸希望在和中国保持友好关系的同时，也和另外一个大国邻国印度保持良好关系。对于缅甸这样的国家来说，既可借此维持一种平衡，同时又可从两方面都得到好处。② 无论是过去、现在，还是未来，无论是何种势力掌权，缅甸对中印两国的这种态度将会保持下去。

近年来，中国与个别国家在南海问题上出现了激烈争执，中缅之间也发生了密松事件。我们应该把它们看作是检验中国软实力不足的契机，并在以后的软实力建设中着力加以补足和提升。

---

① Josef Silverstein, Burma: Military Rule and the Politics of Stagnation, Cornell University Press, 1977, p. 168.

② 《印度曲解中缅能源合作 担心中国威胁是不自信表现》,《世界新闻报》2010 年 3 月 9 日。

远亲与近邻

——中美日印在东南亚的软实力(下)

曹云华　主编

人民出版社

目 录
CONTENTS

下篇：专题研究

下篇：

专 题 研 究

第七章　中美在东南亚的经济软实力比较

2012 年 3 月，世界银行和中国国务院发展研究中心联合课题组公布的一份报告指出：过去 30 多年，中国经历了两场历史性变革，一是从一个农村和农业社会转变成一个城市化和工业化的社会；二是从计划经济转变为市场经济。这二者结合起来产生了举世瞩目的成就：经济以年均近 10% 的速度增长；5 亿人口摆脱贫困，贫困率从 65% 以上降至 10% 以下，所有的千年发展目标均已基本实现。[①] 2008 年，中国超越美国成为世界最大制造国，2010 年超越日本成为世界第二大经济体，同年超越美国成为世界第一大出口国。尽管对中国经济崛起的时间预测从 20 世纪 90 年代就不断修正，但中国的上升速度总是出人意料。美国情报理事会（National Intelligence Council）在最新一期的《2030 年全球趋势：不一样的世界》报告中同样认为："过去的全球趋势报告正确预测了变动的方向——中国崛起。但中国实力的增长依然超过预期。过去四个报告给人留下的深刻印象表明我们低估了变化的速度。"[②] 与中国高速经济增长相一致，中国与东南亚国家的双边贸易相互依赖程度不断加深，资本流动加快，对东盟不发达成员国的经济援助规模持续扩大。简言之，中国在东南亚的影响力得到空前发展。作为区域外大国，美国同样在这一地区存在广泛的政治、经济和安全利益。近年来，在突出亚洲战略转向（尤其是经济）的同时，中国在东南亚地区不断扩大的经济影响力已成为美国行政和立法机构的关注焦

[①]　世界银行、中国国务院发展研究中心：《2030 年的中国：建设现代、和谐、有创造力的高收入社会》，2012 年。http://documents.worldbank.org/curated/en/2013/03/17494834/china-2030-building-modern-harmonious-creative-society.

[②]　National Intelligence Council, Global Trend 2030: Alternative Worlds, November 2012.

点。大量的文献和政策报告显示：作为传统的"硬实力"资源之一，由投资、贸易、对外经济援助和经济发展模式为四大支柱的经济实力资源，已成为"软实力"资源的有效补充。加大投射经济实力资源并有效转化为影响力，将成为未来几年中美两国在东南亚地区角逐的重点领域之一。

一、由"硬"到"软"：经济实力的再定义

自 1990 年约瑟夫·奈提出"软实力"概念以来，"软实力"一词逐渐被包括美国在内的众多国家政治领袖、学者和专栏作家采纳和使用。在 2004 年出版的《软实力：世界政坛成功之道》一书中，奈系统阐述其软实力理论，丰富了国际政治理论的思想命题。从软实力资源构成上来看，包括：对他国有吸引力的文化、在国内和国际上能得到遵循的政治价值观以及具有合法性和道德权威的外交政策等。[1] 文化、政治价值观和外交作为"软实力"的核心要素，通常视为军事实力、经济实力之外的"力量的另一面"[2]。尽管奈在其论著中不断提及一国经济的成功是软实力的重要来源，并指出："强大的经济不仅是制裁与收买的资源，也可以是吸引力的来源"、"经济实力既可以转化为硬权力也可以转化为软实力，既可以用制裁来强制他国，也可以用财富来使他国软化"，"经济实力是黏性实力，它既可以起到吸引的作用又可以起到强制作用"。毋庸置疑的是，一国成功的经济必定是其吸引力的一个重要基础。在现实情势下，有时我们很难区分经济关系中的哪一部分由硬权力构成，哪一部分又是由软权力构成[3]。

在理论界，经济实力由"硬"转"软"的演化得到更多的认可。2007 年 8 月由中国发展改革论坛与卡内基国际和平基金会举办的"中国的软力量：理论与实践"学术研讨会上，中美两国学者对软实力的构成形成较为一致的看

---

① Joseph Nye and Wang Jisi, "The Rise of China's Soft Power and Its Implications for the United States," in Richard Rosecrance and Gu Guoliang, *Power and Restraint: A Shared Vision for the U.S.-China Relationship*, New York: Public Affairs, 2009.

② ［美］约瑟夫·奈著：《美国定能领导世界吗》，何小东等译，军事译文出版社 1992 年版，第 25 页。

③ ［美］约瑟夫·奈：《"软权力"再思索》，《国外社会科学》2006 年第 4 期。

法：硬实力和软实力可以相互转化，硬实力在有些情况下可转化为软实力，有些情况则不行。中国的软实力应包含经济实力，中国的软实力构建于经济高速发展之上。[①] 作为冷战后国际关系的流行术语之一，相对于强调差异的"文明冲突"，奈的"软实力"概念强调在军事和经济互动之外国际交流的重要性，从而显得更为谦逊和温和，也易为不同国家所接受。然而，硬实力和软实力资源的明显割裂遭到众多学者的质疑。美国学者伊肯伯里直接将经济权力划入软权力，认为"软实力是指文化——经济权力，完全不同于军事权力"[②]。在布兰特·乌马克看来："软实力不是脱离硬实力的单独存在的现象。它很可能只是硬实力的一种光环，利剑闪烁的寒光。——一国的政治吸引力受到透明程度的影响以及国家营销的影响，但最终，国家吸引力的可接受性取决于听众的利益。"[③] 卡内基国际和平基金会中国项目访问学者柯南兹克（Joshua Kurlantzick）对中国软实力在东南亚的影响进行了深入探讨。他指出："当奈提出软实力一词的时候，他原本做了一个非常有限的界定，排除了投资、援助以及正式的外交——更传统的、更硬的影响方式。但在当今亚洲的背景下，中国和它的邻国对软实力表达了一个更宽泛的解释，这表明包含除安全领域以外的所有因素，包括投资、援助。"[④] 正因如此，在讨论中国在东南亚的软实力之时，他使用了"魅力攻势"（Charm Offensive）一词，涵盖了除军事以外的众多因素。

在政策咨询领域，美国国会研究局（Congressional Research Service，以下简称 CRS）、美中经济与安全评估委员会（US-China Economic and Security Review Commission，以下简称 USCC）、布鲁金斯学会、美国国际战略研究中心（CSIS）、卡内基国际和平基金会等官方研究机构和民间智库在有关中国软实

---

① 参见"中国的软力量：理论与实践"学术座谈会综述中刘建飞、丁学良、金灿荣、裴敏欣等人的发言，2007 年 8 月 11 日。http://carnegieendowment.org/2007/08/11/。

② ［美］约翰·伊肯伯里主编：《美国无敌：均势的未来》，韩召颖译，北京大学出版社 2005 年版，第 170 页。

③ Brantly Womack, "Dancing Alone : A Hard Look at Soft Power", http : // www. japanfocus. org/-Brantly- Womack/1975.

④ Joshua Kurlantzick, "China's Charm：Implications of Chinese Soft Power", *Carnegie Endowment for International Peace*, 2007.

力构成、来源、对美国的影响上作了大量的理论和政策探讨，其中 CRS 的研究报告影响甚远。[①] 在有关中国在东南亚软实力的报告中，经济（包括投资、贸易、援助等）与外交是 CRS 讨论中国在发展中国家影响力的两个中心问题，"两者的相互强化构成了中国日益增长的软实力。特别是贸易、投资和援助，让中国在整个发展中世界获得了支持中国发展的原材料市场准入"[②]。受此影响，舆论和形象调查机构的相关报告再次确认了经济软实力的构成内容，并进行了细化。2008 年，芝加哥全球事务理事会（Chicago Council on Global Affairs）和韩国东亚研究所（EAI）合作发布了《亚洲的软实力》跨国问卷调查报告，在其软实力评估的 5 个指标中，首次引入了"经济软实力"（Economic Soft Power）指标，从经济软实力问卷的 12 个子指标来看，同样包含了贸易、投资和经济援助等内容。[③] BBC 的全球影响力调查则对其追踪的 22 个国家进行了影响力排名。而其问卷中有关影响力的构成包括了外交政策、传统与文化、人权、经济（产品与服务）[④]。皮尤研究中心的"全球民情项目"（Global Attitude Project）2011 年发布舆论调查报告显示："被调查的 22 个国家中有 15 个国家认为中国可能替代或已经替代美国成为世界头号大国。——全球势力均衡的变化至少说明美国在经济上输给了中国，这点在西欧国家中尤其明显。"[⑤]

国内研究方面，自 2007 年以来，怎样去评估中国的软实力确实是一个棘

---

① 其中，CRS 作为美国国会的研究服务机构，为国会议员提供了大量的有关中国软实力的背景研究资料。以经济作为中国软实力来源的报告包括："China's 'Soft Power' in Southeast Asia"，（2008）；"China's Foreign Policy and 'Soft Power'in South America, Asia, and Africa: A Study Prepared for the Committee on Foreign Relations"，United States Senate，April 2008；"Comparing Global Influence: China's and U.S. Diplomacy, Foreign Aid, Trade, and Investment in the Developing World"（2008）；"China's Assistance and Government-Sponsored Investment Activities in Africa, Latin America, and Southeast Asia"（2009）；"China's Foreign Aid Activities in Africa, Latin America and Southeast Asia"（2009）.

② CRS Report for Congress，"Comparing Global Influence: China's and U.S. Diplomacy, Foreign Aid, Trade, and Investment in the Developing World"，RL34620，August 15，2008.

③ The Chicago council on Global Affairs and EAI，"Soft Power in Asia: results of a 2008 multinational survey of public opinion"，June 11，2008. 该机构认为软实力主要由政治、外交、文化、经济和人力资本构成。这也是第一个正式提出"经济软实力"定义并给出详细评价指标的研究报告。

④ BBC Global Servicel，2012 Country Rating poll，full report.http: //www.globescan.com/images/ images/pressreleases/bbc2012_country_ratings/2012_bbc_country%20rating%20final%20080512.pdf.

⑤ Pew Research Center，"China seen overtaking U.S. as global superpower: 23-nation Pew attitude survey"，July 13，2011.

手而极富挑战性的问题。① 尽管大多数学者意识到软实力作为一种"软概念"需要"硬"研究，但定性与定量研究的论文中仍以前者为主，定量研究开始得到更多关注。② 就中美在东南亚地区的软实力比较而言，国内研究的热点仍然从奈的软实力概念出发，并对其基本含义进行拓展。或强调外交，或是强调意识形态、对外政策和政治价值观的感召力，文化的吸引力以及构建国际机制和议程设定的能力等维度来讨论中国在东南亚的软实力。③ 值得注意的是，一些学者开始把对外援助、贸易、投资等传统的硬实力构成定义为中国在东南亚的软实力来源，包含贸易、投资和对外援助的经济实力来源被定义为"广义软实力"的来源。④

综上所述，国内外学者对中美在东南亚的软实力命题进行了宽泛的比较研究。尽管理论界在关于什么是一国软实力的构成要素仍存争议，但从政策评估的角度来看，经济崛起而引致的中国在东南亚的软实力提升，却是一个不争的事实。本书所谓的"经济软实力"，是指一国运用其经济资源投射其影响力的能力。在构成内容上，经济软实力资源主要包括四个方面：即贸易、投资、对外援助和经济发展模式。从行为主体来观察，政府机构、商业团体、NGO 和个人等都能成为经济软实力资源运用的载体。从逻辑上观察，一国拥有的经济软实力资源本身并不能自动转化为对他国的吸引力或影响力。只有在有效配置经济软实力资源的基础上，摒弃零和思维，正确认识并修正一国经济软实力运用的局限，促进经济软实力资源运用在双边或多边关系中的积极的、正的"溢出效应"，才能构建双边或多边经济关系的良性互动，从而实现经济软实力的最终结果——影响力。截至目前，尽管也有国内学者关注经济力量从硬实力向

---

① "China's Soft Power", Speech by Zhongying Pang, Brookings institute, October 24, 2007.

② 在现有的研究论文中，已有的定量评估主要有：阎学通、徐进：《中美软实力比较》,《现代国际关系》2008 年第 1 期，评估指标包括国际吸引力、国际动员力和政府国内动员力 3 个 1 级指标及 8 个 2 级指标，其结论是中国的软实力总体上为美国的 1/3 上下。门洪华：《中国软实力评估报告》(上下),《国际观察》2007 年第 2、3 期，分别以文化、观念、发展模式、国际制度、国际形象等 5 个评估要素进行比较。

③ 参见李庆四：《中美软实力外交比较研究：以东南亚地区为例》,《教学与研究》2009 年第 3 期；谭笑、李炳香：《中美在东南亚地区的"软实力"评估》,《东南亚南亚研究》2010 年第 3 期。

④ 参见张锡镇：《中美在东南亚的软实力与中美关系》,《南洋问题研究》2009 第 4 期；陈莹：《冷战后中美日在东南亚的软实力角力：以对东盟援助为例》,《东南亚研究》2012 年第 1 期。

软实力的转化，并对其促进作用和局限性进行了初步分析，但从经济软实力角度对中美在东南亚影响力进行的系统评估却不多见。这种研究上的不足主要源于两个方面：一是囿于跨国问卷调查的困难；二是对于经济资源由"硬实力"转化为"软实力"的构成要素、转化渠道及运用经济软实力的局限性缺乏比较分析。而这也正是本章希冀突破的方向。

二、从错位竞争到针锋相对：中美对东南亚的经济战略定位

（一）中国对东南亚的经济战略定位

东南亚地区是中国邻国最集中和最多的地区，同时也是中国重要的矿产资源和原材料的进口来源地之一，马六甲海峡则构成中国海上油气运输（约80%）、确保中国能源安全的战略节点。更具体而言，"首要的因素是发展援助和贸易的增长；其次是内部和外部对外直接投资的增长；第三个相关因素是中国对石油、天然气和其他能源的需求；最后是安全、防务和外交相关问题"[1]。

对东南亚国家而言，中国则是东盟直接接壤的唯一大国。双方都以经济发展为第一优先方向，睦邻友好、互利共赢成为双方共同的战略利益所在。过去20多年来，中国与东盟双方政治互信明显增强，经贸合作效果显著，在国际事务和其他多边领域的协调和配合不断拓展和深化。政治上，自1991年成为东盟对话伙伴国以来，中国先后成为东盟全面对话伙伴关系（1996）、战略伙伴关系（2002）。目前，双方建立了全面的对话合作机制，包括领导人会议、12个部长级会议机制和5个工作层对话合作机制。[2] 中国新一届政府将坚持把加强与东盟的睦邻友好合作作为周边外交的优先方向，坚持不断巩固深化与

---

[1] 约翰尼斯·施密特：《中国在东南亚的软实力外交》，《国外理论动态》2008年第4期。

[2] http://www.fmprc.gov.cn/mfa_chn/gjhdq_603914/gjhdqzz_609676/lhg_610158/xgxw_610164/t1036851.shtml.

东盟的战略伙伴关系，坚持通过友好协商和互利合作妥善处理中国与东盟有关国家间的分歧和问题。[①]　经济上，自 2002 年双方签署《全面经济合作框架协议》，一个世界上人口最多的自由贸易区已于 2010 年 1 月全面建成。2011年，双方贸易总额达 3628 亿美元，较上年增长 24%，高出同期中国全部贸易增速。中国连续 3 年成为东盟第一大贸易伙伴，东盟则成为中国第三大贸易伙伴、第四大出口市场和第二大进口来源地。同年，中国对东盟投资直接投资流量 59.05 亿美元，同比增长 34.1%，超过中国对外直接投资流量增速 25 个百分点，东盟国家成为仅次于香港、开曼群岛之后的第三大投资目的地。其中，新加坡、印尼、柬埔寨、老挝四国位居当年中国对外直接投资流量前 20 位国家。[②]　有东盟问题专家认为："中国与东盟的经贸关系历史上从来没有像今天这么密切、这么活跃。这一关系的发展是双方共同需要的体现，并惠及了东亚经济乃至于世界经济的增长。"[③]

"十二五"期间，转变经济增长方式、建立创新型国家成为中国经济增长战略的核心词汇。受美国金融危机和欧洲债务危机影响，世界经济持续低迷，中国在欧美发达国家频频遭遇反倾销和反补贴等贸易保护主义措施。在投资领域，无论是市场、资源或是技术及效率寻求型投资都遭遇到各种类型的抵制[④]。与发达国家形成强烈对比，东南亚地区经济表现好、市场大，且处于不同的经济发展阶段，贸易、投资上的广泛互补性成为"十二五"期间中国保持贸易适度规模和"走出去"战略的最佳场所之一。2010 年，在第二份《落实中国—东盟面向和平与繁荣的战略伙伴关系联合宣言的行动计划（2011—2015 年）》中，中方更提出在 2015 年中国—东盟贸易额要达到 5000 亿美元的

①　http://www.fmprc.gov.cn/mfa_chn/gjhdq_603914/gjhdqzz_609676/lhg_610158/xgxw_610164/t1036851.shtml.

②　商务部、国家统计局、国家外汇管理局：《2011 年度中国对外直接投资统计公报》，中国统计出版社 2012 年版，第 9、22—23 页。

③　许宁宁：《中国与东盟关系现状、趋势、对策》，《东南亚纵横》2012 年第 3 期。

④　以中国通讯公司在美直接投资涉及国家安全为例，美国国会情报委员会在调查后得出结论并向美国对外投资委员会（CFIUS）建议：以国家安全为由，阻止华为和中兴公司在美国的一切兼并与收购。在美国政府系统中，排除所有华为和中兴公司的设备和零部件。参见 House Permanent Select Committee on Intelligence, "The U.S. National Security Issues Posed by Chinese Telecommunications Companies Huawei and ZTE", October 8, 2012。

目标。传统的外交理念认为，东南亚地区是中国的战略后院。从当前及未来一段时期中国对外经济战略的机遇和挑战观察，东南亚地区已不再是后院，已成为中国对外经济战略区域布局中战略前沿。

（二）美国对东南亚的经济战略定位

作为一个拥有 10 个国家、6.04 亿人口、GDP 总值 1.98 万亿美元的区域（2011 年数据，ACIF），东盟对于美国同样具有重要的战略意义。在东盟内部，菲律宾、泰国与美国是条约同盟国，新加坡是美国的安全伙伴国，印尼和马来西亚则被美国视为伊斯兰国家中在政府治理和经济发展上的样板。同时，美国也与越南、柬埔寨和老挝建立了军事交流项目。1997 年金融危机席卷亚洲时，在援助问题上对东盟的漠视使得美国—东盟关系开始疏远。小布什政府时期，尽管美国对东盟的官方访问和象征性承诺依然存在，只是与东盟国家的期望有所落差。对此，东盟国家的外交官认为：与中国和日本相比，美国似乎没有优先考虑东盟，也没有更多的外交承诺。更显著的是，美国除了在双边外交接触之外，与东盟的多边外交对话远不尽如人意。前国务卿赖斯缺席东盟地区论坛（ARF）以及总统小布什取消美国—东盟高峰会谈（2007 年），被一些东南亚精英认为是美国缺乏对东盟和东南亚的承诺 [1]。对此，有评论认为：小布什政府"软实力赤字"政策（Soft Power Deficit）结果之一，就是美国重建其软实力的内容基本不包括亚洲。美国世界地位的重设在于必须重建美国的力量和竞争力，尤其是经济。——就亚洲而言，重建美国在亚洲的软实力首先就是展示。包括总统在内的高级官员应参加亚洲地区的相关会议，亚洲峰会的缺席意味着不尊重；调整和适应中国崛起为大国应成为美国在亚洲政策上的首要议题。[2] 在小布什政府后期，一些政策被修订，包括：2007 年 3 月，参议院通过了向东盟派出大使的提议（S.Res.110），2008 年 4 月，美国东亚和太平洋副助理国

---

① Jason T. Shaplen and James Laney, "Washington's Eastern Sunset; The Decline of U.S. Power in Northeast Asia," *Foreign Affairs*, Nov/Dec 2007.

② Richard C. Bush III, "On the Eve of Obama's Inauguration: American Soft Power in Asia", January 2009. http://www.brookings.edu/research/opinions/2009/01/asia-bush.

务卿马赛尔（Scot Marciel）成为首任驻东盟大使。

　　美国亚洲政策的急剧转向出现在奥巴马政府时期。尽管美国从未离开过东南亚，[①]"美国重返东南亚"、"向亚洲转向"仍成为学界和媒体热议的话题。这种转变首先表现为美国对东盟的"展示"。具体包括：2009年2月希拉里作为美国国务卿第一次访问雅加达的东盟秘书处，5个月后，希拉里再次访问东南亚，参加在泰国举行的东盟地区论坛外交部长会议，签署《东盟友好合作关系条约》，并与湄公河次区域国家举行首届常规对话会议。2009年8月，参议院东亚和太平洋委员会主席议员韦伯（Jim Webb）访问东盟5国，他也是近10年来第一个访问缅甸的国会议员。2009年11月，奥巴马参加首届美国—东盟领导人峰会及在新加坡举行的APEC高峰论坛，并发表首个美国—东盟峰会联合声明。甚至此前由美国贸易副代表马兰提斯出席的东盟经济部长会议，2012年升格为由美国贸易的代表柯克出席。东南亚的意见领袖们认为美国再次把东盟置于与中国、日本同等重要地位上。[②]　其次，在经贸方面，2009年11月，美国决定参与并主导跨太平洋伙伴关系协定（TPP）谈判是美国亚洲经济战略中至关重要的一环，同时也被视为对中国经济影响力不断提升的一个战略对冲。由于有更高的准入标准，TPP被贴上"WTO升级版"的标签，如果建成，它将成为把亚太主要经济体囊括在内的更高级别贸易和投资平台。[③]2012年11月17日，国务卿希拉里在新加坡管理大学演讲中描绘了美国亚洲经济战略的目标："奥巴马总统之所以首访亚洲，除了众所周知的原因之外，另一个没被关注的内容是美国要强调在该地区的经济主导权。因为经济力量正日益成为亚太地区，乃至全球范围内形成美国战略蓝图的重要因素。"简言之，就是借助经济力量来重塑美国外交。在亚洲，主要通过APEC、东盟以及美国正在极

---

　　① 1978—1985年期间美国"重返东南亚"的政策包括：不再指责东南亚国家中的菲律宾和印尼的人权状况；给予东盟国家贸易产品的普惠制；提升对东南亚国家访问的官员级别。参见黄荣斌：《美国跨国公司在东盟（1967—1997）》，南京大学博士学位论文，2009年，第二章。亦可参见 Alison Broinowiski, Edited, *Understanding ASEAN*, The Macmillan Press, Ltd, 1982, pp.122–123。

　　② Joshua Kurlantzick, ASEAN's Future and Asian Integration, CFR Working Paper, November 2012.

　　③ Kenneth G. Lieberthal, "The American Pivot to Asia", December 21, 2012.http：//www.brookings.edu/research/articles/2011/12/21–obama–asia–lieberthal.

力推动的 TPP，构建美国主导的、覆盖全球 40% 贸易的经济网络。希拉里为这一美国外交转型赋予了一个新词——经济策略（Economic Statecraft）。①

小 结

过去 20 年，中国与东盟的政治互信和经济合作取得了长足进步。中国在东南亚的经济崛起如何影响美国利益受到美国国会和决策咨询机构最多的关注。"质疑论"认为：中国在东南亚的权力投射是协调的，那就是要获取经济上的主导地位，最终获得军事上的主导地位。② 而以亨利·史汀生中心东南亚项目主任克洛林（Richard P. Cronin）所代表的"谨慎乐观派"则指出：大多数中国的武断行为来源于其迅速增加的经济力量的溢出效应和对能源供应的渴求。中国希望在地区和全球获得与其地位相称的影响力是正常的，也并非就会与美国的利益产生冲突。整体上看，美国及中国的邻国对中国的经济崛起谨慎乐观。③ 如前述，东南亚地区在中国未来的经济战略中是"优先方向"，而美国则要通过经济力量来重塑长期被边缘化的亚洲外交。东南亚地区在过去 20 年来首次成为中美同时投放经济软实力资源的主要地区。中美在东南亚地区影响力的直接竞争，将更多聚集于贸易、投资、发展援助和发展模式吸引力等经济软实力资源的竞争。在奥巴马政府上台之后，当美国以"爆发性"的贸易和投资拥抱东南亚国家时，中美之间原先的"错位竞争"已演化为"针锋相对"。这势必对东南亚地区的权力格局产生巨大的影响。

---

① Hillary Rodham Clinton, Delivering on the Promise of Economic Statecraft, http: //www.state.gov/secretary/rm/2012/11/200664.htm. 希拉里在演讲中指出：美国的战略思维将聚焦于四个关键领域。第一，把经济活动列为美国外交政策的优先目标；第二，以经济解决方案应对战略挑战；第三，通过商务外交（或称就业外交）促进美国的出口、开放新市场、升级其商务活动领域；第四，提升商务外交的执行能力。

② Dan Blumenthal, Testimony before the Senate Foreign Relations Committee, Subcommittee on East Asian and Pacific Affairs, Hearing on Maritime Territorial Disputes and Sovereignty Issues in East Asia, July 15, 2009.

③ Richard P. Cronin, Testimony before the U.S.–China Economic and Security Review Commission, "China's Activities in Southeast Asia and the Implications for U.S. Interests", February 4, 2010.

三、中美在东南亚的经济软实力资源比较

（一）贸易

现实的经济趋势让美国把向亚太地区转向列为外交上的优先目标。从整个区域经济增长趋势看，亚太地区6.75%的增长预测远高于其他地区[①]。从商品贸易角度看，1980—2010年，亚洲的进出口都实现翻番（见表7-1）。亚洲的贸易份额成为世界贸易变动的指向标，这也意味着跨越印度洋和太平洋的贸易通道成为全球经济是否健康的关键。尽管跨大西洋的贸易通道仍然是世界贸易的领导者，但亚洲贸易走廊（尤其是马六甲）的重要性正在不断上升（见图7-1）。

表7-1　地区贸易份额的变动

单位：%

年　份	出　　口		进　　口	
	1980	2010	1980	2010
非　洲	6.0	3.3	4.7	3.0
亚洲（含中国）	15.9	33.3	16.9	31.4
亚洲（不含中国）	15.0	22.9	16.0	22.3
中南美	4.5	3.8	4.9	3.7
独联体	3.8	3.9	3.3	2.7
欧　洲	44.1	37.0	48.8	37.4
中　东	10.4	5.9	4.9	3.6
北　美	15.3	12.9	16.5	17.4

数据来源：World Trade Organization database.

中国与东盟的双边贸易总额在过去的20年中迅猛增长，而同期美国与东盟的双边贸易比重逐步萎缩。图7-2、7-3、7-4显示：中国与东盟的进出口贸易总额从1993年的87亿美元（占东盟贸易总额的2%）增至2010年的

[①]　IMF regional forecast information. http：//www.imf.org/external/pubs/ft/reo/reorepts.aspx?ddlYear=2011&ddlRegions=-1.

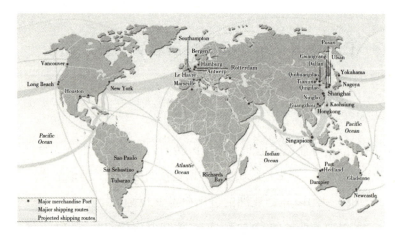

图7-1 世界主要贸易通道

资料来源: Justin Dillon Baatjes, Seol Han Byul, Sam Wood, Transitioning Skysraper, http://transportcity.files.wordpress.com/2011/11/world_trade_map.jpg.

2312亿美元（占东盟贸易总额的11%）。2011年，中国—东盟贸易创历史新高，贸易额达3628.5亿美元，较2010年增长了24%，高出同期中国进出口总体增速，占东盟全部贸易额的11.7%，东盟成为中国第三大贸易伙伴，中国继续保持东盟第一大贸易伙伴的位置。同期，美国与东盟的进出口贸易总额则从1993年的757亿美元增至2010年的1861亿美元。2011年，美国与东盟双边贸易额增长9.2%[①]。从占东盟全部贸易比重来看，美国则从1993年的19%降至2010年的9%。2011年美国为东盟第四大贸易伙伴国（1993年美国是东盟是第二大贸易伙伴，仅次于

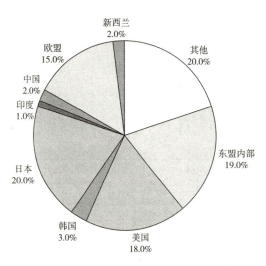

图7-2 1993年东盟主要贸易伙伴所占贸易比重

[①] 2011年数据来源于http://www.asean.org/news/item/overview-of-asean-us-dialogue-relations。

日本），东盟则是美国第五大贸易伙伴。

（二）对外直接投资

2011 年，即使在金融危机的影响下，东盟的 FDI 内流量仍保持 24% 的增长率，达到 1141.11 亿美元。其中老东盟 6 国占比 92.4%，新加坡占东盟 FDI 的 56.1%，紧随其后的是印尼 17%、马来西亚 10.5% 和泰国 6.8%。越南占东盟四个新成员国（越南、柬埔寨、老挝、缅甸）的近 90%。[①]

中国对东盟直接投资流量增速显著，但对外直接投资存量远低于美国。在流量方面，东盟 FDI 数据库的数据显示：2000—2011 年间，中国在东盟的直接投资流量从 –1.43 亿美元突增至 2011 年 60.34 亿美元。在东盟 FDI 内流量中所占比重从 –0.7% 增至 5.3%，仅次于日本和欧盟，

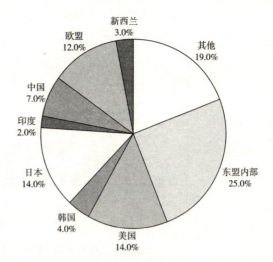

图 7-3　2003 年东盟主要贸易伙伴所占贸易比重

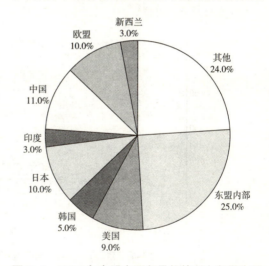

图 7-4　2010 年东盟主要贸易伙伴所占贸易比重

数据来源：ASEAN Trade Database，ASEAN Economic Community Chartbook 2011。

成为东盟区域外第三大净投资来源国。同期，美国则从 34.3% 锐减至 5.1%，从东盟第二大投资来源国降至第四位（见图 7-5、图 7-6）。2010 年，中国已成为缅甸、老挝、柬埔寨最大投资国，在东盟其他国家的投资地位也在不断上升。

---

①　ASEAN Sectaretariat，ASEAN Economic Community in Figures 2012，March 2013. p.39.

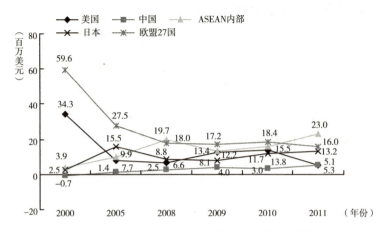

图 7-5　2000—2011 年东盟 FDI 主要来源国

数据来源：ASEAN FDI Database，ASEAN Economic Community Chartbook 2012。
注：2011 年为预估值。

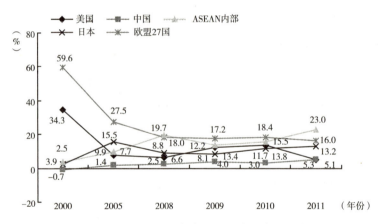

图 7-6　2000—2011 年东盟 FDI 主要来源国比重

数据来源：ASEAN FDI Database，ASEAN Economic Community Chartbook 2012。
注：2011 年为预估值。

　　2011 年，中国在东盟 FDI 流量上首次超过美国。据《中国对外直接投资统计公报》统计，2011 年中国对东盟 10 国直接投资流量增长达 34.1%，远超同期中国全部对外直接投资增速。在东盟的中国企业达 2400 多家，雇佣当地员工 11.75 万人。在中国对外直接投资流向目的地前 20 位国家中，东盟有 4

个国家[①]。需要指出的是，伴随中东盟内部 FDI 流动的加强，东盟成员国获取的 FDI 越来越倚重于其内部投资。从东盟内部 FDI 流入状况来看，42.5%的 FDI 流向了新加坡，泰国获得了 14.5%，印尼获得了 14.2%，而越南获得了10.9%。2011 年，东盟成员国来自内部的 FDI 从上年的 140 亿美元猛增至 260亿美元，增幅近 1 倍。数据显示：过去 11 年来，成员国中来自东盟内部的FDI 从 2000 年的 8.53 亿美元突增至 2011 年 262.71 亿美元。内部 FDI 占全部FDI 流量比重也从 3.5% 增至 2011 年的 23%（见图 7.6）。这从另一个侧面说明了东盟经济一体化的成效以及外部 FDI 来源的可替代性。

从存量来看，源于直接投资的中美经济软实力资源呈现出与流量强烈的反差。即使是在中国对东盟直接投资增幅最大的 2005—2010 年，中国的存量规模（3.6%）约占美国存量规模的 1/3（见图 7-7）。

（三）对外援助

作为经济软实力资源的四大支柱之一，有效的对外援助能够增进援助国与受援国的相互理解和信任，改善援助国的国际形象。此外，对外援助还有其独特优势，那就是不以"惩罚"或"破坏"的方式进行，而以"奖励"或"帮助"的形式进行。它有利于营造"互利双赢"的理想局面。[②] 正因如此，对外援助通常都被学者视为"软实力"的有机构成之一。[③]

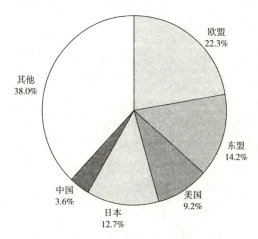

图 7-7　2005—2010 年东盟主要投资来源国及其所占比重

数据来源：ASEAN Secretariat, ASEAN Community in Figures 2011, April 2012。

---

① 商务部、国家统计局、国家外汇管理局：《2011 年度中国对外直接投资统计公报》，中国统计出版社 2012 年版，第 22—23 页。

② 刘慧华、徐九仙：《中国对外援助中"巧实力"运用的分析》，《亚非纵横》2010 年第 1 期。

③ 吴杰伟：《中国对东盟国家的援助研究》，《东南亚研究》2010 年第 1 期。

受限于中国对外援助国别数据的不完整以及中美两国在有关对外援助定义和统计分类上的显著差异，本书对中美在东南亚的对外援助比较将突出体现以下三点：

第一，对外援助的基本原则。中国对外援助原则主要有"5个坚持"，即：坚持帮助受援国提高自主发展能力；坚持不附带任何政治条件；坚持平等互利、共同发展；坚持把对外援助视为发展中国家之间的相互帮助，注意实效，照顾对方利益，通过开展与其他发展中国家的经济技术合作，着力促进双边友好关系和互利共赢；坚持量力而行、尽力而为；坚持与时俱进、改革创新。[①] 一般来说，美国的官方发展援助（ODA）目标可分为六类，它们是：外交目标；促进包括民主化进程、解决全球性问题、防止冲突和帮助战后重建的发展目标；人道主义目标；促进商业利益；扩大文化影响；促进健康和教育。相比而言，中美在对外援助或原则上的一个显著差异在于是否附带任何政治条件。

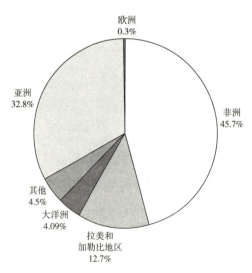

图 7-8　2009 年中国对外援助资金地区分布

数据来源：国务院新闻办公室：《中国对外援助白皮书》，2011 年 4 月。

第二，援助资金的地区分布。如图 7-8 所示：截至 2009 年，中国对外援助资金主要分布在非洲地区，占中国对外援助资金的 45.7%，亚洲则是第二集中地区，占比 32.8%。来自 OECD 发展援助委员的数据统计表明：过去 10 年，撒哈拉以南非洲、中东和北非以及拉美和加勒比海地区是美国 ODA 的主要分布地区，而亚洲在近年则是美国援助水平最低的地区（见图 7-9）。

---

① 国务院新闻办公室：《中国对外援助白皮书》，2011 年 4 月。

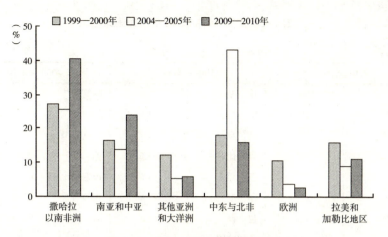

图 7-9　美国 ODA 资金地区分布

数据来源：http://www.oecd.org/dac/stats/TAB28e.xls，April 2012。

在美国 ODA 资金分布前 15 国家中，1989—1990 年间，菲律宾和印尼约占美国全部 ODA 的 3.1%，1999—2000 年间则降为 2.8%，到 2009—2010 年间，东南亚地区没有一国进入前 15 国援助名单（见表 7-2）。与第一点相联系，相对于中国的无条件援助，在非人道主义援助方面，美国政府对受援国提出广泛的人权和民主要求。这可以部分解释美国在东南亚 ODA 较少的原因。过去 10 年，援助限制和惩罚被施加于柬埔寨、缅甸、泰国、越南和印尼。以缅甸为例，2003 年，美国国会通过的《缅甸自由和民主法案》，除非缅甸恢复民主体制，否则美国将禁止从缅甸进口。其他的惩罚措施还包括阻止国际金融机构给缅甸贷款以及禁止债务重组援助。而且自 2001 年美国国务院成立监督和打击人口贩卖办公室以来，缅甸被评级为 3 级（Tier 3），即在消除人口贩卖方面达不到最低标准，这一评级也意味着美国可能拒绝给予缅甸非人道主义援助。对此，有分析认为：美国立法机构对援助条件的设置构成了对外援助目标的有机构成，但它也牺牲了美国的外交政策目标，同时也为中国进入国际事务提供了窗口。①

---

① Kishore Mahbubani, "Smart Power, Chinese–Style," *The American Interest*, Vol. 3, No.4, March/April 2008.

表 7-2　美国 ODA 前 15 位受援国比重

单位：%

1989—1990		1999—2000		2009—2010	
埃　及	16.5	埃　及	7.6	阿富汗	9.8
以色列	12.1	印　尼	1.9	伊拉克	6.5
巴基斯坦	2.8	约　旦	1.7	巴基斯坦	3.0
萨尔瓦多	2.7	哥伦比亚	1.6	苏　丹	2.8
菲律宾	2.2	波　黑	1.5	埃塞俄比亚	2.6
洪都拉斯	1.5	印　度	1.4	加沙西岸	2.6
孟加拉国	1.5	秘　鲁	1.3	海　地	2.3
印　度	1.3	孟加拉国	1.0	肯尼亚	1.9
苏　丹	1.2	玻利维亚	1.0	哥伦比亚	1.8
哥斯达黎加	1.2	埃塞俄比亚	1.0	南　非	1.7
危地马拉	1.2	洪都拉斯	0.9	尼日利亚	1.3
牙买加	1.0	菲律宾	0.9	约　旦	1.3
北马里亚纳群岛	1.0	南　非	0.9	乌干达	1.2
肯尼亚	1.0	莫桑比克	0.9	坦桑尼亚	1.2
印　尼	0.9	海　地	0.9	埃　及	1.1
合　计	48.2	合　计	24.6	合　计	41.2

资料来源：Major Recipients of Individual DAC Members'Aid，data for 2010，http：//www.oecd.org/dac/stats。

第三，对外援助是否与受援国有经济联系。图 7-10 和图 7-11 显示：2010 年，美国有近一半的对外援助（占比 48.2%）主要用于社会和公共管理设施，经济基础设施仅占 10.3%。截至 2009 年，中国有超过 6 成的优惠贷款分布于经济基础领域，社会公共设施仅占全部优惠贷款的 3.2%。自 20 世纪 90 年代中期开始，通过对外援助促进双边贸易、投资的发展，成为中国对外援助战略乃至"大经贸"战略以及"走出去"战略的重要组成部分。[①] 国外学者大都认同这种观点："中国对外援助常聚焦于自身的战略目标和经济需求，如对发展中国家的基础设施援助以扩展其对石油、天然气和自然资源的准入，以及获

---

① 黄梅波、刘爱兰：《中国对外援助中的经济动机和经济利益》，《国际经济合作》2013年第4期。

得更大的中国产品销售市场"①。在美国国会研究服务机构中，这一观点受到怀疑，有报告指出：与中国在拉美和非洲的援助不同，中国在东南亚的援助活动更多地具有战略意义，而非单纯的资源准入。因此，这些援助活动将帮助中国实现长期的外交收益，而较少的短期的经济收益。②

（四）经济发展模式吸引力

有学者认为："在东南亚，中国通过娴熟的外交和强调亚洲人的共同价值观，让中国的发展模式受到青睐，这也是中国在东南亚地区获得影响力的重要途径。"③ 由于发展模式带有明显特征的发展战略、制度和理念，它也被视为

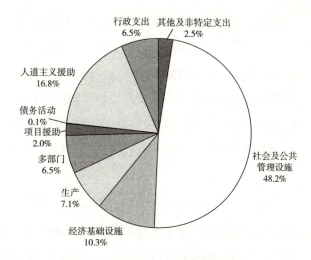

图 7-10　美国 ODA 的援助领域分类

数据来源：OECD, Official and Private Flows, OECD International Development Statistics（database）, April 2012。

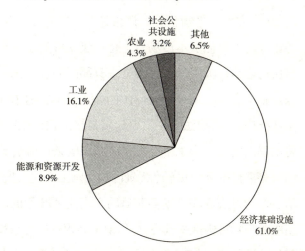

图 7-11　中国对外援助优惠贷款行业分布

数据来源：《中国对外援助白皮书》，国务院新闻办公室，2011年4月。

① Jonathan Weston, Caitlin Campbell, and Katherine Koleski, "China's Foreign Assistance in Review: implications to the United States", USCC Report , 2011.

② CRS Report for Congress, China's foreign aid activities in Africa, Latin America and Southeast Asia, R40391, Febrary 2009.

③ Denis E. Zheng, *"China's use of soft power in developing world: strategic intents and implications for the United States"* .In Carola Mcgiffert, edited, Chinese soft power and implications for the United States: competition and cooperation in the developing world, CSIS Report, 2009.

一国软实力的重要组成部分。门洪华明确提出："在国际政治领域，发展模式特指主要大国通过制度创新确立的、对国家和地区具有重要影响力的经济发展和国家基本制度建设路径。"① 一直以来，发展中国家的经济增长和转型一直是经济理论界面临的一个重大命题。而截至目前，对转型的方向、主体和政策设计依然没有形成具有普遍意义的理论参照和政策工具。对广大发展中国家而言，"华盛顿共识"和"北京共识"是被提及最多且方向并不一致的经济发展模式和制度设计。

第一，华盛顿共识及后华盛顿共识。从拉美地区经济治理的经验出发，美国彼得森国际经济研究所学者约翰·威廉姆森（John Williamson）提出"华盛顿共识"（Washington Consensus），这也被普遍认为代表了美国财政部、国际货币基金组织（IMF）和世界银行等各种机构和社会领导者们所共同认可的模式。1990 年，威廉姆森把"华盛顿共识"归结为被称为"自由主义政策宣言"的 10 个方面：平衡预算，严格控制预算赤字；优化公共开支；优化国民收入的再分配；提倡资本市场自由化；建立可变动的有竞争力的汇率体系；走贸易自由化之路；吸引外资；推进国有部门的私有化；政府放松管制；明晰产权并保护私有产权。② 这个新自由主义处方被迅速在俄罗斯和东欧国家等转型国家迅速推广。"其想法是，只要让贸易自由化，让国有企业民营化，使财政均衡，将汇率固定在一定水平上，经济起飞的条件就会具备，如果找到具备这些条件的国家进行投资，几乎毫无疑问地会马上得到回报。"③ 然而，俄罗斯休克疗法所引发的经济震荡和紧随其后的东南亚金融危机，让世界银行、国际货币基金组织等国际机构饱受批评。④ 前世界银行副行长斯蒂格利茨首先提出了"后华盛顿共识"（Post -Washington Consensus）的概念。他在一系列重要论著与演讲中

---

① 门洪华：《软实力与国际战略》，《当代世界》2008 年第 8 期。

② John Williamson, What Washington Means by Policy Reform, 1990.http://www.iie.com/publications/papers/paper.cfm?researchid=486.

③ Paul Krugman, "Dutch Tulipa and Emerging Markets", *Foreign Affaires*, July/August, 1995.

④ 在威廉姆森看来，这些批评本身并不客观。在"华盛顿共识与北京共识"一文中，他解释道：为什么跟随华盛顿共识而不能带来迅速的经济增长，其主要原因是当初设计的 10 个政策目标并非以经济增长为目标。John Williamson. Beijing Consensus versus Washington Consensus, http://www.relooney.info/Washington-Consensus-Chapter.pdf.

批评不顾社会不满的市场经济全球化，号召超越"华盛顿共识"走向"后华盛顿共识"。在过去几年席卷全球的经济危机背景下，英国首相布朗在 G20 伦敦峰会（2009 年）上断言："旧有的华盛顿共识已经终结。"[①] 原本作为"市场原教旨主义"样板的华盛顿共识在经济危机的冲击下遭遇严重的挑战。

第二，北京共识与中国模式。一般认为，"北京共识"或"中国模式"的名片是由西方学者首先贴出的标签。2004 年 5 月，美国高盛公司顾问乔舒亚·库珀·雷默（Joshua C.Ramo）在英国伦敦外交政策中心发表了《北京共识：提供新模式》的研究报告，认为中国通过艰苦努力、主动创新和大胆实验（如设立经济特区），坚决捍卫国家主权和利益（如处理台湾问题），循序渐进（如摸着石头过河）和拥有不对称力量的工具（如积累大量美元外汇储备）等特点，独立自主地摸索出了一条走向现代化的道路，形成了一个适合本国国情的发展模式。这种模式不仅关注经济发展，同样注重社会变化，也涉及政治、生活质量和全球力量平衡等诸多方面，体现了一种寻求公正与高质量增长的发展思路。在雷默看来，建立在北京共识基础上的中国经验具有普世价值，可供其他发展中国家参考，可算是一些落后国家如何寻求经济增长和改善人民生活的模式。他称这一发展模式为"北京共识"[②]。此后，围绕这一概念中外学者进行了广泛的探讨和细分。较为普遍的代表性结论之一是：中国经济与中国模式是不可分离的。如果离开了涉及各个领域的强大国家干预，中国经济就不可能实现连续超过近 30 年的惊人增长。当前的世界经济衰退和调整为检讨西方自由市场理念开启了一扇新的大门，《经济学人》杂志甚至提出："向代表开放市场和有限政府的'华盛顿共识'说再见，为'北京模式'或中国模式而欢呼。"[③] 从中国的转型经验来看，"摸着石头过河"的制度转型过程，伴随着不断的学习、模仿、试错和选择，中国经济转型的演化没有明确的蓝图，也没有精确的设计，而是在不断的模仿和试错中走出一条适合于自身国情的道路，模式复制和制度可移植性问题的争论在这一转型过程中也从未中断。中国的经济

---

① http://news.sky.com/story/683229/pm-g20-pledge-1-trillion-for-economy.

② Joshua Cooper Ramo, The Beijing Consensus，http://fpc.org.uk/fsblob/244.pdf.

③ Beware of the Beijing model, Economist, May 26th 2009, http://www.economist.com/node/13721724.

增长经验和制度演化分析框架的耦合，使人们相信：受到发展阶段、现有增长要素基础和各种其他因素的影响，政府在形成发展目标和政策选择上必须结合自身的实际情况。

表7-3　中美两国在印尼的形象（2002—2011）

单位：%

	非常喜欢		有点喜欢		有点不喜欢		非常不喜欢		拒绝回答		总计
	中	美	中	美	中	美	中	美	中	美	
2011	11	13	56	41	23	30	5	10	6	6	100
2010	5	8	53	51	33	28	4	6	6	6	100
2009	8	13	51	50	30	26	4	4	8	8	100
2008	6	7	52	30	28	37	6	16	8	10	100
2007	5	4	60	25	26	41	4	25	5	5	100
2006	11	7	51	23	28	42	3	25	6	4	100
2005	16	6	57	32	23	40	2	17	2	5	100
2002	4	5	64	56	24	27	6	9	2	3	100

数据来源：Pew Global Attitudes Project, China Seen Overtaking U.S. as Global Superpower: 23-Nation Pew Global Attitudes Survey, July 13, 2011, Q3a、Q3c。

注：2011年在印尼的样本数为1000份，调查对象是18岁以上人群。

　　作为一个有效的方法，处理经济发展模式吸引力的代理变量就是民意调查。皮尤（PEW）调查公司在其2011年《全球民情项目》（*Global Attitudes Project*）中指出：在"中国是否将会取代美国的主导地位？"这一问卷调查中，欧洲国家大多认为中国将取代美国成为世界超级大国，其中，法国为72%，英国为65%，德国为61%，西班牙为67%。在东南亚地区，唯一的调查对象是印尼，其问卷结果显示：33%的被调查对象认为中国将取代美国，而有超过60%的印尼人认为中国永远不会超越美国。[1] 皮尤对在印尼的中美两国形象调查显示，印尼有67%的人持肯定态度（非常喜欢和有点喜欢）；而美国在这项调查上的得分为54%（见表7-3）。暨南大学课题组在2010年至2011年9月开展的越南、印尼和菲律宾三国的跨国问卷调查显示：整体上看，

---

[1]　Pew Global Attitudes Project, China Seen Overtaking U.S. as Global Superpower: 23-Nation Pew Global Attitudes Survey, Wednesday July, 2011.

除了"在东南亚的经济影响力"一项指标上，在越南的调查结果显示中国略高于美国外，在所有其他指标上，中国都落后于美国。其中，产品质量差距分别是印尼 1.91 分，越南 2.55 分，菲律宾 3.6 分。企业家精神主要由企业遵纪守法、环保和劳工保护等指标构成，中国和美国企业的差距分别是印尼 0.64，越南 0.73，菲律宾 1.37（见图 7-12）。

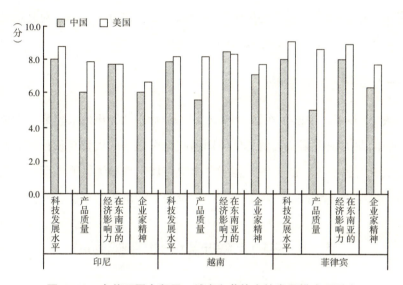

图 7-12　中美两国在印尼、越南和菲律宾的发展模式吸引力

资料来源：见本课题成员陈文、代帆、唐翀和胡安琪等人在越南、菲律宾和印尼三国所作的跨国问卷调查，数据图表由作者整理。

四、中国在东南亚经济软实力运用的局限性

毫无疑问，中国在东南亚影响力的提升，其主要推动力量在于与东南亚国家之间经济双边或一体化程度的加深。尤其是在 1997 年的东南亚金融危机期间，中国坚持人民币不贬值的表态与美国对东南亚援助上的歧视措施形成了鲜明对照，从而构成中美在东南亚地区影响力交替的一个分水岭。2008 年开始的全球金融危机，中国的经济增长和庞大的市场同样受到东南亚国家的青睐。尽管对经济发展模式吸引力上的绩效并不清晰，但中国与东南亚国家之间双边

贸易、投资及援助力度的迅猛增加应是中国影响力提升不可忽视的事实。然而，中国运用经济软实力资源来提升自身影响力的政策目标依然受到众多限制，或者可以说，在"和谐世界"的全球战略以及针对东南亚地区的"与邻为善、以邻为伴"、"睦邻、安邻、富邻"等周边外交目标上，经济软实力资源并未带来期望的积极的"溢出效应"。经济软实力资源并不一定就能自动转化为其应当承载的影响力目标，这种转换的有效性在于投资、贸易、对外援助以及发展模式等要素的发展能够有效协同、相互促进。

（一）贸易的结构性障碍

过去 20 多年，中国由东盟的第五大贸易伙伴国跃升为东盟第一大贸易伙伴国。而同期美国由第二大贸易伙伴国递减为东盟第四大贸易伙伴国。在世界性经济危机的影响下，欧美等东盟主要出口市场出现萎缩，而中国—东盟间双边贸易额继续迅速增长。经济上的"中国奇迹"让东盟国家既喜又忧。

表 7-4　2011 年东盟向中国出口和进口的商品结构

单位：%

	商品类（HS）	所占比重	对中国出口			从中国进口
东 盟	2605	100	钴矿石	7012	100	玻璃和真空容器
	2606	98.8	铝矿石	8601	99.9	铁路机车
	2851	98.5	其他无机物	5002	98.3	粗丝
	2602	93.3	锰矿	9501	98.1	玩具
	2702	91.1	褐煤	5507	96.1	人造纤维
	2601	89.2	铁矿石	5001	94.4	蚕茧
	2615	86.7	铌、钒、锆、钽矿	8603	91.3	铁轨、电车
	2612	84.9	铀矿			
	5305	81.7	椰子、蕉麻、植物纤维			
	2604	81.3	镍矿			
	2610	80.5	铬矿			

资料来源：ASEAN Secretariat，ASEAN Community in Figures，2012.table.27，pp. 27–29。
注：ACIF 统计中提供了全部进出口比重中超过 75% 的商品类型。

首先，从进出口商品贸易结构看（见表7-4），2011 年，钴、铝、褐煤、锰、铁矿石、铀、镍矿等矿产品均占东盟全部出口比重在80% 以上，而东盟从中国进口的商品类型主要为制成品，如铁路机车、玩具、人造纤维、电车、轨道等皆占东盟全部进口的90% 以上。在东盟贸易统计数据库所列出的占东盟进出口总额比重超过75% 的商品中，东盟对华出口的商品有18 种，进口的则有26 种。对美国进出口比重超过75% 的商品类型仅有3 种 [1]。物美价廉的中国制成品（如玩具、人造纤维等）对当地中小制造业企业的生存和发展带来竞争压力。同时，这种贸易结构还带来了中国与绝大多数东盟成员国间的贸易不平衡。《数字中的东盟共同体（2012）》（ACIF）提供的统计数据显示：除文莱、新加坡和马来西亚外，其他东盟成员国与中国之间的商品贸易都呈现逆差状态 [2]，东盟与中国之间的全部贸易逆差总额为246 亿美元（见表7-5）。尤

表 7-5　2011 年东盟 10 国与中国的贸易平衡

单位：10 亿美元

	出　　口	进　　口	贸易平衡
文　　莱	0.5	0.2	0.3
柬　埔　寨	0.2	1.7	−1.5
印　　尼	22.9	24.2	−1.3
老　　挝	0.1	0.4	−0.3
马　来　西亚	30.2	24.7	5.5
缅　　甸	1.5	1.9	−0.4
菲　律　宾	6.1	6.5	−0.4
新　加　坡	42.7	38	4.7
泰　　国	12.8	30.6	−17.8
越　　南	10.9	24.4	−13.5
东　　盟	127.9	152.5	−24.6

数据来源：ASEAN Trade Statistics Database，as of November 2012。

---

[1]　ASEAN Secretariat，ASEAN Community in Figures，2012，table.27，pp.27–32.
[2]　在贸易统计上，中国国家统计局和东盟秘书处提供的贸易账户平衡数据有较大的反差。参加附录1。

其需要指出的是：中国与东盟欠发达成员国中的柬埔寨、老挝、缅甸和越南之间的经常账户赤字现象，对这些国家的经常账户平衡构成压力。有学者认为："中国与东盟的欠发达成员，包括越南在内，长期为贸易顺差，这些国家能向中国出口的主要是初级产品，而从中国进口制成品，物美价廉的中国制成品对当地制造业的生存和发展产生竞争压力——尽管中国成为东盟的第一大贸易伙伴，但是，中国出口的主要是制成品，进口的主要是原材料和零部件半成品，而那些零部件半成品主要是来自跨国公司的公司内供应，面向再出口，也就是说，多数东盟中小企业与中国的市场机会无缘。"[①]

（二）投资产业分布不平衡与企业社会责任感缺欠

自 2001 年把"走出去"战略写入我国《国民经济和社会发展第十个五年计划纲要》以来，"十二五"规划纲要明确指出：加快实施"走出去"战略，坚持"引进来"和"走出去"相结合，利用外资和对外投资并重，提高安全高效地利用两个市场、两种资源的能力。按照市场导向和企业自主决策原则，引导各类所有制企业有序开展境外投资合作。从中国对外直接投资分布来看，陆海相邻、文化纽带紧密的东盟国家成为中国企业的首选之地。在 2010 年中国对外直接投资（OFDI）流量前 20 位国家（地区）中，东盟成员国中的新加坡、缅甸、泰国和柬埔寨分别位列第 9、第 10、第 11 和第 15 位。存量指标中，新加坡、缅甸和印尼分别位列第 5、第 12 和第 20 位。[②]

作为经济软实力资源之一，直接投资转化为中国在东南亚影响力的局限性主要体现在两个方面。一是中国在东盟的对外直接投资产业分布大多集中在矿产资源领域。2010 年，中国在东盟的直接投资流量中，有 20.4% 集中在采矿业，其比重仅次于金融业投资（占 24.5%）（见图 7-13）。OFDI 在资源开发行业的

---

① 张蕴岭：《中国—东盟关系能经得住考验吗？》，《东南亚纵横》2012 年第 10 期。

② 商务部、国家统计局和国家外汇管理局：《2010 年度中国对外直接投资统计公报》，2011 年。

高度集中常被东盟国家指责为资源掠夺。

二是中国企业社会责任感不强。暨南大学课题组对越南的问卷调查显示：尽管就经济影响力而言，中国超过了美国，前者为 8.44 分，而后者为 8.39 分。但中美两国在越投资中，"在越企业遵纪守法、为工人提供保障和环保"等问题上，中国企业和美国企业间的差异较大（见表 7-6）。

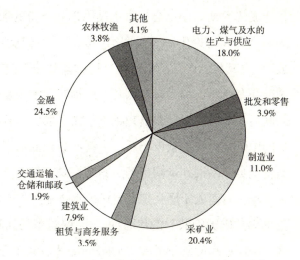

图 7-13　2010 年中国在东盟 OFDI 行业分布

数据来源：商务部、国家统计局和国家外汇管理局：《2010 年度中国对外直接投资统计公报》，2011 年。

表 7-6　越南本土学生对中美两国企业投资的评分

方　面	中　国	美　国
在越企业遵纪守法	6.24	7.51
在越企业为工人提供保障	6.12	7.69
在越企业保护环境	5.17	6.54
在东南亚的经济影响力	8.44	8.39

资料来源：陈文：《越南本土学生调查问卷》（2011 年 1 月至 7 月，越南）。

注：表中各项在 0—10 分范围评分，0 分表示非常差，10 分表示非常好。

更重要的是，伴随着东南亚国家民主化进程的加快，民众对产品质量、劳工保障和环保的意识增强。在东南亚地区，跨国公司——尤其是资源开采类投资的企业社会责任议题最易引发舆论关注。首先，环境保护问题凸显。2011 年 9 月 30 日，缅甸联邦议会宣布，在总统吴登盛任期内，政府将搁置一项由中缅两国合作兴建的有争议水电工程——密松电站（造价达 36 亿美元，被誉为"海外三峡"）。从缅甸官方发布的停建理由看，主要是"破坏密松的自然景观，破坏当地人民的生计，破坏民间资本栽培的橡胶种植园和庄稼，气候变化造成的大坝坍塌也会损害电站附近和下游的居民的生计"。由项目而引发的缅甸全民大讨论中，有民间组织喊出"我们反对的是中国公司，而不是中国人"[①]。其次，产品质量堪忧。以中国摩托车企业在越投资为例，自1995年中国摩托车企业，如力帆、嘉陵、幸福等品牌企业进入越南市场，在5年左右的时间内，即以价格优势横扫越南市场，取代了日本企业。然而，以价格战为优势的中国企业在占领市场后，内耗不断的低水平竞争和经济短视行为，甚至将假冒伪劣产品推到越南市场。其结果是：日本产品重新占领高端市场，而在低端市场，越南人宁愿买他们自己的本土品牌，也不用中国货，中国摩托车已经沦落为"质次价低"的代名词。[②] 课题组的问卷调查呈现类似的结果：在越南，中国产品的质量最差（5.94分），不仅远低于美国（8.11分）和日本（8.29分），甚至也低于越南本土（7.24分）和印度（7.11分）。在产品购买欲望上，越南消费者的购买欲望依次为日本（8.37）、美国（7.83）和中国（5.48）[③]。在印尼和菲律宾的调查显示了同样的结果。[④]

（三）对外援助绩效评估不显著

与美国的官方发展援助（ODA）相比，中国的对外援助无论从性质、援助资金的地区分布、援助活动的目标、部门分类、政策原则等方面，都有着显著的不同。中美两国在对外援助活动上的主要差异如表7-7所示。

表 7-7　中美两国对外援助体系比较

	政府对政府	通过开发机构来融资	与捐助国有明显的经济联系	优惠的借贷条件	接受类似的支付和债务	赠予不少于25%	私人或公司融资
美　国	是	是	否	是	否	是	否
中　国	是	否	是	是	是	否	否

资料来源：CRS Report for Congress, "China's foreign aid activities in Africa, Latin America and Southeast Asia", R40391, Febrary 2009。

---

① 曹海东、陈军吉：《海外"三峡"搁置中资折戟缅甸？》，《南方周末》2011年10月14日。
② 云南省商务厅编：《投资东盟·越南》，云南教育出版社2008年版，第160—161页。
③ 数据来源于陈文教授在2011年9月到2012年1月在越南国内所作的问卷调查。
④ 参见暨南大学课题组成员唐狲和胡安琪、代帆等人在印尼和菲律宾所作的问卷调查。

综合前述，有效开展中国对外援助的局限性或制约因素在于以下三点：

首先，信息透明度明显滞后。在这点上，即使是研究人员，也很难获得比较详细、系统的信息。[①] 一个值得注意的现象是有关中国在东南亚援助活动的统计数据大多来自于国外研究，例如美国国会研究服务机构和纽约大学瓦格纳学院（New York University Wagner School）的数据统计[②]，从软实力角度来对中美比较时，只能通过个案来进行说明。而受援国的国别援助类型、资金规模、资金的行业分布等数据统计尚未系统公布。这种数据统计的滞后带来的明显的后果之一，便是国内外研究者在比较中美两国在东南亚的援助影响力上带有更多的猜测和误判[③]。

其次，非官方援助比例低、人员少。美国在战后不断强调对外援助中非官方援助的地位，尤其是私人志愿组织的重要性。与官方援助相比，非官方援助的好处在于：一是民间性，可以避免政治争议，并可深入受援国的底层。二是专业化。私人志愿组织具有专业技术知识，能够解决实际问题。三是公益性。基于非官方志愿组织的非营利性特征，能更好地服务于受援国。此外，援助国的志愿组织还可以与受援国非政府组织（NGO）合作，促进当地社会发展和市民社会的建设，这也是当代发展援助的目标之一。[④] 2010 年，美国国务院和美国国际开发署（USAID）联合发表《通过市民社会领导——第一份四年外交和开发评估》报告（QDDR），总结评估了美国开发援助的未来政策方向，并特别指出：国际体系中的权力曾经或多或少地由国家来应用，但现在已经扩展到非国家行为体。对外援助有效性的原则中，USAID 特别强调民间力量在对

---

① 薛力、肖欢容：《中国对外援助在柬埔寨》，《东南亚纵横》2011 年第 12 期。

② The NYU Wagner School, "Understanding Chinese Foreign Aid: A Look at China's Development Assistance to Africa, Southeast Asia, and Latin America," report prepared for the Congressional Research Service, April 25, 2008.

③ 一个明显的例子出现在纽约大学瓦格纳学院有关中国对外援助中的特征描述，如中国与经合组织（OECD）国家的官方发展援助（ODA）相比，其中一个差异在于中国的对外援助不通过多边机构进行。这显然是一个误判，在首次公布的《中国的对外援助》白皮书中，例如，1996 年至今，中国与联合国粮农组织开展"粮食安全特别计划"框架下的南南合作，已累计向 20 多个发展中国家派出 800 多名农业专家和技术人员，被粮农组织誉为南南合作的样板。自 1979 年以来，累计向世界粮食署提供了 4300 多万美元的多边援助。2005 年印度洋海啸发生后，中国向联合国系统捐款 2000 万美元，用于联合国机构开展印度洋海啸紧急救灾、灾后恢复和重建工作。

④ 夏咸军：《美国对外经济援助》，上海社会科学院，2011 年博士论文。

外行动中的地位，把在海外行动的美国政府机构、跨国网络、企业团体、基金、非政府组织、宗教团体、民众本身都纳入到美国对外援助的合作对象中。[①] 相比之下，中国的对外援助以官方援助为主，非政府组织在援外活动中较少，已有的中国慈善总会、中国红十字会带有较浓厚的官方色彩，而真正具有私人组织色彩的"中国青年志愿者"大多去了非洲，且全部派出人数也仅为200多人次，且多数也为政府项目有关，如汉语教学、国际救援、农作物病虫害治理等。

最后，对外援助效果不易评估。"量力而行、尽力而为"是《中国对外援助白皮书》中提出的5个"坚持"之一。中国自身也是一个发展中大国，因此，在援外活动中，更应强调绩效评估。目前，由商务部、外交部、财政部等二十多个中央部委和机构，以及地方省市商务部门、驻外使领馆等组成的中国对外援助管理体系，其基本特征是："庞大繁杂，效率不高，尚未形成对外援助的网络化管理。"[②] 从一般技术合作到成套设备，从现场巡检到项目后评估，尽管援助主管机构开始借鉴国内外成熟经验（如商务部在援外工程项目中引入 ISO9000，2007 年在美大地区试点实施项目后评估），但"实践表明，现有援外评估机制不能满足援外发展的需要"。[③] 此外，从改革后的决策和执行程序来看，中国已经形成了一种包容市场力量的对外援助机制，但是如何使市场化的管理方法有效地服务于援外事业所负载的政治和战略任务，同时使政府有效地发挥科学决策和合理监督的职能，是中国援外体制改革至今尚在探索的问题。[④] 中国在东南亚不发达国家的援助活动，包括提供无息或低息贷款、无偿修建道路与桥梁、减少或一笔勾销一些国家所欠的政府债务、援建一些具有象征意义的政府大楼、资助受灾的灾民等。与日本和欧美国家提供的援助相比，中国提供的援助数量上还比较小，一些工程的质量也存在问题，因此，往往是我们的钱花了，却得不到好的评价或好的印象。[⑤] 由此可见，通过建立

---

① US Department of State, USAID, Leading Through Civilian Power: The First Quadrennial Diplomacy and Development Review, 2010, http: //www.state.gov/documents/organization/153108.pdf.

② 胡建波、黄梅波：《中国对外援助管理体系的现状与改革》，《国际经济合作》2012 年第 10 期。

③ 胡建波、黄梅波：《中国对外援助管理体系的现状与改革》，《国际经济合作》2012 年第 10 期。

④ 周弘：《中国对外援助与改革开放 30 年》，《世界政治与经济》2008 年第 11 期。

⑤ 曹云华、甘燕飞：《东南亚地区形势：2012 年》，《东南亚研究》2012 年第 2 期。

有效的绩效评估机制，不仅要对援助项目本身进行绩效评估，还需要对项目后的信息反馈进行评估，从而切实提高对外援助活动的有效性。

（四）经济发展模式的竞争

如前述，北京共识与华盛顿共识的共同点，即是都具有争议性。与"终结华盛顿共识"的呼吁相类似，学者对北京共识或中国模式的辨析同样充满批判性。"华盛顿共识"首倡者约翰·威廉姆森在其最新的一篇文章中写道："要找到北京共识的确切定义是个艰难的事。许多人会提到北京共识是对华盛顿共识的替代，但又没有解释到底替代了什么。"在他看来，所谓北京共识有5个支柱：一是渐进改革；二是创新和实验；三是出口导向的增长；四是国家资本主义；五是集权。长期而言，北京模式难以成为世界主流，原因在于：一是对中国经验所体现的庞大的国有部门和经济自由之间的误判；二是集权主义虽然对一些统治者有吸引力，但发展中国家的大多数人会因此给中国贴上不好的标签。[1]　香港科技大学教授丁学良认为：中国模式由三个相互交织的子系统组成，即政治方面的"列宁主义为核心"的权力架构；社会方面的社会控制，反映国家与社会之间关系的基本形态；经济方面的"管制下的市场经济"体制。丁学良指出："对经济的管控，特别是国有企业的垄断地位，并没有发挥多大的影响力，反而阻碍良好竞争环境的形成和有序市场的发展。"[2]　从政治—社会关系来看，有学者认为"强国家—弱社会"的关系模式是中国模式的主要特征。这种模式发展将面临5大困境，即"腐败困境"、"国富民穷困境"、"国有病困境"、"两极分化困境"和"社会创新能力弱化的困境"。从治本的意义上来说，需要不失时机地培育、发展市民社会，通过市民社会来发展国家"一统整合"之外的另一种解决社会矛盾的新机制[3]。概言之，不同国家复制或借鉴这两种不同经济发展模式的吸引力大小之争远未结束，目前也尚未有足够的实证检验和理论阐释。

---

[1]　John Williamson, Is the "Beijing Consensus" Now Dominant? Asia Policy, No.3, 2012, pp.1–16.

[2]　张辉、丁学良:《中国模式辨析》,《公共管理评论》2012 年第 12 期。

[3]　萧功秦:《中国模式面临 5 大困境》,《人民论坛》2010 年第 11 期。

小 结

过去几十年来，从东南亚国家眼中的意识形态煽动者转变为一个受欢迎的地区和平与繁荣的实用主义合作伙伴，中国在东南亚战略获得了巨大成功 [①]。在德国学者佛兰克·西伦（Frank Sieren）看来，中国依托商品而非军火，打破了美国曾经的垄断地位。"亚洲国家如今面临选择——是同中国一起实现经济起飞，还是依赖美国的安全承诺。相关的抉择越来越倾向于经济起飞。电站和出口机会而非美国的军事基地和喷气战机，更易取悦于国民。" [②] 显然，中国在东南亚地区影响力的提升主要得益于经济软实力中贸易、投资、对外援助的快速增长。然而，中国在东南亚经济软实力运用的局限性分析表明：与美国相比，中国在东南亚经济软实力运用的质量方面，如贸易结构和经常账户平衡、企业投资集中度与企业社会责任承担、对外援助的绩效评估等方面仍有待进一步完善。与此对应，尽管在对东南亚经济发展模式吸引力上，中美两国的优势并不明显，但美国在东南亚的经济软实力，尤其是基于双边贸易和投资上的互补性、企业社会责任履责、对外援助评估的有效性等方面存在优势。在美国强调以经济力量重塑其东南亚战略的背景下，对上述优势领域的进一步强化将使美国仍能保持其在东南亚经济软实力的潜在领先优势。

五、提升中国经济软实力的政策选择

在东南亚，由贸易、投资、对外援助和经济发展模式吸引力构筑了中国经济软实力资源的四大支柱。按绝对规模计算，美国在亚洲的经济参与持续增加，但其相对重要性正不断降低。作为对东南亚地区经济和安全最为重要的大国之一，中国在东南亚地区的贸易和投资迅猛增加，2011 年，中国与东盟的

[①] Derek J. Mitchell and Brian Harding, "China and Southeast Asia", In Carola Mcgiffert, edited, Chinese Soft Power and Implications for the United States: Competition and Cooperation in the Developing World, CSIS Report, 2009.

[②] 佛兰克·西伦:《太平洋地区战略争夺 中国正超越美国》，http://www.chinareviewnews.com/doc/1022/1/5/1/102215157.html?coluid=70&kindid=1853&docid=102215157&mdate=0828120609。

双边贸易所占比重已超过美国 3.42 个百分点，中国在东盟国家对外直接投资（OFDI）流量比重在过去 10 年来首次超过美国（0.2 个百分点）。[①] 另一方面，在双边官方开发援助（ODA）中，经济合作组织的统计表明，日本是东盟最大的援助国（主要是贷款），紧随其后的是美国，中国则成为东南亚国家在基础设施、能源和产业发展领域的另一个重要的融资和援助来源。[②] 更有人认为，国外研究者热议"北京共识"或中国模式本身也说明中国制度模式的广泛影响力[③]。总之，中国在东南亚拥有广泛的经济软实力资源，但这些资源并没有自动转化为相应的影响力。如何推动经济软实力资源的有效转化，吸引和强化中国与东盟成员国的双边或多边关系，仍有大量迫切需要完善的空间。具体来说，中国的政策选择重点应包括 4 方面：

（一）构筑中—美—东盟三方战略互信，促进中国区域经济影响力

东南亚地区同时承载着中美两国重大战略利益，任何一方对该地区影响力的变动都会引发另一方的强烈关注。因此，即使中美两国每年有 60 多次政府间对话，却未能使任何一方建立对对方长远目标的信任（战略互疑）。相反，甚至可以说缺乏互信的问题正日趋严重。不信任本身具有缓慢的破坏性，而在此基础上形成的态度和采取的行动反过来又会加剧不信任。[④] 面对中国不断上升的地区影响力，约瑟夫·奈的总结是：在全球层面上，中国不可能成为美国的竞争者，但这并不表明中国不会在亚洲构成对美国的挑战。[⑤] 自 2009 年奥巴马政府上台以来，"重返东南亚"、"向亚洲转向"以及近期强调的"再平衡"等议题不断更新，但都指向美国在东南亚的经济战略核心——重获区域经济主导权，并以此来平衡中国不断增长的影响力。美国国会研究局（CRS）在提交给国会的一份报告中表明：对于中国在东南亚软

①　ACIF 2012, table 24, table 32a, table 32b.

②　Thumas Lum, et.al., "United States Relations with the Association of Southeast Asian Nations（ASEAN）", Report for Congress Research Services, R 40933, November 16, 2009.

③　门洪华：《中国软实力评估报告》，《国际观察》，2007 年第 3 期。

④　王辑思、李侃如：《中美战略互疑：解析与应对》，2012 年 3 月。

⑤　Joseph S., Jr. Nye, "America and China Power after Financial Crisis", *The Washington Quarterly*, Vol.33, no.4, 2010. p.151.

实力的增长，美国的政策选择有两种：一是政策决策层。他们并不认为中国软实力在东南亚的增长是"零和效应"的，他们基本上选择维持现状。因此建议只对美国的东南亚政策做小的变革；二是一些分析家，他们认为美国应采取平衡战略，以应对未来中国崛起所引发的更具扩张性的活动 [1]。由此判断，中国在地区和全球两个层面上，极力去塑造自身的非威胁和负责任的世界大国形象，建立双边或多边战略互信是切实维护东南亚地区局势稳定的重要前提。

1. 建立三方良性互动，以战略互信缓解战略互疑

中国经济软实力资源在东南亚地区的持续扩展，将会重塑东南亚的权力格局。"经济亚洲"和"安全亚洲"的两难困境将同时出现在美国和东盟成员国中。对二者而言，一方面是支持和欢迎中国融入世界和区域经济体系，及其所带来的经济收益。而另一方面，中国经济软实力资源的增强及其影响力的提升将会在美国决策机构中引发"中国在亚洲排挤美国"的担忧。对东盟国家来说，只要中国不采用威胁性行为，东南亚国家就可能避免被拖入在大国中"选边站"的局势中来。[2] 因此，在增强经济软实力资源的同时，强调政治上相互尊重、平等协商，经济上相互合作、优势互补，文化上相互借鉴、求同存异、尊重世界多样性，安全上相互信任、加强合作，坚持用和平方式而不是战争手段解决国际争端，共同维护世界和平稳定。在地区和全球两个层面上，努力塑造自身的非威胁和负责任的世界大国形象。以"和谐世界"的国家意志，构筑美国和东盟国家对中国和平发展长远目标的信任。

2. 加入 TPP 谈判，在更高标准的国际贸易投资规则制定领域获得话语权

截至 2012 年 5 月，由 12 个发起国组成的跨太平洋伙伴关系协定（TPP）

---

[1] CRS Report for Congress, " *China's 'Soft Power' in Southeast Asia*", RL34310, January 4, 2008.

[2] Ashley J. Tellis, "China's Grand Strategy：The Quest for Comprehensive National Power and Its Consequences," in *The Rise of China：Essays on the Future Competition*, ed. Gary Schmitt, New York：Encounter Books, 2009, 26.

已完成 17 轮谈判，其经济规模占全球 40%。自由贸易协定通常都有地缘政治目标，对美国而言就是通过外交政策"再平衡"来维持美国在亚洲的存在。[1]当奥巴马政府在 2009 年底把 TPP 列为其经济战略的核心时，中国国内的主流判断认为 TPP 是美国围堵中国的经济手段。TPP 一旦形成，就会成为类似于冷战期间的战略性贸易。[2] 在 WTO 多哈回合谈判破裂的背景下，TPP 在国际服务贸易、知识产权保护、国有企业地位以及农产品领域提出了更高的标准，中国加入 TPP 谈判的收益开始显现。它不仅能够倒逼国内的经济改革（尤其是国有企业改革），更能够在广泛的自由贸易协定规则制定中获得话语权。"从中国的国家利益来看，开放的多边贸易体制优于区域贸易体制，泛亚太区域自由贸易区优于次亚太区域的自由贸易区，次区域的自由贸易区优于双边的自由贸易区"。[3] 显而易见，加入 TPP 对于中国的贸易和投资这两大经济软实力资源支柱有积极的溢出效应。

（二）促进双边贸易和投资规模，建立健全中国跨国公司企业社会责任机制

以经济增长巩固其政治合法性是东盟经济安全观的主要特征之一。[4] 贸易导向而非出口导向的增长是世界银行在重新反思"东亚奇迹"时仍然坚持的主要结论之一。[5] 开放与经济增长之间有正向的相关关系，这也意味着贸易和投资在东盟成员国经济持续增长中的关键地位。在中国—东盟自由贸易区框架下，中国—东盟间双边贸易不平衡问题引发关注，尤其是对四个东盟新成员国柬埔寨、老挝、缅甸和越南而言，对华贸易持续逆差引发更多的增长担忧。

---

① Peter A. Petri and Michael G. Plummer, "The Trans-Pacific Partnership and Asia-Pacific Integration: Policy Implications", *IIE Policy Brief*, June 2012. TPP 详细内容和美国的政策选择亦可参见 Ian F. Fergusson, et.al., "The Trans-Pacific Partnership Negotiations and Issues for Congress", R42694, November 21, 2012。

② 郑永年：《TPP 与中美关系前景》，《联合早报》2013 年 6 月 4 日。http://www.zaobao.com/forum/expert/zheng-yong-nian/story20130604-212221.

③ 何帆：《中国不应缺席 TPP》，2013 年 6 月 18 日，http://www.ftchinese.com/story/001050933?full=y。

④ 曹云华、彭文平：《东盟的经济安全观》，《东北亚论坛》2010 年第 2 期。

⑤ 约瑟夫·E.斯蒂格利茨、沙希德·尤素福编：《东亚奇迹的反思》，中国人民大学出版社 2003 年版，第 21 页。

在投资领域，提升中国产品质量和企业社会责任成为影响中国在东南亚经济软实力资源转化为影响力的关键内容。

1. 以加大中国对东盟直接投资促进双边贸易平衡

已有的研究表明：中国对东盟直接投资的贸易效应中，中国对东盟直接投资增加会替代中国对东盟出口，促进中国对东盟原材料、中间品和技术进口，拉动东盟国家的出口。在短期内，中国直接投资的增加会替代中国对东盟的出口而不会替代中国从东盟进口。[①] 无论是跳过关税型抑或市场寻求型投资，都将有利于改善东盟国家的经常账户逆差状况。同时，对中国而言，在国内产能过剩、工资成本上升、人民币升值背景下，加大对外直接投资也与国内产业结构升级、人民币国际化和外汇储备多元化等"走出去"战略目标相吻合。

2. 建立健全中国跨国公司企业社会责任机制，强制国有跨国公司（央企）承担 ISO26000 履责机制

尽管目前对企业社会责任（CSR）并无公认定义，但一般泛指企业的营运方式达到或超越道德、法律及公众要求的标准，而进行商业活动时亦考虑到对各相关利益者造成的影响。目前，社会责任认证组织主要包括社会国际标准组织、全球契约组织、责任国际（SAI）、公平劳工协会（FLA）、贸易行为标准组织（ETI）和工人权利联合会（WRC）等，这些组织都先后制定了各自的 CSR 标准。例如，联合国全球契约组织（UN Global Compact）围绕人权、劳工标准、环境和反腐败设立了 10 项原则。[②] 其中，作为一种广泛的、可比较的 CSR 管理国际标准和规范，ISO 于 2010 年 11 月在日内瓦发布的《社会责任指南》（ISO26000）影响最为广泛。该标准体系旨在帮助组织通过改善与社会责任相关的表现与利益相关方达成相互信任。它建议应用该标准时，应遵循包括担责、透明、良好道德行为、尊重利益相关方关切、尊重法治、尊重国际行为

---

① 郑磊：《中国对东盟直接投资研究》，东北财经大学博士学位论文，2011 年，第 117 页。亦参见黄荣斌工作论文，《中国对东盟的贸易和直接投资：互补还是替代？》，2012 年 7 月。

② 联合国全球契约组织的十项原则，http://www.unglobalcompact.org/Languages/chinese/principles.html，见附录 2。

规范、尊重人权等 7 项核心原则。如前述，与美国在东盟的投资相比，中国企业在产品质量、企业遵纪守法、劳工保障和环境保护等方面的得分构成了中国经济软实力资源较为突出的"短板"，而这恰是 CSR 履责机制中着重强调的内容。值得注意的是，由于中国对东盟投资中矿产开采类集中度高、环境影响大，且这类投资主体多为国有企业，从而最易导致东道国国内的负面反馈。因此，应充分借鉴中国石油天然气集团在印尼定期披露 CSR 国别报告经验[①]，对中国在东盟的国有跨国公司强制实施 ISO26000 履责机制，真正落实"互利共赢，共同发展"的合作理念，重视与东南亚国家各利益相关方的沟通与交流，关注和倾听社会各方利益诉求。

（三）增强统计信息的透明度，提升对外援助的有效性

在中国对外援助的 60 年历程中，"平等互利"和"不干涉内政、不附加任何政治条件"成为中国对外援助最为核心的两个原则。作为中国在东南亚经济软实力资源的第三个支柱，它为拓展中国的地区影响力、树立中国负责任大国的形象起到积极的推动作用。伴随着中国对外援助规模的扩大，尤其是市场资源的引入，未来中国在东南亚的援助活动应在规模扩大的基础上，更多地强调其有效性。

1．提高统计信息透明度

建议参考经合组织发展援助委员会（OECD-DAC）数据库的统计方法，建立可比性的中国在线对外援助数据库。提供的统计数据应主要包括：国别和地区援助类型、援助资金方式、资金规模、部门分布等。此外，提高统计数据的透明度本身也应被视为避免外部误判和疑虑、增强对外援助有效性的重要途径之一。

2．扶持非官方援助机构

壮大青年志愿者队伍，充分利用国内民间慈善公益机构、非政府组织，向东南亚最不发达国家提供专业化、民间化和公益化的援助，此举不仅能在很大

---

① 中国石油天然气集团:《中国石油在印度尼西亚》，2011 年 4 月 18 日。

程度上避免政治纠纷，更能够深入受援国社会底层开展民生和社会发展项目，从而赢得更为广泛的形象认同。

3. 适时融入国际多边援助机制

中国对外援助形成"双边为主、多边为辅"的结构特征。美国在诸如世界银行、亚洲开发银行（ADB）和泛美开发银行（Inter-American Development Bank）中享有主导权是阻滞中国参与多边援助的因素之一。[①] 当中国在多边开发机构拥有更高投票权以及对敏感国家进行援助时，可择机融入国际多边援助平台，如此，既能达到援助的目的，又能够充分利用多边平台，减少外部疑惧和批判。

4. 完善对外援助绩效评估体系

20世纪90年代以来，中国政府逐步完善援外工程质量检验、援外成套设备管理、援外物资项目管理和援外企业资格认定，逐步建立对外援助管理和评估机制，但与美国ODA相比，尚未在援助效果和对受援国影响方面进行系统跟踪评估。从援助有效性角度看，以援助的选择性（Selective）、援助对增长的累积影响力（SIA）、强调受援国能力建设（以人力资源开发和合作、技术合作、国际救援等软性援助为主）和减少援助活动交易成本等导向[②]，建立稳定的、外部而非内部的第三方绩效评估调查团队，对援助绩效和受援国舆情反馈进行长期跟踪评估。

（四）正确认识中国发展模式的吸引力，实现国内形象与国际形象的良性互动

以出口、投资和消费为主要驱动力的中国经济增长，对处于不同发展阶段的东南亚国家，尤其是东南亚最不发达国家（柬埔寨、老挝、缅甸和越

[①] 在世界银行，其投票权为16.7%，中国为4.6%；在亚洲开发银行，美国拥有的投票权（shareholder voting power）是15.6%，而中国为6.1%。在泛美开发银行（Inter-American Development Bank），美国的投票权为30%，而中国为0.004%。

[②] 援助绩效评估可参见 Takashi Kihara, "Effective Development Aid: Selectivity, Proliferation and Fragmentation, and the Growth Impact of Development Assistance", ADB working paper, January 2012. 软援助内容参见宋衍涛：《中国对外援助中的"软援助"研究》，《山东科技大学学报》2012年第6期。

南）具有参考价值。同时，这也引发了国内外学者对"北京共识"和"华盛顿共识"的大辩论。事实上，基于不同国家的发展历史和制度演化背景，发展模式的多元化本是应有之义。正如胡锦涛同志在纪念党的十一届三中全会召开 30 周年大会上的讲话中所指出的那样："世界上没有放之四海而皆准的发展道路和发展模式，也没有一成不变的发展道路和发展模式。我们既不能把书本上的个别论断当做束缚自己思想和手脚的教条，也不能把实践中已见成效的东西看成完美无缺的模式。"[①]　目前，从有形资本投入积累和有效配置为主导的传统经济增长模式，到以创新为基础的现代经济增长模式，中国的经济增长的驱动力量正处于剧烈的过渡时期。在世界经济复苏步伐缓慢的背景下，由中国经济结构调整而引致的经济放缓，让以高经济增长指标为主要参照系的"北京共识"（或"中国模式"）之争告一段落。从经济软实力资源角度来看，提升中国经济发展模式对东南亚国家的吸引力的途径仍需进一步完善。

当前，要以增长促发展，实现国内形象和国际形象的良性互动。具体而言，就是在经济增长的同时，落实"和谐社会"应有的民生和社会发展目标。很难想象，在国内民众都难以认同的产品质量问题和环境保护问题上，我们能够期待东南亚国家民众解除对中国经济软实力增强的顾虑和担忧。因此，确保透明完善的监督体制和民主法治，实现公平正义，是构成经济发展模式转化为真实吸引力的"常识"基础。

---

① 胡锦涛:《在纪念党的十一届三中全会召开 30 周年大会上的讲话》,《人民日报》2008 年 12 月 9 日。

附 录

附录一 中国对东盟的直接投资（流量与存量）和进出口贸易统计

2004 年至 2011 年中国对东盟 10 国的对外直接投资流量

单位：万美元

国家＼年份	2004	2005	2006	2007	2008	2009	2010	2011
文　莱	—	150	—	118	182	581	1653	2011
柬埔寨	2952	515	981	6445	20464	21583	46651	56602
印度尼西亚	6196	1184	5694	9909	17398	22609	20131	59219
老　挝	356	2058	4804	15435	8700	20324	31355	45852
马来西亚	812	5672	751	−3282	3443	5378	16354	9513
缅　甸	409	1154	1264	9231	23253	37670	87561	21782
菲律宾	5	451	930	450	3369	4024	24409	26719
新加坡	4798	2033	13215	39773	155095	141425	111850	326896
泰　国	2343	477	1584	7641	4547	4977	69987	23011
越　南	1685	2077	4352	11088	11984	11239	30513	18919

数据来源：《2011 年度中国对外直接投资统计公报》，2012 年。

2003 年至 2010 年中国对东盟 10 国的对外直接投资存量

单位：万美元

国家＼年份	2003	2004	2005	2006	2007	2008	2009	2010
文　莱	13	13	190	190	438	651	1737	4566
柬埔寨	5949	8989	7684	10366	16811	39066	63326	112977
印度尼西亚	5426	12175	14093	22551	67948	54333	79906	115044
老　挝	911	1542	3287	9607	30222	30519	53567	84575
马来西亚	10066	12324	18683	19696	27463	36120	47989	70880
缅　甸	1022	2018	2359	16312	26177	49971	92988	194675
菲律宾	875	980	1935	2185	4304	8673	14259	38734
新加坡	16483	23309	32548	46801	144393	333477	485732	606910
泰　国	15077	18188	21918	23267	37862	43716	44788	108000
越　南	2873	16032	22918	25363	39699	52173	72850	98660

数据来源：《2011 年度中国对外直接投资统计公报》，2012 年。

2004 年至 2011 年中国对东盟 10 国的出口总值

单位：万美元

年份 国家	2004	2005	2006	2007	2008	2009	2010	2011
文 莱	4789	5314	9963	11273	13054	14045	36761	74439
柬埔寨	45250	53601	69780	88173	109554	90706	134734	231481
印度尼西亚	625687	835135	945031	1261143	1719311	1472062	2195357	2921724
老 挝	10088	10388	16872	17741	26811	37665	48362	47627
马来西亚	808677	1060686	1352735	1769058	2145517	1963194	2380206	2788598
缅 甸	93859	93493	120742	169098	197777	226124	347552	482150
菲律宾	426893	468787	573833	750005	913223	858471	1154028	1425538
新加坡	1268729	1663262	2318538	2963805	3230581	3006636	3234724	3557013
泰 国	580157	782048	976417	1197447	1563635	1330710	1974122	2569475
越 南	426084	564448	746463	1190150	1512213	1630091	2310156	2909014

数据来源：国家统计局：《中国统计年鉴》（系列）。

2004 年至 2011 年中国对东盟 10 国的进口总值

单位：万美元

年份 国家	2004	2005	2006	2007	2008	2009	2010	2011
文 莱	25106	20773	21531	24608	8888	28199	66433	56682
柬埔寨	2993	2731	3509	5107	3883	3689	9363	18430
印度尼西亚	721567	843696	960574	1239508	1432293	1366823	2079672	3133738
老 挝	1265	2555	4965	8592	13426	37463	60149	82461
马来西亚	1817474	2009321	2357243	2869705	3210140	3233592	5044680	6213671
缅 甸	20694	27440	25265	37814	64755	64613	96655	167990
菲律宾	905944	1286969	1767456	2311784	1950474	1194841	1622197	1799166
新加坡	1399447	1651460	1767262	1752368	2017126	1780393	2472875	2813992
泰 国	1154051	1399189	1796243	2266469	2565674	2490531	3319594	3903910
越 南	248199	255284	248608	322628	433632	474753	698454	1111770

数据来源：国家统计局：《中国统计年鉴》（历年）。

2004 年至 2011 年中国对东盟 10 国的进出口总值

单位：万美元

年份 国家	2004	2005	2006	2007	2008	2009	2010	2011
文　莱	29895	26087	31494	35876	21942	42243	103194	131121
柬埔寨	48170	56334	73285	93400	113437	94415	144097	249911
印度尼西亚	1347209	1678733	1905545	2499641	3151604	2838876	4275029	6055462
老　挝	11353	12893	21837	26386	40237	75180	108511	130088
马来西亚	2626080	3069956	3710950	4638632	5355657	5196770	7424884	9002269
缅　甸	114538	120925	146007	207784	262532	290012	444207	650140
菲律宾	1332816	1755732	2341269	3061576	2863697	2053900	2776223	3224704
新加坡	2668207	3314686	4085791	4714398	5247707	4785587	5707598	6371005
泰　国	1734209	2181119	2772649	3463812	4129309	3819082	5293702	6473385
越　南	674202	819674	994944	1511758	1945845	2104518	3008608	4020784

数据来源：国家统计局：《中国统计年鉴》（系列）。

附录二　"全球契约" 10 项原则

全球契约在人权、劳工、环境和反腐方面的十项原则享有全球共识，这些原则来源于《世界人权宣言》、《国际劳工组织关于工作中的基本原则和权利宣言》、《关于环境与发展的里约宣言》、《联合国反腐败公约》等。

人权

原则 1：企业应该尊重和维护国际公认的各项人权；

原则 2：绝不参与任何漠视与践踏人权的行为；

劳工标准

原则 3：企业应该维护结社自由，承认劳资集体谈判的权利；

原则 4：彻底消除各种形式的强制性劳动；

原则 5：消除童工；

原则 6：杜绝任何在用工与行业方面的歧视行为；

环境

原则 7：企业应对环境挑战未雨绸缪；

原则 8：主动增加对环保所承担的责任；

原则 9：鼓励无害环境技术的发展与推广；

反腐败

原则 10：企业应反对各种形式的贪污，包括敲诈、勒索和行贿受贿。

资料来源：联合国全球契约组织（UN Global Compact）有关企业社会责任的十项原则，http：//www.unglobalcompact.org/Languages/chinese/principles.html。

第八章　中国在东南亚的军事软实力及其运用

　　冷战结束以来，随着中国经济实力、政治权力、军事能力、文化影响力等方面的迅速增长，外界尤其是周边地区对中国崛起的关注度日益提升。中国的一举一动都容易引发各种目光的观察和对其意图的揣测、解读。在这些观察与解读中，既有诸如"良性大国"和"负责任国家"等正面而积极的分析与期盼，也有"中国威胁论"、"中国傲慢论"、"中国强硬论"等负面及恶意的评判和论调。东南亚地区紧邻中国，出于可以理解的原因，部分东南亚国家对中国的发展持有警惕与戒心，怀疑崛起后的中国将在地区安全与稳定中起何种作用与扮演何种角色。长期以来，东南亚国家与中国的关系经历了一个由敌对关系、战略合作关系、非敌非友关系、全面合作伙伴关系的过程。[①] 这个过程也是中国在东南亚地区的形象由负面到中性，最终成为具有建设性意义的正面形象的过程。然而必须承认，尽管中国已经与东南亚国家普遍建立了友好合作关系，但由于种种原因，特别是区域以外的干扰因素以及中国与东南亚国家间还存在"南海问题"等尚未彻底解决的争端，使得部分东南亚国家对中国仍存在疑虑和戒备，尤其表现在中国的国防现代化建设引了最多的误解和歪曲。如何打消这些国家的顾虑，使之确信中国和平发展的国家基本战略、睦邻友好的周边外交政策、立足于防御的军事战略，以及军事力量增长的合理性，是中国与东南亚国家建立安全互信，进而深化合作的关键所在。一言以蔽之，中国如何在东南亚地区塑造"去威胁化"的国家形象以及如何使东南亚国家认可该形象。[②]

---

　　① 王庆忠：《中国国家身份变迁与对外交往：以中国与东盟关系为例》，《东南亚研究》2009 年第 6 期。
　　② "去威胁化"指行为体之间相互不存在安全威胁的过程或状态，例如美国与加拿大之间、北欧国家之间实现了"去威胁化"。

一、软实力与国家安全形象

软实力的概念最早由美国学者约瑟夫·奈提出，作为与物质性力量相对应的价值观念和意识形态等思想性力量。这一概念随后成为政治学，尤其是国际政治学中被普遍接受和使用的概念。虽然学界没有一个统一的软实力定义，但普遍认同该概念提出者约瑟夫·奈对软实力的基本解释，即软实力是一个国家具有的能使他国按其意愿行事的能力，该能力通过吸引而非强迫获得预期目标。[①] 约瑟夫·奈认为一个国家的软实力由三个部分构成：一是对他国产生的文化吸引力；二是在国内和国际上都能得到遵循的政治价值观；三是具有合法性和道德威信的对外政策。软实力与传统的基于政治军事和经济能力的硬实力共同构成国家的综合实力。[②] 在权力根源上，软权力主要来源于三个层面的资源，一是观念层面；二是制度层面；三是实践层面。[③] 前两个层面是软实力的基础与来源，后一个层面则决定着软实力的"兑现"与运用。从范畴上看，软实力大致包括文化、观念、国际制度、发展模式、国际形象等。[④] 根据软实力的范畴，软实力是基于文化、观念的同化性权力、基于发展模式与国家形象的认同性权力、基于国际组织创设与领导的制度性权力的集合。[⑤] 从作用方式上看，与运用命令、制裁、威胁等强制性的方式来达到目的和获取利

---

① 尽管许多学者对约瑟夫·奈的软权力概念及其适用性提出质疑并作出一定修正，但大多数学者对软权力的研究仍然以奈的经典定义为起点。

② 参见 Joseph S. Nye, Jr., "Soft Power", Foreign Policy, Issue 80, Fall 1990, p. 166; Robert O. Keohane and Joseph S. Nye, Jr., "Power and Interdependence in the Information Age", Foreign Affairs, Vol. 77, Issue5, 1998, p. 86; Joseph S. Nye, J r., Soft Power: The Means to Success in World Politics, New York: Public Affairs, 2004, p.2, p.11; Joseph S. Nye, Jr., The Paradox of American Power, Oxford University Press, 2002;［美］约瑟夫·奈著:《美国霸权的困惑——为什么美国不能独断专行》, 世界知识出版社 2002 年版, 第 9 页;［美］约瑟夫·奈著:《软力量——世界政坛成功之道》, 东方出版社 2005 年版, 前言第 2 页;［美］约瑟夫·奈著:《硬权力与软权力》, 北京大学出版社 2005 年版, 第 7 页;［美］约瑟夫·奈著:《美国定能领导世界吗》, 军事译文出版社 1992 年版, 第 25 页。

③ 秦亚青著:《观念、制度与政策:欧盟软权力研究》, 世界知识出版社 2008 年版, 第 49 页。

④ 门洪华:《中国软实力报告（上）》,《国际观察》2007 年第 2 期。

⑤ 龚铁鹰对这三种软权力有较系统的分析, 参见龚铁鹰著:《软权力的系统分析》, 天津人民出版社 2008 年版。

益的"硬实力"不同，软实力依靠影响、吸引与说服等软性力量来达到人随我欲的目的，也就是说，软实力具有一种道德感召力。① 在国家对外关系上，借助软实力，可使对外政策易于被接受并持久地发挥效用。并且由于软实力引起的排斥和反感相对较低，巧妙地运用软实力能够做到硬实力难以做到，或者需要付出较大成本才能做到的事情。基于这些特性，软实力成为各国非常重视并积极培育的战略能力。由于软实力的范畴非常广泛，涉及国家非物质资源的方方面面，各国在软实力建设和运用中依据国情的不同而走了不同的路径，比如美国重点宣扬其自由价值观、民主政治制度、高科技能力等；欧盟国家则以悠久的人文传统、发达的一体化意识、领先的环保理念强化欧洲对其他国家和地区的吸引力；日本在二战后的国际交往中曾着力突出其在经济领域的成功奇迹、大规模的对外经济援助以及反核反战的和平主义原则等；中国近些年以提高国家文化软实力作为重点和突破口，② 向世界宣传及弘扬"和谐"、"友爱"等中国优秀文化。无论何种路径，各国的软实力培育与建设都契合同样的一个逻辑：塑造本国的良好形象以赢得别国的好感、认同与支持，进而增强本国在国际竞争力。在这个意义上，国家形象不仅仅属于国家软实力的一部分，并在很大程度上成为国家软实力的体现和载体。对外政策制定者和学者们很早就注意到作为软实力的国家形象在国际关系中的作用，并将国家形象作为软实力培育和研究的重点。③④

国家形象是一个国家在国际间的政治、经济、文化、军事、科技等诸方

---

① 蒋英州、叶娟丽：《对约瑟夫·奈"软实力"概念的解读》《政治学研究》2009 年第 5 期。

② 中国共产党的十七大报告明确地提出了"提高国家文化软实力"的要求，胡锦涛总书记在报告中将文化软实力建设提到国家战略的高度。

③ 例如英国曾开展"新英国运动"以改变其昔日帝国形象；印度从 1998 年开始，用了十年的时间向世界推广它的全球形象；2003 年 1 月 21 日，美国总统布什宣布正式成立"全球传播办公室"负责实施美国的国家形象战略；中国在北京奥运会前后，在全世界大规模推广中国新形象，措施包括在美国主流媒体刊登中国形象广告，在纽约时代广场等公共场合播放国家形象宣传片等。

④ 国内外有不少学者对国家形象进行了研究，普遍认为国家形象是国家重要的战略资源。参见 Eugene D. Jaffe & Isralel D Nebenzahl, *National Image and Competitive Advantage*, Copenhagen: Business School Pres, 2001; Kenneth E. Boulding, *The image: Knowledge in life and society*, Ann Arbor, University of Michigan Press, 1956; 管文虎著：《国家形象论》，成都科技大学出版社 2000 年版；李国正著：《国家形象建构》，中国传媒大学出版社 2006 年版；丁磊著：《国家形象及其对国家间行为的影响》，知识产权出版社 2010 年版等，不一一列举。

面相互交往过程中给其他国家及其公众留下的综合印象。[①] 它是一个国家表现给外界和被外界认知的总体特征。美国政治学家肯尼思·布丁（Kenneth Boulding）认为国家形象体现为国家对自己的认知以及国际体系中其他行为体对其认知的结合，是一系列信息输入和输出产生的结果，某种意义上，国家形象是一个"结构明确的信息资本"[②]。这个认识揭示了国家形象的两个重要属性：其一，国家形象依赖于外部的判断与肯定。其二，国家形象是一种资本，这种资本能够在国际交往中给国家带来收益。国家形象的收益体现在三个方面：①吸引别国追随自己；②使别国配合本国的政策；③降低别国对本国利益的排斥与抗拒力度。这三个方面的收益很大程度上建立在国家形象魅力所产生的吸引与同化力量上。从国家形象的概念和收益效果来看，国家形象不仅仅是国家软实力的一部分，还在很大程度上代表着国家软实力，二者有着直接的正相关关系。[③]

作为软实力的国家形象何以具有如此功效？二战后，随着民族意识的觉醒、独立解放运动的发展以及全球化带来的各国相互依存关系的加深，国家间关系正在发生着本质上的变化。虽然霸权主义与强权政治并未退出国际关系舞台，但是一个国家依靠暴力征服去控制和影响其他国家越来越行不通，各国愈加注重以间接的、非强制的方式来影响他国的政策和行为，将谋求其他国家的认同、接受、跟随与同化作为对外战略与外交政策的一项重要目标。国家关注其他国际关系行为体对自己的印象和评价，良好的国际形象可以改善外交环境，引导国际舆论，争取其他国家对其政策和利益的支持，增强国家的对外交往力量，使国家以较低成本实现国际合作和实现本国利益。[④] 相反，负面的国家形象往往会在国际交往中付出更多的"无形成本"。正是基于这种认识，当今时代世界各国尤其是大国都力争在国际上塑造良好的国家形象。就连奉硬

---

① 门洪华：《压力、认知与国际形象——关于中国参与国际制度战略的历史解释》，《世界经济与政治》2005 年第 4 期。

② Kenneth E. Boulding, *The Image: Knowledge in life and society*. Ann Arbor, University of Michigan Press, 1956, pp.3–6.

③ 国家形象与国家软实力存在正相关关系，即良好的国家形象对软实力有帮助，但两者的相关程度并不成比例，具有最好形象的国家必然具有较好的软实力，但并非一定具有最强的软实力。因为软实力的基础建立在硬实力（国家的人口、面积、资源、军事等基本物质条件）之上。

④ 陈世阳：《"国家形象战略"概念分析》，《国际关系学院学报》2010 年第 1 期。

实力为圭臬的现实主义大师摩根索也承认国家形象在国际权力斗争中的作用，认为国际政治"不仅以传统的政治压力和武力方法进行，而且在很大程度上是争夺人心的斗争"。①

根据国际互动的领域，国家形象可分为国家政治形象、国家经济形象、国家文化形象以及国家安全形象等。基于国际社会的无政府性，安全是国家在国际关系交往中的首要价值。一个国家首先要保证自身安全，然后在这个前提下发展与其他国家的关系。如果 A 国家视 B 国家为其生存与发展的"威胁"，那么必然对其采取敌视、反抗、防范、疏远、冷淡等态度，双方很难有和谐的关系与实质性的合作，更谈不上 B 国家对 A 国家的软实力。在这个意义上，国家安全形象不但是国家形象的重要组成部分，而且在某种程度上决定着国家形象的基调，影响国家之间关系的基本状况。② 例如冷战时期，将苏联视为安全威胁的西方国家，基本上没有与苏联进行深入的政治、经济与文化合作，因此，苏联几乎不存在对西方国家的软实力。

二、中国在东南亚地区的安全形象：
塑造及认知的形成与变迁

中国与东南亚国家的交往历史悠久。在过去的六十多年中，中国与东南亚国家的关系经历了一番波折，中国在东南亚地区的形象，特别是安全形象也经历了同样的变化。新中国成立后，积极塑造和平友好的社会主义国家形象，奉行和平共处五项原则，积极发展与包括东南亚国家在内的周边国家外交关系。但由于内外种种原因，在不同的时期，东南亚国家对中国的安全形象有不同的认识和判断，中国在这一地区的安全形象呈现出复杂性、变化性和多面性。复杂性体现在同一个时期，东南亚国家对中国的安全形象有不同的认识。当然，

---

① ［美］汉斯·摩根索:《国家间政治——寻求权力与和平的斗争》，中国人民公安大学出版社1990年版，第115页。

② 安全形象是一个国家对国际社会或其他国家的安全是否构成威胁的"他者"认知和判断，当一个国家被视为威胁国际社会或他国的安全时，这个国家的政治形象、经济影响与文化影响将很难是积极和正面的，在这个意义上，安全形象决定国家形象的基调。

东南亚地区国家数目众多，这些国家的国情不同，对中国有不同的认识可以理解；变化性既体现在随着时代的不同，总体上中国的安全形象在变化，也体现在同一个东南亚国家在不同的时期，对中国的安全形象认识有变化，甚至有些国家的变化可谓"极端"；多面性则体现为中国在东南亚的安全形象不够"纯粹"，一些国家在视中国为抵御外来威胁的安全伙伴的同时，怀疑中国在其国内安全上起到负面作用。由于上述原因，本书不详细分析中国在每一个东南亚国家的安全形象变迁，只对中国在东南亚地区的大致整体安全形象进行分析。

新中国成立到 20 世纪 70 年代初期，这一时期，东南亚国家对中国的态度大致分为两类，一类包括越南、缅甸、老挝、柬埔寨，以及 1965 年前苏加诺时期的印尼等国家，这些国家视中国为争取民族独立解放事业以及"不结盟"运动的伙伴，对中国的态度较为友好。另一类是泰国、菲律宾、马来西亚等亲西方国家，这些国家持反共排华的立场，敌视中国，认为中国是他们的安全威胁，参与了西方国家对新中国的围堵并组织了东盟对抗中国。[1] 这一时期，在东南亚国家眼中，中国在本地区的安全形象存在明显分歧并且截然对立。在对华友好的东南亚国家眼中，中国不是本地区的威胁，有国家甚至依靠中国的援助反抗外来侵略，争取民族独立，这些国家眼中的中国安全形象是本国安全与地区稳定的提供者与协助者。相反，在敌视中国的东南亚国家眼中，中国是本国政权的"颠覆者"，是地区稳定与安全的威胁。

20 世纪 70 年代到冷战结束，中国在东南亚地区的安全形象发生了戏剧性的变化。一方面中苏关系恶化而中美关系缓和，另一方面，中国不再以意识形态为标准划线处理国家间的关系，强调独立自主，实行"不结盟、不针对第三方"的新外交方针。中国与大多数东南亚国家的关系得到了缓和。从 70 年代初期开始，大多数东盟国家都改变了反中排华政策，实现了与中国关系的正常化，并且双方开始在结束越南战争，缓和中南半岛紧张局势以及促进双边经贸合作等方面进行了有益的接触。[2] 中国也改变了对东盟性质的看法，承认东

---

[1]　Leszek Buszynski, "Southeast Asia in the Post-Cold War Era: Regionalism and Security", *Asian Survey*, Vol. 32, No. 9, Sept., 1992, p. 830.

[2]　陈乔之著：《冷战后东盟国家对华政策研究》，中国社会科学出版社 2001 年版，第 10 页。

南亚国家联盟是一个区域组织，并公开支持东盟在 1971 年发表的《东南亚中立化宣言》。[①] 与之相反，随着越南侵略柬埔寨，推行地区霸权主义政策，中越关系发生逆转。1979 年中国发动对越南自卫反击战，此后长达 10 年的时间里，中越处于军事对抗状态。这一时期，在大多数东盟国家看来，中国不再是地区安全的威胁者，相反能够在抵制苏联和越南在东南亚地区的扩张和霸权主义方面起到建设性的作用，中国的安全形象由安全威胁者转变为安全合作者。显然，在越南等国看来，中国是其安全的威胁者。

冷战结束后，随着两极格局瓦解，国家之间关系的调整迎来了新的契机。中国及时调整对外政策，把和睦的周边环境作为对外政策的重要目标，致力于改善与周边国家的关系，尤其是在发展与东南亚国家关系方面取得了瞩目的成就。[②] 这一时期，中国与所有东南亚国家实现了关系正常化。除了与各东南亚国家发展不同层次的友好合作关系以外，中国还与东南亚国家的集体组织——东盟确立了"面向和平与繁荣的战略伙伴关系"，将中国与东南亚国家的关系提升到了一个更高的平台。中国努力在东南亚地区展现出"负责任的地区大国"身份，并通过与其他国家共同提供地区安全与稳定这一公共物品来塑造积极的安全形象。在东南亚国家看来，崛起后的中国既意味着机会也意味着挑战。一方面，东南亚国家普遍欢迎中国作为平衡力量在地区安全领域发挥作用，并希望在打击恐怖主义、海盗、毒品贸易与跨国犯罪等非传统安全问题上与中国合作。另一方面，一些东南亚国家对中国的崛起，特别是军事力量的迅速发展存在猜疑和担心。由于地理上的接近以及东南亚国家与中国在综合实力上的巨大差距，东南亚国家格外关注中国在成为强大国家之后的国防现代化将朝向什么方向发展，中国会用什么样的方式来解决南海问题。[③] 对中国军事力量的担心与"恐惧"特别存在于同中国存在南海权益争端的与越南、菲律宾、文莱、马来西亚等国，这些国家担心中国以武力解决南海问题，对中国提

---

① 王光厚著：《冷战后中国东盟战略关系研究》，吉林大学出版社 2008 年版，第 58 页。

② 曹云华、唐翀著：《新中国—东盟关系论》，世界知识出版社 2005 年版，第 38 页。

③ Ian James Storey, "Living with the Colossus: How Southeast Asian Countries Cope with China", Winter99/2000, Vol.29, Issue4. 转引自曹云华、唐翀著：《新中国—东盟关系论》，世界知识出版社 2005 年版，第 215 页。

出的"搁置主权，共同开发"主张不予配合，不时地迎合西方国家炒作"中国威胁论"。尽管如此，东盟国家还是普遍认识到中国崛起带来的机遇大于挑战，也感受到中国睦邻友好外交政策的善意，即便对中国军事力量持有较高警惕的国家也承认中国的安全形象是中性的。例如马来西亚前领导人马哈蒂尔认为中国不会在东南亚进行军事冒险，东南亚国家没有理由对中国的军事力量感到担忧。[1] 概括分析起来，冷战后中国在东南亚各国的安全形象是复杂的，各国对中国安全形象的认知不完全一致，部分东南亚国家眼中中国的安全形象较为正面和积极，部分东南亚国家眼中的中国安全形象则模糊和不确定，还有个别国家对中国的安全形象疑虑较深，[2] 总体上对中国安全形象的认知是较为公正的。

基于以上分析，六十多年来，中国在东南亚地区的安全形象并非固定不变的，而是经历了整体上由负面到趋于正面的变化，尽管在这个大趋势下，在某些时刻，由于某些事件使得个别东南亚国家对中国的安全形象有所怀疑。在根本上，中国在东南亚地区安全形象取决于中国在东南亚地区实行何种对外政策，以及东南亚各国的对华政策。当中国奉行睦邻友好政策，同时东南亚国家采取对华友好政策时，毫无疑问，中国的整体形象，包括安全形象是积极和正面的。但不容忽视的是另外一种情况：中国奉行睦邻友好政策，东南亚国家依然视中国为安全威胁时，此时中国就陷入一种"现实主义偏见困境"之中，即东南亚国家以中国的实力而非中国的意图来判断中国的行为。在这种现实主义逻辑下，中国主观塑造的安全形象难以与东南亚各国对该形象的认知形成匹配。

根据建构主义理论，国际政治的物质层面表现为因果关系，而文化层面则是相互建构关系，国际政治结构建构了行为体的身份与利益，行为体在明确了身份与利益之后，从事与之相符的行为。[3] 基于该理论，国家形象的形成是

---

① 曹云华:《在大国间周旋——评东盟的大国平衡战略》,《暨南学报》2003 年第 3 期。

② Allen S. Whiting, "ASEAN Eyes China: the Security Dimension", *ASIEN Survey*, Vol. No.4, April, 1997.

③ 宋秀琚著:《国际合作理论: 批评与建构》, 世界知识出版社 2006 年版, 第 173 页。

由两个观念建构起来的，一个是自我持有的观念，一个是他者持有的观念。同时，形象的形成也是一个主体间互动的过程，是在自我和他者的互动中建构起来的观念。由此，形象的形成既涉及一国如何塑造自己的形象，也涉及他国如何认知该国的形象。以中国在东南亚地区的安全形象为例。新中国成立初期，中国努力巩固新生政权，发展国民经济，迫切需要争取周边国家对中国政府的承认以及一个和平友善的周边环境，中国将自己在东南亚地区的安全形象定位为"和平共处者"，并在东南亚推行和平共处五项原则，但这一安全形象并未如愿被东南亚国家所认知和接受。除少部分东南亚国家与中国发展了友好关系，并认可中国的这一形象外，其他东南亚国家则出于种种原因敌视中国，这些国家眼中，中国是潜在的安全威胁。20世纪60年代，在东西两大阵营对抗背景下，中国将自己的身份定位为"亚洲社会主义革命的领导者"，要实现全世界的无产阶级革命和全人类的解放，与这一身份相匹配的国家安全形象是"革命型国家"，属于资本主义阵营内的东南亚国家自然将中国视为他们安全的直接"威胁者"。在冷战结束，全球化深入发展的时代，中国把身份定位为"和平崛起的负责任国家"，致力于发展本国的各项事业并与其他国家和睦相处，互惠互利。与这一身份相匹配的国家安全形象是地区安全与稳定的合作者与提供者。在东南亚国家眼中，中国在本地区的安全形象也趋于正面和良性。

当前，随着中国与东盟政治经济合作的全面发展，双方关系整体上处于历史最好时期，但是，必须承认，"中国威胁论"在东南亚地区仍然有一定市场，部分东南亚国家对中国在地区稳定与安全中的作用和角色仍然存疑，在他们眼中中国仍然不是可以放心和信赖的安全提供者。这种观念阻碍着双方关系的进一步深入，并给外部力量介入制造干扰与破坏创造了机会。中国与东南亚国家关系的历史证明，无论是由于中国的对外政策失误，还是东南亚国家采取了敌视的对华政策，抑或东南亚国家主观上对中国产生误解而导致错误认知，一旦东南亚国家对中国保持戒备与排斥，中国在这一地区的各项利益就难以顺利实现。反之，当中国与东南亚国家的关系发展良好，各方都从友好合作中获得了收益时，中国的安全形象就趋于正面。因此，在当前中国与东南亚国家关系总体良好，双方正在深化合作之时，消除部分国家对中国的误解与猜疑，将中国在东南亚的安全形象塑造为"安全合作者"甚至是"安全供给者"，成为中国在东南亚地区软实力建设与运用的重要目标。

随着中国与东南亚国家关系的全面发展，双方的相互依赖也在加深，面对中国逐步强大和崛起的现实趋势，东南亚国家有着出于自身利益的顾虑，这是实力较弱的国家面对实力较强国家的正常反应。由于东南亚国家在与中国的经济合作中获取了丰厚的经济利益。[①] 东盟也获得了中国对其主导地区事务的尊重与支持，[②] 因此，在经济政治领域内让东南亚国家感到不安的因素较小。考虑到双方人文历史相近，东盟对中国崛起的担忧也不是来源于文化层面。归根到底，东南亚国家对中国的担忧是基于国际关系现实主义逻辑下对中国日益增长的综合国力，尤其是军事硬实力的担忧之上。在中国全面崛起的物质性因素确定的前提下，东南亚国家如何看待和认识中国的物质性力量成为影响它们与中国建立互信、深化合作的重要因素，某种意义上，这一问题具象化为中国在东南亚地区的安全形象问题。鉴于此，中国应当努力塑造积极和正面的安全形象，笔者认为，除了政治、外交和经济手段外，在东南亚国家最担心的军事领域内直接着手或许是一个较好的途径。

三、运用军事软实力塑造中国安全形象

约瑟夫·奈最初是在国家层面上宽泛地谈论软实力，随着该项研究的深入和细化，不同层面的软实力成为研究的重要方向。在军事层面，国家军事力量是安全硬实力，但同时也拥有一定的软实力，并且由于软实力特有的"柔性"特性，军事软实力可以为国家安全形象的塑造作出贡献。

---

① 自 2010 年起，中国已经成为东盟的第一大出口目的地和最大贸易伙伴，东盟则是中国第四大贸易伙伴，双方都在合作中获得了绝对收益，但显然东南亚国家的相对收益要大于中国的相对收益。此外，根据中国与东盟自由贸易区协议，中国在相互关税减免的时间上对东盟提供了很大的优惠。参见"中国成为东盟最大贸易伙伴和第一大出口目的地"，http://www.chinanews.com/cj/2011/04–08/2961087.shtm，2011 年 4 月 8 日 19：39（新华社官方网站中国新闻网）。

② 中国一直尊重并支持东盟在地区合作事务上发挥积极作用，体现在对东盟创设和主导的东盟地区论坛（ARF），"10+1"，"10+3" 等机制的积极参与及配合。

（一）何为军事软实力 [①]

传统上物质性的军事力量属于国家"硬实力"范畴，但是，物质性的军事力量也能够派生出非物质性的能力。如果把一个的国家武装力量基于人力资源、武器装备数量及质量等物质性资源而形成的以武力打击、物质摧毁等手段强迫别国服从自己意志的能力称为军事硬实力，那么军事软实力是通过非强制性军事手段影响、吸引和塑造目标对象，达到军事安全目标的能力。[②] 军

---

① 军事软实力或军事层面的软实力是国际关系学与军事学学科交叉而产生的概念，其理论来源与根基是软实力理论，同时结合了军事领域的现实，是对软实力理论的拓展与创新。这一概念是我国学者在软实力研究拓展到各个领域的背景下提出的。2004 年，黄建国在《国防大学学报》第 7 期发表了《军事软实力理论》一文，首次提出了"军事软实力"的概念，此后成为军队学术界探讨的热点问题。在中共十七大将发展国家软实力作为国家重大战略之前，中央军委主席胡锦涛于 2006 年 5 月 20 日对于军事软实力的研究工作作出重要批示，此后，军事软实力的相关研究被列为我军的重大研究课题，并成为构建国家整体软实力战略的重要组成部分。除了军队系统以外，地方高校和科研机构也有一些学者对军事软实力进行了研究。目前我国学者对于"军事软实力"的研究主要集中于概念辨析、理论阐释和运用推广等方面，产生了一批优秀的研究成果。需要指出，目前国内军事软实力研究范围较小，并且存在一些质疑，但不可否认这一研究的必要性和开拓意义。国内研究详情可参见徐鸿飞：《军事软实力析论》（学位论文）。与国内相比，国外较少将军事软实力作为一个单独概念进行研究，但是在军事等传统硬实力领域存在软实力的说法并不鲜见。约瑟夫·奈曾经提到，军事力量是硬实力，但是军事力量也可以产生软实力。约瑟夫·奈以外，戴维·埃克斯、拉尔夫·考萨、丹尼尔·朱勒、萨拉·阿曼多拉等学者与学界人士也探讨如何塑造与加强美军的软实力。参见 Joseph S.Nye Jr., The Military and Soft Power, The Huffington Post, http: //www.huffingtonpost.com/joseph-nye/the-military-and-soft-pow_b_12117.html; David Axe, Medical Diplomats, Kearsarge's Latin merican humanitarian cruise tests new U.S. military "soft Power" concepts, Sea Power, October 2008; Ralph Cossa, US military shifts to "soft power" strategy, the Australian Broadcasting Corporation（ABC）, http: //www.radioaustralia.net.au/programguide/stories/200808/s2321316.htm; Daniel W.Drezner, America's soft power military, Foreign Policy, http: //drezner.foreignpolicy.com/posts/2008/07/28/americas_soft_power_military; Sarah Amandolare, U.S.Military Prioritizes Soft Power in Middle East, Finding Dulcinea, http: //www.findingdulcinea.com/news/international/July-08/U-S--Military-Prioritizes-Soft-Power-in-Middle-East.html.

② 国内学者对军事软实力的定义不同，各有侧重。黄建国认为军事软实力是指将物质与人力资源转化为有效战斗力的能力，是用非强制性手段影响与塑造别国的能力，是间接形成威慑与打击的能力。周永垒认为军事软实力是军队基于自身性质、军事思想、军事文化传统、自身形象等所产生的一种战略能力，是用非强制手段影响与塑造他国的能力，是间接形成威慑与打击能力的实力。张光鸿认为，军事软实力主要指军人的战斗精神和军事作风，军队各级领导和领导机关对未来信息化战争的谋略能力，反映人与武器有机结合的军队编制体制的组织结构力，体现军队和平文明之师和军人文化修养的军事文化力，以及与世界各国军队进行友好交往展现国际形象的军事外交力等。颜旭从军事文化的角度探讨军事软实力，认为军事软实力是指军事文化、精神、制度等无形的东西，其中文化是军事软实力的核心要素。参见黄建国：《军事软实力理论》，《当代军事文摘》2005 年第 4 期；周永垒：《军事软实力的内涵和本质》，《海军工程大学学报（综合版）》2010 年第 2 期；张光鸿：《必须重视我军的软实力建设》，《南京政治学院学报》2006 年第 6 期；颜旭、孙姝：《军事文化软实力：从理论到实践的探析》，《海军工程大学学报（综合版）》2010 年第 4 期。

事软实力的特性在于：第一，军事软实力来源于观念、制度与实践三个层面的军事资源。在观念层面，军事软实力源于国家的战争观、军队性质、军事文化、军事思想、军事战略、国防政策、军队形象、军队战绩等，体现为他国对其武装力量的认识；在制度层面，军事软实力源于与别国建立起来的军事安全机制，例如安全对话机制、军事危机管理机制、军事同盟机制等，体现为一国创设、主导和参与军事议程的能力；在实践层面，军事软实力来源于本国军队与别国军队的互访、演习、培训、训练、巡逻等军事交流与合作，体现为影响他国军事安全政策与军事活动的能力。第二，军事软实力对军事资源的运用是非强制性的，通过和平、柔性地运用军事资源去吸引、感染、影响、同化、塑造客体来实现军事与安全目标，体现为一国武装力量获得别国武装力量的尊重、认同和亲近。第三，军事软实力的效用体现为军事软实力受动一方的正面回应，即实现了施动一方的军事与安全利益目标。第四，军事软实力发挥效果缓慢，但具有较为持久的渗透性。军事软实力以潜移默化、渐进渗透的方式发挥效能，其过程相对较长，通常难以在短期内达到预期目标。

军事软实力是新时期维护国家综合安全的一种能力。随着冷战的结束和全球化的发展，国家之间的利益联系日益紧密，在新形势下，国家安全观念发生了嬗变，新安全观强调综合性地运用政治、军事、经济、法律、国际组织等手段保障国家安全，运用武力解决国际争端的方式受到越来越多的限制，"战而胜之"已非最佳选择，有时甚至得不偿失、遗患无穷。长远来看，国家之间的军事竞争和安全博弈除了战争手段以外，将更多地表现为与对手争夺军心民心、争取国际舆论，在这种情况下，非强制性的军事软实力的作用日益凸显，并成为国家软实力的重要组成部分。对于军事软实力对国家总体软实力的价值，约瑟夫·奈曾经提到当军队因工作出色而产生吸引力之时，当军队对其他国家军队进行教育和训练之时，当军队在海啸和地震之后提供救援之时，军事机器能够成为仰慕的根源，为国家的软实力作出贡献。[1] 当前，鉴于中国和

---

① Joseph S.Nye Jr., Think Again: Soft Power, Foreign Policy, 1 March 2006.

平崛起所面临的国际现实情况，我国在加强国防现代化建设过程中，重视军事软实力建设，中央军委主席胡锦涛在 2006 年 5 月 20 日专门就军事软实力建设工作作出批示："如何塑造我军的形象？如何运用好舆论武器？如何增强我军的'软实力'？是需要认真研究并切实加以改进的重要问题。"①

（二）运用军事软实力塑造积极的中国安全形象

根据国际关系现实主义理论的共识：①无政府状态是国际社会的基本形态；②国际事务的本质是冲突；③国家的首要动机是追求安全与权力。② 按照这一逻辑，崛起后的中国必然在周边寻求支配地位。然而这并不符合中国与东南亚国家关系的现状。③ 建构主义理论认为纯粹的物质性因素不足以完整解释和预测国家行为，文化观念层面的相互建构关系同样重要。在国际政治中，国际体系结构与国家间的相互建构关系明确行为体的身份与利益，而后行为体从事与之相符的行为。④ 根据建构主义的逻辑，同样的物质性因素并不必然导致同样的国家实践和结果，因此，东南亚国家是否视中国为安全威胁，关键在于中国与东南亚国家在互动中所建构的身份与利益。建构主义对身份的强调与软实力理论对国家形象的重视可谓殊途同归。中国军事硬实力的增长是客观事实，"中国威胁论"恰恰建立在中国包括军事实力在内的综合国力增长上。但军事实力是否造成安全威胁不取决于军事实力本身，更多地取决于国家意图和国家之间的身份建构，正如拥有世界上最强大军事力量的美国并不构成对加拿大的安全威胁。在国家互动过程中，软实力的非强制性和它所具有的吸引、同化、信任、感召作用尤其适合于国家意图的澄清以及国家之间安全合作身份的建构。因此，运用军事软实力来消除"中国军事威胁论"，塑造中国的安全形象，或许是一个坦率而直接的路径。

---

① 杨春长、刘戟锋主编：《论军事软实力——兼论与国家文化软实力的关系》，军事科学出版社 2008 年版，第 3 页。

② ［美］罗伯特·吉尔平：《政治现实主义的丰富传统》，载［美］罗伯特·基欧汉编：《新现实主义及其批评》，郭树勇译，北京大学出版社 2002 年版，第 277—278 页。

③ 中国从未对东南亚国家提出过领土要求，相反中国已经通过和平谈判解决了与东南亚国家的陆界纠纷，对于海界纠纷，中国提出了"搁置争议，共同开发"的和平解决原则。

④ 宋秀琚著：《国际合作理论：批判与建构》，世界知识出版社 2006 年版，第 173 页。

1. 中国在东南亚地区军事软实力的来源

中国的军事软实力来源于中国和平主义的军事战略和国防政策。受中国文化传统中"和为贵"思想的影响，自古以来中国军事安全战略都提倡和平和守成防御、反对侵略扩张和"穷兵黩武"，主张通过"仁"、"礼"、"外交"等非战争方式来追求和平。这与西方文明大多是从战争的角度认识和平，认为"和平是战争的间歇"、"战争是政治的延续和有效手段"等，主张把战争作为谋求和平的途径和手段截然不同。从中国的军事战略来看，"改革开放以来，中国始终如一地坚持和平崛起这一国家发展战略。与此同时，坚持完善了与之相衔接和相一致的军事战略——积极防御战略。这一战略决定了中国使用军事力量的根本原则和策略是基于自卫和维护和平这一本质。"[1] 从规定国防建设、军事斗争和使用武装力量准则的国防政策来看，中国国防政策的基本点始终是维护统一和抵御侵略。因此，军事战略和国防政策决定了在中国安全利益没有受到侵害的前提下，中国不会威胁东南亚国家的安全。

中国的军事软实力还来源于中国与东南亚国家建立起来的军事安全合作机制。作为一心一意谋发展的大国，中国需要和平稳定的周边环境，为此，中国与东南亚国家共同建立了一系列的军事安全合作机制，包括东盟地区论坛（ARF）、《南海各方行为宣言》、《中国与东盟关于非传统安全领域合作联合宣言》、《中国—东盟争端解决机制协议》等。这些安全机制确保了中国在东南亚地区军事安全议程上影响力。

中国与东南亚国家的军事外交活动同样是中国在该地区军事软实力的来源。军事交流的意义在于增进双方军事战略与意图的了解，促进彼此的军事透明度，提高相互信任和防止军事冲突。中国与东南亚国家的军事交流活动形式多样，既有军队的互访，也有联合军事演习、训练以及高层次的安全磋商与对话。这些军事交流活动以简练而直接的方式展示了中国军队的形象，表达了中国对东南亚安全政策的深层次含义，有助于消除东南亚国家对中国军事力量的误解，增进中国军队与东南亚国家军队的友谊，塑造中国军队和平、平等、正义的形象。

---

① 总参课题组：《中国和平发展中的国防和军队建设》，中共中央党校出版社 2006 年版，第 36—37 页。

中国在东南亚地区军事软实力的来源

观念层面	弭兵慎战思想、反对黩武的思想、防御性军事战略、"搁置争议"避免冲突的安全政策等。	
制度层面①	中老缅泰湄公河流域执法安全合作机制、《大湄公河次区域中泰缅老巡逻协定》、《东南亚无核区条约》、《南海各方行为宣言》、《中国与东盟关于非传统安全领域合作联合宣言》、《中国—东盟争端解决机制协议》，东盟地区论坛（ARF）等。	
实践层面② （2007—2011）	时间	具体活动形式（军事交流合作、军事外交、军事安全对话等）
	2007	中泰陆军特种作战分队联合训练；东盟与中国军队举行国际救灾研讨会；中国与新加坡举行海上演习；中国舰艇编队访问印尼；中国军事代表团参加在新加坡举行的亚洲安全大会。
	2008	中国海军"郑和"号训练舰访问越南、泰国；中泰防务安全磋商；中越北部湾联合巡逻；中国军事考察团访问泰国；泰国海军舰艇编队访问中国湛江。
	2009	中越青年军官交流活动；中国海军"舟山"舰访问新加坡；中国海军"徐州"舰访问马来西亚；中国海军舰艇编队访问越南，并举行联合巡逻；中越国防部防务安全磋商；中国海军代表团出席印尼独立64周年庆典；中国海军"广州"号导弹驱逐舰访问文莱和印尼；中国参加东盟地区论坛防扩散与裁军会；中国和新加坡举行"合作—2009"安保联合训练；中国军事代表团出席在新加坡第八届亚洲安全大会。
	2010	中国军事代表团访问菲律宾；中泰国防部第九次防务安全磋商；中越国防部第四次防务安全磋商；中泰海军陆战队联合训练；中国举办第二届"东盟与中日韩（10+3）武装部队非传统安全论坛"；中国主办第二届东盟地区论坛武装部队国际救灾法律规建建设研讨会；中国海军编队访问缅甸；第三次中国—新加坡防务政策对话；中国军事代表团参加在新加坡举行的第九届亚洲安全大会；中国举办与东盟防务与安全对话。
	2011	中国军事代表团访问柬埔寨和文莱；中国国防部长出席第十届亚洲安全大会；中国人民解放军副总参谋长参加新加坡第七届亚太陆军领导人会议；中国人民解放军副总参谋长出席雅加达国际防务对话会；新加坡海军坦克登陆舰访问中国。

注：中国与东南亚国家每年都有一定数量的军事交流合作活动，仅列举2007—2011年五年的项目供参考。

2．军事软实力的运用与安全形象塑造的探讨

在东南亚地区，中国的军事软实力应当服务于中国在该地区的国家安全战

---

① 仅列举与东盟框架下的多边机制，不包括中国与单个东南亚国家的双边机制。

② 根据中华人民共和国国防部网站公布的资料整理，http://www.mod.gov.cn/军事交流栏目。

略目标，即其一，配合军事硬实力确保中国的领土、领空、领海及其附属权利的安全；保护中国在东南亚地区的非传统安全利益。其二，配合我国对外政策，防止在东南亚地区出现针对中国的安全威胁与军事同盟。其三，在东南亚地区塑造有利于中国发展的安全环境，消除不利于我国我军形象的负面舆论。这三条目标都需要军事软实力发挥相应的作用，其中第三条目标：塑造有利于中国发展的安全环境，消除不利于我国我军形象的负面舆论更是契合军事软实力的作用。由于军事软实力来源于观念、制度与实践三个层面的军事资源，并且依附于一定的载体（如军队的行动）而存在，同时，又必须借助一定的信息传播方式向外部展示出来。因此，军事软实力要在塑造国家安全形象上发挥出应有的作用，必须运用多种渠道去影响、吸引和说服目标对象。在东南亚地区，目前中国军事软实力的运用渠道主要包括军事战略传播、安全议程设置和军事交流合作。

正如约瑟夫·奈认为，"软实力不仅依赖于文化和理念的普适性，还依赖于一国拥有的传播渠道，因为它能够对如何解释问题拥有影响力。"[1] 要发挥军事软实力，就要提高本国军事文化、安全价值观和国防政策的影响范围及程度，只有当本国的军事文化、安全价值观和国防政策得到普遍认同的时候，军事软实力才能发挥作用。军事战略传播通过军事外宣工作对外进行军事政策传播和意识形态攻防，以影响别国的安全政策。针对东南亚国家对中国军事力量增长的疑虑，中国逐年提高军事透明度，定期公布国防政策白皮书[2]，并与东南亚国家开展安全对话等方式宣传中国的军事安全战略与国防政策，使东南亚国家清楚中国军事力量的组成、发展与运用的基本情况，减轻对中国国防现代化建设的猜疑和误解。

如果一个国家能够参与甚至控制安全议程，就能显著地增强影响力和话语权，使该国的安全政策合法化，并影响和说服别国理解和支持该国的军事行动。20世纪90年代以来，中国积极参与创建东南亚地区的安全机制，为军事软实力的"发挥"搭建平台。中国加入ARF并与东盟围绕安全"互信"这一

---

① ［美］约瑟夫·奈著:《硬权力与软权力》，门洪华译，北京大学出版社2005年版，第153页。
② 自1998年以来，中国共发布了8次国防白皮书，向外界阐明中国国防政策。

核心问题，展开了广泛而深入的交流与合作。[1] 针对南海问题，中国与东盟签署了《南海各方行为宣言》，规定了各方以和平方式解决南海争议，避免诉诸武力。宣言还确定了双方在南海问题上建立相互信任的途径以及相互合作的主要领域。[2] 中国还在"10+1"框架下与东南亚国家进行打击海盗、毒品贩卖、非法移民和恐怖主义等非传统安全领域的合作。2002 年，中国与东盟共同发表了《中国与东盟关于非传统安全领域合作联合宣言》，明确了双方在这一安全领域内的主要合作措施、方法以及重点合作内容。[3] 对于东盟提出的东南亚"和平、自由和中立区"构想以及"东南亚无核区"主张，中国予以积极支持，声明无条件不对无核国家和无核区使用或者威胁使用核武器，并在五个核大国中率先承诺签署《东南亚无核武器区条约》附加议定书。[4] 中国与东盟在地区安全议程上的合作，加深了东盟对中国安全政策的了解，增强了共同安全利益，一定程度上减轻了东南亚国家对中国军事力量的疑虑与担心。

军事交流合作对于推动安全合作关系、塑造积极的安全形象进而提升军事软实力极具效果。中国与部分东南亚国家进行着不同形式的军事安全合作，并在这些国家中具有较好的安全形象。例如 20 世纪 70 年代末到 80 年代中国与泰国在柬埔寨问题上的军事合作使得中泰关系取得突破性进展，迅速扭转了中国在泰国的安全形象；中国作为缅甸主要的军事援助国，长期在缅甸军政府的对外关系中占据举足轻重的地位；[5] 中国还通过向部分东南亚国家提供军事培训及出售防卫性质的武器装备，提升了双方的安全关系。今后，中国应该积极探索通过反恐、维和、抗险和救灾等非战争军事行动，在东南亚地区塑造良好的军队形象。

---

[1] 参见梁守德著:《中国的发展与 21 世纪的国际格局》，社会科学出版社 1998 年版，第 214—215 页。

[2] The Declaration on the Conduct of Parties in the Southeast China http：//www.aseansec.org/13165.htm（访问时间为 2011 年 12 月 11 日）。

[3] Joint Declaration of ASEAN and China on Cooperation in the Field of Non-traditional Security，4 November2002，http：//www.aseansec.org/13185.thm（访问时间为 2011 年 12 月 11 日）。

[4] 《2000 年中国的国防》，http：//www.fmprc.gov.cn/chn/ziliao/wzzt/2296/t10528.htm#7。

[5] Donald M. Seekins，"Burma-China Relations，Playing with Fire"，Asian Survey，Vol.37，No.6，Jun.997，p.526.

从中国与东南亚国家关系现状来看，中国与所有东南亚国家基本保持着友好的关系，虽然由于某些事件，个别东南亚国家还会炒作"中国威胁论"这个话题，但是这样的声音越来越小，一个明显的例证是 2011 年以来，中国与菲律宾和越南就南海权益发生争端，除了菲律宾和越南两个当事国以外，并没有其他东南亚国家参与炒作中国威胁论，菲律宾借助东盟集体力量与中国斗争的企图并未得到所有东南亚国家的支持。①　虽然中国形象的改善主要依赖于中国与东南亚国家的经济与政治合作，但是不可否认军事安全层面的合作同样起到了作用。

四、结论

从"威胁来源"到安全的合作者，中国在东南亚地区的安全形象逐渐趋于正面。当前中国与东南亚国家处于全面合作的时期，然而，由于还存在着"南海问题"等尚未解决的问题，东南亚国家对中国军事力量的增长格外担心，中国尚未在该地区建立起完全可以信赖的安全形象，这将影响双方关系的持续与深化，也不利于东南亚国家理性地解决与中国存在的权益争端。中国与东南亚国家关系的历史经验证明，双方的合作受到东南亚国家是否将中国视为"安全"威胁的影响。作为物质性力量的军事硬实力不会自我辩解，军事软实力就成为消除误解和建立安全互信的重要途径。中国在东南亚地区塑造良性的安全形象是为了将中国对东南亚地区和平与安全的认识以及政策主张真实、客观、准确无误地传递给外界，避免由于误解而影响中国的和平发展以及中国与东南亚国家的友好合作关系。当然，仅仅依靠军事软实力不能解决问题，中国也绝不会为了塑造国家安全形象而放弃对国家利益的维护，归根到底，军事软实力是为国家安全利益服务的。

---

① ASEAN's united front against China does not exist，Global Times，September 26，2011.

第九章　越南留学生眼中的大国国家形象

留学生群体一直是我国希冀提高中国的国际声誉、扩展中国软实力的重要载体。2010 年我国共计有来自 194 个国家和地区的 265090 名各类外国留学人员，分布在全国 620 所高等院校中学习，其中中国政府奖学金生 22390 人，占来华生总数的 8.45%。①

越南是中国的重要邻国，自 2005 年以来中国一直是越南最大的贸易伙伴国，2010 年双边贸易额已达 300.94 亿美元；2010 年越南在华留学生人数达 1.3 万人，是我国留学生的第 5 大来源国②，占我国留学生总数的 5.26%。尽管如此，中越关系近年来因美国、日本和印度等大国的外交举措而时有波动。为保持中越关系的长期稳定，研究中国在越南的软实力显得尤为必要。通过问卷调查的实证方式研究中国在越南的软实力，并与美国、日本、印度的软实力进行对比不失为一个重要视角。

一、软实力的界定和评估

软实力概念在引入中国后受到空前的重视，逐步被"泛化"和"中国特色化"③。约瑟夫·奈认为软实力来源于塑造他人偏好的能力④，它是通过吸引

---

① 生建学：《在"西北五省来华留学生教育发展研讨会"上的讲话》，《外国留学生工作研究》2011 年第 4 期。

② 教育部国际合作与交流司：《2010 来华留学生简明统计》，第 7 页。

③ 关于软实力概念在中国泛化的原因和表现可参见毛夫国：《软实力概念的泛化及其原因》，《国际关系学院学报》2012 年第 3 期。

④ Nye，Joseph S. Jr.，*Soft Power the Means To Success in World Politics*，New York：Public Affairs，2004，p.5.

而非强迫或收买的手段来达己所愿的能力。一国软实力的主要来源有：文化、政治价值观和外交和国际制度 [①]。

由于软实力讲的是吸引力，如何量化评估软实力是一大难点。目前，国外对软实力分析的著作一般从软实力战略、教育、经济、流行文化等方面来分析 [②]。中国学者门洪华则从文化、观念、发展模式、国际制度和国际形象五个方面对中国的软实力进行了评估。芝加哥委员会提交美国国会的关于软实力的系列报告则从经济、文化、外交和制度四个方面对各国的软实力进行了实证研究。国际问题研究领域中，软实力的核心是对他国个体和群体的吸引力和塑造他国个体和群体偏好的能力，因此，通过问卷调查或其他方式了解他国个体和群体对另一国的评价和认可度就是评估软实力的一种可行的量化方法。本研究结合国内外研究方法，参考美国芝加哥委员会的软实力评估方法，从经济、文化、外交、政治和制度四个方面对中美日印四国软实力进行评估。

二、调查对象概况

在华越南留学生是研究我国在越南软实力的重要群体。留学生群体返回来源国后通常都会成为该国具有重要影响力的团体 [③]，同时也是留学对象国形象的有力传播者。通过对越南留学生的调查来对比中美日印四国在越南的软实力是一个重要的视角，有助于我们认识四国在受过高等教育的越南青年群体中的影响力。但不可否认，以此来衡量四国在越南的软实力是具有很大局限性的，调查的结果也仅能部分反映四国在留学生群体中的软实力。

本次调查的对象主要是越南在云南的留学生，调查时间为 2011 年 9 月到 12 月，调查选取了四所越南留学生在云南就读人数最多的学校，即云南师范

---

① Nye，Joseph S. Jr.，Soft Power the Means To Success in World Politics，New York：Public Affairs，2004，p.11.

② 参见 Joshua Kurlantzick，*Charm Offensive: How China's Soft Power Is Transforming the World*，Yale University Press。

③ 如现任越南总理阮晋勇就曾留学中国广西，相当一部分中国的经济和政治精英也都有留学背景。

大学、云南大学、云南财经大学和云南民族大学 [1]。共发放调查问卷 800 份，收回有效问卷 608 份，占问卷总数的 76%。本次调查采用自填式送发问卷的方式进行，样本为简单随机抽样，调查人数占各校越南留学生总数的约 1/3。从调查结果来看，88% 的调查对象的年龄在 20—25 岁之间，在滇越南留学生的主体民族是京族，占 90% [2]。在受调查的越南留学生中，主体是本科生，占 91%，研究生占 9%；被调查对象的来华时间大多为 1—3 年，其中 2—3 年的占 46%，1—2 年的占 23%（见表 9-1），大部分调查对象已经对中国有了一个较清晰的认识。

表 9-1　被调查对象情况说明

年龄分布	占比 %	民族构成	占比 %	年级分布	占比 %	来华时间	占比 %
20—25 岁	88	京族	90	本科生	91	2—3 年	46
15—20 岁	8	傣族	6	研究生	9	1—2 年	23
25 岁以上	4	其他	4			4 年以上	17

资料来源：根据笔者本次调查问卷数据整理（调查时间 2011 年 9 月到 12 月）。

三、越南在滇留学生对中美日印四国软实力评估的分析

本次问卷调查共涉及了 4 个方面的内容，包括了经济软实力、文化软实力、外交软实力、制度与政治软实力，分别对应了软实力的四大来源。

（一）经济软实力

近年来，中越之间的经济关系越来越密切，自 2005 年以来，中国一直是

---

① 笔者于 2010—2012 年期间在云南财经大学国际合作交流处工作，负责该校的留学生管理，具备进行调查的条件，笔者通过学院和留学生班级辅导员发放调查问卷 200 份。另外三所学校的调查是笔者通过在这三所高校从事留学生管理或教学的教师进行的。

② 留学生的民族构成与越南的民族构成基本一致，京族占越南人口总数的 87% 左右。越南民族构成可参见《越南共产党电子报》的《越南民族同胞》一文，http://www.cpv.org.vn/cpv/Modules/News_China/News_Detail_C.aspx?CN_ID=301899&CO_ID=8334806。

越南第一大贸易国，2010 年双边贸易额达 254 亿美元，对华贸易额占越南进出口总额的比例为 16.54%[①]。2011 年前 8 个月，中国大陆对越投资额达 4.6 亿美元，居第四，仅次于中国香港、新加坡和日本[②]。但从本次调查对象的反馈来看，中越经济关系的密切和中国对越经济重要性的提高似乎并不伴随着中国在越南经济软实力的提升。

经济软实力的调查问卷包括了四项主要内容，分别是经济影响力、产品美誉度、企业形象和经济援助。围绕这四项内容问卷中共有 11 个具体的问题，笔者将中美日印四国在各个问题中的得分排名赋值后得到上述四国经济软实力的得分。[③] 对在滇越南留学生的调查显示，中国在越南经济软实力位居第三（2.25 分），不及美国（3.58 分）和日本（3.00 分），高于印度（见表9-2）。

表 9-2　中美日印四国在越南软实力评估[④]

项　目 ＼ 国　别	美　国	日　本	中　国	印　度
经济软实力	3.58	3.00	2.25	1.17
文化软实力	3.33	2.78	2.44	1.33
外交软实力	3.89	2.78	2.00	1.67
政治与制度软实力	3.50	3.00	2.50	1.00
综　合	3.58	2.89	2.30	1.29

资料来源：根据笔者对本次调查问卷结果计算所得（调查时间 2011 年 9 月到 12 月）。

---

① 郑国富：《中越关系正常化以来双边贸易发展的实证研究》，《东南亚南亚研究》2011 年第 4 期。

② 参见中国驻越南大使馆经济商务参赞处网站 http://vn.mofcom.gov.cn/static/column/zxhz/tjsj.html/1。

③ 根据调查问卷中每个问题中四国的排名分别赋值平均后所得，从第一到第四名分别赋值 4—1，后取每项指标赋值后的平均值；如假设美国在经济软实力的 10 个问题中有 9 个问题的得分排第一，1 个排第二，则其经济软实力的得分为 3.9 分（（9×4+3）/10）。

④ 得分区间 1—4 分，4 分为最高，1 分为最低。经济、文化、外交和政治制度四个指标的数值是笔者根据调查问卷中各自部分的问题中四国的排名分别赋值平均后所得，从第一到第四名分别赋值 4—1，后取每项指标赋值后的平均值，如假设美国在经济软实力的 10 个指标中有 9 个排第一，1 个排第二，则其经济软实力的得分为 3.9 分（（9×4+3）/10）。综合软实力得分为经济、文化、外交和政治制度四项软实力的平均值。

就经济影响力而言（见表9-3），调查对象认为美国、中国、日本对东南亚地区有较大经济影响力，其中美国最强，平均得分达7.14（0代表没有影响，10代表影响很大），中国在东南亚的经济影响力得分为7.08，仅次于美国，影响力居第二。日本的平均得分为6.41，印度为4.94。中美日印对世界经济的影响的调查结果与前一问题的调查结果基本相同，美国对世界经济影响的平均得分最高，为6.86，中国、日本、印度的均分分别为6.48、6.26和4.94，分列第二、三、四位。

表9-3 中美日印的经济影响力

	美 国	中 国	日 本	印 度
在东南亚地区的经济影响力均分	7.14	7.08	6.41	4.94
对世界经济的影响均分	6.86	6.48	6.26	4.94

备注：0代表没有影响，10代表影响很大。

资料来源：根据笔者对本次调查问卷结果计算所得（调查时间2011年9月到12月）。

就中美日印四国的贸易和投资等经济合作对越南经济发展的影响而言，调查对象认为美国的贸易投资对越南经济发展最重要，平均得分为7.14、中国紧随其后，为7.12，印度和日本得分分别为6.17和5.45。尽管中国和日本的对越南的贸易和投资额都超过了美国，但调查对象仍认为美国的贸易和投资对越南的影响更为重要。

日本产品的质量和美誉度使其在越南的经济软实力大增，在就该类问题的调查中，日本得分都居于四国之首（见表9-4）。调查显示，在得知产品是日本生产的产品后，购买欲望会大大增强，该项日本的平均得分为6.71，居第一；而在对四国产品质量的评价中，日本也是得分最高的国家（均分为6.47）。美国在这两个项目上都居第二，而中国的产品质量和美誉度则受到调查对象的广泛质疑，得分分别为5.28和5.09，分别为第三和第四名。66.04%的被调查对象认为日本产品的质量非常好或较好，而只有37.74%的被调查对象认为中国产品的质量非常好或较好。

表 9-4　中美日印四国软实力部分相关指标得分

项　　目		美国	中国	日本	印度
如果您知道一个产品是以下一个国家生产的，是否会影响您的购买欲望？		6.38	5.09	6.71	5.16
您认为以下国家生产出来的产品质量如何？		6.41	5.28	6.47	5.11
您认为以下国家的经济在国际上的竞争力如何？		7.14	5.95	6.60	5.52
您认为以下国家的公司是否具有优秀的企业家精神？		6.16	6.23	6.72	5.64
您觉得以下国家的科学技术发展水平如何？		6.59	5.85	6.9	6.04
您认为以下国家的经济发展是否有助于本国经济的发展？		7.41	6.48	6.67	5.68
您认为以下国家是否拥有世界领先的跨国公司？		7.12	6.38	6.64	5.64
您认为以下国家是否能够对贫困地区 / 国家开展人道救助和经济援助？		6.52	6.11	5.97	4.7
您认为哪一个国家的电视节目对您更具有吸引力？		7.02	6.52	6.45	5.57
中美日印居民的行为举止、礼貌程度		6.38	5.8	6.76	5.85
中美日印居民的受教育程度		6.74	6.17	6.93	5.4
您觉得以下国家是否有丰富的文化内涵和历史文化资源？	选 7 分及以上人数占比	58.49	67.92	62.26	50.94
	均　　分	6.17	6.21	6.17	5.59
您觉得以下国家在国际机构中是否具有领导作用？	选 7 分以上人数占比	75.47	54.72	64.15	49.06
	均　　分	6.95	6.12	6.5	5.63
您认为以下国家的外交政策是否足够尊重其他国家的主权？	选 7 分以上人数占比	71.70	67.92	66.04	52.83
	均　　分	6.81	6.19	6.69	6.24
您通过观看新闻报道，您认为哪一个国家的外交行为更友好？	选 7 分以上人数占比	64.15	50.94	69.81	60.38
	均　　分	6.72	5.99	6.72	6.5
您认为以下国家是否推动了亚洲地区的信任与相互合作？	选 7 分以上人数占比	56.60	45.28	64.15	54.72
	均　　分	6.43	5.99	6.11	5.92

注：10 分制，0 分代表最低评价、10 分代表最高评价；选 7 分及以上人数占比是指填答样本人数中给出分值 7 分及其以上的人数占总样本的比例，单位：%。

资料来源：根据笔者对本次调查问卷结果计算所得（调查时间 2011 年 9 月到 12 月）。

　　美国企业在越南的公众形象非常积极，50.94% 的被调查越南留学生认为美国企业对本国的贡献非常积极，紧随其后的是日本（26.42%）、中国（24.53%）、印度（11.32%）（见表 9-5）。与此相同的是，美国企业的国际竞争力也受到广泛的认可。在对四国经济的国际竞争力调查中发现，81.31% 的被调查对象认为美国经济的国际竞争力较强或非常强[1]，平均分为7.14，居第一；而67.92%的被调查对象认为日本经济的国际竞争力较强或非常强，平均分为6.60，居第二，中国、印度紧随其后（见表9-4）。

表9-5　中美日印四国的公司（企业）对越南的贡献

单位：%

国　别	非常积极	有点积极	前两者合计	有点消极	非常消极	既不积极也不消极	不知道
美　国	50.94	30.19	81.13	9.43	5.66	1.89	1.89
中　国	24.53	32.08	56.61	26.42	7.55	3.77	5.66
日　本	26.42	32.08	58.49	18.87	18.87	0.00	3.77
印　度	11.32	39.62	50.94	9.43	28.30	9.43	1.89

资料来源：根据笔者对本次调查问卷结果计算所得（调查时间2011年9月到12月）。

日本的企业家精神和科技水平在越南也得到广泛的认可（见表9-4）。在对四国企业形象的调查中发现，66.04%的被调查对象认为日本的企业具有非常优秀的企业家精神，平均得分达6.72，居第一，而认为美国、中国、印度企业具有优秀企业家精神的比例分别为62.26%、58.49%和47.17%，三国的平均得分分别为6.16、6.23和5.64。81.13%调查对象认为日本的科技发展水平较高或非常高，平均得分为6.90。69.81%的被调查对象认为美国的科技发展水平较高或非常高，得分为6.59；而认为中国和印度的科技发展水平较高或非常高的得分为6.04和5.85。

美国在经济发展对越南的有益性、拥有先进跨国公司和开展经济救助的得分居四国首位。84.91%的被调查对象认为美国的经济发展对越南的经济发展帮助较大或非常大，给出的平均分达7.41，日本的得分稍低，为6.67，而中国和印度此项的得分分别为6.48和5.68。被调查对象认为美国具有较多或非常多的世界领先跨国公司，平均得分为7.12。紧随其后的是日本（6.64）、中国（6.38）、印度（5.64）。

---

[1]　本章此处所说的强或较强指的是对某国某个问题的打分在7分及其以上，因而此处的81.31%指的是填答样本人数中给出分值7分及其以上的人数占总样本的比例。

在开展对贫困地区人道救助和经济援助方面，美国也是得分最高的。69.81% 的被调查对象认为美国能够对贫困国家和地区开展人道救助和经济援助，平均分为 6.52，中国为 6.11，日本为 5.97，印度为 4.7（见表 9–4）。

（二）文化软实力

在文化软实力部分，问卷从语言、高等教育、流行文化和民众素质四个角度进行了调查。将中美日印四国在这四个方面的得分排名赋值后得到上述四国文化软实力的得分。调查结果显示，美国的文化软实力是上述四国中最强的，随后依次为日、中、印（见表 9–2）。

美国的语言优势、高等教育优势和流行文化对越南广泛而深入的影响在本次调查中再次得到证实，在涉及以上项目的调查中，美国的影响力都居于四国首位。81.13% 的被调查对象认为本人或他的子女学习英语对未来取得成功最重要，22.64% 的调查者认为学习日语对未来取得成功最重要。认为学习中文和印度语对未来取得成功最重要的人数分别占比为 7.55%。

在高等教育方面，美国也占有绝对的优势。68% 的被调查对象希望自己或自己的子女在美国接受高等教育，9% 的调查对象希望在中国接受高等教育，希望在日本和印度接受高等教育的人数占比均为 6%（见图 9–1）。

调查显示，美国的电影、电视、音乐等流行文化在吸引力和接受频率上都高于中日印三国，居四国之首。50.94% 的被调查对象每天都会观看美国的电影、音乐或电视节目，而每天观看中国、日本、印度的电影、音乐和电视节目的比率分别为 18.87%、13.21% 和 7.55%。此外美国电视节目对越南留学生也更有吸引力，平均得

您最希望您或者您的孩子在哪里接受高等教育

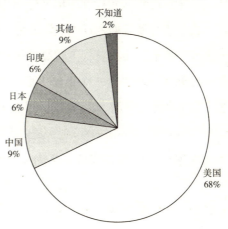

不知道 2%
其他 9%
印度 6%
日本 6%
中国 9%
美国 68%

图 9–1　高等教育目的地选择

资料来源：根据笔者对本次调查问卷结果计算所得（调查时间 2011 年 9 月到 12 月）。

分为7.02，中国、日本、印度电视节目的平均得分分别为6.52、6.45和5.57（见表9-4）。此外，越南留学生对美国流行文化的评价也非常正面。41.51%的越南留学生认为美国的流行文化对本国的发展非常积极，22.64%的越南留学生认为中国的流行文化对本国的发展非常积极，认为日本和印度流行文化对本国发展非常积极的学生比例分别为11.32%和13.21%（见表9-6）。

表 9-6　中美日印四国的流行文化（如电影、动漫、音乐、服饰和饮食等）对越南发展的影响

单位：%

国　别	非常积极	有点积极	有点消极	非常消极	没有影响	不确定
美　国	41.51	18.87	3.77	9.43	3.77	22.64
中　国	22.64	35.85	22.64	1.89	9.43	7.55
日　本	11.32	35.85	22.64	11.32	5.66	13.21
印　度	13.21	28.30	16.98	15.09	15.09	11.32

资料来源：根据笔者对本次调查问卷结果计算所得（调查时间2011年9月到12月）。

日本在居民礼貌程度、受教育程度和旅游吸引力方面有不俗的表现，得分居四国之首（见表9-4）。在对四国居民的礼貌程度的调查中发现，67.92%的受调查者认为日本居民的礼貌程度较高，给出的平均分也最高，为6.76分。美国、印度、中国居民礼貌程度的均分分别为6.38、5.85和5.8；中国在该项中得分最低。在教育程度方面，日本的均分为6.93，也是得分最高的国家。而认为美国、中国和印度居民受教育程度较高的平均分分别为6.74、6.17和5.4。旅游吸引力是文化软实力的另外一个重要方面。41.51%的被调查对象没去过日本和印度，想去日本和印度旅游，而32.08%的被调查对象没去过美国想去美国旅游。

中国丰富的文化内涵和历史文化资源在调查中也得到认可，67.92%的被调查对象认为中国有非常丰富的文化资源和历史文化内涵，给出的平均分为6.21，得分最高，而日本、美国、印度的文化资源和历史文化内涵的平均分则分别为6.17、6.17和5.59（见表9-4）。

（三）外交软实力

周边外交一直是我国外交工作的重点之一，中越关系近年来也取得了较大

的进展，但在本次调查中我们发现，中国外交软实力位于美国和日本之后，屈居第三（见表9-2）。在涉及外交软实力的14个问题中，中国没有一项得分居于第一。要在民间达到中越关系的"四好"似乎还有很长的路要走。

在涉及亚洲地区领导者、为国际纷争提供有效解决办法和国际机构中的领导作用等三个问题中，美国都获得了广泛的认可，得分居第一。在回答"以下国家中您更接受哪个国家为亚洲地区的领导者"的这一提问中，有43.40%的越南留学生完全能接受美国成为亚洲地区的领导者，而完全能接受日本、中国、印度成为亚洲地区领导者的比例分别为：39.62%、26.42%和22.64%（见表9-7）。47.17%的调查对象认为美国在国际纷争中提供了非常有效的解决方法。75.47%的被调查对象认为美国在国际机构中具有领导作用，平均得分为6.95。而认为日本、中国、印度在国际机构中具有领导作用的比例分别为64.15%（均分6.5）、54.72%（均分6.12）和39.62%（均分5.63）（见表9-4）。

表9-7　在滇越南留学生对中美日印成为亚洲地区的领导者的接受程度

国　别	完全接受	有点接受	不怎么接受	完全不能接受	不知道
美　国	43.40%	16.98%	24.53%	9.43%	5.66%
中　国	26.42%	26.42%	20.75%	11.32%	15.09%
日　本	39.62%	24.53%	18.87%	11.32%	5.66%
印　度	22.64%	11.32%	28.30%	28.30%	9.43%

资料来源：根据笔者对本次调查问卷结果计算所得（调查时间2011年9月到12月）。

尊重他国主权是中国一直奉行的和平共处五项基本原则之一，也是中国国际合法性的重要来源之一。但本次调查的结果显示被调查对象似乎对此并不认可。71.7%的被调查越南留学生认为美国的外交政策比较尊重或非常尊重其他国家的主权，平均分为6.81，居第一；67.92%的调查对象认为中国的外交政策比较尊重或非常尊重其他国家的主权，平均分为6.19，居第三；66.04%的调查对象认为日本比较尊重或非常尊重其他国家主权，平均分为6.69，居第二；52.83%的调查对象认为印度比较尊重或非常尊重其他国家主权（见表9-4）。通过观看新闻报道，69.18%的被调查越南留学生认为日本的外交行为比较友好或非常友好，日本和美国的平均得分均为 6.72，并列第一；认为印度和中国外交行为比较友好或非常友好的比例分别为 60.38% 和 50.94%，平均分分别为 6.5 和 5.99；中国得分最低（见表 9-4）。

在滇越南留学生是如何认识中美日印目前在东南亚地区的作用，他们希望中美日印未来在东南亚发挥什么样的作用也在本次调查中有所涉及。64.15% 的被调查对象认为日本在推动亚洲地区的信任与相互合作方面发挥了较大的作用，平均分为 6.11；而美国在该项的平均分为 6.43，居第一。印度和中国在推动亚洲地区的信任与相互合作方面发挥较大作用的平均分分别为 5.92 和 5.99（见表 9-4）。67.92% 的被调查越南留学生认为美国能与东盟国家形成更紧密的关系，他们给美国打出的平均分为 6.43，得分居第一；而中国、日本、印度在此项的得分分别为 6.42、6.29 和 5.76，中国居第二。希望美国、印度、日本和中国在东南亚地区发挥更大作用的比例分别为 60.38%、41.51%、30.19% 和 15.09%；希望中国、日本、印度和美国在东南亚地区作用维持不变的比例分别为 47.17%、26.42%、24.53% 和 16.98%，希望中国发挥更大作用的比例仅为 15.09%，是四国中最低的（见表 9-8）。

表 9-8　在滇越南留学生对中美日印四国未来在东南亚作用的期望

单位：%、填答样本占总样本的比例

国　别	发挥更大的作用	维持不变	作用下降	不知道
美　国	60.38	16.98	13.21	9.43
中　国	15.09	47.17	22.64	15.09
日　本	30.19	26.42	30.19	13.21
印　度	41.51	24.53	5.66	28.30

资料来源：根据笔者对本次调查问卷结果计算所得（调查时间 2011 年 9 月到 12 月）。

整体而言，被调查对象认为中国在亚洲发挥了较为积极的影响。38% 的被调查越南留学生认为中国在亚洲发挥了非常积极的影响力，46% 的调查对象认为中国在亚洲发挥了有点积极的影响力（见图 9-2）。中国的和谐世界外交理念，在越南留学生中的影响还有限；17% 的被调查对象听说过中国关于

您认为中国在亚洲地区能够发挥什么样的影响力

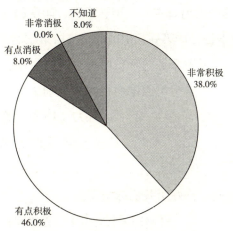

图9-2　中国在亚洲地区的影响

资料来源：根据笔者对本次调查问卷结果计算所得（调查时间2011年9月到12月）。

您是否听说过中国关于和谐世界的外交理念

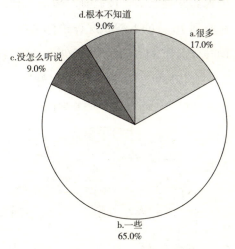

图9-3　中国的和谐世界外交理念

资料来源：根据笔者对本次调查问卷结果计算所得（调查时间2011年9月到12月）。

和谐世界的外交理念（见图9-3）。面对中国的崛起，8%的调查对象认为中国的崛起对东南亚地区的影响非常积极，50%的调查对象认为有点积极（见图9-4）。关于中美越关系，支持越南不依附中国和美国的政策似乎得到更广泛的认可。21%的被调查对象支持越南追随美国遏制中国，而54%的被调查对象反对这一做法。

您认为中国的崛起对东南亚地区的影响如何

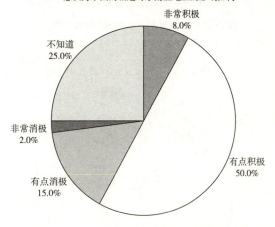

图9-4　中国崛起对东南亚地区的影响

资料来源：根据笔者对本次调查问卷结果计算所得（调查时间2011年9月到12月）。

（四）制度与政治软实力

本研究对政治软实力的调查主要涵盖了人权、政府评价、未来秩序和华侨华人。调查显示，被调查对象对人权的认知似乎与西方的认知有一定的差距，在0到10分的人权状况评价标准中，他们给出日本、美国、中国、印度的平均分分别为6.96、6.95、6.28和5.8。日本得分居第一，中国的得分居第三。

对各国政府机构是否能很好地为本国国民服务的评价中，被调查越南留学生给四国的平均分分别为6.84（美国、第一）、6.72（中国、第二）、6.55（日本、第三）、5.56（印度、第四），对中国政府的评价好于我们的预期。

针对中国成为未来世界领导者的前景，调查对象并不乐观。19%的人认为中国会成为未来世界的领导者，而47%的调查对象认为不会（见图9-5）。

海外华人是中国软实力的重要来源，也是扩展中国软实力的载体之一。在涉及海外华人的问题中，8%的被调查越南留学生认为华人对越南的发展非常重要，51%的调查对象认为华人对越南的发展比较重要（见图9-6）。同时，43%的越南留学生赞成越南华人加强与中国的关系，而32%的越南留学生反对越南华人加强与中国的关系。由此可见，越南留学生对越南华人的作用和华人与中国关系有较大分歧。

您认为中国会成为未来世界的领导者吗

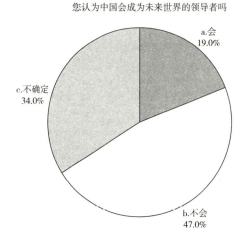

图9-5 中国成为未来世界领导者的可能性

资料来源：根据笔者对本次调查问卷结果计算所得（调查时间2011年9月到12月）。

您认为华人对本国的发展起到了什么样的作用

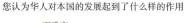
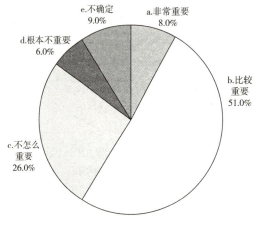

图9-6 华人在本国的作用

资料来源：根据笔者对本次调查问卷结果计算所得（调查时间2011年9月到12月）。

四、越南在滇留学生对中美日印软实力的评估结果

将中美日印四国的经济、文化、外交和政治四项软实力加权平均后可以得出四国的软实力，据此，我们可以看出，越南在滇留学生认为美国的软实力在中美日印四国中最强（见表9-2），平均得分达3.58（总分为4分），在经济、文化、外交、政治与制度等四个方面都得分第一。日本在越南的软实力总分居第二，为2.89，并在以上提及的四个方面的软实力都居第二。中国在越软实力居第三，为2.30，四个单项的软实力也居第三。印度在越软实力居第四。

此次调查的结果出现了几个令人意外的结果：（1）美国在越南的软实力遥遥领先，高于第二名日本23.88%，高于第三名中国55.65%。在本次问卷所涉及的51个问题中，美国在约80%的问题中得分最高。考虑到20世纪60年代美国与越南长达十多年的战争，这一结果让人意外。（2）本次调查的对象为在滇越南留学生，鉴于这部分学生选择来华留学并有69%的学生已在华接受教育一年以上，有理由期望他们对中国的软实力给予更高的评价和认可，但调查结果显示，中国的软实力居第三，大大低于美国和日本。（3）与很多国外专家和媒体报道的情况相反，美国、日本在越南的软实力并没有下降，而中国在越南的软实力也没有超过美国和日本。

整体而言，在滇越南留学生对美国具有较好的综合印象。被调查对象在回答"你是否认为越南和中美日印拥有相似的文化和生活方式"这一问题时，38%的被调查对象认为越南与美国的文化和生活方式很大程度是相似的；23%的被调查对象认为越南与中国的文化和生活方式很大程度是相似的；17%的被调查对象认为越南与日本的文化和生活方式很大程度是相似的；而认为越南与印度文化和生活方式很大程度是相似的比例则为5%（见表9-9）。

表9-9 中美日印四国与越南生活方式的相似性

单位：%、填答样本占总样本的比例

	很大程度	有一部分	很小一部分	无相似之处
美　国	38	35	25	2
中　国	23	42	29	6
日　本	17	35	42	6
印　度	5	22	36	37

资料来源：根据笔者对本次调查问卷结果计算所得（调查时间2011年9月到12月）。

此外，对在滇越南留学生的调查发现，该群体对美国的感觉非常正面；感觉美国非常积极和有点积极的占比分别为39%和23%；对中国感觉非常积极和有点积极的占比分别为28%和25%，对中国感觉有点消极的占33%，高达1/3的调查对象对中国的感觉有点消极，是中美日印四国比例最高的（见表9-10）。

表9-10 在滇越南留学生对中美日印四国的感觉

单位：%、填答样本占总样本的比例

	非常积极	有点积极	有点消极	非常消极	不确定
美　国	39	23	15	8	15
中　国	28	25	33	8	6
日　本	28	25	21	15	11
印　度	15	28	25	15	17

资料来源：根据笔者对本次调查问卷结果计算所得（调查时间2011年9月到12月）。

五、启示与建议

越南是中国近邻和外交前沿，也是中国第五大留学生来源国，越南在华留学生群体理应起到感知中国、扩大中国在越软实力的作用。近年来中国政府采取了提高政府奖学金金额和比例等措施吸引各国留学生来华学习，希冀能够通过柔性手段化解外界对中国的忧虑，提高中国的软实力。本次问卷调查的结果对我国的软实力外交、中越关系和留学生培养都有着不同程度的启示。

（一）在滇越南留学生对美日在越软实力有较高认同

经过长期的经营，美国在越南拥有强大的软实力，随着美国政府"重返亚洲"政策的实施，在可预期的将来美国将继续保持其在亚洲强大的"硬实力"（如军事存在）和软实力。日本凭借其先进的科技、优秀的高等教育和人文素养、发达的工业生产在越南的软实力依然强劲，再加上其近年来对越南大量的发展援助和投资，其软实力料将继续保持。美国在东南亚的存在受到越南留学生的认可和欢迎，他们认为美国的军事存在有助于东南亚的地区稳定。

（二）越南民间对华仍存在较大疑虑

调查对象中近 1/3 的越南留学生对中国感觉总体消极，中国在越南的软实力得分低于美国日本，反映出越南的民间对华仍然存在较大疑虑。如何增强越南民间对华认可度仍然是需要进一步探讨的课题。

（三）中国经济发展使中国经济在越南的影响力增强，但硬伤明显

本次问卷调查显示，中国经济发展使中国经济在越南及东南亚的影响力得到了认可，但中国产品的质量、产品美誉度及中国企业的形象则使中国经济软实力受累，这些方面的得分远远低于日本和美国。此外，中国企业的企业家精神和科技水平以及缺乏世界领先的跨国公司也使中国经济软实力受到负面影响。中国经济吸引力的提升将依赖于产品质量和企业家精神的提高。

（四）中国的留学生教育方式和教学内容仍有较大改进空间

本次调查针对的是在云南的越南留学生，经过在华的教育和生活，这些学生在评定中美日印四国软实力时，理应对中国软实力给予更高的评价；但事实是中国的软实力低于美国、日本。这说明我国针对留学生的教育在增进留学生

对我国认可度方面仍存在较多问题。如何以"润物细无声"的方式提高在华留学生对中国的亲近感是留学生教育努力的方向。

（五）在留学生教育和中华文化传播方面，既要注重历史也要面向"当下"

本次调查问卷显示，在滇越南留学生对中国传统文化给予了最高的评价，得分是四国中最高的，但在涉及当下问题的调查中，得分普遍不高。在留学生的当前教育中，中华传统文化如历史、民俗、书法、武术、绘画等往往得到深度的宣传①，但对当前的中国文化、现状等现实问题的探讨和分析则明显不足。我国当前的留学生教育既要突出我国丰富的传统文化和悠久的历史，也要突出当代中国教育的进步和人文环境的改善和多彩的流行文化。在本次调查中，中国在文化内涵和历史文化资源方面得分第一，但在高等教育、流行文化、居民礼貌程度、受教育程度和旅游吸引力方面都不尽如人意。功夫、京剧、龙舟要推广，中国现代的文学、影视作品和音乐也要宣传。这样才能使中华文化走下"神坛"，走进现实生活。

（六）中越互信的基础仍然薄弱

即便是中国引以为豪的尊重他国主权的外交传统，在越南在华留学生中也得不到认可，他们认为中国在尊重他国主权方面低于美国和日本；并认为与美国和日本相比，中国的外交行为更为不友好。希望中国在东南亚地区发挥更大比例的人数仅为15%，远低于美国的60%、日本的41%和印度的30%。同时，被调查越南留学生认为未来十年，中越发生冲突的可能性非常高，是四国中最高的，这说明中越的互信建设仍有很大的改善空间。

（七）少些官方行为，多些非官方推广，润物细无声

通过本次调查我们发现，尽管中国在提高软实力方面有很多官方举措，但这些活动的正面效应却在在滇越南留学生中的体现不明显。无论是轰轰烈烈的

---

① 虽然目前国内对留学生教育没有统一的教学大纲，但一般各高校都会规定若干门公共课作为必选课程，常见的公共课必选课程一般就包括中国传统文化、汉语、中国书法等。

中国文化年，还是政府的高额无息贷款、发展援助和不断扩展的孔子学院，都是官方在"冲锋陷阵"，以"运动式思维"提高软实力很容易引起他国的反弹，特别是那些对华存在较深疑虑的国家，如越南。因此，针对这些国家，我们要让政府从台前退到幕后，鼓励非官方机构和商业机构进行相关的活动。除了孔子学院，商业的汉语培训机构也可以达到汉语推广的目的；除了官方的中国文化年，商业电影、电视剧、音乐同样可以提高中国的文化影响力；除了官方的发展援助，非政府组织的公益行为或许更容易树立中国的良好形象。

第十章 印度在东南亚的软实力：
前景与局限

事实证明，印度的外交政策制定并非有章可循，它的外交手段也非常有限。印度不愿以武力解决争端，而在外交交涉时，印度文化也更倾向于采用柔和的方式[①]。首先，印度这个以甘地为国父的国家，始终保持小心谨慎的态度，更善于采取被动的守势，而不是主动地建立外交体系。因此，软实力就成为印度国家力量中重要的元素。得益于新的国际政治动向，较之20年前，如今的印度更多地主动运用自己的软实力。本章着重讨论软实力在印度对东南亚外交政策中担当的角色、影响范围和效果。本章分为三部分：第一部分分析软实力在印度外交政策制定过程中作用的演变；第二部分分析软实力和硬实力之间的关系；第三部分具体分析印度的软实力对东南亚地区的影响范围和持续效力。本章并不直接根据广义的国际关系理论解释国家实力及其软实力的基础概念。

本章将讨论以下命题：

- 对印度而言，何谓"软实力"？
- 对软实力作用的恰当评价是什么？一国之软实力是否举足轻重？
- 印度用何种体系和机制提升自身软实力对东南亚的影响？
- 中国因素是否对印度的软实力有重大影响？
- 印度软实力作用的局限有哪些？

---

① Pratap Bhanu Mehta, "Still Under Nehru's Shadow? The Absence of Foreign Policy Frameworks in India", *India Review* 8, no. 3（July–September 2009）: p. 221.

一、讨论的背景

传统的国际关系研究方法总是着重于实力的概念。一国之实力是该国达成其战略目的的能力，是该国影响其他国家的行为以便达到其目的的能力。[①]有许多方法可以影响其他国家的行为。为获得想要的结果，一国可以威逼，可以利诱，或吸引和拉拢、操纵别人与自己的意志一致。[②] 实力的概念包含从求生的基本特性到提升一国在国际舞台上的地位的方方面面。实力的痕迹从个体到整体处处可觅。一国达到其目的的能力与其所拥有的许多资源因素相关，诸如人口、领土、自然资源、经济实力、军事实力和政治的稳定。这种传统的国际政治实力概念可以追溯到现实主义学派的经典著作中，如马基雅维利（Machiavelli）、托马斯·霍布斯（Thomas Hobbes）和修昔底德（Thucydides）的著作。传统的现实主义者认为，获得和保有实力，部署和使用实力是政治活动的首要任务。因此国际政治也被描述为高于一切的"强权政治"，是国与国之间为了国家利益和政权存续不断相互对抗、竞争和斗争的竞技场。[③] 因此，在现实主义框架内，取得和维护国家安全是通过国家实力最大化来实现的。构成国家实力的要素包括：地理边境、大面积的领土、自然和工业资源的自给能力和雄厚的科技基础，所有这些都有助于打造强大的军事实力。肯尼思·华尔兹（Kenneth Waltz）是新现实主义的领军人，他辩称独立国家在一个无序的国际环境下存在和运作。当他们的国家实力发生明显变化时，国家地位才会相应地发生显著变化。[④] 换句话说，当大国崛起和衰落时，国际权力平衡将相应地发生改变，这是国际关系变化的原因。随着一国国家实力的增长，该国控制

① Robert O. Keohane and Joseph S. Nye, *Power and Interdependence*: *World Politics in Transition*, Boston: Little, Brown and Company, 1977, p.11.

② Joseph S. Nye Jr. "Soft Power", *Foreign Policy*, Vol.80, pp.124–44.3 Thomas Hobbes（1651）, Leviathan, chapter XI, 1990, p.161.

③ Jackson and Sorenson. *Introduction to International Relations*: *Theories and Approaches*, Oxford: Oxford University Press, 2006.

④ Kenneth N. Waltz , *Theory of International Politics*, Massachusetts: Addison–Wesley, 1979, pp.117–118.

其他国家的欲望也会膨胀。实力的确是平衡各国采取相关举措的关键因素。然而，另一种重要的因素也在影响国际政治中各国所采取的行动，这种因素来自一种逐渐增长的外部威胁。哈佛大学的史蒂芬·沃尔特（Stephen Walt）教授认为"威胁"比"实力"一词意义更深远。他的"威胁平衡理论"是传统现实主义和新现实主义理论在应用上的扩展。

一些理论与侧重于研究各国实力和相关举措的历史案例引起了对现实主义和新现实主义理论更严厉的批判。有些理论质疑国家实力和国际权力平衡的概念，因为它们只能解释 20 世纪大国的战略关系。的确，这能够解释二战后一段时间内的国际关系。但当美国看起来似乎在衰退，陷入艰苦而不得人心的越南战争时，这种理论就难以解释了。冷战结束后国际政治的特点表现为传统现实主义者眼中"实力"形式的转变。一种新形式的实力——"软实力"越来越频繁地成为冷战后各国讨论的议题。"软实力"这一概念首先由哈佛大学教授约瑟夫·奈（Joseph Nye）在他 1990 年出版的《美国定能领导世界吗》一书中提出。他认为对当今国际政治上出现的各种变化，不应当全盘否定传统现实主义着重于军事实力平衡的观点，而应当看到它的局限性并以自由主义的分析方法加以补充。[①] 约瑟夫·奈在他 2004 年出版的《软实力：世界政治的成功之道》一书中进一步完善了"软实力"的概念。

"软实力"并没有一个非常清晰、完整的定义。软实力在国际体系和国际关系学界中日益重要的地位使它的定义更加令人费解。军力的强大是传统国家实力的重要标志。如今由于保持军力所导致的经济危机使军力的重要性逐渐降低。这使纳皮尔（Napier）将"软实力"形容为"新千年模式典范"。国际政治中软实力源于主导价值观、内部实践与政策以及一国处理国际关系的方式等因素。软实力是一种通过吸引力而不是胁迫或者惩罚来达到一国目的的能力。这里提到的吸引力主要指的是一个国家的文化、政治理念和政策，即通过那些"真实而无形"的因素来产生吸引力。因此，软实力的提升很大程度上取决于一国在国际社会的声誉以及国家之间的信息流动。软实力也经常与全球化和

---

① Joseph S. Nye Jr, *Bound to Lead: The Changing Nature of American Power*, New York: Basic Books, Inc., Publishers, 1990, p.188.

新自由主义理论相提并论。流行文化、媒体和一国通用语的传播是软实力的来源；某一套范式结构也是软实力的来源。一个国家强大的软实力和良好的信誉可以赢得其他国家争相效仿，同时也避免了昂贵的硬实力支出。所以说，一国的吸引力只有通过以上途径对其他国家施加足够影响力的时候，才可被称为软实力。

二、全球化时代的实力观

在全球化与使用军事力量实现外交政策目标而日益不安的背景下，软实力的重要性相应提高。就量化程度而言，全球化效应并不显著。然而，作为"软地缘政治"或 是对实力的国家零和追求，全球化则起着重要的作用。为行使和提高自己的政治影响力并最大化个人政治利益，占主导地位的国家采用竞争性和操纵性的经济和政治政策，试图将统治性的政治议程、体制结构和惯例强加给其他国家，并伺机渗透和主宰与其有差异性组织的产业和市场。现今，实力日益变得模糊，且不再具有强制性。然而，政治问题的最新趋势和变化强化了它们的重要性。今天的大国已不能像过去那样，使用传统实力资源达到目的。在许多问题上，私人参与者和小国的作用日渐强大。至少有五大趋势促成了实力扩散，它们分别是：经济相互依存，跨国家行为者，弱小国家的民族主义崛起，技术传播以及不断变化的政治问题。软实力虽然不能像硬实力那样快速奏效，但是其效果更持久且成本更低。软实力的重要性在于它能在不知不觉中影响他人。因此，这种间接实现目的的方式被称为"实力的第二张脸"。

约瑟夫·奈的学术研究表明，实力观占据了两个截然不同的领域："硬实力"和"软实力"。所谓硬实力，就是通过经济或政治力量实现其强制性功能；而软实力主要依赖于国家的外交政策、文化和政治价值观，因此被松散地定义为吸引力。在冷战后的国际体系中，软实力的地位已逐渐凸显。奈认为，在信息时代，三种国家在获得软实力上处于有利位置：（一）主流文化和思想接近现行全球规范（目前重视自由主义、多元化和自主性）的国家；（二）获得多渠道沟通的重要途径从而在议题的制定上更具影响力的国家；（三）通过国内和国际表现，公信力获得提高的国家。

直至最近，软实力在很大程度上是美国善用的武器。美国政府已经学会像使用军事和财政的"硬实力"那样，巧妙地运用软实力。美国的这种做法可被描述为美式"普遍主义"，即美国将自己视为一个自由灯塔，拥有值得广泛推行的价值观。在人权等问题上，美国政府和一些非政府组织向来积极自信[1]，有人称之为"扩音器外交"。米老鼠、麦当劳和李维斯牛仔裤作为美国的标志，呈现给全世界的是一个让人很容易爱上的国度。对许多人来说，这些品牌是美国普遍理想的象征——自由市场和自由人，这让世界各地的人们都要追随美国人。作为东南亚出口的主要市场，美国依然对其保持着强大的影响力。然而在过去的十年中，一些指标显示美国软实力的许多形式在绝对值和相对值方面都有所下降。今天，亚洲国家已经意识到它们潜在的软实力并试图扭转局面。几个世纪以来，亚洲古老的文化艺术、时尚和美食对世界其他地区产生了深远的影响。但是由于落后于西方的工业革命，亚洲经历了一个相对衰落的时期，削弱了其影响力。亚洲的重新崛起始于日本的经济成功。到 20 世纪末，日本的出色表现不仅使得日本人民富有，同时也提升了国家的软实力。作为第一个与西方国家达到相同现代化程度的非西方国家，日本显示了保持本国独特文化的可能性，而且它比亚洲任何其他国家都具有更多潜在的软实力资源。日本的全球文化影响力在时装、美食、流行音乐、电子消费品、建筑和艺术等领域逐步扩大，并且在家用电子游戏制造中称雄。卡通片神奇宝贝在 65 个国家播出——日本动画给各地制片人和青少年带来了巨大的冲击。

仅从中国全力以赴举办一次成功的奥运会的动机来看，我们便能强烈地感受到当今世界软实力的重要性。北京奥运会的成功举办不仅有助于提高中国的软实力，获得在世界各地更多的相关利益，[2] 还展示了强大的国力，增进了中国公民和外国公民之间的相互了解，也将最大限度鼓励其进一步开放。中国已

---

[1] Summary of the discussion at Japan & US Soft Power: Addressing Global Challenges, Fulbright/Culcon Joint Symposium, June 2009.

[2] China Economic Net, "Beijing Olympics legacy more profound than visible success", Available at http://en.ce.cn/subject/beijing08/comment/200808/28/t20080828_1664532 2.shtml, accessed 16 January 2008.

经采取了包括召开更多的高层领导间会谈以及培养一批经验更加丰富、更加干练的外交使团在内的多样化外交政策。中国政府经常接见来自非洲和南亚小国的领导人。这些领导人备受中国各界关注，中国政府的热情好客也让他们受宠若惊。另外，中国的外交风格非同寻常：中国推行强调国家主权和不干涉别国内政的全方位友好政策，确保获取资源的稳定性和可持续性，以开辟新出口市场，进而推动中国经济发展。许多分析家认为，中国在东南亚和其他地区的影响力或软实力日益增强的原因主要在于经济而非军事（硬实力）、文化或政治。中国不断增长的影响国家行为者行为的能力很大程度上取决于中国作为外国援助、贸易和投资的重要来源[①]。此外，海外华人社区在东南亚国家的经济、社会和文化中长期扮演着重要的角色。除了推出经济刺激措施之外，中国还消除了邻国对其成为军事或经济威胁的担忧，同时保证中国将致力于成为国际社会中负责任的成员，并且通过援助、贸易和投资为该地区创造效益。中国政府也正在稳步增加对文化交流的支持，派遣医生和教师到国外工作，欢迎来自其他国家的学生到中国学习，并承担在国外开设汉语课程的费用。中国计划在世界各地成立更多所新孔子学院（中国文化和语言中心）。

当邻国们带着担忧和赞赏交织的复杂心情见证了中国的崛起时，印度作为一个区域大国重新崛起的故事在该地区更加引人注目。20世纪90年代后期以来，印度一直享有硬实力和软实力协同快速上升的态势，至少美国政府是这么认为的。印度新增长的硬实力基于其日益增长的经济和军事资产。与此同时，印度的软实力构建在以下四个基本形象之上：（一）宝莱坞：印度对全球化下当代文化生活的多元化贡献；（二）核弹：印度地缘政治上强硬姿态的新名声；（三）班加罗尔：印度在商业和技术领域中卓越表现的新声誉；（四）邻家大男孩：被称为"模范少数族裔"的印度裔美国人群体的壮大及其不断提高的知名度[②]。许多人也提出了印度地位的第五种形象，即"世界上最大的民主国家"，

---

① "Chinese Soft Power and Its Implications for the United States", *A Report of the CSIS Smart Power Initiative*, March 2009.

② Jaques Hymans, "India between Soft State and Soft Power", 19 January, 2010. Available at http：// casi.ssc.upenn.edu/iit/hymans, Accessed on January 8, 2012.

但这种说法被更多人视为一种修辞而非事实。此外，时任印度对外事务部部长的沙希·塔鲁尔 2011 年 11 月在一次讲话中谈道："当今世界，国家能否获胜不在乎军队大小，而在于是否能讲述更好的故事。"[①] 印度善于谈判和妥协的传统源自 60 年健全的民主体制，所以其他国家大可放心，印度政府会在与其他政府的往来中将这种"美德"传承下去。

三、印度软实力的来源

印度一直以来是一个软实力大国。与中国崛起的实例不同，印度的崛起并没有给国际社会带来恐慌和紧张的感觉。印度软实力对东南亚国家的影响很大，这是因为共同的文化和历史背景使东南亚国家认为印度是一个"友善邻邦"。印度与另外两个新兴亚洲势力——中国和日本不同，印度与东南亚国家并没有边界纠纷。印度文化在邻近的东南业地区广受认可。它数百年来对与之接壤的国家产生影响，这种影响甚至延伸到稍远一点的国家，例如波斯（现今的伊朗）。遍布世界的印度后裔、大众电影、流行音乐、艺术、历史和广及全球的文化影响都有助于印度形成强大的软实力。

文化是形成软实力的重要来源。就文化领域的影响而言，印度在这方面占据了非常有利的位置，而且它在历史上也具备了强大的软实力。保罗（T.V. Paul）和贝德威·纳亚尔（Baldev Nayar）认为，印度文化提供了一种与西方文化截然不同但又颇具活力的价值观。印度拥有悠久的文明史并拥有广及伊朗、罗马和东南亚的文化影响。[②] 数千年来，印度的富有和辉煌吸引了无数的商人和旅行家。东南亚国家仍保有许多印度文化的遗迹，如柬埔寨的吴哥窟、泰国和缅甸的寺庙与白塔以及印尼语中的一些梵文词汇，这些都是印度文化影响的明证。印度，这片佛陀广宣教化的土地，对全世界的佛教徒来说都具有特殊

---

① Sashi Tharoor, "India Should Exploit Soft Power", *The Economic Times*, Feb 18, 2011. Available at http: //articles.economictimes.indiatimes.com/2011-02-18/news/28615384_1_soft-power-mp-shashi-tharoor-joseph-nye, Accessed on January 9, 2012.

② T.V. Paul and Baldev Raj Nayar , *India in the World Order: Searching for Major Power Status*, Cambridge: Cambridge University Press, 2009, p.59.

意义。佛教通过僧侣和学者到印度的学术中心研习，从印度流传到中国和其他国家。这种文化和观念的交流历史悠久而经久不衰，对当今的亚洲也有着显著的影响。印度对亚太地区的软实力影响也可在印度与中国、日本、韩国和新加坡合作复办那烂陀大学（那烂陀寺，古印度佛教学术中心）的项目中看到。这个项目是五国间的软实力合作议程的一个典范。印度的伊斯兰传道者也在新加坡和马来西亚传播伊斯兰的宗教和文化价值观。同时，印度也是为数不多的对犹太人宽容和接纳的国家，这让它在以色列具有相当大的软实力影响。

印度裔人士也是重要的软实力资源。有数百万的印度后裔分布在远及斐济、圭亚那、马来西亚、毛里求斯、苏里南、南非、斯里兰卡和特立尼达这些国家。在19世纪大英帝国的全盛时期，许多印度人作为契约劳工远渡重洋来到帝国的各个殖民地。20世纪以来，海外印度人社群中的一部分精英人士设法到达了美国、加拿大、澳大利亚等其他西方国家。这些人对他们所移居的国家作出了巨大贡献，并且在这些国家获得了影响力和地位。事实证明，印裔美国人社群是美国受教育程度最高的移民社群。近年来印美关系的改善，也很大程度受益于这些印裔美国人社群的游说、影响力和声誉。而在斐济和毛里求斯，大型印度裔社群掌握了重要的政治地位。瑜伽是印度最成功的也是最持久的出口商品之一。作为全世界数百万人锻炼身体和舒缓压力的方式，瑜伽现在已经成为一种全球化的现象，并将很快成为主流文化的一部分，尤其是在西方国家。印度菜以其对香料和芳草的独特应用而走出南亚次大陆，成为西方国家的流行菜式，尤其是在居住着大量的印度裔人士的英国。沙希·塔鲁尔（Shashi Tharoor，曾任印度外交部副部长）认为，如今全英国钢铁、煤炭和造船工业所雇佣的劳动力总数都不及印度餐厅雇佣的人多。

印度菜同样也在其他的西方国家获得了巨大的成功，例如许多美国和加拿大的大城市都有印度餐厅。作为流行文化的一部分，印度音乐和电影在许多国家受到广泛的追捧。音乐的力量能够跨越国界，拉近人与人之间的距离。印度的音乐和电影拥有巨大的国际市场并且在国外越来越受欢迎，尤其是在亚洲、欧洲、非洲和伊斯兰世界。甚至在俄罗斯、叙利亚和塞内加尔这些国家，印度的电影，具体来说是印地语电影（宝莱坞，继好莱坞之后最重要的电影工业）

都拥有不少拥趸。印度电影不仅在与印度关系密切的如孟加拉国、尼泊尔、巴基斯坦、阿富汗和斯里兰卡等南亚国家广受欢迎，同样也深受欧洲、非洲和中东人民的喜爱。南亚地区目前已经被印度音乐和电影所主导，印度甚至因此而遭到了来自这些国家的敌视。实际上，巴基斯坦早些时候禁播印度电视剧和电影，直到前几年巴基斯坦的电影工业与宝莱坞的合作才得以解禁。在伦敦杜莎夫人蜡像馆里展示的一些印度电影明星蜡像正是印度电影和印度软实力影响的明证。在奥斯卡大获成功的电影《贫民窟的百万富翁》让三位印度人获得了奥斯卡的个人奖项，体现了印度电影和艺术家们对印度软实力贡献力量的巨大潜力。当印度作家获得像布克文学奖这样的国际奖项时，当印度担任像法兰克福书展这样的国际书展的荣誉嘉宾时，当印度电影参加像戛纳电影节这样的国际电影节评选时，当印度人获得诺贝尔奖和麦格塞塞奖（1957 年 4 月，由纽约洛克菲勒兄弟基金会的信托人出资创立的奖项，1958 年起，每年颁发给亚洲有杰出成就的人士或组织，被称为"亚洲的诺贝尔奖"）时，印度的软实力便能藉由这些构建起来。

成功的印度公司，诸如信息技术领域的印孚瑟斯（Infosys Technologies）和威普罗（Wipro）技术有限公司，还有跨国企业如塔塔集团和信实集团，以及在国际上广受认可的卓越学术机构如印度管理学院和印度理工学院（印度最优秀的理工科和教育研发中心），这些都对印度的新形象——拥有接受良好英文教育并且富有进取心的国民——贡献良多。比如在美国，印度的典型形象不再是饥饿的农民，而是受过良好教育的 IT 界专业人士，专门帮助那些对电脑束手无策的美国人。印裔人士构成了美国硅谷科技革命的核心力量，印度也从一个劳动力输出国家逐渐转变为一个为发达国家提供外包服务和产业转移的国家。

在这个冲突和纷争不断的时代，印度精神显得尤为重要。印度对不同宗教和文化的容忍度是令人惊叹的。这片土地上孕育出了像"天下一家（Vasudhaiva Kudumbakam）"和"让世界充满和平（Loka Samastha Sukhino Bhavanthu）"这样的格言。印度的世俗主义观点，即不同的宗教可以和谐共存，有别于西方的政教分离理念，对于解决现在许多宗教纷争具有重要的启示作用。印度的外交人士也在增强印度的软实力上起到了作用，不过作用的大小尚无法量化，因为软实力本身便是很难量化的。20世纪六七十年代，印度的外交人士在许多国际谈判中扮演了重要的角色，如气候变化的国际谈判。印度的外交人士和印度的媒体与国会一样，秉承印度文化、价值观和沟通技巧，这有助于他们与各国政府和人民进行沟通。[①] 随着文化和媒介全球化程度的日益提升，印度文化对于印度影响力提升的作用也日见彰著。

一国之外交政策原则和框架的制定，取决于与其他国家的关系[②]。一国之动向，会导致他国对其态度发生或亲善或敌对的转变。这就让所有国家倾向于采取友善行为，最大限度避免引起他国的敌意。约瑟夫·奈认为，当一国之外交政策被其他国家和人民认为是"具有合法与道义性的"[③]，那么外交政策也可以提升一国之软实力。印度的外交政策是遵循贾瓦哈拉尔·尼赫鲁（印度开国总理）所订立的道德原则，他的思想一直指导印度的外交政策。印度的软实力在印度获得独立的时候取得了极大的提升。印度独立运动和甘地的非暴力原则，使它在建国之初就获得了软实力基础，而尼赫鲁的外交政策原则又进一步巩固了印度的软实力。

此外，印度国民大会的领袖在独立之前，就已经在为亚洲和非洲的许多被殖民国家提供政治和物资上的支援。印度独立之后，这种支援也一直持续[④]。在反法西斯的第二次世界大战中，上万名印度士兵为自由捐躯。印度在国际上一直强烈反对种族主义和隔离措施，冷战时也拒绝加入任何一个阵营。在1950年的朝鲜战争中，印度没有派出士兵而是派出医疗队，这样的行为大大增强了印度在国际上尤其是第三世界国家中的影响力。鉴于法越战争结束后在签订中南半岛和平协议中扮演调停国的角色以及在朝鲜战争中的斡旋作用，印

---

① John Hemery, "Training for Public Diplomacy: An Evolutionary Perspective", in Jan Melissa, ed., *The New Public Diplomacy: Soft Power in International Relations*, Basingstoke, Houndmills: Macmillan Publishers Limited, 2007, p.126.

② Andrew H. Bending, *The Making of Foreign Policy*, Baltimore: John Hopkins University Press, 1966, p.1.

③ Joseph S. Nye Jr., *Soft Power: The Means to Success in World Politics*, New York: Public Affairs, 2004, p.11.

④ J.N. Dixit, *India's Foreign Policy: 1947–2000*, New Delhi: Picus Books, 2003, p.31.

度于 1953 年获得了中立国遣返委员会的主席国地位。尼赫鲁断言："印度在调解和斡旋上取得的外交成功和国家威望是卓著且不可思议的，因为这些成果并不是依靠印度的经济或军事实力取得的。"事实上，尼赫鲁获得了由新近独立国家组成的不结盟运动主席身份也是印度软实力提升的表现。他致力于"建立一种新的国际秩序，即在国际事务中消除或尽可能减少使用武力"[①]。

印度甚至曾支持中国重获联合国安理会常任理事国地位。因此，截至1962 年中印边境冲突，印度的软实力对第三世界国家的影响是巨大的，并且使它成为很多第三世界国家召开国际会议的地点。1962 年中印边境冲突是印度外交政策的转折点。此前尼赫鲁时代印度的外交政策充满了理想主义的务虚和道德至上的准则。这种向务实主义的转变，有部分原因是印度的外交政策制定者们发现，尽管印度取得了许多第三世界国家的信任（软实力的作用），但这些国家对印度的实际支持却少得可怜。1965 年的中印边境冲突、1971 年的第三次印巴战争以及在 1961 年成功收复果阿、达曼和第乌葡萄牙殖民地印证了印度使用武力达到目标的成效。英迪拉·甘地鲜明的个性也反映在她的外交政策制定上。与其父不同，她是一个实力至上的信徒。她认为印度的外交应当为国家的经济、政治和安全利益服务。印度能否成为一个强大而自主的国家，取决于这些利益是否能实现。尽管如此，她仍然继续支持不结盟运动[②]。随后，印度又与苏联建立了战略伙伴关系，努力提升其国防水平，并在 1971年战胜了巴基斯坦（基于印度的战略需要，将其分为孟加拉国和巴基斯坦两国），甚至在 1974 年进行了核试验。不过，印度仍将 1971 年的孟加拉战争定义为"人道主义干涉"，以维护其在国际政治中的地位，并将战争对印度软实力的影响降到最低。英迪拉·甘地的两届总理任期都可以看到基于现实主义的传统国际关系理念的回归，以强硬手段来获得战略平衡和主导地位。以上这些不会有助于印度软实力的增强。莫拉尔吉·德赛政府启动了数次与中国、美国和巴基斯坦的会谈，以改善印度的国际形象。拉吉夫·甘地于 1988 年再次访问中国表明了印度改善与邻国关系的决心。不过驻扎在斯里兰卡的印度维和部

[①]　Sumit Ganguly ed., *India as an Emerging Power*, London: Frank Cass, 2003, p.1.

[②]　Dixit, op.cit., n.26, p.88.

队被世界广泛认为是"干涉他国内政之行为"，这在国际关系中常被认为是大逆不道的。因此在 20 世纪七八十年代，印度被视为一个霸权国家，尤其是在它的邻国眼中。冷战后，随着大规模的自由化、私有化和全球化以及意识形态包袱被卸下，西方国家不再被视为帝国主义和殖民主义的化身，也不再成为殖民地人民反抗的对象，国际关系因此走进了一个较缓和的时代。印度开始同美国进行史无前例的亲密接触，同时又与俄罗斯和中国保持友善的关系。

20 世纪 90 年代以后，印度积极主动地解决与邻国的争端并小心谨慎地不去干涉邻国的内政事务，以淡化其在南亚地区的"大哥"形象。瓦格纳认为印度 20 世纪 90 年代以后的区域政策是以强调软实力战略为重点。"古杰拉尔主义"就是一个例子。它的主旨是非互惠主义原则，强调印度不但需要承担更多的责任，还应向周边小国给予更多的帮助 [1]。"古杰拉尔主义"反映了印度国内发生的变化，尤其是 1991 年以后的经济自由化。这种向软实力靠拢的政策转变并非基于利他主义原则，乃是基于印度在 20 世纪七八十年代使用武力所产生的效果不甚理想这一事实。

尽管印度的硬实力逐渐增强，但它仍然无法将 1971 年对巴基斯坦的军事胜利转化为对克什米尔问题的最终解决方案。20 世纪 90 年代由克什米尔冲突所引发的印巴关系危机再次证明依靠武力解决问题收效甚微。此外，伴随着经济全球化和自由化，各国间的相互依存关系愈加明显。印度如果过于强调自身的硬实力将会导致其他国家的敌视，而这正是它无法承担的代价。在这种大环境下，印度应采取如加入南亚区域合作协会（South Asia Association for Regional Cooperation）或与其他国家构建互信机制（Confidence Building Measures）这样的措施来加强自身软实力。尽管鹰派的印度人民党（Bharatiya Janata Party）主导的国家民主联盟（National Democratic Alliance）当政，且印度于 1998 年在博克兰进行了核试验，重视软实力的政策仍在继续。实际上，印度在核试验后采取了一系列单边克制举措并暂停了核试验的计划，以缓和国际舆论的谴责和挽回软实力的损失。国家民主联盟采取了一些措施来增进与巴基斯坦的民间互

---

[1] *Dipanker Banerjee，ed.，Comprehensive and Cooperative Security in South Asia*，New Delhi：Institute of Peace and Conflict Studies，1998，p.109.

动，建立与巴国的互信机制，试图改善印度在巴基斯坦的形象并提高自己的软实力。同时，印度与中国和孟加拉国进行积极主动的沟通，以解决长期以来的边界问题。

1999 年印度与巴基斯坦间的卡吉尔战争以两个事实证明了软实力的重要性。第一，软实力为印度争取到了世界的支持，大部分国家接受了印度的观点，认为巴基斯坦入侵印度领土是错误的，并赞赏印度不跨境追击的克制举动；第二，软实力证明了硬实力尤其是核武的局限性。印度和巴基斯坦两国都惧怕全面核战争的爆发而不敢大举进攻。尽管印度与以色列的关系愈加密切，印度在联合国对巴勒斯坦的支持也确保了其在阿拉伯国家中的软实力不会受到影响。颇具讽刺意味的是，就连印度军队也不反对使用软实力。印度参与联合国维和行动可以被解读为在世界范围内增强其软实力的一种尝试。印度军队也在战乱频发的查谟和克什米尔地区采取了一系列争取民心的举措以增强软实力。比如通过萨德哈瓦纳行动（Operation Sadhbhavana）以及其他的军方行动，在这些地区建立了基础设施和难民营，并提供医疗援助来帮助饱受战乱之苦的平民。

印度成功使用软实力的最好例证就是与阿富汗关系的改善。它成功取代了宿敌巴基斯坦在阿富汗人心中的地位。塔利班政权倒台后，印度着力于帮助阿富汗重建工作，协助兴建了一系列基础设施如道路和水坝，以及向阿富汗学生提供奖学金。印度的电视节目和电影也成为阿富汗人特别是阿富汗城镇居民首选的娱乐项目 [1]。另一例子就是印度对 2008 年 11 月 26 日发生在孟买的恐怖袭击作出的克制反应。尽管国内舆论和民众都倾向于武力干涉，但印度政府还是选择不进行军事动员和空袭，而是对在巴基斯坦境内的恐怖分子巢穴进行监视。袭击中唯一幸存的恐怖分子在被捕后仍被赋予法定权利，并有律师为其辩护。

印度在冷战后的经济起飞也对它的国际形象起到了正面作用。近年来，印度是世界经济中表现最佳的几个经济体之一，年增长率平均保持在 7% 左右。

---

[1] "Diplomatic Success Stories", Opinion-Editorials, *The Hindu*, 6 August, 2008.

印度是外国直接投资和合资的最佳选择，凭借在经济上的重大成就，使其成为重要的经济体。有好些印度公司在纳斯达克上市，全球经济衰退也并未对它的经济基础带来严重影响。印度是77国集团和22国集团以及不结盟运动的领导国家①，不过它尚不是联合国安理会的常任理事国，得到这一席位将会大大增强印度的软实力。

印度在软实力上最大的财富就是成功运作的民主政治。尽管该制度遭遇重重磨难，仍坚持至今。与其他发展中国家不同，印度具有民主传统。任何情况下，民主国家总是比军事独裁国家和威权国家拥有更多的软实力优势。印度在历史上从未出现过军事独裁，而且仍能成功解决国家独立时所遇到的大多数问题，这在世界范围内都是广受赞赏的。印度证明了民主制度并不是西方国家的专利，它同样适用于贫穷、识字率低的国家。印度自独立以来就有着自由而公正的选举程序。它的民主政治保障了那些在传统上受排斥的如低等种姓、少数民族和妇女社群都能参与到国家政治中来。事实上，不丹和尼泊尔近年来向民主政治的转变，也是受到印度充满活力的民主政治的影响。印度始终坚持民主政治，不但给予它道义上的优越性，也增强了软实力。印度对他国人民民主和自由的支持也是增强自身软实力的重要手段。

舆论自由让所有观点都可以百花齐放，这同样增强了印度的软实力。印度欣欣向荣的社会文明一直肩负着解决社会问题的职责：从扶贫到通过法律诉讼挑战政府决策的环保行动。与其他亚洲国家不同，印度拥有强大而独立的司法体系。该体系经常对重要的公共事务起到关键的作用，却常被当权者忽视。尽管法律程序通常耗时数年才能走完，但公众仍对该司法体系抱有信心。

四、印度在东南亚

印度正集中精力在被认为是印度文化关系的历史区域内的地区扩大影响力。这一区域包括中东、中亚和西藏平原的大部分地区，而这种区域联系以对

---

① Paul and Nayar, op. cit., n.19, p.58.

东南亚的感觉最为强烈。冷战结束后，包括经济全球化和亚洲金融危机在内的关键因素，为印度加强与东南亚地区的联系建立了一个良好的生态环境。随着苏联（印度曾经的主要贸易伙伴）的解体、1991 年印度经济危机和随后的经济改革为印度加强与东南亚的贸易联系注入了活力。印度前总理阿塔尔·比哈里·瓦杰帕伊说："冷战模式已被打破，这让我们能够没有思想障碍，加强彼此联系。"[1] 印度与东南亚基于贸易、移民、语言、文化和宗教上的合作已长达两千年。印度聚焦泰国和 CMLV（柬埔寨、缅甸、老挝和越南）凸显了地域毗邻对印度"东向政策"的重大影响，因为东南亚尤其是那些湄公河沿岸国家，对中国也有着重要的战略意义。当缅甸于 1997 年加入东南亚国家联盟（东盟）协会时，印度与东盟国家接壤的国境线长达 1500 公里。因此，印度加入东盟有着与众不同的战略眼光。在 1991 年经济改革的起步阶段，印度加入东盟是为了加速扩张和加快在通讯、道路、港口和实力方面的基础设施现代化建设[2]。

早在 1989 年柏林墙倒塌之前，印度就已筹划与东盟合作的战略。在 20 世纪 80 年代末，印度拉开了与东盟合作的序幕，并将这一进程称为"东向命运"。印度对"东向政策"兴趣的重燃，与它想要通过改革开放和自由化进一步加快经济发展的愿望有关。在这种背景下，经济充满活力的印度自然会想要在包括东南亚在内的亚洲发挥更大作用。印度为加强与东南亚经贸往来所做的努力，反映了印度的决策者们认为软实力主要来自非政府资源的信念。在发起旨在成为东盟对话伙伴国的外交攻势的同时，印度试图加强与东南亚国家的双边经济关系。从 1992 年起，印度前总理纳拉辛哈·拉奥定期出访东亚和东南亚国家，设法加强与这些国家的联系。每次访问，他总是随一大批出色的企业和商人代表团陪同前往：1992 年访问新加坡，1993 年访问泰国、马来西亚、越南和韩国。每一次到访，拉奥都要强调印度与到访的国家拥有包括佛教在内相同的亚洲价值观。这些访问和会谈促进了印度和东南亚之间的贸易往来，但

---

[1]　Faizal Yahya, "India and South East Asia: Revisited", *Contemporary South-East Asia*, Vol 25, No. 1, 2003, p.79.

[2]　Ibid.

国家间的关系仍然有很长的路要走。印度在马来西亚、新加坡、泰国、印尼和菲律宾的投资占总额的 5%，虽然这在 20 世纪 90 年代初期几乎为零，但份额仍然微不足道[①]。然而，印度的前途一片光明。2002 年 9 月印度和东盟经济部长在文莱的历史性首次会谈中，印度前贸易和工业部部长表示，希望印度能在未来几年里作为区域贸易和投资协定（RTIA）或自由贸易区（FTA）与东盟达成正式协议。

2004 年 11 月 11 日，在老挝首都万象举行的东盟与印度首脑会议上签署了《东盟和印度建立面向和平、发展与共同繁荣的伙伴关系》的文件，是印度和东南亚之间关系发展的一个重要里程碑。就印度与东南亚的关系而言，目标分为三个方面：（一）制度化与东盟及附属机构（对话伙伴关系，东盟"10+1"峰会，东盟地区论坛成员）之间的联系；（二）加强与东盟成员国的双边关系；（三）在东南亚地区的政治和经济上取得一席之地。2012 年，东盟和印度迎来他们建立对话关系 20 周年，纪念峰会在印度举行。双方签署及采用的现有文件，包括东盟的关键性文件，特别是《东盟宪章》、《东盟共同体路线图宣言》、三份《东盟共同体蓝图》和其他相关文件，为今后进一步加强东盟和印度的关系指明了方向。与东盟其他对话伙伴国相比，东盟和印度之间的贸易和投资流量仍然相对较低。东盟与印度双边贸易从 1993 年的 29 亿美元到 2003 年的 121 亿美元，这十年间保持着 11.2% 的年增长率。2010 年，东盟和印度之间的贸易总额为 554 亿美元，相比 2009 年的 391 亿美元增长了 41.8%，占 2010 年东盟贸易总额的 2.7%。至于外国直接投资，从印度流入东盟成员国的总额为 25.8 亿美元，相比 2009 年 8.1118 亿美元增加了 221.6%，占 2010 年对东盟外国直接投资总额的 3.4%。尽管受到全球金融/经济危机的影响，2009 年印度仍然是东盟的第七大贸易伙伴和第六大投资国。在 2010 年 10 月召开的第 8 届东盟—印度首脑会议上，领导们重申了要在 2012 年实现 700 亿美元双边贸易目标的承诺。在旅游业方面，2010 年从印度到东盟国家的游客人数由 2009 年的 210 万增长至 247 万。2007 年 11 月 21 日，在新加坡举行的第六届东盟—

---

① M.G.G. Pillai, "India and South East Asia: Search for A Role", *Economic and Political Weekly*, Vol.30, No.30, Jul 1995, p.1911.

印度首脑会议上，印度提出了于 2010 年东盟国家游客前往印度旅游的人数要达到 100 万的目标。印度作为东盟国家旅游机构（国家旅游局）的一个重要合作平台，将东南亚推向了印度消费市场。与此同时，增进东盟成员国和印度之间的相互了解[①]。

多年来，东盟与印度的社会文化合作已被扩大到人力资源开发、科学和技术（S & T）、人员交流、保健和医药、运输和基础设施、小型和中型企业（SMEs）、旅游、信息和通信技术（ICT）、农业、能源以及东盟一体化倡议（IAI）。所有这些合作项目的经费都来自东盟—印度基金（AIF）。在"东向政策"推行以来的过去二十多年里，印度加强了与所有东南亚国家的双边关系，并与大部分国家元首进行了高层互访。印度与泰国达成了双边自由贸易协定并与印尼和新加坡签订了经济合作协定。印度与马来西亚关系的顶峰出现在 1993 年两国国防领域的合作，并且多年来通过国防部长年会、军事训练和国防装备供应而不断发展。印度特别关注柬埔寨、老挝和越南这三个经济欠发达的国家，因为在这些国家它有足够的范围和机会扩大自身的影响力。尽管遭到其他一些东盟成员国和中国的反对，印度在印尼和新加坡的帮助下还是加入了东亚峰会。

那烂陀大学法案在议会的通过表明，印度正朝着在亚洲和世界范围内发挥其软实力的方向行进[②]。在南亚区域合作联盟帮助下完成的南亚大学项目和印度开放其高等教育引入全球性投入和竞争的决策，加快了印度前进的步伐。印度前总统阿卜杜勒·卡拉姆在 2006 年 2 月对新加坡的正式访问中首次提出应当将印度打造成为一个创造和传播知识的中心来振兴印度的设想。那烂陀大学注定要在两个层次上作为软实力强有力的手段出现，这两个层面分别是：亚洲的崛起对西方国家的影响和印度的崛起对亚洲的影响。该项目重拾了印度昔日的辉煌和锐气，它将增强亚洲在知识和学术能力方面的信心，削弱对牛津、剑桥和哈佛等西方高校的严重依赖，提高亚洲学者学术可信度

[①]　ASEAN–India Dialogue Relations，The Official Website of Association of South East Asian Nations，Available at http：//www.asean.org/5738.htm. Accessed on January 20，2012.

[②]　Opinion，"Nalanda：A soft power project"，*The Hindu*，Aug 30，2010.

和认可度。那烂陀导师团（NMG）主席阿马蒂亚·森指出"过去牛津在进步，那烂陀却在衰落"，而现在崭新的那烂陀代表了亚洲的重新崛起。在谈到那烂陀项目与亚洲崛起的关系时，作为那烂陀导师团成员的新加坡外交部长杨荣文将该项目比作是"亚洲文艺复兴的标志"。他认为："当亚洲在本世纪的世界舞台上再度出现，其文明起源将成为激烈研究和讨论的主题。亚洲人也会回望过去，并从中获得未来发展的灵感。"在没有挑起与亚洲邻国任何竞争的前提下，那烂陀将帮助印度巩固在该地区的地位。由于学校设在印度，从那烂陀走出去的学者和学生将在他们的国家充当印度亲善大使。对亚洲旅游业、市场营销和文化产品的刺激是印度的额外收获，对其他国家也是如此。

宝莱坞和其子公司发行的印度音乐、电影和电视连续剧是另一种可灵活地用在东南亚的战略资产 [1]。例如，在阿富汗以普什图语和达里语配音的印度电视连续剧巧妙地传达了妇女机会平等和宗教宽容的信息。由于经济文化类似，印度电影在整个东南亚地区相当受欢迎。尽管印度政府对关于促进民主的表现过于拘谨，认为这是干涉他国内政的行为，但是印度的软实力可以用来帮助灌输例如法律面前人人平等、性别平等和尊重私有财产的基本民主价值观。就教育而言，对于东南亚较贫穷的国家如老挝、柬埔寨、越南、缅甸和印尼，印度还是可以提供很多帮助。它成立了虽然规模较小但水平一流的工程技术和管理机构——印度理工学院和印度管理学院，以及开创了英才教育的招生制度。对于相对富有的东南亚国家如马来西亚、泰国和新加坡的国民来说，在国内或是西方国家接受教育更具吸引力。但是，在资源贫乏的地区，鼓励印度教育人才在东南亚工作的奖学金对于印度院校可以产生巨大的影响。同样，印度在选举管理培训领域的出色成绩对该地区一些贫穷国家也是大有裨益的。

---

① Sadanand Dhume, "India's Role in Southeast Asia: The Logic and Limits of Cooperation with the United States and Japan", Available at http：//csis.org/files/media/csis/pubs/090201_bsa_dhume.pdf. Accessed on January 4, 2012.

五、中国因素

中国在印度的东南亚政策中起着重要的作用。然而，简单地把它归入"威胁"或"推动力"一类是错误而不合理的。很显然，东南亚与中国有密切的联系。自14世纪或许更早以前，中国的使节和外交官就开始参与到该地区的事务中来。因此，对于中国来说，东南亚就是其南大门[①]——中国与该地区有着深厚的渊源。地理位置上它与越南、老挝和缅甸接壤；种族上经济实力雄厚的大型华侨华人社群遍布整个区域；历史上的"朝贡制度"表达了数千年来东南亚各国与中国政权的关系。从中国政权的立场来看，东南亚一直在其天然、正当的影响范围之内，且对中国是极为重要的利益所在。一旦认识到这些因素，中国便会采取能够造福东南亚与本国的政策——一种充满儒家和谐与仁爱的统治模式。20世纪90年代中期以来，中国一直强调通过采取多样化的外交"魅力攻势"来成为东南亚各国的好邻居，致力于推动本国与东南亚国家的经济发展[②]。

同样，印度的参与和日益重要的地位为东亚地区主义注入了新观点，使印度对中国与东盟未来的关系发挥着越来越重要的作用，也让中国意识到印度的崛起对东南亚的影响，从而改变中国目前及今后所采取的政策。对印度来说，同是否会受到来自中国的直接威胁相比，中印差距日趋扩大的问题以及所造成的长期影响则更为关键。在军事方面，印度担心中国坚持向缅甸转让军事装备和技术。为了有效抑制中国在东南亚日益增强的军事影响，印度与部分东盟国家开始举行联合军事演习。印度海军已与新加坡、越南、日本和韩国海军进行联合演习，以确保战略水道如马六甲海峡地区的安全。进入21世纪，印度开始从各方面关注正在崛起的中国在南亚和东南亚地区所带来的竞争与威胁。然

---

① Martin Ott, "South-East Asia's Nerves over China", *Asia Sentinel*, Sep 30, 2010. Available at http://www.irrawaddy.org/article.php?art_id=19585. Accessed on January 24, 2012.

② S. M. Hali, "A Reason to Fret?", *Global Affairs*, January 2012, Available at http://www.saglobalaffairs.com/analysis/1106-a-reason-to-fret-.html. Accessed on February 2, 2012.

而，不能否认的是中印在与东盟国家的关系上有着截然不同的观点和利益。中印间的地缘政治冲突存在已久，加上两国几乎同时在世界舞台上重新崛起，让这两个大国成为竞争对手。从为实现国内现代化建设而进行有形的贸易投资，到为扩大国家影响力所获得无形的合作与支持，两国都积极争取东盟国家的青睐 ① 。

许多专家认为，中国在东南亚和其他地区日益增强的影响力或软实力大多来自经济而非军事（硬实力）、文化或政治方面。中国对其他国家逐渐扩大的影响力很大程度上因为它是国外援助和贸易投资的主要来源。中国对同东南亚的双边接触重新表现出兴趣来自以下几个方面的原因。最主要的因素是发展援助和贸易的增长；其次是内部和外部对外直接投资的增长；第三个相关因素是中国对石油、天然气和其他能源的需求；最后是安全、防务和外交的相关问题。中国与东南亚贸易关系迅速发展，其作为区域投资来源的重要性也得到了提高。由于推动增长的必要资源得到了充分的保障，中国的国有企业在东南亚投入巨资开采矿产、石油和天然气。中国已经向缅甸提供了大量的援助，同时正积极开采印尼的天然气，在菲律宾进行基础设施建设的投资，与柬埔寨、泰国和新加坡在铺设铁路与公路方面建立联系，并承诺开发老挝和缅甸境内的部分湄公河流域，使其适合于商业航行 ② 。

中国通过强调其不断增强的区域重要性对所有国家来说都是一个双赢的局面，试图消除周边各国对"中国威胁论"的恐惧。中国为与东南亚发展友好关系所做出的努力相当大的一部分包括文化交流和建立盟国行动方案。中国友好形象的提升吸引越来越多的外国人想进一步了解这个国家。一份个人信息保护评价调查显示：中国被认为是一个正对世界产生积极影响的国家。值得注意的是在历史上一直用怀疑不信任的眼光看待中国的周边国家，近年来纷纷改变了对中国的负面印象。为了加强对东南亚地区的影响力，中国对中华文化在周

---

① 　Zhao Hong, "India and China：Rivals or Partners in Southeast Asia?", *Contemporary Southeast Asia* Vol. 29, No. 1（April 2007）, p.134.

② 　J. Schmidt, "China's Soft power diplomacy in South-East Asia", *The Copenhagen Journal of Asian Studies*, Vol.26, 2008, pp.39 & 40.

边国家的传播作出了巨大的努力。参照兰德尔·裴文睿（Randall Peerenboom）所提出的建议，中国应积极宣传用可爱的大熊猫而非一条喷火龙来代言国家形象[①]。设立"孔子学院"的目的便在于此，通过语言、文化和教育发展与东南亚的友好关系。孔子学院是在借鉴国外有关机构如法国法语联盟、德国歌德学院和英国文化协会的基础上，采用中外合作的形式开办的非政府、非营利性的社会公益机构。他们是由中国教育部直属的中国国家汉语国际推广领导小组办公室指导和承办，可见其潜在的战略意义。儒家思想所重视的人性、教育与和谐的现世价值不仅让全世界的华人华侨紧密联系在一起，而且有助于展示中国文化的独特魅力，拉近与其他国家的距离。也许儒家思想是除了共产主义以外，中国共产党最能接受的用以对内和对外宣传的意识形态学说。实际上，很多人认为中国可以通过向外输出儒家思想中如"贤能政治"与"和谐"的政治价值观而为世界和平作出一份贡献。中国政府已经在全世界 78 个国家设立了 295 所孔子学院来推广汉语和传播中华文化。在东南亚有 21 所孔子学院开设了中文课，其中仅在泰国就设立了 13 所，其余的分布在印尼、马来西亚、缅甸、菲律宾和新加坡（2010 年的统计数据）。

除了设立孔子学院，中国也采取了其他方式将中国人的生活方式渗透到东南亚各国。中国政府或通过与东南亚国家签订同意公立学校开设汉语课的协议，或通过帮助像柬埔寨这样的相对低收入国家的学生上当地的私立中文小学，来达到推广汉语和传播中华文化的目的。中国政府也创建了中国版的 Peace Corps，它是一个长期的志愿者服务项目，由中国青年志愿者协会负责派遣年轻的志愿者到相对落后的东南亚国家服务，如老挝和缅甸[②]。以上这些充分说明了中国政府为了增加中华文化的吸引力和扩大其软实力对东南亚各国百姓的影响所付出的努力。中国国家留学基金管理委员会除了为东南亚各国学生提供来华留学奖学金外，还定期在当地举办教育展，让更多的学生认识了解中

[①] "Confucius Institutes and Chinese Soft Power in SouthEast Asia", April 3, 2008.Available at http://www.stimson.org/spotlight/confucius-institutes-and-chinese-soft-power-in-southeast-asia-1/.Accessed on January 2, 2012.

[②] Josh Kurlantzick, "China's charm offensive in Southeast Asia", *Current History*, Sep 2006.

国的高等教育，从而提高中国在该地区的形象。

中国慷慨的经济援助（无条件援助），使受援助国对中国产生了与援助金额不成比例的感激，而且对受援助国政府产生了极大的影响。作为捐赠国的中国对低收入的受援助国的魅力不断提升，因为与经合组织（OECD）相比它所提供的援助并没有附带过多的条件，特别是关于接受捐赠的国家在人权、权力合法性等方面的表现[①]。澳大利亚国防科学研究所教授卡尔·萨耶尔（Carl Thayer）认为，这些受援助国家受到了来自那些倡导人权并推行民主改革的西方国家的压力，而中国的援助正好为他们提供了一个减压的出口。

因此，许多学者指出，在与东南亚各国建立更为密切关系的过程中，中国为了参与多边框架合作和区域合作关系而选择限制其利益诉求。中国扩大与东南亚的接触表明，中国为了成就大国地位，已准备好进一步消除与东南亚邻国的历史恩怨。如上所述，东南亚各国的焦点仍集中在中国巨大的经济发展潜力上。中国国内相对自由的贸易环境和大规模投资为东南亚投资者和中国带来互惠互利、双赢的局面。与中国不同的是，印度未能在有形和定量方面享有许多经济和军事优势，因此它不能把外国直接投资作为跳板，靠发展服务业和第三产业实现经济繁荣。就这一点而言，印度有必要寻找其他无形因素作为自己的优势以抵消区域竞争带来的冲击。印度的优势在于它对地区霸权野心的缄默大大减少了对所在地区的威胁性。中国对邻国的援助款项反映出明显的"寻求战略资产"动机，而印度的意图则不太明显，其援助规模也小得多。印度应认真地向中国学习如何精准、有序地组织举办旨在展示国家软实力的标志性活动，例如北京奥运会。因为印度在这方面的表现不免让人失望，就连举办一些私人资助的活动，结果也不尽如人意。从比较的观点来看，应当注意到中国试图在东南亚扩大其媒介影响力。全球金融危机让西方国家深陷衰退泥潭，而此时中国经济的持续增长使中国对全球问题拥有了更多的话语权。尽管中国取得了以上令人瞩目的成就，但它在东南亚地区仍不能取得其应有的影响力。中国崛起对该地区的国家来说令人既兴奋又紧张。中国作为推动区域经济增长与一体化

[①]　Palit & Palit, "Strategic Influence of Soft Power: Inferences for India from Chinese Engagement of South and Southeast Asia", *ICRIER Policy Series*, No.3, Aug 2011.

的发动机，在经济方面所取得的成就是有目共睹的，但它在其他领域的表现则仍有进步的空间。

鉴于其悠久的历史和丰富的文化遗产，印度文化对于全世界来说都是极富魅力的。它从未有过强行侵占邻国领土的记录。因此很多人认为就树立一个友善的国家形象而言，印度比中国更具优势。然而实际情况却是中国比印度赢得来自该地区各国更多的好感。这也许因为印度缺乏长远的眼光和未能通过思想、文化遗产魅力或是知识贡献来正面影响其他国家 [1]。

六、印度软实力及其局限性

与中国相比，印度是一个更温和柔性的国家。它有着六十余年的民主政治传统，在圣雄甘地"非暴力"与"和平调解纷争"的哲学思想影响下，加上作为世界级"梦工厂"的宝莱坞，以及长期参与多边机构事务活动，印度已俨然成为 21 世纪的软实力超级大国。此外，1991 年自由化后所带来的高经济增长率已大大提高了印度的国际吸引力。但通过仔细分析不难发现其软实力的局限性。印度作为世界上最大的民主国家一直以来不愿在海外推行其民主制度。虽然像"善意行动"（Operation Sadhbhavana）的这一类举措在国内被认为有助于提高国家整体软实力，但其他诸如在恰蒂斯加尔邦举行的"和平游行"（Salwa Judum）活动实际上十分不得民心，因为他们通过使用武力手段打击镇压正在印度几个地区开展反政府武装斗争的激进的左派势力（毛主义）。

印度政府必须批准 1987 年签署的《联合国禁止酷刑公约》以保证公民权利不受侵犯。人民生活依旧贫困、日益扩大的贫富差距以及持续不断的社会骚乱都给印度的国际形象带来负面影响。卫生条件恶劣、道路肮脏不堪、官僚主义作风和航班铁路客运的延误等都极大地影响了印度软实力的发展。根据联合国开发计划署公布的 2011 年人类发展指数（Human Development Index）排名，

---

[1] Palit & Palit, "Strategic Influence of Soft Power: Inferences for India from Chinese Engagement of South and Southeast Asia", ICRIER Policy Series, No.3, Aug 2011.

印度在 187 个国家中位于第 134 位。该指数是用以衡量一个国家在医疗、教育和收入方面长期发展状况的指标。印度的经济改革实现了高增长，但是这一增长仅限于如信息科技及通信等少部分产业。印度经济自由化并没有为贫困偏远的地区带去福利，反而扩大了贫富之间的差距，这又导致毛派武装势力在全国多达 170 个地区的发展与壮大。实际上，由于面临相当严重的贫困问题，除非印度能在未来十年保持每年约 7% 的经济增长，否则难以显著降低各地的贫困程度。

在印度，大部分工人都属于种姓制度里的"无特权"阶层，又称"贱民"或"落后阶级"。被划分进这一阶层的百姓拥有在公共部门优先就业的机会以及获得接受教育的配额。尽管种姓制度的不公平有积极的一面，但总体上看，印度社会最低层阶级在同其他各阶层相比时处于劣势，种姓制度会对印度社会内部的稳定产生不利影响。腐败现象也非常普遍，这对穷人来说无疑是雪上加霜。透明国际组织于 2009 年公布的各国清廉指数榜单上，印度在 180 个国家中排名第 84 位。同时，印度是一个文盲率较高的国家。虽然拥有像印度理工学院和印度管理学院这些世界一流水平的学府，但印度却无法为大多数国民提供基础教育。另外，印度的童工问题也非常严重。印度有数以百万营养不良的饥民。根据国际粮食政策研究所（International Food Policy Research Institute）公布的全球饥饿指数（Global Hunger Index）报告，印度排名第 65 位，表明饥饿问题已经达到警戒水平。一种新的多维贫困指数显示印度在贫困程度与贫穷人口的数量上都远高于非洲。如今在印度，15 岁以上的女性超过 50% 不识字，这与位于撒哈拉以南的非洲国家尼日尔情况非常相似。[①]　正如这些落后的非洲国家，高文盲率将会继续制约印度的发展。

与邻国未解决的争端亦会阻碍印度软实力的发展。印度如果想成为联合国安理会的成员之一，就必须妥善处理这些争端。与缅甸军政府建立关系，虽有其战略价值，却有损印度推行民主的国际形象，进而削弱其软实力。其次，印

---

① "Problems Facing India today: Overpopulation, Illiteracy, Corruption", *Africa and the World*. Available at http://www.africaw.com/forum/f2/problems-facing-india-today-overpopulation-illiteracy-corruption-t1819/.Accessed on January 25, 2012.

度对于 2008 年推动尼泊尔及其毛派共产党平稳过渡到现代民主国家的贡献是无可非议的。但 2009 年 5 月印度干涉尼内政的行为，则有损印度在尼泊尔及其周边国家中的国际地位。印度摒弃一贯坚持的民权高于军权的原则，转而支持一位对已废黜国王忠心耿耿的将军。此外，较早前印度曾在 2006 年通过派遣一名皇室成员卡兰·辛格（Karan Singh）充当特使，企图挽救尼泊尔的君主立宪体制。当时尼国正处在民主运动中，这不免引起尼泊尔国民的质疑。由此看来，印度所推崇的民权和民主至上的思想仅仅适用于国内。通过削弱尼泊尔毛派共产党的势力以防止尼泊尔与中国关系变得日益密切，印度宁愿放弃一贯坚持的原则，实现更大的战略利益。

1974 年和 1998 年的核试验同样影响着印度的软实力。印度是拒绝签署《不扩散核武器条约》的少数几个国家之一。虽然印度一方面声称支持裁减核武器协定，但事实上却是一个拥有核武器的大国。这被许多自印度独立以来便是其盟友的发展中国家视为双重标准。因此，印度必须应对这种两难局势，而重新获得这些国家的信任。冷战后印度所采取的"现实主义"外交政策已经导致它失去不少盟友的支持。例如，阿拉伯国家对基于武器销售与情报合作的印度与以色列关系有所回暖感到非常担忧。随着印度与美国战略关系的加强，当美国的软实力影响在亚非国家中减少时，印度在这些国家中的软实力影响也会随之减少。

最后，没有竞技体育成就和缺乏体育运动文化阻碍了印度软实力的增长。印度各类体育项目的世界排名一直在下降，曲棍球现在仅位于世界第 11 位。在足球方面，即使是亚非的一些小国家也能击败印度。印度网球队获得大满贯只在双打和混双中产生。印度的运动员在田径比赛中能够获胜仅局限在次大陆举行的运动会上，女运动员往往能摘取几枚奖牌。[①] 体育运动是促进国际融合的一个强有力的工具。中国成功举办奥运会以及在奖牌榜上所取得的优异成绩已经为它赢得了全世界的尊重与敬意。

---

① "India lacks sports culture and spirit", The Asian Age, Nov 2, 2011. Available at http：//www.asianage.com/life-and-style/india-lacks-sports-culture-and-spirit-786. Accessed on Feb 2, 2012.

七、结论

　　软实力这一概念有助于从另一角度来认识印度的外交策略。它所具备的多种特征使其成为 21 世纪的软实力强国之一。但从区域和全球性层面来看，印度的前景却不甚明朗。印度似乎满足于本国的软实力资源如民主传统和经济增长的潜力。虽然核武器的存在使得中国、印度和美国之间的军事冲突几乎成为不可能，但他们将会使用软实力作为争夺在东南亚地区影响力的工具。约瑟夫·奈将"软实力"定义为一国所拥有的国际影响力，因为其他国家会被该国的文化与思想所吸引，而不是被强迫或被利诱进行合作。约书亚·科兰兹克（Joshua Kurlantzick）则提出了一个更为广泛的定义。他指出"软实力"是政府为了维护国家声誉与提高国家实力所作出的明确行动。

　　印度软实力的提高可以通过增加驻各国使馆的文化活动资金来积极宣传印度，或者像英国文化协会、美国信息资源中心、法国法语联盟和中国孔子学院那样在世界各地建立印度研究中心。这些机构的设立向世界展示了所代表国家的良好形象，通过公共关系活动增强了各国的软实力。印度外交部应更加重视公共外交，更加主动地与世界各国建立友好邦交关系，且应提高在公共外交方面的资金投入。印度还应该在国外举办更多的文化节日活动来展示其文化的不同方面。印度高校应该通过设置奖学金或者创建学生交流项目的方式使大门向海外学生开放，帮助他们了解印度的文化、价值观和利益所在，待他们学成回国后传播印度的良好国家形象。因此，印度文化关系理事会应得到来自政府的更多拨款。同时，印度政府必须积极发展旅游业，让更多的人感受它的魅力与多样的文化。印度出境游客同样代表了一个全新、丰满和自信的国家形象。他们必须尊重当地的风俗礼仪。印度政府还应当注重发展学校的体育基础设施，向世界展示印度作为一个体育大国的风采。由印度政府发起的旨在整合利用遍布世界各地印度侨民的经济和政治资源的海外印裔常年大会（Pravasi Bharatiya Divas）则是一个值得肯定的举措。但目前印度仍需加倍努力才能使这些海外侨民们感受到来自祖国的关怀，为国家建设贡献一份力量。国外援助是提高国家软实力的另一要素。随着印度预计到 2025 年将成为世界最大经济体之一，它必将有足够的经济实力帮助其他的贫穷国家。因此，印度必须统筹落实对外援助政策，加大对贫穷国家尤其是非洲各国的援助力度。这种援助必须有针对性，必须具有纯粹的人道主义性质，从而提高印度的软实力。为此，印度政府应成立类似美国国际开发总署的机构。

从区域性层面来看，近年来印度外交政策的制定者们似乎已经发现软实力所带来的好处。围绕"非互惠性"、"相连性"及"不对称责任性"所推出的新举措表明印度愿意增强对邻国的（经济）吸引力 [①]。然而，印度似乎仍然采取防御性软实力的方法，不愿将能力转化为实力，以提高自身的国际影响力。它的软实力资源常被用于吸引国际投资者或构建国家形象，而不是用于对他国施加影响。与美国、欧盟和中国相比，印度外交政策的制定者们无意用印度的政治模式作为吸引他国的手段。这些局限性的产生，是由于软实力资源若需转化为外交影响力，则要在维护国家利益与坚持自身政治规范和价值观之间找到平衡点。

纵观历史，印度一直是软硬实力并用的。由于两种实力不能单独解决所有问题，单独依靠软实力或硬实力并不会帮助印度实现外交政策目标。如果能将两者有效地结合起来，便能比单靠硬实力获得更好的效果。这种巧妙的结合被一些学者如苏珊尼·诺瑟（Suzanne Nossel）称为"巧实力"。印度拥有丰富的软实力与硬实力资源，因此它具有巨大的"巧实力"潜能。目前，印度政府所需要做的就是唤醒这一潜力，利用"巧实力"来实现全球性计划和外交政策目标。

综上所述，可以说印度尚未能彻底认识自身软实力的巨大潜力。只不过在过去的十年间，随着威斯特伐利亚体系的瓦解，邻国的形势变得越来越不稳定，印度政府才开始认真探索"软实力"在经济层面的作用 [②]。他们的努力仍

[①] Christian Wagner, "India's Soft Power: Prospects and Limitations", *India Quarterly*, Jan 28, 2011, p.341.

[②] Prem Shankar Jha, "Let India Unleash Its Soft Power", *The Hindu*, Feb 3, 2012.Available at http://www.thehindu.com/todays-paper/tp-opinion/article2855368.ece, Accessed on Feb 24, 2012.

未得到充分肯定的原因或许在于软实力比军事硬实力使用起来更加困难。软实力的成功使用取决于使用的时机、所获得的关注以及使用后明显的成效，而不在于一个国家提供援助的多寡。印度在这三个方面依然有努力的空间。西方国家经济的衰退与公民道德的下降造成了霸权真空的局面，这对于新兴大国而言既是挑战又是机遇。中国和巴西已争相从中分一杯羹，印度应当迎头赶上。

第十一章 多边外交与软实力：中美日印对东盟的多边外交

多边外交的兴起是近些年来国际关系领域的一大突出特点，无论是在全球、跨区域或是在区域范围内，多边主义和多边外交都显示了强劲的发展势头。东南亚不仅是沟通亚洲、非洲、欧洲以及大洋州之间海上航行的必经之地，也是南北美洲与东南亚国家之间物资交流、航运交通极为繁忙的地区，沟通印度洋和太平洋的国际水道——马六甲海峡也位于此地。近年来，东南亚地区正逐渐加速推动经济一体化建设，并逐步成为东亚地区合作的倡导者和组织者，在东盟地区论坛（ARF）、"东盟10+3"和"东盟10+6"等地区合作机制中扮演着重要的角色。为巩固在该地区的战略利益，中、美、日、印等大国展开了激烈的争夺，在政治、经贸、安全和能源等众多领域加强同东南亚国家的合作，同时利用多边外交手段不断增加本国在东南亚的影响和软实力存在。

一、概念界定

分析中美日印对东盟的多边外交及软实力，就必须对与此相关的一些概念进行梳理。而在对这些概念的理解上，每个人的分析角度并不是一致的。笔者在此主要是理清与中美日印对东盟多边外交政策相关的概念，包括多边主义、多边外交、双边外交、软实力等基本概念及其相互之间的关系。

1. 多边主义

如前所述，有关多边主义的概念，基欧汉和约翰·鲁杰都曾做过较为完整的阐述。无论是前者定义对多边组织形式的强调还是后者对行为准则的强调，迄今为止，这两种定义都被学术界广泛使用。中国学者秦亚青在前人的基础上进一步发展了多边主义的概念，他将多边主义分为战略性多边主义和制度性多边主义。"首先，多边主义可用来表述一个主权国家的外交行为取向，即个体国家对待国际关系的行为方式及其政策，这就是常说的多边外交。由于它倾向于把多边主义作为国家对外交往的一种战略方式，因此称为战略性多边主义。其次，多边主义也可以看作是一种国际互动方式，虽然这种定义并没否定国家的行为取向，但是它更注重的是从整体（地区或全球性）的角度强调多边制度结构，考虑国家间的互动方式，尤其考虑制度性因素对国家之间互动产生的影响，所以可以称之为制度性多边主义。"[①] 秦亚青对多边主义的定义也被国内学者广泛使用。

综上所述，多边主义的内涵主要包括两个方面：第一，多边主义是一国外交政策的理论和指导思想，它与孤立主义和单边主义的概念相对立；第二，多边主义是一种新型的外交政策工具，也就是我们常说的多边外交。在许多文献中，多边主义与多边外交的内涵常常被混用。在这里笔者认为多边主义是上述理念与政策的统一。

2. 多边外交

多边外交是相对于双边外交而言的。随着国家间交往的增多，当一国所关注的问题无法通过双边外交得到解决时，多边外交便就此产生。关于多边外交的概念，鲁杰认为"多边外交是两个以上国家进行磋商、协调及举行国际会议来讨论解决彼此关注的问题"[②]。楚树龙将多边外交定义为："三个或三个以上国家所参加的外交行为或活动。"[③] 为了精确起见，笔者在本章中将多边外交定义为三个或多个国家（国际关系行为体）为协调相互之间的关系、解决彼此关注的问题通过参加国际组织、国际会议而展开的外交活动。

多边外交从国际组织成员的地域范围来看可以分为全球多边外交、区域间多边外交、地区多边外交。[④] 全球性的多边外交主要是指联合国、世界银行、

---

① 秦亚青：《多边主义研究：理论与方法》，《世界经济与政治》2001 年第 10 期。
② 鲁毅著：《外交学概论》，世界知识出版社 2005 年版，第 151 页。
③ 楚树龙：《多边外交：范畴、背景及中国的应对》，《世界经济与政治》2001 年第 10 期。
④ 陈志敏、肖佳灵等著：《当代外交学》，北京大学出版社 2008 年版，第 242 页。

国际货币基金组织以及世界贸易组织等全球范围的多边国际组织内所开展的多边外交。区域间多边外交主要包括北大西洋公约组织、亚欧峰会和亚太经济合作组织等框架下所开展的多边外交。地区多边外交是如欧盟、东盟、"东盟10+1"、"东盟10+3"、"东盟10+6"、"东盟10+8"以及东盟地区论坛等地区性多边合作机制下开展的多边外交。本章主要研究的就是中美日印四国在参与由东盟国家主导的一系列地区多边组织之下的多边外交活动。

3. 软实力

软实力（Soft Power）是相对于国家经济、科技与军事等硬实力而言的。约瑟夫·奈认为，软实力是指一国能够通过吸引和说服影响他国意愿的非强制的能力，即我们常说的国家软实力。国家软实力本身就是一个很复杂庞大的系统，它由很多方面构成。例如政治、文化、精神、政策、制度、传媒、国民素质等等都可以称作软实力的要素。但总体来看，国家软实力可以分为七个方面：一是政治价值的吸引力和导向力；二是文化的感召力和吸引力；三是国家的凝聚力和话语权；四是外交政策的合法性和道义性；五是对国际规则制定的参与性和控制力；六是处理国际关系的亲和力；七是国际舆论对一国国家形象的认同性等。由此看来，软实力是一个国家的精神、行为和力量的非物质组合。在软实力的众多组成要素中，多边外交是本章研究的重点。因为，随着国家频繁地参与各种全球性和地区性活动，国家的外交地位逐渐凸显，因此多边外交成为国家软实力的重要表现之一。

4. 多边外交与软实力

一国外交政策能否转化为国家软实力以及在多大程度上转化为软实力，不仅要看它是否符合国家的利益要求，而且还要看它能否产生国际公共利益，并赢得国际社会其他成员的支持与认同。多边外交政策是基于规划长远的国家利益之上的。为了国家的长远利益，一国往往需要在遵循普遍认同的多边机制原则下通过大量的外交策略来争取足够多的支持国家。在多边外交舞台上一国可以广泛地结交其他国家，同时对这些国家进行研究和判断，区别支持国、动摇国和反对国。并通过简明、清晰的循循说理来坚定支持国的立场，强化其对共同利益的认识，同时对动摇国和反对国进行游说，将其转化为支持国。而在人际关系与循循善诱的说服工作不起作用时，一国就会尝试与部分动摇国家甚至反对国家进行利益交换，通过许诺某些利益来达到让对方支持本国核心利益的目的。由于国际多边外交的繁荣以及参与国家的增多，国家之间的相互需求不断增加，这便拓宽了利益交换的可能空间。

多边外交为国家间合作建立了一个多层次、多渠道的舞台。一个国家若能够在这个舞台上明确本国的具体目标，并就此采取正确的外交决策方式，就能够对各国产生非常有利的舆论导向作用，提升一国的国际地位和国际影响力，树立良好的国际形象，进而提升一国的软实力。

5. 多边外交与双边外交

多边外交是在双边外交的基础之上发展而来的。随着多边主义的兴起，多边外交的重要性日益凸显。本章主要论述的是在中美日印与东盟的交往过程中多边外交所带来的软实力的变化。一国成功的多边主义外交政策往往能够促使多边组织建立起规范各国行为的多边规则，形成新的多边机制。从而展示一国外交政策的吸引力和亲和力，树立起负责任大国的正面形象。而当一国奉行单边主义或霸权主义的外交政策，置国际社会普遍认同的规则和道义标准于不顾时，其国家形象就必然会受到冲击，相应的软实力也将因此而受损。但这并不等于说只有多边外交政策才能产生软实力，合理的、符合双方共同利益的双边外交政策同样能够带来软实力的提升。例如"9·11"事件后，美国与亚太地区国家单独建立的双边反恐同盟就在很大程度上提升了美国的软实力。

因此，不管是多边外交还是双边外交，只要一国的外交政策是建立在共同价值观基础之上，都同样具有吸引力，同样可以提高一个国家的软实力。

二、中美日印对东盟多边外交政策的演变

1967 年 8 月 8 日，以印度尼西亚、新加坡、泰国、菲律宾、马来西亚五国在曼谷会议上发表的《东南亚国家联盟成立宣言》为标志，东盟正式成立。东盟成立之初，中国基于当时国际环境的考虑，认为东盟是反共集团，是冷战的产物；美国则对东盟的成立持欢迎态度，并积极拉拢东盟，借以增加其在越

战中的砝码；日本基于多方面的考量对东盟持观望和消极态度；由于与苏联的特殊关系，印度在东盟成立之初也对东盟表现得相当冷淡。

（一）冷战后初期中美日印对东盟的多边外交（1990—2000年）

1. 中国从消极被动到积极参与的转变

中国政府首次确定实施多边外交政策是在20世纪90年代末期。90年代后期，国际形势发生了巨变，"多边主义"理论开始在中国兴起。但是由于中国对于"多边主义"的理解和研究还处在初级阶段，对多边外交政策的使用还存在观望和怀疑的态度。因此在90年代初东盟国家建议创建一个亚太地区多边安全论坛时中国并没有给予积极的回应。当时，出于对"巩固周边、立足亚太、放眼世界"外交政策的考虑，中国开始积极改善与东盟国家的关系。1990年8月，印尼与中国的关系实现了正常化，20多年的对立局面正式结束。同年10月3日，中新两国也建立了正式的外交关系，恢复了正常的外交往来。1991年9月，中国与文莱关系正常化。1991年11月，中国与越南结束了长时间的对立关系，两国建立起正式的外交关系。至此，中国与所有东盟国家走上了和平共处、平等互利的外交道路。

1994年7月，东盟国家倡议成立了亚太地区最重要的官方多边安全与对话机制——东盟地区论坛（ARF），中国应邀参加首次论坛会议，讨论地区安全问题。尽管如此，中国对参与这一多边组织仍表现出消极和不安的情绪。原因在于：中国担心东盟地区论坛会像其他国际组织一样被美国主导和利用且会影响南沙争端和台湾问题的解决。虽然存在着这么多的疑虑，但是出于对战略利益和政治成本的考虑，中国对东盟多边组织逐渐展露出积极参与的一面。1997年的金融危机使东盟各国一度陷入了经济衰退的泥沼。危难时刻，中国政府克服自身困难，向东盟国家伸出了积极的援助之手。以此为契机，中国向世界展示了负责任大国的形象，并赢得了东盟国家的信任。危机后期，东盟国家也逐步认识到必须革新现有的合作层次、构筑全方位的合作关系、开展"外向型"的经济合作。在这种形势下，"10+1"合作机制应运而生。中国对"10+1"的多边合作机制表现出浓厚的兴趣。在1997年举行的"10+1"领导人非正式会议上，中国与东盟领导人发表的《中华人民共和国与东盟国家首脑会晤联合声明》，在此次会议上，双方确立了面向二十一世纪的双边睦邻互信伙伴关系。①

2．美国重新调整在东盟国家的外交政策

冷战结束后，美国和东盟都开始重新评估对方，积极调整外交政策。这一时期，美国重新调整了其在东盟的外交对策，在军事存在方面呈现出压缩的趋势。1992年，美军开始撤离菲律宾，结束了美国在菲律宾长达93年的驻军。②而在经济方面的情况则刚好相反，随着东南亚地区经济的高速发展，美国将东南亚地区作为必须占领的新兴市场，逐渐加大了同东盟国家的经贸合作。为了维护美国在东盟地区的安全和经济利益，克林顿在上台伊始便提出了"积极的多边主义"口号，企图以多边安全对话为契机，构筑美国的新太平洋共同体。因此在东盟倡议建设一个亚太地区多边安全对话机制时，美国给予积极的回应和支持，并且派代表参加了1994年东盟地区论坛的首次会议。之后，克林顿政府在这一地区进一步加强了双边同盟战略，积极拓展同盟对象，并强化同东盟国家的军事合作，增强美国在东南亚地区的政治存在。1999年，美国与东盟相关国家共举行了大大小小的14场联合军事演习，2000年增至16次。③然而，由于东盟地区论坛的组织形式松散，解决安全问题的能力低下，美国日益表现出不满情绪，对这一地区的多边安全合作热情呈现出一定的下降趋势。直至"9·11"事件以后，美国才借反恐之名，在该地区与东盟国家开展积极的多边安全合作。

3．政治色彩和互动性更为突出的日本对东盟外交

冷战后的日本对东盟外交被视为日本亚洲战略的重要组成部分，同时也是日本多边自主外交的标志与集中体现。④ 这一时期，为了谋求"政治大国"的地位，日本逐渐调整了对东盟的外交政策，除了在经济、政治和安全方面加

---

① 新华网，2009年6月24日，http://www.xinhuanet.com/。
② 曹云华、唐翀著：《东南亚国家联盟：结构、运作与对外关系》，中国经济出版社2010年版。
③ 白雪峰：《冷战后美国东南亚政策的调适》，《厦门大学学报（哲学社会科学版）》2011年第4期。
④ 乔林生著：《日本对外政策与东盟》，人民出版社2006年版，第169页。

强外交合作外，明显地突出了对东盟外交的政治色彩。

90 年代初期，日本开始频繁出访东盟国家，逐渐从政治角度构建其在东盟的外交策略。1991 年，日本首相海部俊树先后访问了马来西亚、文莱、菲律宾、新加坡和泰国五个东盟国家。在访问期间，海部俊树表达了日本为构建地区稳定与和平发展上作出"政治贡献"的愿望。① 1993 年，日本首相宫泽喜一出访印尼、泰国、文莱马来西亚时，发表了《亚洲太平洋新时代及日本与东盟的合作》的演说，在演说中宫泽喜一表达了与东盟在构建亚太地区多边安全机制上的合作愿望，以期增强日本在东盟国家的政治影响力。随即，日本于 1994 年 7 月出席了在曼谷召开的首届东盟地区论坛，就地区安全问题同与会各国进行非正式磋商。同年 8 月，村山富市首相访问越南、新加坡、马来西亚和印度尼西亚四国。访问后不久，该年的印支综合发展论坛的部长会议便在东京召开了。

90 年代末期，日本与东盟的外交合作取得了重大突破，双方关系进一步制度化。1997 年，首相桥本龙太郎于东盟成立 30 周年之际访问了文莱、马来西亚、越南、印尼和新加坡五国，在访问中桥本提议与东盟各国首脑建立定期协商制度，把以日本提供援助为中心的日本—东盟"经济合作关系"变成"平等的伙伴关系"。访问期间，桥本还发表了题为《为迎接日本与东盟的新时代而改革——建立更深更广的伙伴关系》的演讲，明确表达了日本在今后的多边交往中将注重与东盟国家的交往方式，深化双方平等友好的合作关系②。在此基础上，日本于 1997 年 12 月参加了在马来西亚举行的东盟首脑会议，商讨了协助东盟国家应对东南亚金融危机等事宜。会上日本对在东盟实施的"经济外交"进行了检讨和重新定位，以期通过此方式保持日本在亚洲地区的经济主导地位，并配合实现在国际领域的"政治大国目标"。③ 从 1997 年开始，以往不定期举办的日本—东盟首脑会议变成了双方的年度会议。④ 整个 90 年代，

---

① 邓仕超著：《从敌对国到全面合作的伙伴——战后东盟—日本关系发展的轨迹》，世界知识出版社 2008 年版，第 110 页。
② 乔林生著：《日本对外政策与东盟》，人民出版社 2006 年版，第 171 页。
③ 白如纯：《日本对东盟外交的回顾及展望》，《亚非纵横》2005 年第 1 期。
④ 刘江永著：《当代日本对外关系》，世界知识出版社 2009 年版，第 328 页。

日本与东盟通过频繁的外交往来在政治、经济及安全等众多领域展开合作，日本与东盟的关系得到了极大的发展。

4. 印度大力推进"东向"政策

20 世纪 90 年代，伴随苏联解体、冷战结束，印度开始调整其对外政策，从原先备受推崇的亲苏政策逐渐转变为全方位的务实外交策略。[①]

1992 年，印度政府提出具有革新意识的"东向政策"，大力谋求与东盟国家发展全方位的多边外交关系。"东向政策"的目标在于与东盟建立战略伙伴关系。印度之所以选择东盟的原因在于，彼时的东盟不仅是亚太地区国际关系中一支不可忽视的力量，而且东盟在经济领域的特殊表现也是世界经济快速发展的一个"亮点"。而印度在 90 年代初开始实行经济改革以来，开放经济、强化与外界的经贸往来成为印度经济改革的主要内容。[②] 因此，对印度来说，"东向政策"不仅意味着恢复与东盟的紧密关系，而且可以借助东盟的经济实力推动印度的经济发展。[③] 印度以其"东向政策"为基础，积极与东盟接触，开展广泛的外交合作，在强化与东盟国家的双边关系时更加注重与东盟这一地区合作组织的交流与合作，从双边和多边主义出发加强与东盟的关系。

在 1992 年的东盟第四次首脑会议上，印度成为东盟的"部分对话伙伴"，标志着印度与东盟的关系进入了历史新阶段。1993 年 3 月，"东盟—印度合作委员会"正式成立，该委员会在 1994 年于巴厘岛召开了第一次会议，双方就合作的内容进行商讨，并商定在该委员会下设立"东盟—新德里委员会"、"东盟—印度商业委员会"和"东盟—印度联合管理委员会"。[④] 1995 年，印度成为东盟的全面对话伙伴，双方的关系踏上了一个新的历史台阶，彼此之间的对话方式由此实现了定期化和机制化。此后，印度又被邀请参加了东盟地区论坛，并出席了 1996 年在雅加达举行的东盟部长级会议和东盟外长扩大会议，

---

① Lalit Mansingh, *India Foreign Policy: Agenda for the 21th Century*, New Delhi: Konark Publishers PVT LTD, 1997, p. 122.

② 马孆:《90 年代印度与东南亚的关系》,《当代亚太》2006 年第 6 期。

③ Sanjay Ambatkar, The Quest for Looking East: Case Study of India-ASEAN Economics Linkanges, *Foreign Tread Review*, Dec. 2000.

④ 陈继东著:《当代印度对外关系研究》,四川出版集团巴蜀书社 2005 年版，第 296 页。

标志着半个世纪以来印度首次参与到亚太地区的政治与安全对话当中。印度的学者曾评价:"东盟地区论坛是印度'东进'政策的一个重要部分。"[1] 90 年代末期,印度和东盟的领导人频繁互访使双方在外交关系上得到了很大的提升。

(二)新世纪中美日印对东盟国家的多边外交(2001—)

1. 大放异彩的中国与东盟国家多边外交

进入新世纪后,中国开始在东盟国家展开积极的多边外交。在 2000 年第四次中国—东盟(10+1)领导人会议上,朱镕基总理高度评价了中国与东盟国家的关系,对双方在政治、经贸、湄公河流域的基础设施建设以及农业技术等方面的合作提出了具体建议,并提出与东盟建立自由贸易区的构想。在一年之后的第五次会议上,中国和东盟国家签署了《全面经济合作框架协议》,并一致同意在 10 年内建立中国—东盟自由贸易区。[2] 双方承诺在自贸区成立以后,中国与东盟国家对超过近 90% 的产品实行零关税。中国对东盟平均关税从原先的 9.8% 降到 0.1%,而东盟六个老成员国对中国的平均关税则从 12.8% 降到 0.6%。关税水平大幅降低对双边贸易快速增长起到了积极的推动作用。[3] 截止到 2011 年,中国和东盟国家之间共举行了 14 次中国—东盟"10+1"领导人会议。[4] 在这一多边外交机制下,中国与东盟每年都会就彼此共同关心的经济、政治、安全、文化等领域的问题进行广泛探讨、共商合作大计。目前,依托这一机制,中国与东盟国家在湄公河流域开发、信息产业、相互投资、农业、能源、文化、旅游等多个大重点领域进行着广泛而深入的合作,并且双方业已签署农业、信息通信、非传统安全、知识产权等 12 个合作谅解备忘录和合作框架。[5] 这意味着"10+1"业已成为一个多层次、宽领域、全方位的多边合作网络。除此之外,中国与东盟共同参与的区域性多边外交机

---

① Singh Duai Bhanu, Outlook for the ARF: Relevance for India, *Strategic Analysis*, Sep.1999.

② 见表 11-1。

③ 《中国—东盟合作:1991—2011》,中国外交部网站,2011 年 11 月 15 日,http://www.fmprc.gov.cn/chn/pds/ziliao/。

④ 见表 11-1。

⑤ 王光厚、张效明:《多边外交与中国—东盟关系》,《东南亚纵横》2011 年 12 月。

制还包括东盟"10+3"、东亚峰会、亚太经济合作组织、亚欧会议等，中国与东盟国家在众多组织下开展多边外交与合作，不断增加了中国在东盟国家的影响力。

表 11-1 历届东盟与中国领导人会议一览表 [①]

会议名称	会议时间	会议地点	中方出席的领导人	会议内容
第一次中国—东盟领导人会议	1997年12月16日	马来西亚首都吉隆坡	江泽民	发表《中华人民共和国与东盟国家首脑会晤联合声明》，确立双方面向新世纪的睦邻互信伙伴关系
第二次中国—东盟领导人会议	1998年12月16日	越南首都河内	胡锦涛	确定多方位进一步推动双方睦邻互信伙伴关系的发展
第三次中国—东盟领导人会议	1999年11月28日	菲律宾首都马尼拉	朱镕基	探讨双方如何加强在各个领域的对话与合作
第四次中国—东盟领导人会议	2000年11月25日	新加坡	朱镕基	加强贸易投资关系，提出构建自由贸易区构想
第五次中国—东盟领导人会议	2001年11月6日	文莱斯里巴加湾市	朱镕基	讨论建立中国—东盟自贸区事宜
第六次中国—东盟领导人会议	2002年11月4日	柬埔寨首都金边	朱镕基	签署《中国与东盟全面经济合作框架协议》，讨论南海诸多事宜
第七次中国—东盟领导人会议	2003年10月8日	印尼巴厘岛	温家宝	中国政府宣布加入《东南亚友好合作条约》，签署相关合作条约
第八次中国—东盟领导人会议	2004年11月29日	老挝首都万象	温家宝	签署《中国与东盟全面经济合作框架协议货物贸易协议》、《中国—东盟争端解决机制协议》等文件
第九次中国—东盟领导人会议	2005年12月12日	马来西亚首都吉隆坡	温家宝	决定将交通、能源、文化、旅游和公共卫生列为双方新的五大重点合作领域
第十次中国—东盟领导人会议	2007年1月14日	菲律宾宿务	温家宝	签署《中国—东盟自贸区服务贸易协议》，落实信息通信领域的合作对话

---

① 笔者综合整理，资料分别来自东盟秘书处网站 http：//www.aseansec.org/ 和新华网 http：//news.xinhuanet.com/。

续表

会议名称	会议时间	会议地点	中方出席的领导人	会议内容
第十一次中国—东盟领导人会议	2007 年 11 月 20 日	新加坡	温家宝	进一步扩大合作互利互赢
第十二次中国—东盟领导人会议	2009 年 10 月 24 日	泰国华欣	温家宝	回首过往，共谋新发展
第十三次中国—东盟领导人会议	2010 年 10 月 29 日	越南首都河内	温家宝	落实中国与东盟面向和平与繁荣的战略伙伴关系联合宣言的第二个五年行动计划
第十四次中国—东盟领导人会议	2011 年 7 月 21 日	印度尼西亚巴厘岛	杨洁篪	落实《南海各方行为宣言》后续行动指针 就双方未来合作充分交换意见

2. 美国对东盟国家多边外交政策的确立

布什执政期间，美国借"9·11"事件后的全球反恐战略部署大幅度增强与东盟国家的多边安全合作。一方面，巩固和发展与传统区域盟国的关系。另一方面，积极参与东南亚的地区多边对话机制。2002 年 7 月底，在东盟地区论坛年会上，美国展开灵活的外交手段，顺利地说服东盟 10 国同意与美国签署《合作打击恐怖主义联合宣言》。宣言表示：美国将同东盟通力合作，通过双边、多边的外交途径坚决同恐怖主义作斗争。[①] 2003 年，在曼谷举行的亚太经合组织会议上，布什总统大谈美国的反恐战略，并希望东南亚地区的所有国家都能加强同美国的合作。会议之后他借机访问了菲律宾、新加坡和泰国。在访问期间，布什正式接纳泰国和菲律宾为美国的"非北约主要盟友"，从而进一步加强了美国同这些东盟国家的关系。2004 年 5 月，美国同泰国、菲律宾、新加坡等国家举行了"金色眼镜蛇"联合军事演习，试图将东盟各国军队纳入到以美国为中心的联合作战系统中。[②] 2005 年 5 月，美国副国务卿佐利克在访问泰、菲等东盟六国时明确表示："东盟是美国全球视野的核心部分，美国

[①] 曹云华：《九·一一事件以来美国与东盟的关系》，《当代亚太》2002 年第 12 期。

[②] 唐昊：《美国的东盟政策解析》，《国际问题研究》2005 年第 5 期。

希望进一步加深与东盟国家的经济和安全合作。"① 布什政府时期，美国以反恐为契机加强了同东盟国家的多边外交往来。

奥巴马上台以后，其东盟政策较之于小布什时期有了很大的改变。为进一步密切同东盟国家的关系，奥巴马政府采取了一系列相关政策。2009 年 2 月，国务卿希拉里并未遵循首先访问欧洲和中东的习惯，而首先造访了位于雅加达的东盟秘书处，并且表达了美国加入《东南亚友好合作条约》的意向。2009 年 7 月，希拉里出席了在普吉岛召开的东盟地区论坛部长级会议，并当即代表美国签署了《东南亚友好合作条约》，充分体现了奥巴马政府对东盟的重视。2010 年 9 月 24 日，奥巴马邀请东盟 10 国领导人在纽约举行东盟—美国峰会，这是在美国本土召开的首次峰会。美国专家认为，尽管这次峰会实际意义不大，但却明显意味着美国"重返亚洲"的战略步骤正踏上了轨道。2011 年 6 月 15 日，美国与菲律宾、新加坡、马来西亚、泰国等东盟国家举行了名为"东南亚合作与训练"的军事演习。此次演习主要针对海上恐怖活动、跨国犯罪等其他海上威胁，其目的是保障对东南亚海上要道的控制，提高区域协同和信息共享能力。② 2011 年 11 月，美国总统奥巴马接受东盟邀请，首次参加了于印尼巴厘岛举行的东亚峰会，高调介入南海问题。奥巴马政府在东南亚的一系列外交行动无疑提高了美国在东盟国家的地位和影响力。

3. 日本与东盟多边外交——向亚洲回归的重要政治渠道

新世纪伊始，日本就对东盟国家展开了新一轮的外交攻势。为实现其世界政治大国之路，日本更加重视在东南亚地区的地位和影响力，力求将日本与东盟国家关系推向一个新阶段。2001 年 4 月，小泉纯一郎出任日本首相，着力发展与东盟的关系。在他当政的五年内，曾七次出访东盟，参加了八次日本与东盟领导人会晤。2003 年 12 月 11 日，日本首相小泉纯一郎与东盟 10 国领导人参加了在东京举办的特别首脑会议。在会上，小泉正式宣布日本加入《东南亚友好合作条约》，并且发表了旨在推动 21 世纪日本—东盟关系的《东京宣言》和《东盟—日本行动计划》，提出了创建一个以日本和东盟为基础的、囊

---

① 魏红霞：《布什政府对东盟的政策及其对中国的影响》，《东南亚研究》2006 年第 4 期。

② 新华网发展论坛，2011 年 6 月 16 日，http://forum.home.news.cn/thread/85474492/1.html。

括澳大利亚和新西兰在内的"东亚共同体"的构想。之后，在 2004 年 9 月的联合国大会演说及 2005 年初的众议院施政演说中，小泉表示要大力推动东亚共同体的快速实施。虽然小泉在当政时期积极开展对东盟国家的外交并全力促进"东亚共同体"的构建，但是，由于其当政的整个外交时期一味追随美国，忽视与中国的合作，并不顾东亚人民的感情多次参拜靖国神社，此番种种不仅严重阻碍了"东亚共同体"的进程，也使自己在外交上处于空前的孤立地位。

2006 年 9 月，安倍晋三组阁，开始修正小泉时期的东亚外交政策，在修复与中韩外交关系的同时加强日美同盟。2007 年 9 月，在自民党内一直以重视亚洲外交著称的福田康夫当选日本首相。福田康夫上台伊始就表示要修正小泉和安倍的亲美外交，积极推进亚洲外交，要重视与东盟国家的关系，加强与东盟国家在经济上的合作。[①] 2009 年 9 月，以"构建东亚共同体"为政治符号的鸠山由纪夫上台。鸠山上台伊始便积极推动东亚共同体的建设，强化与东盟国家的外交关系。2009 年 10 月 3 日到 24 日，鸠山政府参加了在柬埔寨举行第二届日本—湄公河流域外长会议以及之后在泰国举行的经济部长会议。会议期间日本表示要加大对越老柬的政府开发援助并加强与该地区的经济合作。2010 年菅直人组阁以后，声称继续推动东亚共同体外交，积极加强与东盟之间的合作关系，重点强化同越南的全面战略合作关系。2010 年 10 月，菅直人在访问越南时，两国发表了《一揽子推动战略伙伴关系》的联合声明，双方表示将在政治、经济和安全方面的展开深入的合作。菅直人任期内，提高了东盟在日本东南亚战略中的地位，积极促进日本企业参与东盟的一体化进程及基础设施建设，加强了日本在该地区的影响力。2011 年 8 月，野田佳彦出任日本首相。11 月，野田在巴厘岛东亚峰会上向东盟承诺：日本将通过政府援助资金、信贷及民间资金，为东南亚 33 个重要基础设施项目提供约 250 亿美元的经济援助。其间，他还呼吁应举办多边论坛来商讨亚洲的海事合作，并建议由东亚政府官员和民间专家参与。在亚洲海事事务上，野田表示应当依照普遍认同的国际法准则，大力促进并加深东盟与日本在海事安全领域的合作。野田政

---

① 吴寄南著：《新世纪日本对外战略研究》，时事出版社 2010 年版，第 164 页。

府积极与东盟接触，插手中国与部分东盟国家的领海争端，在外交上强化"鹰派"色彩，以期在南海问题上联合东盟国家，抗衡中国在该地区的影响力。

4."东进"政策高潮中的印度—东盟外交

进入21世纪后，印度进一步加紧实施"东进政策"，强化与东盟的关系。在瓦杰帕伊政府时期，印度与东盟的关系被置于印度外交的突出位置。

2002年11月，印度首次参加了东盟首脑会议，在会上提出要与东盟建立自由贸易区。2003年10月，总理瓦杰帕伊在出席东盟峰会时，与东盟签订了《全面经济合作框架协定》，宣布印度正式加入《东南亚友好合作条约》，并与东盟签署了《关于合作打击国际恐怖主义的联合宣言》（见表11-2）。此后，印度与东盟的外交关系更加密切。在2004年的印度—东盟首脑会议上，双方签署了《东盟—印度建立和平、发展与共同繁荣的伙伴关系》协议，为彼此在多个领域的合作制定了详细的路线图。印度对这份协定的签署给予了高度的评价，有学者表示："这份协议的重要性不仅在于它提高了双方的贸易额，加强了印度与东盟的经济联系，还在于它促使印度能进一步接近东亚的经济大国——中国、日本和韩国。"① 2005年，印度正式加入东亚峰会，与亚太地区的国家就地区事务和安全进行磋商，踏出了"向东"迈进的一大步。2009年，印度与东盟正式签订贸易协定，2010年1月签订《印度—东盟自由贸易区货物贸易协议》。2012年是印度—东盟双边关系建立20周年，20年来印度与东盟外交关系不断深化，传统的双边关系也渐进过渡到双边与多边同步推进并相得益彰的阶段。

表11-2　印度—东盟关系重大历史阶段时间表

时　间	事件／协议
1992	部分对话伙伴关系
1995	完全对话伙伴关系
1996	东盟地区论坛成员
1997	孟印缅斯泰经济合作组织（BIMSTEC）成立
2000	达成湄公河—恒河倡议

---

① Indrajit Basu, Hedging Bets with India http：//atimes.com/atimes/South-Asia/FL01Df04.html.

时　间	事件 / 协议
2002	首次印度—东盟峰会和印度—东盟商务峰会召开
2003	签订《印度与东盟全面经济合作框架协定》
2003	印度加入《东南亚友好合作条约》
2003	印度与东盟关于合作打击恐怖主义的联合宣言
2004	签订《东盟—印度建立和平、发展与共同繁荣的伙伴关系》
2005	印度成为东亚峰会成员
2009	签署《印度—东盟自由贸易协定》（AIFTA）
2010	实施《印度—东盟自由贸易区货物贸易协定》

资料来源：Prashanth Parameswaran，Strengthening ASEAN-India Relations in the 21st Century，Project 2046 Institute，May 2010. http：//www.project2049.net/。

三、中美日印对东盟国家多边外交政策的内容

在传统的外交概念当中，外交的主体通常为主权国家。但是在现今国界日趋模糊、全球问题不断加深的背景下，外交的内容日益多样化，外交活动的行为主体也在朝着多元化的方向发展。外交不仅限于狭隘的政治和军事领域，同时还表现在经济、文化、人权和环境等各方面。在主权国家之外，国际组织、非政府组织、跨国公司与国家之间的复杂互动，都对国际事务及外交起着重大的作用，它们已经成为政治领域不可忽视的国际行为体。多边外交是外交整体的重要组成部分，它以组织、会议、条约、宣言、声明的形式存在。"多边外交的表现形式较为多样化，我们熟知的有多边同盟关系、多边国际组织、多国首脑会议等。"[1] 本章介绍的中美日印在东盟地区的多边外交涉及政治、经济、安全等众多领域，同时也包括次地区、地区、跨地区等多个层次。

（一）中国对东盟多边外交政策的主要内容

1. 政治领域的多边外交

在政治层面上，中国为了消除东盟对自己的疑虑，加强同东盟的合作而采

---

① 钱文荣：《关于多边主义、多边外交的几点理论和政策思考》，《世界经济与政治》2001 年第 10 期。

取了许多建设性措施。冷战结束以来，在各种因素的困扰下，东盟一直对中国有所顾忌。时任新加坡总理吴作栋就曾对中国日益增长的力量、军备的扩张以及政治与军事野心的膨胀产生了忧虑。[①]　为了消除东盟顾虑、增进彼此间的互信，中国主动采取一系列实际行动来解决阻碍中国—东盟间的领土争端问题。1993 年 12 月，中国与老挝签订了《中华人民共和国政府和老挝人民民主共和国政府边界制度条约》，从制度和法制上确保了中老边界的平安稳定。[②]　1993年 8 月中国与越南签订了《关于中华人民共和国和越南社会主义共和国边境问题的基本原则协议》，规定双方为解决陆地边界、北部湾划界以及海上稳定问题而获取和平与长久之法；之后两国又于 2000 年 12 月 25 日正式签订了《中越北部湾领海、专属经济区和大陆架划界协定》，确定了中越两国在北部湾海域的专属经济区的分界线，中国也由此拉开了同邻海国家的边界谈判序幕。近年来，美日印等大国都有伺机介入"南海问题"的企图，而东盟也乐意外来力量的加入以平衡中国在这一区域的实力，这导致南海地区力量错综复杂，争端日益激烈，使中国政府在南海的多边外交政治难以发挥有效的作用。

政治层面的多边外交还表现在中国与东盟双方组织机构间对话机制的建立和完善。20 世纪 90 年代以前，中国与东盟之间并未建立任何正式的联系。此后，双方为适应国际形势需要以及出于对自身战略利益考虑，建立了直接的对话机制和多层次的合作关系。自 1991 年 7 月钱其琛外长首次应邀出席东盟外长会议开幕式以来，中国开始积极关注并出席相关的东盟组织会议，与东盟国家就共同关心的问题定期交换意见，由此建立起了正式的对话机制。到1997 年 2 月，中国与东盟共同建立了一个由五个平行机构组成的总体对话框架，包括中国—东盟高官磋商、中国—东盟科技联委会、中国—东盟联合合作委员会、中国—东盟经贸联委会以及东盟北京委员会，双方对话机制进一步健全。[③]　进入 21 世纪以后，中国—东盟商务理事会于 2001 年 11 月正式启动。

---

①　王光厚著：《冷战后中国东盟战略关系研究》，吉林大学出版社 2008 年版，第 35 页。

②　刘少华著：《中国与东盟国家关系》，湖南人民出版社 2001 年版，第 146 页。

③　新华网，2006 年 5 月 8 日，http：//www.pprd.org.cn/quyu/dongmeng/asean&china/200605080019.htm。

双方继续相互支持、密切合作，双多边的高层交往保持了良好的势头。中国外交部部长助理胡正跃在 2011 年 1 月 16 日接受媒体采访时曾表示：仅 2010 年一年，中国与东盟国家副总理以上的访问就多达 70 起。[①]。自 1997 年首次东盟—中国领导人会议后至 2011 年 7 月，双方共举行了 14 次东盟—中国领导人会议。目前为止，中国与东盟之间已形成了一个从高层领导定期会晤到专门机构就具体问题加以商讨的多层次的对话机制。

2. 经济领域的多边合作

开展经济合作是中国与东盟外交关系中的重要方面。中国与东盟国家都需要和平稳定的环境来集中精力发展经济，这是双方最大利益之所在。因此加强同东盟国家的经贸往来与合作也成为中国对东盟多边外交的重要内容。虽然，中国与东盟国家的经贸关系早在 20 世纪 50 年代就已经形成，但由于受到多种因素制约，20 世纪 90 年代以前总体发展水平都极其低下。冷战结束之后，中国与东盟的经贸合作进入了高速发展时期，经贸合作也成为中国与东盟外交关系的基本动力和主线。[②]

表 11-3　中国同东盟各国的贸易

单位：亿美元

国　家	年　份	1991	1992	1993	1994	1995	1996	1997	1998	1999
越南	贸易总额		1.7907	3.98	5.3282	10.5219	11.5	14.4	12.45	13.18
	中国出口额		1.0636	2.76	3.4166	7.2013	8.4	10.8	10.28	9.64
	中国进口额		0.7271	1.22	1.9116	3.3206	3.1	3.6	2.17	3.54
老挝	贸易总额	0.126	0.3154	0.4063	0.4036	0.5421	0.3484	0.2875	0.2573	0.3171
	中国出口额	0.1083	0.2785	0.3712	0.3597	0.4777	0.2668	0.2293	0.1783	0.2216
	中国进口额	0.0173	0.0369	0.0351	0.0439	0.0644	0.0816	0.0582	0.079	0.0955

[①]　中国新闻网，2011 年 1 月 16 日，http://www.chinanews.com/gn/2011/01-16/2791118.shtml。

[②]　徐静毅：《冷战后中国在东南亚地区实力运用：中国与东盟外交关系》，《中共石家庄市委党校学报》2007 年第 9 期。

续表

国家 \ 年份		1991	1992	1993	1994	1995	1996	1997	1998	1999
柬埔寨	贸易总额			0.2153	0.3627	0.5734	0.7024	1.2	1.62	1.6
	中国出口额			0.2032	0.3527	0.5162	0.6336	0.7568	1.14	1.04
	中国进口额			0.0121	0.01	0.0572	0.0687	0.4501	0.48	0.56
缅甸	贸易总额	3.92	3.682	4.895	5.12	7.67	6.58	6.43	5.81	5.08
	中国出口额	2.86	2.57	3.247	3.69	6.18	5.21	5.7	5.19	4.065
	中国进口额	1.06	1.112	1.648	1.43	1.49	1.37	0.73	0.62	1.015
泰国	贸易总额	12.6947	13.188	13.51	20.23	33.62	31.45	35.14	35.6	42.16
	中国出口额	8.4781	8.948	7.5	11.59	17.5	12.55	15	11.54	14.36
	中国进口额	4.2166	4.24	6.01	8.64	16.1	18.9	20.14	24.1	37.8
马来西亚	贸易总额	13.32	14.75	17.89	27.4	33.46	36.14	44.2	42.6	52.79
	中国出口额	5.28	6.45	7.04	11.18	12.81	13.71	19.2	15.9	16.74
	中国进口额	8.04	8.3	10.84	16.22	20.65	22.43	25	26.7	36.05
新加坡	贸易总额	25.3	32.7	48.91	50.4	68.98	73.5	87.8	81.5	85.6
	中国出口额	17.8	20.3	22.45	25.6	35	36.01	43.2	39.3	45
	中国进口额	7.5	12.4	26.46	24.8	34	37.49	44.6	42.2	40.6
文莱	贸易总额	0.131	0.1539	0.1064	0.1626	0.345	0.3888	0.3331	0.0915	0.081
	中国出口额	0.1076	0.1027	0.1064	0.1626	0.3448	0.3886		0.0914	0.081
	中国进口额	0.0234	0.0513	0	0	0.0002	0.0002		0.0001	0
菲律宾	贸易总额	1.99	3.64	4.9476	7.48	13.06	13.87	16.66	20.1	22.9
	中国出口额	1.46	2.09	2.813	4.76	10.3	10.15	13.39	15	13.8
	中国进口额	0.531	1.55	2.1346	2.72	2.76	3.72	3.27	5.1	9.1
印尼	贸易总额	18.8	20.2	21.4	26.4	34.9	37.08	45.1	36.28	48.2
	中国出口额	4.8	4.7	6.9	10.52	14.38	14.28	18.4	11.71	17.7
	中国进口额	14	15.5	14.5	15.88	20.52	22.8	26.7	24.57	30.05

资料来源：《中国外交概论》、《中国外交》，笔者整理。

　　进入 21 世纪，中国在东盟的多边外交在经济领域取得了巨大的进展，双方的经济合作进一步加深，并共同构建了面向和平与繁荣的战略伙伴关系。2000 年 11 月，朱镕基总理在参加第四次东盟—中国外长会议时，提出了将加强同东盟的贸易投资关系，并且提出了构建中国—东盟贸易区的构想。2002年11月，中国同东盟10国领导人正式签订了《中国与东盟全面经济合作框架协议》，计划于2010年建成中国—东盟自由贸易区。之后中国又与东盟国家签署了《全面经济合作框架协议》补充议定书和《中国—东盟全面经济合作框架协议货物贸易协议》（2004年），这两个协议的签订为中国—东盟自由贸易区的组建奠定了坚实的基础。据统计，2004年，中国向东盟国家出口429亿美元，进口630亿美元，分别增长38.7%和33.1%（见表11-4）。2005年，中国与东盟签署的《货物贸易协议》开始实施，7月启动了全面降税进程，7000多种商品享受优惠关税待遇。2006年是中国与东盟建立对话关系的15周年，同时也是中国—东盟友好年，在这一年中国与东盟国家的贸易进出口额升至1608亿美元。这一数字在2007年更攀升到2025亿美元，同比增长30.8%，是1991年双方贸易总额的23倍（见表11-5）。在东盟国家中，中国最大的贸易伙伴国依然是新加坡和马来西亚，它们在2007年与中国的双边贸易额分别达到472亿美元和464亿美元，同比分别增长15.4%与25.0%。越南、缅甸和印尼与中国的贸易增长率则是最快的，远超东盟其他国家。

表 11-4　2004 年中国与东盟国家贸易额

单位：万美元

国　家	进出口总额	出口额	进口额
菲律宾	1332783.00	426893.00	905890.00
柬埔寨	48243.00	45250.00	2993.00
老　挝	11354.00	10088.00	1265.00
马来西亚	2626112.00	808677.00	1817435.00
缅　甸	114549.00	93859.00	20690.00
泰　国	1734320.00	580157.00	1154164.00
文　莱	29895.00	4789.00	25106.00
新加坡	2668391.00	1268729.00	1399663.00
印　尼	1348050.00	625687.00	722364.00
越　南	674280.00	426084.00	248196.00
总　　额	10587977.00	4290213.00	6297766.00

资料来源：《中国外交概览》和《中国外交》，笔者整理。

表 11-5　2007 年中国与东盟各国贸易额一览表

国　家	进出口总额	出口额	进口额	同比 %		
				进出口	出　口	进　口
菲 律 宾	3061574.00	750005.00	2311569.00	30.80	30.70	30.80
柬 埔 寨	93281.00	88173.00	5109.00	27.30	26.40	45.60
老　挝	26244.00	17741.00	8503.00	20.20	5.20	71.30
马来西亚	4639808.00	1769058.00	2870750.00	25.00	30.70	21.80
缅　甸	206204.00	169098.00	37106.00	41.20	40.00	46.90
泰　国	3463901.00	1197447.00	2266454.00	24.90	22.60	26.20
文　莱	35488.00	11273.00	24216.00	12.70	13.10	12.50
新 加 坡	4715686.00	2963805.00	1751882.00	15.40	27.80	-0.90
印　尼	2500895.00	1261143.00	1239752.00	31.20	33.50	29.10
越　南	1511746.00	1190150.00	321595.00	51.90	59.50	19.40

资料来源：《中国外交概览》和《中国外交》，笔者整理。

2010 年 1 月 1 日中国—东盟自由贸易区正式全面启动后，双方在经贸合作与贸易投资方面保持着高速增长的势头。2010 年双方贸易额达 2927.8 亿美元，同比增长 37.5%，创历史新高。其中，中国从东盟的进口额高达 1546 亿美元。中国首次成为东盟最大贸易伙伴国，而东盟则是中国第四大贸易伙伴。2011 年上半年，双边贸易额增长到 1711.2 亿美元，同比增长 25%。中国继续保持东盟最大贸易伙伴地位，东盟则上升为中国第三大贸易伙伴国。[1]

2011 年 11 月中国外交部发布的《中国—东盟合作：1991—2011》报告中指出："截至 2011 年 6 月底，中国与东盟国家相互投资额近 800 亿美元。"[2] 20 年来，中国与东盟国家的外交关系在经贸合作的驱动下得到了长足的发展。在中方倡议下，中国—东盟银行联合体、中国—东盟投资合作基金相继成立，成为双方投融资合作的重要平台。

3. 安全、地区事务的多边合作

中国与东盟国家的地区安全关系不但是中国与东盟国家多边关系的重要内

[1]　中国新闻网，2011 年 1 月 16 日，http：//www.chinanews.com/gn/2011/01-16/2791118.shtml。

[2]　中央政府门户网站，2011 年 11 月 15 日，http：//www.gov.cn/gzdt/2011-11/15/content_1993964.htm。

容，而且对东南亚地区形势与格局具有重大的影响。冷战结束后，中国与东盟国家的安全形势与安全关系发生了重大的变化，中国与东盟国家之间的安全关系与安全合作也在各个方面不断发展。

中国与东盟国家的安全合作不断深化，形式日趋多样，中国—东盟 10+1、10+3、东盟地区论坛和东盟防长扩大会等都是促进中国与东盟国家多边安全合作的交流活动。

中国与东盟安全合作的领域逐步拓宽，合作的范围涵盖防务、灾难援助、反恐维和、海上通道安全维护以及打击跨国犯罪等诸多非传统安全领域。2002年 11 月，中国与东盟领导人发表《中国与东盟关于非传统安全领域合作联合宣言》，中国与东盟国家在非传统安全领域开始了全面合作。2004 年 1 月由中国倡议建立的首届东盟与中日韩（10+3）打击跨国犯罪的部长级会议在曼谷正式召开。会议决定创建"10+3"打击跨国犯罪合作机制，并发表了《首次东盟与中日韩打击跨国犯罪部长级会议联合公报》。[1] 一直以来防务合作就是中国与东盟合作的重要内容。中国军事科学院曾分别于 2008 年、2009 年举办了两届"中国与东盟高级防务学者对话"，双方就军队现代化与地区互信、东亚地区安全形势与中国—东盟防务合作等问题展开了交流与讨论。自 2010 年起，中国与东盟国家开始定期举办双方防务与安全对话，邀请双方防务政策官员与防务学者就地区防务与安全等问题进行深入研讨。在 2011 年举办的"第二届中国与东盟防务与安全对话"中，双方就如何有效地展开非传统安全领域务实合作、中国与东盟在区域多边安全机制框架下建设双方安全互信机制等问题展开了全面的探讨。[2]

（二）美国对东盟多边外交政策的主要内容

1. 利用反恐和军事合作巩固与传统盟国关系，拓展新盟友

在东南亚国家中，美国与菲律宾一直保持着传统和亲密的关系。尽管两国关系在美军撤离菲律宾后的一段时间内陷入了低谷，但是美国出于其在亚太地

---

[1] 《中国日报》2010 年 10 月 12 日，http://www.chinadaily.com.cn/hqjs/jsyw/2010-10-12/content_995795_2.html。

[2] 中国广播网，2011 年 12 月 12 日，http://www.cnr.cn/junshi/zgjd/201112/t20111212_508914322.html。

区战略利益的考虑，一直试图恢复同菲律宾的密切合作。"9·11"事件以后，菲律宾立即表态，积极支持美国的反恐战略并且率先加入了美国的全球反恐同盟。2002 年 11 月 21 日，美菲签署了《共同后勤支援协定》，为美军的进驻菲律宾大开方便之门。2003 年，美国正式接纳菲律宾为其"非北约主要盟友"。之后美菲开始了更加紧密的合作。2012 年 1 月，美菲在华盛顿举行第二届双边战略对话，双方承诺加强在安全、防务等领域的合作，同意扩大海上安全合作，并确定于 2012 年 3 月举行"2+2"高层磋商会议。①

冷战以后，出于对地区安全的考虑，新加坡、马来西亚和文莱等东盟国家仍希望美国在东南亚地区保持军事存在以维护该地区的和平与安全。美国对此给予了积极的回应与安抚，"9·11"事件后加强了同这些国家的军事合作。2002 年 5 月，美新泰举行了为期 15 天的"金色眼镜蛇"大型军事演习。② 之后美国还不断地邀请其他国家参加，截至 2012 年 2 月，美国与东盟部分国家共举行了 31 次"金色眼镜蛇"军事演习。泰国在 2003 年继菲律宾之后正式成为美国的"非北约主要盟友"。

除了巩固与老牌盟国的关系外，美国更加注重修复同印尼、越南等有历史积怨国的关系。继 2003 年美国前国防部长对越南进行的"破冰之旅"访问后，美国加紧修复与越南的关系。2010 年 8 月 10 日，在美越建交 15 周年之际，美军与越军在越南中部城市岘港附近海面上举行了首次联合海军演习，美国和越南的军事关系就此取得了实质性的发展。17 日，美越两国的国防部官员在河内举行了首次高层防务对话，标志着美越军事关系进一步强化；③ 2000 年 5 月，美国正式提出恢复同印尼的军事关系，并于 2002 年 4 月进行了两国首次的国防安全对话，到了 2005 年，美国开始全面恢复与印尼的军事教育与训练计划。这一计划在 2006 年得到了实质进展，印尼从美国共获得了近 100 万美元的军事资助，而这一数字在 2009 年升至 2000 万美元。同时，印尼作为

---

① 《美菲第二次双边战略对话结束》，《人民日报》2012 年 1 月 29 日。

② 王伟东：《透视"9·11"事件后美国对东南亚的政策》，《东南亚纵横》2004 年 12 月。

③ 凤凰新闻网，2010 年 8 月 19 日，http://news.ifeng.com/mainland/special/zhongmeijiaofeng/meiguo/detail_2010_08/19/1983214_0.shtml。

新兴经济体，其强劲的经济发展潜力和东盟最大国家的领导地位愈加被美国看好，2010年6月，美国和印尼签署《防务领域合作活动的架构安排》合约。7月22日美国宣布解除对印尼特种部队的制裁，并全面恢复与印尼在军事安全方面的合作。

2011年是美国反恐10周年，在这十年内，美国利用反恐和军事合作不断地增强了在东南亚地区的军事存在和政治影响力，巩固了同传统盟国的关系，积极发展新的盟友，从多边和双边入手构建了以美国为主导的东南亚地区合作安全格局。

2. 以地区多边合作机制为依托展示美国"新形象"

2009年7月，在反思布什政府时期的单边主义外交政策之后，美国国务卿希拉里于国家对外关系委员会上首次论述了奥巴马政府的"巧实力"外交政策，提出了对多边合作对话机制的重视并于2009年7月正式签署了《东南亚友好合作条约》。这标志着美国与东盟关系进入了一个新的发展阶段，同时也为美国与东盟建立各种制度化的联系打下了基础。美国与东盟共同参与的地区性多边外交机制有东亚峰会、东盟地区论坛、亚太经合组织、美—湄合作机制、东盟防长扩大会议机制等。美国在上述多个地区多边机制及次区域多边机制下对东盟展开了全方位的多边外交。

政治与安全合作方面：在积极加入《东南亚友好合作条约》以后，美国与东盟的关系进入了历史性的转折点，双方在政治和安全领域展开了密切的合作。首先是2009年底第一届东盟—美国领导人会议的召开，奥巴马承诺深化与东盟国家在贸易投资、地区安全、灾难应对、食品及能源安全、气候变化等多领域合作，并期待同东盟领导人共同推动美国与东盟关系的发展；第二届东盟—美国领导人会议于2010年9月在纽约举行，此次会议拟定了双方在多个领域的合作框架；2011年11月，美国和东盟国家在巴厘岛举行了第三次领导人会议，会议讨论通过建立东盟—美国名人小组来提升美国与东盟的伙伴关系。[①] 与此同时，美国还参加了11月在巴厘岛的东亚峰会。美国的这一举动

---

① Association of Southeast Asian Nations/External Relations：Overview of ASEAN-US Dialogue Relations，http://www.aseansec.org/23222.htm.

被看成是美国"重返亚洲"的重要标志。在地区安全合作方面，美国积极加入由东盟主导的东盟地区论坛和东盟防长扩大会议，就地区热点与和平问题进行协商合作。

在经济合作方面：小布什在任期间，美国就非常注重与东盟国家的经贸合作。2006 年 8 月 25 日，美国与东盟国家签署了《贸易与投资框架协议》，该协议将为美国和东盟成员国加强贸易和投资关系提供一个良好的平台。奥巴马上台以后加紧同东盟国家的贸易合作。2010 年 9 月，奥巴马总统与东盟领导人在纽约会谈时就表示美国将焦点放在同东盟的经济合作上。事实上，美国对东盟国家的出口增长速度远远快于对其他国家的出口。同时，美国在亚太地区积极促成"跨太平洋伙伴关系协议"（TPP）的扩容。美国希望通过 TPP 这一多边框架将更多的东盟国家纳入以美国为核心的经贸体系，以便其在经济上强化东盟国家对美国市场的依靠，促进与东盟国家的经贸合作。

其他合作方面：在美国加入《东南亚友好合作条约》的第二天，美国国务卿希拉里便与湄公河下游的泰国、越南、老挝和柬埔寨 4 国外长在普吉举行会议，就加强包括在河流灾害预防等领域的合作达成了共识，美国向湄公河流域下游国家提供了 1.87 亿美元的援助。同时会议还决定将"美湄会议"定为东盟与对话伙伴外长会议期间举行的年度会议。[①] 第二届"美湄会议"（全称：美国—湄公河下游国家框架合作全体会议）于 2011 年 11 月在老挝首都万象召开，此次会议确定了与会各国在教育、卫生、环保和基层设施方面的合作。美国通过其灵活的外交手段，在各个领域同东盟国家展开多边外交，最大限度地表达了美国对东盟的重视，进而提高了美国在东南亚的影响力，塑造了美国在东南亚的良好国家形象。

（三）日本对东盟多边外交政策的主要内容

1. 以双边和多边的区域经贸合作为基础

长期以来，日本与东盟都保持着非常密切的经贸关系，促进与东盟的经贸

---

① 凤凰新闻网，2009 年 7 月 23 日，http://news.ifeng.com/world/200907/0723_16_1265918.shtml。

合作是日本与东盟外交的重要组成部分。但是，成立之初的东盟由于自身的经济合作和制度构建都没有取得突破性的进展，使其在日本的东南亚外交中并不占重要地位。[①] 因此，在东盟内部的经济合作没有获得具体成果的情况下，日本不可能与其进行具体的合作项目计划，同时东盟的各成员国考虑到直接与日本合作以实现自己的利益比通过东盟组织来间接实现更加便利。所以，这一时期，日本在东南亚的政策多以和单个东盟国家的双边合作为主。日本与东盟多边关系的正式确立以 1973 年 11 月设立的"东盟—日本橡胶论坛"为标志，双方的经贸合作在福田时期得到了进一步的发展。20 世纪 90 年代，日本以官方发展援助（ODA）为基础不断发展与东盟的多边关系。在 1994 年的清迈会议上，日本与东盟决定成立印支经济合作工作组，日本承诺对越、老、柬的经济发展提供协助，并对前往东盟国家投资的企业进行资金援助。1995 年，东盟与日本的贸易额达到了 11.9 万亿日元，成为日本的第二大贸易伙伴。[②]

21 世纪初，日本与东盟的经济合作也取得了突破性的进展。2001 年 11 月，中国与东盟达成了在 10 年内建成中国—东盟自由贸易区的协定。日本深感中国强劲的经济势头以及与东盟的经济外交将极大地影响日本在该地区的实力，于是也不甘示弱，在 2002 年 1 月与新加坡签订了《日本—新加坡新时代经济伙伴关系协定》（JSEPA），该协定成为日本与东盟国家的第一个双边贸易协定。同年 11 月，在日本—东盟首脑会议上，双方签署了《日本—东盟全面经济合作伙伴联合宣言》，表示争取在 2012 年之前签订自由贸易协定，建成自由贸易区，实现日本与东盟国家的全面经济合作。之后日本开始积极举行与东盟和东盟国家的经济合作谈判（EPA）。

2008 年 4 月 14 日，历时 3 年谈判的东盟—日本全面经济伙伴关系协定（AJCEP）正式签署，根据该协定，日本同东盟国家之间约 90％ 的双边贸易在今后 10 年内将免税。对日本来说，AJCEP 是第一个以地区组织为对象的多国

[①] 王士录、王国平著：《从东盟到大东盟—东盟 30 年发展研究》，世界知识出版社 1998 年版，第 77 页。

[②] 邓仕超著：《从敌对国到全面合作的伙伴——战后东盟—日本关系发展的轨迹》，世界知识出版社 2008 年版，第 96 页。

间经济合作协定，它是日本自 2002 年 1 月以来对东盟经济外交的最大胜利，同时也是双方经济关系密切的重要标志。2008 年日本与东盟的贸易额达 2089 亿美元，其中日本从东盟的进口额为 1061.19 亿美元，是日本的第二大进口来源地，超过从美国进口的 770 亿美元，仅次于中国的 1423 亿美元；出口额为 1027.97 亿美元，仅次于美国的 1362 亿美元，中国的 1240 亿美元，成为日本的第三大出口对象国。[①]

表 11-6　日本与东盟及东盟各国经济伙伴关系（EPA）签订的进程

东盟国家	生效日期	EPA 进程
新加坡	2002 年 11 月	2002 年 1 月签订，11 月正式生效。 2006 年双方决定就现有协定进行修改，2007 年 9 月修改后的协定正式生效。
马来西亚	2006 年 7 月	自 2002 年起进入政府研究阶段。 2004 年 1 月双方开始谈判，2005 年 12 月正式签署，2006 年 7 月正式生效。
泰　国	2007 年 11 月	2002 年 4 月双方开始对签订 EPA 进行磋商。 2004 年 2 月进入政府谈判阶段，2007 年 4 月正式签署，11 月 1 日正式生效。
印度尼西亚	2008 年 7 月	2003 年 6 月提出，2005 年 7 月进入政府谈判阶段。 2007 年 8 月 20 日正式签署，2008 年 7 月正式生效。
文　莱	2008 年 8 月	2005 年 12 月两国进行磋商，2006 年 6 月开始谈判。 2007 年 12 月正式签署，2008 年 8 月生效。
菲律宾	2008 年 12 月	2002 年 8 月两国成立 JPEPA 研究小组，2004 年 2 月启动双边谈判。 2006 年 9 月正式签署，于 2008 年 12 月正式生效。
越　南	2009 年 10 月	2005 年 12 月成立联合研究小组，2007 年 1 月进入政府谈判阶段。 2008 年 12 月正式签署，2009 年 10 月生效。
东　盟	2008 年 12 月	2002 年开启双边研究，2003 年 10 月签署《日本—东盟全面经济合作框架协议》。 2005 年 4 月进入政府谈判，2008 年 4 月签署协定，同年 12 月正式生效。

　　资料来源：日本外务省网站 http://www.mofa.go.jp/policy/economy/fta/index.html，中华人民共和国商务部驻亚洲国家经商处（室）调研汇编 http://template1.mofcom.gov.cn/cu/cu.html 综合整理。

---

　　① 刘方影著：《日本与东盟经济贸易关系》，东北财经大学应用经济学，2010 年。

在次区域经济合作方面，日本同湄公河流域国家一直往来密切。2007年1月，日本与越南、柬埔寨和老挝三国在宿务外长会议上确定通过了"日本—湄公河地区伙伴关系计划"，决定增加对湄公河流域国家的援助。2008年1月，日本与湄公河流域五国举行了首次外长会议，确定援助该地区建立"东西经济走廊"和"南部经济走廊"，并将2009年定为"日本—湄公河交流年"。2009年6月，第二次日本—湄公河流域五国首脑会议的地点设在日本，会议就湄公河地区的综合发展、环境与气候变化、克服该地区经济社会脆弱性以及扩大各层次交流合作等问题进行了磋商，会议还决定每年都举办日本—湄公河流域各国首脑会议，定期举办外长会谈和经济部长会谈。日本通过与东盟国家在经济合作方面进行区域与次区域的双边多边外交，不断深化同东盟国家的关系，扩大在东南亚地区的国家影响力。

2. 强化与东盟的多边外交，谋求政治大国地位

日本在20世纪80年代中期以后确立了走向政治大国的外交战略，发挥区域主导作用的实力与愿望与日俱增。而日本将东盟的支持视为其实现政治大国的必要条件。中曾根康弘上台以后，除继续强化与美国和欧洲的传统关系外，也把东南亚放在其亚太外交的重要位置。福田以后的历届内阁也都重申：要尊重东盟在该地区的主导精神、坚持和平发展路线、坚决不做军事大国。[1] 而宫泽首相则认为日本国际政治影响力的增强有利于日本在国际活动中维护东盟的利益。[2]

冷战结束后，国际格局发生了新的变化，日本的对外政策也面临新的调整与挑战。日本借助柬埔寨的和平问题加大了对东南亚的外交步伐。1991年海部俊树首相在访问新加坡时表示日本愿意为使东盟与印支三国结成伙伴关系而提供合作。与此同时在阿富汗、伊拉克等国际热点地区和国际维和、裁军等国际事务方面，日本借机希望得到东盟的理解与支持，以赢得国际社会的信任，树立其政治大国的影响和地位。同时，日本还利用其在东南亚地区的影响力积

---

① 白如纯:《日本与大湄公河次区域经济合作》，2010年经济蓝皮书。

② 王士录、王国平著:《从东盟到大东盟——东盟30年发展研究》，世界知识出版社1988年版，第352页。

极唆使东盟国家支持日本进入联合国常任理事国。1994 年表态赞成日本入常的中东亚地区国家有 7 个，除了蒙古外，都是东盟国家，包括菲律宾、印尼、马来西亚、老挝、泰国和柬埔寨。

利用东盟地区论坛和外长扩大会议等地区多边机制积极参与到地区政治安全事务是日本谋求政治大国的又一多边外交措施。在东盟地区论坛上日本热切地推销日本的政治安全理念，倡导所谓的"人的安全保障"，即在全球范围内消除恐怖和战争，解决贫困与环境等问题，以保障人身安全与自由民主的权利。借以拓宽日本的外交活动领域，树立良好的政治形象。

3. 积极促进"东亚共同体"的构建

就日本而言，"东亚共同体"的概念经历了一个不断演变与深化发展的漫长过程。早在 20 世纪 60 年代，日本就提出了"太平洋经济圈"的构想。七八十年代的时候，日本在东亚的贸易和投资不断增加，激发了其对东亚经济合作的狂热构想。但是由于后来日本在"泡沫经济"的打击下，经济陷入了长期衰退自顾不暇，而且美国对东亚经济合作存在很多疑问，所以，当时任马来西亚总理的马哈蒂尔提出建立"东亚经济集团"时，日本表现出异常的冷漠，加之，日本在亚洲金融危机后不尽如人意的表现，使其在东南亚地区的形象大受影响。

21 世纪初，中国和东盟积极接触，并与东盟在 2001 年达成了在 10 年内建成自由贸易区的协定。这一举动让日本深受刺激，很多人都将其视为中国在东亚取代日本的前奏。因此，2002 年 1 月，小泉在访问东盟 5 国的时候，倡议日本与东盟加强经济合作，并就此提出了"东亚共同体"的构想。这是日本政府首次正式提出"东亚共同体"构想，至此，"东亚共同体"上升到日本的国家战略高度。小泉在其任期内积极推动"东亚共同体"的发展，在 2002 年与新加坡签订了《新时代经济合作伙伴关系协定》（JSEPA），2005 年与 2006年分别同马来西亚和菲律宾签署综合经济合作协定（EPA）。但是由于小泉在任期内持续参拜靖国神社，恶化与中韩的关系，使日本在亚洲陷入了空前的孤立，因此日本的"东亚共同体"构想逐渐淡出了日本的外交舞台。

2009 年 9 月，日本首相鸠山由纪夫在联合国大会上重提构建"东亚共同体"的构想，并强调日本今后的外交要以构筑"东亚共同体"为目标，强化日本在亚洲的外交。之后，在出席 2009 年 11 月在新加坡举行的 APEC 首脑会议时鸠山发表了有关东亚共同体构想的演说，主张通过加强区域经济合作来引领世界。迄今为止，这篇演说堪称是日本在东亚共同体问题上调门最高，措施也最明确的一次表态[1]。随后，菅直人继任日本首相，虽然菅直人在其任期也曾表示要把鸠山由纪夫提出的东亚共同体构想具体化，但是这一想法随着他的卸任而告终。安倍上台之后，进一步深化日本—东盟关系，2013 年 12 月 13 日—15 日，日本与东盟特别首脑会议在东京举行，通过了一份旨在加强经济、防灾及安保等领域合作的共同声明，安倍在会议之后举行的一次记者招待会上说，"通过这次会议，日本与东盟关系上升到一个新层次"。日本十多年来为东亚共同体奋斗的历程，在很大程度上加深了同东盟国家的关系，在东南亚地区，日本的国家影响力也在不断增强。

（四）印度对东盟多边外交政策的主要内容

1. 积极发展与东盟的全方位外交关系，为促进多边经贸合作创造有利条件

20 世纪 90 年代，印度开始实行经济改革，强化与外界的经贸往来是印度迫切需要的。而此时东盟经过多年的发展，其经济实力已不可小觑。因此，印度想通过加强与东盟的经贸联系来壮大本国的经济实力，强化其地区大国形象。

为此，印度从三个方面着手准备。首先，便利经贸往来，改善投资环境。90 年代初，印度开始推行以吸引外资为主要特色的经济改革，制定一系列有利于经济发展的改革措施，吸引东盟国家投资。1991 年至 1995 年间，印尼在印度的投资额为 12.2 亿美元，马来西亚是 125.2 亿美元，新加坡则为 134.9 亿美元，而泰国高达 234.9 亿美元。[2] 其次，随着双方的经贸合作日益密切，为进一步便利贸易往来，印度加强了与东盟的政治交流。1996 年 7 月，印度

---

① 吴寄南著：《新世纪日本对外战略研究》，时事出版社 2010 年版，第 168 页。
② 张党诺、竭仁贵：《试析冷战后印度与东盟的关系》，《东南亚纵横》2006 年第 11 期。

加入东盟地区论坛，1997 年正式成为东盟对话伙伴国。活跃的外交活动为双方经贸合作的快速发展创造了有利条件。最后，积极参加各种区域性多边组织。印度为了避免在区域经济一体化中被边缘化，加紧与东盟国家建立新的次区域多边组织或热切地参与到已有的地区多边组织当中。2000 年 7 月在曼谷召开的第 33 届东盟外长会议上，印度与湄公河流域国家达成共识，正式成立恒河—湄公河组织，并签署了《万象宣言》。该宣言确定了六国在旅游、文化、教育、交通四个领域的合作。次年在越南河内召开了第二次恒河—湄公河合作部长会议，增加了在信息和网络安全方面的合作。11 月，印度与东盟召开了第一届"印度—东盟首脑会议"和"印度东盟商业峰会"确立了双方的年度峰会机制，成为东盟的第四个"10+1"机制。受中国和日本与东盟构建自由贸易区的影响，印度于 2003 年同东盟签署了一个关于在 2011 年前建立自由贸易区的框架协议，这个自由贸易区将涵盖商品、服务和投资等多个方面。2009 年，印度与东盟签署了《印度—东盟自由贸易协定》（AIFTA），2010 年 1 月开始实施货物自由贸易协定，服务贸易和投资领域还在进一步商谈阶段。该协定的生效汇集了东盟 4000 多种商品进入印度，截止到 2010 年底，印度和东盟 10 国的贸易额为 503 亿美元，双方希望到 2012 年实现 700 亿美元的目标。

2. 强化与东盟的外交关系，助印度走向世界大国之路

印度的大国外交思想由来已久，早在尼赫鲁时期，这种思想就已经是印度外交的主旋律。走出南亚，做"有声有色"的世界大国是历届印度政府奋斗的目标。印度施行"东进"外交就是为了扩展外交空间，扩大自身的影响，谋求大国地位。

东南亚优越的地理位置，东盟令人瞩目的发展速度和影响力，决定了东盟在印度"东进"外交中的关键地位。为了实现印度大国的梦想，印度以东盟为突破口，主动加强与东盟的关系，积极参与地区合作。在外交往来上，印度与东盟积极接触，从东盟的部分对话伙伴国发展到完全对话伙伴国。双方在频繁的首脑互访中加深了了解，增强了政治互信，在印度入常问题上得到了东盟的支持和理解。早在 1988 年印度著名智囊机构"国防研究与分析所"作的一份

国家报告中就指出："印度的外交政策必须超越狭小的南亚而进入更大的亚太地区，这才是印度的未来之所在，因而有必要与东盟建立密切的战略关系，希望东盟能够支持它在联合国安理会上获得一个席位。"① 在增加政治互信的同时，印度也积极参与该地区的多边合作机制，包括东盟地区论坛、自由贸易区，通过这些多边机构，进一步参与地区事务。2005 年印度被邀请出席东亚峰会开幕式，获得被视为亚太地区大国的政治认可。支持印度参加东亚峰会的东盟国家有新加坡、印尼和泰国以及东亚的日本和韩国，他们不顾中国反对，坚决拥护印度，充分表明了印度在亚太地区的影响力。

3. 加强与东盟的多边军事安全合作

加强与东盟国家的多边军事安全合作是印度对东盟多边外交的另一个着力点。在 20 世纪 90 年代，印度推行"东向"外交政策以来就与东盟在军事合作方面进行了频繁的接触。

首先，与东盟国家举行频繁的多国联合军事演习。早在 1992 年印度就多次表达了与东盟进行联合军事演习、军事人员交换及军舰互访活动的想法，此举得到东盟的积极响应。1992 年 10 月，印度海军与东盟各国的海军在印度洋上举行了"友好"的军事演习，并且有意向东盟兜售军事武器。1994 年，印度与新加坡海军举行了首次联合军演，之后又和马来西亚、印尼举行了海军战术联合演习。进入新世纪，印度与东盟国家的军事演习无论是在数量还是规模上都不断扩大。2000 年，印度与越南、日本以反恐和打击海盗为名在南海海域举行庞大的海军联合军事演习。② 2002 年 5 月，印度首次以观察员国身份观摩了泰国、美国、新加坡在泰国举行的"金色眼镜蛇"年度联合军演。2003 年 2 月中旬，印度海军邀请东盟国家的马来西亚、缅甸、泰国和新加坡四国参加了代号为"米兰—2003"的海上军事演习。2006 年 1 月 9 日，印度在安达曼—尼克巴群岛海域上演了本年度全球首场联合军演的大戏。来自东盟的马来西亚、新加坡、缅甸、泰国和印尼等 9 国海军参加了此次代号为"米兰—2006"的联合军事演习，演习持续了 5 天，目的主要是为了遏制印度洋海域恐

① 陈杰：《冷战后中国与印度东南亚战略之比较》，电子科技大学国际政治系 2005 年毕业论文。
② 吴崇伯：《印度与东盟军事与安全试析》，《南洋问题研究》2008 年第 3 期。

怖主义和海盗的蔓延。2010年印度的"米兰"军事演习已经扩展到12个国家，演习持续6天。2012年的"米兰—2012"军事演习有来自东盟国家、太平洋国家的14个国家参加。这已经是自1995年首场米兰军演的第八场。眼花缭乱的军演不仅体现了印度综合实力和地区影响力的不断增强，同时也表明了印度走向国际舞台信心的大幅提升。其次，与东盟各国签署防务协议。早在1993年和1994年印度就分别同马来西亚和越南签署了防务协议，承诺为马来西亚和越南提供军事人员培训及武器装备配件。1996年印度正式成为东盟的对话伙伴，印度海军便立马访问了刚刚加入东盟的越南，两国达成协议，在建设海军舰船等领域展开合作。2000年4月，印度国防部长再次访问越南，两国签署了多达15项的军事合作协议，合作的领域包括联合打击海盗、舰艇建造、军队培训、军事人员培养等方面。2007年7月，印度和越南同意"多样和深化"双边关系，扩大贸易，在民用和能源领域进行合作，寻求"加强防务供应、联合项目、训练合作以及情报交换的合作"。2010年，印度国防部长安东尼曾许诺为越南的军事力量升级提供一切可能的帮助。目前，印度已经向越南海军提供了原产自俄罗斯的军舰，双方还曾组织联合军事训练，以应对中国在亚太地区的战略行动。

在东盟国家中，印度与新加坡的关系最为密切，新加坡是印度与东盟关系的强有力拥护者。牢固的双边关系导致了双方签署了2003年的防务合作协定。2004年印度与新加坡签署了一项允许新加坡军队以训练为目的使用印度领土以及印度提供的军事器材和装备的军事协议。2008年12月印度又与新加坡签订了陆军联合演习的双边协定，使双方本就密切的防务关系进一步提升。一直以来，印尼都非常支持印度与东盟加强接触，而印度也认为印尼是东盟最大的最具影响力的成员。2005年，印度和印尼同意建立战略伙伴关系并深化和扩大政治、经济与安全关系，为联合制造军事设备提供了可能。虽然印度与马来西亚、泰国、菲律宾的关系还不如与新加坡、越南、印尼那样牢固，但是作为东盟的成员国，印度也加强了同他们的安全合作，并签订了军事协定。

四、大国对东盟多边外交与软实力的提升

多边外交相对于双边外交而言具有明显的公开性和包容性。公开性是指在外交活动中至少有两个以上的国家参与和交流，那么多边协议的制定以及政策的讨论和执行就相对更加透明。而包容性则是指由于外交活动的参与者愈多，参与国对绝对利益和相对利益的考虑就会愈加明确与细致，因此，在适当的情况下就会相互妥协以便使多边协议的执行更加具有可行性。一国通过多边外交，在国际舞台上宣示其政策，展示其领导人的魅力，协调各国的行动，推动各项计划的实施，塑造国家形象，在实现本国外交政策目标的同时，也推动了地区乃至全球的共同利益，正是通过这些途径，一国软实力的资源迅速转化为现实的软实力。因此，我们可以说，多边外交，是一国实现和输送软实力的重要途径。

（一）多边外交提升了大国的软实力

1. 中国

长久以来，中国借助多边的平台，在地区和全球范围内开展众多的多边外交活动。中国与东盟国家的多边合作取得了较为显著的成效也呈现出许多特点。例如，具有强烈的主权意识、以不结盟作为合作的基本理念、领域广泛、形式多样等。但是，近年来，中国在东盟国家的多边外交逐渐展现出一些新的特点。

（1）谨慎运用多边外交，双边和多边灵活驾驭

在"大国是关键、周边是首要、发展中国家是基础、多边是重要舞台"的中国外交战略中可以看出，中国已经把多边外交视作维护国家安全、推动国家间合作、谋取国家重要利益、稳固中国与东盟国家关系的重要平台。有专家指出，在和平共处五项原则基础上推动多边外交，有利于中国争取较长时期的国际和平环境和良好的周边环境，有利于维护世界和平和促进共同发展。那么，在我们高度赞扬多边外交在中国与东盟国家关系中所占据的重要地位时，是否

暗示着双边外交便失去了他传统的魅力呢？事实上，中国同东盟成员国之间密切的双边关系一直都是其多边外交的重要基础。而另一方面中国对区域性多边组织的积极参与增强了同东盟的政治互信，也巩固了中国同东盟各成员国之间的双边关系。因此，在处理同东盟国家关系时，多边和双边外交是既独立存在，又相辅相成、相互作用的关系。在涉及中国国家安全、主权和发展等各类重大利益问题上，中国一般是倡导站在双边主义的平台上予以解决。例如在南海问题上，中国一贯是主张同领土争议国进行双边交涉，用和平谈判的方式解决领土争端，反对将南海问题多边化、国际化。但是多年以来，南海问题在双边外交的作用下并没有得到有效的解决，中国一直反对用多边外交解决南海问题，但南海争端实际上已经多边化了，所以中国政府也在试图采用灵活的多边外交消除各国的疑虑，平衡各方的利益，争取早日解决南海问题。

（2）以多边舞台为依托的经济合作在外交中的地位不断上升

从20世纪90年代中期，经贸合作就已经逐步成长为中国—东盟外交关系中的主要内容。特别自2010年中国—东盟自由贸易区建成以后，中国与东盟国家的高层互访越来越频繁，对多边经济合作的参与也越发积极。中国—东盟自贸区启动后，双方的平均关税从9.8%降至0.1%，东盟六个老成员国对中国的平均关税从12.8%降至0.6%，双方对超过90%的产品实行零关税，有力推动了双边贸易的快速发展。2011年1—10月，中国与东盟贸易总额高达2959亿美元，较2010年同期增长25.7%。2011年11月由中国、东盟共同倡议的中国—东盟中心正式建成，该中心的建成对促进中国与东盟国家全方位的合作发挥了积极作用。

（3）软实力的提升

国家的对外交往领域往往最能体现一国软实力。虽然中国在这一块做得比其他国家晚，但却同样非常出色。这点我们可以从中国在东盟国家的多边外交实践中看到其成果以及它所带来的软实力提升。

政治方面，"10+1"机制下的中国与东盟10国领导人非正式会晤、11个部长级会议及5个工作层会议等一系列会议构成了中国与东盟国家间较为完善的对话合作机制。在这一多边外交机制下，中国与东盟每年都会就彼此共同关心的经济、政治、安全、文化等领域的问题进行广泛探讨、共商合作大计。①
这些多边外交手段为中国创造了维护地区和平稳定、促进共同发展的良好国际
形象。在经济方面，中国—东盟自贸区、每年的中国—东盟峰会所取得成果不
是简单的能用经济价值来估量的，因为更重要的是它让中国的国家形象在国际
上更加丰满。在非传统安全领域，双方在防务、灾害救援、反恐维和、维护海
上通道安全、打击跨国犯罪等方面建立了多个多边对话机制，有力地塑造了中
国负责任大国的形象，提高了中国在东盟国家的软实力。

2. 美国

（1）务实协调双边外交和多边外交

冷战后，美国在东盟的传统战略是以双边同盟为主轴的。面对东南亚地区
不断出现的多边机制，美国多表现出忽视和架空的态度，在外交政策的采用
上，奉行单边主义，单独与东盟的各个国家进行外交上的往来。但是随着东南
亚地区不断兴起的多边合作机制，以及中国在这个地区不断增加的影响力，美
国深感自己的国家利益受到了撼动。美国的国家利益就是要稳固其世界霸主地
位，重塑由美国领导的世界政治秩序。而面对世界形势的变化以及美国外交困
境和自身实力的相对下降，美国政府在外交政策的使用上转而借助多边主义的
平台，从而降低单边主义使用的风险，这便是美国多边外交的务实所在。

美国重返东南亚的步骤是以加强同菲律宾、泰国和新加坡等老牌盟国的双
边合作为基础的，在此基础上加紧改善同越南和印尼的关系，同时加强同缅甸
和柬埔寨的往来。以期通过与东盟单个国家建立双边军事同盟来稳固美国在亚
太地区的战略利益。2011 年 2 月，美国发布的《国家军事报告》中表示：美
国将扩大同菲律宾、马来西亚、印度尼西亚、新加坡、越南、泰国等国家的军
事安全合作与交流演习。同时《国家军事报告》也指出尽管美国在这一地区的
安全结构是以美国的双边同盟为基础，但这种情况正在复杂化，其中也存在正
式或非正式的多边关系。② 因此美国在东南亚地区采取多边外交的方式拉拢
与东盟的关系，加深美国在这一地区的影响力和国家形象是既对该地区形势的

---

① 王光厚、张效明：《多边外交与中国—东盟关系》，《东南亚纵横》2011 年第 12 期。
② U.S. Department of Defense.Feb.2011, http: //www.defense.gov/.

一种妥协也是对自身能力相对衰弱的无奈之举。

（2）软实力的提升

近两年，美国在东盟国家使用的多边外交政策最突出的特点就是，重塑了美国的国家形象，增强了其在东南亚国家的软实力和影响力。美国在东南亚的国家形象以1997年的亚洲金融危机为界，前后变化很大。[①] 1997年以前，美国是东南亚地区的长期霸主，不论是在政治安全还是经贸合作方面，美国在东盟国家中都享有很高地位，大多数东南亚人都很推崇美国的政治经济理念和文化价值观念。但是亚洲金融危机时，美国在东南亚"趁火打劫"，对东盟国家提供援助时附带诸多条件，趁机干涉他国内政。之后美国更是以反恐之名，大肆干涉他国事务，使东南亚国家对其甚为反感。不仅如此，美国还就缅甸入盟问题、印尼内政、马来西亚人权等问题，对东盟国家横加干涉，施加压力。再加上美国对东盟这个多边组织的忽视以及受到中国崛起的影响，美国在东盟国家的形象大不如前。奥巴马政府上台以后对东盟国家不断接触，大力推行多边外交很明显的一个特征就是要重塑美国在东南亚地区的国家形象，提升美国的软实力。例如，奥巴马上台以后，积极落实与东盟的多边合作，签署《东南亚友好合作条约》，与东盟国家在东亚峰会、东盟地区论坛、"美湄合作机制"、东盟防长扩大会议等多边机制中展开积极的合作与互动；在南海问题上，美国支持东盟国家将南海问题国际化，多边化，坚持用多边合作的方式解决领海争端，并积极加强同越南的军事合作，以应对中国不断强大的军事能力。虽然多边外交并不一定利于南海问题的解决，但是对美国而言，遏制中国在东南亚的影响力、用多边外交的手段提高美国在东南亚的软实力才是关键。

3．日本

（1）主动务实

从日本在东南亚外交的演变和发展历程来看，日本从本国的国家利益出发，无论在应对双边还是多边的合作机制时，都扮演了积极主动的角色。

20世纪60年代时，日本主动利用"赔偿外交"援助东南亚各国的基础建

---

① 吴金平、罗会知:《国家形象与当代中美日在东南亚的竞争》,《东南亚纵横》2004年第3期。

设，扭转了日本在该地区侵略者和战败国的形象，使东南亚各国对日本的国家形象认知逐渐好转；70年代，为平息东盟国家的反日情绪，日本首相及时发表了被誉为"福田主义"的演说，提议与东盟国家建立"心心相印"的信赖关系；80年代日本确立了大国外交战略，把对东盟的外交关系视为主导本地区的首要条件。进而主动向东盟示好，重申日本尊重东盟在该地区的主导地位，并坚持和平发展路线，不做军事大国；90年代，面对新的国际形势，日本适时调整对外战略，出台了与"福田主义"同等重要的"桥本主义"，强化与东盟各国的关系，积极参与到地区合作事务中；21世纪初，日本为抗衡中国在东南亚的影响力，维护日本在东亚的地位，更加积极主动地拉拢东盟，频繁地展开首脑外交，加强政治对话，促进政治互信。更加热切地投入到地区的多边外交中，与东盟国家签订经济伙伴关系（EPA），建立日本—东盟自由贸易区。

（2）综合全面的软实力建设

日本与东盟的多边外交不仅限于政治、经济和安全领域，还涉及能源、环境、文化等方面。因此日本与东盟国家的外交在范围上也存在全面与综合性的特点。

东南亚地区是能源蕴藏量和产量较为丰富的地区，其中印尼、马来西亚、文莱的石油与天然气等能源储藏量都非常丰富，而日本是资源和能源都极为缺乏的国家。因此，与东盟国家在能源领域展开积极、多边的能源外交是日本摆脱国内能源困局的重要举措之一。2007年6月，《日本—文莱经济合作协定》签署，两国在新能源领域和环境保护方面展开了积极合作。2009年日本首相鸠山由纪夫在出席东盟峰会以及"民主主义论坛"会议时与印尼总统苏西洛就双方继续加强在能源领域的合作交换了意见。[①]

文化领域的外交也一直是日本对东盟外交策略的重要组成部分。70年代，东南亚高昂的反日情绪让日本政府开始反思他们的文化。"福田主义"出台之后，日本政府专门设立高达100亿日元的"东南亚文化基金"，对东盟地区的文化交流给予资金的支持，并表示日本政府不仅要和东盟各国推进"单向的

---

① 庞中鹏：《浅析日本近年来对东南亚的能源外交》，《东南亚纵横》2011年第3期。

文化交流"，而且重视东盟地区的地区内文化、学术，特别是地区研究的交流。[1] 80 年代初，铃木首相打破日本的出访传统，在访问美国前造访东盟五国。在访问中，铃木首相提出在东盟各国组建人才培养中心，加强彼此在文化和学术交流等方面的综合合作。90 年代，日本在"桥本主义"演说中表达了日本愿意与东盟国家通过建立丰富多彩的文化合作和交流关系进一步培养"东亚共同体"意识。新世纪以来，日本更加重视在东盟的文化外交。2002 年，小泉在出访东盟时就表示要考虑和东盟各国强化在文化交流和知识交流等所有领域的合作。

日本在东盟多边能源外交、经济外交和文化外交中的建树拓展了约瑟夫·奈在早期对软实力内涵的界定，为日本在东南亚地区的软实力和影响力提升奠定了良好的基础。

4. 印度

（1）重视与东盟外交过程中的经济互动

印度在 20 世纪 90 年代初推行经济改革后，经济发展令人刮目相看。在经济全球化的背景下，印度把经贸合作作为其外交政策的重要组成部分，并不遗余力地加以强化。在此情况下印度推出了以经济利益为先导的"东向政策"，优先发展与东盟国家的多边经济合作。印度在东南亚地区参与的多边合作机制几乎都带有浓厚的经济色彩，印度与东盟的"10+1"机制、湄公河—恒河组织、正在积极完善的印度—东盟自由贸易区，以及大东亚地区的东亚峰会。通过与东盟在诸多机制中展开的多边外交，印度与东盟在经贸、能源等多个领域的合作水平不断提高。双方的经济联系和政治交往也愈加密切，不断推动着印度融入东亚多边合作的步伐。

（2）以军事力量为后盾

印度是传统的军事大国，印度认为军事实力与军事信心是其成为区域大国的基础。而东南亚国家是地区小国，一直渴望增强地区的军事实力以维护自身的地区安全。因此在与东盟国家的外交往来中，印度的军事实力一直是一个不

---

[1]　和田纯著：《日本的东亚国际文化交流和文化外交》，见添谷芳秀、田所昌幸著：《日本的东亚构想》，东京庆应义塾大学出版会 2004 年版，第 67 页。

可或缺的推动力。印度认为"外交必须以军事为后盾，军事必须以外交为补充"；"军事力量是综合国力的重要组成因素"，是"外交上的一张王牌"，"只有以军事实力为后盾的外交政策才能取得成效"。[①] 在印度与东盟国家的外交政策中，军事合作一直占据了非常重要的位置。印度与东盟国家举行一系列的多国军事联合演习、同东盟国家签订防务协定、向东盟提供军事援助和武器装备、介入马六甲海峡事务和中越南海争端、加入地区多边安全对话组织——东盟地区论坛。此番种种都体现了军事实力在印度在东南亚外交政策中的影响。

从软实力角度来看，印度与中美日三国相比较弱，但仍是不可忽视的东南亚区域外大国之一。经贸合作的加强以及军事互动的深入，意味着在多边外交框架下，印度具备在东南亚地区"软"、"硬"兼施的资本，这为拓展印度在东南亚的软实力和影响力奠定了初步基础和可行性。

（二）制约各国的因素

虽然中美日印四国在东盟的多边外交都取得了一定的成效，但四国与东盟的多边合作都不同程度地受到各种因素的制约，并影响了各自在东南亚的软实力提升。

1. 制约中国的不利因素

首先，中国的和平崛起让东盟国家疑虑重重。一方面，东盟国家对"中国崛起"保持着浓厚的期待，另一方面他们的这种期待的情绪又带有极大的不确定性。中国日益增强的经济实力日益让东盟国家意识到中国正崛起为东亚最大的、发展最快的经济体。中国的发展加深了与东盟国家的相互依存度，并且有利于推动东亚经济的整合。但是，对于中国日益增长的军事能力和政治影响力，东盟国家产生了极大的疑虑。因此，东盟国家希望大国势力介入以平衡东亚的地区形势。东盟国家对中国的疑虑会影响双方的信任，进而制约中国多边外交在东盟国家的开展。其次，悬而未决的南海问题。20 世纪 70 年代以前，国际社会对南沙主权属于中国是没有任何异议的。但是，自从南沙被探明蕴藏

---

① 廖辉芳：《冷战后印度亚太安全战略探析》，暨南大学国际政治系 2003 年毕业论文。

丰富的石油和天然气资源以后，这里便成了各方势力的角逐场，周边国家纷纷对南海宣示主权。中国在南海问题上一向是主张"搁置争议，共同开发"，主张同领海争议国进行双边外交，用和平谈判解决争端，拒绝将南海问题国际化、多边化。但是中国的这一外交主张不但得不到相关国家的认可，反而严重地阻碍了中国与东盟国家的关系。再次，域外大国的强势介入。这里的域外大国主要是指美日印等国。冷战后，中国与东盟国家关系的快速发展以及中国在东南亚地区影响力的不断加深，引起了美日强烈的不安。美国认为中国的日益强大、中国在东盟国家的影响力威胁了其在亚太地区的领导地位，挑战了其世界霸主的权威。日本和中国同为东亚的大国，本着相互竞争的基本目标，日本也不愿意看到中国影响力的增强。因此为了遏制中国在东盟国家的势力发展，美日两国加强各自在东南亚的渗透力。美国更是高调地提出"重返亚洲"，插手中国与部分东盟国家的南海纠纷。而印度为了实现其区域大国的霸权地位也积极加紧密切同东盟国家的联系。这些大国势力的介入将严重影响中国与东盟国家的关系。综合上述制约因素表明：除了经济上的积极影响之外，作为一种非强制性的力量，中国在东南亚的软实力拓展仍受到诸多因素的阻碍。

2. 制约美国的不利因素

首先，美国的战略重心还没有完全转移也不可能完全转移到东南亚地区，反恐战争和处理经济危机一直是奥巴马政府的重心所在。伊朗日益扩大的影响力以及叙利亚形势是美国的心腹大患，在南亚，美国由于和巴基斯坦的关系紧张使其在阿富汗的反恐行动受挫，而面对恐怖主义的威胁，美国一刻也没有松懈过，种种原因决定了美国政府在东南亚的多边外交政策是有限的。其次，美国对中国在东南亚地区影响力的看法将制约其对东盟国家的多边外交。不可否认地说，美国在东南亚地区进行一系列的外交调整，积极与东盟接触，不断地参加这一地区的多边对话机制，增加对该地区的政治、经济和军事投入，很重要的一个原因就是为了制约中国的崛起，平衡中国在东南亚地区日益增长的影响力。然而，美国对中国的看法却是矛盾的：一方面，美国认为中国是其在东南亚地区的竞争者，担心中国影响力的提升和软实力的增加将取代美国在这一地区的领导力。而另一方面，面对日益强大的中国和自身实力的相对下降，美国又希望能借用中国在东南亚的影响力，捞取政治资本，以维护美国在该地区的优势地位。因此，美国政府如何看待中国在东南亚地区的软实力和影响力在很大程度上将影响美国对东盟外交决策的使用。

3．制约日本的不利因素

首先，日美同盟长期严重制约着日本在亚太地区的外交关系。长期以来，日本一直希望在美国与亚洲之间找到一个既能维持美日同盟这个外交基石又能促进与亚洲国家关系的政策平衡点。而历届日本政府都很难掌握好这个平衡点。日本在发展与东盟的多边外交关系时必定要考虑美国的因素，防止美国产生疑虑。日本在东亚地区的战略之所以缺乏连贯性和明确性，"东亚共同体"之所以提了10年还只是一个思想雏形主要也是受美日同盟关系所致。现任日本首相安倍已经基本确定了与美国共同主导亚太事务，抛弃"东亚共同体"的外交策略。其次，日本竭力追求的政治大国之路同东盟的外交策略之间的矛盾必然影响双方关系的进一步发展。一直以来，东盟都是日本寄托和寻求政治大国梦想的重要载体，日本积极发展与东盟的外交关系，试图促使东盟成为其走向政治大国的"垫脚石"，在东盟那里寄托了日本实现政治大国的期待和使命。但是很显然，在双边外交关系的目标和意图上，日本和东盟国家都有着各自不同的考量。东盟优先考虑的是借助日本雄厚的经济实力促进东盟各国的经济发展。因此，在经济关系没有达到东盟的预期之前，日本在东南亚的多边外交必然会受到诸多掣肘。再次，日本根深蒂固的等级文化观念将制约其在东南亚地区多边外交的开展。日本是一个十分崇尚等级文化和实力的国家，尊卑贵贱的社会等级世界观是日本文化的支柱。依靠强权以求自保是日本一直以来的战略思想，所以，日本以"实力说话"和"唯实力是从"的民族特性也决定了其对东盟发展中国家的基本态度是不平等的。而我们都知道，多边外交很重要的一个特征就是"平等主义"，尽管多边外交也存在着某些利益和权力的不对称，但是各国还是更愿意选择遵守一个多少显示平等主义的协定安排，从而保证由其产生出来的协议及决策具有一定的合法性和稳定性。因此，日本要想在东南亚地区发挥多边外交的作用及不断促进其软实力的提升，文化观念将是长期制约因素之一。

4. 制约印度的不利因素

首先，印度本身实力不足，内部问题重重制约着其与东盟多边外交的进一步发展。印度不断增长的人口、国民之间的巨大贫富差距、政府的党派斗争和教派的冲突等在一定程度上制约着印度在东南亚地区影响力的进一步扩大。其次，亚太地区的大国力量平衡的动态发展模式将制约着印度在东南亚地区多边外交的开展。东南亚地区历来就是大国争相角逐的场所。目前，美日中俄都想在东南亚地区扩大自己的影响，积极接触东盟，并期待主导该地区的发展。而东盟在印度的外交战略中又占有极为重要的地位。因此，印度想要在该地区进一步发挥其外交作用必然会受到来自其他大国的压力和影响。

5. 东盟对大国的戒备心理

首先，东盟国家的国家利益和战略选择同中美日印的国家利益是不可能完全一致的，中美日印都想拉拢东盟国家以防范彼此在东南亚地区的势力。但是东盟国家并不是被动的棋子，一直以来，东盟奉行的都是"大国平衡战略"，东盟国家强调维护在地区事务中的主导作用和自身利益，防止任何域外大国主导该地区的区域多边合作组织。因此在很大程度上，东盟的"大国平衡战略"将影响中美日印在该地区的多边外交。其次，东盟国家自身存在的一些问题也是影响中美日印四大国在东南亚外交政策的一个主要因素。东南亚地区形势复杂、恐怖主义组织活跃、民族文化差异性极大，而且个别东盟国家还存在政局不稳的现状，这一地区存在着诸多潜在的冲突。因此，中美日印在判断形势、制定相应的外交政策时将会面临很大的困难。

五、东盟地区论坛——多边外交的重要舞台

东盟地区论坛（ARF）是亚太地区官方多边政治安全对话机制的一个重要平台。笔者选择 ARF 做案例分析主要是因为它是唯一一个由东盟主导的，囊括中美日印四国在内的地区多边组织。通过分析中美日印四国参与东盟地区论坛的过程、动机以及积极性来探究四国在参与多边外交的过程中所产生的软实力。

（一）东盟地区论坛成立的背景及运作模式

1. 东盟地区论坛成立的背景

冷战结束以后，美国和苏联在东南亚地区实施的战略收缩政策导致该地区在冷战时被大国竞争所掩盖的各种矛盾和安全问题逐渐凸显，给东南亚地区的和平稳定造成了潜在的威胁。为维护地区稳定，给地区国家的发展营造一个良好的外部环境，东盟开始考虑建立一个有保障的地区安全机制。东盟地区论坛便在这样的情形下应运而生。1994 年 7 月 25 日，首届东盟地区论坛会议在曼谷召开标志着它的正式成立。

2. 东盟地区论坛的运作方式

东盟地区论坛是一个由东盟主导的，亚太主要国家和欧盟共同参与在内的政府间的多边安全对话机制。它配合东盟外长会议以及东盟与对话国会议每年召开一次，以《东南亚友好合作条约》的宗旨为主导，对亚太地区的安全问题与成员国进行磋商。[①] 东盟地区论坛的运行机制是双轨并立的；"第一轨道"是指亚太地区政府间的官方多边安全对话机制。"第二轨道"主要是指为讨论解决敏感问题和某些需要细致研究的具体问题而专门开辟的非官方的多边安全对话机制。东盟地区论坛的会议形式包括部长会议、高官会议、会间会、专家小组会议和学术研讨会等五个层次的会议。最高层次的外长会议主要讨论具体的安全议题；其次是高官会议，它是由外交部和国防部的高级官员参与讨论有关建立信任措施、安全问题以及国家政策的会议。最低层次的是会间会，主要由各成员国的一般政府官员参与，讨论具体领域的安全合作方针与措施的会议。会间会召开的次数最为频繁，形式灵活、议题广，利于成员国沟通与交流。东盟地区论坛秉承非干涉性以及协商一致的运作原则，主张对制度化采取谨慎和渐进的态度。东盟地区论坛采取这种运作模式主要是基于以下几个原因：

首先，东盟各国的国家实力有限、军事力量薄弱，必须通过加强彼此之间

---

① 莫金莲著：《亚太区域合作研究》，湖南人民出版社 2007 年版，第 151 页。

的协调合作来维护地区的稳定与和平。其次，东盟本身就是一个结构较为松散的区域组织，而且成员国之间的差异性非常大，不具备像北约这样发展军事合作的条件，只能采取非军事手段来维护地区安全以达到更好的效果。再次，冷战以后，俄罗斯在东南亚地区采取了收缩战略，它在印支半岛的势力也被瓦解。而美国也在 1992 年关闭了其在菲律宾的军事基地，一时间，东南亚地区便出现了"力量真空"的局面。此时，东盟国家担心中、日、印等地区大国会乘虚而入，填补力量真空地带，威胁地区安全。再加上冷战后，该地区的众多矛盾与安全问题浮现出来，如毒品走私、恐怖主义、非法移民等问题威胁着该地区的安全，困扰着地区的发展。在这种情况下东盟国家就必须在该地区加强多边安全合作，采取多边安全对话模式。

3. 东盟地区论坛的效用

自 1994 年东盟地区论坛成立以来，它在维护东盟国家安全利益与亚太地区的和平稳定方面发挥了重要的作用。首先，从建构主义的角度来看，东盟地区论坛正在构建一种新的地区规范和认同 [1]。建构主义认为，在制度构建的过程中，国家的喜好和行为会随之发生改变，共同利益便更容易得到集体的认同。而东盟地区论坛所倡导的合作安全理念正在亚太地区得到广泛的推广，而各成员国也在逐渐认同这种"东盟方式"的安全合作观念。因此，其"包容性"规范合作方式对于构建稳定的地区秩序是极为重要的。其次，从现实主义的角度出发，东盟地区论坛是国家实现制衡、维持秩序的工具。东盟地区论坛被发起的目的也是为了用多边手段代替传统的制衡策略，以达到"软制衡"的目标。[2] 东南亚国家都是弱国和小国，无法和中、美、日、印等大国单独抗衡。所以在探讨地区安全事务时，东盟地区论坛将大多数中小国家与发展中国家聚集起来以牵制大国的力量，并且使各大国彼此之间达到一种相互制约的状态。再次，从制度主义出发，该论坛能够增进亚太地区各国相互了解和信任，消除猜忌与矛盾，防止武力对抗和局部战争，促进国家间的合作。

---

[1]　陈寒溪：《东盟地区论坛的效力评估——一种理性的角度》，《外交评论》2008 年第 5 期。

[2]　Ralf Emmers, "The Influence of the Balance of Power Factor within the ASEAN Regional Forum", *Contemporary Southeast Asia*, Vol. 23, No. 2, 2001.

（二）中美日印参与 ARF 的动机比较

东盟地区论坛不仅是亚太地区首个政府间的多边安全对话与合作机制，同时也可以说是"世界上所有大国都共同参与的一个地区性多边安全组织"，它在冷战后的亚太地区关系中发挥着越来越重要的作用。在参与 ARF 过程中，四国的立场存在明显差异。

1. 美国

美国对参与东盟地区论坛有一个明显的态度转变过程。ARF 刚成立时，美国对其有明显的排斥感，因为其在亚太地区的传统安全架构一直是"以美国为中心，各盟友为辐边的安全网络"。① 该架构的核心强调美国与亚太地区单个国家的双边军事同盟关系，一个以地区小国组织为中心，自己则被边缘为参与国的多边机构显然不是美国所能容忍的。之后，随着自己在亚太的盟友纷纷加入 ARF 当中，并积极采取合作解决地区安全问题时，美国开始逐渐认识到 ARF 在解决地区问题上的作用，开始转为支持东盟地区论坛。美国的这种转变基于两个层面的考虑：首先，冷战后，东亚国家在经济上实现了奇迹般的飞跃，迫使美国不得不对其亚太盟国在地区安全事务中所扮演的角色进行重新评价，同时，促使其对传统双边同盟形式的安全安排作出一定程度的修改与补充。其次，由于美国与亚太地区在经济关系上日益紧密，使得该地区在美国的战略中显得越来越重要。即便如此，也应当看到，美国对 ARF 的参与还是有限的，东盟地区论坛只能是美国与亚太盟国双边军事同盟的一种补充而绝对不是替代物。

2. 中国

东盟地区论坛刚成立时，东盟的动机便是以此来制衡中国在亚太地区的实力。这点自然会引起中国对这个多边安全组织的猜疑。但是中国没有因此而放弃参与其中。20 世纪 90 年代，随着改革开发的快速发展，中国急需打破当时相对孤立的国际环境。因此，中国以开放的态度欢迎这个多边机制的成立，并

---

① Dennis C. Blair, John T. Hanley Jr. "From Wheels to Webs: Reconstructing Asia-Pacific Security Arrangements", *the Washington Quarterly*, Vol .24, Winter, 2001.

积极加入其中，与各成员国一起努力组建具有地区特点的地区安全机制。中国因此而积累了良好的名声，摆脱孤立无援的困境。在参与东盟地区论坛的过程中，中国逐渐认识到，尽管 ARF 限制了中国在某些问题上的选择权，迫使中国作出一定的妥协。但参与其中可以保持与东盟国家政治沟通，同时限制美国与其双边同盟在该地区的发展，还可以推动亚太地区的权力结构向多极化方向发展。反对霸权主义、倡导世界多极化一直是中国对外政策的一个特点，而中国实际上针对的就是美国建立单极世界的目标。所以在参与 ARF 的过程中，中国一直积极支持东盟地区论坛所倡导的地区多边安全对话，并且尊重东盟国家在 ARF 中的主导权。

3．日本

长久以来，日美双边军事同盟一直是日本国家安全政策的基础。冷战时期，日本和美国的态度一样，对任何形式的地区多边安全协议都反应冷淡。然而，冷战结束后，日本一直以来的最大安全威胁得以消除。日美安全同盟的性质和任务也由对抗威胁型转变为稳定地区秩序型。这时的日本迫切希望为地区安全作出与自身大国身份和实力相当的贡献。[1] 所以，从 90 年代开始，日本就在各种场合倡议发起亚太地区多边安全合作对话并对东盟地区论坛的成立表示积极的支持。在日本看来，东盟地区论坛可以加深日本与东盟的政治关系，帮助它制衡中国日益壮大的影响力，维护日本在亚太地区的战略地位。而且，即便中国变成日本真正的敌手，与东盟的政治关系还可以作为日美同盟的一种补充。所以，日本积极参与东盟地区论坛包含的动机便是：制衡中国，同时通过积极参与地区多边外交，借此来提高日本的国际地位。[2]

4．印度

印度由于其颇具成效的"东进"政策，使亚太地区的格局发生了变化，它正在融入亚太地区，并且逐渐以一个大国的身份参与该地区的安全事务。在东盟地区论坛刚刚成立时，印度就表示要积极参与其中。其目的主要是想通过

---

[1]　常喻森:《东盟地区论坛与大国的立场》,《东南亚研究》2000 年第 4 期。

[2]　Tsuyoshi Kawasaki, "Between Realism and Idealism in Japanese Security Policy: The Case of the ASEAN Regional Forum", *the Pacific Review*, Vol. 10, Issue 4, 1997.

ARF 加强与地区其他国家的合作，推动国内的经济改革，借以摆脱亚太地区"边缘人"的窘态。"9·11"事件以后，东盟对 ARF 的事务更加热心，其动机在于全面发展与亚太主要大国的战略关系，强化军事安全合作。

通过上述对四国加入 ARF 的过程和立场的阐述，我们可以明确：中国加入东盟地区论坛坚守着一条鲜明的原则，那就是坚定地支持与维护东盟的主导地位。坚持这一原则，不但可以避免 ARF 变成被美国、日本或者其他大国主导的工具，而且也就意味着中国不承担领导责任，而只是作为一个积极的参与者与拥护者的角色。这样既可以平息外界"中国威胁论"的论调，又可以塑造良好的负责的大国形象，达到增强中国在东南亚的软实力的效果。就美国而言，冷战后，由于地区安全环境的转变，美国逐渐认识到多边安全合作的必要性。所以自 ARF 建立以来，美国就参与到其架构下的多边安全对话之中。但同时应该看到，美国对 ARF 的重视及参与程度远远低于双边同盟体系。同时，对于地区安全事务的主导权问题，美国是有心想取而代之却又有些力不从心。美国、日本和印度都想利用 ARF 遏制中国的发展，三国大有积极合作围堵中国之势。

（三）中美日印参与 ARF 的积极性比较

1. 积极性的构成

东盟地区论坛成立以来，不论是基于什么样的动机，中美日印都采取了比较稳定的参与政策，出席论坛各种层次的国际会议。但是四国对参与 ARF 的积极性是有所差别的，这里的积极性主要是指自愿主办论坛的研讨会的次数、对 ARF 的发展所提供的建设性意见、向论坛提交国防政策文件及安全形势展望的次数等。

中国非常重视 ARF 在维护地区和平与稳定方面所发挥的积极作用，并积极参加与东盟地区论坛的相关活动。1994 年，中国作为东盟的"协作伙伴国"参与了首次东盟地区论坛会议，1996 年成为东盟"对话伙伴国"后，积极参与了东盟地区论坛的历次会议，在东盟地区论坛中的作用日益显著。除参加每年一次的外长会议以外，中国还广泛参与了论坛各个领域的活动（维和领域、搜救减灾领域、国防领域、反恐领域、海上安全领域、裁军与核不扩散领域等），并多次以东道国的身份承办地区多边安全会议（见表11-7）。尤其是在建立信任措施方面，提出了不少建设性意见，推动了地区规范和秩序的构建。[①] 此外，中国还积极参与东盟地区论坛机制下的第二轨道外交活动。中国参与东盟地区论坛的基本立场可以概括为三个方面：始终支持东盟主导论坛；推行ARF以信任为核心的新安全观；推动ARF维护综合安全方向发展。[②]

2．积极性的对比

表11-7反映了1996年1月至2011年2月间中美日印四国主办的东盟地区论坛第一轨道外交活动的具体情况。它至少从以下两个方面比较了四国在参与东盟地区论坛规范建构中的积极态度与努力。

第一，从担任主办国的次数上看，中国自1996年1月到2011年2月共承办了18次各类东盟地区论坛会议，印度12次、美国11次、日本是10次。中国自1996年加入东盟地区论坛以后几乎每年都会承办论坛会议，这充分说明中国参与东盟地区论坛会议的积极性一直不减。不但在其他国家举办的论坛活动表示积极参与，还主动承担东道国的责任，向论坛提出中国自己的构想和建议，为会议的顺利召开做了大量工作，全力促进与会成员国达成一致的规范和规则。

从表11-7中我们可以看到，美日印对东盟地区论坛会议的参加是分时段的。"9·11"事件前五年（从1996年到2000年），美日曾三年未承办任何有关ARF的会议。印度在90年代中后期专注于国内的经济改革以及与东盟国家的经济合作，也未曾承办ARF的任何会议。"9·11"事件以后，美日借反恐之名，开始重视东盟地区论坛的作用。连续两年（2001年与2002年）举办论坛会议，把ARF当成美国反恐政策的宣讲所。印度抓住美国组建"全球反恐联盟"之机，积极参与亚太地区安全事务，在2001年与2002年分别承办了ARF建立信任措施会见会与维护研讨会。2003—2008年6年内，美日对东

---

① 肖欢荣、朱虹：《参与、接受与建构——以1997—2005年中国参与东盟地区论坛的规范建构为例》，《东南亚研究》2009年第4期。

② 秦亚青著：《东亚地区合作：2009》，经济合作出版社2010年版，第121页。

盟地区论坛不甚关注，有 4 年未曾承办任何 ARF 会议，日本更是从 2005 年到
2008 年连续四年缺席 ARF 会议。而此时印度抓紧时机与东盟国家接触，积极
承办东盟地区论坛相关会议，扩大在东盟国家的军事影响，努力提高自身地区
大国的国家形象。2009 年在高调宣布重返东南亚以后，美国积极关注东盟地
区论坛，并连续三年（截至 2011 年）承办论坛会议。此时，日本对东盟地区
论坛的态度亦随着美国的转变而转变。在 2011 年的东盟地区论坛外长会议上，
美日印将南海问题搬上大会议程，强调用多边方式解决领海争端。这种做法遭
到中国的强烈反驳，中国坚持用双边方式与领海争议国通过和平谈判的方式解
决。中国关于南海的论调使东盟部分国家担忧，中国强硬的外交举措在一定程
度上影响了在东南亚地区的大国形象，也影响了其在该地区的软实力。

表 11-7　历年来中美日印承办的 ARF 重要会议对比表

国　家	时　间	会　议	地　点
中 国	2010 年 8 月 29 日—9 月 1 日	ARF 武装部队国际救灾行动法律规程建设研讨会	北　京
	2009 年 7 月 1 日—3 日	首届核不扩散与裁军会间会	北　京
	2009 年 4 月 22 日—25 日	ARF 武装部队国际救灾行动法律规程建设研讨会	北　京
	2008 年 11 月 13 日—15 日	第三届东盟地区论坛专家与小组会议	北　京
	2007 年 9 月 19 日—21 日	毒品控制研讨会	西　安
	2006 年 9 月 18 日—22 日	第六届减灾会间会	青　岛
	2006 年 4 月 26 日—28 日	第四届反恐与跨国犯罪会间会	北　京
	2005 年 3 月 7 日—8 日	促进非传统安全领域合作研讨会	海　南
	2004 年 11 月 4 日—6 日	首届东盟地区论坛安全政策会议	北　京
	2004 年 9 月 7 日—8 日	毒品替代研讨发展会	昆　明
	2003 年 11 月 20 日—22 日	建立信任措施会间会	北　京
	2003 年 11 月 19 日	东盟地区论坛国防高官对话会	北　京
	2002 年 9 月 25 日—27 日	军事后勤保障社会化研讨会	北　京
	2000 年 9 月 20 日—22 日	国防交流合作研讨会	北　京
	2000 年 9 月 6 日—8 日	第四届东盟地区论坛国防大学校长会议	北　京
	1999 年 10 月 10 日—19 日	东盟地区论坛中国安全政策培训班	北　京
	1998 年 11 月 24 日—27 日	热带地区传染病防止工作专题研讨会	北　京
	1997 年 3 月 6 日—8 日	建立信任措施会间会	北　京

续表

国　家	时　间	会　议	地　点
美 国	2011 年 2 月 23 日—25 日	第三届核不扩散与裁军会间会	拉斯维 加斯
	2010 年 11 月 6 日—10 日	第十四届东盟地区论坛国防大学校长会议	华盛顿
	2009 年 9 月 16 日—18 日	第九届减灾会间会	檀香山
	2007 年 2 月 13 日—15 日	联合国安理会第 1540 号文件关于建立 ARF 信任措施峰会	旧金山
	2005 年 10 月 17 日—19 日	建立信任措施和预防性外交会间会	檀香山
	2005 年 10 月 17 日	东盟地区论坛国防高官对话会	檀香山
	2002 年 3 月 24 日—26 日	金融举措与反恐研讨会	檀香山
	2001 年 6 月 24 日—28 日	船舶废物无害环境管理研讨会	华盛顿
	1998 年 11 月 5 日	海事问题专家研讨会	檀香山
	1998 年 11 月 4 日—6 日	建立信任措施会间会	檀香山
	1996 年 3 月 4 日—7 日	搜索与营救协调合作会间会	檀香山
日 本	2011 年 2 月 14 日—15 日	第三届海事安全会间会	东　京
	2010 年 2 月 27 日	东盟地区论坛救灾演习提案会间会	东　京
	2005 年 12 月 19 日—20 日	海事安全建设研讨会	东　京
	2005 年 3 月 22 日—23 日	促进地区安全稳定与军民合作研讨会	东　京
	2004 年 3 月 16 日—17 日	建立预防性外交研讨会	东　京
	2002 年 10 月 1 日—2 日	东盟地区论坛反恐研讨会	东　京
	2001 年 8 月 28 日—31 日	第五届东盟地区论坛国防大学校长会议	东　京
	1999 年 11 月 13 日—14 日	建立信任措施会间会	东　京
	1999 年 3 月 22 日—26 日	现代化维和操作训练班	东　京
	1996 年 1 月 18 日—19 日	建立信任措施会间会	东　京
印 度	2009 年 11 月 10 日—11 日	建立信任措施和预防性外交间会	新德里
	2009 年 11 月 9 日	东盟地区论坛国防高官对话会	新德里
	2009 年 5 月 18 日—22 日	东盟地区论坛成员国维和进程	新德里
	2008 年 11 月 17 日—28 日	第二届东盟地区论坛成员国海事安全培训计划高级会议	新德里
	2007 年 4 月 16 日—28 日	关于联合国维和研讨会——"挑战与展望"	新德里
	2006 年 9 月 6 日—8 日	网络安全研讨会	新德里
	2005 年 10 月 26 日—28 日	海上安全合作培训研讨会	高　知
	2003 年 10 月 15 日—17 日	第七届东盟地区论坛国防大学校长会议	新德里
	2003 年 2 月 27 日—3 月 1 日	东盟地区论坛海事安全合作会议	孟　买
	2002 年 3 月 20 日—21 日	东盟地区论坛维和研讨会	新德里
	2001 年 12 月 19 日—21 日	建立信任措施会间会	新德里
	2000 年 10 月 18 日—20 日	反海盗专题研讨会	孟　买

笔者根据东盟地区论坛官网整理：http://aseanregionalforum.asean.org/library/arf-activities/582.html。

第二，从会议的内容上看，除两次"建立信任措施会间会"外，中国承办的会议大多与国防安全有关，这表现出中国寻求加强与论坛成员国特别是东盟各国的军事合作，增加军事透明度，加强东盟各国对中国信任的政治诚意。而美国在承办的 11 次 ARF 会议中就有近 1/3 是"建立信任措施会间会"，这充分体现了东盟国家对美国的重视。印度和日本承办的 ARF 会议主要是涉及海事与维和领域，这也表明两国希望通过 ARF 增加其在地区的影响力，早日成为受外界认可的世界政治大国。

为了提高亚太地区各国安全政策的透明度，增进成员国之间的相互理解和信任，本着自愿的原则，各成员国可以向东盟地区论坛提交本国家的年度安全展望。2004 —2011 年，中美日连续八年向东盟地区论坛提交了年度安全展望，而印度则一年都未提交 [1]。这也从另一方面表现了四国在参与东盟地区论坛时的积极性。

（四）中美日印参与 ARF 与软实力的提升

一国制定与实施多边外交政策的主要目的无非是希望通过国际会议、国际协商等和平方式实现其长远的国家利益。当然，在这个过程中，准确地传达外交政策所蕴含的价值观，并且取得国际社会的认同与共享是多边外交政策实施的又一关键所在。因此，对他国而言，多边外交政策的本身及政策在实施过程中的技巧和效果就具有一定的吸引力。如果这种吸引力能够被别国认同并效仿，那么多边外交的实施就具备了产生软实力的可能性。

中国政府在东南亚的一系列多边外交举措（包括政治、经济、非传统安全领域）在很大程度上密切了与地区国家的联系，强化了在该地区的存在和影响力。而美国通过外交政策推行的自由与民主的核心价值观念在东南亚备受推崇。日本凭借其与东盟国家的传统关系，在多个领域加深同东盟的合作，潜移默化地扩大日本在东南亚的外交影响力。印度近年来发展非常迅速，凭借良好的地理条件，在逐渐强化同东南亚国家的外交关系。四国在东南亚的多边外

---

[1] 根据东盟地区论坛网站分析，www.aseanregionalforum，org/PublicLibrary/。

交政策都具有产生软实力的可能性。那么具体到东盟地区论坛这个多边外交舞台，中美日印在参与其中时能否产生软实力、怎样产生软实力的呢？

1．软实力存在的可能

笔者在前文中总结了国家软实力的组成要素，即政治价值、文化观念、国家凝聚力、外交政策、国家地位、处理国际关系的能力以及国家形象等七个方面。笔者认为，多边外交至少要符合两个条件，才具备产生软实力的可能。

首先，一国在参与多边外交活动时是否提出了具有共享价值的建设性意见，并得到成员国的广泛认同。即四国在参与东盟地区论坛时所提出的意见是否有利于多边安全合作机制的发展，是否符合大多数成员国的利益，这是值得我们研究的。针对这点，笔者认为，中美日印在多边外交的过程中都或多或少地做到了。

建立安全信任措施是东盟地区论坛商讨的重要内容，几乎历届论坛会议以及会间会都会讨论如何建立、促进以及完善安全信任措施。值得一提的是，在1994—2011年的17年里，东盟地区论坛共讨论实施了110多项建立信任措施（CBMs）项目。它们是ARF第一轨道外交的主要内容与重要成果。这些项目最初都是由ARF成员国单独或联合提出的，并经论坛讨论批准通过实施的。而中美日印四国自1994年东盟地区论坛建立以来17年里，向论坛提出并最终得以贯彻实施的建立信任措施意见就超过总项目的一半。

图11-1反映了中美日印四国在1994年至2011年期间就建立信任措施的提案情况。图11-1显示，美国的提案次数最多，达到21次。其次是中国，中国的提案次数是17次。日本是12次，印度是8次。值得注意的是，在2005年的时候，中国和美国的提案数是持平的（见图11-2）。然而近年来，美国重返东南亚，积极密切同东盟国家的关系，因此在东盟地区论坛上表现得特别积极，多次联合其他国家向ARF提出建立信任措施的建议。

结合笔者在前文总结的四国承办的ARF第一轨道会议的情况来分析，无论是就承办会议的数量、还是在建立信任措施提案的数量上，中国参与论坛建设的积极性都较高，美国虽然在整体的积极程度上不及中国，但是近年来对东盟地区论坛的关注尤为突出，日本和印度也大有迎头赶上之势。

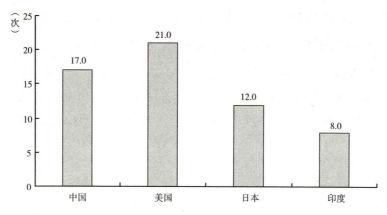

图 11-1　关于中美日印在 ARF 上建立信任措施提案次数统计图
（1994—2011）

资料来源：笔者根据东盟地区论坛历届会议记录整理，http: //aseanregionalforum.asean.org/library/arf-chairmans-statements-and-reports.html。

就建立信任措施的提案内容来看。四国所提的方案已经编入东盟地区论坛建立信任措施的官方文件当中，并成为组建地区规范和秩序的重要内容。同时，他们的提案也为论坛未来的发展和成员国之间的进一步合作提供了范本和榜样，为东盟地区论坛活动形成制度化程序迈出了重要的一步。例如，2000年美国首次向东盟地区论坛提议创建"紧急人道主义援助培训班"，以应对成员国之间发生的突发性灾难事件。首次培训班由美国协助在新加坡开班，成员国国防部的官员以及民间专家参加了此次培训班。他们认为培训班的内容非常实用，并且有必要将它作为东盟地区论坛的制度性活动来继续展开；2000年10月，由印度承办的东盟地区论坛反海盗专题研讨会在孟买顺利召开，在会上印度分析了目前亚太地区在反海盗技术上的优势与弱点，并指明了今后各国在联合打击海盗上的合作方向。印度的倡议得到了与会成员国的强烈认同。此后，印度多次承办了类似的会议，并就成员国之间的海上安全合作向论坛提供了许多建设性的建议。[①] 2001 年，日本在第五届东盟地区论坛国防大学校长

---

① Co-Chairmen's Summary Report of the Meeting of the ARF Intersessional Support Group（ISG）on Confidence Building Measures（CBMs），Seoul，1–3 November 2000 and Kuala Lumpur，18–20 April 2001，http: //aseanregionalforum.asean.org/library/arf-chairmans-statements-and-reports/162.html。

会议上认为国防大学教育是一种新的武装力量，并提议扩大各成员国国防院校之间的交流，寻找合作的可能性。日本的倡议得到成员过的赞同，在日本倡议的基础上第六届国防大学校长会议在俄罗斯顺利召开。2004 年，在中国的提议下，东盟地区论坛首次安全政策会议在北京召开，"来自 24 个成员国的 100 多名代表就地区安全形势、非传统安全领域等问题进行了深入讨论，并就每年召开安全政策会议达成了广泛共识。各国代表普遍认为，东盟地区论坛安全政策会议的召开为军方参与论坛对话与合作开辟了更高层次的渠道，将进一步增进各国的相互理解与信任、充实论坛的合作内容，有利于推动论坛在地区安全合作中发挥更大的作用。同时，各方对中国倡议召开此会和周到的安排表示感谢，对中国军方积极参与区域安全对话与合作表示赞赏。"①

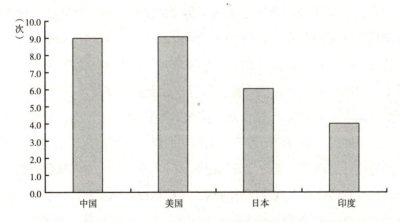

图 11-2　关于中美日印在 ARF 上建立信任措施提案次数统计图
（1994—2005）

资料来源：东盟地区论坛官方网站，http：//aseansec.org/ARf/cbmdb.pdf。

　　综上分析可知：首先，无论是就中美日印四国承办的 ARF 会议数量、建设性提案数量以及提案的内容来看，四国对 ARF 这个多边组织都表现出了足够的积极性。它们不但积极地为论坛的发展出谋划策，还不断地在与东盟国家及其他成员国之间的外交互动中传播共享价值、推动某种地区规范的形成，并以此来增强东盟国家的认同与信任。中美日印四国对东盟地区论坛的积极参与

---

　　①　新华网：http://www.xinhuanet.com/ 。

对"地区安全问题的信息共享、促进信息建设以及提高军事透明度等方面发挥了重要作用"①。这在一定程度上，为四国在多边外交过程中国家软实力的产生提供了可能。

其次，一国在多边外交场合所具备的话语权与国家地位是国家软实力产生的又一条件。即四国在 ARF 的影响力是决定软实力产生及产生多少的重要原因。ARF 是东盟国家倡导安全新理念、扩大国际影响的重要舞台，东盟在其中无疑起着主导作用。中国、美国、日本和印度只是 ARF 的参与国，但是却在其中存在着一定的影响力。

美国是当今唯一超级大国，拥有世界上任何国家都无法媲及的综合实力。它对 ARF 这个地区多边组织的参与让东盟国家十分欣喜。事实上，美国在 ARF 的地位与影响力并不取决于东盟对美国的态度，而恰恰在于美国对 ARF 的战略定位。在美国看来，参与 ARF 有助于稳定亚太地区的安全秩序，维护美国在亚太安全格局中的主导地位。这便是为什么美国始终坚持参加 ARF 的原因所下。美国在参与多边安全对话的时候，设置诸多美国关心的安全议题。在美国的推动在，各成员国在论坛上围绕这些议题进行讨论，达成共识。例如，"9·11 事件后，作为美国首要安全关切的反恐问题在论坛议题中占据了明显的主导地位，会议几乎成为反恐问题的'一言堂'。"② 对于南海问题，美国积极推动各方就信任建立措施展开对话，与论坛成员国组建"外交统一战线"，用多边方式解决南海问题的倡议得到成员国的响应。这充分说明了美国在东盟地区论坛的强大影响力与话语权。图 11-3 是国际政策动态评论网（Program on International Policy Attitudes）针对欧盟和美国的国际影响力所做的一项社会调查，来自世界上 23 个国家的 23518 位公民参与了这次调查（笔者摘录了其中的一部分）。

---

① 秦亚青著：《东亚地区合作》，经济科学出版社 2010 年版，第 120 页。
② 刘宏松：《霸权国家对多边主义制度的优先参与——以冷战后美国参与东盟地区论坛为例》，《外交评论》2007 年第 97 期。

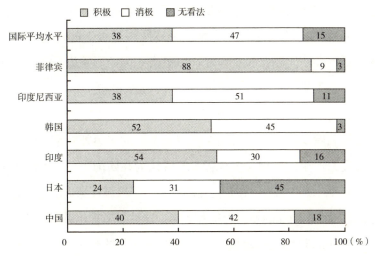

图 11-3 亚洲部分国家对美国影响力评价

资料来源：国际政策评论网，http://www.pipa.org/。

　　长期以来，中国十分重视东盟地区论坛在促进对话合作、维护地区和平、探索地区新型安全观上所发挥的重要作用。因此，中国一直积极支持并参与到东盟地区论坛当中、成为促进论坛发展的不可忽视的重要力量。2009 年，中国在参加第 16 届 ARF 外长会议时建议："将建立信任贯穿于论坛发展的始终，通过多种形式消除疑虑，积累共识，培植信任；将应对恐怖主义、跨国犯罪、大规模杀伤性武器扩散、海上安全等非传统安全挑战作为预防性外交的主要内涵；将提高论坛对话合作的效率和效益作为一个着力点。"[1] 中方的建议得到成员国的普遍支持。中国通过卓有成效的外交手段加强了与论坛成员国之间在金融、科技、环保、反恐情报等具体综合安全领域的多边合作，充分发挥了中国在 ARF 的作用。

　　一直以来，身为亚太地区多边安全机制倡导者的日本，在 ARF 的发起与建设过程中发挥了有效的协调作用。在 ARF 成立之初，日本就率先给予响应，还积极说服对亚太地区安全机制抱有戒心的美国支持 ARF 的组建。可以说，

---

　　① 孙健、刘思萍：《论东盟地区论坛的发展、作用与中国战略的选择》，《东南亚之窗》2011 年第 1 期。

日本在亚太多边安全机制构建过程中占据了重要的地位。印度传统上被视为南亚大国，在亚太的多边安全合作中是一个"次重量级"的角色。但是，近年来，美国、日本和东盟积极拉拢印度，以平衡中国的影响力，使印度在亚太地区的影响力日益上升。

2. 软实力提高的幅度及局限

上述分析表明，中美日印四国在东南亚地区的多边外交是可以产生软实力的。那么软实力产生的幅度是多少呢？笔者认为在四国当中，美国在东南亚的软实力略有上升；印度和日本在东南亚的软实力正以循序渐进的方式处于稳步上涨的态势；中国在东南亚的软实力稍有下降，这种下降是相对而言的，由于美日印加强了与东南亚地区的多边联系，大力促进与东盟的合作，三国软实力得到了不断的提高，使得中国在东南亚的软实力增长处于不明显的状态（见表11-8）。

表 11-8　部分亚太国家对中美日的软实力评价

受访国家	美国软实力	中国软实力	日本软实力
美　国	—	0.47	0.67
中　国	0.71	—	0.62
日　本	0.69	0.51	—
韩　国	0.72	0.55	0.65
印度尼西亚	0.72	0.7	0.72
越　南	0.76	0.74	0.79

资料来源：芝加哥全球事务委员会 2008 年全球民意调查报告。

表 11-8 摘录自 2008 年芝加哥全球事务委员会针对软实力的民意调查。调查显示：受访公众并不认为中国在亚洲和东南亚的软实力超过了美国，也不认为中国软实力的提高是以美国软实力下降为代价的。[1] 印尼和越南的被访民众认为，中国在东南亚的软实力略低于日本和美国。

图 11-4 是来自亚洲民主动态调查（Asian Barometer Survey，ABS）的一份

---

[1] Christopher B. Whitney，Project Director *.Soft Power in Asia*：*Results of a* 2008 *Multinational Survey of Public Opinion*，The Chicago Council on Global Affairs，p.3、p.13.

调查报告，报告显示了东南亚五国对中美日的国家形象的认知。总体来看，日本在东南亚的形象比中国的要好，在菲律宾和新加坡的民众心中，美国的形象也要好于中国。这也和芝加哥全球事务委员会的软实力调查报告基本吻合。综合图 11-4 和表 11-8 的数据分析，越南民众认为日本的国家形象和软实力比中美都有优势，美国在菲律宾的形象最好，印尼民众则认为美国在东南亚的软实力最强，但是马来西亚民众对美国的形象是最差的。东南亚的受访民众普遍积极地看待中国，但对日本的国家形象评价最高。

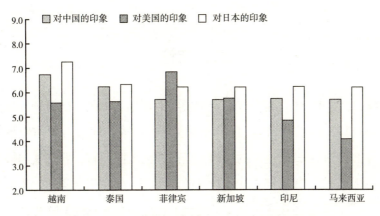

图 11-4　中美日在东南亚民众心目中的国家形象

资料来源：王正绪、杨颖：《中国在东南亚民众心目中的形象——基于跨国问卷调查的分析》，《现代国际关系》2009 年第 5 期。

芝加哥全球事务委员会的软实力调查报告是基于经济、人力资源、文化、外交与政治五项因素而言。表 11-9 反映的是部分国家对中国软实力构成要素的评价。虽然这些构成要素并不是很完整，但是却一定程度上反映了中国软实力存在的问题。我们可以看到，除了政治制度以外，外交所产生的软实力是要略低于其他三项的。当然，这也从另一方面说明，四国的软实力提升空间还很大，尤其是在多边外交政策的使用上，中美日印四国应该努力争取东南亚地区的认同与肯定，使自身在今后的软实力之争中处于绝对的优势地位。

表11-9 部分国家对中国软实力构成要素的评价

受 访 国	经 济	人力资源	文 化	外 交	政 治
美 国	0.52	0.55	0.56	0.4	0.34
日 本	0.57	0.58	0.57	0.44	0.41
韩 国	0.57	0.64	0.54	0.51	0.48
印度尼西亚	0.73	0.74	0.62	0.69	0.71
越 南	0.7	0.8	0.77	0.67	—

资料来源：芝加哥全球事务委员会2008年全球民意调查报告。

六、结论

国家软实力的构建是建立在一定的硬实力基础之上的，随着国际机制作用的日益明显以及文化、认知、共同价值观念的形成，软实力的作用越来越凸显。因此，对于中美日印这样的世界大国与地区大国而言，要拓展与确保在东南亚地区的影响力，其关键不在于自身的硬实力，而在于软实力。事实上，在这方面，中美日印四国在多边外交的舞台上已经摆开了角逐的阵势。

多边外交是提升国家软实力的重要手段和方式，只要一国的多边外交政策在实施的过程中产生了具有共享作用的价值，并且其外交政策得到大多数国家的认可与效仿，那么就可以说这项多边外交政策产生了软实力的价值。当然，从另一个角度来看，我们也可以认为国家软实力是通过多边外交来体现。因此，国家软实力与多边外交应该是一种相互影响、相互促进并相互构建的关系。中美日印四国在与东盟的外交往来中，通过多边外交技巧既带来了共同利益的产生，又促进了软实力的提高。

国家软实力又是相对而言的。客观地说，随着中国经济的快速发展以及与东盟关系的不断加深，其在东南亚地区的软实力确实提升得很快。这其中既有中国外交战略得当的因素，也有美国东盟政策偏差的原因，二者共同造就了中国在东南亚地区软实力的稳步增加。但我们必须清醒地认识到，这种增加还远没有达到中国可以超越美国与日本的程度。中国利用多边外交，在与东盟的互利合作当中取得了相当大的成就，这一点已经明显引起美日印的注意与防备。而当美日印在东南亚地区也采取多边外交政策，甚至联合起来大打多边主义的外交牌时，中国所要考虑的是如何才能切实有效地继续维持在东南亚的既有软实力和国家利益。

通过对中美日印在东南亚的多边外交及软实力进行综合分析，笔者认为：中国在强化与东盟国家关系，增强中国在东南亚的地区的软实力时，必须以重视多边外交的使用，提升中国在东南亚地区的外交构想力为前提。对中国来说，冷战结束后，中国外交最积极的变化就是频繁地"亮相"于繁多的国际机制中，明确的多边外交政策成为中国外交的主要内容。中国经过改革开放的三十多年积累了雄厚的硬实力基础，在国际关系中的地位也稳步上升。因此，在全球化、区域化的今天，中国必须在坚持国家根本利益的前提下，积极参与到东南亚地区事务当中。同时，利用现有的条件和优势，积极构建具有共享价值的多边外交政策，这不但是增强中国在东南亚地区的影响力和国际制度控制力，以及扩大软实力的有效途径。同时，还有利于增强与东盟国家的政治互信，提高中国外交政策的合法性与亲和力，增强东盟国家对中国的认同感，提升中国在东南亚地区的软实力。

第十二章 文化外交与软实力：中美日印对东南亚的文化外交

文化外交是提升一国软实力的重要途径。本章通过阐述中美日印对东南亚的文化外交政策的主要内容，开展文化外交的主要形式及其政策走向，进而分析各大国是如何通过文化外交向东南亚传输和展示其软实力的。我们的研究表明，美国与日本在东南亚开展文化外交的手段灵活，形式多样，兼具其他软硬实力的优势，可谓得心应手。而中国和印度虽然都是东南亚的邻居，具有悠久的历史和灿烂的文化，历史上也是对这个地区产生深远影响的大国，但是，与美日两国相比，中印两大发展中国家对东南亚的文化外交却显得比较软弱和逊色。

一、文化外交政策与国家软实力

文化外交是伴随着现代国际关系的发展而出现的一种新的外交方式。随着世界各国之间的文化交流不断走向深入，越来越多的国家开始通过提升本国文化的影响力的方式来达到自己的外交目标。作为国家软实力的一个重要组成方面，一个国家文化外交政策是否有效，将对一个国家的软实力大小产生非常重要的影响。制定正确而合理的文化外交政策并付诸实施，将有效地提升一个国家在国际社会之中的软实力。

（一）文化外交的定义与特征

1. 文化外交的定义
文化外交的概念实际并不难理解，与传统的政治外交和经济外交等外交概念类似，完全可以从字面的意思进行理解。从最简单的角度来看，文化外交完全可以被理解为通过文化手段开展的外交活动。但是，目前学术界的研究中，对文化外交的定义还有着比较大的差异。有些学者强调文化外交的目的性。如，学者鲁毅认为文化外交"是主权国家利用文化手段达到特定的政治目的或对外战略意图的一种外交活动"，[①] 也有学者强调文化外交对国家利益的重要性以及以和平方式出现的特性，如彭新良认为，文化外交就是"主权国家以维护本国文化利益，借助包括文化手段在内的一切和平手段来进行的外交活动"[②]。由于学者们下定义时各自的出发点并不相同，所得出的结论自然也就各不相同。

在笔者看来，理清文化外交这个概念，最终还需要回到文化外交这个概念的本身，从文化外交的主体、途径和对象三个层面进行系统的分析，最终方能得到一个较为合理的解释。

第一，从文化外交的主体来看，许多学者认为文化外交的主体理所当然是政府。如学者李智就认为"文化外交应由国家主导"，[③] 这种观点符合了我们关于外交的传统观念，即将外交作为国内政治的输出，是政府才能进行的活动。但事实上，随着国际社会的不断发展，尤其是在文化层面，仅仅将政府作为文化外交的主体显然还有失偏颇。要知道，在文化的交流过程中，民间力量、非政府组织已经开始发挥了越来越多的作用，并且我们要清楚地看到，这种并不完全等同于官方的力量反而在文化领域内更加如鱼得水。虽然民间交流和非政府组织的运作在一定程度上受到政府的管理，但其灵活性和内容显然是官方力量无法进行绝对控制的。随着时代的发展，非政府组织虽然尚不能取代政府组织，却也逐步具备了成为文化外交主体的可能，我们在研究文化外交政策的过程中，万万不能忽视非政府组织的作用。

第二，从文化外交的途径来看，政府间的行为主要包括了文化谈判、开展

① 彭新良：《外交学研究中的一个新领域——关于文化外交的几点思考》，《宁波大学学报（人文科学版）》2006 年第 4 期。

② 李智著：《文化外交：一种传播学的解读》，北京大学出版社 2005 年版，第 24 页。

③ R.P.Anand, *Cultural Factors in International Relations*, Shakti Malik：Abhinav Publication, 1981：p.30.

文化交流与合作、扩大两国教育服务贸易、对他国公众进行公关活动等。但是，如果将非政府组织和民间力量这一层面也考虑进来，则文化外交的手段要宽泛得多。例如，随着互联网的飞速发展，MSN 等交流工具和 SNS 等社交工具的迅速发展，使得民间力量和非政府组织也得以用自己的形式促进本国的文化传播，这也能够促进不同国家的民众之间进行文化交流。在日常生活中，各国民众是可以通过与他国民众在网络上的交流形成对他国文化的认识的，而在遇到较大的国际事件时，各国民众亦可以通过新媒体等手段加强相互了解。对于非政府组织和民间力量的这种行为，我们可以将其称作新文化外交形式。

第三，文化外交的对象在学术界并不存在太多的争议内容。一般可以认为，文化外交的对象不一定仅仅包括政府层面，特别是随着各种交流手段的进行，在一定条件下自然也可以包括各类民间组织，甚至已经可以直接面向他国公众——通过打造良好的公共舆论环境，使一国在另一国公众心中树立良好的国际形象。中国政府最近几年大力制作中国形象宣传片在美国播放就是其中的一个典型。事实上，文化外交的对象也是随着国际社会的发展和科技的进步而逐渐扩大的，相信随着时间的推移，其对象依旧会有新的变化。

综上所述，我们可以将文化外交定义为，在国际社会中，由一国政府或非政府组织、民间力量利用文化手段，通过政府、非政府行为对他国政府和民众开展的交流活动。

2. 文化外交的主要特征

文化外交之所以能够单独存在，正是因为其有着自身的独特之处。而与经济、军事等活动不同，文化是有着自身的特点，那么，基于文化这些特殊之处而形成的文化外交自然也有着自己的特征。

首先，文化外交是一种较温和的外交形式。文化外交同样包括了合作和制裁两个较为常见的表现形式。前者表现为国与国之间积极展开文化交流与文化资源的共享，而后者则包括封锁文化消息、禁止文化教育技术在国与国之间的转让等方式。但与军事外交和经济外交相比，文化外交无法在短期内对他国的物质资源进行促进，也无法在短时间内对他国的物质资源实施毁和破坏，即使在极为强硬的情况下，也会有略显温和的一面。同样采用制裁的情况下，如果说经济外交和军事外交给人的形象是一个彪形大汉，那么文化外交就应该被视作一个干练而不失神韵的姑娘。从某种程度上来看，文化外交可以有效减少在国与国之间的剧烈冲突——毕竟在两国发生冲突之时，如果先用文化外交的手段，则给双方博弈的时间会较多，也会更容易出现缓和。而一旦诉诸经济和军事手段，则带来的后果可能要严重得多。

其次，政府主导文化外交的能力相对弱化。从历史发展的角度来看，文化的产生显然先于国家和政府，虽然在出现了国家和政府之后才有了外交行为，但文化的交流显然已经先走一步了。在现在的国际社会中，政府推动依旧是文化外交得以推行的主要形式之一。然而，我们必须看到的是，文化外交与经济和军事外交不同，如果仅仅依靠官方推动的文化外交依旧无法满足社会的实际需求，特别是在市民社会的兴起与发展过程中，单纯依靠政府行为推动的文化传播有时甚至会让他国民众产生抵触情绪。美国学者弗兰克·宁柯维奇（Frank Ninkovich）认为，如果某国政府向美国人大力推广文化产品，不仅无法树立国家的良好形象，还会适得其反。因此，我们可以看到，在诸多的文化外交中，各国政府都在不断推动非政府组织参与其中，而事实证明，这种手段显然更加"高明"。例如，我们都知道 CNN 并不是美国政府的机构，但任何人都无法否认其在对外宣传美国自由、民主和平等的国家形象过程中的作用。CNN 传播出的新闻内容和评论，在促进文化交流的过程中，可能比美国政府发言人起到的作用更加显著。这正是文化外交一个非常独特的地方。

第三，文化外交发生作用较慢，但效果更加持久。文化外交的成功开展，实际就是要扩大本国文化的影响力和竞争力，树立本国良好的国际形象。但任何一个国家形象的建构，都不可能在一朝一夕完成，而是需要长期的交流与合作作为基础。一次文化交流活动，即使规格再高，开销再大，也无法真正做到立竿见影，只有通过长期的、持续的交流，才可能最终达到预期的效果。但值得肯定的是，文化外交所起到的效果一旦显现，则持续的时间可能更加长远。正如美国通过长期的发展，在自由、民主、平等（至少在给国际社会的感觉中是如此）等国内政治建设方面形成了良好的国际形象，成为许多后发型国家模仿和学习的典型，其他国家民众对美国政治制度的形成良好印象，在很长时间内会得到保持，除非有无数的事实证明这些良好的印象不过是看到的某种假象。

第四，文化外交的多样化发展倾向明显。正如前文所述，随着互联网等交流工具的迅速发展，文化外交可以依赖的手段已经远远不限于传统的官方交流形式，而是呈现多元化发展。新媒体对文化交流的影响力日益凸显。就拿时下最火热的微博来说，曾经有这样的一个说法："当一个人的微博粉丝超过了一亿，其影响力就将趋近于中央电视台。"[①] 那么，作为普通的民众和非官方组织，通过微博来进行文化的传播与交流已经没有了限制，我们很快就将会看到，不同国家的民众通过各种新媒体绕开政府主导的文化外交而进行直接的交流和对话，文化外交的多元化时代已经悄悄地来到了我们的面前。

第五，文化外交的重要性越来越明显。现实主义大师汉斯·摩根索认为，"领土、政治制度和文化完整"[②] 是国家利益最低的表现。在经济全球化时代，一个国家文化的影响力与其国家软实力密切相关。在一个软实力的较量越来越常见的国际社会中，一个国家如果没有独特文化影响力，显然就无法立足于世界民族之林。同时，一个国家优秀的文化又是其在国际上树立良好形象的重要基础，如果运用得当，将可能起到"四两拨千斤"的功效。在冷战结束后，越来越多的国家开始注重本国的文化建设和文化的对外传播，并希望通过文化的力量来提升本国在国际社会影响力。可以肯定地说，未来的国家利益越来越需要通过文化的建设和传播来实现，那么，文化外交的重要地位自然也就不言而喻了。

第六，文化外交不可能真正脱离国家的综合实力这个坚实后盾。文化外交具有一定的独立性，即一个国家可以凭借单纯的文化影响来提升国家的影响力，这点在宗教世界尤其明显。梵蒂冈并非一个大国，也没有足够强势的经济

---

① 秦生：《微博见人品 下笔需文明》，《扬州日报》2010 年 3 月 27 日。
② 摩根索：《又一次大辩论：美国外交不仅要捍卫国家主权的独立、领土完整和安全，同时还要增进不同国家行为体之间的文化的国家利益》，见《当代国际关系理论》，中国社会科学出版社 1987 年版，第 121 页。

实力，但梵蒂冈在宗教世界中的地位显然是他国无法取代的，其可运用的文化外交资源也是相当可观的。但是，正如一个国家文化发展与其经济发展密切相关一样，文化外交并不能够绝对单独地存在，特别是在普通的国际交往中，经济和军事上的霸权国家可以凭借其雄厚的综合国力，来推动本国的价值观输出，美苏在第二次世界大战中均有类似的行动。因此，发展文化外交，必须政治、经济和军事等传统手段综合起来运用才能作用。

（二）文化外交政策对软实力的影响

要想探讨文化外交政策对软实力的影响，首先就必须要知道文化外交政策本身受到哪些因素的制约。在此基础上，才能够进一步探讨文化外交政策对一个国家软实力的影响。

1．影响文化外交作用的因素

同其他各种外交政策一样，文化外交的政策也需要进行一定方式的评估。但是，由于文化本身的多样性、文化认同评估的不确定性等因素的影响，文化外交的评估显然不是一件容易的事情：在两国友好的大环境下，我们无法断言一国公民对另外一个国家的好感是由于对其文化的认同，反之，我们也不太可能因为一国居民不太认同另一国家的文化而推测两国关系不佳。不过，在实际的研究过程中，结合一些常识来进行推理的话，文化外交政策的评估还是有些基本的要素是可以参考的。

首先，从文化外交的政策主体来看，本国的文化资源是否足够丰富且历史悠久。文化的吸引力在很大程度上需要有足够的文化积累作为支撑。一个像中国一样有着悠久历史的大国，往往要比新生国家在文化影响力方面更有特色。而与此同时，宗教国家由于得天独厚的宗教魅力，其文化影响力要比世俗国家更容易让人接受。但是，宗教国家的文化外交政策对于同宗教的国家会更容易产生吸引力，而与其宗教主张不同的国家，则更容易发生误会与冲突。

其二，本国倡导的文化价值观是否能够成为一种具有"普世性"的文化价值取向。顾名思义，普世价值用是一种普遍适用并造福于不同国家和不同种族的人群的、能够由不同民族共同接受的价值观导向。[①] 而在实际的语境之中，"普世价值"大体被等同于人权天赋、生来自由、民主权利的政治价值观，尤其是现实的语境中，更多被解读为美国式的民主、自由和人权保障体系，具有鲜明的"美国特色"。特别是随着冷战后美国的"一家独大"，"普世价值"成为美国对外宣传和倡导的重要内容。

世界各国、各民族的历史文化多种多样，固然没有一个标准的模式，但各国的文化之中，总有一些共性可言，否则，也就不会产生诸如"联合国宪章"、"和平共处五项基本原则"等为多数国家和民族所认同的基本价值准则。对一个国家的文化外交政策而言，如果其所推崇的文化是霸权主义的、违反世界历史潮流的，则很难为其他国家所接受，反过来，如果该国的外交政策是和平主义的、反对战争的、倡导包容的，就会赢得更多的市场。

其三，本国的政治、经济和军事实力是否足够强大。如前文所述，文化外交政策需要国家综合实力作为后盾。从某种程度上讲，一个国家在经济和军事上的强势，对正处于发展期的国家而言会有一种特别的吸引力，正如苏维埃革命成功后许多发展中国家对社会主义文化的推崇一样——虽然这在苏联大举推行"大国沙文主义"之后受到了严重削弱，但依旧不失为苏维埃的社会主义文化受到发展中国家追捧的重要力量来源。

其四，从文化外交政策推行的手段来看，本国在推行文化外交政策的时候，是奉行多边主义原则还是单边主义原则。"多边主义"是一种在广义的行动原则基础上协调三个或者更多国家之间关系的制度形式，也就是说，这些原则是规定合适的行动的，它们并不考虑在任何特定事件下各方特殊的利益或者战略紧急情况。所谓"单边主义"，是指综合国力处于世界领先地位的大国，依靠其自身的超强实力，而在国际事务中不考虑其他民族的感受，单独采取各种外交行动的行为，单边主义是国际体系中大国常见的做法。

在冷战结束前，美国和苏联等举足轻重的特定大国，在推行文化外交政策的时候，往往带有单边主义的倾向，但随着国际社会多元化的发展，这种不考

---

① 赵晶:《"普世价值"的来龙去脉》，中国共产党新闻网，http://cpc.people.com.cn/GB/64093/67206/67704/8067747.html，2008年9月18日。

虑大多数国家和民众的愿望的单边主义政策已经越来越不被大多数国家所接受。尤其是对于文化外交政策而言，如果长期奉行单边主义立场，则很可能会损害本国的形象，对本国造成损失。相比较而言，各国往往会对一个奉行多边主义——至少在对外宣传中是这样的国家产生好感。

其五，本国的文化输出与交流活动是否得到输入国民众的赞赏并且行之有效。文化输出与交流是提升本国文化影响力的重要途径。但是，并不是所有的文化输出和交流都有利于提升本国的文化影响力，这还取决于本国进行的文化输出与交流活动是否行之有效，换句话说，在诸如建立孔子学院、推广宝莱坞电影、开展中日青年文化交流等形式的活动中，是否能够切实将本国文化为受众所接受，是个需要考虑的问题。

其六，本国是否能够提供具有足够吸引力的教育服务。高等教育服务贸易是伴随着世界范围内服务业的大发展而兴起的，作为第三产业的高等教育服务是指各国在世界贸易范围内提供国际协作办学、合作科研、人员互换等活动以及围绕这些活动形成的相关产业的服务。[①] 从经济学的视角来看，高等教育服务贸易是将高等教育看作商品为前提的，可以被理解成为一种跨国的教育选择，其选择的主体可以包括普通教育消费人群和社会机构。前者以学生和家庭为主体，购买高等教育服务的费用由个人承担，而后者则包括政府或社会机构，购买费用由政府承担，如公派留学等。其客体便是形式多样的教育服务，包括了学历教育和非学历教育等两种形式。台湾地区和东南亚等国家对于美国文化的认同，与其社会精英大批具备美国的留学经历有着千丝万缕的联系——交流可以促进相互的了解，更何况是长达数年的不断的交流呢？一个能够提供大量对外教育服务的国家，比教育服务贫瘠的国家有更多的机会获得认同和接受。

其七，从文化外交政策实施的客体来看，文化外交政策的对象国民众对自身国家和民族的文化认同度。对于一个民众对自身文化充满认同感的国家，是很难全盘接受外国文化的。中国和日本都是这方面的典型，在近代化的过

---

① 曹建树、张木森:《我国高等教育服务贸易及成本的思考》,《财会通讯（下）》2009 年第 9 期。

程中，两个国家受到了西方文明的猛烈冲击，但其传统文化精粹却一直得到了保持。

其八，该国的开放程度。一个国家越开放，就越有机会受外来文化的影响。对于一个闭关锁国、不愿意与其他国家进行文化交流的国家来说，一国的文化外交政策再好，也难以起到实质性的效果。例如，对于中国和朝鲜两国使用同样的文化外交政策，结果显然还是有很大差别的。

综合来看，一共可以总结出文化外交政策八个层面的影响因素，这些因素的影响方式归纳起来可以如表 12-1 所示。

表 12-1　影响文化外交政策实施效果的有关因素

影响因素	政策主体			政策手段			政策客体	
	文化资源	普世性	经济、军事实力	单边主义	行之有效的输出	教育服务	对本国文化的认同度	开放程度
关系	正相关	正相关	正相关	负相关	正相关	正相关	负相关	正相关

但需要说明的是，考察一个国家的文化外交政策是否得当，并不需要苛求其具备全部影响因素，即使某一方面较为突出，也可能是行之有效的，而具备的影响因素多却不一定产生实效，其政策也可能是失败的，不能一概而论，需要具体问题具体分析。

2．文化外交政策对软实力的影响

在现实的国际政治环境中，文化外交并不能够提升一个国家的政治、经济和军事等"硬实力"，却能够在极大程度上影响一个国家的"软实力"——"一种能够影响他人喜好的能力"，这种力量带来的效果是"拉拢人而非胁迫人"[①]。但文化外交政策究竟是如何才能对软实力产生影响呢？综合来看，主要包括以下几个方面。

首先，文化外交政策可以影响国家形象。按照建构主义的理解，国际形象实际是在不同国家间的文化建构过程中形成的，国与国之间对彼此的文化价

---

① ［美］约瑟夫·奈著：《软力量：世界政坛成功之道》，东方出版社 2004 年版，第 5 页。

值观念的吸引才是树立一国的国际形象的关键因素。[①]　一个国家的国家形象是否良好而可靠，最为关键的要素依旧是其自身的文化力量产生的效果是否强大。民族国家在世界政治舞台及国际关系中所扮演的角色、所享有的声望及所产生的效应取决于文化外交的水平。[②]　国际形象已经成为一种重要的资本，一个国家如果能够拥有令其他国家所欣赏的国际形象，无疑会让其在国际上的影响力大大提升。而这种特别的影响力，即是学者们经常谈到的软实力。也就是说，积极有效的文化外交政策，可以帮助一个国家树立良好的国际形象，从而提升该国的软实力。

其次，文化外交政策可以影响本国文化竞争力。"文化力"（Culture Power）是学者近年来常常提到的一个概念，它指的是以价值观念为核心的文化所形成的无形的认同力和感召力。随着国际社会发展，"文化力"已经成为综合国力较量中极为重要的一环，其在国际交往中的重要性已经越来越明显。"运用得当的文化手段能够产生更持久稳定的影响，从而达到控制他人思想的目的。"[③]　一个国家如果能够制定良好的文化外交政策，将不可避免地壮大本国的文化影响力，同时在与其他国家文化的相互交流、相互借鉴和不断融合中提升该国的文化竞争力，从而对一个国家软实力的提升产生积极而有效的影响。

第三，文化外交政策可以影响他国公众对本国的了解与认知。软实力的一个重要体现是一国对另外一国的影响力，而产生影响力的前提自然是足够的了解与认知。没有任何一个国家的民众会对一个并不了解的国家产生信赖感，更不用说受其影响。而积极的文化外交政策则能够很好地解决这样的问题，无论是选派不同群体与他国进行互访式交流，还是开展中俄文化年之类特色的文化交流活动，都能够有效地促进不同国家之间的相互了解，也就能够有效地改善一个国家在另外一国民众心中的形象，提升其在他国民众心中的地位，从而使该国的文化软实力充分得到展现。

---

① 孙溯源：《集体认同与国际政治：一种文化视角》，《现代国际关系》2003 年第 1 期。

② 孙红霞、李爱华：《文化外交的独特价值》，《山东师范大学学报（人文社会科学版）》2007 年第 1 期。

③ ［美］汉斯·摩根索著：《国际纵横策论》，上海译文出版社 1995 年版，第 90—93 页。

综合以上分析可以看出，影响文化外交的诸多因素可以通过文化外交政策这一中介对软实力产生相应的影响，换句话说，就是我们可以通过对文化外交政策进行考察来探究其对一个国家软实力的影响。

小 结

文化外交在国际社会的发展中其实有着悠久的历史，但是，只有到了冷战结束之后，和平与发展成为世界的主题以来，特别是当世界各国发现仅仅通过传统的经济、政治和军事这些"硬"实力来进行的外交活动显然还存在着诸多的不足之处之后，文化外交才真正被各国当成了外交政策中的重要一环。

文化外交政策与传统的外交政策有着许多相同的地方，比如文化外交同样有合作和不合作（或者叫制裁）的内容，同样可以成为处理国与国之间关系的重要手段。并且，由于文化外交政策相对较为温和，在短期内产生的冲击效果相对要轻些，往往能够为处理复杂的国际关系提供一种更为巧妙的路径。20世纪70年代著名的"乒乓外交"，实际就是运用文化外交打破两国之间僵局的一次重要的尝试。随着国际社会的发展和国际问题的复杂化，相信文化外交的独特作用会越来越明显。

文化外交与近年来一直被热炒的"软实力"的概念有着密切的关系。在影响软实力的诸多因素中，文化是其中最为重要的一个部分。文化外交政策如果运用得当，能够有效地改善国家的对外形象，提升本国的文化竞争力，并加深他国公众对本国的了解与认知，这些都将对一个国家的软实力产生积极的影响。

无论是针对文化外交政策的主体、文化外交政策的手段还是文化外交政策的客体中，我们都能够从中寻求某些改进，从而让本国的文化外交政策变得更加有效，并为软实力的提升产生积极的影响。

从文化外交政策的主体来看，丰富的文化资源、所倡导的价值理念的普世性、经济和军事实力的强大，都能够让一个国家文化外交变得更加容易为人接受；就文化外交政策的手段而言，一国在对外政策中坚持多边主义的立场，并建立起一整套行之有效的文化输出体系或者能够为他国提供充足的高等教育服务，也会让这个国家在国际社会受到更多的欢迎；而就文化外交的客体而言，如果目标国对本国文化的认同度相对较低，而国家的对外开放程度又较高的话，则文化外交政策将会更加容易开展。

软实力也经常被和巧实力相联系，的确，提升软实力确实需要用"巧"的力量。对于一个国家而言，希望通过文化外交政策提升本国的软实力，并不能够单纯地依靠"硬碰硬"的方式，比如不计成本地投入大量财力，或者将某些文化外交做成华而不实的"形式主义"，都不会对软实力的提升起到良好的效果。相反，如果能够真正从细处着手，运用较为巧妙的手段和方式来开展本国的文化外交，则可能取得"四两拨千斤"的效果。

然而，文化外交政策的评估及其对软实力影响却并非可以用"一加一等于二"式的公式来简单地计算，而是要经过长期的评估和考察才能得到相对准确的结果。也正因为如此，完善文化外交政策、提升本国的软实力，对于任何一个国家来说都绝非一日之功。只有伴随着现实发展的需求进行不断的调整，才能够最终取得实际效果。

二、中美日印对东南亚国家文化外交的主要内容

东南亚的地理位置极其重要。因此，近代以来，东南亚地区长期是世界各大国争夺的重要地区之一。冷战结束后，中日印也与美国一道相继参与到该地区的竞争之中。在各国的较量中，软实力的较量日益凸显，而文化外交政策作为提升软实力的重要途径，也受到了越来越多的关注。对于这四个大国来说，由于历史和现实的原因制约，对东南亚所采取的文化外交政策也各有不同。

（一）中国对东南亚国家的文化外交政策

1. 积极倡导"和谐世界"理念

"普世价值观"是第二次世界大战结束之后，美国在其提出的一系列理论中最具影响力的一个，同时也是美国在文化外交中彰显本国软实力的重要一

环，使美国的外交政策得以站在道德的制高点，对其他国家进行各种指责。

伴随着中国的崛起，中国未来的走向受到了越来越多的关注。中国到底会走上一条怎样的发展道路，以何种形象面对未来的世界是近年来受到热炒的话题。"中国威胁论"一直萦绕在世界各国舆论当中。而中国也急需提出一种独特的文化外交理论来与美国的"普世价值观"相抗衡。"和谐世界"理论正是在这样背景下应运而生的。

2004年，中国和俄罗斯联合发表了《中俄联合声明》，明确提出，"（中俄双方）愿意同各国一道，为建立一个和平、发展、和谐的世界，实现公正合理的国际政治经济新秩序而不懈努力"①，这是建构和谐世界这一概念的最早提法也是最早的出处。2005年，中国国家主席胡锦涛在出席雅加达亚非国家首脑会议时，再次明确提出了"构建和谐世界"的主张。② 同年9月，在联合国成立60周年首脑会议上，胡锦涛主席发表的题为《努力建设持久和平、共同繁荣的和谐世界》的讲话中，对建设和谐世界理念进行了阐述③。这是中国国家最高领导人第一次全面而系统地阐述"和谐世界"的理念，因此，胡锦涛主席本次的讲话，被认为是"和谐世界"理念正式提出的一个重要标志。

"和谐世界"的理念主要来源于中国丰富的传统文化，不仅有儒家思想中的和谐观与"天人合一"思想，还有道家强调人与自然的协调统一的价值观，也包含了墨家所倡导的"兼爱"与"非攻"的理念，同时，也能够找到佛家"慈悲为怀"、平等、圆融的精神。倘若用现代的方式来解读，实际可以归纳为"以追求公正与平等、包容与民主为基本保障，通过对话与合作、和平与发展等具体形式，最终实现人类自身的身心的和谐，人与社会的和谐以及人与自然的和谐，最终实现人类的永久和平与繁荣发展的最终目标。"④

具体而言，"和谐世界"在以下几个层面提出了自己的主张：一是在经济

---

① 本书编写组：《国际形势年鉴》，上海教育出版社2005年版，第570页。
② 本书编写组：《国际形势年鉴》，上海教育出版社2005年版，第476页。
③ 本书编写组：《国际形势年鉴》，上海教育出版社2005年版，第527页。
④ 张宇权：《和谐世界：21世纪中国文化外交理念分析》，《广东外语外贸大学学报》2008年第2期。

上实现各国发展机遇、发展水平的均衡，避免出现南北社会贫富差距的严重分化；二是政治上逐步改变当前这种不合理的国际政治秩序，建立更符合世界各国人民的新秩序，推进解决国际问题当中的多边主义形式，实现国际关系的民主化，促进世界的和平与共同发展；三是不同文化间要相互包容，平等对待不同国家的历史与文化，消除各种形式的民族和种族歧视，最终实现多元文明共生共存。用外交部副部长张业遂的话说，建设"和谐世界"就是要从中国人民与世界人民的根本利益出发，同世界人民一道，建设一个持久和平的、共同发展的世界。①

实际上，中国提出的"和谐世界"理念与国际社会发展的需求是相吻合的。在科技迅猛发展的今天，世界矛盾也呈现出了多样化和尖锐化的趋势，全球的自然环境日益恶化，影响着人类的生存和发展，霸权主义和文明冲突还广泛存在，各地区之间的冲突加剧，世界的经济政治秩序还不合理，两极分化日益严重……这样的大环境下，的确需要建设一个更加和谐的世界。但是，"和谐世界"的理念终究还仅仅是理论层面的探索，并不能够迅速发挥巨大的作用。特别是，中国国内发展依旧处于"粗放型"，二氧化碳排放量长年无法根本降低，对环境和资源的冲击很大，国内的劳动保护等措施不健全，人权建设还有很大上升空间，自身存在的不和谐，使"和谐世界"理念的影响力受到了很大的限制，而不能够成为中国文化外交政策中较为有效的要素。

不过，从中国最初倡导的"和平共处五项原则"，到后来的"韬光养晦，有所作为"的外交指导思想，再到如今的"和谐世界"理念，中国的文化外交理念是一个不断走向成熟的过程。随着这种外交理论的成熟，中国在国际社会的影响力也有所增强。

罗素曾经这样评价中国的和谐理念："现代世界极为需要中国至高无上的伦理品质中的一些东西。在这些重要的品质当中，和气乃是第一位的。"② 随着中国对内改革和对外开放进程的不断加深加快，中国亦将在自身建设方面有所调整，为世界和谐做出表率。

---

① 张业遂：《在中国梦与和谐世界研讨会上的讲话》，《外交评论》2006 年第 2 期。
② 罗素著：《中国问题》，商务印书馆 1998 年版，第 43 页。

2. 政府官方推动的对外汉语教学

在新中国成立之后，中国与东南亚地区的国家曾经存在着诸多的摩擦。冷战时期，社会制度和意识形态方面的差异让中国与东南亚国家难以"亲密接触"，而冷战结束后，在南海问题等方面的争端又在一定程度上影响着双方在文化层面的交流与发展，甚至影响着两国之间的正常交流。中国—东盟自由贸易区建立之后，随着双方经贸往来的不断深化，中国与东南亚国家的文化交流有了进一步的增强，但这种交流更多的是集中于政府或者称为官方组织的文化交流，双方在民间的文化交流却并不发达，甚至显得微乎其微。在各类官方组织的文化交流中，对外汉语教育最为典型。

中国官方开展海外华文教育的重要机构分别是国务院侨办和国家汉办这两个主要部门。1999 年"中国寻根之旅"夏令营首次在中国启动，取得了良好的社会反响。随后，在国务院侨办和中国海外交流协会两个部门的共同努力下，该夏令营已经成功举办过数次，在吸引海外青年人士关注中国文化的方面取得了相当突出的成果。与此同时，中国官方开始将对外华文教育提升到了国家层面，并将其作为对外文化交流中的一项重点工作来抓。

中国经济的高速增长大大增强了世界各国与中国开展交流的需求，世界范围内开始出现了学习汉语的热潮。这种"汉语热"使中国大大加快了开展对外汉语教学的步伐。据国家汉办提供的有关数据显示，当前在海外学习汉语的总人数已经超过 4000 万的大关。仅仅在 2011 年这一年，在海外学习汉语的人数就比 2010 年的人数增长了 39%，[①] 在东南亚地区的增长也非常明显。近年来，中国在推动对东南亚地区的汉语教育方面作出了一系列的努力，全面提升汉语在当地的影响。

首先，中国政府在国家汉办的大力推动下，在海外花大力气建设孔子学院。孔子是中国传统文化的重要代表人物，而孔子学院建设，则是中国官方希望利用这一传统文化的品牌人物，增进各国人民对汉语言的了解，进而提升其对中华语言文化的全面认识。自 2004 年第一所孔子学院在韩国汉城（今首尔）

---

① 刘菲：《汉语热在全球持续升温》，《人民日报（海外版）》2011 年 12 月 15 日。

创立以来，孔子学院日益成为中国开展对外汉语教学和多元化文化交流的最重要平台之一。到 2010 年 10 月为止，全世界已经拥有孔子学院 322 所、孔子课堂 369 个，其中仅在亚洲 30 个国家和地区共有孔子学院 81 所。[①] 从现有的模式来看，孔子学院往往是由中国的大学与对方国家的大学合作建立并推动运行的。随着孔子学院数量的迅速增长，其已经逐步成为中国将本国传统文化和语言推广到海外的一个较为成功的模式。伴随着中国国家综合实力的不断增强，中国政府官方推动的对外宣传力度也越来越大，孔子学院的数量也在不断攀升。2011 年 12 月在北京举办了第六届孔子学院大会。会上，共有来自 105 个国家和地区的 2000 余位大学校长出席，对孔子学院取得的成就表示了充分的肯定与认可。[②]

其次，中国政府积极培育能够从事对外汉语教学的教师，大力支持东南亚国家的对外汉语教育。目前，亚洲共拥有各类华文学校 3000 多所[③]，这里作为华文教育的重点地区，急需源源不断的华文教师队伍参与到当地的对外汉语教学当中。在国内，中国政府积极开设对外汉语专业，并设立相关的资格考试，积极培养能够承担相应教学任务的对外汉语教师。2011 年，中国政府共组织 8000 多名教师和志愿者奔赴 100 多个国家教授汉语[④]，不断增加的对外汉语教师有效地推动了海外华文教育的发展。与此同时，由于海外华校多为民间机构，师资力量严重不足，尤其是许多华文学校只能依靠华人社团等组织筹集教育资金，因此难以维持华文教师的待遇，教师流失非常严重，中国政府还通过设立各类基金对海外华文教育机构予以扶持，一方面选派国内对外汉语教师加入其教学队伍，另一方面也积极出资帮助培养当地的对外汉语教师。2011 年 7 月，第七期海外华文幼师培训班在中国举行，这场由中国华文教育基金会联合中国海外交流协会举办的培训活动为来自东南亚国家

---

① 国家汉办网站：http://www.hanban.edu.cn/confuciousinstitutes/node_10961.htm.

② 国家汉办：2011 年全球新增 36 所孔子学院，学习汉语人数激增，http://www.hanban.edu.cn/article/2011-12/21/content_396726.htm.

③ 华侨大学：《华侨华人研究报告（2011）》，社会科学出版社 2011 年版，第 304 页。

④ 华侨大学：《华侨华人研究报告（2011）》，社会科学出版社 2011 年版，第 326 页。

的95名学员提供了培训服务 ① ，这是中国政府积极帮助东南亚国家培训华文教育教师的重要体现。

第三，国家汉办积极组织各方力量，结合各国实际情况，有针对性地编写各种适合各国华文教育现实情况的汉语教材。华文教育本土化是中国开展对外华文教育必须面对的一个重要问题，也是长期以来对外汉语教学中存在的显著障碍。近年来，随着各方对这一问题的清醒认识，华文教育的本土化工作也在不断向前推进。各地已经开始不断涌现出符合本国实际情况的汉语教材。到2011年为止，中国编写或者参与编写的对外教材已经涵盖40多个语种，同时在160多个国家发行 ② ，这些符合当地实际的对外汉语教材，有效地推动了中国对外汉语教学的前进。

但是，文化的传播需要文字载体，却不能仅仅依靠文字。"汉语热"仅仅是反映了汉语向外推广的情况，而华文教育则涉及中华文化在海外的传承和弘扬问题，后者的意义显然更加深远。但目前来看，国内在汉语国际推广与海外华文教育资源配置方面存在严重的不平衡，导致了汉语推广力量充足而华文教育的资源严重缺失的困境，而世界各国掀起汉语学习的热潮也更多基于实用主义或者工具性的目的。在这种情况的影响下，华文教育已经越来越多地呈现出实用化和扁平化的倾向，在很大程度上影响了中华文化影响力的扩展。

（二）美国对东南亚国家的文化外交政策

1. 以"普世价值"为核心的文化输出

"普世价值"是一个哲学概念，实质是倡导的一种为人类所共同接受的优秀价值理论。但由于美国是普世价值的最早提出者与倡导者，因此在其推广的普世价值观中，无处不能找到美国的特性和影子。甚至从某种程度来说，普世价值就是经过了充分包装和改造的美国价值。

"普世价值"这个概念早在20世纪就已经出现了。1993年8月美国宗教

---

① 中国华文教育基金会:《第七期海外华文幼师培训班圆满结业 》，http://www.clef.org.cn/news/2011/0711/5/580.shtml。

② 华侨大学:《华侨华人研究报告（2011）》，社会科学出版社2011年版，第324页。

团体召开的"世界宗教议会"正式提出了"普世价值"这一概念。"我们肯定，在各种宗教的教导之中，有一套共同的核心价值，这些价值构成了全球伦理的基础"①。"普世价值"在宣言中的初衷是仅仅体现了在宗教上的宽容性，但在其随后的解读中，这种"普世伦理"却被完全等同于了"自由、民主和人权"这些政治哲学中的概念。这是"普世价值"第一次出现在人们的视野中，但在当时并未引起太多的轰动。而是随着美国在外交中的一次又一次"普世价值"实践才引起了人们的关注。

第一，美国对"普世价值"的推广是通过批评他国人权建设实现的，其目标尤其以中国为主。自20世纪80年代起，尤其是以1989年为界，美国开始了对中国的常态化的"人权"指责。每年，在由美国国务院负责制定和发表的《国别人权报告》中，中国一直是其重点批评的对象。同时，从1990年开始，几乎在每年的联合国日内瓦人权会议上，美国政府都要针对中国提出涉华人权的提案，攻击中国的人权状况。美国对华的批评，在一定程度上促进了中国政府加快保护人权的步伐，但实际上，通过这样的举动，美国为自己的"普世价值观"打了声势浩大的"广告"，通过这样的形式树立起美国关注世界人权的高尚形象。

第二，美国在推广其"普世价值"的时候，也常常会将战争作为一种推广形式。潘恩说，"美国须在全世界捍卫自由"②，美国也确实将这句话付诸了行动。自冷战结束以来，美国对外发动的战争几乎都是打着推广民主和保住人权的旗号，1994年，美国大兵入侵海地的太子港"维护民主"，1999年，美国绕过联合国而悍然空袭南联盟以"保护人权"，2001年的"9·11"事件之后，美国迅速发动了"阿富汗战争"和"伊拉克战争"。在民主、自由和人权的旗号下，美国用战争打击了多个主权国家，进而树立起"世界人权警察"的形象。

不可否认的是，美国在政治民主化和保障人权方面确实有着一些可取之处，美国的三权分立机制、司法独立机制和人权保障机制长期被视为具有重要示范作用的"楷模"，"普世价值"为美国带来的文化软实力是巨大的，这也正

① 何光沪译：《世界宗教议会全球伦理宣言》，《世界宗教文化》1995年第1期。
② 张涛著：《美国学运动研究》，商务印书馆1993年版，第300页。

是美国可以将其作为文化外交重要手段的前提。但是,《联合国宪章》中明显规定了主权国家具有不可侵犯的权利,作为联合国的创始国和安理会常任理事国,动辄打着"普世价值"的旗号,出兵占领主权国家,显然会给美国的形象带来一定程度的负面影响,这也让许多国家对美国的"普世价值观"打了一个问号,民主和自由是否必须通过暴力来强行推进,是国际社会的许多国家对美国进行质疑的一个重要方面。而美国近年来也因为陷入阿富汗和伊拉克战争引起了国内民众的不满。奥巴马政府成立之后,迫于国内外的压力,对于发动战争这一方式进行了调整,宣布了撤军计划,但美国依旧在坚持用人权报告等形式推广自己的"普世价值"。2011 年,美国国务院向美国国会提交的《2010年人权国别报告》中,共涉及全球 190 多个国家,对其中数十个国家进行了点名抨击。

2. 完善的高等教育服务贸易模式

教育服务隶属于服务贸易范畴,受《服务贸易总协定》(GATS)相关规则的约束。从概念上看,高等教育服务贸易是"指国与国之间主要出于经济目的而进行的关于高等教育的输出与输入,它属于一种国际服务贸易"。GATS 对高等教育服务定义了四种可能的方式:(1)跨境交付(cross—border supply),如通过网络教育、远程教育等形式提供的教育服务;(2)境外消费,如一国人员到他国的学校或科研机构留学、进修与学术访问等;(3)商业存在,如一国企业或学校到他国直接开办独资或合资学校、培训机构等;(4)自然人流动,如外籍教师来华任教,中国教师或科研人员到国外学校或科研机构就职等。[①]

美国的高等教育在世界占有重要地位,美国的高等院校不仅数量多,教学和科研实力也是首屈一指的。据联合国教科文组织最新公布的统计数据,美国目前共有高等院校 5758 所,其高等院校的数量仅次于印度的 8407 所,在世界上居第二位,平均每个州有 115 所学校,在校生总数达 1426 万人,这一数字为美国总人口的 4.75%,也就自然使美国成为世界各国当中高等院校在校生最多的国家。同时,美国高校教学和科研能力也在全世界独占鳌头。

---

① 曹建树、张木森:《我国高等教育服务贸易及成本的思考》,《财会通讯(下)》2009 年第 9 期。

2009 年，上海交通大学发布了一份《世界大学学术排名》的报告，仅美国一国的高等院校就占据了世界前 50 名的高等院校中的 37 家。[①] 而哈佛大学等美国著名的高等学府，更是在科研成果数量和获诺贝尔奖的人数等衡量高校学术水平的重要指标中高居榜首。如此强大的教学和科研实力，使美国的高等教育独具魅力。

凭借着如此丰富的高等教育资源，美国吸引了大量的外国留学生去美国就读博士、硕士甚至本科。目前，来自海外的留学生每年能够为美国的经济发展贡献超过 200 亿美元的经济价值，[②] 且这一数字还在不断提升。同时，为了吸引更多的海外留学生，美国知名大学还一直提供财力补助来支持外国学生就读，全额的财力补助通常包括学校现金资助、勤工俭学和学生贷款三个部分，学生也可以通过其他手段在社会获取一定收入维持学业。近年来，来自亚洲尤其是东亚、东南亚的学生大量涌入美国，在促进了美国"留学经济"发展的同时也大大增强了美国文化对东亚、东南亚国家青年学生的影响。

大量的海外留学生到美国进行深造和学习的同时，美国政府也在积极推动本国留学生去海外求学，以增进本国青年学生对世界的了解与认识。2002 年，美国发布了《2002—2007 年战略规划》，其中特别强调了教育的重要性。[③] 而美国国会 2005 年通过的一份题为《全球竞争与国家的需要——百万人海外留学》的报告（即"林肯计划"）中，提出了美国要在 2017 年之前，每年要向海外派出 100 万大学生参与到海外学习的计划，[④] 以提升美国青年对世界的了解。正如前总统小布什所言："真正的理解来源于交流，我们重申我们的承诺，创造机会让美国学生到海外留学，同时让国际学生来美国学习。"[⑤]

---

① 网易新闻网：《美国高等教育凭啥这么牛》，http: //news.163.com/10/0628/16/6A9DQP4R000146BD.html.

② 中国新闻网：《留学经济成美国社会收入新亮点，中国学生为主力》，http: //www.chinanews.com/lxsh/2011/12–17/3539312.shtml.

③ 冯大鸣：《美国国家教育战略的新走向》，《外国教育研究》2004 年第 1 期。

④ 张德启：《塑造世界公民：美国高等教育国际化进程中的林肯计划》，《全球教育展望》2009 年第 10 期。

⑤ Bush，George W.International Edu–cation Week 2001 Message，http: //www.globaled.us/now/fullstatementbush.html#3.

高等教育的发展需要足够时间的积累。在短时间内，其他国家对美国高等教育的地位自然是难以望其项背的，更是难以超越的。通过规模庞大的高等教育服务贸易，美国能够极大地增强美国文化对其他国家青年学生的影响力，同时在推动了美国学生出国留学之后，又积极制定措施鼓励本国青年增强对其他国家文化的了解与认知。在此基础上进行的文化外交，显然要比其他的各类措施都有效得多，其效果也更持久得多。

（三）日本对东南亚国家的文化外交政策

1．着眼于长期的文化战略

1996 年，日本政府制定了《21 世纪文化立国方案》并逐步实施，该方案旨在继续扩大日本与其他国家之间的文化交往，加深其他国家对日本文化的了解与认识，扩大日本文化在世界上的影响。[①] 这是日本在"贸易立国"和"技术立国"之后，再一次调整了国家的对外战略。虽然"文化立国"的口号到这时才正式提出，但日本对外的文化战略特别是对东南亚地区开展的文化外交却已经有 20 余年了。

日本对东盟文化外交战略可以从三个阶段来进行考察。1972 年，在日本外相福田赳夫的积极推动下，日本政府专门出资 100 亿日元设立了日本国际交流基金[②]，该基金中有 1/3 的业务经费被用于东盟等亚洲国家的文化投资。这就是后人所称的"福田主义"之中的重要内容。伴随着"福田主义"的出台，东盟国家与日本的文化交流活动发展非常迅速，东盟国家各个阶层到日本进行学习和访问的人数每年以近乎 20% 的速度快速增长[③]，东盟籍的学生迅速占据了日本官方资助的外国留学生总数的 1/4 强。1978 年之后，"和亚洲各国的学术交流事业"在日本学术振兴会等日本半官方机构的推动下，得到了如火如荼的展开。[④] 至此，日本完成了对东盟的文化交流战略的初成期。

---

① 谢冠富：《他山之石：日本的文化立国战略》，《学习时报》2011 年 12 月 18 日。
② 杨淑梅：《福田主义与战后日本对东南亚政策》，《东南亚》2002 年第 1 期。
③ 平野健一郎：《战后 50 年的努力一直得到回报吗》，中央公论社 2002 年，第 271 页。
④ 国际交流基金亚洲中心：《日本与东盟国际文化交流》1999 年第 18 期。

进入 80 年代之后，日本对东盟文化的外交战略进入了全面发展的新时代。1982 年，日本外务省发布了题为《宣传文化活动咨询报告书》的年度报告，报告特别强调了对外文化活动的重要性。时任日本首相的中曾根也曾经在不同场合多次强调要日本"在文化上对世界积极作贡献"。在此期间，不仅日本与东盟各国领导人的官方互访不断，还在日本官方基金的推动下出现了"日语热"，到 1988 年，海外日语的学习者已经高达 73 万，大约是 1982 年学习人数的 2 倍，其中，来自东亚地区的学习者超过了八成。[①]　与此同时，随着"面向 21 世纪的友情计划"[②]　等长期规划出台，日本与东盟国家之间的文化交流事业已经形成了规模效应，日本与东盟的文化交流进行了全新的时期。

经过了近 20 年的苦心经营和发展，20 世纪 90 年代之后，日本对东盟文化外交战略进入了深化和整合期。《21 世纪文化立国方案》公布以来，日本更加重视对东盟的文化外交活动。1995 年，日本政府建立了国际交流基金亚洲中心，该中心取代了原来的东盟文化中心，将日本对于东盟的文化外交战略与日本对韩国和中国的外交战略进行了整合，以期取得更大的突破。2002 年日本首相小泉纯一郎重提"福田主义"的精神，称日本要与东盟建立一个和谐的共同体，并"考虑强化包括文化交流和知识交流等所有领域的交流"。[③]　2009 年是"湄公河—日本交流年"，在一年之中，日本与东盟国家举办了一系列的文化交流与互访活动，使日本和东盟国家在文化交流等方面取得了新的突破。

与中国、美国和印度三个国家不同的是，日本在文化战略的制定方面下了非常大的功夫。可以肯定的是，日本对东盟的文化外交战略显然是四个国家中最系统也是最持久的。而从实际取得的成效来看，日本的文化外交战略显然也是这四个大国之中最为有效的。日本政府用近 30 年的时间相继出台的一系列对东盟的文化外交政策取得了相当大的成功，使日本在东南亚地区的文化软实力得到了迅速的提升。

---

①　和田纯著：《日本的东亚国际文化交流和文化外交》，庆应义塾大学出版会 2004 年版，第 68 页。

②　和田纯著：《日本的东亚国际文化交流和文化外交》，庆应义塾大学出版会 2004 年版，第 134 页。

③　人民网：《强化关系扩大影响　小泉匆访东南亚五国》，http：//www.people.com.cn/GB/guoji/24/20020109/644463.html。

2. 高度发达的各阶层文化交流

日本 1977 年推出"福田主义"之后，非常注重发展与东南亚地区的文化交流与合作，其中，尤其是以推动各阶层的文化交流最用心良苦。30 多年来，日本政府不竭余力地开展各种留学基金、交流计划和交流活动，使日本与东南亚国家各阶层的文化交流非常广泛。

首先，日本政府积极组织政府要员到东盟国家进行交流，并热情邀请东盟国家的领导人到日本访问。泰国、老挝和越南等东南亚主要国家的领导人每年均会与日本进行政府间的交流活动。日本甚至专门成立了"日本—湄公河国家议员团"，力图实现日本与湄公河流域的国家的议会之间定期和不定期的交流。2009 年，"日本—湄公河国家合作伙伴计划"正式出台，日本提供了多项资金和技术用于促进包括文化在内的湄公河国家各项事业的发展，使日本与湄公河国家之间的联系变得更为紧密。

其次，对于知识界，日本为东盟培养专业人才提供了大量的科研基金，专门提供给东盟国家符合一定条件的专业人士来申请。2004 年起，日本陆续为东盟国家培养人才提供了 15 亿美元的专项资金，并在四年内吸引了 4 万东盟专家和青年学生到日本交流学习。

对于青年学生，日本积极组织本国青年去东南亚国家学习，同时大力吸引东南亚地区的学生到日本考察。自 2007 年启动"日本—东亚学生和青年交换计划（JENESYS）"以来，各项交流活动迅速开展，截至 2010 年 9 月，在该计划下，一共接受了 26993 名东亚青年到日本学习考察，同时日本也派出 5374 名青年到东亚各地学习考察。2008 年初，日本又宣布接受总计 1 万名湄公河国家青年赴日本进行交流访问，以进一步增强日本与东盟国家之间的文化交流层次。

对于普通民众，日本则大力推动文化产业，尤其是动漫的输出。2007 年日本政府出台的《日本文化产业战略》强调要大力发展日本的文化产业，尤其是要重点发展日本文化的对外输出。2008 年，第一届亚洲动漫节（Anime Festival Asia，简称 AFA）启动，这是目前东南亚地区最大的日本动漫与流行文化推展活动，并且每年举行一次，在为东南亚的动漫迷带来日本动漫界的最新资讯和最热门作品外，还用动漫这个载体将日本文化悄悄地传递到了东南亚国家的普通民众心中。共有4.6万名参与者参与了第一届亚洲动漫节，而至今，这个数字已经几乎翻了一番，达到了8.7万多名参与者。同时，《午夜凶铃》等著名的日本电影、历史悠久的茶道和空手道等也受到了东南亚地区民众的喜欢，并逐渐形成了一种流行文化。

各阶层的文化交流，对扩大日本与东南亚国家的文化交流起到了重要的作用。日本的成功之处在于，将文化交流与当地的发展紧密地结合了起来，无论是对东南亚国家经济发展的支援还是对学术界提供科研费用，无论是促使双方的青年学生互访还是动漫产业的输出，实际上都紧紧把握住了当地渴望发展的心理。在给予东南亚地区以发展动力的同时进行文化交流，显然要比单纯的文化输出要更容易接受一些，效果也会更加明显。

（四）印度对东南亚国家的文化外交政策

1．宗教信仰的天然影响力

印度是个不折不扣的宗教国家，在印度国内，几乎每个居民都有宗教信仰。在诸多的宗教信仰中，又以印度教为主流宗教，信仰者可以达到83%之多[1]。剩下的民众中，也不乏信仰伊斯兰教等宗教者。整个印度社会，实际就是一个以印度教为主的多宗教社会。

印度教的信徒们坚信：在现实世界的背后还存在着世界的本源[2]。而世界的本源是既不能用理性推断，又不能进行具体描述的。印度的信徒喜欢把"个人灵魂与终极世界结合"作为人生的最高理想，这实际上就是选择了一个从此岸世界走向彼岸世界的痛苦过程。[3] "西洋人的病苦原在生机斫丧的太不堪，而'爱'是引逗生机和培养生机的圣药"[4]，印度教这种重精神而轻物质的核心理念恰好迎合了世界许多国家民众在现代化带来的浮躁中寻求内心安静的需

---

[1]　李绍明著：《新编实用世界地图册》，中国地图出版社2001年版，第23页。
[2]　尚会鹏著：《印度文化传统研究——比较文化的视野》，北京大学出版社2004年版，第71页。
[3]　尚会鹏著：《印度文化传统研究——比较文化的视野》，北京大学出版社2004年版，第73页。
[4]　梁漱溟著：《东西方文化及其哲学》，商务印书馆2004年版，第189页。

求，因此很容易受到推崇。

印度这种独特的宗教文化，对印度有着特别的影响。著名的"非暴力不合作"运动，实际就是印度这种独特的宗教文化的最好体现。而随着印度的不断发展，这种宗教文化的魅力也得到了进一步凸显。类似于中国的"和合"思想，印度的宗教文化也能在很多方面给人以"和谐"之感，尤其是发自内心的平静与和谐，因此在国际社会有着一定的吸引力。印度教的这种和谐感给予印度各阶层以宽容的心态。"2004年印度大选时，阿卜杜勒·卡拉姆总统为辛格主持总理宣誓仪式"[1]，而阿卜杜勒·卡拉姆乃是一名穆斯林教徒，却依旧能够为信仰印度教的总理主持如此隆重的政治仪式，这在一个印度教受众极为广泛的大国之中，显然是难能可贵的。随着全世界各种矛盾的日益凸显，多元化和包容性的政治价值观越来越受到许多国家民众的欢迎与期待。而宗教带来的这种政治价值观作为印度文化软实力的重要组成部分，显然具备一定的普世性，容易受到其他国家民众的认同。

从历史来看，东南亚地区的国家普遍受到过印度的宗教影响。早在公元前2世纪左右，印度和东南亚地区就被日益频繁的海上贸易连接了起来。随着经济联系的日益增强，大约在300年之后，也就是公元1世纪前后，印度的各种宗教文化通过各种渠道传入了东南亚地区。此时，东南亚地区才刚刚出现了早期的国家形态。

英国学者肯尼思·阿·霍尔曾经这样描述公元3世纪初印度教徒在东南亚地区的分布："顿逊国（在今天的马来半岛上）有一千印度婆罗门，顿逊以南的贸易中心也居住着大批印度婆罗门。"[2]

在东西方频繁往来的经贸活动中，来自印度的移民同时也把印度的宗教文化带到了东南亚地区才刚刚兴起的国家中。印度宗教中的独特文化使其很快就取得了当地的统治者们的需要，因此得以在当地迅速生根发芽，并对东南亚国家当地的文学、艺术和生活习俗等各个方面产生了深远的影响。印度宗教文化

① 沙希·塔鲁尔：《印度的宝莱坞实力》，《今日印度》2008年第2期。
② 肯尼思·阿·霍尔：《扶南的"印度化"：东南亚第一个国家的经济史》，《印度支那》1984年第4期。

影响到东南亚的方方面面，甚至可以说这种影响是"无孔不入"，在文字和建筑方面尤为明显。

印度和东南亚地区这种在历史上的关联，使得印度文化在这一地区能够引起更多的认同感，同时也为印度开展对东南亚地区的文化外交提供了很大的便利条件。

2. 丰富的文化元素提供文化外交资源

印度作为四大文明古国中的重要一员，印度民众创造了丰富而灿烂的印度文化。虽然几经时代的变迁，但富有印度民族特色的各种印度文化遗产却丝毫没有丧失其应有的光彩，而是随着时代的发展，逐步成为印度人赖以自豪，同时又为其他国家民众所喜爱的"国家品牌"。印度的经典文化产品《薄伽梵歌》、泰姬陵、瑜伽和咖喱等让全世界耳熟能详的词汇在今天都已经成为印度的代名词。

虽然印度经历了殖民地时期，传统的文化受到了严重的冲击，但印度却始终保持了表层文化中的民族特色。这一点，从印度的政府首脑们在出席重要会议时坚持穿着民族服饰这一点就能体现得淋漓尽致。文化的独特性使印度充满了吸引力。印度丰富多彩的特色民族文化，使得其能够在细微之处增强自身的影响。让其他国家的民众不至于产生审美的疲劳。在这一方面，印度比中国要更有优势，因为中国刻意打造的文化产品，在面对印度这种"原生态"的历史文化时，终究更容易让人产生厌倦和怀疑之感。

印度在推广本国的传统文化方面一直是不遗余力的。各式各样的艺术营、庆典晚会和以"语言、文化、认同：南亚的对话"为主题的作家大会等活动让印度有良好的平台向外展示本国的传统文化。如今，"文化交流节"在印度已经形成了机制，每年都会举办一次，而其影响范围也逐步从印度的国内走向了国际，成为印度向世界展示本国传统文化的一个重要平台。①

虽然印度的传统文化保存得非常成功，但并不意味着印度排斥流行文化。近年来，印度的流行文化也不断取得了新成果。宝莱坞作品正在走出印度的国

---

① Dr. Manmoha, Declaration of the Fourteenth SAARC Summit, http: //mea. gov. in/.

门走向世界，甚至在其他国家创造了"万人空巷"的空前场景①。印度悠久的历史文化成为其他国家艺术家灵感的来源，瑜伽成为许多国家尤其是东南亚的时尚人士用来调养身心的重要活动；印度的珠宝首饰在东南亚地区非常流行，印度秀丽的风景、悠久的历史建筑每年都吸引了大量东南亚居民前去旅游度假。不过，印度的流行文化中，实际上也包含着其固有的传统文化带来的历史沉积。传统文化在聪明的印度人这里，与时代紧密地联系在了一起，爆发出了非常具有文化价值的文化精品。

传统文化和流行文化已经成为印度重要的文化外交资源。印度如果能够恰到好处地用好这些资源，将使印度的文化外交，尤其是对东南亚地区的文化外交变得非常具备竞争力。

小　结

东南亚地区目前是中国、美国、日本和印度四个大国都在积极争取的重要地区。不仅因为这里的地理位置相当重要，更因为随着世界经济的发展，这里将会成为另一个重要的生产基础和消费市场。四个大国在争夺这一地区的过程中，不仅积极运用了传统的政治外交、经济外交和军事外交的手段，还积极开展了文化外交，尤其将重点放在了提升本国在这一地区的软实力基础之上。

中国是东亚地区的大国，也是一个快速发展的国家。基于历史的原因，中华文明在东南亚地区存在着较强的影响力。在今天的东南亚国家，几乎处处都可以看到中华文化的影子，无论是中文的使用还是由华侨华人保持的中国化的生活习惯，都可以看出这一地区与中国的密切联系。随着中国与东盟之间建立的自由贸易区顺利启动，双方的经济往来更加频繁，而中国也在积极通过海外孔子学院的建设和开设针对华侨华人留学生的教育等方式扩展其对东南亚的文化影响力，取得了一系列的积极进展。

但是，中国在推动对东南亚的文化外交时也存在诸多的问题。这一方面来

---

① 沙希·塔鲁尔：《印度的宝莱坞实力》，《今日印度》2008 年第 2 期。

自于中国自身建设的问题，比如中国自身正处于改革发展的关键时期，国内政治、经济发展还存在诸多的问题，强拆、官员腐败等丑闻经过了新闻媒体的放大效应之后，很容易对中国的国家形象起到致命的破坏效果。中国经过诸多努力确立起来的形象在这些负面信息的影响下可能毁于一旦。而另一方面，中国在文化外交政策方面的不成熟也极大地削弱了中国在许多方面的努力。如中国缺少一个行之有效的对外传播体系，在进行对外文化传播中受陈旧思维影响较大，削弱了对外传播的影响力等。

美国是在东南亚地区具有传统优势的大国，其在东南亚地区的影响可以追溯到19世纪。虽然软实力这一概念提出的目的在很大程度上是批评美国过分重视硬实力发展而忽视软实力建设，但并不影响美国在软实力建设方面处于世界前沿的状态。美国国内政治制度的建设使美国在推广其"普世价值观"的过程中得心应手，使其在国际上具备了更多的号召力。美国的高等教育异常发达，每年都能够吸引大量的东南亚国家留学生，而这些留学生在美国经受了美国价值观的洗礼，就比其他国家的学生更有可能接受和适应美国的文化，尤其是许多的留学生随后成为本国的精英阶层，这种对软实力的提升可谓是潜移默化。

但是，美国也并非完美无缺。居于超级大国地位的美国由于自身实力的强大，频频采用一些单边主义的外交政策，在一定程度上给其他国家带来了"不适"的感觉，而美国在近年来发动的数场对外战争，实际也让美国受到了诸多的质疑，这些问题，实际上都可能使美国的形象受到一定的损害，对美国的文化外交政策的实际效果甚至软实力建设起到不良的影响。

日本在文化外交政策方面做得非常成功。在四个大国当中，日本几乎是最早意识到并系统化地推动对东南亚地区的文化外交政策的。近30年来，日本不仅制定了一系列着眼于未来的对外文化战略并根据现实情况进行及时的调整，还大力推动了日本与东南亚国家之间系统化的各阶层交流。无论是政府官员、企业集团负责人，还是知识分子，抑或普通的学生，都能够通过这样的平台进行相互的了解与交流，都能够在这样的一个过程中感受到异国的文化特色。而日本的动漫等文化产品，更是在东南亚地区产生了极其广泛的影响。从某种程度来讲，日本的文化外交政策是最为务实也是最为有效的。

但是，日本至今仍然没有真正摘去战败国的帽子。东南亚各国对于日本的文化外交政策虽然有着深厚的兴趣，但在潜意识中，也并没有真正彻底地消除顾虑。而日本自身由于并没有完全去除国际社会尤其是美国对其发展的制约作用，因此很难真正实现其文化外交的目标。

印度位于南亚地区，近年来通过"东向政策"加深了与东南亚地区的各种合作。其实，印度与东南亚国家有着深刻的历史和文化渊源，尤其是在宗教文化等方面，印度对东南亚的影响甚至可以追溯到 2000 年以前。今天的印度依旧较好地保持了其传统文化和民族特色，这对其开展对东南亚国家的文化外交有着相当积极的影响。而印度近年来在推行流行文化方面也颇为突出，其电影、音乐等媒体形式正在迅速扩展到海外，产生了非常重要的影响。这对其提升文化影响力甚至软实力都有着重要的作用。

不过，与中国类似的是，印度在很大程度上也受制于国内政治因素的影响，其对外的文化外交政策经常出现目标很高却不能实现的情况。印度在通过实施更加灵活多样的文化外交政策以提升其软实力的方面，也存在着较大的改进空间。

三、中美日印文化外交政策的走向与评估

毫无疑问，中美日印四个国家的文化外交政策是有着相当大的区别的，其在未来的发展走向也有着许多的不同之处。本部分主要分析四个国家文化外交政策的走向以及这些区别，并对其文化外交政策进行必要的评估和考察。

（一）中美日印文化外交政策走向

1. 中国对东南亚国家的文化外交政策走向

中国对东南亚地区开展的文化外交的力度正在随着中国的发展而不断增强。目前，中国在东南亚地区的文化外交政策集中于建立孔子学院等形式的政府推动的文化交流、多边合作和以经贸往来大力推动的教育合作等。在相

当长的一个时期，中国政府仍然会将这作为加强对东南亚地区软实力影响的重要途径。

第一，中国将继续完善孔子学院等形式的对外交流活动，不断扩大儒家文化和汉语言在东南亚地区的传播。从 2005 年开始的短短几年之间，孔子学院在东南亚地区经历了从无到有、从少到多的快速发展历程，孔子学院在当地的影响力正在与日俱增。中国共产党的十七届六中全会再次强调要加强对孔子学院的建设与支持力度，而中国的教育部也正在根据这一指示精神抓紧制定面向 2020 年的孔子学院发展规划，对外汉语教学工作，也将被列入相应的规划之中。可以预见的是，中国未来在推动孔子学院建设方面的力度将不断增大，在东南亚地区的影响力也将有所增强。

第二，中国政府将继续推动与东南亚国家的多边合作。从最初的"10+1"到后来的"10+3"，再到参与东盟地区论坛等重要的多边合作形式，中国与东南亚地区的多边合作程度一直在不断加深。虽然多边合作在现实中会受到各种因素的制约和影响，但这种合作形式却依旧取得不错的效果。至少，在推行多边合作的过程中，中国作为一个迅速崛起的大国，显然要比推行单边主义更容易让东南亚地区的国家所接受。

第三，中国政府与东南亚地区的经济合作依旧是推动双方在文化往来方面的重要内容。经济方面的迅速增长，大大增加了对人才的需求量，尤其是在经贸交往中熟悉双方语言的人才、国际经贸人才和法律人才需求量迅速增强。而这种人才，显然需要双方的共同培养才能实现。中国政府也在积极应对这样的需求，开展与东南亚地区人才的合作培养与交流，这种在经济推动下而产生的文化、人才交流，将会成为未来中国与东南亚国家文化交流的一个主要内容。

第四，中国将与东南亚国家开展更为密切的高等教育服务贸易。随着中国改革开放进程的迅速推进和对外开放程度的加深，中国与东南亚国家间的高等教育服务贸易也在迅速提升。一方面，中国在积极推动本国学生赴新加坡等地区进行交流和深造；另一方面，中国大陆内招收华侨华人学生的高校数量在稳步增长。从最初的由暨南大学、华侨大学两所大学为主而逐步扩大，许多高校都开始允许东南亚地区的华侨华人留学生来校就读。在这两方面的共同作用下，中国与东南亚国家高等教育服务贸易的规模还将进一步扩大，而以此为基础的双方的文化交流活动也将进一步增加和完善。

2. 美国对东南亚国家的文化外交政策走向

布什政府执政后期，美国精力更多被中东地区所吸引，出现了对东盟的"冷落"。但是，2009 年美国却对世界高调宣布"我们回来（东南亚）了！"①虽然各方对这句话的解读多种多样，但依旧能达成一个共识，那就是美国重新调整了其在东南亚地区的战略，重新将东南亚地区列为重点关注地区。

美国提出重返亚洲战略有着深刻的历史和现实依据。从美国的角度来看，亚太地区的和平问题一直被美国列为重要利益，②冷战期间，美国在东亚的一系列政策主要以遏制苏联为主要目标，而冷战结束后，伴随着世界经济的发展和中国力量的发展壮大，美国同样加快了在这一地区的扩张，以达到既能够"占领"东南亚地区这一"新兴市场"，又能够对中国产生一定遏制作用的双重目的。而从东盟的角度来看，东盟国家希望拉拢美国来制衡中国，以达到从中间地带获益的目的，这也是美国"重返亚洲"战略能够得以施行的重要筹码。印尼学者安华指出："东盟希望看到一个多极的地区格局。"随着中国实力的不断增强，特别是在经济危机中依旧保持了平稳增长的现状，与东盟国家的交流一直呈现上升的状态，但中国与东盟一些国家之间长期存在着领土和领海等争端，东盟国家虽然有着与中国的合作的强烈需求，但同时又极度担心中国实力强大以后会对自身形成压力，从而积极地响应美国所提出的"重返亚洲"的战略。

美国非常期待能够重新确立在东南亚地区的唯一领导地位。奥巴马曾经毫不避讳地说，"美国与亚洲的未来利益攸关，美国有意在亚洲发挥领导作用。"③从美国外交战略的转变来看，美国将在巩固传统文化外交方面的优势的同时，通过全方位的合作来加强对东南亚地区文化方面的影响。

第一，美国将继续巩固与东南亚地区的高等教育服务贸易，吸引更多的

---

① 曹云华：《东南亚地区形势：2010 年》，《东南亚研究》2010 年第 2 期。
② 周勇进：《东盟与美国"蜜月"背后的大国博弈》，《南方都市报》2010 年 9 月 28 日。
③ 新华社：《奥巴马称美国将在亚洲发挥领导作用》，《新京报》2010 年 9 月 20 日。

东南亚国家青年赴美留学交流。2010 年，东盟领导人同美国就多个领域的合作问题达成了共识，其中包括进一步加强双方的教育与贸易合作。奥巴马说："我们将把焦点放在创造可持续的经济增长上，而我们与东盟之间的贸易也正在增加。"[①] 正如前文所展示出的情形，鉴于美国在高等教育方面的发达程度，包括东南亚各国领导人在内的民众，非常喜欢将美国作为留学深造的国家，而随着美国对亚洲学生开设更多的奖学金和更为宽松的申请环境，美国与东盟国家之间的高等教育服务贸易规模将进一步扩大。

第二，美国将继续大打"普世价值"牌，利用东南亚地区安全等旗号扩大影响。在美国的对外政策中，"民主"、"自由"和"人权"这三面"普世价值"的大旗一直是其重要武器，在其对东南亚地区的政策中自然也不例外。首先，美国调整了长期以来对缅甸单纯的制裁政策，自 2009 年起，美缅双方的高层已经有了数次接触。在美国等国家的压力下，缅甸军方在释放了一大批"政治犯"后组织了一次全国大选，并承诺将逐步把手中的权力交与新产生的民选政府，完成了在亚洲的一次"华丽转身"，成为亚洲又一个接受"普世价值"的"典范"；其次，美国还在地区安全方面做了较大调整。通过不断强调"中国威胁论"，加强与东盟国家的安全合作，特别是为维持其在亚洲地区驻军寻找借口。

第三，美国将通过扩大经济与政治合作的形式带动与东南亚国家的文化交流。在政治方面，美国加强对东盟的关注度，不仅国务卿希拉里参加东亚安全峰会，奥巴马还参加了印尼雅加达召开的东亚峰会。在合作的形式上，美国也更加倾向于多边合作，通过诸如"美湄合作"等一系列的政治、经济合作，极大地改变了其在东盟地区的地位，也再度凸显了其重返亚洲的决心。在经济方面，美国积极推动与东盟经济合作，以减轻中国—东盟自由贸易区成立带来的挑战；在军事方面，美国加强了与菲律宾、泰国和越南等国家的合作[②]，合作

———————

① 中国商务部网站：《东盟与美国确定加强教育与贸易合作》，http://www.mofcom.gov.cn/aarticle/i/jyjl/j/201009/20100907159045.html。

② 美国参考：《亚洲的地区性架构：原则与重点》，http://www.america.gov/st/usg-chi-nese/2010/January/20100113165844bpuh02123464.html。

内容更是全面涉及了传统安全与非传统安全的诸多方面。有这一系列的合作做基础，美国在东南亚开展文化外交时自然会容易许多。

3. 日本对东南亚国家的文化外交政策走向

在相当长的一段时间中，日本曾经长期坚持与东南亚国家进行密切的经贸往来，同时却忽视了与东南亚国家在其他方面的交流与合作。为了应对新时期的各种挑战，日本将过去对东南亚国家所采取的单一的经济外交进一步扩展，增加了在政治与文化合作方面的力度，从而由过去的一条腿走路变成了如今的多条腿走路。

中日两国在东南亚地区一直是重要的竞争对手，在战后相当长的一个时期内，日本以经济合作为起点，不断发展与东南亚国家之间的关系。日本在东盟开展的文化外交活动，就目前来看显然比中国更丰富也更富有成效。在中国——东盟自由贸易区建立后，中国虽然在短时间还不能迅速超过日本在东南亚地区的经济存在，更无法直接替代日本在东南亚地区的文化存在，但同样对日本形成了"挑战"的架势，日本势必做出一定的应对举措，来迎接中国的"挑战"。

综合前面的分析来看，日本在东南亚地区推动文化外交将继续坚持以政府推动合作和交流为主，同时辅助以经济和安全合作等诸多手段，力图全面扩大日本在东南亚国家的文化存在。

第一，日本政府不断推动日本与东南亚国家之间的文化交流。近年来，日本将加强与东盟的社会文化交流与合作放在了非常突出的位置，尤其是在促进青年和知识界为主的民间交流与合作方面，采取了一系列的行之有效的措施。对增进双方的相互认知和理解产生了非常积极的影响。

自 2007 年"日本—东亚学生和青年交换计划（JENESYS）"正式启动之后，日本与东南亚国家的青年交流就掀起了一阵高潮。截至 2011 年底，日本一共接收了近 3 万名东亚青年到日本学习考察，同时日本也派出了 6000 多名青年到东亚各地学习考察。2008 年，日本宣布接受 1 万名湄公河各国的青年访问日本；2009 年日本又设立了"日本—湄公河国家议员团"，加深与湄公河流域国家的政治合作。

日本在推动本国与东南亚之间的文化交流方面，政府积极推动无疑是一种重要的形式，使日本对东南亚国家的文化外交更加卓有成效。

第二，日本不断强化与东南亚国家的经济合作。日本最初正是通过经济外交来打开与东盟外交大门的，日本在东盟的经济基础远远比中国更为雄厚，尤其是在对外直接投资等方面，比中国在东盟的份额更胜一筹。在日本经济遭遇了"失去的十年"，又在21世纪初长期保持低增长的态势下，日本仍不断地在东南亚国家拓展市场，提升自身的经济影响力。

2008年底，《日本—东盟经济伙伴协定》正式生效。日本当年即对从东南亚国家进口的90%的产品实行了零关税，同时降低另外6%的产品的关税，[①]使东南亚国家在经济方面得到了巨大的实惠。

日本是亚洲经济大国，同时也是世界的经济强国之一。中国与东盟迅速发展的贸易往来虽然能够对日本在东南亚的传统地位构成一定的挑战，却并没有足够的实力取代日本的地位。尤其是就对东南亚国家的对外直接投资等方面的指标来看，中国与日本的差距不仅没有缩小，反而还有进一步扩大的可能。日本与东南亚国家关系的进一步发展，同时也会给中国带来新的压力。

第三，日本与东盟之间的全方位合作将不断升级。21世纪的第一个10年中，日本与东南亚国家的合作已经由单纯的经济领域，迅速扩展到全面覆盖政治、文化和安全等诸多领域的态势，其与东南亚国家的合作正在逐步走向全方位和立体化。

在2007年日本—东盟第11次首脑会议上发表的主席声明重审了东盟与日本进行合作的坚定决心。"2007年是福田主义发表30周年，它标志着日本对东南亚政策发生重大的转折，日本以'心对心'的政策，致力于与东盟建立平等合作的伙伴关系。"[②]

随着世界和平发展趋势的增强，东盟国家与日本的交流与合作必然会不断得到加强。在不远的将来，日本不断扩展与东盟国家的政治、经济和文化领域的全面合作，显然已经是意料之中的事情，这些都将为日本在东盟推动更加强

---

① 日本—东盟全面经济伙伴关系协定：www.mofa.go.jp/policy/economy/fta/asean/agreement.html。

② Chairman's Statement of the 11th ASEAN-Japan Summit, Singapore, 21 November 2007, www. aseansec.org.

势的文化外交政策奠定更为坚实的基础。

4. 印度在东南亚地区的文化外交政策走向

印度自 1947 年建国以来，就不断尝试推动印度与其他国家的友好关系，其中，东南亚地区也是其近年来密切关注的地区。由于综合国力尚不够强且起步较晚，印度在这一地区的影响力与中国、美国和日本相比，还有着很大的差距。但正是这样的差距，对印度而言可能更具备一定的激励作用。伴随着不断推进的"东进政策"，印度与对东南亚国家之间的文化交流也在不断加深。正如印度外长所言，充分发展印度独特的软实力，已经逐渐成为印度外事工作的一个重要目标。①

在某种程度上来说，印度在推动文化外交方面，甚至比经济和政治外交更容易取得突破。印度对东南亚国家采取的文化外交政策集中于以下几个方面。

第一，继续强化自身文化建设，提升国家文化影响力。印度本身有着悠久的历史文化资源，这是其开展文化外交政策、提升本国文化软实力的重要基础。而印度显然也并不甘于沉迷于传统文化，而是在不断地努力在传统文化与流行文化之间找到一个恰到好处的结合点，从而让印度的优秀文化能够被更多的国家和民众所接受。

近年来，印度人在发展新的文化增长点方面表现非常突出。在印度政府的大力扶持与引导下，印度电影界的中心——宝莱坞的作品年产量已经超过了美国的好莱坞，成为世界之最，引起了国际市场的广泛关注。而印度迅猛发展的软件产业、享誉世界的理工和管理学教育等，都为印度开展文化外交提供良好的资源，使印度人能够更加自信地推广自己的文化。

第二，印度将不断加强与东南亚国家之间的交流与合作。在中国之后，印度已经加入了《东南亚友好合作条约》，并且曾提出 2010 年内将与东盟建立自由贸易区，虽然因为各种原因并未最终兑现，但也标志着印度的"东进"步伐大大加快，至少，印度已经成为东盟的完全对话伙伴，已经在发展与东南亚国家的关系方面迈出了一大步。②

---

① Pranab Mukherjee.The World Today：An Indian Perspective，http：//mea. gov. in/.
② 靳彦斌：《印度外交的发展及走向》，《国际展望》2007 年第 22 期。

印度政府设立了"印度—东盟科技基金"，作为与东盟开展包括文化在内的多领域交流与合作的物质基础，并提出了在2010年吸引100万东盟游客去印度旅游。[①] 这一目标实际并未达到，但2010年到访印度的东盟游客从2009年的27.6万人次上升到43.9万人次，而2011年到访东盟的印度游客总数较2010年增长了近10%，达到了220万人次。2011年，第九次东盟—印度领导人会议就维护地区和平与加强经贸和文化合作等方面的内容达成了共识。2012年，东盟各国旅游部长和印度旅游部长签署了旨在促进印度与东南亚国家进一步开展旅游合作的备忘录。[②]

但是，需要特别指出的是，印度国内的民族问题、经济问题和政治腐败等问题，在很大程度上限制了其在外交中的实际表现，许多目标和口号有华而不实的情况，但是，印度在东南亚地区的挑战并不可小觑，尤其是随着印度综合国力的稳步提升，印度将在东南亚地区发挥越来越重要的作用。

（二）中美日印文化外交政策评估

1. 中国：经贸往来和官方推动为文化外交提供了强大动力

中国在开展对东南亚国家的文化外交时有着许多先天的优势，如丰富的儒家传统文化资源、官方倡导的多边主义外交理念、政府积极开展的文化交流活动以及正在进行得如火如荼的留学生培养活动等。但必须看到的是，在这些因素当中，与其他国家相比，中国并不能与其他国家拉开差距，甚至在某些方面还有所不足。

首先，中国传统的儒家文化虽然历史悠久且影响深远，但其中许多内容并不适合现代社会的发展，如果需要将其作为文化外交的重要一环，则必须对其中的精髓进行提炼和改造。"和谐世界"这一理念是对中国传统文化进行提炼的一个结果。然而，这一理念是否能够最终得到东南亚国家的认可，恐怕还有着很大的不确定性。毕竟在儒家文化最为盛行的年代，有相当部分的东南亚国家都仅仅是"中华帝国"的附属品，如果简单地对儒家文化阐

---

① 任飞：《印度外交新态势：文化软实力的推进》，《南亚研究季刊》2009年第2期。
② 雅加达邮报：《东盟和印度签署旅游合作备忘录》，2012年11月13日。

释，则有可能会加剧其对"中国威胁论"的认同。与此同时，中国自身还存在诸多的问题，尤其是日益凸显的国内治理问题，显然制约了"中国价值"的说服力。因此，这一方面的资源的开发需要长期的过程，短时间内可能无法取得突出成果。

其次，政府和东南亚国家间开展的文化交流活动尚处于较浅的层次。与日本相比，中国所开展的文化交流活动不仅在数量上有所不及，在深度和广度方面也有着较大的差距。中国有着丰富的美食、多样化的民族习俗，这些确实容易让东南亚当地的居民有很浓的兴趣。但有兴趣并不能等同于喜欢。当兴趣逐步减弱之后，反而会有种失望感。如何让文化交流变得更加深入，而不是仅仅在浅层次进行交流，恐怕是中国政府需要考虑的问题。

第三，在留学生培养方面虽然取得了较大的进展，但与美国和日本的差距相当明显。究其原因，中国国内高等教育的综合水平不高、科研和教育发展水平严重落后于发达国家是一个致命的因素。纵观世界知名高校的排行榜，位居前列的中国高校屈指可数，这就让许多东南亚青年学生来华求学的愿望打了很大的折扣——尤其是对出生于中产阶级甚至精英家庭中的学生来说，学校的层次以及带来的留学收益可能是考虑的首要目标，如果不能够提供足够多的知名学府供东南亚学子选择，那么中国的高等教育服务贸易就不可能达到预期目标。

实际上，中国目前开展对东南亚各国文化外交的最好基础依旧是双方日益紧密的经济联系。现代商业文化讲究的是诚信和互信，在频繁的商贸往来中，东南亚国家会自觉或不自觉地增进对中国的了解，在此基础上，双方才有可能做好文化交流的心理准备。从世界各国的实践来看，尤其是战后西欧共同体到欧盟成立的历程，我们清楚地看到了经济往来实际上完全可以成为建立相互信任、相互协作的伙伴关系的第一步。

事实上，这种现象已经在出现了。伴随着双方经济合作的迅速发展，中国与东南亚国家互访的留学生有了迅速的增长，而云南省和广西壮族自治区利用得天独厚的地理位置优势，与东南亚国家开展了丰富多彩的交流活动。如云南省主办的"中国—东盟民间文化交流"，广西开展的中国—东盟博览会，都在东盟国家产生了巨大的反响。而在双方的经济往来没有达到这一高度的时候，如此程度的文化交流势必是缺乏基础的，自然也就是无法想象的。

中国与东南亚国家在市场方面存在着明显的互补性，有利于双方进一步扩大经贸往来。只要双方能够有效把握机遇和时间，自然会让双方的经济合作再上一个新台阶。在这样的前提下，如果能够把握好机会，从其他方面积极拓展与东南亚国家的文化交流，中国对东南亚的文化外交政策所产生的效果将可能会稳步上升。

2．美国：强大的综合实力使文化外交政策优势明显

文化外交并不能够脱离其他因素而单独存在并发挥作用。一个国家在文化之外的优势，通过一定的转化，能够对文化外交开展起到有效的辅助作用。美国在东南亚的文化外交就充分展示了这一点。

首先，美国是世界上唯一的超级大国，其综合国力在世界上都占据着重要的地位。仅仅是这一个方面，就足以让美国对处于后发型国家的东南亚各国产生天然的吸引力。正如个体会拥有偶像崇拜的情结一样，东南亚许多国家政治制度的建立实际上都是严格参照了美国的标准，尤其是美国的重要盟友菲律宾，堪称亚洲"民主"的典型，其政治架构设计几乎正是美国的翻版。因此，当美国倡导的"普世价值"正式提出之后，东南亚的许多国家都是非常推崇这一理念的。缅甸的新宪法和大选，在某种程度上可以被看作接受了"普世价值"的结果之一。美国这种独特的吸引力，显然是让其他国家望尘莫及的，也正是这种独特的吸引力，恰好弥补了美国历史较为短暂，缺少有足够积淀的传统文化的不足。

其次，美国在开展高等教育服务贸易方面的优势非常强，长期处于出超的地位。美国出色的教育模式和丰富的教学资源，使美国的高等学校对其他国家的青年学生具有非常强的吸引力。尤其是对于亚洲的留学生而言，能够去世界头号强国中的知名学府深造，势必会对其人生产生深远而重要的影响。加之美国政府和高校纷纷制定了一系列政策，对亚洲的留学生提供了丰富的奖学金，更进一步刺激了东南亚国家的学生前往美国深造的热情。就这样，许多学生在留学的过程中便全面接触了美国文化并顺理成章地受到其影响。特别那些曾经在"常青藤"① 读过书的学生，更是对美国的文化理念了解颇深，甚至会产生强烈的崇拜感。当这些学生回到祖国之后，大都成为社会的精英阶层，对国家政策的制定产生不同程度的影响，美国在该国的文化影响力，自然可想而知。

第三，美国的经济、军事实力异常强大，这也是其作为唯一的超级大国存在的基础。虽然中国近年来与东南亚等国家的经济往来增长迅速，但美国依旧是东南亚国家最重要的经贸伙伴之一。美国在东南亚地区的投资数量和比重都是中国目前无法超越的，从某种程度上来说，美国与东南亚国家之间的经济联系要更加深化也更加稳定。美国在亚洲的军事基地，更是东南亚国家在"中国威胁论"刺激下寻求心理安慰的重要基础。美国在东南亚地区的文化影响力，在这种经济和军事的优势地位保障下，显得更加牢靠。

不可否认的是，美国在布什执政时期对东南亚地区推行的单边主义政策，以及因为在中东地区投入太多而造成的对东南亚地区的相对忽视，都对美国在东南亚地区的存在产生了一定负面的影响，但毕竟在没有经历大的波折的前提下，文化认知并不可能在短时间内发生根本性的逆转，而是会继续得到保持。况且美国在奥巴马执政后迅速调整了这一政策走向，使得"美国回来了"，因此那一段时期并没有对美国在东南亚地区的存在造成太大的影响。

作为一个传统的大国和强国，美国的文化外交政策显然是非常有成效的，并且这种优势地位，是其他国家很难在短时间内赶上甚至超越的。尤其是美国在全面加强在东南亚地区的交流与合作的情况下，美国的这种优势还将长期保持下去。

3．日本：多管齐下的文化外交政策取得丰硕成果

日本是东亚地区的大国和强国，虽然经历了"失去的十年"和进入21世纪后经济的萎靡不振，但日本的综合国力依旧不可小视。尤其是在加强与东南亚国家的交流与合作方面，日本更是苦心经营了几十年，取得了非常突出的成果。

第一，"雁行模式"是日本在东南亚地区发挥影响的重要根基。日本主导

---

① 指美国东北部八所院校组成的体育赛事联盟。

的"雁行模式"对东亚经济的增长起到了非常重要的推动作用，使"亚洲四小龙"为代表的东亚、东南亚国家一度成为世界经济增长点，日本在东南亚地区的投资，确保了东南亚地区出口导向型的经济发展战略得以实施，其积极作用自然不能够忽视。20 世纪 90 年代之前，日本对东南亚地区经济发展的重要作用为其日后发展与东南亚地区的文化交流奠定了坚实的基础。

第二，日本政府长期推动的文化交流活动也对东南亚地区产生了深远的影响。1981 年，日本首相铃木善幸通过首脑访问深化了日本与东南亚国家之间的政治互信，随后又开始实施针对东南亚国家的赴日留学生进行的日语预备教育 [①]，接下来，中曾根首相又在 1983 年宣布要在未来 5 年从东盟招收 3750 名青年和青年教师赴日进行交流。[②] 回顾历史，日本推动与东南亚地区的文化交流活动已经有 30 余年了，这持续的、日益深化的文化交流活动，使日本对东南亚国家的文化外交取得了丰硕的成果。

第三，日本战后经历了重要的改革，已经基本建立了较为完善的民主政治制度，自然是"普世价值"的忠实实践者。由于日本是东亚国家，同时也是唯一一个能够在经济和政治等方面最早发展到与西方看齐的东方国家。日本的成功对于东南亚国家而言，也是颇具吸引力的。而日本积极开展与东盟的多边主义外交，积极参加"10+3"等地区合作，也会给东南亚国家留下较为不错的印象，从而有利于进一步开展文化交流。

对于日本来说，一方面凭借着强大的经济实力建立了与东盟国家之间的密切往来，另一方面，又通过丰富的文化交流活动进一步加深与东盟国家之间的全方位联系。在某种程度上来看，日本在这一方面采取的措施可谓是相当的成功，也就不难理解日本对东南亚地区的软实力在近年来有了明显的上升态势。

但是，由于日本国内政治的掣肘，加上美日同盟等因素，日本很难在东南亚发挥独立的作用，虽然日本在东南亚地区的文化外交政策及其给日本带来的软实力足以在中国之上，却终究要受到一定的限制，很难在不突破美国制约的情况下取得更为深远的进步。

---

① 丁兆中：《日本对东盟的文化外交战略》，《东南亚纵横》2008 年第 10 期。

② 和田纯著：《日本的东亚国际文化交流和文化外交》，庆应义塾大学出版会 2004 年版，第 69 页。

4. 印度：积极的文化外交政策使文化影响力不断上升

受制于国内政治不稳、综合国力还不够强等诸多因素的影响，印度在东南亚地区的文化外交政策方面一直给人以"雷声大雨点小"的感觉。印度政府虽然先后制定了一系列非常具有长远眼光并且行之有效的政策措施，但执行方面却一直难以落到实处。尤其是在面对中国、日本和美国在这一地区的挑战时，还显得有些力不从心。

印度学术界认为，目前的"印度政府对于在国内和国际领域发展方向无法达成共识"[1]。这在很大程度上限制了印度对外政策的实际效果。不过，我们也必须清楚地看到，印度在开展对东南亚地区的文化外交、提升本国在当地的软实力方面，还是非常具有潜力的。

第一，印度的宗教资源非常丰富，为其提供了充足的文化外交资源。在历史上，曾经有相当长的一段时期内，东南亚地区是印度宗教传播的重要地区的中间地带，印度对该地区的宗教文化的形成与发展起到过重要的作用，对个别国家甚至起到了决定性的作用。而至今，印度的宗教文化依旧很发达，而东南亚地区也有相当部分的宗教国家，典型的如以佛教为主的泰国，与作为佛教发源地的印度自然有着特殊的联系。而印度宗教中所倡导的温和理念，也让印度更加容易与东南亚国家保持温和的接触。

第二，印度的文化输出形式正在不断扩展，深度也在不断增强。"宝莱坞"的电影近年来在世界各地都产生了重要的反响，在东南亚地区自然也不例外。反映了印度独特文化的宝莱坞的许多经典之作在泰国、印尼等国家广泛传播，受到了各国民众的好评。虽然一直被诟病过分"抄袭""好莱坞"，但"宝莱坞"带来的精彩和它对印度文化传播产生的积极作用，自然是不容置疑的。

第三，印度是"普世价值"的坚定支持者，使印度的政治价值观更具"人气"。印度的国内政治虽然较为混乱，官员腐败等现象也比较严重，清廉指数也还不及中国，但印度国内的政治设计却是典型的"三权分立"，属于正宗的

---

[1] 巴特拉·沃尔玛：《印度国际评论》，《印度防务箴言》2003 年第 1—2 期。

"西式民主"，印度在对外交流中也格外注意凸显这一点优势，不仅能够拉近和西方国家之间的距离，在东南亚地区也产生了很积极的影响。

第四，印度与东南亚地区的国家也开展了一系列的经济和政治合作。《东南亚友好合作条约》的签订和"印度—东盟科技基金"的设立，对印度和东盟进一步加强双边合作有着相当积极的作用，同时也对增强印度的文化软实力有着重要的意义。

印度能否在东南亚地区真正产生深远的文化影响，其实主要还是要看印度自身发展得如何，如果印度能够积极克服国内存在的各种问题，进行更加行之有效的治理，则印度也必将成为东南亚舞台上一支重要的力量。

小　结

中国、美国、日本和印度这四个大国对东南亚国家开展的文化外交活动已经相当频繁。基于各种历史和现实的原因，四个大国所采取的政策措施也是多种多样的。从目前的情况来看，各国采取文化外交政策的趋势也有着一定的不同，所起到的效果也会有许多差异。

中国对东南亚地区开展的文化外交活动是建立在中国与东盟之间日趋紧密的经济往来基础之上的。随着经贸往来的增强产生的文化交流和复合型人才培养的需求，中国政府积极通过官方的力量开启对东南亚国家文化外交的闸门。随着这种经济往来的发展，中国的孔子学院将在东盟取得更大的市场，而中国与东盟之间的高等教育服务贸易也将进一步扩大，中国与东盟之间的多边合作领域也将进一步扩展。在这样的趋势下，中国的文化外交将有进一步的改善，并对中国的软实力提升产生积极的影响。

美国对东南亚地区开展的文化外交活动是建立在其强大的综合国力之上的。高度发达的经济实力和高等教育体系使美国在东南亚地区的文化存在非常稳固，尤其是其"普世价值观"和高等教育的吸引力几乎是与日俱增的。大量东南亚国家先后接受"普世价值观"，并有越来越多的民众受到了美国高等教育的影响，这使美国在这一地区的文化外交政策相当成功。随着美国"重返东南亚"的脚步不断加快，美国将进一步加深与东南亚的多边合作，并使传统的文化交流上升到一个新层次，以进一步扩大其在东南亚的文化影响力。

日本的文化外交政策可谓多管齐下，在日本政府的苦心经营下，其在东南亚地区的文化影响力有着深厚的根基。日本曾经是东南亚地区崛起的"领头雁"，其在东南亚的经济影响力显然是很强的，而通过政府推动的青年交流行动、高速发展的动漫产业等多种形式的推进，其在东南亚地区的经济存在正逐步过渡到与文化存在并重的程度。在今后的一段时间之内，日本与东南亚国家的多边合作也会有进一步的扩展，而日本与东南亚国家之间的文化往来也会进一步增多，特别是随着日本逐渐摆脱历史包袱、积极参与到国际事务的趋势越来越强之后，日本在这一地区的文化影响力提升还有着相当大的潜力。

印度在推动与东南亚地区的文化交流中也是不遗余力的。对于一个与东南亚国家有着深厚文化渊源的大国来说，印度显然在文化资源等方面占据了先天的优势，而印度已经持续十余年的"东向政策"，更使印度与东南亚国家之间的联系得到了进一步的加强。严格地说，印度如果不是受制于其是发展中国家、综合国力尚不足够强大、国内政治也没有真正理顺等条件的制约，印度无疑会成为一个重量级的竞争对手，而现在却只能屈居末位。但是，这些制约因素，随着印度政府的不断改革，也将逐渐减弱，那么，印度在这一地区的文化影响力迅速上升自然也是必然的趋势。

四、大国对东南亚国家的文化外交对其软实力的影响

软实力建设中的一个重要方面就是文化外交政策。中国、美国、日本和印度在东南亚地区不断进行文化外交的较量，自然会对其在这一地区的软实力有重要的影响。在这种国际形势下，分析中国、美国、日本和印度在东南亚地区的文化外交政策对软实力的影响，就显得十分有意义了。

（一）中国对东南亚国家的文化外交政策对其软实力的影响

1. 中国对东南亚国家的文化外交政策对其软实力的影响

依据前文所述，中国在东南亚地区的文化外交政策对软实力的影响可以从

以下几个方面来考量：

首先，从政策的主体来看，中国的丰富文化资源为其软实力的提升带来了重要的影响。中国的传统文化是以儒家思想为核心的，在中国文化的深层观念中，随处可以找到儒家思想的烙印。而受到历史因素的影响，在今天的东南亚地区，儒家文化也有着极其重要的影响。

中国是儒家思想的发源地，在东南亚地区开展文化外交的过程中也时常会以儒家思想为核心，用改造后的"儒家"思想来赢得当地民众的支持。中国对儒家思想的运用有两个层面：第一个层面是大力传播儒家思想，中国政府积极在东南亚地区建立孔子学院，把儒家思想的"学堂"搬到了东南亚国家内部，力图将中国的传统"输出"到这些国家中去；第二个层面则是倡导经过现代改造的儒家思想——"和谐世界"理念，这一理念，在某种程度上是为了应对美国为首的西方国家所倡导的"普世价值"，由于倡导和平、合作和共赢，在一定程度上也能够得到东南亚国家的接受，具有一定意义的普世性。但目前来看，中国显然还缺少在这一层面的具体解读，使得"和谐世界"空有其名，却很难被更多的国家真正地接受，对软实力提升的影响并不明显。另外，中国的军事实力和经济实力不断提升，对中国的软实力提升有着积极的作用。

而从政策手段来看，中国的多边主义外交政策能够有效地获得东南亚国家的好感。最初的时候，中国政府在发展与东南亚国家的关系时，比较侧重于双边合作，而为了适应现实的需求，在20世纪末开始向多边主义转变。1996年之后，多边主义已经成为中国发展与东南亚国家关系中的最重要模式。从参加东盟地区论坛，成为东盟的全面对话伙伴，到"10+1"会议，再到《东南亚友好合作条约》的签署，都是中国政府坚持多边主义的外交政策取得的成果。中国坚持多边主义原则的做法，在与东盟的交往中有力地促进了相互关系的整体改善。①

中国对东盟的高等教育服务贸易也有一定的发展。截至2011年，中国、东盟互访留学生已达10万人，其中，东盟国家来华留学生超过3万人，中国

---

① 徐善宝：《冷战后中国与东盟国家多边关系发展的若干特点》，《东南亚研究》2005年第4期。

在东盟国家的留学生接近7万人，[1] 当地政府还为相当一部分留学生提供了政府奖学金。但与中国和东盟在经济和政治方面的交流与发展相比，双方在高等教育服务贸易方面的交流还有很大的上升空间。在政府推动的文化交流方面，中国政府则投入了相当大的精力。尤其是在以广西壮族自治区政府牵头，几乎每年都要与东盟国家开展多次不同层级、不同类型的文化交流活动，对加强中国—东盟之间的文化交流打下了良好的基础，这种趋势还将继续良性发展。

然而，中国的对外文化传播却还受到了一定的限制，目前还并没有建立起完善的、持久的并且被证明是行之有效的对外文化输出体系，这就在一定程度上对中国软实力的全面提升形成了障碍，同时也是中国在继续发展对东南亚的文化外交中需要面对的重要问题。

从总体来看，凭借着文化资源方面的优势和日趋增强的经济实力，中国目前在东南亚地区的文化外交政策对软实力的影响总体是积极的，但在政策推行方面还存在一定的软肋，如果不能够得到进一步的强化，将会在很大程度上影响到文化外交政策的实际效果。

2. 个案分析：孔子学院在东南亚国家的建设与发展情况

孔子学院由中国政府主导建设，并在北京设立了全球孔子学院的总部。在实际运作的过程中，孔子学院主要采取中外合作的形式。作为一种非营利性的教育机构，孔子学院具有独立法人资格，在国家汉办的统一指导下开展工作。海外孔子学院作为孔子学院总部的分支机构，在开展各项工作的时候要受到孔子学院总部的指导。

孔子学院的总部拥有对海外孔子学院设置的审批权，并且能够对海外孔子学院年度开展各类项目的实施方案和经费使用情况进行监管；总部选派中方院长，选派教师、志愿者和选送教材，对其提供教学资源支持与服务，并负责组织对各地孔子学院的评估。如果海外孔子学院违背了《孔子学院章程》中所规定的办学宗旨，或者经过考核，无法达到预计的办学质量标准，孔子学院总部将依照有关的规定，终止与该孔子学院的合作协议并取消其设立资格。外方负

---

① 凤凰网：《为自贸区提供人才 中国东盟互访留学生已达10万人》，http://news.ifeng.com/gundong/detail_2011_08/09/8262888_0.shtml。

责选派外方院长、教师和提供教学场所、设施和筹措外方承担的项目经费。推广汉语教学，培训汉语教师，传播中华文化是孔子学院的三项基本任务。孔子学院一般都会依靠与目标国的大学开展合作办学的模式。通过中国的大学与当地的大学开展"强强联合"，充分利用当地的资源优势来为孔子学院服务。

在众多的孔子学院中，东南亚地区以学院多、质量高为特色。2005 年是孔子学院入驻东南亚地区的元年。在那之后，仅仅用了五年的时间，孔子学院在东南亚的建设便已经硕果累累。截至 2011 年初，东南亚 8 个国家共建立孔子学院 29 所、孔子课堂 14 所，合计 43 所。在东南亚地区孔子学院注册的学员总数已经超过了 50 万人，其中经常参加相关文化活动的人也已经有 10 万余人。①

2005 年，新加坡南洋理工大学建立了东南亚第一所孔子学院。到 2008 年，新、泰、菲、马、印尼五国就已经创办孔子学院 14 所，孔子课堂 2 所。这种趋势还将继续保持。目前，孔子学院在东南亚地区的分布情况如图 12-1 所示。

泰国的诗琳通公主是孔子学院的坚实"粉丝"，在她的大力倡导下，泰国已经成为整个亚洲拥有孔子学院最多的国家之一。2007 年朱拉隆功大学孔子学院成立时，诗琳通公主不仅亲自主持了揭牌仪式，还专门用中文为孔子学院题写了"任重道远"的牌匾，以示鼓励。

受历史和现实的影响，孔子学院在东南亚地区的办学模式比较灵活。其培训的对象也相当广泛，涵盖了几乎所有的社会阶层。近年来，已经有孔子学院开始联办本科专业、硕士专业的学校。孔敬大学已于 2007 年 1 月经泰国

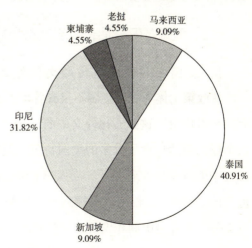

图 12-1　孔子学院在东南亚地区的分布情况（截至 2011 年的数据）

老挝 4.55%
马来西亚 9.09%
柬埔寨 4.55%
印尼 31.82%
泰国 40.91%
新加坡 9.09%

①　林华东、吴端阳：《东南亚地区孔子学院可持续发展研究》，《泉州师范学院学报》2011 年第 9 期。

教育部批准，依托母体校孔敬大学与中方合作校西南大学联办本科专业，并于当年招生；大二、大三在西南大学学习，大一、大四在孔敬大学学习，毕业时同时颁发西南大学和孔敬大学毕业文凭。泰国农业大学孔子学院已经开设了汉语言本科专业。泰国玛哈沙拉坎大学孔子学院甚至开办了中泰语言文学硕士点，并已经招收了 20 名硕士研究生在校学习。

孔子学院的迅速发展，在一定程度上增强了东南亚地区民众对中国的了解，尤其是在语言的学习方面，为扩大汉语使用人群提供了良好的平台，是中国推动对东南亚国家文化外交的一项举措，孔子学院的迅速发展究竟能否带来持久的"软实力"，显然需要时间和实践的检验。

有学者的研究指出，文化、语言仅仅是低层次的"软实力"而已。[①] 目前，中国通过孔子学院和对外汉语教学等手段对东南亚国家形成的"软实力"实际正是一种较低层次的软实力，并不能够形成强大的软实力影响。因此，孔子学院在东南亚地区的迅速发展仅仅是一个开始，这个平台搭建好之后，如何运用这个平台来推动中国与东南亚各国之间的深层次交流，显然还面对更多考验。中国在增强对东南亚的软实力影响方面，也还有更长的路要走。

（二）美国对东南亚国家的文化外交政策对其软实力的影响

1. 美国在东南亚地区的文化外交政策对其软实力的影响

从政策主体来看，美国不仅有着世界上最强大的经济和军事实力，并且拥有"普世价值"这张文化外交中的"王牌"，由于加注了"普世"的"幌子"，这个概念虽然包含了太多的美国特色，但依旧"铿锵有力"。不仅是因为国际社会中的许多国家都接受了英美式的政治体制，还因为没有人能够反对"普世"的"价值"，否则就将被列为"异类"。任何一个国家，缅甸也好，伊拉克也罢，抑或是伊朗和埃及，只要美国祭出"普世价值"的大旗，都能够让对方处于相当不利的地位。就拿缅甸来说，美国长期以"独裁，缺少人权"等理由，严厉打压缅甸，甚至迫使东南亚的其他国家打压缅甸在东盟中的地位。

---

① Sheng Lijun, China in Southeast Asia: The Limits of Power, http://www.japanfocus.org/-Sheng-Lijun/2184.html.

2006 年，美国发布了《铸造一个法治的自由世界：美国 21 世纪的安全战略》报告，建议用"民主联盟"取代改革不善的联合国 [①] 。充分彰显了美国希望运用普世价值打造一种新的合法性制度安排的企图。

从政策手段来看，美国作为世界上唯一的超级大国，具备且仅有美国才能真正行使的单边主义的实力。具体来说，美国要根据自己的利益和判断而非他国的利益来采取行动。美国对东南亚国家的外交政策曾经充满了单边主义的色彩，尤其是在布什执政时期非常明显。当时，美国精力更多被中东地区所吸引，对东盟主导的地区合作反应极为冷淡 [②] 。即使在美国参与东南亚事务期间，对待已经日益成熟的东盟也仅仅采用了"分而治之"的措施。首先是与传统盟友菲律宾和泰国搞好关系，然后对缅甸等国家则长期在民主、人权和毒品等方面施加压力，对缅甸甚至实行全面的遏制政策。美国不仅反对缅甸加入东盟，还通过施加压力使缅甸放弃了 2006 年的主席国地位。美国长期坚持的这种单边主义的倾向在一定程度上影响了美国对东南亚的软实力。

美国在发展与东南亚国家的高等教育服务贸易中成效显著。美国公立高校，尤其是正对着亚洲的美国西海岸的高校，对亚洲留学生，尤其是东南亚国家的吸引力非常强。加州大学董事会已经宣布在 2020 年前，将招收海外留学生的比例从目前的 5% 增至 20%。美国在高等教育服务贸易中获得了大量的贸易顺差，不仅有效地刺激了美国国内"留学经济"的发展，还有效地提高了美国文化的影响力——对于来自东南亚的留学者来说，可能数年的求学生涯会让他们非常容易受到美国文化的影响。而相对而言，由美国政府推动的与东南亚国家的文化交流就略显不足了。

对于美国而言，由于其强大的综合国力和成熟的政治制度，在东南亚地区的软实力是相当强大的。尤其是随着美国开始不断"投其所好"地对东南亚地区开展了多边主义的外交之后，美国在东南亚地区的软实力得到了进一步的强化。但是，相比中国和日本，美国官方对大力发展对东南亚地区的软实力影响

[①]　约翰·伊肯伯理：《铸造一个法治的自由世界：美国 21 世纪的安全战略》，《领导者》2006 年第 12—13 期。

[②]　曹云华：《东南亚地区形势：2010 年》，《东南亚研究》2010 年第 2 期。

方面并不显著，在未来的竞争中可能会受到一定的影响。

2．个案分析：东南亚各国政治人物在美国留学情况分析

长期以来，美国与东南亚国家有着极其发达的高等教育服务贸易。早在1983 年，马来西亚赴美的留学生就已经高达 118150 人，成为赴美留学生的一个重要来源国家。虽然随着美国人口压力的增大和国内对海外留学生占用过多教育资源的反对声日益增强，在 20 世纪末到 21 世纪初这一段时期内，美国为控制移民数量而增加了各国留学生签证的难度，而许多高校也因为政府财政支出相对紧缩或者经济增长乏力而募集资金不足等情况压低了奖学金的申请数额，但东南亚各国赴美留学的人数依旧保持了比较高的增长势头，特别是在2009 年经济危机对美国国内经济造成了严重冲击，美国对接收海外留学生的政策走向了宽松之后，这种势头就显得更加明显了。东南亚国家赴海外留学的学生中，在留学之后回到自己祖国的，不乏有人成为政界的重要人物，甚至当上了国家元首、政府总理、议会议长或重要党派的领袖。其中，新加坡、印度尼西亚和泰国这三个国家最为明显。

新加坡现任总统陈庆炎曾在 1964 年远赴美国马萨诸塞理工学院进行深造，而现任总理李显龙也曾经获得过美国哈佛大学的公共行政学硕士学位，新加坡民主党秘书长徐顺全也是美国著名的乔治亚大学的哲学博士。

印度尼西亚总统苏西洛 20 世纪 80 年代曾留学美国，并在韦伯斯特大学学习商业管理并获文学硕士学位，首位泰国女总理英拉·西那瓦曾经在美国肯塔基州立大学获得了政治学硕士学位。

而其他国家的许多政治领袖中，也不乏欧洲的留学者。马来西亚现任国王端古阿卜杜勒·哈利姆曾在英国牛津大学专门修读了科学和公共管理硕士的学位，现任总理纳吉布·阿卜杜尔·拉扎克曾在英国诺丁汉大学主修工业经济，现任泰国国王普密蓬·阿杜德曾在瑞士洛桑大学攻读理科，缅甸著名反对派领袖昂山素季曾在英国牛津大学读书并在牛津大学工作。由此可见，在东南亚国家中，受到欧美，尤其是美国高等教育体系和美国文化影响的政治人物具有较大的比例的。

教育对受教育者的心理发展、社会行为和社会认识三个方面会产生重要影

响①。东南亚国家的青年学生赴美国留学，无疑能够最有效也最全面地接触到美国的社会文化，对于美国社会的认同感也更容易建立。而这些受到过美国高等教育的青年在回到东南亚国家并成为社会精英之后，势必比没有赴美留学经历的政治人物更加了解美国，也更容易对美国的文化形成较强的认同感，在其政治主张等方面，也更容易接受美国文化的部分理念。

新加坡前任资政李光耀原本是一个坚定的反殖民主义者，但在就读于伦敦经济学院之后就一直以"反共者"自居。他曾在自己的回忆录中表示，之所以讨厌共产党人的根源在于在英国学习期间发现他们采用列宁主义（领袖集权）的方法而非民主制度。由此可见，教育对于一个人的理念和行为的影响非常明显，尤其是在这个人成为一个国家的重要领导人之后，他通过教育所获得的理念将成为其施政的重要思想来源，其影响不可谓不明显。如今活跃在新加坡政坛的政治领袖，从总统、总理，到主要党派的领袖，大都有在美国学习的经历，这几乎是其他国家所难以出现的现象。新加坡能够灵活处理与美国的关系，与其政治领袖对美国的深刻理解，显然是密不可分的。

美国的高等教育对东南亚国家青年学生的吸引力还保持着上升的趋势。据2011年的美国门户开放报告显示，2011年中，越南在美国的留学生人数比上年增长13.5%，达到了在美留学生总人数的2.1%，马来西亚籍留学生总人数比上年增长了8.8%，达到了在美留学生总人数的0.9%。印度尼西亚的留学生总数则较2010年持平。②

即使美国政府并不在吸引东南亚的留学生中采取任何积极措施，其高等教育方面的优势地位也将让更多的东南亚学生将其作为留学的目的地。随着这样的趋势发展，我们可能会看到东南亚地区的政界和商界的精英中出现更多的具有美国留学经历者。那么，美国文化也就将以这样的一种特殊形式，不断地"渗透"到东南亚国家的各个层面，从而有效地提升美国在当地的软实力水平。

---

① 全国十二所重点师范大学联合编写：《教育学基础》，教育科学出版社2008年版，第35页。

② 网易新闻网：《2011美国"门户开放报告"发布》，http://edu.163.com/11/1124/13/7JKM0MCE00294IIH.html。

（三）日本对东南亚国家的文化外交政策对其软实力的影响

1. 日本对东南亚国家的文化外交政策对其软实力的影响

从政策主体来看，日本有着相当强大的经济实力，而随着其经济实力的增强，在军事实力方面也有所抬头，而其在经过了民主化改造之后，已经建立了一套比较完善的现代民主制度，在推广"普世价值"方面也有着天然的优势。但是，日本的文化资源与中国相比，就显得要相对弱势一些，但是，日本却比其他任何国家都擅长于包装和打造文化因素，因此，日本的文化资源所发挥出的影响力不可小觑，尤其是日本动漫在东南亚地区的影响力不断增强，对提升其软实力的影响也是相当明显的。

从政策手段层面看，日本也是多边外交的积极倡导和参与者。在中国与东盟积极筹备自由贸易区的同时，日本首相小泉纯一郎提出了著名的"小泉构想"，即通过一系列的经济合作协议，将包括东南亚国家、中国和澳大利业等在内的诸多国家建设成广阔的经济合作平台①。2003年，日本加入了《东南亚友好合作条约》，并与东盟共同发表了《东京宣言》，其中主要包括如下三方面内容：（1）双方确定了互相尊重、互不干涉的原则，积极拥护和促进人权与基本自由；（2）构筑东亚共同体，确定日本和东盟战略协作伙伴关系，加强政治及安全保障合作，优先考虑开发援助东盟各国；（3）根据宣言实施的具体制度、资金提供等问题，双方又发表了行动计划，表示尽最大努力促进双边自由贸易协定的谈判等②。到此，日本已经基本适应了与东盟的多边主义外交。

日本的高等教育也是非常发达的，包括中国在内的许多国家都有赴日留学生，东南亚国家在日本的留学生近年来也稳步增长。2012年，日本高调启动了"亚洲人才资金构想事业"项目，通过对亚洲优秀留学生提供奖学金等形式，培养更多熟悉日本文化的异国留学生，并努力将这一项目打造成为连接

①　国际经济法网：《CAFTA与中国、日本、东盟互动关系的转变》，http://ielaw.uibe.edu.cn/html/wenku/quyujingjifa/20081118/11166.html。

②　星辰在线：《东京宣言》，http://www.changsha.cn/newspaper/dfxb/a5/t20031213_73584.htm。

日本、亚洲和世界的桥梁 ① 。日本与东南亚各国之间的高等教育服务贸易有了新的发展，而日本政府主导的与东南亚地区国家的文化交流活动则更胜一筹。2007 年启动的"日本—东亚学生和青年交换计划（JENESYS）"、常年开展的东亚青年到日本学习考察、湄公河各国青年访问日本活动以及"日本—湄公河国家议员团"等组织的建立，让日本与东南亚各国之间保持了常态化、制度化的文化交流模式，大大加强了日本在东南亚的文化影响力。

　　总之，日本对东南亚地区的文化外交是相当成功的，对其软实力的提升有着重要的积极影响。由于日本在官方大力推动文化外交政策方面较美国更为富有成效，从某种程度来看，日本目前几乎是中美日印四个国家中文化外交政策效果最显著，也是对其软实力影响提升得最为成功的一个国家。但是，日本在政治和军事等方面受制于美国的现状，却使得其软实力发挥受到了一定程度的负面影响。何时日本能够真正摆脱美国的控制，其软实力的建设才会提升一个新台阶。

　　2. 个案分析："东亚青少年交流计划"在东南亚的实施

　　2007 年 1 月，第二次东亚首脑峰会在印尼巴厘岛举行，日本政府在会议上宣布，成立面向日本本国以及东亚、东南亚国家青少年的交流计划，从2007 年起，每 5 年邀请约 6000 名东亚首脑会议成员国（包括中国、印度、新西兰、韩国、东南亚国家联盟和澳大利亚）的青少年访问日本，在各国以及相关机构的协助下，将实施邀请、派遣等各种各样的交流事业，在活动期间参与各类文化交流活动，以期提升东亚、东南亚国家的青少年对日本的了解和认识，促进周边各国形成良好的对日感情，提升日本形象。

　　日本此前也曾经有过类似的、面向各国青少年的交流计划，为了与以往进行区分，特别将此计划命名为"东亚青少年交流计划"（JENESYS Programme），日本政府为该计划共投资约 350 亿日元，价值大约相当于 1 艘排水量达 6500 吨的大型巡逻舰。"东亚青少年交流计划"每年都会根据实际情况进行项目的策划和实施，归纳起来，主要有如下三类：

---

　　① 日中交流中心网站：http://www.chinacenter.jp/。

第一类是短期交流项目，即利用之前实施的东南亚国家高中生邀请活动的经验，邀请对方国家的高中生进行为期 10 天左右的访日活动，通过与日本青少年的交流活动，使来访国青少年能够有机会亲身体验日本社会的风俗和习惯。与此同时，日本也会根据与对方国家的交流和沟通，向国外派遣一批日本高中生，让本国学生更好地了解对方国家。

第二类是长期交流邀请项目，此类项目周期不等，一般为 3 周到 1 年左右。此类交流活动将主要在学校进行，来访学生通过在日本学校进行一定时间的学习和生活，亲身并深入体验日本的社会文化。由于一般造访的学生都会被安排住宿在日本普通居民家中，许多来访的学生在最长达一年的生活中，能够对日本的家庭、学校和社会等方面的特性和文化有相当深入的了解和体验。

第三类是针对海外赴日留学生的日常性交流活动。在日本国内异国留学生、研究者、日中交流项目相关公共机构、地方自治体、民间企业和其他交流国内的日本留学生、研究者、驻外企业之间搭起资源共享的桥梁。为增进这两类大群体的交流而组织各类文化交流活动。

在以往各年的"东亚青少年交流计划"中，获得交流人数最多的国家是中国，平均每年都会有近 2000 名青少年（包括港澳台）通过这一计划获得去日本交流体会的机会[①]。然而，与中国庞大的人口规模相比，东南亚各国派出的学生虽然人数并不多，但并不能被认为是"厚此薄彼"。

自 2007 年起，东南亚各国就陆续向日本派出学生参加"东亚青少年交流计划"，最初，东盟 10 国参加的学生人数在 400 人左右，到 2010 年，这个数字迅速上升到 1000 名左右。[②] 2010 年 11 月 13 日，东盟 10 国的 120 名大学生和日本的 30 名大学生在仙台开始了他们为期一周的交流活动，并在期间召开了第一届日 ASEAN（东南亚国家联盟）学生会议，以加强东盟与日本学生在"东亚青少年交流计划"中的联系。

2011 年，日本发生了严重的大地震，但并没有影响到该计划的顺利开展。以新加坡为例，2011 年共有 100 名在本地以及海外大学读书的新加坡大学生

---

① 日中交流中心网站：http：//www.chinacenter.jp/。
② 日中交流中心网站：http：//www.chinacenter.jp/。

接受"东亚青少年交流计划"邀请，启程前往日本东北部重灾区，帮助当地灾民重建家园，实地了解当地救灾及重建活动的进展。主办单位原本担心当地学生对此没有兴趣，没料到共收到 160 份申请，新加坡学生的热烈反应让主办单位极为惊讶和感动。[①]

"东亚青少年交流计划"的资助范围也在不断地扩大。2011 年，日本政府特别邀请柬埔寨反贪机构 20 名青年官员赴日本参加为期 8 天的日本东亚青少年交流计划。2012 年则邀请了 10 名柬埔寨国家省事保安国家委员会的青年官员去日本参加为期 8 天的交流活动。[②] 而部分国家如印度尼西亚还在 2011 年组织青年人员到三菱商事进行了企业访问。

日本的"东亚青少年交流计划"是日本政府投入了大量精力推动的一项重要事业。对于日本来说，虽然需要投入不少的财政支出，但其带来的积极影响却是非常有效的。十年树木，百年树人，通过这种潜移默化的交流行动，向其他国家的青少年传达日本文化的特质和精髓，可谓是一种非常巧妙的文化交流方式，也是一种提高文化软实力的重要手段。

（四）印度对东南亚国家的文化外交政策对其软实力的影响

1. 印度在东南亚地区的文化外交政策对其软实力的影响

从政策主体来看，印度是个文化资源相当丰富的国家。虽然印度经历了被殖民的历史，但印度是个宗教大国，也是四个国家当中宗教的色彩最为浓烈的国家。两千年来，以佛教为载体的印度文明曾经对亚洲许多国家产生了重要的影响，"恢复并加强与他们的联系是印度的重要任务"[③]。印度在东南亚地区推动的文化交流活动，有很多涉及了宗教活动，尤其是印度的电影在东南亚地区受到了欢迎，使印度的宗教文化可以通过这一载体得到良好的传播。

宗教也是一种社会意识形态，相较于"普世价值"和"儒家思想"而言，

---

① 联合早报网:《100 名新加坡大学生将赴日震灾区协助重建》, http://www.zaobao.com/special/japan/pages/jpquake110729a.shtml。

② 星洲日报:《东亚青少年大交流项目, 10 官员赴日研习海域安全》, 2012 年 1 月 29 日。

③ Pranab Mukherjee.Indian Foreign Policy: ARoad Map for the Decade Ahead, Speech at the 46th Nation-al Defence College Course.

它对社会的影响程度可能更为深远。通过让无数个体从精神上"臣服"于宗教教义，能够从根本上改变一个人的行为举止。宗教色彩在任何一个国家都可能存在，只是影响的大小和受众多少的区别而已。因此，印度的宗教文化对东南亚地区的软实力影响不可小视。

从政策手段来看，印度对东南亚各国奉行的是多边主义。1992年，东盟与印度建立了部分对话的伙伴关系，第二年成立的"印度—东盟联合部门合作委员会"为处理印度与东盟关系中的经常事务奠定了基础，直到1995年印度正式成为东盟地区论坛的成员国。2002年"印度—东盟"的"10+1"合作机制正式建立，随后印度又正式加入了《东南亚友好合作条约》，2004年印度和东盟正式开启了印度—东盟自由贸易区的谈判，印度与东盟的外交关系也逐步走向了多边化。

印度的高等教育对东南亚国家的吸引力相对较弱，东南亚国家赴印度留学的学生人数较少，因此并不能形成足够的文化影响力。而印度在推动与东南亚国家之间的交流中也有一定动作，例如，在印度的"东向政策"中，东盟是其核心目标。早些时候，印度与东盟的合作更多地倾向于经济、政治和军事安全等领域，近年来逐步扩展到加强旅游合作等文化层面。但整体来看，印度所采取的实际行动还远远不足。

总体而言，印度在东南亚地区的文化外交政策推动了其软实力的上升，但是，印度国内政治和经济发展的相对滞后，使其在与中国、美国和日本的较量中还处于相对的弱势，印度在东南亚地区的软实力影响还有很大的提升空间。

2. 个案分析：印度运用宗教文化因素对东南亚国家开展的文化外交

印度是一个宗教大国，由于历史上东南亚地区和印度曾经有非常繁荣的贸易往来和文化交流，印度的宗教文化也随之走进了东南亚。即使在今天，我们依旧能够在东南亚地区找到许多印度宗教文化的产物。

柬埔寨历史记载了印度婆罗门建立高棉历史上第一个王国的故事。而据缅甸的史书记载，其境内的第一个国家也是中天竺释迦族系的首领建立的。上述传说都说明了早在公元初始东南亚开始出现早期国家时，印度的婆罗门、刹帝利就已到达此地谋求发展，并产生了重大影响。

事实上，在东南亚各式各色的文化中，早就能够看到各种印度文化的影响。以舞蹈艺术来说，东南亚地区舞蹈的艺术法则，手势语汇、表情规范、剧目结构、人物造型、服装色彩、面具脸谱等等，都和印度有着某种联系。如印度有 108 个"卡那拉"舞姿，这种艺术规范方法传到泰国便成了泰舞蹈家总结规范自己民族传统舞姿的方法。东南亚广大地区的传统舞蹈也都十分讲究用手语表情达意，与印度基本相通。东南亚的巴厘舞中的动头动眼动作十分明显的是受到印度婆罗多舞的影响。两大史诗《罗摩衍那》和《摩诃婆罗多》既是印度传统舞蹈表现的题材，也是东南亚各种传统舞蹈经常表现的主题。

印度在对东盟的文化外交政策中也非常重视本国宗教文化的包装和输出。以下几个方面，是印度推行其文化外交政策过程中非常值得称道的内容。

第一，印度在与东盟的交流中始终坚持了多元主义的理念。印度在历史上文化众多，且并没有出现过极端强大的势力对不同宗教派别进行集中和统一，因此，多种多样的宗教文化可以在印度的土地上长期同时存在。这种多元化、包容性的价值取向也成为印度制定对外政策时的基本理念。印度的"东向政策"主张与东盟建立"10+1"机制，践行多边主义的外交模式。随后，印度又加入了东亚峰会。印度总理辛格甚至提出了建立"亚洲经济共同体"的设想，希望中国、印度和东盟等国家能够建立一个最广泛的经济共同体。印度在对东盟的各种合作与交流中，始终将类似于中国人经常提到的"求同存异"应用于实践当中，赢得了东南亚国家的好感。

第二，印度在对东南亚的文化外交中，不断传递着印度宗教文化中的"理想主义色彩"，尤其擅长使用共同经历西方侵略等历史影响。在印度的对外交流中，经常会提到与其他国家共同经受过殖民主义时期的考验等内容。印度前外长雅斯万特·辛哈曾经在公开场合说过："印度与亚洲大部分地区的接触都基于共同遭遇过的殖民主义压迫经历和相互文化联系。"[1] 对于亚洲其他遭受过殖民主义侵略的国家民众来说，这样的基调，无疑会更容易拉近印度与其的

---

① Pranab Mukherjee.India's Foreign Policy and Future India-US Relations，Remarks at Council on Foreign Relations.

距离。印度也正是在利用这样的基调来达到"惺惺相惜"的效果，从而赢得东南亚国家的共鸣。这一点，对于同处于发展中国家的东南亚地区各国显然是非常有效的举措。

第三，印度将宗教文化与"普世价值观"进行了有机结合，在对东南亚国家的文化外交中充分运用。印度的宗教文化是主张多元化的，而印度自独立之后起就建立了议会民主制度，继承了西方国家尤其是美国一直在倡导的"普世价值观"。印度也充分意识到了这两者之间的可结合之处认为"民主的印度是维护亚洲和平与稳定的重要力量"。实际上，印度正是希望用这样的一种形式，将多元化的宗教和"普世价值观"在某种程度上打造成了印度特有的"品牌"，从而提升了印度的国家形象。印度在这一方面的努力，不仅赢得了发展中国家的认同，更在很大程度上拉近了其与发达国家之间的距离。但是，印度自身的民主建设还并不完善，这也就使其在某种程度上打了折扣。

第四，印度在开展对东南亚国家的文化外交活动时，将自身的宗教文化与流行文化进行了有机的结合。无论是哪一种文化，都必须通过时尚等具体的形式得到充分的展示，才能最终获得更多人的接受。近年来，极具印度宗教文化特色的流行文化产品在东南亚国家受到了普遍的欢迎。尤其是在东南亚国家的购物区中，相当多的印度文化产品受到了当地民众和外来旅游者的热捧。消费者在选购了印度的文化产品同时，实际上也经受了一次颇具特色的印度文化的洗礼，这就使得印度文化更加引人注目。

印度的宗教文化是印度在开展文化外交过程中的重要瑰宝，随着印度越来越重视国家的软实力建设，印度在文化外交政策中也在不断发掘自身文化特性中的积极因素，由于与东南亚文化有着千丝万缕的联系，印度的这种优势显然是不言而喻的。

小 结

文化外交政策对一个国家软实力的影响是不言而喻的。对于中国、美国、日本和印度四个大国而言，由于都在积极开展文化外交政策，对其自身软实力的提升都起到了一定的积极作用。但是，毕竟四个大国的历史和现实条件有所不同，而其产生的实际效果也有所差别。

中国依靠孔子学院建设来扩大汉语的影响力，进而传播中华文化，并通过不断发展高等教育服务贸易来吸引东南亚国家的留学生到大陆学习，而积极参与东南亚地区的多边主义合作更是为中国赚取了一定的"形象分"，这些措施，对中国的软实力提升都有着比较积极的影响，孔子学院在东南亚地区的迅速发展就是一个很好的明证。但同时也必须看到的是，由于这种软实力是更多地处于"低层"的软实力，因此在持久力等方面也还存在着明显的缺陷。

美国对东南亚地区提供丰富的经济和军事支持，并逐步融入东南亚国家一直希望看到的多边主义合作体系中来，其积极倡导的"普世价值观"和极度发达的高等教育水平让其在东南亚地区的文化影响力非常明显，这给其带来的软实力的提升自然是情理之中的事情，东南亚国家相当比例的领导人和社会精英均具有美国留学背景充分展示了美国在东南亚地区的吸引力是如何强势。但是，与其他三个大国相比，美国在积极推动本国在东南亚地区的影响力方面的力度显然是不够的，而是更多地依赖于传统的优势。这种优势，则可能随着其他国家的快速发展而受到削弱。

日本在发展对东南亚国家的文化外交中是最肯花力气的。经过坚持不懈的推动，日本已经形成了一整套由上到下、由高到低、由远到近的文化外交战略。所谓由上到下，即无论是高级官员、商人还是普通民众，都可能有一个交流的平台；所谓由高到低，即无论是高深的科学理论还是通俗的流行文化，都成为双方交流的内容；所谓由远到近，是指无论是长期的战略还是短期的交流行动，都被纳入到了文化外交的设计之中。对于日本来说，由于其文化外交战略是非常成功的，因此其在东南亚地区软实力的提升也是最为明显的。从长远来看，日本一定会在这个方面取得更大的成绩。

印度在对东南亚国家的文化外交政策设计方面花费了大量的精力，而其本身也有着相当优秀的文化资源供其使用。不过让人无奈的是，印度的许多文化外交政策目标虽然定位很高，但真正得到实现的却比较少，总体的实现效果不佳。这样的情况，无疑让印度的软实力提升受到限制。但是，必须看到的是，印度的软实力总体也是在提升的，并不能因为其提升速度相对较慢而将其忽视。

值得特别说明的是，软实力是否提升的评价标准目前学术界也还有一定的争议，作为一种社会科学的概念，也很难像自然科学那样进行精确测量。笔者在本章中的分析，更多的是基于定性分析而非定量分析。其中的部分结论，自然也还值得进一步的商榷和探讨。

五、以提升软实力为核心的中国文化外交政策应对

东南亚地区一直是大国较量的重要舞台，中美日印四个大国都会不断提升自身在当地的影响力。在这种国际竞争中，探索中国如何通过调整文化外交政策，提升本国在东南亚地区的软实力，具有相当大的现实意义。

（一）制约中国对东南亚国家软实力提升的文化外交因素

1. 本国优秀文化资源利用不当

作为一个历史悠久的大国，中国并不缺乏优秀的文化资源。但是，这些优秀的文化资源却并没有在中国的文化外交政策中得到充分的利用。这不仅体现在中国自身对传统文化的传承上，更体现在其对外传播中的实际措施当中。

第一，中国国内对传统文化的继承和发展还相对落后。虽然中国一直以传统文化历史悠久而感到骄傲，但事实上，以儒家思想为核心的传统文化在中国的传承和发展并不是一帆风顺。从五四运动开始，到"文化大革命"时期的冲击，许多优秀的文化传统正在中国大陆悄悄地消失。特别是自改革开放以来，西方文化的大量涌入，让传统文化在国内进一步失去了影响力。尤其是对于青年的一代，对于传统文化的认知程度越来越低。中国对于传统文化的继承程度，不仅不及日本，甚至不及印度。在这样的情况下，我们又如何能够指望这种优秀的传统文化在国际上真正产生影响力呢？

第二，中国国内的传统文化研究显然并不足够。中国经过近几年重新加大对传统文化的研究力量，提炼出了"和合"理念等一系列的传统文化精髓。但

这些文化的精髓显然还处于较为初级的阶段，而且也更有"一厢情愿"的意味。文化外交的一个特性便是其影响力是需要缓慢进行提升的。而一个国家如果想通过本国的传统文化去影响他国，势必要进一步提升本国传统文化中的普世性内容。如果在向外推广本国的传统文化时仅仅是自说自话，仅仅从本国的角度进行探讨，显然是难以最终达到效果的。中国在对传统文化进行解读的时候，势必还要在这一方面进行更深入细致的研究。

第三，中国的传统文化在对外传播的过程中还没有找到合适的途径。中国目前进行的文化外交更多还停留在表层，如推广汉语、向世界展示中国的饮食、文学作品等，在提升软实力方面也仅仅能够提升较低层次的软实力。虽然语言的学习是推广本国文化的第一步，但并不能够将自己始终限制在这样的一个层面。如何通过推广汉语学习，来进一步传播本国传统文化的精髓，让汉语的学习也能像英语学习一样，成为了解一国文化的重要途径，显然是中国需要进一步加强和改进的。

2．自身发展模式和路径尚不完善

中国是一个快速发展的国家，"中国模式"因此成为国际社会热炒的话题。实际上，一个国家的成功发展，能够为该国带来相当大的吸引力，尤其是对于后发型国家而言，他们更希望能够通过模仿成功崛起的大国的经验而让本国也获得快速发展。这实际也是一个国家开展文化外交时的可利用资源之一，也是国家软实力的一个重要来源。但中国目前的实际发展状况却使这样的资源没有得到充分的利用。

第一，中国经济发展的模式还存在诸多的问题。中国已经成为世界第二大经济体，这是中国经济迅速发展的一个明证。但问题是，中国的发展至今依旧处于"高耗能"和"高污染"的粗放式发展阶段。在这个资源和环境压力越来越大的社会当中，无疑会让许多国家对中国的发展模式产生担忧。他们不仅会拒绝像中国一样的发展模式，甚至会担心中国的发展会拖垮全球的环境。这样一来，中国快速发展带来的形象可能就不是成功的典范，而更像是洪水猛兽，对中国国家形象的影响可想而知。

第二，中国政治体制改革还相对滞后。毫无疑问，中国的经济体制改革是取得了相当大的成功，但在政治体制方面的改革却显然落后于经济改革。政治体制的不完善在近年来已经严重影响到了中国的进一步发展。在透明国际等各类国际组织公布的数据当中，中国在清廉指数等方面远远落后于发达国家，甚至远低于部分发展中国家。这样的数据虽然可能存在值得质疑的一面，但其更多地反映出中国存在的现实问题也是相当严峻的。事实上，这样的一些负面形象每年都会影响中国的国际声誉。

第三，中国的人权保障与国际期望值存在距离。人权问题是西方国家攻击中国的一个重要的方面。而中国的人权保障情况虽然也有着稳定的改善，但显然还是无法与这样一个迅速崛起中的大国相匹配。虽然世界各国对于人权保障的话题各有各的理念和实际行动，但依旧会将这样一个话题作为衡量其他国家的一个重要标准。随着改革发展速度的加快，中国社会出现的劳资纠纷、部分地区的官民矛盾和部分阶层之间的利益冲突，以及发展过程相伴而来的不稳定性。而这些在国际社会看来，就有可能认为中国的社会治理不成功，进而将中国与专制、集权和缺乏人权保障机制联系起来，从而毁坏中国的国家形象，让中国的软实力提升受到一定的限制。

3. 缺乏有效的对外文化传播体系

自古以来，中国社会的文化实际是一种"内敛型"的文化，与西方的基督教等文化不同，中国在文化的传播方面的主动性要弱许多。而到了现代社会，随着时代发展的需要，中国也开始了积极主动的对外文化传播行动。然而，中国在对外文化传播的体系建设方面，显然还存在较大的不足。

第一，中国对外文化传播的目的性过强。从传播学的角度来看，传播最终达到的效果是让对方接受传播的内容。如果对方不能接受，则传播就是一种失败的行为。然而，中国在对外文化传播的过程中始终表现出一种急功近利的倾向，仿佛希望通过一朝一夕的努力，就可以让中国的对外文化传播达到最终的目标。这种目的性过强的倾向极容易导致中国在进行文化交流的时候忽视现状，尤其是忽视对方的感受。就拿中国的国家形象宣传片来看，目的虽然非常明确，但其中所选择的许多视角，却很难真正打动西方的观看者——毕竟两个国家的文化是不同的，在看待问题的时候角度也有所不同。

第二，中国对外文化传播的形式过于单一。一个国家向其他国家展示本国的文化特色，无疑应该采取多种多样的方式，而中国目前所采取的形式依旧较为单一。这其中的一个根本性原因便是中国的文化产业发展存在很大的不足。无论是中国的文学还是影视作品，能够在世界范围内产生较大影响的微乎其微。其他国家对中国文化的了解，要么停留在古代中国，要么仅仅是媒体的报道，却缺乏对改革开放的中国、迅速发展的中国的认知。在这样的情况下，其他国家的民众对中国的印象便是极其不稳定和容易动摇的，中国辛辛苦苦建立起的文化影响力，可能会仅仅因为某件小事就受到致命的冲击。这显然不利于中国国家形象的宣传，更不利于软实力提升。

第三，中国对外文化传播的覆盖面还很不够。中国开始重视对外文化交流的时间相对较晚。与日本建立了完善的对外文化交流体系不同的是，中国在与东南亚国家进行文化交流时"脉络"较为单一。如，中国并没有像日本一样制定类似于各种长远交流计划的纲领性文件，因此交流活动的随机性更强。而这种随机性的交流活动，显然不如有规划的交流活动更加有效。当然，出现这种情况的一个重要原因可能在于时间还不充分，如果随着中国与东南亚国家文化交流日趋深化，则相关的长远规划的制定也会被提上日程。

（二）中国提升对东南亚国家软实力的文化外交政策应对

1．以传统文化为载体，以侨务资源为依托

"人类如果要在二十一世纪生存下去，必须回头 2500 年，去吸取孔子的智慧。"[①] 这段话的流行甚广，虽然曾经引起了很大的争议，有人质疑其为"虚构的神话"，但至少没有人能够否定，以儒家学说为代表的东方传统文化，在现代化的社会当中，依旧有其存在的价值。

在中国人的内心深处，国家之间应该是协和万邦、中外一体和天下一家，虽然这样的观念中不可避免地存在着大汉族的思想，但也彰显了中国的传统文化对和谐社会的尊崇和对冲突的排斥。

---

① 新华网：《专访外交部长助理胡正跃：和衷共济共创繁荣》，http://news.xinhuanet.com/world/2011-01/16/c_12985983.htm。

丰富的侨务资源是中国在开展文化外交政策时可以依赖的资源。中国在海外的华人有 7000 万左右，异常庞大，而在东南亚地区的华侨华人则已经占到世界华侨华人总数的 80% 以上。[①] 虽然他们当中有相当多的人已经加入当地国籍，但并没有影响到他们对于中国传统文化的理解与尊崇。东南亚的华侨华人对中华文化的传播有着极为重要的作用，他们是中国与东南亚国家友好往来的重要桥梁。

中国政府在开展对东南亚国家的文化外交时，不妨以传统文化为载体，以侨务资源为依托。

第一，充分运用传统文化中的"和合"理念，倡导地区和谐发展。中国传统文化中的"和合"理念，恰好与现代政治文明所推崇的和谐、和睦、和平、和善、合作等原则相一致。东亚、东南亚地区的形势非常复杂，基于历史和现实的原因，各国之间的利益交织与冲突使地区发展的不确定性一直处于较高的水平，特别是目前中国与东南亚的关系中，虽然经济利益将双方紧密地联系在一起，但东南亚国家对中国崛起的担忧和南海油气资源的争夺等问题，也使双方的关系时刻有恶化的风险。

在这样的大背景下，中国政府如果能够将传统文化中的"和合"理念运用得恰到好处，倡导"和而不同"，承认不同与差异性，积极开展与东南亚地区在南海开发等领域的合作与交流，淡化冲突意识，强调合作、共享、共赢，避免中国的快速发展带给东南亚国家以恐惧感，进而推动地区的和谐发展。

第二，充分发挥侨务资源优势，致力于民族文化的传承传播。东南亚的华侨和华人，有相当一部分是在中国经受外来入侵最严重时期为了生计而"远赴南洋"的。随着中国的迅速发展，这些华侨和华人对中华文化的认可度将会与日俱增，并自觉地为中华文化的传播贡献力量。他们不仅在居住国开办中文学校，举办中国文化展，还开始面向社会积极开展各类文化活动，积极促进中国传统文化在当地的传播。在中国推动与东南亚地区的文化交流和各类经济贸易合作的过程中，东南亚华侨华人也发挥了重要的积极作用。

---

① 新华网:《中国—东盟对外文化交流日益频繁展现独特魅力》，http://www.xinhuanet.com/chinanews/2011-11/04/content_24052666.htm。

在东南亚的华侨华人大力支持中华文化发展时，中国政府必须重视他们的热情与努力，增强华侨华人对中国的认同感。特别是要在不违反当地法律法规的前提下，大力支持当地华人社团的建设与运作，鼓励和支持当地华人社团用独特的形式支持中国传统文化，特别是新近倡导的"和谐世界"等重要理念的传播，促进当地民众对中国的理解与包容，消除对中国的敌意。

第三，加强对外汉语教学和孔子学院的建设、转型与本土化。文化交流和文化输出并非一朝一夕之事，虽然目前对中国在东南亚推动的汉语教学和孔子学院的建设还存在着各种各样的争议，但必须清楚地看到，在如此短暂的时间内，是无法准确评估两者的实际价值的，还需要时间的检验。而对外汉语教学和孔子学院建设，基本上是从最基础的层面推动东南亚国家对中国的了解与认知的，这种基础性作用，是在任何时期都不能忽视的。因此，中国政府应该进一步完善在东南亚地区的汉语教师培养和孔子学院建设，并大力推动使用的教材和聘用的教师的本土化，让当地的居民更加容易接受。

2. 以国内改革为前提，以对外传播为手段

美国所倡导的"普世价值"对许多国家有着天然的吸引力。但如果我们仔细分析个中原因就会发现，"普世价值"这一概念能够得到如此高的"人气"，与美国自身在政治、经济和文化方面的建设取得的成功是分不开的。事实上，如果美国仅仅是个"失败国家"，恐怕其喊再多次"普世价值"，也是难以有人响应的。对于中国这样一个后发型国家而言，如果希望通过文化外交来提升软实力，首先就需要让自身更加完善。

同时，在现代化传播手段高速发展的今天，"酒香不怕巷子深"的时代早已经远去了，对外传播是当今各国为了扩大国际影响、增进与他国交流的重要手段。长期以来，中国在这一个方面还相对落后。虽然近年来官方花费大量人力、物力和财力，甚至专门制作了国家形象宣传片去其他国家播放，但收到的效果却并不十分理想。对外传播效果不佳的一个重要原因无疑是传播手段并不得法，这在很大程度上限制了中国在开展对他国的文化外交中的效果。

中国在推动与东南亚国家的文化外交时，不妨以国内改革为前提，以对外传播为手段。

第一，中国必须通过自身的改革，在经济和政治方面取得更大的成功。东南亚地区的国家都是发展中国家，大多是在第二次世界大战之后才兴起的"后发型国家"，因此，成功的经济和政治模式，对于这些国家都有着天然的吸引力。新中国在成立之后迅速建立起独立的工业体系，并在近30年中通过改革开放的努力使国内生产总值跃居世界第二位，自然让东南亚的许多国家受到了鼓舞，这是一个比较好的开始。但是，中国在经济发展中出现的环境污染和工人、农民的工作环境恶化等现象，也一直为其他许多国家所诟病；而中国政府的内部因为监督相对缺乏而出现的部分干部严重贪污腐化，大大影响了中国在其他国家民众中的形象。加快国内改革，让中国的政治、经济环境更加出色，是中国软实力提升的坚实基础，也是有效开展文化外交的前提。

改革中国的经济环境，就必须坚持科学发展观，大力做好节能减排工作，避免中国经济的发展牺牲太多的环境代价；必须加强市场监管力量，打击市场上的制假造假行为，消灭"地沟油"、"毒奶粉"，让市场经济发展得更加成熟；必须进一步改革国有企业，做到政企分开，让市场经济的主体更加合理；必须建立劳动保护制度，对不重视工人权益维护的企业予以严厉处罚，彻底杜绝"黑砖窑"等不良企业的出现。

改革中国的政治环境，就必须积极推动政治体制改革，进一步完善党政分开、权力的制衡和群众对干部的监督机制。一方面避免行政权力的过度扩大，积极增强社会组织的建设，逐步推动建立"小政府大社会"的社会结构，充分保障民众的民主和自由权利，让民众能够对政府构成有效的监督；另一方面，要特别重视权力的分散与制衡，严厉打击干部队伍中的腐败分子，让中国政府的清廉指数进一步提高。

完善中国的制度建设，不断推动经济、政治、文化和社会改革，是提升国家形象，增强国家软实力的重要制度保障，也是最基础性的保障。

第二，必须高度重视对外传播工作的开展。中国的对外传播工作取得了许多重要的成果，在各方不懈的努力下，国际社会对中国的印象已经有了较大的改观。但必须清楚看到的是，目前西方民众对中国的认识依旧是比较模糊的，甚至有些国家的民众缺少对中国历史和现实状况的基本了解。尤其是在东南亚地区的民众心中，因为对中国的崛起存在一种天然的恐惧，在看到中国的负面影响时，很容易将其扩大化，不利于中国良好形象的构建。因此，中国必须对东南亚地区强化对外传播手段，积极维护中国形象。

一方面，中国政府需要建立完善的、常规性的对外传播形式。靠大手笔的国家形象宣传片来展示国家形象，虽然能够在一定阶段发挥作用，但长久来看，却是难以取得令人满意的效果的。与其花费大量资本"孤注一掷"，倒不如建立起完善的对外传播机制。BBC、CNN等传播工具取得成功的经验，中国其实是可以借鉴的。这种常态化的、及时而准确的对外报道，能够潜移默化地推广本国文化和价值理念，让接受国更加容易接受。

另一方面，中国需要改变对外传播过程中追求"完美"的固有思维。受中国传统的"圣人"思维影响，中国在对外传播的过程中往往存在减弱负面影响甚至隐瞒不良信息的情况。实际上，在其他国家的民众看来，一个能够坦诚面对错误的国家、政府和对外传播媒体，恐怕比一个伪装出来的"高大全"形象更容易信赖和接受。BBC的CNN对国际受众的忠诚度的成功吸附，无疑是其真实、客观、及时的报道产生的结果——至少在表面来看确实如此。而中国在这一方面无疑还是需要进一步学习的。

3．以经济合作为基础，以文化交流为途径

经济基础决定上层建筑，加强与东盟的文化交流，就必须积极发展双方的经济联系，这是一个从马克思主义理论视角得出的结论。虽然这个结论也受到了许多人的质疑，甚至"经济基础是否真的能够决定上层建筑"这个命题也在学术界存在一定的争议。但至少我们可以肯定的是，对于经济往来较为密切的国家而言，可能比往来不密切甚至没有任何经济往来的国家更容易建立信任感——商业文化首先是一种诚信文化，在商务活动中可以更好地增进了解和建立互信。因此，在推动中国与东南亚国家的文化交流时，加深双方经济往来是一个不可或缺的内容。

但是，正如许多学者所担心的那样，纯粹的经济交往并不会自发地产生足够的文化交流活动。尤其是对于彼此之间在许多问题上还存在争议和担忧的中国与东南亚国家而言，政府和民间不断推动的文化交流活动也是不可缺少的。

尤其是对中国还缺少足够的交流甚至存在一定敌意的国家，更需要通过文化交流来缓解紧张的气氛——至少，文化方面的交流比经济、政治和军事上的交流显得更加温和一些。

第一，要以中国—东盟自由贸易区为基础，大力发展中国与东南亚国家的经济贸易往来。自 2010 年 1 月中国—东盟自由贸易区正式启动以来，中国—东盟贸易额连续创造了历史新高，中国也一跃而成为东盟的第一大贸易伙伴，双方经济往来的密切程度已经达到了历史的空前水平。但是，在中国与东盟的贸易中同时也存在着许多的问题。如货物贸易先进而服务贸易相对落后、重视贸易而轻视投资、政府推得快而企业跟得慢等诸多问题，急需进一步合理化。

2011 年，中国政府总理温家宝提出要在 2015 年之前，使中国与东盟双方的贸易额达到 5000 亿美元、双方人员交流能够突破 1500 万人次等新目标 [1]，使中国与东盟间服务贸易进入了全新的阶段，如把握住时机，双方的服务贸易将能够有一个新的突破，这些目标的实现，将使中国与东南亚国家之间的经济往来发展得到进一步的深化。与此同时，中国政府还应该推动加大双边投资力度，增大双边投资额，投资额度的迅速增长，显然能够带来比简单的货物贸易更高的附加值——尤其是在投资过程中形成的相互了解与相互信任将有效地改善双方之间的关系。

第二，要积极通过各种途径加强中国与东南亚国家的文化交流。近年来，中国与东盟的文化交流在不断增加，尤其是与东盟联系较多的云南省和广西壮族自治区曾多次组织文艺团体到东南亚国家开展演出。据不完全统计，截至 2011 年，广西共赴东南亚开展对外文化交流 263 起，涉及 4492 人次，内容覆盖了文学、艺术等多个方面。类似的文化交流活动，对于密切双方联系，起到了良好的作用，在未来还需要通过政府的推动而进一步增强。尤其是在学术和文艺方面的文化交流，需要迈出更大的步伐。

第三，文化交流要更多地通过民间的形式，减少官方的色彩。中国目前依

---

① 邓宝瑚:《中国东盟自贸区如期建成背景下的人才培养研究》,《特区经济》2011 年第 1 期。

旧处于社会转型期当中，"大政府小社会"的现状对文化外交也有着重要的影响，最明显的，就是官方推动的文化交流远远多于民间的文化交流活动。在实际的运作中，这种模式起到的效果显然是很有限的。随着市民社会的兴起，官方的对外宣传活动所起到的作用都会有普遍的下降。如果过于强调官方的对外文化输出，则可能引起对方国家民众的反感，甚至会出现适得其反的效果。中国要想进一步加强文化外交的影响力，就必须逐步重视非政府组织在拓展对外文化交流中的作用，通过建立更多的民间文化交流基金，培育民间的文化交流组织发展壮大，从而让对外交流更具平民性，更容易为其他国家民众所接受。

与此同时，中国还需要进一步扩大双方高等教育服务贸易的规模。在最近的几年中，无论是中国还是东盟，对保税物流、经贸、会展策划与运营管理、商务英语、熟练掌握中国和东盟各国语言和事务等人才方面都将会有较大的缺口。这对双方发展高等教育服务贸易提供了良好的契机。中国政府应该积极推动双方完善教育贸易框架。从学分互认开始，不断提高层次，最终达到学位的互认。并以加强高校建设带动中国高等教育服务贸易的发展，允许一些实力强、质量好、口碑好的民办高校招收留学生，扩大对东南亚籍留学生的奖学金覆盖比例，使国内高校能够吸引更多的东南亚籍留学生并将其培养成为中国与东盟之前交流往来的"使者"。

小　结

中国在近年来的迅速发展举世瞩目。而对于一个迅速发展的大国来说，如何顺应时代潮流，加强对外文化外交，提升本国的国家软实力，显然是一个不可回避的话题。

基于前文的分析，我们也能够得出中国在东南亚地区积极主动地开展文化外交并取得了一系列的成绩这样一个事实。但与此同时，我们也清楚地看到了中国与其他三个大国相比，自身的优势并不十分明显。虽然取得了一系列的成绩，但这种成绩能否得到保持并真正地促进中国国家软实力的增长，恐怕还是一个值得商榷的问题。

综合中国在开展文化外交方面的不足之处，实际上是作为一个发展中国家基本上不可避免的问题。国内经济发展的不平衡、政治体制改革的相对落后以及缺乏发展对外传播体系的前沿理念与视野……这些问题都是因为中国目前的发展还很不充分所致。这些问题由发展中而来，自然也必须在进一步的发展中得到逐步的缓解。

对于中国而言，目前在文化外交政策的研究制定和提升软实力方面的决心是很充分的。但在方法上却还有待于进一步的改进。尤其是在完善本国经济、政治和文化建设方面，中国还需要下更大的力气。而在对外传播中华文化的时候，自然也应该学会充分考虑其他国家的特点和实际情况，而不应过多地从自身的角度和立场出发，使对外传播工作适得其反。总而言之，中国在提升本国在东南亚地区的软实力方面，前途很光明，道路很曲折。

第十三章　对外援助与软实力：冷战后中美日对东南亚的援助

冷战的结束，标志着国际政治经济体系的重组和全球关注焦点的转移，各国原以美苏争霸为政治前提的一切战略关系和对外政策都需要重新调整，包括对外援助政策。冷战结束距今已经二十多年，许多政策在不断的试验和修正中逐步成型，政策调整的效果也逐渐显现，现在进行一个回顾和反思是恰当的。本研究基于"软实力"理论，选取中国、美国和日本三国对东南亚的援助为案例，对中美日在东南亚地区的"软实力"角力进行对比分析，阐明对外援助如何服务于国家利益、提升国家对外软实力的问题，进而为探讨提升中国软实力的实现途径提供新的视角。

一、对外援助在提升国家软实力中的作用及制约因素

对外援助[①] 的概念有狭义和广义之分。1961 年，经济合作与发展组织下属的发展援助委员会（Development Assistance Committee）对官方发展援助（Official Development Assistance）进行了界定，即："官方机构（包括管理机构或地方合作机构）为促进发展中国家的经济发展和改善生活水平，向发展中国家和多边机构提供的赠予或赠予成分至少为 25% 的贷款。"[②] 我国学者宋新宁

---

① 关于对外援助有几个基本的术语：对外援助（Foreign Aid）、发展援助（Development Assistance）、官方发展援助（Official Development Assistance）、发展合作（Development Cooperation），本书采用对外援助（Foreign Aid）这个涵盖面最广的概念。

② 章昌裕主编：《国际发展援助》，对外贸易教育出版社 1993 年版，第 1 页。

提出了一个广义的概念："对外援助是一国或国家集团对另外一国或国家集团提供的无偿或优惠的有偿货物或资金，用以解决受援国所面临的政治经济困难或问题，或达到援助国家特定目标的一种手段。它也是国家在国际关系中对外施加影响、谋求自身利益的一种重要方式。"①

关于"软实力"。② 国际关系新自由主义理论学派的代表人物约瑟夫·奈（Joseph S.Nye）将权力划分为"硬实力"（Hard Power）和"软实力"（Soft Power），所谓"硬实力"，是指"以军事、经济等传统权力资源为主的，建立在强制和引诱基础之上的命令性权力（command power）"；③ 而"软实力"是"一个国家运用吸引力而非强制力实现目标的能力，并使其他国家按照与它的偏好和利益相一致的方式界定自身的偏好和利益，这是一种建立在文化和意识形态吸引力基础之上的同化性权力（Co-optive power）。"④ 他认为"软实力"主要包括文化吸引力、意识形态或政治价值观念感召力及塑造国际规则和决定政治议题的能力。⑤

国家软实力并不是一蹴而就的，它有赖于主权国家采取国际社会认可的、恰当有效的对外政策来推行。尤其在全球化时代，产品、资金、技术、文化等各类要素从世界中心流向全球各地，这些流动有很多载体，对外援助就是其中之一。尽管目前对外援助在形态上更多地表现出经济性的特点，但其从来都不仅仅是一种单纯的经济活动，与通过军事等硬实力实现外交目标相比，对外援助是一种软外交，是援助国的国家意志在国界外的延伸，折射出援助国的对外战略倾向，承载着援助国的国家利益取向。汉斯·摩根索（Hans Morgenthau）认为："无论什么形式的对外援助，本质都是政治性的，其主要目标都是促进和保护国家利益。"⑥ "对外援助是一种可能对受援国施加影响的工具，其主要

---

① 宋新宁、陈岳著：《国际政治经济学概论》，中国人民大学出版社 1999 年版，第 162 页。

② 学界对"soft power"的翻译包括"软实力"、"软力量"、"软权力"、"软国力"、"柔性国力"等。本章统一采用"软实力"的译法。

③ Joseph S. Nye, *The Paradox of American Power：Why the World's Only Superpower Can't Go It Alone?* New York：Oxford University Press, 2002.

④ Joseph S. Nye, "Soft Power", *Foreign Policy*, Issue 80, Fall 1990, pp. 153–171.

⑤ ［美］约瑟夫·奈著：《美国霸权的困惑》，郑志国等译，世界知识出版社 2002 年版。

⑥ Hans Morgenthau, "A Political Theory of Foreign Aid", *The American Political Science Review*, Vol. 56, No. 2, June 1962, pp. 301–309.

职能是争取受援国的人心"①，他把对外援助划分为六种类型，其中一种是"为提高自身威望的援助"，②他认为对外援助可以提高援助国的威望，从而提升一国的软实力。中国学者周弘在国家利益理论的范畴内，进一步提出了国家内部因素外化理论，认为："在一个沟通渠道日益畅通的国际社会中，国家的历史经验和社会文化会通过不同的方式和渠道表现出来，向外部释放，对外援助是这种国内因素外部化的一个主要渠道。因此，对外援助至少有三个主要目的：（1）追求援助国的既得利益，包括短期的经济和贸易利益，但更重要的是长期的战略和安全利益；（2）谋求援助国广义的国家利益，包括塑造民族形象、提高国家声望、宣扬社会价值（如民主、法制、人权和社会团结）以及传播生活方式等；（3）关注人类共同的利益，包括环境的保护、缓解贫困和减灾救灾等，并通过这些活动营造援助国的国家形象。"③后两者就是国家软实力的体现。

由此可见，对外援助作为一种外交工具，能综合援助国的政治、社会、文化和价值观等要素，以一种隐而不显的方式展示国力、塑造国家形象，提升国家对外软实力。对外援助涉及受援国国计民生的多个方面，援助国利用对外援助这个载体，不仅带动了产品、资金和劳务的流动，同时在经济、文化、社会等领域与受援国的各个阶层充分合作，与受援国民众广泛接触，促进了国家之间、民众之间在思想观念、科技文化等方面的深入交流，从而将援助国的影响力渗透到受援国社会最深处和最边远的角落，这种"润物细无声"的影响对于国家之间信任感的增强、援助国良好国家形象的树立、价值和意识形态的转变，甚至国家发展道路的选择都具有十分重要的意义。许多学者和研究机构也认同对外援助对于提升国家软实力有积极的作用。约瑟夫·奈认为："某些国家的政治影响力大于它们的军事和经济实力，是因为这些国家在考虑国家利益时涵盖了一些具有吸引力的目标，诸如援助和维和等。"④约斯华·克蓝特茨

---

① Hans Morgenthau, "A Political Theory of Foreign Aid", The American Political Science Review, Vol. 56, No. 2, June 1962, pp. 301–309.

② Hans Morgenthau, "A Political Theory of Foreign Aid", The American Political Science Review, Vol. 56, No. 2, June 1962, pp. 301–309.

③ 周弘著：《对外援助与国际关系》，中国社会科学出版社 2002 年版，第 20—21 页。

④ ［美］约瑟夫·奈著：《软力量——世界政坛成功之道》，吴晓辉、钱程译，东方出版社 2005 年版。

克（Josh Kurlantzick）也认为"在当今亚洲的背景下，中国和它的邻国对软实力表达了一个更宽泛的解释，这表明包含除安全领域以外的所有因素，包括投资、援助"。[①] 2008 年美国国会研究处（Congressional Research Service）报告《中国在东南亚的软实力》称，"中国在东南亚的软实力——非军事因素，包括文化、外交、外援、贸易和投资的上升对美国的外交政策提出了挑战"。[②]

对外援助能够对提升一国的国家软实力有积极的意义，但并不意味着提供越多的援助，援助国的对外软实力提升越多，对外会援助与国家软实力并没有必然的正比关系，对外援助这一外交手段如果使用不当，甚至会对国家软实力有负面影响。我们不难发现，近年来，在一些国家和地区，国际社会对中国援助工程破坏当地资源、影响环保、涉及拆迁、工程质量差等批评的声音很多，个别甚至出现被受援国政府拒绝或民众排斥等极端事件，如缅甸叫停中国援建的密松水电站大坝，印尼群众质疑中国援助亚齐的食品和矿泉水过期等。在全球化背景下，援助国与受援助国之间更多地体现出互惠性，对外援助很难作为直接换取某种利益的筹码，现在需要一种新的理论来看待这种变化。因此，将软实力理论与对外援助的研究结合起来，将对外援助作为国家对外软实力的运用方式，有利于拓展对外援助研究的理论视野。

二、冷战后中美日对东南亚援助的概况

（一）美国：从温柔的忽视到积极的重返

二战后的 1947 年，美国开始推行总额达 130 亿美元的"欧洲复兴计划"（The European Recovery Program），即"马歇尔计划"。"马歇尔计划是第一个对外援助的尝试"[③]，它开创了和平时代政府官方对外援助的先河，此后对外援助逐渐成为美国实现其对外政策的重要外交工具之一。冷战时期，以杜鲁门

---

① Joshua Kurlantzick, "China's Charm: Implications of Chinese Soft Power", Carnegie Endowment for International Peace Policy Brief, No.47, 2006.

② China's "Soft Power" in Southeast Asia, CRS Report, 4 January, 2008.

③ J. Brian Atwood, "Dispelling a few of the Myths about US Foreign Aid", *Christian Science Monitor*, Vol.87, February 2, 1995, Issue47, p.19.

的"第四点计划"为标志，美国和苏联基于限制对方势力扩张、争夺劳动力和市场、促进贫困国家经济发展的目的，争相向第三世界国家提供援助，这一时期对外援助的项目和金额达到了一个高峰。冷战的结束改变了国际体系的力量对比，对美国对外援助政策也产生了重大的影响。

1. 冷战后影响美国对外援助政策调整的主要因素

一是苏联解体和东欧剧变。东西阵营对立的时代终结，使得冷战期间以争夺盟友为目的的对外援助战略意义相对下降，因此在冷战后的第一个十年，美国的对外援助难以形成一个总体的战略目标，往往是围绕援助国某项国家利益或受援国的某项具体需要来进行。二是 20 世纪 90 年代全球陷入援助疲劳（Aid Fatigue）的危机，发达国家官方援助总额从 1992 年的 583 亿美元下降到 2000 年的 531 亿美元，发达国家官方发展援助占其国民生产总值的平均比例从 1992 年 0.35％下降到 2000 年的 0.22％。[1] 三是 20 世纪 90 年代美国学界盛行"援助依附"理论，该理论认为如果向受援国提供过多的经济援助，那些受援国就很可能会对援助形成一种依赖，从而影响了它们从根本上提升经济发展水平。[2] 这一理论对美国政府决策也产生了一定影响。1995 年美国国际开发署的职员减少 3000 人，受援国的数目减少 45 个，外援任务减少 40 项，对发展中国家的援助下降 26％。[3] 四是"9·11"事件。2001 年的恐怖袭击使美国政府认定贫困是滋长恐怖主义的主要因素，打击恐怖主义，确保国家绝对安全成为美国对外援助最优先考虑的因素；遏制恐怖主义滋生，推进民主化战略成为美国对外援助的直接任务，对外援助被视为美国对外政策的五大工具之一。美国的对外援助由 2001 年的 113 亿美元剧增至 2009 年的 288.31 亿美元。[4]

2. 冷战后美国历届政府对外援助政策的走向

冷战后至今美国经历了四位总统，根据不同时期的国际形势和国家战略，

---

[1]　丁宝忠：《发达国家履行承诺是可持续发展的关键》，新华社，2002 年 8 月 24 日电。

[2]　樊勇明著：《西方国际政治经济学》，上海人民出版社 2001 年版。

[3]　Foreign Assistance Reform, Hearings Before The Committee on Foreign Affairs House of Representatives, US Congress, 2008, p. 25.

[4]　根据美国官方发展数据库中数据整理，http://dac.eads.usaidallnet.gov/data/standard.html#oecd。

对外援助政策也随之修正。

老布什政府（1989—1992 年）面对由冷战向冷战后转变的政治失焦期，提出了"超越遏制"战略，对外援助作为与苏联阵营争夺朋友的主要外交工具逐渐失去了原有的意义，因而对非洲和巴勒斯坦等地区和国家的援助骤减，但却在 1992 年通过《自由支持法》(*The Freedom Support Act*) 加大对前苏联各加盟共和国的援助，这一阶段援助的主要目的是巩固在前苏联各加盟共和国取得的民主成果，确保这些国家独立，扶持私营部门经济发展，防止核武器扩散。

克林顿政府时期（1993—2001 年）实行"参与和扩展"战略，冷战后的"和平红利"及美国庞大的财政赤字，迫使美国政府将更多的精力和财力投入国内的经济发展。据 1995 年一项民意调查显示，有 65% 的美国人认为政府应该减少在对外经济援助方面的投入。[①] 因此，对外援助成为紧缩财政政策的最大牺牲品，ODA 金额由 1992 年的 117 亿减少到 1997 年的 69 亿元，"通过贸易和投资促进增长"也赤裸裸地写入了对外援助目标中。

小布什政府（2001—2009 年）执政之初就发生了"9·11"恐怖袭击事件，直接促成了具有单边主义战略取向的"布什主义"出台。在对外援助理念方面，小布什政府坚信贫困是恐怖主义滋生的根源，对外援助是实现国家安全战略目标的有效手段，从而进一步提升了对外援助的战略地位。根据 2002年小布什政府首份《美国国家安全战略》，美国国际开发署于同年出台《国家利益中的对外援助》，明确提出美国对外援助的六大任务，即"推进民主制度、促进经济增长、改善人民生活、减少国际冲突、提供人道主义援助、对非政府组织实施援助"。[②] 2004 年美国国际开发署再次发表《面临 21 世纪挑战的美国对外援助》，把 2002 年的六大任务调整为五大核心目标：推动制度变革、巩固对贫弱国家援助、提供人道主义援助、支持战略重点国家、关注全球

---

① 《美国的困惑：对外经援有效吗？》，http://www.macrochina.com.cn/xsfx/wbhj/20060901080661. shtml。

② U. S. Agency for International Development，Foreign Aid in the National Interest，Washington，D. C.，2002，p.1.

问题和跨国问题。^①　基于这一战略思想，小布什政府加大了对外援助的投入，2002年3月美国政府承诺在未来三年增加50%的援助额，用于支持"千年挑战计划"，每年为满足条件的国家提供总计50亿美元的援助，^②美国对外援助总量也迅速攀升，至2008年达480亿美元的新高。

作为草根出生的黑人总统，奥巴马政府（2009年至今）改变小布什政府将对外援助局限于"反恐"服务的思路，在2010年9月联合国"千年发展目标峰会"上，奥巴马系统阐述了他的对外援助理念：一是，金钱不再是衡量援助效果的主要标准，而应是结合贸易、外交、投资等多种途径，促进受援国的真正发展；二是，不能单纯考虑贫穷问题，应帮助受援国寻求摆脱贫困的途径，为今后不依赖援助创造条件；三是，扩大贸易和投资、提倡创业精神、投资基础设施，促进基础广泛的经济增长，保证政府对人民负责；四是，美国会承担更多责任，同时要求其他援助国和受援国共同承担责任。^③2010年12月，美国国际开发署发布了奥巴马政府第一份《四年外交与发展评估报告》，题为"通过民事力量去领导"，进一步阐明了对外援助的政策创新。美国2010年对外援助预算拨款约为365.4亿美元，较2009年的260亿美元增加约41%。^④　奥巴马政府还将对外援助与教育发展、新能源、气候变化、医疗保健等整合起来，纳入全球发展的战略框架，包括：2012年对外援助资金达500亿美元，建立全球教育基金（Global Education Fund）和"新兴市场能源基金（Emerging Market Energy Fund）"等等。

3．冷战后美国对东南亚援助的特点

（1）东南亚在美国对外援助中的地位没有发生质的变化，援助数额呈现出"U"型增减态势

冷战期间美国对外援助的主要任务之一是限制苏联势力的扩张，柏林

---

① Bureau for Policy and Program Coordination and U.S. Agency for International Development, U.S. Foreign Aid: Meeting the Challenges of the Twenty-First Century, January 2004, pp. 13-14.

② Anonymous, U.S. "Millennium Challenge Account" for Foreign Aid", The American Journal of International Law, No. 3, 2002, pp. 717-718.

③ 丁韶彬：《奥巴马政府的对外援助变革——以国家安全战略调整为背景》，《外交评论》2012年第3期。

④ Congressional Budget Justification, Foregin Assistant, Summary Tables 6, Fiscal Year 2010, http://www.state.gov/documents/organization/124295.pdf.

墙的倒塌使这一支柱荡然无存，美国财政部官员直言："美国无须在为对付苏联而进行的地缘战略斗争中浪费它的美元了"。[①] 因此，在冷战结束后的第一个十年，美国对外援助的数额总体上呈下滑趋势，至90年代中期达历史最低点，仅占其国民生产总值比例0.1%，相当于"马歇尔计划"期间总金额1/4的规模。[②] 美国落后于日本、法国和德国，从世界上最大的援助国下跌至第四名。在这种政策的大方向下，并不属于美国核心战略区域的东南亚自然也得不到额外的关照，东盟来自美国的援助大幅减少，美国这种援助政策的转变在1997年爆发的东南亚金融危机中得到充分的验证。冷战后的第二个十年，出于反恐等需要，美国对外援助数额逐年上升，2000—2009年美国对外援助及捐赠金额累计达2321.92亿美元，虽然这些援助更多地流向了伊拉克、以色列、阿富汗等国家，但东盟国家或多或少从这一转变中获益。

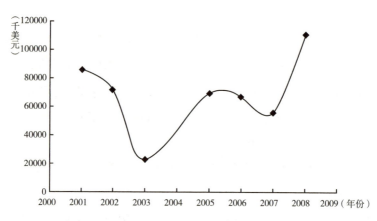

图 13-1　美国国际开发署对东盟国家发展援助金额

数据来源：U.S.Foreign Aid to East and South Asia：Selected Recipients April 10，2008 CRS Report for Congress。

---

① 傅梦孜:《由"微软"感悟美国"新经济"》,《国际展望》1997年第10期。
② 关春巧:《布什政府的美国对外援助政策改革探析》,《国际政治研究》2005年第4期。

表 13-1　美国国际开发署对东盟国家发展援助（DA）金额

单位：千美元

	2000 年	2001 年	2002 年	2003 年	2005 年	2006 年	2007 年	2008 年	2009 年
缅　甸	0	993	0	0	0	0	0	717	0
柬埔寨	0	0	0	22500	8950	5483	7922	8087	17226
印　尼	53050	51483	38704	0	27848	33199	29524	70953	122021
老　挝	0	0	0	0	0	0	0	0	250
菲律宾	22500	30334	24459	0	27576	24212	15448	27321	56703
泰　国	0	0	750	0	0	0	0	0	4500
越　南	1250	2999	6950	0	4750	3818	2480	2420	10700
总　计	76800	85809	70863	22500	69124	66712	55374	109498	211400

数据来源：U.S. Foreign Aid to East and South Asia: Selected Recipients April 10, 2008 CRS Report for Congress。

美国对外援助数额的增减，援助重点的布局，援助方式的选择等等都与美国国家利益紧密相关。冷战后美国在东南亚的核心利益并没有发生根本变化，东南亚仍是美国亚太战略的一个侧翼，东南亚政策服从和服务于美国全球战略，所以东南亚在美国对外援助中的地位并没有发生质的变化，东南亚从整体上而言仍然不是美国的重点援助地区，仅印尼作为东南亚反恐的重要地区和菲律宾作为传统盟友获得较多的援助。

表 13-2　美国援助的十大国家和地区

	1990 年	1994 年	2000 年	2004 年
1	埃　　及	以 色 列	俄 罗 斯	伊 拉 克
2	以 色 列	埃　　及	以 色 列	以 色 列
3	波　　兰	俄 罗 斯	埃　　及	埃　　及
4	菲 律 宾	印　　度	乌 克 兰	阿 富 汗
5	萨尔瓦多	乌 克 兰	约　　旦	哥伦比亚
6	洪都拉斯	埃塞俄比亚	印度尼西亚	约　　旦
7	孟加拉国	秘　　鲁	埃塞俄比亚	巴基斯坦
8	巴基斯坦	土 耳 其	保加利亚	利 比 亚
9	苏　　丹	孟加拉国	莫桑比克	秘　　鲁
10	牙买加	哈萨克斯坦	洪都拉斯	埃塞俄比亚

数据来源：Stephen Browne, Aid and Influence: Do Donord Help or Hinder?London: Earthscan, 2006, pp. 103-104。

表 13-3　冷战后美国对外经济援助地理分布变化

区　域		1990—1999 年	2000—2007 年
中东和北非	数　额	24332.8	42743.4
	百分比（%）	30.60	31.60
欧亚大陆	数　额	10894.2	13895.2
	百分比（%）	13.70	10.30
亚　洲	数　额	8830.9	22662.1
	百分比（%）	11.10	16.70
大洋洲	数　额	2181.3	1222.5
	百分比（%）	2.70	0.90
撒哈拉以南非洲	数　额	13956.8	31420.7
	百分比（%）	17.50	23.20
拉美和加勒比地区	数　额	12694.1	18103.4
	百分比（%）	15.90	13.40
西　欧	数　额	1794.9	612.7
	百分比（%）	2.30	0.50
东　欧	数　额	4922.5	4551.2
	百分比（%）	6.20	3.40
加拿大	数　额	0	112.5
	百分比（%）	0.00	0.08

资料来源：娄亚萍：《试论美国对外经济援助》，复旦大学 2010 年毕业论文，第 97 页。

（2）对外援助附加政治条件增多，以"良好治理"（good governance）作为提供援助的先决条件，与东南亚的"亚洲价值观"产生一定冲突

冷战后，美国提出"通过援助向发展中国家普及自由和民主"的口号，对东南亚援助附加"民主、自由化、人权"等政治条件逐渐增多，要求受援国进行制度改革和实行开放的市场经济，甚至国内治理等国家内政也成为获取美国援助的条件。2002 年小布什总统在泛美开发银行的讲话中指出："千年挑战账户（Millennium Challenge Account）将奖励那些消除腐败、尊重人权、依法治国的国家"。"千年挑战账户"以 3 大类 16 个指标来决定受援国，这些指标包括法治、经济的开放程度、教育、控制腐败、国内自由等。

在东南亚，美国不认同新加坡、马来西亚等倡导的"亚洲价值观"，认为

东盟国家的威权政体并不符合美国的民主政治理念，因此在对东盟的援助中更注重将良治等作为提供援助的条件，特别是对于印尼和缅甸等美国视为"接近失败边缘的国家"（Failing State）。美国在反对政府腐败、改革司法制度、加快民主进程等方面要求更为苛刻，引起了东盟国家不同程度的反感，东盟国家认为美国的政策是"温和的忽视"或"冷漠"。[①] 例如，1997年东南亚爆发金融危机，美国不仅没有及时伸出援手，反而强迫东南亚国家接受附加了各种苛刻条件的国际货币基金组织的"药方"，引发东盟一些国家领导人的不满。李光耀指出："亚洲价值观并非产生危机的原因，不论是这场危机还是处理危机所采取的政策都不会改变亚洲的价值观。"[②] 再如，美国对柬埔寨、缅甸和老挝的援助附加了许多政治条件，并以"人权"为由阻止东盟接纳缅甸为东盟新成员，严重干涉东盟内政；2006年，美国停止对泰国2900万美元的军事援助以惩罚推翻他信的军政府等等。

（3）对外援助作为提升国家软实力主要工具的作用日益凸显

冷战后，美国认为主要对手已不复存在，所以在制定对外援助政策方面，其打击对手的意图开始减少，反之开始更加注重运用对外援助作为改善自身形象、传播美国价值观的一个政策工具。正如苏珊·塞得伯格（Susan Soederberg）所说："通过对外援助来投放美国的软实力有时候可以补偿美国军事力量的使用，以此向世界展现美国并非只是对军事行动感兴趣，同时也关心发展中世界存在的问题，通过提升美国价值来传播美国的帝国主义。"[③] 具体表现为，在援助方式上加大人道主义援助和多边援助（见图13-2），从1990年的38.2%升至2004年的50.7%，军事援助从1990年的33.1%降至2004年的23.2%，经济援助从1990年的28.1%小幅下滑至2004年的26.1%。

---

① Tadashi Yamamoto, Prannee Thiparat, *Ameica's Role in Asia*：*Asian View*, San Francisco：The Asia Foundation, 2001, p. 39.

② 特马尔·彼得森：《"亚洲世纪"是个错误观点》，参见［德］《商报》1998年10月7日刊登的采访李光耀的报道。

③ Millennium Challenge Corporation, Working Paper, www.mcc.gov.

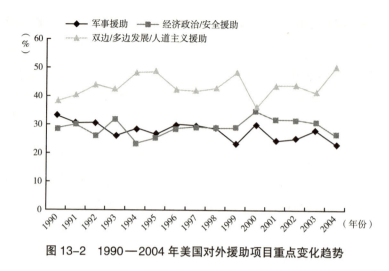

图 13-2　1990—2004 年美国对外援助项目重点变化趋势

　　美国对东南亚援助的目的之一，是希望运用软实力对东盟国家施加影响，继而长远影响东盟国家的经济走势和政治模式，走上美国式的发展道路。例如，印尼是世界第四人口大国，东南亚最大的国家，也是最大的伊斯兰国家，美国认为，印尼的民主进程是反驳"伊斯兰与民主不能共存"这一说法的现实例证，所以美国支持印尼的民主进程，希望它成为全世界伊斯兰国家的楷模。2004—2010 年美国在印尼推行一项总额达 1.57 亿的教育项目，2008 年美国援助印尼 2900 万用于增强印尼的立法机构和公民社会等。2010 年美国和印尼签署了福布赖特教育交流协议，同意美国两大援助机构"和平队"和"千年挑战公司"在印尼开展工作。在人道主义援助方面，2004 年印度洋海啸，美国首批提供了 1500 万美元援助，此后美国将援助金额提高到 3500 万美元用于亚洲东部和南部的恢复和重建，其中向泰国提供了 530 万美元的救济和重建资金，随后美国政府陆续提高援助金额，最后，在 2004 年 12 月 31 日，布什政府宣布援助金额提高到 3.5 亿美元。另外，美国对东南亚的援助也体现了对全球和区域共同问题的关注，例如在柬埔寨、老挝、越南推行清除战争未爆武器援助，截至 2004 年约向老挝在越南战争中未爆武器受害者提供了近 650 万美元的援助，对越南实施流行性疾病禽流感防治，对马来西亚、泰国、菲律宾实施热带雨林保护等都是非营利的。

（二）日本：从一枝独秀到百花齐放

东南亚是日本重要的能源和原材料供应地和出口与投资市场。与东南亚国家紧密联系是日本走向"正常国家"和"政治大国"的重要前提。因此，二战结束以来，东南亚一直是日本对外援助的首要和重点地区。冷战结束后，日本改变冷战前以援助为主、偏重经济的关系，谋求在政治、经济、安全方面与东盟开展更广泛和更深层次的对话与合作，东盟被日本视为"在地区事务进行合作倡议、提高政治地位和影响力的政策工具"。[①]

1. 冷战后日本对外援助的政策走向

冷战后，日本对外援助的内外部环境发生了重大变化，日本对自身国家身份的定位逐渐从"西方国家"向"亚洲国家"转变，对外援助在其新的对外政策体系中得到重新定位，日本积极运用对外援助这一外交工具，谋求与其经济实力相当的政治大国地位，在援助中不断增强对受援国施加影响的能力。

1990 年日本发表了冷战后第一本《ODA 白皮书》，首次提及"ODA 要考虑改变战后以来的传统做法"，明确指出："对于通过援助谋求普及某种特定的政治价值和文化价值，或推行某种特定的经济政策的做法，一直是着力避免的，但在考虑 90 年代的援助时，这个问题是不可避免的。"[②] 这表明日本政府一贯奉行的"政经分离"原则开始改变。1991 年 4 月在众议院预算委员会上，海部俊树首相首次公开提出日本对外援助的四项原则，即："能否严格控制核武器、大规模杀伤武器的生产、军火出口和军费开支；实行民主化的程度如何；是否尊重人权自由；是否施行市场经济。"这充分表明日本对外援助的政治性原则。

1992 年日本内阁通过了《政府开发援助大纲》，进一步阐述了"ODA 四原则"："把环保和开发结合起来；避免援助资金用于军事用途和助长国际纠

---

① Sueo Sudo, *The Fukuda Doctrine and ASEAN*, Singapore: Institute of Southeast Asian Studies (ISEAS), 1992, p. 196.

② Japan's ODA White Paper, The Ministry of Foreign Affairs of Japan, 1990.

纷；对发展中国家的军事开支、大规模杀伤性武器和导弹的开发及制造、武器的进出口等动向予以注意；对发展中国家的民主化和导向市场经济的努力及基本人权与自由保障予以注意。"[1] 标志着日本对外援助政策将更多考虑政治和安全等非经济性因素，开始由经济大国型援助向政治和经济大国型援助的转变。

1998 年 8 月发布的《有关政府开发援助的中期政策》，较以前的 ODA 大纲更加关注环境污染、贫富差距等全球性问题。2003 年，日本政府正式对1992 年的"ODA 大纲"进行修订，在日本对外援助理念表述上，新旧大纲根本的区别是：旧大纲表述是"人道的立场"，新大纲表述为"国民的利益（重视国家利益）"。这是日本 ODA 大纲首次明确表明对外提供援助要考虑国家利益。

2. 冷战后日本对东南亚援助的主要特点

冷战结束后，日本政府开始淡化以解决"南北问题"为目标的"经济开发型"对外援助，开始施行基于意识形态、本国价值观及战略要求的"政治战略型"对外援助，充分体现出日本积极追求"政治大国"地位的战略意图。

（1）从援助金额看，总体呈现"金字塔"型增减态势

随着日本经济的发展，日本对外援助总量在 20 世纪 80 年代至 90 年代飞速增长，并于 1989 年超过美国成为世界最大的援助国，且在此之后的八年连续占据世界第一的位置，于 1997 年达到 11687 亿日元的高峰。截至2008 年，日本累计向 185 个国家和地区提供 2719 亿美元援助。但 1998 年东南亚金融危机后，日本经济开始下滑，日本不得不重新审视对外援助政策，大幅削减对外援助资金支出（见图 13-3），至 2008 年日本对外援助排在美国、德国、英国和法国之后，居 DAC（经合组织下属的发展援助协会的缩写）援助国第五，从 ODA 占国民总收入的比重来看，日本在 1988 年和 1991 年两次达到 0.32% 的峰值，此后下滑明显，2007 年下降至 0.17% 的历史最低

---

[1] 金熙德著：《日本政府开发援助》，社会科学文献出版社 2000 年版，第 262—266 页。

值。东南亚作为日本对外援助的重点区域，日本对东南亚援助数量的变化也与总体趋势相符。

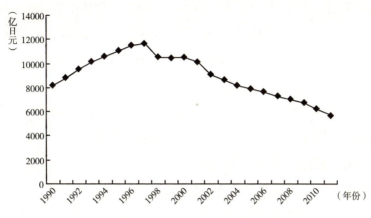

图 13-3　1990—2011 年日本历年 ODA 总额

资料来源：日本外务省网站，http：//www.mofa.go.jp/mofaj/。

表 13-4　1990—1998 年日本对东盟 ODA 援助年度总额（包括技术援助）

单位：亿日元

国家 年度	印 尼	菲律宾	泰 国	越 南	老 挝	缅 甸	柬埔寨
1990 年	1898.91	2128.90	66.66				
1991 年	1813.10	568.76	982.18	1.50	36.46	53.87	2.36
1992 年	1933.33	1026.26	1399.30	474.19	39.22	44.08	68.71
1993 年	1759.89	708.66	1159.87	598.90	64.25	65.42	94.40
1994 年	1772.73	1437.41	905.35	80.47	64.99	134.40	129.26
1995 年	1888.17	1663.30	698.18	1401.48	76.53	164.98	79.05
1996 年	2087.06	1428.62	1281.44	923.87	109.71	85.90	103.47
1997 年	2368.84	181.25	1151.39	965.19	109.51	47.55	68.92
1998 年	2622.91	1709.05	1600.73	1008.22	104.61	60.60	96.73

数据来源：日本外务省网站，http：//www.mofa.go.jp/mofaj/area/。

（2）从援助目的看，政治利益优先于经济利益

冷战期间日本的对外援助外交多以谋求经济利益为主要目的，所以对外援助几乎没有附加政治条件。冷战后，日本对外援助的目的发生了变化，开始更

多地注重谋求政治利益。援助重点放在能为日本带来政治利益的领域。这一政策导向很快显示出一定的效果，1991 年日本《每日新闻》对驻日 108 个大使馆的调查中发现，约 43 个国家支持日本成为安理会常任理事国或非常任理事国，到 1996 年赞成国增至 86 个，其中日本的受援国占半数以上。冷战后，东盟被日本视为在地区事务进行合作倡议、提高政治地位和影响力的主要区域性组织，宫泽首相更是把东南亚称为"日本的选区"。以柬埔寨为例，日本援助占该国全部受援金额的 20%，洪森首相曾赞扬日本是一个在柬埔寨说得最少、提供援助最多的国家，并且公开表示支持日本提出的安理会改革方案，支持日本成为安理会常任理事国。

（3）从援助对象看，受援国的广度不断增强

东南亚一直是日本对外援助的重点地区，1991 年日本政府对外援助金额为 110 亿美元，其中印尼、泰国、菲律宾等东盟国家占 30%。1992 年日本政府发布的《政府开发援助大纲》明确规定了对外援助的优先地区是亚洲，特别是东南亚地区。2008 年日本对外援助受援国前十名中东南亚国家就有六名，印尼、菲律宾、越南长期稳居日本重点援助国家的前十名。除了传统的重点援助区域外，日本注重拓展对印支国家的对外援助，1992 年 12 月，日本恢复对越南援助，允诺向越南提供 455 亿日元的商业贷款，越南成为印支国家接受日本援助最多的国家。1998 年，日本不顾美国的压力，恢复中断 10 年之久的对缅甸援助。

为了在更大范围内获得支持以实现"政治大国"的诉求，日本对外援助逐步走出东南亚，2003 年《政府开发援助大纲》，重点援助地区从"东亚、东南亚"扩展到"南亚、中亚"；2006 年加大对非洲的援助（见图 13-5），1990 年日本对亚洲的援助占到 59.3%，对非洲的援助占 12%；2002 年对亚洲的援助达 60.7%，对非洲的援助仅 8.7%，为冷战后差距最大的一年；而 2006 年对非洲援助一度超过了亚洲，高达 34.1%，对亚洲的援助降至 26.6%。2008 年第四届东京非洲发展国际会议后，日本再次加大对非洲的援助力度，承诺在未来五年内向非洲提供 40 亿美元的官方援助。为此，日本媒体宣称：

日本已经准备将对外援助的重心从亚洲转向非洲。① 总体而言，日本对外援助区域呈多元化趋势，对东南亚的援助势必受到一定影响。

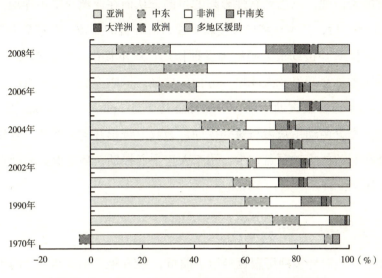

图 13-4　1978—2008 年日本对外援助地区分布变化

数据来源：日本外务省网站，http://www.mofa.go.jp/mofaj/area/。

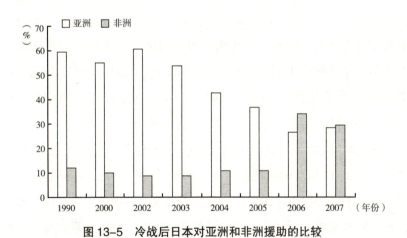

图 13-5　冷战后日本对亚洲和非洲援助的比较

数据来源：日本官方援助白皮书，2008。

---

① Reiji Yoshida, "Tokyo Ready to Shift Foreign-aid Focus from Asia to Africa", *The Japan Times*, May 26, 2008.

（4）从援助效果看，注重提升"软实力"

从对外援助的理念上看，冷战后日本越来越注重通过对外援助向东盟推行自身的价值观，以达到软性影响的目的，从而在亚洲获得主导地位。特别是在 21 世纪后，日本经济出现疲软下滑，对外援助缩减，在资金有限的情况下，为了使对外援助最大限度地发挥作用，日本提出要更加重视人道方面、环境问题和社会开发及人才培养方面的援助。同时充分发挥 NGO 的积极性，2003 年《政府开发援助大纲》明确将公共参与（public participation）原则纳入其中，充分调动民众参与对外援助，为政府分担开支。此外，直接服务于日本经济利益的援助项目减少，用于人道主义援助、环境保护和社会开发等项目的比例上升。

（三）中国：从喜忧参半到举足轻重

新中国的对外援助历程也经历了曲折，1950 年对朝鲜和越南的援助是中国对外援助的开端，直至改革开放前，中国共向 66 个国家提供了 880 个成套项目的援助，① 1971 年对外援助额甚至达到 74.25 亿元人民币，约占当年国家财政支出的 7%；② 1978 年后中国不断修正和调整对外援助政策，2005 年对外援助额超过接受国外援助额，首次成为净援助国，③ 2010 年对外援助总额达130.85 亿元，占商务部财政拨款总支出的 86.2%，④ 2010 年中国仅次于沙特阿拉伯成为 DAC 非会员国中的第二大援助国。在过去的半个多世纪里，中国向100 多个国家和区域组织提供了约 2000 个援助项目。

1. 冷战后中国对外援助理念的发展变化

冷战后至 1994 年，中国根据冷战后国际形势的变化，进一步调整对外援助政策。主要围绕帮助受援国发展当地有需要又有资源的中小型项目开展对外援助，并与发展多双边互利合作的经贸关系相结合。例如：重点建设生产性项

---

① 刘小云：《中国对外援助改革与调整二十年》，《国际经济合作》1998 年第 10 期。
② 魏庆：《中国巨额对外援助去向解密》，《海外文摘》2010 年第 8 期。
③ 徐清军：《中国首次成为净援助国》，参见商务部网站 http://gb.mofcom.gov.crdam'licle/jmxw/200504/20050400051562.html。
④ 熊剑锋：《商务部九成预算支出用于对外援助》，《第一财经日报》2010 年 4 月 7 日。

目、促进我国企业与受援国企业合资、合作经营生产性援助项目等。1993 年设立援外合资合作项目基金，主要用于支持中国中小企业与受援国企业在生产和经营领域开展合资合作。

1995 年至 21 世纪初，是中国对外援助工作进行全面改革阶段。1995 年 9 月国务院下达《关于改革援外工作有关问题的批复》，改革的主要环节是：在援助结构上，提高无偿援助的比例，扩大政府贴息优惠贷款的规模，一般不再向受援国提供新的无息贷款；在项目选择上，重点开展受援国需要的中小型生产项目；在援助方式上，主要推进援外项目合资合作；在资金渠道上，将政府财政拨款与金融机构和企业资金结合起来，并通过中国进出口银行向受援国提供中长期低息优惠贷款，有效扩大了援外资金来源。1995 年中国对外援助支出为 29 亿人民币，2005 年增至 74.7 亿人民币，增长了 1.6 倍。

进入 21 世纪，中国外交强调多边主义、合作共赢的国际观，中国对外援助的理念也随之变动。2005 年 9 月，国家主席胡锦涛在联大提出的加强对发展中国家援助的五项新措施：第一，中国决定给予所有同中国建交的 39 个最不发达国家部分商品零关税待遇，优惠范围将包括这些国家的多数对华出口商品。第二，中国将进一步扩大对重债穷国和最不发达国家的援助规模，并通过双边渠道，在今后两年内免除或以其他处理方式消除所有同中国有外交关系的重债穷国 2004 年底前对华到期未还的全部无息和低息政府贷款。第三，中国将在今后 3 年内向发展中国家提供 100 亿美元优惠贷款及优惠出口买方信贷，用以帮助发展中国家加强基础设施建设，推动双方企业开展合资合作。第四，中国将在今后 3 年内增加对发展中国家特别是非洲国家的相关援助，为其提供包括防疟特效药在内的药物，帮助他们建立和改善医疗设施、培训医疗人员。第五，中国将在今后 3 年内为发展中国家培训培养 3 万名各类人才，帮助有关国家加快人才培养。2010 年全国援外工作会议在北京召开，温家宝总理精辟总结了中国对外援助的基本政策特点：相互尊重、平等相待；互利互惠、共同发展；力所能及、重信守诺；形式多样、注重实效。2004 年至 2009 年，中国对外援助资金平均年增长率为 29.4%。截至 2009 年底，中国累计向 161 个国家以及 30 多个国际和区域组织提供了援助，中国累计对外提供援助金额达 2562.9 亿元人民币。[①] 2010 年中国对外援助财政支出额为 20.11 亿美元，占当年全国财政支出的 0.15%，占当年国民总收入的 0.0034%。

2. 冷战后中国对东南亚援助的主要特点

（1）中国和东盟走入"蜜月期"，中国对东南亚援助的金额呈上涨态势

从冷战结束到东南亚金融危机前，冷战思维在亚洲各国仍普遍存在，对中国发展的疑虑和领土的纷争等种种因素，使中国与东南亚国家的关系喜忧参半，东盟一直以防范和疑惑的心态看待迅速崛起的中国，"中国威胁论"曾经一度在东南亚很有影响。为了从根本上减少和消除东南亚国家对中国崛起的疑虑，从 90 年代中期开始，特别是金融危机后，中国主动调整对东盟政策，以合作开放、共同发展的姿态面对东南亚。着重加强在农业、医疗卫生、基础设施、人力资源开发合作、教育等领域的援助力度。据统计，如果把非发展性援助、低息贷款、贸易和投资协议包括进来，中国就成为东南亚国家最大的援助国家之一。[②] 美国国防大学亨利·耶普的一项调查显示，2002 年中国对印尼的援助是美国的 2 倍，2003 年中国对菲律宾的援助大约是美国的 4 倍，对老挝的援助是美国的 3 倍。[③] 2004 年 11 月，中国宣布实行"亚洲减债计划"，柬埔寨、越南、老挝成为受益国。截至 2009 年，中国向东盟提供 250 亿美元援助，减免亚洲国家 41 笔债务，合计免债金额 59.9 亿人民币。2011 年 4 月，温家宝总理在访问印尼时表示，中国愿继续在不附加任何条件的情况下援助东盟欠发达国家。杨洁篪外长表示，今后 3 到 5 年内，中国将向东盟国家提供 150 亿美元信贷，其中包括 17 亿美元优惠性质贷款。

（2）开拓多种援助方式，积极创建新的援助体制，援助内容多样化，对外援助成为国家对外软实力运用的主要方式

2008 年，美国国会研究处（Congressional Research Service）提交了关于中

---

① 《中国的对外援助（白皮书）》，中华人民共和国国务院新闻办公室，2011 年 4 月。

② Comparing Global Influence：China's and U.S. Diplomacy, Foreign Aid, Trade, and Investment in the Developing World, CRS Report, August 15, 2008, p. 84.

③ 陈显泗：《论中国在东南亚的软实力》，《东南亚研究》2006 年第 6 期。

国在东南亚及其他地区"软实力"及外交影响的系列长篇报告。报告中指出，中国在东南亚和其他地区日益增长的影响力归因于"软实力"的运用，其中中国政府对东南亚国家的援助是中国在东南亚提高软实力的主要工具之一。[①]此外，中国还积极建立新的援助体制，温家宝总理在2009年博鳌亚洲论坛上正式宣布，中国决定设立总规模为100亿美元的中国—东盟投资合作基金，用于双方基础设施、能源资源、信息通信等领域重大投资合作项目，支持区域基础设施建设，加快区域和次区域交通、电力、通讯领域建设步伐，逐步实现基础设施的互联互通和网络化。

同时中国逐步走出重商主义，对外援助的内容开始多样化，例如重视人道主义援助，展现负责任的大国形象。2004年印度洋海啸中，中国援助规模达到6.9亿元人民币，中国国家地震局组织的由35人组成的中国国际救援队到印尼开展救助工作，卫生部还从上海市组织15名流行病学和感染科医疗人员抵达普吉岛，从广东省组织12名创伤外科医疗人员赴泰国提供救助。[②]再如，开始关注非传统安全和地区共同关注的问题，塑造友好邻邦形象。1995年起云南省帮助缅甸在边境地区开展绿色禁毒工程，内容是禁种罂粟，改种杂交稻、甘蔗，进行丰产试验和生态农业示范。2003年，东亚国家出现"非典"疫情，中国与东盟签订《中国与东盟防止非典联合声明》，中国出资1000万元人民币，设立专项基金，建立互通疫情机制，以支持与东盟国家开展各种合作活动。2005年9月中国政府向柬埔寨赠送了6艘海军巡逻艇，帮助柬埔寨政府打击毒品走私。

另外，中国对外援助主体也呈现出多元化趋势，努力淡化官方色彩。通过招投标形式，企业、银行、高校等在援外项目下进行对外经济技术合作。2004年，社会团体和个人作为中国对印度洋海啸援助的主体展现在世人面前。中国多边援外数额从2000年的700多万美元升至2005年的约4000万美元，激增4倍。

---

① China's "Soft Power" in Southeast Asia, CRS Repot, 4 January, 2008, Summary, p. 5.

② 吴杰伟：《中国对东盟国家的援助研究》，《东南亚研究》2010年第1期。

三、冷战后中美日的软实力角力：以对东南亚援助为例

（一）援助理念的比较

1．中美日在对外援助理念上的差异

冷战后，美国对外援助政治色彩日益浓厚，附加条件日益增多，常将"民主、私有制、多党制"等作为提供援助的附加条件，希望受援国依照美国的意图进行政治和经济改革。2004年设立的"千年挑战账户"，资助国家标准共分三类16个标准。

表 13-5　"千年挑战账户"选择合格国家的指标

指　标	所属类型	数据来源
国内自由	治理有方	Freedom House
政治权力	治理有方	Freedom House
发言权和负责任	治理有方	World Bank Institute
政府有效性	治理有方	World Bank Institute
法　治	治理有方	World Bank Institute
控制腐败	治理有方	World Bank Institute
免疫率	投资于民	World Bank Institute
用于健康的公共支出	投资于民	World Bank Organization
女孩完成初级教育的比率	投资于民	UNESCO
初级教育的公共投资	投资于民	UNESCO and national source
开设公司的初始成本	经济自由	International Financial Cooperation
通货膨胀率	经济自由	IMF WEO
开设公司所需时间	经济自由	International Financial Cooperation
贸易政策	经济自由	Heritage Foundation
管理水平	经济自由	World Bank Institute
财政政策	经济自由	National Sources，cross-checked with IMF CEO
自然资源管理指数	附加信息	CIESIN/Yale
土地权力及其获取指数	附加信息	IFAD and International Financial Cooperation

Source：MCC website（www.mcc.gov/selection/indicators/index.php）.

CIESIN：Center for International Earth Science Information Network；IFAD：International Fund for Agricultural Development；IMF WEO：International Monetary Fund's World Economic Outlook database；UNESCO：United Nations Educational,Scientific and Cultural Organization.

美国和东盟在这一问题上摩擦较多，例如因东帝汶事件限制给予印尼的军事和经济援助；2003 年以缅甸尚未恢复民主为由，美国国会通过了缅甸自由民主法案，禁止从缅甸进口商品；美国屡次以泰国的军事政变为由对其进行援助制裁。东盟国家认为民主不仅仅是"美国模式"，反对美国在国家内政问题上对东盟国家指手画脚；反感美国常以人权为借口，肆意进行援助制裁。

作为"二战"的战败国，日本冷战时代的对外援助具有一定的战争补偿性质，极少附加政治条件。冷战后，日本从 1992 年《政府开发援助大纲》开始显示对外援助的政治性倾向。虽然日本对附加政治条件趋向态度积极，但由于历史及现实的客观原因，日本对外援助附加政治条件更多是配合美国对外援助理念的一种姿态，"在个论上站在美国一边，在各论上则又不完全赞同美国的制裁方式，往往表现出力图脚踩两只船的左右逢源姿态。"① 在对东盟国家的援助中，日本并没有跟随美国的步伐，显示了其对外援助政策的独立性。例如，日本于 1992 年恢复了中断 14 年的对越援助，1998 年恢复了中断 10 年之久的对缅援助，东南亚金融危机中，日本脱离美国主导的 IMF 援助机制，于 1997 年给泰国提供 40 亿美元的紧急贷款，1999 年对越提供 5 亿美元的援助。

1964 年，中国政府宣布以平等互利、不附加政治条件为核心的对外援助八项原则，确立了中国对外援助的基本方针。"坚持不附带任何政治条件。中国坚持和平共处五项原则，尊重各受援国自主选择发展道路和模式的权利，相信各国能够探索出适合本国国情的发展道路，绝不把提供援助作为干涉他国内政、谋求政治特权的手段。"这一条原则明确地写入了 2011 年《中国对外援助》白皮书中。中国认为，对外援助的根本目的应当是在双方之间建立这样一种关系，即"在政治上相互扶持，成为可信赖的全天候朋友；在经济上互补，成为在新的起点上互利共赢的合作伙伴；文化上密切交流，成为不同文明积极对话的典范。"② 中国在处理与东盟国家的关系上更多地强调以稳定、发展、融合为基本的政策取向，除了要求受援国坚持一个中国的政策外，中国的对东

---

① 金熙德著：《日本政府开发援助》，社会科学文献出版社 2000 年版，第 159 页。

② 2004 年 11 月 12 日胡锦涛在巴西国会上的演讲，http://news.sohu.com/20041114/n222975771.shtml。

盟援助没有任何附加的政治条件。

2. 中国与西方国家在援助理念上的争议

2006 年，当泰国军队发动政变推翻他信民选政府时，美国以停止对泰国 2900 万美元军事援助作为制裁手段。然而，泰国立即转向中国，并获得了来自中国 4900 万美元的军事援助。中国对外援助不附加政治条件的原则引起了西方国家的批评，指责中国的做法损害了西方许多人权目标的达成，与善治、良政等目标相背离。世界银行（World Bank）行长保罗·沃尔福威茨（Paul Wolfowitz）在 2006 年 10 月公开指责中国政府及其银行违背"赤道原则"（Equator Principles），批评中国为发展中国家提供贷款时忽视当地人权和环境状况。① 2006 年 10 月 24 日，中国外交部发言人在回应保罗·沃尔福威茨对中国对外援助的批评时表示"中国在对外交往中历来采取不干涉他国内政的原则，中国不接受别的国家把他们的价值观念、社会制度和意识形态强加于中国；同时，也不会把自己的价值观念、社会制度和意识形态强加给其他国家。"② 总体而言，中国对于政治条件的使用更倾向于贬义，认为在对外援助中附加的政治条件，就是对他国国家内政及主权的干涉与侵犯。虽然，中国努力通过多种渠道，向世界阐述中国的理念，但争论仍未停歇。2008 年 3 月 18日，美国国会美中经济与安全评估委员会在华盛顿举办了一场以"中国日益增长的全球影响"为主题的听证会，会上激烈讨论了中国的援助政策对美国造成的影响。美国国务院负责东亚和太平洋事务的助理国务卿帮办柯庆生在会上表示，中国的政策与美日欧及世界银行和国际货币基金组织等援助方"以外援为杠杆，促进受援国改善人权、进行改革"的政策完全相反。"我们很担心与国际社会不协调的中国外援项目，将抵消其他援助方促进良政、提高透明度的努力"。③ 2010 年 5 月美国对外关系理事会（美国智库）高级学者费恩波姆（Evan A.Feigenbaum）在《对外政策》（Foreign Policy）发表文章，指出"中国因其

---

① 黄培昭：《中非峰会令世界瞩目》，《环球时报》2006 年 11 月 1 日。

② 《外交部称援非不顾人权指责无根据》，http://news.sina.com.cn/c/2006-10-25/005911323484.shtml。

③ 《美不满我外援"不干涉内政"，称可能阻碍欧美努力》，《环球日报》2008 年 3 月 20 日。

向世界其他地区提供援助时不遵守现有力量和国际机构制定的规则而受到频繁的批评。这毫不奇怪，中国的贷款通常是秘密协商，没有传统的期望或附加条件，并往往提供给那些西方国家资金出于某些良好的原因害怕去的地方"①。

3. 案例分析：1997年金融危机——中国在东南亚提升软实力的起点

1997年7月2日，泰国政府经过动用100多亿美元救市无效后，被迫宣布放弃固定汇率制，当天泰铢兑美元的汇率猛降17%，引发了亚洲金融危机。7月11日，菲律宾宣布对比索的大规模干预失败，比索急速贬值。马来西亚也于8月放弃捍卫林吉特的努力。坚挺的新加坡元在混乱的外汇和金融市场中开始风雨飘摇。印尼则遭受了最严重的经济衰退，经济增长率从1996年的7.8%下降至1998年的–13.6%，国内生产总值（GDP）由1996年最高峰的2250亿美元下滑至1998年的1150亿美元，印尼盾贬值到历史低点，被迫求助于国际货币基金组织，但国际货币基金组织为印尼开出的药方并未起效，直至1998年2月11日，印尼政府宣布将实行印尼盾与美元保持固定汇率的联系汇率制。金融危机导致东南亚整体经济下滑，1998年东南亚一些国家的GDP增长率分别为：新加坡1.5%，菲律宾–0.5%，马来西亚–6.7%，泰国–9.4%，印尼–13.7%。

第一，美国的"冷漠"。

金融危机初期，美国采取隔岸观火的态度，迟迟不愿伸出援助之手。1997年5月，当泰国政府与国际投机家进行的泰铢阻击战达到白热化时，泰国央行行长致函美联储主席格林斯潘，敦促他约束某些国际投机家的投机行为。但格林斯潘的助手回信拒绝泰国央行的要求。随后，泰国因汇率贬值向美国提出援助请求后，美国依然维持拒绝的态度。直至1997年底，金融危机扩大至韩国、日本乃至全球金融市场时，美国处于对本土经济安全的担心，才通过国际货币基金组织对印尼进行援助，援助的数额也让东南亚觉得没有诚意。1997年11月克林顿在亚太经合组织领导人会议的记者招待会上，对解决亚洲金融危机提

---

① Beijing's Billions, http: //www.foreignpolicy.com/articles/2010/05/19/beijings_billions.

出了三步计划："第一，国际货币基金组织应该起带头作用；第二，只有在发生危机国家本身制定出鼓起投资者信心的、负责任的政策之后，国际货币基金组织才能够起带头作用；第三，其他发达国家必须愿意共同提供支持。"[1] 这表明美国政府不愿意自掏腰包援助东南亚国家渡过金融危机，只承诺通过国际货币基金组织有条件地发挥一定作用。而在 1994 年墨西哥金融危机，美国在危机爆发后的三天内即向墨西哥提供了 60 亿美元的援助，此后在一个月内密集提供 3 次援助，总金额近 500 亿美元，且不附加任何条件，这是美国实行马歇尔计划以来最大规模的一次援助。与美国对此次东南亚金融危机的态度大相径庭。

　　除了救援行动缓慢外，美国主导下的国际货币基金组织对东南亚国家提出了苛刻的条件和要求，包括经济自由化和政治民主化。在经济改革方面，美国要求东盟国家按照西方的自由市场经济模式，全面开放国内市场，加快投资和贸易自由化的进程；在政治改革方面，美国否定东亚模式和亚洲价值观，美国国务卿奥尔布赖特就直言："在印尼等亚洲国家，经济调整的同时必须以民主原则为基础进行深入的政治改革。"[2] 这也让东南亚国家感到寒心。泰国商务部长阿加萨尼呼吁美国不要再咄咄逼人地要求泰国做得更多了，马来西亚总理马哈蒂尔也指出："处于优势的列强不但不管制货币操纵者，反而允许他们继续破坏新兴经济体来迫使后者向国际货币基金组织求援，以及接受它的改革配套计划。"甚至有人怀疑美国通过操纵国际货币基金组织的国际救援活动，促使东盟国家实行以西方模式为导向的经济结构调整和民主改革，为美国资本和价值观进入东南亚开辟道路。"让亚洲吃点苦头之后再以美国的价值观和经营方式来规划和推动世界经济的发展似乎更加接近美国人的愿望。"[3] 1997 年 11 月 3 日，《远东经济评论》发表题为《太平洋被割裂了》（*Pacific Divide*）的文章，一针见血地指出美国对东南亚金融危机的冰冷态度以及借国际货币基金组

---

[1]　张学斌：《论中美两国政府在亚洲金融危机中的表现》，《国际政治研究》1999 年第 2 期。
[2]　麦克尔·理查森：《亚洲国家抨击改革的社会代价》，《国际先驱者论坛报》1998 年 7 月 27 日。
[3]　陈明华：《金融危机以来中国与东盟的关系发展》，《云南社会科学》1999 年第 4 期。

织之口提出的苛刻要求，在东南亚政界和民间引起强烈的反美情绪。[①]

第二，日本的"无力"。

日本经济与东南亚唇齿相依，金融危机发生后，东南亚国家普遍寄希望于日本，日本政府也关注形势的发展，但决策小心翼翼。直至1997年下半年危机蔓延至整个亚洲，日本才如梦初醒。桥本首相在1997年12月日本—东盟非正式首脑会议中表态："日本将为稳定东盟货币与金融提供合作，并支持东盟各国的经济结构改革。"并于12月16日发表《联合声明》，日本保证在国际货币基金组织、世界银行、亚洲开发银行等现有框架范围内继续提供援助。同时日本提出了应对金融危机的方案，包括：降低日本贷款利率、合作扶植地区中小企业、人才交流等。1998年2月，日本政府决定3月底以前向亚洲国家提供3000亿日元的紧急贷款，以及承诺7000亿日元食品与医疗物资等方面的紧急援助。1998年底，小渊惠三提出：日本将以6000亿日元的特别日元贷款为支柱，扩大对亚洲的援助。据统计，日本对亚洲的援助金额从1997年的31亿美元增至1998年的52.8亿美元，涨幅近70%。日本政府先后发表了《亚洲援助方案》和《新宫泽构想》，计划向东南亚国家提供总额达800亿美元的各种援助，到1999年为止，实际已提供了430亿美元。[②]

但是，日本本身也受到了金融危机的强烈冲击。1997年亚洲经济危机发生以来，日本经济已连续两年负增长，并陷入严重的衰退局面。1997年下半年，继韩元危机后，日本的证券公司和银行相继破产，日元兑美元汇率从1997年6月的115∶1跌至1998年5月至6月的近150∶1，GDP连续两年负增长，日本经济陷入泥潭。日本政府无力捍卫日元，日元的不断贬值，不断冲击东南亚国家脆弱的经济，导致一些东南亚国家的舆论公开批评日本是"不负责任的大国"，认为"日本没有为摆脱危机而发挥作用"。[③]

第三，中国的"转变"。

1989年，中国在外交上受到了西方国家的孤立。为了突破重围，中国在

---

①　陈文鸿、朱文晖、蔡志斌著：《东亚经济何处去》，经济管理出版社1998年版，第200页。

②　曹云华：《金融危机以来日本—东盟关系的变化》，《当代亚太》2003年第11期。

③　陈明华：《金融危机以来中国与东盟的关系发展》，《云南社会科学》1999年第4期。

外交策略上作出了转变，提出"睦邻外交"政策，坚持与邻为善、以邻为伴的周边外交方针，为国内的改革开放和现代化建设创造和平稳定的周边环境。此时，东盟国家伸出了友谊之手。1991年，中国与所有东南亚国家建交或复交，成为东盟的"磋商伙伴"；1996年中国与东盟建立全面对话伙伴关系。

1997年的中国，国内生产总值约为7.5万亿人民币，外汇储备近1400亿美元，是世界排名第十的贸易大国。同时也面临着一系列问题：遭遇特大洪涝灾害、国内需求不振、出口增长率下降、失业增多。在这种内困外忧的情况下，中国在此次东南亚金融危机中的表现依然非常亮眼。首先，积极的经济援助，直接施以援手。中国于1997年8月及时援助泰国10亿美元，这是新中国成立以来第一次向外国提供如此大规模的援助。同时中国还应泰国政府的要求增加对泰国商品的进口。接着，中国又向印尼提供了10亿美元和无偿药品的援助。而且中国政府提供的援助不附加任何加重东南亚国家困难的条件。据统计，中国约提供了50亿美元的援助，占国际社会援助总额的1/6。其次，坚持人民币不贬值，保持经济增长速度。1997年12月江泽民主席在中国—东盟首脑非正式会晤上保证人民币不贬值。1998年3月17日，朱镕基当选总理的第一次记者招待会上就承诺人民币不贬值。金融危机期间人民币对美元的汇率一直稳定在8.27，并保持了7.8%的经济增长，对亚洲经济起到了积极的拉动作用。第三，密切高层联系，展现对东南亚未来的信心。1997年底至1998年，仅一年内中国政府官员密集访问东南亚，江泽民、胡锦涛、李鹏、李瑞环、钱其琛、吴邦国、唐家璇等政府高级官员分别访问了马来西亚、菲律宾、越南等东盟国家。同时，中国政府多次公开表示对东南亚未来充满信心，1997年12月中国与东盟国家首脑在吉隆坡签署了联合声明，指出中国"对东盟地区经济及其未来前景表示充分的信心……愿与东盟国家加强联系、扩大合作"。

第四，对国家对外软实力的影响。

1997年以前，随着中国经济的发展和综合国力的提高，"中国威胁论"开始盛行。虽然中国政府在多个场合公开强调中国"睦邻友好"、"永不称霸"，但"中国威胁论"在东南亚仍然有一定的市场，部分东南亚国家担心中国会成为其经济上的竞争对手，担心中国会破坏地区的和平稳定，担心中国成为控制东南亚的霸主。而且1997年以前，美国和日本是东南亚地区最具影响力的大国，他们通过经济和军事的长期作用，已经转化为软实力渗透到东南亚国家，美日的传统影响和对中国的固有戒心，使中国与东盟的关系在1997年前呈现磕磕碰碰的曲折发展趋势。但中国在金融危机中对东南亚国家的援助，充分展现了中国的"伙伴"形象，不信任和误解开始消融，互信和合作开始形成，1997年是中国软实力在东南亚地区崛起的标志性的一年，此后中国突破美日重围，与东盟的关系进入了蜜月期。

与美国的咄咄逼人和日本的蹑手蹑脚相比，中国的真诚相助的确在1997年赢得了东盟的心，中国在一个现实的外交舞台上，生动地向世界阐述了"睦邻外交"的理念：中国愿意与东南亚国家保持睦邻友好，维护经济安全和金融秩序，扩大互利合作，中国的繁荣发展对东南亚不是威胁，而是共赢。时任东盟秘书长的鲁道夫·塞韦里诺的话代表了东盟各国普遍的看法，他说："中国确实因此给人留下了好印象。"[①] 1999年9月江泽民主席访泰时，普密蓬国王和他信总理都发表了热情洋溢的讲话，盛赞泰中友谊和中国政府在泰国处于危难时给予的援助，热切期盼泰中关系有更大的发展。泰国国会主席万诺也表示："中国在这场危机中的表现表明，中国是一个负责的大国。"[②] 1998年11月亚太经合组织第六次领导人非正式会议发表的《亚太经合组织领导人宣言》称："中国在本地区面临金融危机的形势下降低利率和扩大内需以刺激经济增长，同时保持人民币汇率稳定，对维护本地区金融稳定作出了重要贡献。"

（二）重点援助区域的比较

1. 中美日在重点援助区域上的差异

一直以来，东南亚都不是美国重点关注和扶持的区域，如图13-6所示，

---

① 陈显泗:《论中国在东南亚的软实力》,《东南亚研究》2006年第6期。

② 《江泽民主席会见泰国国会主席万诺》,《光明日报》1999年9月3日, 转引自曹云华著:《新中国——东盟关系论》, 世界知识出版社2005年版, 第72页。

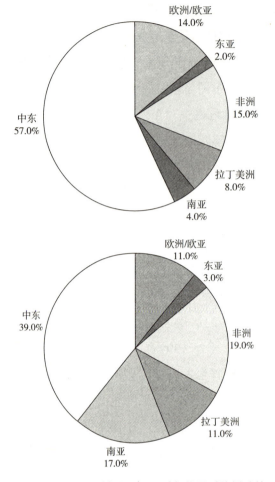

图 13-6   1994 财年和 2004 财年美国对外援助的区域分配图

数据来源：Curt. Tarnoff and Larry Nowels，Foreign Aid：An Introductory Overview of U. S. Programs and Policy，CRS Report for Congress

http：//fpc.state.gov/documents/organization/45939.pdf，2009 年 4 月 9 日下载。

注：2004 财年对中东地区援助中不包含伊拉克重建资金，如计入则中东所占比例为 73%。

美国对东亚的援助最少，而东南亚仅为美国东亚战略中的一个旁支。

但随着奥巴马政府重返东南亚，美国加大了与缅甸和越南的接触，2011 年希拉里访问缅甸送上了 120 万美元援助，用来支持微观金融和医疗以及帮助地雷的受害者。2012 年美国总统奥巴马历史性地访问缅甸，并宣布成立美国国际开发署缅甸分社，将于 2012—2013 年向缅甸提供 1.7 亿美元的援助。据越南《劳动报》2012 年 10 月 18 日报道，美国国际发展机关（USAID）公布，美国向越南提供 4000 万美元援助，支持帮助越南应对气候变化和土地使用的延长 5 年的清洁能源计划，主要包括：森林恢复和平原用地项目、能源使用项目。

日本的对外援助在地区构成上的最大特点是集中于亚洲地区。冷战后的日本对外援助中有 40% 以上流向了东南亚，在日本十大受援国中，东南亚国家所占比例较大。

表 13-6　1990—2000 年美日十大受援国（地区）比较

	国家（地区）	比　例（%）		国家（地区）	比　例（%）
美　国	以 色 列	19	日　本	中　　国	13.1
	埃　　及	17.4		印　　尼	13.0
	俄 罗 斯	6.5		泰　　国	6.9
	波　兰	4.1		印　　度	6.7
	海　　地	2.1		菲 律 宾	6.6
	菲 律 宾	2.0		越　　南	3.4
	萨尔瓦多	2.0		巴基斯坦	2.9
	索 马 里	1.8		埃　　及	2.5
	乌 克 兰	1.7		孟加拉国	2.5
	玻利维亚	1.6		斯里兰卡	2.3

数据来源：OECD.International Development Statistics.Paris：OECD，2002。

中国把东南亚视为重点援助地区之一，中国对东南亚国家的主要援助对象是缅甸、柬埔寨、老挝和越南等。根据 2010 年国务院新闻办发布的《中国的对外援助》白皮书，2009 年，经常性接受中国援助的发展中国家有 123 个，其中亚洲 30 个、非洲 51 个。亚洲和非洲作为贫困人口最多的两个地区，接受了中国 80% 左右的援助（见图 13-7）。

2．案例分析：大湄公河次区域开发援助——中美日在东南亚软实力竞争的焦点

1992 年，在亚洲开发银行（ADB）的倡议下，澜沧江—湄公河流域内的 6 个国家（柬埔寨、越南、老挝、缅甸、泰国和中国）共同发起了大湄公河次区域（Great Mekong Subregion）经济合作机制，目的是加强各成员国间的经济联系，促进次区域的经济和社会发展，实现区域共同繁荣。大湄公河次区域是以项目为主导的次区域合作机制，自 1992 年至 2010 年，次区域成员国在交通、能源、电信、环境、农业、人力资源开发、旅游、贸易便利化与投资九大重点合作领域开展了 227 个合作项目，共投入资金约 140 亿美元。2011 年 12 月，大湄公河次区域经济合作第四次领导人会议通过了《大湄公河次区域经济合作新十年战略框架（2012—2022）》，为次区域未来十年确定了新的战略目标

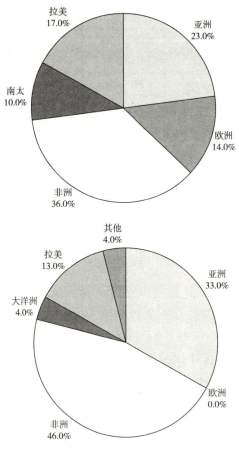

图 13-7　2003 年和 2009 年中国对外援助地区分布

数据来源:《中国的对外援助》白皮书, 2011 年。

和发展方向。大湄公河次区域是连接中国、印度和太平洋、印度洋的桥梁,拥有丰富的人力资源、自然资源和生机勃勃的发展潜力,这里已经成为世界各大国角逐的新棋局。

第一,中国:区域合作框架内的传统大国。

1992 年 10 月 21 日—22 日,在马尼拉召开的首届大湄公河次区域合作会议,明确界定了"大湄公河次区域"的地理范围:柬埔寨、老挝、缅甸、泰国、越南和中华人民共和国云南省。中国属于区域合作框架内的国家,这是中国在大湄公河次区域合作中与美国和日本本质上的区别。大湄公河次区域合作是中国与周边国家和地区开展最早、成效最显著的次区域合作。冷战结束后的20 多年来,中国一直是次区域合

作的积极参与者和推动者。中国积极推动和资助南北经济走廊等基础设施项目,帮助大湄公河次区域的国家开展能力建设和培训,重视次区域人力资源的开发,为次区域互联互通作出重要贡献。中国与大湄公河次区域各国双边贸易与投资增长迅速,已成为五国主要投资来源地和贸易伙伴(见表11-6)。2007年,中国与湄公河流域各国的贸易额超过了美国和日本,成为这一地区最大的贸易伙伴。中国与缅甸、老挝、越南签订了自主选择双边货币的协议,这使中国在该地区进行投资贸易更加便利。2011 年 10 月 31 日启动了中老缅泰四国

湄公河流域执法安全合作机制，合作维护湄公河航运安全，标志着次区域安全合作进入了实质性阶段。

表 13-7　2004—2007 年中国与大湄公河次区域五国双边贸易和投资总额

中国与五国	2007 年双边贸易（亿美元）			同比 2004 年（百分比）			至 2007 年总额（亿美元）	
	进出口	出　口	进　口	进出口	出　口	进　口	在华实际投资	中国金融类直接投资
越　南	151.15	119	32.16	224	279	129	1.08	1.9
泰　国	346.38	119.74	266.65	199	206	194	29.65	1.46
缅　甸	20.57	16.86	3.71	179	179	179	0.76	1.34
老　挝	2.49	1.64	0.85	218	162	653	0.17	3.02
柬埔寨	9.33	8.82	0.51	193	195	170	0.84	3.79

资料来源：《2008 年中国参与大湄公河次区域合作国家报告》，http://news. xinhuanet. com/newscenter/2008 − 03/28/content_7871673. htm，2008 年 3 月 28 日。

中国还通过积极的援助，扩大在湄公河次区域的影响。例如：援助越南河内—老街—海防的高速公路；援助老挝国家体育馆和从云南至老挝万象的铁路；援助柬埔寨部长委员会大厦，2010 年中国对其基础设施建设的援助已经多于日本；援助泰国曼谷至昆明的昆曼公路。2008 年举行的第三届大湄公河次区域领导人会议上，温家宝总理表示中国将提供 2000 万元无偿援助对"泛亚铁路"东线、柬埔寨境内缺失路段进行工程可行性研究。另外，在湄公河主流域的约 10 个大坝建设计划中，中国至少参与了 4 个大坝建设计划。

第二，美国：寻找突破口的后起之秀。

冷战后，美国也对大湄公河次区域合作表现出了浓厚的兴趣，主动加强与湄公河流域国家的交往，希望通过对湄公河次区域的介入，在东南亚打下"楔子"，以便遏制中国日益增强的影响力。2003 年美国军舰访问胡志明港；2006 年，美国的国防部长和国务卿先后访问泰国，加强与泰国的传统关系。2007 年越南国家主席阮明哲访问美国，美国与越南的关系在越战结束 30 年后得到改善。2009 年 11 月，美国负责东亚与太平洋事务的助理国务卿坎贝尔到缅甸与缅甸军政府领导人进行会谈。2009 年 7 月希拉里参加湄公河下游的老挝、

泰国、柬埔寨、越南四国外长举行的会议，会议启动了湄公河下游行动计划
（Lower Mekong Initiative），美国提出"新美湄合作倡议"（the new U.S-Mekong
Basin cooperation initiative），表示愿意帮助湄公河下游国家提供河流灾害治理
方面的援助。2009—2011年美国同泰国、柬埔寨、越南、老挝举行了四次"湄
公河下游行动计划"部长级会议，并通过创建"湄公河下游伙伴"（Friend of
Lower Mekong group）机制扩大合作。2010年7月，美国再次承诺向"湄公河
下游行动计划"提供1.87亿美元支持，用于加强在湄公河流域的环境、教育
和卫生等议题上的合作。

第三，日本：亦步亦趋的积极参与者。

日本是亚洲开发银行的最大股东，对于由亚行牵头推进的大湄公河次区域
合作项目，自始至终持有积极参与的态度。日本早于1991年就在对外援助中
专门设立了"湄公河地区开发"项目，此后日本历届政府的该项政策没有大的
变化，经过长期的参与开发和援助，当前日本已经成为大湄公河次区域最大的
投资国和援助国。

表13-8　2000—2004年日本对大湄公河次区域国家援助占
该国接受双边援助总额的比重

单位：%

	老　挝	越　南	柬埔寨	缅　甸	泰　国
2000年	45.60	33.70	38.90	50.90	55.70
2001年	43.80	32.30	37.10	49.10	56.50
2002年	47.70	35.10	36.70	52.70	58.30
2003年	46.10	33.20	39.20	51.80	56.80
2004年	44.30	34.80	37.40	52.30	57.10

资料来源：《日本外务省政府开发援助白皮书》（2000—2005）。

1993年1月，宫泽喜一首相在曼谷发表了题为《亚太新时代及日本与东
盟的合作》的演说，强调"日本要与东盟合作援助柬老越三国，尤其是越南及
柬埔寨更成为其重点援助对象国"。[①] 1999年以来，日本对泰国、越南、老挝、

---

① ［日］外务省：《外交蓝皮书》（1993），1994年，第168—173页。

柬埔寨分别制订了《国别援助计划》。2003 年 12 月，"日本—东盟特别首脑会议"在东京召开，日本政府发布了《湄公河地区开发的新观念》，提出了"三个愿景"、"三项扩充"和"三大支柱"，并承诺将在今后的 3 年内向东盟提供 30 亿美元的援助，其中 15 亿美元用于大湄公河次区域五国的开发和基础项目建设。2005 年日本与柬老缅越四国在万象举行了首次经济部长会议，形成了制度化的对话机制。2007 年 1 月，日本政府公布了《日本—湄公河地区伙伴关系计划》，提出了"三个目标"、"三大支柱"和"三项新举措"。强调扩大对大湄公河次区域五国的政府开发援助，将柬埔寨、老挝和越南作为今后 3 年经济合作的重点对象国，并对柬老缅越四国提供 4000 万美元的援助。2008 年是"日本—湄公河交流年"，首届日本与大湄公河次区域五国外长会议在东京召开，福田康夫首相承诺提供 2000 万美元的无偿援助建设贯通大湄公河次区域五国的东西走廊物流网建设项目，包括横跨缅甸、泰国、老挝和越南四国的"东西走廊"（全长约 1450 公里）和连接泰国和柬埔寨的"第二东西走廊"（全长 1000 公里）两大项目。并把地跨柬老越三国的"开发三角地带"列为提供无偿援助的候选项目。2009 年 11 月，首次"日本—湄公河地区各国首脑峰会"在东京举行，会后六国联合发表了《东京宣言》，明确提出援助完善交通网、促进人员交流等 63 个项目的行动计划，鸠山首相承诺，在未来 3 年内日本将向大湄公河次区域五国提供 55 亿美元的援助。

第四，中美日在大湄公河次区域的软实力较量。

美智库哈德逊研究所（Hudson Institute）的中美关系专家约翰·李（John Lee）在《外交政策》（*Foreign Policy*）上撰文指出，美国在湄公河流域的经济援助项目可能比南海问题还要让中国闹心，美国在湄公河流域的援助投资将为美国赢得在东南亚的军事联盟所达不到的效果。他认为，鉴于中国在东南亚经济发展中的影响，湄公河援助计划将为美国提供一招几乎完美的在东南亚制胜中国的妙棋。美国对湄公河流域国家的丰厚援助将再次提醒东南亚政治精英和普通民众，美国仍然在乎东南亚，美国仍然是维护东南亚稳定发展的关键力量。[1]

①《湄公河流域或成为中美两国在东南亚角力的软战场》，http://www.sinonet.org/news/military/2010-08-24/92951.html。

日本对柬老缅越四国的援助，主要以经济技术合作和无偿援助为主，在一定程度上大大减轻了受援国的外债负担，取得了这些国家的好感。日本希望通过经济合作援助、人员贸易往来、政治价值观引导等，使湄公河地区国家成为日本的伙伴，支持日本的政治大国目标，在建设东亚共同体的过程中支持日本领导地位。日本的湄公河区域政策已经取得了不俗的效果，为表示对日本援助的感谢，柬埔寨、老挝和泰国政府在本国的纸币和邮票上，均印有由日本援助的大型项目的图像。在 2006 年 12 月的联合国大会上，在表决包括被朝鲜绑架日本人问题在内的"朝鲜人权状况"决议时，越南和老挝曾表示反对，柬埔寨弃权。而在 2008 年 1 月和 2009 年 10 月的日本—湄公河外长会议，以及 2009 年 11 月的日本—湄公河地区各国首脑会议上，GMS 五国均支持日本在被朝鲜绑架日本人问题上的立场，要求朝鲜无条件返回六方会谈。GMS 五国还赞成日方提出的应对全球变暖的《鸠山倡议》以及东亚共同体设想。

从民调方面看，2004—2008 年"东亚民主动态调查"中显示出 GMS 地区民众对日本的评价要高于中国。中国学者张锡镇于 2008 年在泰国实施了泰国民众如何看待中日关系的调查，调查结果显示，在 GMS 国家民众对中日两国国际形象的评价中，对日本的评价总体好于中国。而美国则排在第三位。

（三）援助主体的比较

1．中美日在援助主体上的差异

冷战后，美国对外援助更多地通过国际和国内非政府组织来实施，如美国基金会、非洲发展基金会和美洲开发银行等，从而打破以双边援助为主的传统模式。除了国家进行官方的正式援助以外，还通过大量的非政府组织进行对外援助，2005 年，开发署超过 35% 以上的对外援助计划是通过私人志愿组织来执行的。非政府组织执行的美国对外援助占国内生产总值的 0.04%，远远高于经合组织发展援助委员会成员国 0.03% 的平均水平。2009 年已经有 563 个美国私人志愿组织在开发署注册。一项针对美国大型私人志愿组织的调查指出，五个总部设在美国的私人志愿组织的海外支出在 2004 年都超过 5 亿美元，具体是：世界宣明会（World Vision）为 6.43 亿美元、养育儿童组织（Feed the

Children）为 6.21 亿美元、粮食济贫组织（Food for the Poor）为 5.94 亿美元、天主教救济服务会（Catholic Relief Services）为 5.40 亿美元和凯尔国际组织（CARE）为 5.17 亿美元。所有这些组织都专门从事救济和发展项目。

日本的国际援助型非政府组织是于 70 年代末期为了应对大量越南、老挝、柬埔寨难民问题而诞生和发展的，在 2003 年的日本《政府开发援助大纲》中，明确将公共参与（public participation）原则纳入其中。据统计，日本国际援助型非政府组织有 500 家以上，重点分布在环境保护、人文发展、和平运动、人权事务四个方面。活跃在世界 105 个国家和地区，以亚洲、非洲居多。活动方式主要有资金和物资供给、人才培养和派遣、开发教育与地球市民教育、紧急救援、接受研修生等。例如，日本国际志愿者中心（JVC）在柬埔寨、老挝、南非等地，帮助当地农民合理利用资源，改善生活质量。"日本平台"现在有 32 家非政府组织加盟，他们相互支持、合作，对 2009 年的印度尼西亚巴东地震、菲律宾水灾等进行了救援。日本地雷处理援助会（JMAS）从 2002 年开始在柬埔寨处理地雷，2006 年开始帮助被地雷炸伤致残的当地居民以及在地雷爆炸中失去亲人的儿童，深受当地居民欢迎。

中国对外援助的主体历来是以政府为核心，近年来中国的非政府组织的对外援助才得到政府和整个社会以及媒体的重视。中国的非政府组织发展较晚，并且规模也较小，主要的非政府组织有中国红十字会、中华慈善总会和中国扶贫基金会等。总的来说，中国对外援助中缺少非政府组织等民间力量参与的活力，非政府组织管理不完善，在外援机制中参与程度很低，在中国对外援助中发挥的作用还十分有限。2004 年东南亚海啸救灾期间，国内首次大规模的民间力量参与对外人道主义援助，中国红十字会先后组织三个考察组，分赴灾情最重的印度尼西亚、泰国和斯里兰卡实地考察受灾情况，与受灾国红十字会协调灾后重建工作。中国扶贫基金会 2005 年 1 月与美国的美慈组织合作，将后者捐赠的 530 万美元的药物转赠印尼海啸灾区。2006 年 5 月，民政部救灾救济司与国内 15 家从事扶贫救灾的公益组织签署了救灾救济合作伙伴关系协议书，承诺在信息共享、联合行动、救灾能力培训等多方面展开合作，推动建立多方协作机制，这也标志着中国的非政府组织将打破曾经的中国政府主导救灾的灾害救助模式。

2. 中美比较：以中国孔子学院和美国和平队为例

第一，孔子学院。

2004 年 11 月第一家孔子学院在韩国首尔成立，至 2013 年 4 月中国在 84 个国家设立了 328 所孔子学院（Confucius Institute）。孔子学院在东南亚的建设从 2005 年开始，至 2013 年 4 月中国已经在东南亚建立了 27 所孔子学院，其中泰国最多，有 12 所。孔子学院的注册学员已近 5 万人，参加孔子学院文化活动人数达 10 多万人。2006 年至 2008 年，中国派出专家为东盟国家培养汉语教师 2986 人次；共组织东盟国家的 2334 人次来华进行汉语培训。截至 2008 年，中国向东盟国家孔子学院 439 人次提供了奖学金。从 2008 年开始，孔子学院总部每年向东盟国家每所孔子学院提供 5 名全额奖学金名额，帮助优秀学生来中国深造。据国家汉办统计，截至 2012 年 3 月，中国已经在世界五大洲 104 个国家建立了 835 所孔子学院（或孔子课堂），派出汉语教师志愿者 14000 多人次，为 2000 多所学校 200 万名学生教授汉语。

第二，美国和平队。

肯尼迪执政时期，美国国内对美国对外援助抱怨最多的就是"赢得了政府，但却失去了人民"，[①] 因此肯尼迪希望打破传统的政府与政府之间的援助模式。1961 年 3 月 1 日，美国总统肯尼迪签署了建立和平队的特别法令，宣告了和平队（Peace Corps）的诞生。按照肯尼迪的构想，和平队的主要使命就是以志愿者的方式，向第三世界国家提供教师、医生、护士、各种技术人员等"中等人力资源"，通过帮助第三世界国家的社会发展，向广大第三世界国家展现美国文化的精华，改变美国在第三世界国家中的不良形象，增强美国对新兴的第三世界国家的吸引力，并以此向这些国家传播美国文化及价值观念。[②] 肯尼迪在接见第一批即将踏上异国他乡的志愿者时说："在那些国家里，对于我们是什么样的国家、我们是什么样的人民的强烈印象，取

---

① 刘国柱著：《美国文化的新边疆：冷战时期的和平队研究》，中国社会科学出版社 2005 年版，第 17 页。

② 刘国柱：《和平队与美国对第三世界外交的软实力》，《浙江大学学报》2008 年第 1 期。

决于他们的判断，取决于你们的表现。如果你们在对自由承担义务、增进各地人民的利益、为你们的国家和它最好的传统及所代表的一切感到自豪等方面能够给他们留下深刻印象，其影响将会是深远的。"实际上，诞生于冷战时期的和平队，其建立的真正初衷是"赢得不结盟发展中国家中的人心和头脑"①。

截至 2011 年，已有 20 多万和平队志愿者为 139 个东道国提供了服务。和平队的项目划分为六个领域：农业、商业、教育、环境、卫生和艾滋病，以及青年发展，它们占志愿者项目的比例分别为：教育 35%，环境 14%，卫生和艾滋病 21%，商业发展 15%，农业 5%，青年项目 6%，其他 4%。② 奥巴马政府更加重视作为软实力资源的和平队。和平队在 2010 财政年度的预算达 4 亿美元，2011 年更增加到 4.4615 亿美元，比 2009 年的预算增加大约 1/3。同时，奥巴马重视把和平队的影响力引向东南亚地区，奥巴马的母亲安敦汉姆曾在印尼教英文，所以当马来西亚首相纳吉建议由美国的和平队来帮助提升东盟国家人民的英文水平时，奥巴马欣然接受，并于 2011 年在马来西亚重新启动和平队计划，首批派遣 30 名志愿者前往马来西亚的乡村教英文。奥巴马也向国会呼吁大幅增加志愿者人数，使和平队能够进入包括印度尼西亚在内的新增加的 20 个国家。

第三，对比与反思。

约瑟夫·奈在华盛顿接受新华社记者采访时说，"中国的'软实力'近年来提升很快，采取提升'软实力'的政策对中国而言是明智之举。中国在世界各地建立孔子学院，越来越多的外国人学习中国语言和文化，这也是'软实力'的一种具体体现"。孔子学院同样被美国《纽约时报》和《时代周刊》、英国《经济学家》、法国《世界报》等媒体评论为"迄今为止中国最好最妙的一个出口产品，是中国实施和平外交战略，提升国家软实力的重要措施"。但

---

① The Peace Corps in a Turbulent World, Brookings Institution Governace Studies Program, October 2003, http://www.brookings.edu/ papers/2003/1015civilsociety_rieffel.aspx.

② Peace Corps, Performance and Accountability, Fiscal Year2009, p. 2, http: /multimedia. peacecorps.gov/multimedia/pdf/policies/annrept2009.pdf.

是，孔子学院绝大部分的志愿者老师都集中在主要城市的大学中，真正派到广大偏远乡村的寥寥无几。正如笔者在印尼调研所了解到的情况，西加里曼丹是全印尼华人占比例最高的一个省份，全省 600 万人口，华人约占了 20%。主要集中在山口洋、坤甸一带。在华人比例占 50% 的三口洋市，有 20 所华文学校，却只有 1 名志愿者老师。从事印尼华语教育近 20 年黄老师则认为，援助应该雪中送炭而不是锦上添花，现在印尼学习华语的风气很浓，很多基层一线的中小学缺华语老师，而目前印尼华文教育志愿者老师均集中在孔子学院，他希望能有更多的志愿者老师支援到中心城市以外的中小学。与之相比，美国和平队的志愿者老师除少数是在城市教大学外，大多是在农村教中小学或职业学校，有些地区甚至连所在国的大学毕业生都不愿去。[1] 正如 20 世纪 60 年代泰王国外交部长他那所解释的，和平队志愿者"不是与我们的人民一起生活在宾馆里，也不是在奢侈的住宅中，而是在农民的小棚屋里，与他们共享食品和茅舍"。[2]

据 2009 年美国一个关于和平队的调查显示：84% 的东道国受帮助者和 86% 的全体东道国国民报告说，在与和平队志愿者工作后，他们关于美国人的观点发生了正面的变化。[3] 学者刘国柱认为，和平队志愿者大多数是工作在东道国的基层社会，接触的都是受援国的民众，"在一定程度上改变了和平队成立以前美国对外援助的模式，即在对外援助中增加了直接面向第三世界国家人民的因素，将关注焦点部分地转向了第三世界的公众，转向普通的老百姓，由美国公民直接向第三世界国家公民提供援助和支持，从而避免重蹈以前'赢得了政府，但却失去了人民'的覆辙。这种'公众外交'正是'软实力'的重要组成部分。"[4] 学者周琪也认为，"和平队的项目同美国政府的外交政策目标是一致的，但和平队采用的是吸引和示范的方法"，所以"和平队从建立之日

---

[1] 刘国柱：《和平队与美国对第三世界外交的软实力》，《浙江大学学报》2008 年第 1 期。

[2] Gerald T.Rice, *The Bold Experiment: JFK's Peace Corps*, Indiana: University of Notre Dame Press, 1985, p.289.

[3] Peace Corps, Performance and Accountability, Fiscal Year 2009, p.59.

[4] 刘国柱著：《美国文化的新边疆：冷战时期的和平队研究》，中国社会科学出版社 2005 年版，第 20 页。

起，就如同美国对外援助一样，是被当作软实力资源来使用的。"① 和平队作为一种软性的援助手段，它不是向发展中国家提供大量的资金和设备，因此没有直接作用于第三世界国家 GDP 的增长，他的影响力难以量化。关于和平队是否起到了美国政治家们所期望的作用，和平队评估小组作出了如下评估："几十个国家的总统和内阁部长都认为他们受益于早期触动他们生活的和平队志愿者。和平队志愿者在 77 个东道国中正在点亮未来领导人心灵之火。""和平队是美国最好的大使，他们在世界各国社区基础上自下而上地建立了与战略伙伴国的关系。"正如《响应世界的召唤：和平队及其最初五十年不为人知晓的故事》(When the World Calls: The Inside Story of the Peace Corps and Its First Fifty Years)一书作者史丹利·梅斯勒（Stanley Meissler）所说："对于两个志愿者和一个贫穷的少年结为朋友，结果他长大后成为秘鲁总统，你如何衡量和平队的影响？当一名医疗志愿者向阿富汗护士显示对病人展现慈爱和关注是工作的一部分，你又如何衡量其影响？我从不怀疑和平队志愿者对当地人民产生的巨大影响力。"

（四）援助项目的比较

1. 中美日在援助项目上的异同

美国 60 年代的援助主要是修建道路、大坝、发电厂等基础设施；70 年代逐渐注重满足人类基本需要的援助，如扶持农林复合经营、提供水和卫生设施，能源和教育的发展等；冷战后美国在援助项目上更多关注人的生存和发展，以淡化对外援助的功利色彩。2009 年美国援助最大的支出对象是对人的投资，占援助总额的 32%。其中子项目包括健康、教育、社会经济服务和对脆弱国家人口的保护，三个子项目中在健康方面的援助规模最大。美国在和平与安全项目上的援助支出位列第二，占援助总额的 29%，其中最为重视的子项目是稳定和安全部门的改革。除此以外，美国 15% 的官方发展援助流向人道主义援助，12% 流向经济增长方面，8% 用于公平和民主治理。总体而言，美

---

① 周琪：《作为软实力资源的和平队重受美国政府重视》，《美国研究》2011 年第 2 期。

国对东南亚除了大量的军事援助外，十分注重与人生存和发展有关援助项目的拓展，以提高东盟国家人民对美国的正面认知。

日本对外援助注重受援国民众的实际需求，把援助的触角直接深入受援国内部，而不只单纯停留在政府间的接触。日本对受援国的援助内容主要包括：推进社会性别平等，消灭极度贫困和饥饿，改善儿童营养失调，削减婴幼儿死亡率，提高成人（15岁以上）识字率促进初等教育的完全普及，防止艾滋病、疟疾、结核病等其他的疾病的蔓延等。同时，日本将对外援助更多地转向扶贫、环保、教育和医疗等项目，并且尝试增加其对东盟国家的技术援助。至1998年底，日本向印尼、泰国、菲律宾、新加坡、文莱招收研修员共52943人。派遣专家共17875人，提供器材金额共890.962亿日元，技术援助项目共227件，这些人员与资金、技术的交流对增进日本与东盟国家的经济、文化、政治等方面的相互了解起到非常积极的作用。

中国的对外援助工作主要由商务部对外援助司负责，长期以来秉承以拓展贸易为主的援助思路。前商务部对外援助司司长王世春曾说："在中国外经50强企业中，有2/3是由援外企业发展起来的。"[①] 截至2009年底，中国共向76个国家提供了优惠贷款，提供优惠贷款735.5亿元。支持项目325个，其中建成142个，中国提供的优惠贷款61%用于帮助发展中国家建设交通、通讯、电力等基础设施，8.9%用于支持石油、矿产等能源和资源开发。

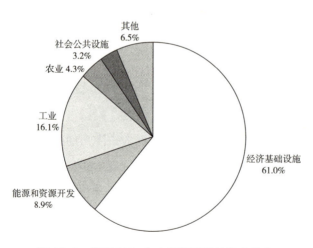

图13-8 截至2009年中国优惠贷款行业分布

数据来源：《中国的对外援助（白皮书）》，中华人民共和国国务院新闻办公室，2011年4月。

_____

① 崔烜：《入世十年，中国对外援助1700亿》，《时代周报》2007年10月24日。

表 13-9　截至 2009 年中国已建成援外成套项目行业分布

行　业	项目数	行　业	项目数
农业类	215	工业类	635
农牧渔业	168	轻工业	320
水　利	47	纺　织	74
公共设施类	670	无线电电子	15
会议大厦	85	机械工业	66
体育设施	85	化　工	48
剧场影院	12	木材加工	10
民用建筑	143	建材加工	42
市政设施	37	冶金工业	22
打井供水	72	煤炭工业	7
科教卫生	236	石油工业	19
经济基础设施类	390	地质矿产勘探	12
交通运输	201	其　他	115
电　力	97		
广播电信	92	总　　计	2025

数据来源：《中国的对外援助（白皮书）》，中华人民共和国国务院新闻办公室，2011 年 4 月。

2. 案例分析：缅甸援助危机——对外援助的"硬"伤

缅甸密松水电站，总装机容量为 600 万千瓦，总造价 36 亿美元，距云南腾冲县约 200 多公里，是中国电力投资集团在缅甸伊洛瓦底江流域开发建设的重大水电项目，预计 2017 年建造完成。按照合同，36 亿美元造价全部由中方支付。工程完成后头 50 年里缅甸将得到总发电量的 10% 以及总收益的 25%，缅甸预计将获得 170 亿美元的总收入。在 50 年后缅甸政府将完全收回整个项目。并且大坝修好后将大大增加伊洛瓦底江的通航能力，洪水发生的频率将从 1 年 1 遇降低到 20 年 1 遇。水电还能减少当地烧煤引起的污染，并且在建设和保养过程中，大坝能解决很大一部分就业问题。但是这幅美丽的蓝图于 2011 年 9 月被缅甸总统吴登盛叫停。

密松事件引起了国内外的关注，中国和缅甸是长期以来坚实的盟友，截至 2011 年 7 月底，有 31 个国家和地区在缅甸 12 个领域共 454 个项目上总投资逾 360 亿美元。其中中国第一，占外国对缅投资总额的 44.11%。中国在缅甸的水电站建设项目也取得了很大的成功，2005年中国在东南亚地区承建的最大水电站、缅甸最大的水电站邦朗电站顺利建成。2007年1月，中国第一个在缅甸投资的水电BOT项目缅甸瑞丽江一级水电站开发运营合资协议在缅甸内比都签署。所以密松的停建让国人诧异，安全问题、环保问题、中国对资源的掠夺、缅甸没有得到实惠、克钦独立军的骚扰等等批评之声浮出水面，但是"欲加之罪，何患无辞"，事件的背后是美缅关系的微妙变化，而美国国务院女发言人纽兰说，欢迎缅甸政府暂停密松坝建设的决定。英国《卫报》网站说，美国的一条外交电报显示，美国驻仰光大使馆资助了缅甸的一些公民社会团体，后者迫使政府暂停在伊洛瓦底江建设一座引人争议的中国大坝。

在此，我们不深究国际大气候改变的因素，首先从自身找原因。在一些国家和地区，对外援助金额和援助项目的增长与中国在该国家或地区软实力的提升并未成绝对的正比关系，问题出在哪里？印度尼西亚国会议员 Eddy Sadeli（李祥胜）一语中的："中国有些援助没有获得当地人的心。"急功近利的援助容易使中国"赢得了政府，但却失去了人民"，随着国际体系的转型，各主要援助大国都试图为新的国际体系的价值观念注入自身的理念。正如著名学者佐立克于2005年9月在纽约中美关系全国委员会发表的演讲中指出："中国应该摆脱重商主义，在外交上有很多机会，应该成为国际体系中负责任的利益相关的参与者。"[1] 中国的对外援助不能仅仅停留在物质层面的合作，而是要寻求更多的价值层面和精神层面的交流和认同，不仅需要硬的资金支持，更需要通过对外援助把中国的硬实力转化为软实力，构建中国负责任大国的国际形象。

中石油从密松事件中吸取了教训。2011年10月3日，中石油援助中缅油气管道沿线8所学校的合同签约仪式在缅甸首都内比都举行，此次捐助中缅油气管道沿线8所学校的合同价值130多万美元。2012年1月14日，东南亚原油管道公司援助中缅油气管道沿线25个社会经济发展项目合同签约仪式在缅甸仰光举行。这25个援助项目包括：21所学校、2所医疗分站和2所幼儿园，项目总金额100万美元。项目完成后，可以帮助1320名村民就近医疗、105名学

---

① Robert B. Zoellick, "whither china from Membership to Responsibility?" http://www.state.gov/s/d/rem/53682html.

龄前儿童入托和 1891 名学生入学。东南亚管道有限公司在缅甸的合资公司东南亚原油管道公司和东南亚天然气管道公司还将每年分别向缅甸提供 100 万美元的捐款，用于改善缅甸的教育、医疗、路桥修建、供排水和环保等项目。

四、软实力与软性援助

对外援助可以从不同的角度划分为不同的类型，"硬援助"和"软援助"的划分始见于官方，商务部对外援助司司长王世春曾撰文指出：中国的对外援助应坚持"硬援助"与"软援助"相结合。[①] 笔者也认为，按照对外援助的性质和内容，可划分为"硬性援助"和"软性援助"，武器等军事援助和基建工程等经济援助属"硬性援助"范畴，人道主义援助、教育援助、援外医疗队、援外志愿者、技术合作、人力资源开发合作等属于"软性援助"范畴。硬性援助有助于带动资金、产品和劳务的流动，而软性援助则更有利于促进援助国内部的文化、价值观和外交政策等各种要素向受援国进行多层次的扩散和渗透。

目前，成套项目[②]是中国最主要的对外援助方式，在对外援助支出中一直占有较大比例，2011 年成套项目援助占对外援助财政支出的 40% 左右；截至 2009 年底，中国共帮助发展中国家建成 2000 多个成套项目，涉及工业、农业、文教、卫生、通讯、电力、能源、交通等多个领域。官方将成套项目援助纳入硬性援助的范畴。由此可见，目前中国对外援助结构中，硬性援助占绝对的优势。相比而言，冷战后美国的硬性援助则呈逐年下降的态势，军事援助从 1990 年的 33.1% 降到了 2004 年的 23.2%，经济援助从 1990 年的 28.6% 降到 2004 年的 26.1%。[③] 不可否认，硬性援助在促进资金、产品和劳务的流动等方面发挥了积极的作用，特别是在新中国成立初期和冷战时期，硬性援助在打

---

① 王世春：《提供无私援助促进共同发展》，《中国经贸》2009 年第 3 期。

② 成套项目援助是指中国通过提供无偿援助和无息贷款等援助资金帮助受援国建设生产和民用领域的工程项目。中方负责项目考察、勘察、设计和施工的全部或部分过程，提供全部或部分设备、建筑材料，派遣工程技术人员组织和指导施工、安装和试生产。项目竣工后，移交受援国使用。

③ Curt Tarnoff Larry Nowels, "Foreign Aid: An Introductory Overview of U.S.Programs and Policy", CRS Report for Congress, Updated April 6, 2001, Congressional Research Service . The Library of Congress, p.8.

破外交困境、赢得受援国政治支持、帮助企业进入海外市场等方面作出了重大贡献。硬性援助使我们赢得了政府，但未能真正赢得民众，近年来，国际社会对中国援助工程破坏当地资源、影响环保、涉及拆迁、工程质量差等批评的声音很多，在印尼甚至出现群众质疑中国援助亚齐的食品和矿泉水过期的极端事件。

当前国际政治经济格局的新发展，正如俄著名政治学家尼古拉·兹洛宾在《第二个世界新秩序》中所说的："冷战后时代世界秩序的特征是无极和激烈竞争。而竞争不是与其他力量中心的竞争，而是要通过一个国家提高自身的吸引力来实现。争夺未来世界的一席是软实力。世界的重大变化，要求世界各国政府重新考虑本国的对外政策，花费更多的资源在世界上树立本国的形象和威望，通过软实力的方法树立正面威望。"[①] 目前中国面临的突出问题是要增进世界各国政府和民众对中国的了解和信任，提升国家形象，营造和平发展的良好国际环境。在这种新形势下，单纯的政府层面的硬性援助已经不能解决这个问题，而软性援助更贴近民生，更能深入到受援国的社会生活中，对受援国民众对援助国的认识和理解能产生直接的影响，因此软性援助对于塑造中国和平、合作和负责任的国际形象，增强国家对外软实力等方面具有促进作用。

随着中国经济实力的不断增强，在2009年成为世界第二大经济体，外汇储备达到2.3万亿美元，稳居世界第一位，中国国力不断增强和国际地位逐步提高，中国已经摆脱以前那种勒紧腰带搞援助的困境，对外援助的资金也逐年增长，对外援助的重要性和独特作用日益凸显；同时，国际社会对中国也有了新的期许和要求。但目前我国还属于发展中国家，国家对外援助的财政投入也是有限的，如何充分利用资金，提高对外援助的效果，使对外援助成为提升国家对外软实力的助推器，调整软硬性援助的结构比例，加大软性援助的投入迫在眉睫。

笔者认为，所谓"软性援助"，主要体现在软性内容、软性方式和软性机制三个方面。

1. 软性内容

软性内容主要指军事援助和经济援助以外的其他援助内容，包括农业、公

---

① 《中国需要更出色"推销自己"》，《参考消息》2010年3月4日。

共设施、教育、医疗卫生、清洁能源和应对气候变化等方面。

目前，中国硬性援助和软性援助的投入力度相距甚远（见表13-10）。可喜的是，当前国家决策层已经关注到这个问题，开始注意援助内容的多样化，例如无偿为柬埔寨农村打了1000口民用水井，解决了20多万人的饮水问题；由袁隆平院士牵头的中菲农业技术中心，在帮助菲律宾发展推广杂交稻技术方面取得了可喜的成果，10公顷示范田平均每公顷单产超过10吨，远远高于菲律宾水稻的全国平均每公顷单产3.4吨的水平。截至2009年底，中国为发展中国家在华举办各类培训班4000多期，培训人员12万人次；中国累计对外派遣21000多名援外医疗队员，经中国医生诊治的受援国患者达2.6亿人次，2009年，有60支援外医疗队，共1324名医疗队员，分别在57个发展中国家的130个医疗机构提供医疗服务。中国还重视与东盟国家开展减灾人力资源开发合作，2005年5月中国为印度洋地震海啸受灾国举办了防灾减灾人力资源培训班，2007年东盟和亚洲国家应急和救助研讨会、灾害风险管理研修班和灾后恢复重建管理研修班在中国举办。2002年5月，中国首次派遣5名青年志愿者赴老挝，在教育和医疗卫生领域开展了为期半年的志愿服务。截至2009年底，中国向泰国、老挝、缅甸等19个发展中国家共派遣405名援外青年志愿者。

表 13-10　截至 2009 年中国各类对外援助项目数据对比

硬　性　援　助	软　性　援　助
688 个工业生产性项目	221 个农业援助项目
442 个经济基础设施项目	130 多所学校
687 个各类公共设施项目（项目多为国际会议中心等政府项目）	100 多所医院和医疗服务中心

数据来源：《中国的对外援助》白皮书，2011 年。

2. 软性方式

硬实力的"软运用"（soft use）也是一种软实力的表现，也有学者称之为"军事化软实力投射"。[①] 在 2004 年印度洋海啸中美国派出了 16000 名军事人员，20 多艘舰只，100 架飞机参与援救，"林肯"号航母的士兵平均每天出动

---

① 王梦平：《美国政府的东南亚政策》，《国际资料信息》2010 年第 1 期。

6—7次，把30多吨食品和净水运往灾民聚集的地方，媒体称"当地灾民热烈欢迎运送食物和净水的美军官兵，似乎已忘记美军在伊拉克的所作所为，灾难发生之前，这里几乎每天都有抗议美国战争行为的示威"。美国的善举改变了世界最大的伊斯兰教国家印度尼西亚对美国的印象。美军还通过参与人道救援行动树立"仁义之师"的形象，2007年美国提出建立一个地区联合救灾部队（joint regional disaster relief force）。美国与东南亚盟友的主要军演"金色眼镜蛇"从2005年起加入了救灾、减灾以及民间援助科目，2009年2月举行的第28次"金色眼镜蛇"演习就将主要科目集中在维和与人道主义救援行动上。[①] 2008年缅甸风灾中，缅甸批准美军空军在仰光的运输请求，美国空军的C-130运输机已执行了116架次的运输任务，向缅甸首都空运了大量救灾物资。日本也深谙此道，日本派遣在印度洋活动的3艘海上自卫队自卫舰前往泰国周边海域，参加苏门答腊海域的灾害救援活动，以搜救为目的而紧急派遣自卫队远赴海外对于日本来说尚属首次。2011年3月中国人民解放军医疗队抵达印尼，参加东盟地区论坛救灾演练，开展人道主义援助行动任务，为当地群众实施常见病诊治、疑难病会诊及中医技术展示，提供免费医疗服务和健康宣教。两天来，医疗队共接诊患者273人次，健康宣教300多人次，发放疾病防治手册1500余份，处理疑难病症5例。

　　硬性援助的"软运用"能在一定程度上缓解中国援外工程队与当地民众的矛盾与冲突问题。工程队可以利用物质和技术上的便利条件，义务帮助附近村民修缮学校和道路等，使援助贴近普通民众日常生活，增进中国援建人员与当地人之间的友好关系。例如援建老挝昆曼公路的工程人员看到当地居民生活比较贫困，很多年轻人无所事事，项目组负责人便主动找到驻地附近的村长，在村里招聘工人进行培训，这些村民学到技术，成了建筑工人，通过自己的劳动领到了工资，带动了当地经济发展。[②]

---

① Sheldon Simon, U.S.–SoutheastAsia Relations: President's Cairo Speech Resonates in Southeast Asia, July 2009, http://www.csis.org/files/publication/0902qus_seasia.pdf.

② 吴杰伟:《中国对东盟国家的援助研究》,《东南亚研究》2010年第1期。

3. 软性机制

目前我国对外援助的主要方式是以政府唱主角的双边援助，而多边援助和非政府组织（NGO）等较为软性的援助方式则很少见。2007年多边援助仅占中国对外援助总额的3.41%，而NGO在对外援助中参与的程度则更低。政府唱独角戏的援助方式，在对外援助的广度和深度方面有一定的局限性，而且容易被扣上"政治化"的帽子，例如一些受援国的反对派与个别西方国家就曾攻击中国不附加任何政治条件的援助破坏了良治，炒作中国的援助是一种"新殖民主义"。

在对外援助机制比较完善和成熟的国家，NGO的角色非常重要，参与度也非常活跃。2008年，国际非政府组织向发展中国家提供的无偿援助资金高达236.55亿美元，比2003年的113.2亿美元增长了108.97%。与此同时，各发达国家政府也越来越多地借助非政府组织渠道来提供官方发展援助，2008年这一金额达到25.08亿美元。① 约瑟夫·奈认为："一些非政府组织比政府更受人们信任。"NGO参与对外援助可以淡化官方色彩和稀释政治性，可以进入很多政府援助无法触及的领域，这种方式更灵活多样，更能够深入基层，使援助直接惠及平民百姓，这种援助更容易被受援国民众接受，更容易在无形中构造国家的对外软实力。我国应该着力培养一批运作基础良好和国内救灾经验相对丰富的非政府组织，积极参与到国际对外援助中。与政府协调步调，进而全面深入地参与全球治理，从民间角度塑造中国负责任的大国形象。

伴随着新中国60多年建设和发展史的对外援助，在不同的历史阶段作出了不同的积极贡献，正如有专家所言："对外援助推动了中国的海外投资，对外援助是中国分享全球战略资源的重要手段。"冷战后的世界政治经济新秩序，赋予了对外援助新的历史使命，对外援助特别是软性援助，触及受援国国计民生的各个方面，通过"润物细无声"的方式，将援助国的影响力无形地渗透到受援国最边远的角落和社会最深处，对提升国家对外软实力、塑造中国良好国际形象有着积极而重要的影响。

---

① 毛小菁：《国际援助格局演变趋势与中国对外援助的定位》，《国际经济合作》2010年第9期。

第十四章 中国软实力战略的创新与超越

本章包括结论、战略思考与对策建议三大部分。在第一部分，我们试图对全书进行总结，对中美日印在东南亚的软实力的基本情况、各自的优势与劣势进行评估。在第二部分，我们对如何确立中国在东南亚的软实力战略进行一些思考，希望从其他国家的软实力战略中寻找到一些有益的启示。在第三部分，我们对如何提升我国在东南亚的软实力提出七条对策性建议，希望政府有关部门能够引起足够的重视。现在看来，与其他地方相比，东南业可能是最能够显示中国软实力的地方，我们如果在这块地方都无法立足，或者长期落后于其他大国，我们就没有资格说要做世界大国。

一、对中美日印在东南亚软实力的基本评价

东南亚十国的情况千差万别，中美日印在东南亚各国的软实力和软实力发挥作用的形式也不尽相同，很难对四国在东南亚的软实力做一个简单的比较，然后得出结论说哪个国家强，哪个国家弱。由于历史、宗教、文化传统、现实的政治经济等因素的综合作用，中美日印在东南亚各国的软实力各有相对的优势，就综合软实力而言，美国在菲律宾强于其他三国，而在泰国和新加坡，中国的优势则表现得比较明显。就总体而论，美国在东南亚的综合软实力是最强的，日本次之，中国第三，印度居第四。然而，在软实力的各个领域，中美日印在各国的存在与影响力也有很大的差别，各有优势。就外交软实力而言，美国在东南亚软实力最强，其后依次为日本、中国、印度。印度虽然在综合软实力方面逊色于中美日三国，然而，在中南半岛各国，印度在宗教文化影响力方

面却远远超过其他三国。

（一）中美日印在东南亚地区的综合软实力比较

软实力是一种改变他者偏好的能力，本课题组研究认为对软实力的衡量不可避免地会具有一定的主观性；这是由软实力本身的特点所决定的。正是由于这种主观性，我们认为必须将能够带来软实力的资源和实际的软实力区别开来，即能够产生软实力资源的增加并不一定意味着软实力的增加，如对外援助的增加并不意味着在援助国软实力的增加。软实力的资源必须通过对象国的接受、认可才能产生软实力。能够带来软实力的资源包括经济因素、文化因素、政治与制度因素、外交因素等四个大的方面，本课题对软实力的分析也主要是基于这四个维度展开的。

本课题组通过对东南亚国家的问卷调查、个人访谈和文献研究相结合的方式认为中美日印四国在东南亚的软实力强弱的排序应为：美、日、中、印；这一排序与四国在世界上的软实力排名基本相同[1]。本课题组研究发现，尽管近年来中国在软实力资源方面有着较大的投入，但由于参与主体的太过单一，软实力资源使用不当等原因，中国实际软实力的增长非常有限；目前仍落后于美国和日本在该区域的软实力。与此同时，有两个方面的情况需要注意：第一，四国在经济软实力、文化软实力、外交软实力、政治与制度软实力等不同领域的排名是有很大差别的；第二，东南亚各国的情况千差万别，政治制度不同，民族和文化多样化，经济和社会发展水平也存在相当大的差异，因此，中美日印四国软实力在东南亚各国之间的实际存在与影响程度也有很大的不同。

就经济软实力而言，日本近30年来的"精耕细作"使其在东南亚的经济软实力中居于四国之首。美国、中国在东南亚的经济软实力紧随其后，印度目前经济软实力相对较弱。就文化软实力而言，美国居于四国文化软实力之首，

---

[1]　根据英国智库政府研究所（Institute for Government）的研究，2011年，美日中印四国软实力在世界的排名分别为第1、7、20和27名。详细说明请参见 Jonathan McClory, "The New Persuaders Ⅱ: A 2011 Global Ranking of Soft Power", Institute for Government, UK, http: //www.instituteforgovernment.org. uk/ 。

日本、中国和印度依次居于第二、第三和第四位。就政治与制度软实力而言，美国依然居于首位，日本紧随其后居第二，中国和印度不及前两者。就外交软实力而言，四国在东南亚的位次依次为美国、日本、中国、印度。整体而言，中国在软实力的四个维度上均居于第三位，不及美国和日本、好于印度。

就东南亚的国别情况而言，四国在东南亚各国的软实力也存在较大的差异。美国在印尼、菲律宾的软实力居于领先地位，日本在越南、马来西亚、缅甸的软实力具备优势，而中国在泰国、新加坡的软实力有较好的表现。整体而言，美国和日本在东南亚各国中的软实力都得到较高的认可，而中国在东南亚各国的软实力则表现出明显的国别差异，印度在东南亚各国的软实力普遍较弱。

下文对中美日印四国在软实力的四个维度及其国别情况作出具体的说明。

1. 中美日印在东南亚的经济软实力比较

就经济软实力而言，日本在东南亚的经济软实力中居于四国之首。美国、中国在东南亚的经济软实力紧随其后，印度目前经济软实力相对较弱。经济软实力的实质是通过经济资源或经济方式而对他国产生吸引力、改变他国的偏好；因此经济资源的多少与软实力的大小之间没有直接的相关性；上述论断在本课题的研究过程中得到进一步的证实。近 30 年来，中国经济高速发展，2010 年经济总量超过日本成为世界第二大经济体；但就经济软实力而言，中国在东南亚地区的存在与影响力仍然落后与日本和美国。原因很多，其中最重要的因素，是中国还没有来得及将经济存在与影响力（包括贸易与投资、官方发展援助等）迅速地转化为现实的软实力。贸易与投资及官方发展援助，这些都是产生经济软实力的重要资源，但是，这些资源要转化为现实的经济软实力，一是需要假以时日，二是需要各种手段和工具。目前，中国两者都还需要努力，才能追赶上美日两国。

中国是东南亚地区的最大贸易伙伴；日本是东南亚地区的最大的投资来源地，中国是第二大投资来源国。东南亚地区各国也普遍认为中国对该地区的经济影响将继续扩大。但中国不断扩大的经济规模并没有相应地转化为中国的软实力；中国企业、中国产品、中国援助等对当地的贡献并没有得到认可和赞赏。可以说中国经济在当地的认可度和美誉度低于日本和美国；没有认可度和美誉度的经济影响力是不可能产生软实力的，相反，经济存在与影响力的扩大甚至可能带来经济软实力的削弱。

日本在东南亚三十多年的"精耕细作"带来了日本在东南亚各国强大的软实力。东南亚各国对日本的援助均有较高的评价；此外日本企业在当地有强大的吸引力；大部分东南亚民众对日本产品和日本科技的赞誉有加，同等情况下更愿意购买日本的产品或日本公司生产的产品。美国在东南亚地区的经济软实力也表现突出，尽管美国与东南亚的贸易和投资额均低于日本和中国，但美国的跨国公司、美国的科技使其吸引力大增。印度当前在东南亚地区的经济软实力并不突出。

2. 中美日印在东南亚的文化软实力比较

文化是产生软实力的主要来源之一，国内甚至有部分研究人员以文化软实力来替代软实力。实际上，文化软实力是指因文化或以文化方式而产生的软实力，并不等同于软实力。就四国在东南亚的文化软实力而言，美国居于四国文化软实力之首，日本、中国和印度依次居于第二、第三和第四位。

美国文化在东南亚的文化软实力主要体现在语言、高等教育、音乐、影视节目、流行文化及生活方式等方面的强大吸引力；美式文化产品、文化消费方式和生活方式成为东南亚地区各国的普遍向往。日本在高等教育、本国居民素质、服饰、动漫、影视节目等方面也有很大的吸引力。中国在东南亚地区的软实力呈现出一种分化的状态：一方面，东南亚各国对中国悠久的历史、灿烂的古代文化、丰富的旅游资源多有向往和认同；另一方面，中国的当代文化和流行文化几乎对东南亚各国没有太大的影响，中国出国旅游的部门游客的素质低下，也是拉低中国文化软实力的因素之一。印度在东南亚的文化软实力主要体现在宗教和流行文化两个方面，就地区而言，印度的电影、音乐、舞蹈、文学艺术、宗教等在东南亚的佛教国家（主要是中南半岛地区各国，包括泰国、越南、老挝、柬埔寨和缅甸五国）有较大的影响力，甚至是支配地位；在海岛地区的一些国家（包括印尼、文莱、菲律宾、新加坡和马来西亚五国），印度的文化软实力则相对要弱一些，造成这种差别的原因很多，主要是历史原因。早在 13 世纪之前，伊斯兰教就进入了东南亚的海岛国家并且迅速取得了统治地位，在菲律宾，随着西班牙的入侵，罗马天主教也迅速成为占统治地位的宗教，相比之下，中南半岛地区，佛教和与佛教有关的文化、价值观及生活方式一直占有优势地位。

3. 中美日印在东南亚的政治与制度软实力比较

政治与制度软实力指因政治资源或制度资源而产生的软实力，也可以称其为政治与制度吸引力。就政治与制度软实力而言，美国居于首位，日本紧随其后居第二，中国和印度不及前两者。

美国在政治与制度软实力方面具有天然的优势，美国从不忌讳宣扬自身是全球政治与制度的"榜样"，并不遗余力地向全世界推销其政治与制度。目前看来，美国在东南亚的推销是成功的。美国的世界观、人权观被东南亚地区广泛接受，东南亚地区也普遍接受美国成为世界的领导者。在东南亚国家看来，日本是东南亚的好伙伴，少了些美国式的张扬，多了些东方式的谦逊，政治与制度运作良好。中国由于特殊的国情及其与东南亚国家间纠葛的历史关系，在政治与制度方面的得分相对较低，尽管东南亚国家承认中国近年来的高速发展，但中国模式（北京共识）在东南亚并不是一个广为接受的观念。目前，东南亚民间对印度的了解还有限。造成上述差别的主要原因，一是制度和意识形态的因素，中国和东南亚大多数国家的发展道路不同，政治经济制度不同，意识形态各异，导致对许多问题的见解迥然不同；二是长期以来，美国利用其强大的、一边倒的话语权，大肆宣传其制度的优越性，宣传美国式生活方式和价值观念的普遍意义，在很大程度上误导了东南亚民众。

4. 中美日印在东南亚的外交软实力比较

就外交软实力而言，美国在东南亚软实力最强，其后依次为日本、中国、印度。被视为合法且享有道德权威的外交政策是软实力的主要来源之一。美国在该地区的外交软实力主要体现在两个方面：其一是美国被该地区的国家普遍视为一个外交友好、尊重他国主权的国家；其二是该地区国家普遍认为美国在世界上发挥了领导性作用、为全球性问题的解决提供了有效的方案，促进了亚洲地区的合作。这与我们的预期有较大的差异，事实上，即使美国自己都很少宣传自己的外交是尊重主权、对他国友好的外交；美国也从来不忌讳告诉他国美国外交的首要目的是维护美国的国家利益。美国在东南亚的外交目标是要维持美国在东南亚的利益，其主要方式是盟国外交和双边外交，多边外交只是一种策略性的选择；但这并没有损害美国在该地区的软实力。美国在现有国际体系内的领导作用及其通过国际机制对所有国际、地区和国别问题的介入并提出鲜明的政策主张使其成为一个"个性张扬但却魅力十足"的领导者。

日本在该地区的外交软实力的外在表现是在该地区扮演了一个国际社会的"模范公民"的角色。日本在该地区投入了大量的援助，并以文化外交和公共外交为主体进行了大量的工作。同时，与美国注重双边外交不同，日本注重多边外交，与该地区的所有国家都保持友好关系并参与了该地区所有层面的多边外交。

中国在该地区的外交软实力则呈现出一种模糊不定的状态。鉴于中国与东南亚国家之间的历史恩怨和现实的领海纠纷，尽管中国表现出超乎一般大国的"平和"姿态并积极支持了东盟主导的地区秩序构建，但模糊不定的外交软实力目前依然没有清晰的迹象。我们还应该指出，中国在相当长的时间内比较注重双边外交而不太善于利用多边外交的舞台，只是最近10多年，中国才开始比较重视多边外交，在类似东盟、亚太经合组织等多边外交舞台上扮演日益重要的角色，这种角色的转换仍然需要时间，中国应该更加重视多边外交，在地区事务与国际事务中发挥更加重要的作用。

印度由于是在20世纪90年代以后才开始注重东南亚地区，而且目前印度外交在该地区能够投入的资源还很有限，因此在该地区的软实力明显弱于美日中三国。

（二）中美日印软实力的国别比较

为了更为精确地把握中美日印四国在东南亚的软实力，我们除了利用现有研究资料外，还对东南亚地区的主要国家进行了实地调研，通过问卷调查的方式了解了四国在东南亚软实力的具体情况。

1. 中美日印在印尼软实力的比较

整体分析比较中美日印在印尼的软实力，美国得分最高，其次为日本，紧接着是中国，而印度在所有指标中的得分都排在最后（见表 14-1）。美国在人力资本和政治方面得分最高，而经济影响和吸引力方面得分稍逊于日本，文化和外交软实力方面得分低于日本和中国。排在美国之后的是日本，其每个指标的排名都居第一或第二，经济、文化和外交得分居第一，而人力资本指标的得分则与美国差距较大。中国软实力得分居第三位，其中文化和外交表现较好，两项得分都位于第二位，排在美国之前。而印度在印尼的软实力得分整体落后于以上三国。下文将就美国和日本在印尼软实力进行简要评述。

表 14-1　中美日印在印尼的软实力比较（标准：0 至 10 分）

	美 国	名 次	中 国	名 次	日 本	名 次	印 度	名 次
经　　济	7.576	（2）	6.907	（3）	7.781	（1）	4.499	（4）
人力资本	7.938	（1）	6.475	（3）	6.760	（2）	3.473	（4）
文　　化	6.970	（3）	7.318	（2）	7.500	（1）	5.878	（4）
外　　交	6.954	（3）	7.012	（2）	7.108	（1）	5.084	（4）
政　　治	7.780	（1）	7.265	（3）	7.440	（2）	6.020	（4）
平 均 值	7.443	（1）	6.995	（3）	7.318	（2）	4.991	（4）

数据来源：本课题组在印尼的调研数据计算所得。

（1）美国在印尼软实力的特点

在美国影响印尼的各种手段中，教育援助是一个非常有效的影响渠道。1950 年印尼正式脱离荷兰的殖民统治，在印尼存在了上百年的荷兰殖民体系开始瓦解。作为刚独立不久的印尼，对美国政治、经济、社会乃至文化上的援助都是急需的。1951 年，美国开始关注对印尼的教育援助，美国的大学与印尼大学建立合作，例如美国哈佛大学通过国际发展研究所（Harvard Institution for International Development，HIID）对印尼提供教育与研究的援助，除了派遣教师到印尼，也为印尼大学提供奖学金培养人才，派遣专家协助印尼国家发展规划局（BAPPENAS）、社科院（LIPI）的发展。[①]　除了哈佛大学，康奈尔

---

① Tamara，Mohamad Nasir. Studi Indonesia（dan Asia Tenggara）di Amerika Serikat serta Pengaruh "American way of thinking"，*Archipel*，Vol. 33，1987. p.30.

大学、麻省理工学院也都开展印尼研究项目。印尼新秩序时期（1965—1989年），美国通过福特基金和联合国教科文组织援助印尼教育事业，建立印尼教育发展机构，协助印尼建立起完善的教育体系。此外洛克菲勒基金、亚洲基金、美国国际开发署、美国新闻处等也通过美国驻印尼大使馆对印尼进行资金及项目援助。① 另外，美国政府部门也为印尼师生提供大量的研究资金，这些机构包括：美国中央情报局、教育部、卫生部、世界银行等，还有不少跨国企业也向印尼学者提供了许多研究资金，例如美国国际电话电报公司。80 年代，美国的大学积极开展东南亚研究（包括印尼研究），这些大学包括康奈尔大学、耶鲁大学、俄亥俄大学、北伊利诺伊大学、夏威夷大学、加利福尼亚大学伯克利分校、威斯康星大学等十多所名校。除了美国本身展开大量的印尼研究，在印尼本土也成立了许多美国研究中心，美国对于这些中心提供了大量的人力、物力和财力的支持，希望有越来越多的印尼人了解美国人的思维和行为方式，推动两国无论是政府间抑或是民间的交流。② 印尼的五大名校，包括印尼大学、加查玛达大学、万隆理工学院、茂物农业学院和艾尔朗卡大学，其老资格的教授多在美国受过教育。③ 可以说，在印尼社会精英阶层中（包括政治、经济、军事等方面的阶层精英），有相当一部分人接受美国教育，并成为亲美派，因此，美国对印尼政治、经济政策的走向具有重要而且持续的影响力。

（2）日本在印尼软实力的特点

日本在印尼的软实力战略则是别具一格。20 世纪 80 年代以后，为了深化与印尼的合作关系并且有效地改善日本的国家形象，日本对其对外援助策略进行了大幅度的调整，从最初的"经济开发型"对外援助转变为"政治战略型"对外援助，在经济领域以外拓展了更多的援助项目，例如在教育、文化、卫

---

① Tamara, Mohamad Nasir. Studi Indonesia (dan Asia Tenggara) di Amerika Serikat serta Pengaruh "American way of thinking", Archipel, Vol. 33, 1987. p.34.

② TEMPO, 31 Maret 1984. 转引自 Tamara, Mohamad Nasir. Studi Indonesia (dan Asia Tenggara) di Amerika Serikat serta Pengaruh "American way of thinking", Archipel. Volume 33, 1987. p.47。

③ Tamara, Mohamad Nasir. Studi Indonesia (dan Asia Tenggara) di Amerika Serikat serta Pengaruh "American way of thinking", Archipel. Volume 33, 1987. p.50.

生医疗、农业等方面，政府与非政府组织之间。日本传播软实力的工具主要是国际交流基金（the Japan Foundation，JF）、日本交换与教学项目（The Japan Exchange and Teaching Program）、日本海外合作志愿者项目（Japan Overseas Cooperation Volunteer Program）以及官方发展援助（Official Developmental Assistance）。这些项目尤其是语言、文化、教育项目鼓励海外学生到日本留学，推广其国际化的教育，让这些海外学生回国后成为推动国家关系及传播日本文化的桥梁和民间大使。此外，日本还在印尼建立了日本文化中心，在各地建立民间的文化、教育驿站，让印尼青年了解日本社会文化。除了政府的援助，不少日本企业也设立援助基金和项目。例如丰田基金设立的"认识我们的邻居"（Know our Neighbors）翻译项目，在 1981 至 1983 年间翻译了 16 本印尼著作。日本在二战后经济快速复苏，科技得到大力发展，成为仅次于美国的经济强国。对印尼源源不断的援助、大型知名企业的投资、多领域的援助，让日本在印尼的国家形象大有改观，从"殖民者"转变为"富裕、高科技的先进国家"的正面友好形象。日本还注重拓展其文化软实力，近几年更将流行文化作为其外交工具之一。日本通过经济援助改善日本的形象，从而提高日本产品美誉度并让其形象深入到对象国，使援助国信赖并钟爱日本产品，以至达到其扩展市场的目的并获得高额的经济回报。目前，中国的"走出去"进程与日本进入东南亚市场初期有所相似，日本的经验对中国提升软实力有重要的借鉴意义。

2. 中美日印在菲律宾的软实力比较

总体来讲，美国在菲律宾的政治软实力最强，日本在经济软实力方面稍微领先美国。在外交软实力方面，虽然中国仍然落后于美国和日本，但是差距并不是非常大。在文化软实力方面，美国和日本的影响最为强大，尤其是在流行文化方面。而中国文化与菲律宾文化的相似性虽然得到菲律宾人包括华人的高度认可，但并没有明确的证据说明这种文化相似性已经转化为现实的影响力。印度除了在政治制度的某些方面稍微领先中国外，在所有其他的领域都落后中美日三国。这说明，印度在菲律宾的软实力非常微弱。

（1）经济软实力

如图 14-1 所示，在经济影响力、经济合作的重要性、产品信赖度（美国与日本并列）、购买产品意愿、先进跨国公司的数量、公司企业对菲律宾社会的贡献的等几个方面，美国均排第一位；而日本则在科技水平、企业精神、产品信赖度（与美国并列）排第一位，其公司对菲律宾社会的贡献与美国相差无几；中国在经济影响力、经济合作的重要性等两项指标上排第二，但在产品信赖度、购买产品意愿、企业精神等方面与美国和日本存在较大的差距；印度则在上述所有指标中均处于末位。

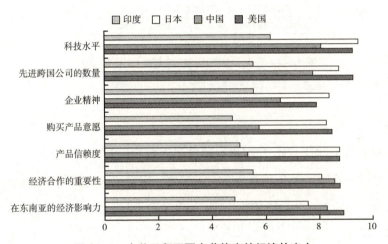

图14-1 中美日印四国在菲律宾的经济软实力

数据来源：本课题组在菲律宾的调研数据计算所得。

（2）文化软实力

文化软实力方面，在文化与生活方式的相似性，以及历史文化资源的丰富性上，中国得分最高。日本公民的行为举止、公民受教育程度、旅游吸引力等方面最受菲律宾人推崇。不过，作为旅游目的国，日本、中国和美国的得分差距不大。美国的流行文化对菲律宾的吸引力最大，此外，在语言学习和留学目的地的选择上，美国和英语皆为菲律宾人的第一选择，分别为93.6% 和71%，尽管菲律宾人对中文的重视程度高于日语（可能是华人因素所致），但日本作为留学地，却比中国更受欢迎。印度仍然在所有领域的指标处于末位。

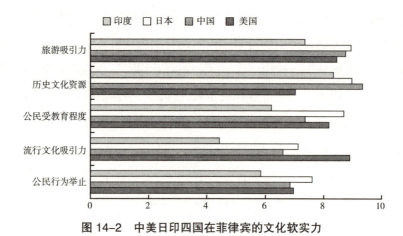

图 14-2　中美日印四国在菲律宾的文化软实力

数据来源：本课题组在菲律宾的调研数据计算所得。

（3）外交软实力

菲律宾人最接受日本为亚洲的领导者，对美国和中国的接受程度差别不大。但是对于几国未来在亚洲地区的影响力，期望中国能够发挥更大作用的比例非常高（71%），远高于美国（33%）和日本（44%）。美国和日本在国际机构中的表现无疑要优于中国，无论是在解决国际纷争，还是在国际机构中发挥的作用，中国均落后于美国和日本。在尊重他国主权方面，日本和印度的表现相对最好，得分分别为7.6分和7分，中国和美国得分分别为6.4分和6.3分。

（4）制度和政治软实力

在尊重人权领域，日本和美国分别以7.5分和7.4分排在前两位，而中国则以6.1分居末位。在以上两个领域，印度的得分都高于中国。显示中国的国际形象堪忧。关于中国是否会成为未来世界的领导者，有45%的菲律宾人认同，不认同的比例为15%，不确定的人为40%，这一部分群体的观点很可能会受到一些突发性事件的影响。

（5）美国在菲律宾软实力的特点

菲律宾是个极度开放和多元的社会，其政治和社会权力结构呈现多元化。此外，菲律宾拥有数量庞大的非政府组织，这些组织成为外国政府和国际组织对菲律宾施加影响的重大途径。因此，菲律宾的社会结构和权力结构为他国在菲律宾开展民间外交提供了机遇，其中尤其以美国和日本为主。与日本、中国等国相比，美国在菲律宾的软实力最为强大。姑且不论美国的援助、产品、投资、双边贸易对菲律宾的影响力，美国的社会和文化影响力已经渗透到菲律宾机体的每一个部分。两国之间频繁的人员往来和交流，诸如劳工和留学生，也把两国牢牢绑在一起。这是中国长期之内都无法改变的事实。总的来说，美国影响菲律宾的方式可以概括为如下两点：

第一，通过大量非官方机构等途径进入并影响菲律宾的政策议程。

这些非官方机构包括美国各式各样的非政府组织和非营利性的研究机构，这些机构通过与菲律宾的类似机构进行合作，具备影响菲律宾内政、外交政策议程的能力，这种影响既反映在人员之间的意识形态和文化交流，又包括经费来源。尤其是某些具备特殊使命的非政府组织，其背后隐藏着美国政府的意图，他们对菲律宾影响隐形而又强大。当大量非政府组织或者其他组织活动在政策前沿时，无须美国政府真正出面，菲律宾政策的方方面面就已受到美国的影响。所以，这些非政府组织构成了美国多元外交的强大网络。

第二，提供制度和公共服务等产品，把菲律宾纳入美国的战略框架。

这体现在美国通过一些长远的制度性框架，和菲律宾展开合作，同时为菲律宾提供一些服务，并以此影响和操控菲律宾的制度、内政以及发展模式，让菲律宾对美国形成制度性依赖。如果我们全面观察美国对菲律宾的政治、经济和社会政策，就会发现这些政策从单个的角度看或许是孤立和凌乱的，但是如果把这些政策放在一起来考察，就会发现美国的战略性目的：制度性依赖。这也是美国影响很多国家的惯用手段。美国善于利用各种制度与合作平台来施加影响，无论是美国国内的国际开发署，还是国际组织如世界银行和联合国开发计划署，都可以成为美国施加影响的工具。如美国通过千禧年计划，引导菲律宾的扶贫和基础设施建设，而菲律宾为了达到千禧年计划的要求，就必须对内作出政策调整和制度改革。

美国通过不同领域的制度合作，如环保、援助、扶贫、经济合作等，给菲律宾提供一些公共产品（public goods），但这些制度并非都是利己主义的，也有利于当地国，但是藉此途径与方式，美国的文化、理念等就不知不觉地渗透进菲律宾，让菲律宾的发展道路和模式受到美国持续而且深刻的影响。

3. 中美日印在越南软实力的比较

总体而言，中、美、日、印四国在越南的软实力大小有比较明显的差别，日本的软实力最大，其次是美国，再次是中国，印度排在最后。

（1）经济软实力

本课题组调研发现，中美日印四国中，中国经济发展前景、对东南亚的经济影响力等方面的得分高于美国、日本和印度，说明越南对中国经济发展前景持比较乐观的态度，他们也看到了中国经济对东南亚地区经济发展的影响。在发展模式方面，越南对中国的评价高于其对印度的评价，但与其对美国和日本的评价相差不多，说明他们对中国发展模式还是持比较肯定的看法。

在产品质量、在越企业表现、企业家精神等具体的经济指标评分中，越南对中国的评分均低于其对日本、美国和印度的评分。在中越经贸关系发展如此迅速的情况下，越南对中国企业和产品质量的评价不高，说明中国企业在这方面需要进一步加强，在越南投资的中国企业亦需借鉴日本和美国的成功经验，树立高质量、负责任的良好企业形象。

（2）政治与制度软实力

在政府廉洁程度、政府行政效率等国内政治形象方面，越南对中国的评分低于其对日本和美国的评分，高于其对印度的评分，尽管中越均实行社会主义制度，均为共产党领导，但是，越南对中国的评分低于其对实行资本主义制度的美国和日本的评分，说明他们对资本主义的美国、日本的政府廉洁和行政效率还是给予了充分的肯定。

（3）外交软实力

在外交方面，尽管中国数十年来给予了越南大量的无偿援助，但是，在当代越南人中并没有留下好的印象，他们对中美日印四国的人道主义援助的评分中，对日本的评分最高，其次是美国，印度排第三，而对中国的评分最低，这个现象值得我们深思。关于中美日印在东南亚地区的和平与稳定发挥积极作用方面，越南认为，日本排第一位，其次是中国，美国排第三位，印度排第四位；日本是最能与东南亚发展更为紧密关系的国家，其次是印度，而中国排在第三位，美国排在最后。总的来看，中国在越南的"外交软实力"不及日本和美国。

（4）文化软实力

在文化方面，越南对中美日印科技发展水平的评分中，日本和美国的评分最高，其次是中国，印度排在第四位。在高等教育、流行文化方面美国在越南的认可度也超过中国，中国在流行文化方面的吸引力又超过日本。在社会文化和生活方式方面，越南认为中国与越南的相似度极高，这是中越两国人民交往悠久、中国文化对越南文化生活方式影响至深至远的结果。

上述研究结果也表明，中国在越南的软实力发展并不平衡。一些维度和指标处于高位，另一些则处于低位。具体而言，狭义"文化"部分（如影视文化、文化生活方式等）对越南的吸引力是相当高的，表明这方面的文化软实力是中国综合软实力的"长板"，越南对中国的经济发展前景以及对东南亚的经济影响力也有较积极的评价，而其他部分如政府廉洁程度、政府行政效率、国民素质、产品质量、在越企业社会责任表现、企业家精神等方面则是"短板"，这种"木桶效应"将制约着中国在越南的软实力发展。而他们对中国的人道主义援助的评分最低，也应引起关注。

4．中美日印在泰国的软实力比较

本课题组的调查显示，中国在泰国的软实力有较好的表现，在经济软实力、文化软实力、外交软实力和政治软实力四个方面都排在第一，而日本在四个方面均排在第二，美国的经济软实力和政治软实力排在第三，文化软实力和外交软实力排在最后，印度的文化软实力和外交软实力排在第三，经济软实力和政治软实力排在最后。泰国调研数据的反馈出乎我们的预料，这可能与泰国本身较为中庸平和的外交定位有关。

5．中美在新加坡的软实力比较

本课题组根据软实力评估公式进行相应运算后得出，中美在新加坡的文化、经济、外交软实力的比例分别为：0.770、2.413、0.593。综合计算可得出中美在新加坡的软实力比例大约是 1.223，即中国在新加坡的软实力约为美国在新加坡的软实力的 1.223 倍。该数据表明在既定的评估体系中，中国在新加坡的软实力要比美国的相对较强一些。由于软实力中一些难以量化的指标没有纳入评估体系中去，因此该评估结论需要进一步的分析。

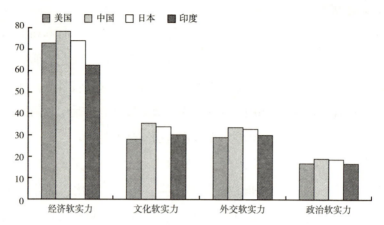

图 14-3　中美日印在泰国的软实力指标

数据来源：本课题组在泰国的调研数据计算所得。

表 14-2　中美在新加坡的软实力综合评估体系

构成要素	指标一	指标二	指标三	指标四
文化软实力	1.468	0.741	0.105	0.765
经济软实力	1.316	0.531	0.902	6.903
外交软实力	0.755	0.487	0.158	0.973

数据来源：本课题组根据软实力评估体系计算所得。

这一结论与中国软实力目前且在相当长的一段时期内仍无法赶上美国的结论相悖。究其原因，本书在对两国软实力进行比较的框架下，选取了新加坡这一特定社会背景。新加坡是亚洲国家，而且从其地缘政治、人口结构、社会语言使用的比例、历史原因等因素考虑，中国与新加坡的联系有着先天的优势。

纵向上，自新加坡建国以来，中新之间由于民间华人华侨与中国国内同胞的联系，以及新加坡以优先发展国内经济为要务的目标，新加坡与中国一直保持并持续发展着密切的经济交往。在横向上，新加坡的主要种族华族是新加坡的经济社会发展过程中的重要组成部分。种种因素的结合使中国在新加坡的软实力，尤其是在文化以及经济层面上，与美国在新加坡的吸引力不相伯仲。

（1）中美在新加坡的文化软实力

从逻辑上来看，中国在新加坡的文化软实力，尤其与崇尚西方文化的亚太地区以外的国家相比，应当享有着领先的优势。但是，综合文化软实力的四大指标，中美在新加坡的文化软实力比例为0.77。这一数值表明，在新加坡，中国的文化软实力与美国相比仍有一段距离。而从更深层次来看，在新加坡这一以华族为主要民族的亚洲国家中，中国的文化软实力仍无法与远隔太平洋的美国文化软实力相提并论，作为同宗同源的中国文化，如何更好地归纳、提炼并进行推广，这是关系到中国全面、长远发展的重要问题。

就中国与美国在新加坡的文化软实力各分指标来看，只有在语言使用比例上，中国稍微领先。而在其他的三个分指标中，中国的软实力大约只有美国的70%。其中，中国在教育、文化交流等方面的投入与建设仍有待加强，特别是高等教育方面，0.105这一数字鲜明地显示出中国与美国之间存在的巨大差距。

（2）中美在新加坡的经济软实力

就中国的国情而言，在软实力的诸多来源中，经济因素既是中国硬实力的主要构成部分，同时也是软实力的重要来源。中新贸易额的逐年上升，以及中国国内经济的不断发展等，这些优异表现既增加了中国的经济实力，又增加了中国的政治实力、民族自信心以及国际影响力，同时还促进了中国与新加坡发展双边经济关系过程中更进一步紧密的合作。而紧密的经济合作，必然带来两国国家利益的相互依赖，从另外一种角度来看，这种相互依赖程度的加深，也是一国软实力的提升。

（3）中美在新加坡的外交软实力

美国在新加坡的软实力优势主要体现在外交领域。美国不仅经济实力超强，其军事实力也不容忽视。由于新加坡国土面积狭小，缺乏战略纵深腹地等原因，美国强大军事力量所能提供的军事保护是新加坡国家安全需求的重要保证。而基于强大综合国力基础之上所形成的国际威望，美国在构建国际体制、倡导国际价值等方面所具备的能力以及吸引力促进了美国在全球范围内提升其软实力的可能。

6．中印在缅甸的软实力比较

与在整个东南亚地区的软实力状况相类似：在文化上，中印均在缅甸具有深厚的影响力；在外交上，中国一贯坚持和平共处五项原则，所以政策稳定性较好，更值得信赖；在援助方面，中国对缅甸的援助时间上早于印度、规模上大于印度、效果上好于印度。中国的基础设施建设经验丰富，所以在援助缅甸时更侧重于具体工程项目的建设；而印度信息技术比较突出，所以经常以此为援缅重点。

中印软实力的发展与以经济为核心的硬实力的崛起是联系在一起的，两国对软实力的认识也经历了从无意识的自发阶段到有意识的自为阶段的转变。中印在东南亚的软实力建设取得了许多成就：中国的核心成就是实现了中国—东南亚关系中的"去意识形态化"，扩大了在许多领域的影响和存在；受制于本国国情，印度在东南亚的软实力建设步伐起步较晚，但相较于中国具备许多优势，如不存在领土与海洋划界纠纷、历史恩怨较少、非政府组织活跃等。总体来看，当前中国在缅甸的软实力超过印度。

二、创新与超越：中国的软实力战略

（一）中国软实力战略的基调

软实力理论在美国的提出和在中国的流行有着完全不同的背景和目的。约瑟夫·奈在20世纪90年代提出软实力理论的背景是美国在全球的绝对优势地位受到了挑战，其在全球贸易、投资、生产、军事等领域的优势正在逐步缩小而且有可能被他国赶上或超过。美国面临的是"霸权忧虑"，即担心自己的霸权地位不在或被他国替代。在这样的背景下，软实力理论被提出来，意在缓解美国的"霸权忧虑"，其内在的逻辑是：尽管美国在硬实力（贸易、投资、生产、人口、军事）领域的优势和绝对主导地位正在逐步消失，但美国的软实力（影响力和对他国精神的控制力）仍处于全球的主导地位，而美国软实力在全球主导地位的存在将确保美国在硬实力相对下降的情况下在全球依然处于主导地位。因此，可以说软实力理论是美国应对"霸权忧虑"的药方，是为了回答在硬实力优势逐步消失的情况下，如何继续保持美国的全球霸权地位这一问题。

软实力理论在中国的引进及兴起的背景是在中国硬实力不断增长的情况下国际认可度的下降和国际环境的恶化。中国在经过多年坚持"发展是硬道理、发展是解决所有问题的关键"后发现发展似乎并没有成为解决所有问题的关键：经过多年的发展，中国成为全球经济大国，在贸易、投资、生产能力、发展潜力、军事等方面都有了极大的飞跃，但是中国的国际形象、国际美誉度和他国对中国的认可度似乎并没有随着发展而提高。因此软实力在中国的引入是为了应对中国的"崛起困境"，即如何使中国及中国的发展被认可，使中国的国际形象由一个不太讲理的"暴发户"形象转变为"谦谦君子"形象。

正是由于中美两国软实力理论提出的背景和目的不同，两国的软实力战略也因此而不同。美国软实力战略是强调其制度和观念的优越性、普世性和不可超越性，因此其主要的工作是通过批评他国的不足来彰显自身的优越。中国软实力战略则是强调如何将硬实力转化为软实力。因此对于美国的批评我们可以不必太过在意，中美之间软实力是一种非零和的竞争，也是一种"人心之争"。考虑到人的主观偏好的形成是一个长期的过程，因此形成一套可以长期坚持的软实力战略实属必要。

（二）中国软实力资源的培育

1. 国内问题的解决是软实力产生的根本

"三聚氰胺"奶粉在中国的生产和销售不仅会令国内民众寝食难安，也会让他国民众"不寒而栗"，其对中国软实力的损伤将是长期而巨大的。这一事例很好地说明了国内问题对软实力的影响。软实力其实主要是通过"自身修炼"获得的。只有将本国的社会制度建设得更加完善，人民更加幸福，才能获得世界其他国家人民的尊重和钦佩，由此才能真正提升在国际社会中的软实力。如果国内的腐败得不到有效治理，社会不平等现象普遍存在，公民的基本权益得不到保障，那么即便对外大肆展开宣传攻势，或对他国广施恩惠，其结果也往往适得其反，不可能长期树立良好的国家形象，也不可能具有强大的软实力。

2．资助国内外机构和学者的中国研究

中国崛起这一课题已经成为世界各国研究机构和学者的热门研究议题，从提高中国软实力的角度出发，我们应该培养和支持一批知华、友华的学者和学术机构。可以采用设立研究基金、外围组织、发布课题等方式进行，其中的关键是对课题和研究项目进行科学的评估。同时，应鼓励国内机构和学者的国别研究，逐步实现对世界所有国家和地区的"全覆盖"。

3．接地气的"中华文化"

中华文化是我能够提高中国软实力的利器之一，长达五千年的灿烂文化确实也有助于提高我国的软实力。但长期以来我们对中华文化的传播有一个误区，就是偏重宣传以京剧、古典音乐和带有东方神秘色彩的高端文化，这样的文化可以满足他者的猎奇心理，但很难让人模仿、学习和内化为一种生活方式。文化本身就既有"阳春白雪"式的高端文化，也有"下里巴人"式的流行文化。中国文化要产生更大的软实力必须要能够走进日常生活，影响他者的生活方式，从这个角度来讲流行文化、饮食文化、武侠小说等"下里巴人"更应该得到推广。

（三）中国软实力资源的转化

1．建立多主体的软实力资源转化渠道

约瑟夫·奈在近期的一篇关于中国软实力的文章中提到，中国软实力战略的最大错误是认为政府是提高中国的软实力主要力量[①]。可以说这个评价还是非常中肯的，当前中国有很多能够产生软实力的资源，但政府几乎是中国软实力转化的唯一主体。无论是文化外交、孔子学院、国家形象宣传片、对外援助还是经济外交几乎全是政府包揽，甚至近年来开始探讨的公共外交和民间外交也成为中国政府对国外非政府行为体的外交。与日本和美国的软实力相比，中国的软实力完全依靠政府在"单打独斗"，非政府行为体，如企业、非政府组织、个人、志愿

---

① JOSEPH S. NYE, *What China and Russia Don't Get About Soft Power*, http：//www.foreignpolicy.com/articles/2013/04/29/what_china_and_russia_don_t_get_about_soft_power?page=0，1&wp_login_redirect=0.

者团体等几乎都无所作为。软实力面对的国外客体是一个多元的、多层次的复杂社会，以一个一元的政府来试图面对国外多元的社会来实现软实力的提高，效果肯定是不尽如人意的。中国的软实力战略应该是政府主导的、社会各界多元参与的格局，只有形成多主体的参与，才能面对国外的多元社会。

2. 改变对外传播过程中追求"完美"的固有思维

针对中国软实力的现状还有另外一个误区是认为"我们宣传得不够、有负面信息曝出"。在信息时代，主要问题是信息过剩而不是信息不足，增加我们的信息和传播并不必然会导致我们软实力的提高。此外，中国需要改变对外传播过程中追求"完美"的固有思维。受中国传统的"圣人"思维影响，中国在对外传播的过程中往往存在减弱负面影响甚至隐瞒不良信息的情况。实际上，在其他国家的民众看来，一个能够坦诚面对错误的国家、政府和对外传播媒体，恐怕比一个伪装出来的"高大全"形象更容易信赖和接受。BBC 和 CNN 对国际受众的忠诚度的成功吸附，无疑是其真实、客观、及时的报道产生的结果——至少在表面来看确实如此。而中国在这一方面无疑还是需要进一步学习的。

（四）中国软实力的评估

在当前中国软实力战略中最缺乏的不是提高软实力的方法，而是缺乏对软实力的评估。当前，我们有提高中国软实力的迫切愿望和大量措施，并有相应的人员和资源投入，但对软实力整体的评估以及软实力各项措施的实际效果的评估却是缺乏的。对软实力的评估是确定软实力战略的有效性并不断改进的关键，缺乏评估容易导致无的放矢。

对中国软实力的评估有两种评估体系。一种是目前常见的民意调查方式，本课题组的国别调查就是采用这种方式对软实力进行评估。其具体做法是将软实力分解成多个具体而详细的问题，通过专业的问题设计和样本选取来了解我国的国家形象和软实力。但这种方法的调查结果容易受突发事件的影响，如黄岩岛事件前后，中国在菲律宾的形象存在着鲜明的差异。另一种评估体系是专家式评估，即将软实力细分为若干个具体的维度和指标，通过对指标的分解、加权和计算得出各国软实力。本课题研究中对中美在新加坡的软实力评估就是采用这种方法。此外英国政府研究所也设计了一套软实力评估体系，其评估体系将软实力划分为 5 个维度，并将其再进一步分拆成 7 个主观指标和 43 个客观指标进行计算 [①] 。我们认为两种方法应该同时应用于评估中国软实力。此外，对中国软实力的评估应该是一项常态性的工作，应由相关研究机构进行动态的评估和跟踪调查。

（五）中国软实力与中国政策目标的实现

正如前文所述，软实力在中国的引入是为了应对中国的"崛起困境"，即如何使中国硬实力的增长不引致他国群起的忧虑和反对，是为了让他国对中国形成信任和好感。因此，可以说中国软实力与中国的具体政策目标实现之间很难建立起直接的联系，希冀通过软实力来实现具体的政策目标也是不现实的。鉴于中国软实力的这一特点，我们必须认识到软实力并不是能够解决具体问题的利器，其作用将主要体现在缓解各国对中国崛起的忧虑上，其原理类似中药，并不能直接解除病痛，但却可"固本培元"。

中国软实力战略的目标应该是破解中国的"崛起困境"，软实力资源的培育应坚持破解国内发展难题与提供接地气的文化，软实力的主体应实现多元化，软实力的评估应坚持长期性和客观性。软实力是"人心之争"，风物长宜放眼量，为此，中国软实力战略的制定应该周全、战略的执行应该有效、战略的评估应该完备，最终中国软实力战略的效果将逐步彰显。

三、对策建议

我国在软实力的提升和发挥影响力，是一个长期的过程，也是一个系统工程，在我国的对外战略中应该有其重要的位置。中国正在走向世界大国，与这个目标相适应，我们应该有一个完整的、具有前瞻性的对外战略，在今后的对外交往中，我们不仅要向外界展示我们的硬实力，更应该向全世界展示我们的

---

① 详细说明请参见 Jonathan McClory, "The New Persuaders Ⅱ: A 2011 Global Ranking of Soft Power", Institute for Government, UK, http: //www.instituteforgovernment.org.uk/。

软实力，让全世界的人民更多地了解中国，更好地认识中国。一个正在和平发展的中国，一个正在成为世界大国的中国，需要一个和谐友好的世界，而世界也需要一个和谐友好和负责任的中国。

（一）调整对外援助政策

对外援助既是经济外交的重要手段，也是一国软实力的重要来源。本课题组研究发现尽管当前中国在东南亚地区的对外援助在不断增加，但东南亚地区特别是东南亚民间对中国对外援助的知晓度和认可度都不如日本和美国，鉴于此，我们提出以下建议：

1. 对援助进行外部评估，提高援助有效性

自20世纪90年中期代始，通过对外援助促进双边贸易、投资的发展，成为中国对外援助战略乃至"大经贸"战略以及"走出去"战略的重要组成部分。[①] 我们认为对外援助的重要性不仅仅在于为中国带来经济利益，而应该成为提高中国软实力的重要手段。为此，需要提高对外援助的有效性，评估对外援助经济效益之外的"软实力效益"。当前我国对外援助的评估还缺乏系统的评价体系，我们建议应该引入外部机构对我国的对外援助进行评估。如果仅仅依靠政府内部同一部门或不同部门之间的评估，很难保证评估的真实性和有效性，因此应该将此项工作以招标的形式发包给相关科研机构或专业机构。

2. 援助主体多元化

与美国和日本的对外援助相比，我国对外援助最大的差别是对外援助主体的单一性。由于中国"国强民弱"的特殊社会结构，当前中国的对外援助基本上都是由政府及其附属机构独家承担。由于缺乏应对国外多元社会的经验，因此我国的援助主要是以政府对政府的形式开展，从对外援助的方式来看也是以直接的资金援助和工程援建为主，鲜有直接切入当地社会的小微项目。中国在援助项目的选择、执行以及目标的实现整个过程都太过于依赖受援国政府，由于援助接受国大多为最不发达国家，腐败问题较为普遍、政府治理能力较弱，

---

① 黄梅波、刘爱兰：《中国对外援助中的经济动机和经济利益》，《国际经济合作》2013年第4期。

严重影响中国援助项目的完成和目标的实现，为此，我们应该改变当前援助主体单一的格局，鼓励和培育一部分非政府主体机构，如公司、民间组织、社团组织等，让更多的非政府机构参与对外援助，实现援助国与受援国之间多层次的对接。

3．提高对外援助透明度

2011年中国发布了第一份对外援助白皮书，这是提高对外援助透明度的重要举措。我们通过研究发现，与美国和日本相比，我国在提高对外援助透明度方面仍然有很多工作要做。对外援助透明度的提高，不仅有利于援助接受国更清晰地了解情况，加强受援国民众对政府的监督，还可以在更广的范围内提高中国的美誉度和软实力。当前，即便是专门研究对外援助的国内学者要了解中国对外援助的全部真实情况都是一件非常困难的事情，具体表现为：相关部门以保密为由不公开最新数据；网站不及时更新；相关统计数据太过笼统，没有与国际接轨；等等。提高援助透明度可以首先从实现援助资料公开发布开始，逐步过渡到发布中国对外援助年度报告。

（二）完善"走出去"战略

1．强制"走出去"企业建立企业社会责任制度

本课题组在东南亚地区开展调研活动时发现，中国"走出去"企业及其在当地的投资对中国软实力的正面效应不大，而负面效应却经常显现。最明显的表现是，中国企业将国内的生产方式和思维方式照搬到了当地，中国在东南亚各国的大部分投资项目，在履行社会责任方面明显落后于西方各国的企业，在环保、劳工、社会等诸多方面都不愿参与或不知如何参与。在当前条件下，我们认为，应该首先要求走出去的央企和国企建立完善的企业社会责任制度，参照国际标准，严格履行社会责任。只有这样，中国的对外投资才能成为中国在海外的"正资产"。

2．借鉴"和平队"模式，实现中国志愿服务"走出去"

在分析美国国家软实力的时候，不能不提到美国的和平队（Peace Corps）。20世纪50年代，美国在第三世界国家中的形象每况愈下。其主要原因是美国

国内存在的种族问题，特别是对黑人和其他有色人种的种族歧视；美国对第三世界国家的外交政策，特别是对第三世界国家的干涉和颠覆活动，美国外交官的低劣素质和不当行为。[①] 在这种情况下，1961 年，美国在肯尼迪总统的推动下成立和平队。从 1961 年和平队建立以来到 2009 年，累计已经有将近 20 万名和平队志愿者在 139 个国家服务。仅 2009 年一年，就有 7671 名志愿者在 77 个发展中国家工作。

无论和平队的工作是否产生了美国决策者所期望的成效，但是和平队队员深入不发达国家的民间社会，在帮助当地的同时，也间接或直接地传播了美国的文化和价值观念，树立了美国的形象。作为美国软实力的资源，和平队无疑发挥了极其重要的作用。

随着中国中产阶层的不断壮大，人们志愿服务的意识也在逐步提高，当前需要做的是建立一套系统，使中国的志愿者能够走出去，在实现自身志愿服务的同时，促进当地的发展，提高当地的发展能力，最终提高中国的软实力。

（三）改进孔子学院

1. 建立对孔子学院的评价机制

孔子学院建立的目的就是要提高中国软实力，因此必须从是否有助于提高中国软实力的角度对孔子学院进行评估。建立孔子学院的评价机制，就是要从经费的预算、使用以及项目的效果等方面对其进行全面评估。年度评估较难以实现的话，可以首先实现五年一次的评估。

2. 孔子学院的布局既要锦上添花也要雪中送炭

目前孔子学院的办学模式是以国内大学与国外大学合作的形式举办，国外大学一般都分布在教育资源较为密集的城市地区。课题组在印尼调研中采访了一位从事华语教育近 20 年的黄老师，他认为孔子学院的布局应该雪中送炭而不是锦上添花，现在印尼学习华语的风气很浓，很多基层一线的中小学缺乏华语老师，而目前印尼华文教育志愿者老师均集中在城市地区的孔子学院，他希

[①] 刘国柱：《和平队与美国对第三世界外交的软实力》，《浙江大学学报》（人文社科版）2008 年第 1 期。

望能有更多的志愿者老师到中心城市以外的偏僻落后地区的中小学去。这实际上对当前的孔子学院模式提出了新的要求，如何在相对落后的地区开展华文教育是需要面对的新问题。

3. 应鼓励商业机构和专业培训机构走出去

通过本次调查我们发现，尽管中国在提高软实力方面有很多官方举措，但这些活动的正面效应却有待明晰。无论是轰轰烈烈的中国文化年，还是政府的高额无息贷款、发展援助和不断扩展的孔子学院，都是官方在"冲锋陷阵"。以"运动式思维"提高软实力，很容易引起他国的反弹，特别是那些对华存在较深疑虑的国家，如越南及一些周边国家。因此，针对这些国家，提高中国的软实力，我们要让政府从台前退到幕后，鼓励非官方机构和商业机构进行相关的活动。除了孔子学院，商业化的汉语培训机构也可以达到汉语推广的目的。中国应该鼓励商业培训机构赴境外办学，开展中国文化和汉语教学活动，政府可以通过税收减免等措施加以鼓励。中国国内从事英语培训的商业机构，如新东方等，其运作模式就很值得借鉴，我们应该大力扶持类似新东方这样的汉语培训机构，让它们在海外广阔天地大展拳脚。

4. 将孔子学院建成中国文化基地和文化交流平台

现在我国在东南亚的孔子学院以语言培训为主，虽然也举办一些文化活动，但是受输出方式和受众的限制，社会影响不大。我们可以考虑在孔子学院设立对公众开放的图书馆和文化场所，使之成为对外传播中华文化的基地。孔子学院还应在促进青少年交流和民间交流方面发挥更大的作用。

（四）加强留学生工作

1. 逐步实现留学生与中国学生"趋同化"教育

中国现有留学生大致可以分为接受学位教育的留学生和非学位教育的留学生两大类。非学位教育的留学生因情况差异较大，很难实现统一化的管理；但学位教育的留学生应该逐步实现与中国学生"趋同化"管理。将留学生与中国学生实行隔离管理，这本身就背离了留学生来华留学的目的。来华留学就是希望了解接受真正的中国教育、认识真实的中国。在本课题组对留学生的调研过程中也发现，很多留学生对当前将留学生与中国学生隔离的做法表示不解。软实力的关键是信誉度，真实的落后产生的软实力也强于虚假的美好。

2. 学生教育的出发点应该是"真实中国、现代中国"

本课题组的调查问卷显示，在华留学生对中国传统文化给予了最高的评价，但在涉及当下问题的调查中，得分普遍不高。在当前留学生的教育中，中华传统文化如历史、民俗、书法、武术、绘画等往往得到较深度的宣传，但对当前的中国文化、现状等现实问题的探讨和分析则明显不足。我国当前的留学生教育既要突出我国丰富的传统文化和悠久的历史，也要突出当代中国教育的进步、人文环境的改善和多彩的流行文化。功夫、京剧、龙舟要推广，中国现代的文学、影视作品和音乐也要宣传。这样才能使中华文化走下"神坛"，走进现实生活。

另外，从留学生课程设置到教材编写都应该立足于真实中国、现代中国。在当今的信息时代，信息过剩而不是信息稀缺是主要问题，而各国软实力的竞争的本质不是取决于各国制造的信息量的大小，而是取决于各国信息的可信度，可信度越高越有可能改变他者的认同。本次调查发现，绝大多数留学生来华后对华的评价低于来华前的对华评价。这就提醒我们，留学生的教育要传达真实的中国、当下的中国。真实的中国尽管有各种缺憾，但美好中国的幻象被现实打破之后只会使留学生对中国的好感进一步受损。

（五）大力推动海外的中国问题研究

海外中国研究机构及中国问题专家是海外研究中国、了解中国以及形成对华政策的重要影响源。鉴于中国近年来年通过自己的渠道在全球传播中国的形象、观念的效果很难达到预期目的，所以通过对海外中国问题研究资助有可能会发挥其特有的影响力。

海外中国问题智库对当地国家对华政策及民众对华态度具有很大的影响力。根据罗杰·希尔斯曼（Roger Hilsman）对权力的层级划分，国家的权力层级可以分为核心层（总统、议员及各级行政官员）、精英层（利益集团、媒体、智库、大学）与大众（舆论、选民）三个层次。而智库则是通过传播知识来直接或者间接影响国家的三个权力层发挥其独特的影响力。

海外中国研究智库影响本国对华外交政策的方式主要是通过举办各种学术会议、发表论文、撰写评论、出版专著以及向政府相关机构提交各种备忘录、政策简报等等方式来传播自己的知识及观点，直接影响外交决策者的观点，此外，智库研究人员还可以充任政府官员，或者政要的智囊及顾问团队直接将自己的观点运用到政策中。智库及智库学者通过与议会、政府机构之间的各种渠道形成影响，如参与议会听证、参与政府机构的某项专业培训。智库还通过各种研究论坛、成果发布会以及撰写新闻评论等方式来影响大众舆论，影响大众对中国问题理解与看法，并由此影响大众、选民对精英和国家的对华政策形成舆论压力。海外中国问题研究专家的研究成果直接影响各国民众对中国的看法和形象，一篇从正面反映中国的研究成果，其影响力和说服力胜过无数的广告宣传片。

海外大量的政治学专业的中国留学生，他们研究课题基本都以中国问题为中心，如中国外交、中国国内政治、中国与其他国家关系等领域的研究，这些研究者既了解中国国内问题，又有西方留学背景，他们与海外的中国研究智库及海外学者之间有良好的沟通，他们也很有可能在海外的智库任职，他们的研究成果及人脉也形成一种特定的影响渠道，他们构成了外国人在研究中国问题上的话语权，在一定程度上也可以为我所用，成为发挥中国影响力，表达中国话语的渠道。

据我们的调查了解，目前东南亚一些国家著名大学已经设立了一些中国问题研究机构，比较著名的有：新加坡国立大学东亚研究所、马来亚大学中国研究所、泰国朱拉隆功大学亚洲研究所中国研究中心、菲律宾大学亚洲研究所中国研究中心、越南社会科学院中国研究所等。另外，这些国家比较重要的大学一般都设立中文系，招收本科生，有些条件比较好的大学中文系也会开设一些中国研究课程，招收专门研究中国问题的研究生。上述机构中运作比较好的要数新加坡国立大学东亚研究所、越南社会科学院中国研究所等。我们认为，通过这些中国问题研究机构的学者和学生，通过他们的研究成果，学术演讲及其对政府决策的咨询和影响来提高中国的影响力，其效果会比较好。

针对以上情况，本课题组提出以下建议：

1. 对海外的中国研究智库及学者进行系统的摸排与梳理，掌握他们的基本信息，及时跟进其研究动态。

2. 对在海外留学的政治学专业中国留学生进行系统摸排与梳理，掌握他们的研究领域，及时跟进其研究动态。

3. 设立"外国人研究中国基金"，专门资助外国人进行中国问题研究。

4. 设立"海外留学生中国问题研究基金"，专门针对那些在海外留学的中国学生正在进行的中国研究项目进行资助。

5. 向重要国家地区的中国问题研究机构及学者提供资助，向海外重要的中国问题研究机构及知名学者提供资助，鼓励他们从事中国问题研究，形式多样，既可以资助课题研究，也可以资助交换访问，扩大海外中国研究机构与国内相关机构之间的联系。

6. 国家社科基金可考虑设立一些向全球学者招标的项目。

7. 设立海外中国研究奖励。

8. 拓展孔子学院的教学范围，不应该仅停留在汉语教学的范围，依托孔子学院设立中国问题研究机构，吸收外国知名学者开展中国问题研究。

9. 对海外智库的中国研究的资助应超越意识形态，让中国的大学和研究机构来做这项工作，强调学术自由和学术独立性的原则。

10. 上述研究基金的设立应该尽量凸显民间的作用，大力鼓励民营企业家和海外华人科学家、华商设立类似的研究基金，尽量减少意识形态色彩和政府导向，这方面可以借鉴美国福特基金会的做法。我们应该鼓励民间，包括海外华侨华人在美国、欧洲、东南亚等地成立独立的中国问题研究机构，独立开展中国问题的研究，包括发布课题，创办学术刊物，出版相关成果，举办学术会议等。

（六）调整我国的东南亚政策，确立中国—东盟关系新思维

当前的中国—东盟关系总的状况是好的，尽管遇到许多挑战，然而，中国和东盟双方都有意愿促进相互合作，都有意愿将这种合作引向深入和可持续发

展。当前亟须解决如下 9 个方面的认识问题。

1. 正确认识当前东南亚地区的形势

当前东南亚地区国际关系总的特点是什么？笔者认为，当前东南亚地区国际关系总的特点，是无秩序状态。由于中国快速和平发展和迅速崛起成为世界大国，打破了原有的地区秩序，而新的秩序却还未建立起来，因此，目前的东南亚地区乃至整个东亚地区都处于新旧秩序的过渡时期。所谓过渡时期或者叫新旧权力结构交替时期，就是一切都还不确定，一切都还在变化中，一切都还在摸索的过程中。新旧秩序的过渡时期，也是各国学习的阶段，该地区各国都在学习如何适应一个新的正在崛起的大国——中国，如何与正在崛起的中国打交道，而中国也在学习，即学习如何做一个大国，做一个负责任的、让邻国放心的大国。许多国际关系学者都认为，根据历史的经验，在新旧秩序过渡的时期，是最不稳定的时期，常常会发生战争，通过战争来彻底打破旧的秩序和确立新的秩序，笔者认为，当前的东南亚乃至东亚地区不会出现这种情况，为什么？因为中美关系是稳定的，中美关系是和平的，中美两个大国从来没有像现在那样相互依赖，中美两个大国在东南亚的存在与利益是可以协调的，是可以共存共荣的，一个和平、稳定与繁荣的东南亚符合中美两国的共同利益。当前中美两国在东南亚乃至在东亚地区都有一个担心，美国担心中国在成长为世界大国的过程中，会逐步取代美国的位置，最后把美国完全排挤出该地区；中国则担心美国在东南亚和东亚推行针对中国的遏制战略，在中国周围形成包围圈，围堵中国。因此，中美关系未来发展的重点，应该是加强接触，增进相互理解，减少猜疑和误判。

2. 认清南海问题的主要矛盾，正确处理"维稳"和"维权"两个关系

目前南海地区的主要矛盾，是维护我国海洋权益（简称"维权"）和维护南海局势稳定（简称"维稳"）这一对矛盾，"维稳"和"维权"的关系如何处理，笔者认为，当前的主要任务应该是维护南海地区的稳定，稳定是压倒一切的，只有一个稳定的南海地区局势，才能保证中国和平发展的大局，才能不让区域外势力乘机挑衅。因此，我们不得不说，"维权"应该服从于"维稳"。维

护我国在南海的权益是一个长期的任务，目前的南海局势，已经形成各种矛盾交织在一起的错综复杂的局面，我们必须保持冷静的、慎之又慎的态度。

3. 调整经贸关系，突出合作，实现双赢

前几年，笔者就曾撰文指出，我们开展中国—东盟经贸合作，一定要避免重蹈20世纪60—70年代中期以前日本与东盟经贸关系的覆辙。当前中国—东盟经贸合作的层次与水平还比较低，主要还停留在贸易阶段，双边的相互投资、技术领域的合作等都还比较少。近年来，前往东盟国家投资的一些企业往往是从企业的短期利益着想，只注重谋取眼前的利益，忽视环境保护，忽视履行社会责任。总体而言，可能相当于20世纪70年代日本与东南亚经贸关系的水平与层次，当时日本从东南亚大量进口原材料，然后向东南亚出口各种制成品，曾经一段时间引发东南亚国家的民族主义情绪，许多国家掀起大规模的抵制日货等反日浪潮，为了安抚东南亚人民，日本在20世纪70年代中期抛出"福田主义"，全面发展日本与东南亚的关系。我们应该吸取日本当年的教训，调整经贸战略，克服某些企业的短视行为，立足于长远的利益，立足于双方人民的长期的友好关系，立足于双方共赢。

4. 实现软实力要软硬结合

我们在东南亚的软实力主要来源是什么，是延续了几千年的中华文化；是中国对东盟国家的友好交往政策；是中国一贯奉行的睦邻、安邻和富邻政策；是那里长期居住，并且已经成为居住国公民的广大华人。在加强中国在东南亚的软实力方面，中国有许多西方国家所没有的优势，具体表现在如下四个方面：（1）历史悠久的中华文化，这种文化在东南亚有深远的影响和魅力；（2）不同于西方的东方价值观，包括人权观、发展观、民主观等，中国与东南亚国家在这些方面有较多的共同语言，都对西方以人权为幌子干涉别国内政深恶痛绝；（3）众多的华人，这些华人已经是东南亚各国的公民，在政治上效忠于所在的国家，为所在国家服务，但他们在文化上仍然与中华民族保持密切的联系，是沟通东南亚各国与中国的桥梁和纽带；（4）中国对外政策的独特风格，例如，和平共处五项原则，在国际事务中坚持独立自主的原则，中国与发展中国家交朋友，真心实意地帮助别人，在提供援助时不附带任何条件等。因此，

我们要加强在东南亚的软实力主要是从上述几个方面着手，这里说的"软硬结合"，"软"是指我们在海外推广和弘扬中华文化时，要注意方式方法，避免使用在国内长期习惯了的那一套宣传手法，这样往往适得其反。所谓"硬"，是指推广软实力时，必须有强大的物质基础，必须舍得投入。

5．加强与其他大国合作，共同促进东南亚的和平、稳定与繁荣

东南亚所处的特殊的地理和战略环境及丰富的资源，对每一个地区大国和世界大国都有巨大的吸引力，因此，历史上所有大国在该地区都有自己的特殊的利益与存在。正因为如此，为确保地区的和平、稳定与繁荣，东盟一直奉行高度开放的地区主义，欢迎所有大国的存在与利益。作为一个新崛起的大国，中国应该与其他大国一起共同竭力维护该地区的和平、稳定与繁荣，中国不愿意也没有能力排斥其他大国在该地区的存在与利益，作为一个新兴的大国，中国不应该试图去挑战原有大国在该地区的存在与利益，相反，中国应该与所有大国和平共处，尽力避免出现零和的博弈，努力实现共赢。

6．不要担心东盟会一边倒

中国—东盟关系的发展在很大程度上是受中美关系制约的，其实，东盟国家也不愿意看到中美两国出现严重的对立，不愿意选择支持一方和反对另一方。正如新加坡外长尚穆根所说，"美应放弃围堵中国以避免东南亚国家不自在"。一个稳定的中美关系，不仅符合中美两国的利益，也符合东南亚所有国家的利益，有利于东南亚地区的长期稳定、和平与繁荣，大多数东盟国家都不愿意看到中美两国对立，不愿意选择一边倒，正如新加坡东南亚研究所（Institute of Southeast Asian Studies）研究员拉提夫（Asad-ul Iqbal Latif）说，如果出现需要在美国和中国之间作出选择的情况，不仅对新加坡来说是个噩梦，对东南亚更大的国家来说都是如此。

7．正确估计中华文化在东南亚的影响与存在

中华文化在东南亚虽然源远流长，还有大量的华侨华人，但是，与印度文化、伊斯兰文化和西方文化相比，我们不能不承认，中华文化在东南亚的影响与存在远远不如印度文化。据笔者的考察，中华文化在东南亚的影响与存在，主要是表现为饮食文化和民俗文化等低层次的文化领域，至于高层次的文化，

包括哲学思想、人文精神、社会制度、价值观等方面，中华文化的影响与存在是比较弱小的，甚至是微不足道的。因此，我们没有任何理由妄自尊大，我们现在要做的，是默默地、辛勤地耕耘。

8. 对东南亚的援助要注重质量，重点是让当地人民从中受益

这几年，我们开始加大对东南亚各国的援助，包括提供无息或低息贷款，无偿修建道路与桥梁，减少或一笔勾销一些国家所欠的政府债务，援建一些具有象征意义的政府大楼，资助受灾的灾民等。与日本和欧美国家提供的援助相比，中国提供的援助数量上还比较小，一些工程的质量上也存在问题，因此，往往是我们的钱花了，却得不到好的评价或好的印象。笔者最近访问印尼，与印尼一些华人议员交谈，在谈到中国对印尼的援助时，他们普遍认为，中国的援助一定要注重效果，要让老百姓有好的印象，要让老百姓真正得到好处。印尼国会议员李祥胜先生在与笔者交谈中指出："中国的工程技术人员和管理人员到了印尼之后比较封闭，不太与当地人接触，当地老百姓得不到太多的好处，对当地老百姓而言，中国的投资项目，可能会对国家或者长远来说有好处，但是，他们失去了土地，失去了一些他们熟悉的环境，有些甚至可能会损害他们的眼前利益。因此，中国如果要在印尼长久地存在下去，更好地发展，就要主动与当地老百姓搞好关系，做一些他们看得见、摸得着的好事，如帮助当地人修建学校、修建教堂、修建道路等。"

9. 海外华文教育要坚持本地化、民间化和基层化的原则

我们现在在海外推广华文教育，这是一件具有深远意义的事情，与外国的大学合作办孔子学院，走精英教育这条路线，是必要的，但是，我们也要考虑到东南亚地区的特殊性。从20世纪50年代起，东南亚各国（马来西亚除外）华文教育已经被关闭了半个多世纪，在一些国家，例如缅甸，华文教育虽然发展迅速，涌现了许多华文学校，但是，政府原来发布的禁令却一直还没有明令取消，缅甸政府对目前出现的华文教育热潮只是睁一只眼、闭一只眼。因此，我们在东南亚推行华文教育，不能只走精英教育这条路线，还要关注那些生下来就没有机会接触华文的华人子弟，给他们提供学习华文的机会，我们应该投入更多的人力物力和财力，资助幼儿园和中小学的华文教育，从小抓起，可能

会收到更好的效果。例如，在印尼一些华人比较集中的地方，开办了许多"三语"幼儿园、"三语"学校等，① 笔者曾经去考察过这些学校，办得比较好的"三语"学校，多是当地华社有较强的力量，动员华人捐资办学。我们应该根据东南亚的特殊情况，通过当地政府和华人社会，鼓励更多的政府公立幼儿园和中小学开设华文课程，效果可能会更好。

（七）充分发挥海外华侨华人的作用

截至 2013 年，海外有 6000 多万华侨华人，其中 70% 分布在东南亚各国，主要聚居在印尼、新加坡、马来西亚、泰国、菲律宾等国家。在东南亚地区，华人世代在这里生活和居住，东南亚各国已经成为他们的祖国和家园，而中国则是他们的祖籍地，是亲戚。尽管如此，东南亚华人在提升中国的软实力方面仍然可以发挥重要的作用，具体表现为如下几个方面：

首先，东南亚华人是中华文化的海外传播者、耕耘者和守望人。在东南亚各国，华人虽然是少数民族（新加坡除外），但是，他们在保留和坚守本民族文化方面却非常执着与顽强，他们通过办华文学校、办华文报纸和各种传媒、保留中国传统节日等多种多样的形式，传播中华文化，让中华文化在海外得以生存、弘扬和发展。

其次，东南亚华人是沟通中国与当地国家的桥梁和使者。华人与当地民族长期在一起生活，为东南亚各国的发展和繁荣共同奋斗，尤其是在泰国、菲律宾等国，华人与当地民族已经完全融合在一起，华人成为当地人民了解中国、了解中华文化的桥梁和使者，当地人民也正是通过东南亚的华人首先认识中国和认识中华文化。在中国与东南亚各国交往的历史中，曾经出现许多为促进东南亚国家和中国友好交往的华人领袖。

再次，东南亚华人的生活方式、价值观、传统文化深刻地影响着当地人民，影响着东南亚的现代化进程。长期以来，东南亚华人的勤劳、节俭、勇于进取和开拓，华商的企业家精神都是当地人民学习和效法的榜样。当地人的许

---

① 即同时教授印尼文、中文和英文的学校。这类学校在印尼各地越来越多，有很强的生命力。

多家庭经常会以某个成功的华人企业家为榜样，鼓励自己的子女向他们学习。

因此，东南亚华人是中国在东南亚地区提升软实力的重要资源，是中国在海外的重要的宝贵的财富。然而，我们也必须强调，这些资源并不是取之不尽、用之不竭的，如果不好好保护和加以珍惜，这些资源总有一天会出现枯萎和衰竭，我们必须努力涵养这些海外的资源，促进这些资源能够可持续发展。为此，我们建议：

1. 更多地关心和了解东南亚华人的生存与发展状况。长期以来，我们总是强调如何利用海外华侨华人，鼓励他们回来投资，鼓励他们回来参与中国的现代化建设，但是，我们对他们在海外的生存与发展状况却关心较少，甚至可以说是不甚了了。应该鼓励国内外的华侨华人研究机构，加强对海外华侨华人生存与发展状况的研究，并且及时地对他们遇到的问题和困难作出适当的和及时的反应。

2. 大力扶持海外华文化教育、华文传媒和华人社团。这是海外华人赖以生存和发展，赖以保存和弘扬中华文化，赖以保存自己民族的根的"新三件宝"。这方面的扶持工作既要大力开展，又要注意方式和方法，要做得合情、合理、合法，不要大张旗鼓，而是要巧妙，尤其是要注意两点：一是不要带有意识形态色彩；二是不要带有浓厚的官方色彩。

3. 加强对华裔新生代的工作。战后，东南亚各国作为新兴民族独立国家，均经历了民族主义高涨的阶段，华人在各个领域均受到本地民族主义政策的严重冲击，因此，在战后成长起来的整整几代人均是在"去中国化"的环境下成长起来的，他们与祖籍国的各种联系中断了，与中华传统文化的关系渐行渐远。加强对战后成长的华裔新生代的工作具有重要的战略意义，是关系到中华文化能否在海外延续与弘扬的大事，是关系到中国海外利益能否得到拓展和保护的大事，是关系到中国能否顺利成长为世界大国的大事，也是涵养海外华人资源的长远大计。有关方面做这项工作要有紧迫感，因为老一辈的华社领袖慢慢地老了，逐步地退出历史舞台，战后出生成长起来的华裔新生代正在接替他们的父辈，成为领导华社的新领袖。如何做好这些华裔新生代的工作，保证海外华人社会发展后继有人，可能是我们不得不面对的一个严峻挑战。

附录一　本书图目录

附录二 本书表目录

主要参考文献

一、中文文献

（一）中文论著

1. ［美］爱德华·W. 萨义德著:《文化与帝国主义》，李琨译，生活·读书·新知三联书店 2003 年版。

2. ［美］布拉德福德·J. 霍尔编著:《跨越文化障碍——交流的挑战》，麻争旗等译，北京广播学院出版社 2003 年版。

3. 蔡拓著:《全球问题与当代国际关系》，天津人民出版社 2002 年版。

4. 曹云华著:《变异与保持：东南亚华人的文化适应》，中国华侨出版社 2001 年版。

5. 曹云华著:《新加坡的精神文明》，广东人民出版社 1992 年版。

6. 曹云华著:《亚洲的瑞士：新加坡启示录》，中国对外经济贸易出版社 1997 年版。

7. 陈奕平著:《依赖与抗争——冷战后东盟国家对美国战略》，世界知识出版社 2006 年版。

8. ［美］大卫·A. 鲍德温著:《新现实主义与新自由主义》，肖欢容译，浙江人民出版社 2001 年版。

9. ［英］戴维·郝尔德等著:《全球大变革——全球化时代的政治、经济与文化》，杨雪冬译，社会科学文献出版社 2000 年版。

10. ［德］迪特·森格哈斯著:《文明内部的冲突与世界秩序》，张文武等译，新华出版社 2004 年版。

11. 董小川著:《儒家文化与美国基督新教文化》，商务印书馆 1999 年版。

12. 龚铁鹰著:《软权力的系统分析》，天津人民出版社 2008 年版。

13. 郭建宁著:《当代中国的文化选择》，北京大学出版社 2004 年版。

14. 韩召颖著:《输出美国:美国新闻属于美国公众外交》，天津人民出版社 2004 年版。

15. ［美］汉斯·摩根索著:《国家间政治》，徐昕、郝望、李保平译，北京大学出版社 2006 年版。

16. 胡鞍钢主编:《全球化挑战中国》，北京大学出版社 2002 年版。

17. 黄平、崔之元主编:《中国与全球化:华盛顿共识还是北京共识》，中国社会科学出版社 2005 年版。

18. ［美］杰里尔·罗塞蒂著:《美国对外政策的政治学》，周启明、付耀祖等译，世界知识出版社 1997 年版。

19. 李希光、周庆安主编:《软力量与全球传播》，清华大学出版社 2005 年版。

20. 李智著:《文化外交:一种传播学的解读》，北京大学出版社 2005 年版。

21. 刘杰著:《国际体系与中国的软力量》，时事出版社 2006 年版。

22. ［法］路易·多洛著:《国际文化关系》，孙恒译，上海人民出版社 1987 年版。

23. ［美］罗伯特·基欧汉、约瑟夫·奈著:《权力与相互依赖》，门洪华译，北京大学出版社 2002 年版。

24. ［美］罗伯特·基欧汉著:《霸权之后——世界政治经济中的合作与纷争》，苏长和等译，上海人民出版社 2001 年版。

25. ［美］罗伯特·杰维斯著:《国际政治中的知觉与错误知觉》，秦亚青译，世界知识出版社 2003 年版。

26. ［加］马修·弗雷泽著:《软实力》，刘满贵等译，新华出版社 2006 年版。

27. 门洪华著:《霸权之翼:美国国际制度战略》，北京大学出版社 2005 年版。

28. 门洪华著:《构建中国大战略的框架:国家实力、战略观念与国际制度》，北京大学出版社 2005 年版。

29. 门洪华主编:《中国:软实力方略》，浙江人民出版社 2007 年版。

30. 〔美〕奈森·嘉戴尔斯、迈克·麦德沃著:《全球媒体时代的软实力之争》，何明智译，中信出版社 2010 年版。

31. 倪世雄著:《当代西方国际关系理论》，复旦大学出版社 2001 年版。

32. 彭新良著:《文化外交与中国的软实力》，外语教学与研究出版社 2008 年版。

33. 〔英〕P. W. 费夫尔著:《西方文化的总结》，丁万江、曾艳译，江苏人民出版社 2004 年版。

34. 〔美〕塞缪尔·亨廷顿、彼得·伯杰主编:《全球化的文化动力——当今世界的文化多样性》，康敬贻等译，新华出版社 2004 年版。

35. 〔美〕塞缪尔·亨廷顿著:《文明的冲突与世界秩序的重建》，周琪译，新华出版社 2010 年版。

36. 舒明武著:《中国软实力》，上海大学出版社 2010 年版。

37. 唐代兴著:《文化软实力战略研究》，人民出版社 2008 年版。

38. 唐晋主编:《大国软实力》，华文出版社 2009 年版。

39. 童世骏著:《文化软实力》，重庆出版社 2008 年版。

40. 涂成林、史啸虎著:《国家软实力与文化安全研究》，中央编译出版社 2009 年版。

41. 〔法〕托克维尔著:《论美国的民主》，董国良译，商务印书馆 1988 年版。

42. 王宁编:《全球化与文化:西方与中国》，北京大学出版社 2002 年版。

43. 王晓德著:《美国文化与外交》，世界知识出版社 2000 年版。

44. 吴庆棠著:《新加坡华文报业与中国》，上海社会科学院出版社 1997 年版。

45. 肖欢著:《国家软实力研究》，军事谊文出版社 2010 年版。

46. 许嘉著:《权力与国际政治》，长征出版社 2001 年版。

47. 〔美〕亚历山大·温特著:《国际政治的社会理论》，秦亚青译，上海人民出版社 2000 年版。

48. 艺衡著:《文化主权与国家文化软实力》，社会科学出版社 2009 年版。

49．尹斌著：《软实力外交》，光明日报出版社 2010 年版。

50．俞可平等主编：《中国模式与"北京共识"——超越"华盛顿共识"》，社会科学文献出版社 2006 年版。

51．［美］约瑟夫·拉彼德等主编：《文化和认同：国际关系回归理论》，金烨译，浙江人民出版社 2003 年版。

52．［美］约瑟夫·奈等主编：《全球化世界的治理》，王勇、门洪华等译，世界知识出版社 2003 年版。

53．［美］约瑟夫·奈著：《美国定能领导世界吗》，何小东、盖玉云等译，军事译文出版社 1992 年版。

54．［美］约瑟夫·奈著：《硬权力与软权力》，门洪华译，北京大学出版社 2007 年版。

55．［美］约瑟夫·奈著：《软力量：世界政坛成功之道》，吴晓辉、钱程译东方出版社 2005 年版。

56．［美］约瑟夫·奈著：《软力量——世界政坛成功之道》，吴晓辉、钱程译，东方出版社 2004 年版。

57．［美］约瑟夫·奈著：《美国霸权的困惑——为什么美国不能独断专行》，郑志国等译，世界知识出版社 2002 年版。

58．［美］詹姆斯·多尔蒂等著：《争论中的国际关系理论》，阎学通等译，世界知识出版社 2003 年版。

59．张骥、刘中民著：《文化与当代国际政治》，人民出版社 2003 年版。

（二）中文期刊

1．曹升生：《论"软权力论"获得成功的深层原因》，《辽东学院学报》2008 年第 10 卷第 1 期。

2．曹云华、尹妍哲：《全球金融海啸下的东南亚：挑战与机遇》，《亚太经济》2009 年第 4 期。

3．曹云华：《切实重视对东盟的文化传播》，《对外传播》2009 年第 6 期。

4．陈显泗：《论中国在东南亚的软实力》，《东南亚研究》2006 年第 6 期。

5. 陈遥:《美国对中国在东南亚软实力的认知》,《厦门大学学报》2009 年第 4 期。

6. 陈遥:《中国在东南亚的软实力与华侨华人的作用》,《华侨大学学报》2010 年第 2 期。

7. 陈奕平:《美国与新加坡自由贸易协定的战略意义》,《当代亚太》2004 年第 10 期。

8. 陈奕平:《权力、机制与认同——对美国东盟地区论坛政策演变的分析》,《世界经济与政治》2006 年第 1 期。

9. 陈玉刚:《试论全球化背景下中国软实力的构建》,《国际观察》2007 年第 2 期。

10. 方长平:《中美软实力比较及其对中国的启示》,《世界经济与政治》2007 年第 7 期。

11. 高峰:《"天赋使命"与美国外交》,《安徽大学学报》2002 年第 1 期。

12. 龚铁鹰:《论软权力的纬度》,《世界经济与政治》2007 年第 9 期。

13. 郭洁敏:《试论国际关系中的文化冲突》,《现代国家关系》2003 年第 9 期。

14. 郭树勇:《全球化时代文化对国家利益的多重意义——兼论文化现代化与中国国家利益》,《现代国际关系》2003 年第 2 期。

15. 韩锋:《美国使用樟宜海军基地的战略影响》,《当代亚太》2001 年第 7 期。

16. 胡鞍钢、门洪华:《中美日俄印有形战略资源比较——兼论旨在富民强国的中国大战略》,《战略与管理》2002 年第 2 期。

17. 胡南:《国家软实力的指标体系研究》,《长春工业大学学报》2010 年第 1 期。

18. 胡祥云:《宗教的社会功用及其对国际关系的影响初探》,《国际关系学院学报》1998 年第 3 期。

19. 黄凤志:《知识霸权与美国的世界新秩序》,《当代亚太》2003 年第 8 期。

20. 季玲、陈士平:《国际政治的变迁与软权力理论》,《外交评论》2007

年第 6 期。

21．贾海涛：《试析文化软实力的概念和理论框架》，《岭南学刊》2008 年第 2 期。

22．李长久：《综合国力的比较和发展趋势》，《太平洋学报》2003 年第 1 期。

23．李庆四：《中美软实力外交比较研究：以东南亚地区为例》，《教学与研究》2009 年第 3 期。

24．李晓明：《国家形象与软实力——论运用非军事手段维持增进国家的对外影响力》，《太平洋学报》2002 年第 4 期。

25．李兴：《关于政治文化与国际政治关系的再思考》，《武汉大学学报》2004 年第 1 期。

26．李兴：《论国际政治中的政治文化因素》，《欧洲》1998 年第 1 期。

27．李智、余非凡：《文化全球化的双重性及其对国际关系的影响》，《世界经济与政治论坛》2003 年第 5 期。

28．李智：《试论美国的文化外交：软权力的运用》，《太平洋学报》2004 年第 2 期。

29．李智：《试论文化外交》，《外交学院学报》2003 年第 1 期。

30．刘德斌：《"软权力"说的由来与发展》，《吉林大学社会科学学报》2004 年第 4 期。

31．刘德斌：《软权力：美国霸权的挑战与启示》，《吉林大学社会科学学报》2001 年第 3 期。

32．刘建飞：《意识形态在美国外交政策中的地位》，《美国研究》2001 年第 2 期。

33．刘永涛：《文化与外交：战后美国对外文化战略透视》，《复旦学报》2001 年第 3 期。

34．刘中民：《文化与国际政治关系管窥》，《欧洲》1998 年第 5 期。

35．陆继鹏：《软实力与中国对东南亚外交》，《东南亚之窗》2007 年第 2 期。

36．门洪华：《国际机制与中国的战略选择》，《中国社会科学》2001 年第 2 期。

37. 门洪华：《中国观念变革的战略途径》，《世界经济与政治》2007 年第 7 期。

38. 门洪华：《中国国家战略利益的拓展》，《战略与管理》2003 年第 2 期。

39. 门洪华：《中国软实力评估报告（上）》，《国际观察》2007 年第 2 期。

40. 门洪华：《中国软实力评估报告（下）》，《国际观察》2007 年第 3 期。

41. 潘忠歧、谭晓梅：《论文化与国际关系——基本理论模式述评》，《欧洲》1996 年第 6 期。

42. 庞中英：《国际关系中的软力量及其他》，《战略与管理》1997 年第 2 期。

43. 庞中英：《中国软力量的内涵》，《瞭望》2005 年第 11 期。

44. 秦亚青：《权力·制度·文化——国际政治学的三种体系理论》，《世界经济与政治》2002 年第 6 期。

45. 秦亚青：《世界政治的文化理论——文化结构、文化单位与文化力》，《世界经济与政治》2003 年第 4 期。

46. 苏长和：《中国的软权力——以国际制度与中国的关系为例》，《国际观察》2007 年第 2 期。

47. 孙景峰：《中国学术界对新加坡研究硕果累累》，《东南亚纵横》2002 年第 7 期。

48. 孙溯源：《集体认同与国际政治——一种文化视角》，《现代国际关系》2003 年第 1 期。

49. 田德文：《西方文化霸权于冷战后的国际关系》，《世界经济与政治》2001 年第 4 期。

50. 王德春：《浅析美国外交政策的价值取向》，《宝鸡文理学院学报》2002 年第 2 期。

51. 王飞：《新加坡与美国的军事合作关系》，《东南亚研究》2004 年第 3 期。

52. 王沪宁：《文化扩张与文化主权：对主权观念的挑战》，《复旦学报》1994 年第 3 期。

53. 王沪宁：《作为国家实力的文化：软实力》，《复旦学报》1993 年第 3 期。

54. 王京滨：《中日软实力实证分析——对大阪产业大学大学生问卷调查

结果的考证》，《世界经济与政治》2007 年第 7 期。

55．王新生、石丹杰：《超越文明的冲突——伊斯兰教辨析》，《复旦学报》2001 年第 6 期。

56．王毅：《全球化进程中的亚洲地区合作》，《外交学院学报》2004 年第 2 期。

57．王正绪、杨颖：《中国在东南亚民众心中的形象》，《现代国际关系》2009 年第 5 期。

58．魏炜：《透视新加坡对美国外交》，《历史教学问题》2004 年第 5 期。

59．魏新龙：《文化外交：实现国家国际战略目标的重要手段》，《理论与改革》2002 年第 2 期。

60．吴金平、罗会知：《国家形象与当代中美日在东南亚的竞争》，《东南亚研究》2004 年第 3 期。

61．郄清良：《小国大外交——新加坡大国平衡战略的形成与演变》，《东南亚纵横》2005 年第 1 期。

62．谢先泽：《美国"输出民主"的文化透视》，《贵州师范大学学报》2003 年第 3 期。

63．许梅：《美国在东南亚安全政策的主要影响因素分析》，《东南亚研究》2007 年第 3 期。

64．阎学通、徐进：《中美软实力比较》，《现代国际关系》2008 年第 1 期。

65．阎学通：《中国软实力有待提高》，《中国与世界观察》2006 年第 1 期。

66．杨仁火：《东亚地区大国关系的新动向》，《和平与发展》2007 年第 3 期。

67．杨阳：《浅析文化在国际关系中的运用》，《现代国际关系》2002 年第 4 期。

68．于溪滨：《软实力理论的内涵、产生背景及运用》，《当代世界》2006 年第 9 期。

69．俞新天：《东亚认同感的胎动——从文化的视角》，《世界经济与政治》2004 年第 6 期。

70．俞新天：《美国的国际关系文化研究综述》，《太平洋学报》1999 年第

1 期。

71. 俞新天：《软实力建设与中国对外战略》，《国际问题研究》2008 年第 2 期。

72.［美］约瑟夫·奈、王缉思：《中够软实力的兴起及其对美国的影响》，《世界经济与政治》2009 年第 6 期。

73. 翟晓敏：《冷战后美国主导式霸权评析》，《世界经济与政治》2000 年第 4 期。

74. 张冀、李辉：《冷战后国际政治中的文化冲突》，《现代国际关系》2002 年第 4 期。

75. 张剑荆：《"北京共识"与中国软实力的提升》，《当代世界与社会主义》2004 年第 5 期。

76. 张锡镇：《中国在东南亚的软实力和中美关系》，《南洋问题研究》2009 年第 4 期。

77. 张小明：《重视"软权力"因素》，《现代国际关系》2004 年第 3 期。

78. 张小稳、高新涛：《中国软实力的构建与中美战略竞和》，《云南社会科学》2008 年第 6 期。

79. 张宇权：《中美软实力在东南亚国家中的影响比较》，《厦门大学学报》2010 年第 3 期。

80. 赵景芳：《冷战后国际关系中的文化因素研究：兴起、嬗变及原因探悉》，《世界经济与政治》2003 年第 12 期。

81. 郑永年、张弛：《国际政治中的软力量以及对中国软力量的观察》，《世界经济与政治》2007 年第 7 期。

82. 周文英：《美国外交传统的文化因素》，《华侨大学学报》（哲学社会科学版）2002 年第 2 期。

83. 周聿峨、刘建林：《非传统权力的扩张：软权力与结构性权利》，《云南民族大学学报》2005 年第 22 卷第 6 期。

84. 朱峰：《浅议国际关系理论中的"软实力"》，《国际论坛》2002 年第 2 期。

85. 庄国土：《亨廷顿的族群文化观及其对国际关系的解读》，《世界民族》

2004 年第 2 期。

（三）学位论文

1. 陈世阳：《国家形象战略研究》，中共中央党校，2010 年博士学位论文。

2. 蒋英州：《政治文化视角的国家软实力研究》，武汉大学，2010 年博士学位论文。

3. 李江舟：《基于和谐理念的中国软实力建构研究》，河北大学，2011 年博士学位论文。

4. 刘艳房：《中国国家形象战略与国家利益实现研究》，河北师范大学，2007 年博士学位论文。

5. 缪开金：《中国文化外交研究》，中共中央党校，2006 年博士学位论文。

6. 宁继鸣：《汉语国际推广：关于孔子学院的经济学分析与建议》，山东大学，2006 年博士学位论文。

7. 潘家福：《新加坡华社的多语现象与语言接触研究》，复旦大学，2008 年博士学位论文。

8. 邱凌：《软实力背景下的中国国际传播战略研究》，复旦大学，2009 年博士学位论文。

9. 孙景峰：《新加坡人民行动党执政形态研究》，华东师范大学，2004 年博士学位论文。

10. 田建明：《中国软实力战略研究》，吉林大学，2010 年博士学位论文。

11. 魏明：《全球信息时代中国文化软实力发展战略研究》，华中师范大学，2008 年博士学位论文。

12. 余建军：《冷战后美国在亚太地区的多边安全行为研究》，复旦大学，2006 年博士学位论文。

二、英文文献

（一）英文论著

1. Chong Alan, *Foreign Policy in Global Information Space：Actualizing Soft Power*, published by PALGAVE MAXMILLAN, New York, 2007.

2. Foster M. Danielle, *Public Diplomacy's Undefined Role：Policies and Themes Shaping A New Paradigm*, Georgetown University, Washington, D. C. December 1, 2008.

3. Giffert Mc Carola edited, *Chinese Soft Power and its Implications for the United States：Competition and Cooperation in the Developing World*, a report of CSIS smart power initiative, Washington D. C. ：CSIC, March 2009.

4. Held David and Mahias Koenig-Archibugi, eds., *American Power in the 21st Century*, Cambridge, UK：Polity Press.

5. Jan Melissen, ed., *The New Public Diplomacy：Soft power in International Relations*, Houndmills：Palgrave Macmillan, 2005.

6. Joseph S. Nye Jr., *Soft Power：The Means to Success in World Politics*, New York：Public Affairs, 2004.

7. Katzenstein, Peter J., *The Culture of National Security：Norms and Identity in world Politics*, New York：Columbia University Press, 1996.

8. Kurlantzick Joshua, *Charm Offensive：How China's Soft Power Is Transforming the World* , USA：Yale University Press, 2007.

9. Lampton M. David, *The Three Faces of Chinese Power:Might*, *Money*, and Minds, Berkeley：University of California Press, 2008.

10. Li Mingjiang, *Soft Power：China's Emerging Strategy in International Politics*, Hanham：Lexington Books, 2009.

11. Melissen Jan ed., *the New Public Diplomacy：Soft Power in International Relations*, New York：Palgrave, 2005.

12. Monroe V. Alice edited, *China's Foreign Policy and soft power influence*, New York: Nova Science Publishers, 2010.

13. Parmar Inderjeet and Cox Michael, *Soft Power and US Foreign Policy: Theoretical, Historical and Contemporary Perspectives*, New York: Routledge, 2010.

14. Percival Bronson, *the Dragon Looks South: China and Southeast Asia in the New Century*, the United States of America, 2007.

15. Ramo, Cooper Joshua, *the Beijing Consensus*, London, U. K. : The Foreign Policy Center, 2004.

16. Robinson, Thomas W., Shambaugh David, *Chinese Foreign Policy: Theory and Practice*. Oxford, U. K. : Clarendon Press, 1994.

17. Sheng Ding, *The dragon's hidden wings: how China rises with its soft power*, the United States of America, 2008.

18. Sidel, Mark, *More Secure,Less Free? Antiterrorism Policy and Civil Liberties after September 11*, Ann Arbor, MI: University of Michigan Press, 2004.

19. Wang Jian edited, *Soft Power in China: Public Diplomacy through Communication*, New York: Palgrave Macmillan, 2011.

20. Yasushi Watanabe and McConnell L. David edited, *Soft Power Superpowers: Cultural and National Assets of Japan and the Untied States*, New York: M. E. Sharpe, 2008.

(二）英文期刊

1. Baldwin, David. 1979. "Power Analysis and World Politics: New Trends versus Old Tendencies", *World Politics* 31 (2).

2. Barnett, Michael, Duvall Raymond, "Power in International Politics", *International Organization* 59 (1).

3. Bergsten C. F., C. Freeman, N. Lardy, D. Mitchell, Soft Power in Chinese Foreign Policy, see http: //www. theglobalist. com/StoryId.

aspx?StoryId=7505.

4. Berkofsky Alex, "The Hard Facts on 'Soft Power'", PacNet, No.26, May 31, 2007.

5. China's Charm Offensive in Southeast Asia, http: //www. carnegieendowment. org/publications/index. cfm?fa=view&id=18678&prog=zch.

6. China's Foreign Policy and "Soft Power" in South America, Asia, and Africa, 110th Congress 2d Session, S. PRT. 2008 110–46, http: //www. gpoaccess. gov/congress/index. html.

7. Chinese Soft Power and Its Implication for the United States–Competition and Cooperation in the Developing World, A Report of the CSIS Smart Power Initiative, http: //www.csis.org/files/media/csis/pubs/090305_mcgiffert_chinesesoftpower_web. pdf.

8. Cooper, Robert, "Hard Power, Soft Power and the Goals of Diplomacy", in David Held and Mahias Koenig–Archibugi, eds., *American Power in the 21st Century*, Cambridge, UK: Polity Press.

9. CRS Report for Congress, China's "Soft Power"in Southeast Asia, January 4, 2008, http: //www.fas.org/sgp/crs/row/index. html.

10. CRS Report for Congress "China's Soft Power in Southeast Asia", http: // www. fas.org/sgp/crs/row/RL34310. pdf.

11. Economy Elizabeth, "China's Rise in Southeast Asia: implications for the United States", *Journal of Contemporary China*, 2005, Vol.44(No. 14).

12. G. John Ikenberry, "The Rise of China and the Future of the West", *Foreign Affairs*, January/February 2008.

13. Garrison A. Jean, "China's Prudent Cultivation of 'soft' power and Implications for U. S. Policy in East Asia", *Asia Affairs*: *An American Review*, spring 2005, Vol.32, Issue 1.

14. Gill Bates, Huang Yanzhong, "Sources and Limits of Chinese 'Soft Power'", *Survival*, summer 2006.

15. Grinter E. Lawrenge, "China, the United States, and Mainland Southeast Asia: Opportunism and the Limits of Power", *Contemporary Southeast Asia*, Vol. 28, No.3, 2006.

16. Haine, Jean-Yves, "The EU's Soft Power: Not Hard Enoug?" Georgetown Journal of International Affairs 5 (1).

17. Ingrid d'Hooghe, "Public Diplomacy in the People's Republic of China", in Jan Melissen, ed., *The New Public Diplomacy: Soft Power in International Relations*, New York: Palgrave, 2005.

18. Johnson, Tim, "China Muscles in: From Trade to Diplomacy to Language, the U. S. is Being Challenged", *The Gazette (Montreal)*, 30 October, 2005.

19. Joseph Nye, Wang Jisi, "The Rise of China's Soft Power and Its Implications for the United States", in Richard Rosecrance; Gu Guoliang (ed), Power and Restraint: Ashared Vision for the U. S. -China Relationship, Public Affairs, 2009.

20. Joseph S . Nye Jr., "Soft Power", *Foreign Policy*, Fall 1990.

21. Joseph S. Nye Jr., "Redefining the National Interest", *Foreign Affairs*, July/ August 1999.

22. Joseph S. Nye Jr., "The Challenge of Soft power", *Time*, Feb22, 1999.

23. Joseph S. Nye Jr., "The Changing Nature of World Power", *Political Science Quarterly*, Vol.105, Issue 2, summer, 1990.

24. Joseph S. Nye, Jr., "On the Rise and Fall of American Soft Power", *NPQ: New Perspective Quarterly*, Vol.22, Issue. 3 (summer, 2005).

25. Joseph S. Nye, Jr., "The Decline of America's Soft Power", *Foreign Affairs*, Vol.83, Issue. 3 (May/Jun., 2004).

26. Joseph. Nye Jr., "The Rise of China's Soft Power", *Wall Street Journal*, December 29, 2005, (12).

27. Josh Kurlantzick, "China's Charm Offensive in Southeast Asia", http: // www.carnegieendowment. org/files/Kurla-ntzick-SoutheastAsia-China. pdf.

28. Joshua Kurlantzick, "China's Charm: Implications of Chinese Soft Power", *Policy Brief*, No.47, June 2006.

29. Keohane O. Robert, Joseph S. Nye, J r., "Power and Interdependence in the Information Age", *Foreign Affairs*, Fall 1998.

30. Lum Thomas, "Comparing Global Influence: China's and U. S. Diplomacy, Foreign Aid, Trade, and Investment in the Developing World", CRS Report RL34620.

31. Lum Thomas, Wayne M. Morrison, Bruce Vau-ghn, "China's Soft Power in Southeast Asia", Jan. 4, 2008.

32. Mead, Russell Walter, "Amercia's Sticky Power", *Foreign Policy*, 141.

33. Molloy Thomas, "English Language training as a Projection of Soft Power", *Journal of International Security Assistance Management*, Summer 2003, Vol. 25, Issue 4.

34. Pan Phillip, "China's Improving Image Challenges U. S. in Asia", *The Washington Post*, November 15, 2003.

35. Rachman Gideon, "The Hard Evidence That China's Soft Power Policy Is Working", *Financial Times*, February 19, 2007.

36. Restall Hugo, "China's Bid for Asian Hegemony", *Far Eastern Economic Review*, May 2007.

37. Rohter, Larry, "China Widens Economic Role in Latin America", *New Your Times*, 20 November 2004.

38. Roy Denny, "Southeast Asia and China: Balancing or Bandwagoning"? *Contemporary Southeast Asia*, August 2005.

39. Sheng Ding, Saunders A. Robert, "Talking Up China: An Analysis of China's Rising Cultural Power and Global Promotion of the Chinese Language", *East Asia*, Summer 2006.

40. Shi Yinhong, "Basic Trials and Essential 'Platforms' for China's Peaceful Rise", Ta Kung Pao (Hong Kong), 14 March, 2004.

41. Smith-Windsor, Brooke A, "Hard Power, Soft Power Reconsidered", *Canadian Military Journal*, 1（3）, 2000.

42. Soft Power in Asia: Results of A 2008 Multinational Survey of Public Opinion, China Still Lags the United States in Soft Power in Asia, http://www.thechicagocouncil. org/UserFiles/File/POS-Topline%20Reports/Asia%20Soft%20Power%202008/Chicago%20Council%20Soft%20Power%20Report-%20Final%206_11_08. pdf.

43. Soft Power in Asia: Results of a 2008 Multinational Survey of Public Opinion, A report of the Chicago Council on Global Affairs.

44. Suettinger, Robert L. "The Rise and Decent of 'Peaceful Rise'", *China Leadership Monitor*, No.12（Fall 2004）.

45. Sutter G. Robert, China's Rise: Implications for US Leadership in Asia, http://www.eastwestcenter. org/fileadmin/stored/pdfs/PS021. pdf.

46. The rise of China's Soft Power, Wall Street Journal Asia, December 29, 2005, http: // belfercenter. ksg. harvard. edu/publication/1499/rise-of-chinas-soft-power. html.

47. Tone, Christopher B. Johns, "Paradigms lost: Japan's Asia Policy in A Time of Growing Chinese Power", *Contemporary Southeast Asia*, 0129797X, Dec9.

48. Wang Gungwu, "the Fourth Rise of China: Cultural Implications", *China: An International Journal*, 2, No.2（2004）.

49. Zoysa de Richard, Newman Otto, "Globalization, Soft Power and the Challenge of Hollywood", *Contemporary Politics*, Vol.8, No.3, 2002.